LOS CUATRO CAMINOS PARA LA
REALIZACIÓN ESPIRITUAL

Discovery Publisher

Título original: The Four Paths of Self-Realization
2014, Discovery Publisher

Para la edición española:
©2017, Discovery Publisher
Todos los derechos están reservados.

Ninguna parte de este libro puede ser reproducida en forma alguna, ni en ningún medio electrónico o mecánico incluidos medios de almacenamiento de información o sistemas de recuperación de datos, sin el permiso escrito de la editorial.

Autor: Swami Vivekananda
Traductores: Begoña Varea Kuhn, Florimar Aguilar,
Mariana Garcia Naranjo, Helena Martín Gallego, Ana Bertho
Editor: Juan José Andrés, Pedro José Barrios Rodríguez
Editor en Jefe: Adriano Lucca

616 Corporate Way
Valley Cottage, New York, 10989
www.discoverypublisher.com
edition@discoverypublisher.com
facebook.com/discoverypublisher
twitter.com/discoverypb

New York • Paris • Dublin • Tokyo • Hong Kong

TABLA DE CONTENIDOS

Los Cuatro Caminos para la Realización Espiritual   1

    I: El Camino del Conocimiento   4

    II: El Camino del Conocimiento de Sí   4

    III: El Camino de la Acción Desinteresada   5

    IV: El Camino de la Devoción   6

Jnana Yoga: El Camino del Conocimiento   9

    Capítulo I: Necesidad de la Religión   11

    Capítulo II: La Auténtica Naturaleza del Ser Humano   21

    Capítulo III: Maya e Ilusión   35

    Capítulo IV: Maya y la Evolución del Concepto de Dios   48

    Capítulo V: Maya y Libertad   58

    Capítulo VI: El Absoluto y Su Manifestación   67

    Capítulo VII: Dios en Todo   78

    Capítulo VIII: Realización   86

    Capítulo IX: Unidad en la Diversidad   101

    Capítulo X: La Libertad del Alma   111

    Capítulo XI: El Cosmos (El Macrocosmos)   122

    Capítulo XII: El Cosmos (El Microcosmos)   129

    Capítulo XIII: Inmortalidad   140

    Capítulo XIV: El Atman   149

    Capítulo XV: El Atman: Sus Ataduras y Su Libertad   161

Capítulo XVI: El Ser Humano Real y El Aparente — 167

Raja Yoga: El Camino del conocimiento de Sí — 187

Prefacio — 189

Capítulo I — 191

Capítulo II: Las Primeras Etapas — 200

Capítulo III: Prana — 207

Capítulo IV: El Prana Físico — 216

Capítulo V: El Control del Prana Físico — 221

Capítulo VI: Prathayara y Dhayanara — 225

Capitulo VII: Dhyana y Samadhi — 231

Capitulo VIII: En Pocas Palabras Raja Yoga — 239

Los Aformismos del Yoga de Patanjali — 245

Introducción — 247

Capítulo I: La Concentración y Sus Usos Espirituales — 251

Capítulo II: La Práctica de la Concentración — 279

Capítulo III: Los Poderes — 306

Capítulo IV: La Independecia — 321

Karma Yoga: El Camino de la acción desinteresada — 335

Capítulo I: El Karma y Sus Efectos Sobre el Carácter — 337

Capítulo II: Cada Cual Posee Grandeza en Su Propio Lugar — 344

Capítulo III: El Secreto del Trabajo — 356

Capítulo IV: ¿Qué Es El Deber? — 364

Capítulo V: Nos Ayudamos a Nosotros Mismos, no al Mundo — 371

Capítulo VI: El Trabajo Sin Atadura Es la Abnegación Personal — 378

Capítulo VII: Libertad — 388

Capítulo VIII: El Ideal del Karma Yoga — 399

Bhakti Yoga: El Camino de la Devoción — 409

Capítulo I: Oración — 411

Capítulo II: La Filosofía de Ishvara — 416

Capítulo III: La Realización Espiritual, la Meta del Bhakti Yoga — 421

Capítulo IV: La Necesidad de un Gurú — 423

Capítulo V: Cualidades del Aspirante y del Maestro — 426

Capítulo VI: Los Maestros Encarnados y la Encarnación — 431

Capítulo VII: El Mantra Om, Palabra y Sabiduría — 434

Capítulo VIII: La Adoración de Imágenes y Sustitutos — 437

Capítulo IX: El Ideal Elegido — 440

Capítulo X: El Método y los Medios — 442

Para-Bhakti o Devoción Suprema — 447

Capítulo I: La Renuncia Preparatoria — 449

Capítulo II: La Renuncia del Bhakta Viene del Amor — 452

Capítulo III: La Naturalidad del Bhakti Yoga y su Principal Secreto — 455

Capítulo IV: Las Formas de Amor : Manifestación — 457

Capítulo V: El Amor Universal y Cómo : Conduce a la Propia Entrega — 459

Capítulo VI: El Conocimiento Superior y el Amor : Superior Son Uno Para el Verdadero Amante — 463

Capitulo VII: El Triángulo del Amor — 465

Capitulo VIII: Dios de Amor Es Su Propia Prueba — 468

Capitulo IX: Representaciones Humanas del Divino Ideal de Amor — 470

Capitulo X: Conclusión — 475

LOS CUATRO CAMINOS PARA LA
REALIZACIÓN ESPIRITUAL

Los habitantes del subcontinente indio llevan practicando desde tiempos ancestrales disciplinas espirituales cuyo propósito consiste en liberar la mente y alcanzar un estado de consciencia serena y libre de ataduras. El conjunto de estas prácticas que pretenden desarrollar este estado de equilibrio, pureza, sabiduría y paz interior se conoce como yoga. Esta palabra significa «acoplamiento» o «unión», en referencia a la unión con el Yo superior, que es el objetivo descrito en los «Upanishads».

Los sabios distinguían cuatro tipos básicos de personas y desarrollaron prácticas de yoga adaptadas a cada uno de estos tipos con el objetivo de que cada hombre pudiese alcanzar la deseada unión con el Yo superior.

- Para las personas racionales, existe el Camino del Conocimiento.

- Así, para las personas meditativas, existe el Camino del Conocimiento de Sí.

- Para las personas activas por naturaleza existe el Camino de la Aacción Desinteresada.

- Para las personas emocionales existe el Camino de la Devoción[1].

—*Living Religions*, 79

I. El camino del conocimiento

—*El Jnana yoga*

Consiste en intentar encontrar la identidad del «Brahman/Atman» estudiando los Vedas (los textos sagrados de la tradición hindú) y contemplando el Yo:

> *Tras negar [la identidad del individuo con su cuerpo, sus sentidos y su mente] por medio del «no esto, no aquello» la única consciencia que queda es: esto es lo que soy [...].*
>
> *El pensamiento «¿Quién soy yo?» destruirá cualquier otro pensamiento y, al igual que un palo usado para remover las brasas, terminará por autodestruirse. En ese instante surgirá la realización del Y.*
>
> —Living Religions, 81

II. El camino del conocimiento de Sí

—*El Raja yoga*

Existen varias prácticas —como las descritas en los Yoga sutras de Patanjali o la práctica más reciente conocida como Kundalini— que se centran en ciertas técnicas cuya finalidad radica en llevar la mente a un estado de extrema concentración conocido como el Samadhi, en el que se alcanza la unión con lo Absoluto. Estas técnicas consisten en adoptar determinadas posturas físicas, en controlar la respiración, en mantras y en la visualización.

> *Las palabras y el lenguaje no bastan para describir tal estado de exaltación... La mente, el intelecto y los sentidos dejan de funcionar... Se trata de un estado de felicidad y sabiduría eternas. Toda dualidad desaparece por completo. Todo lo visible se confunde con lo invisible o con lo ininteligible. Lo único que se contempla es la propia alma.*
>
> —Living Religions, 80

III. El camino de la acción desinteresada

—El Karma yoga

El Karma yoga se basaba originalmente en el Varnasrama dharma, es decir, en llevar a cabo acciones de acuerdo con los deberes (dharma) propios de la casta de una persona (varna) y de su etapa de la vida (asrama). Actuando según los principios del Varnasrama dharma, la persona podrá atravesar progresivamente las cuatro etapas de la vida (estudiante, cabeza de familia, ermitaño y renunciante) hasta la liberación final del ciclo del renacimiento (moksha), aunque este proceso requiera varias vidas para ser completado.

No obstante, en el Bhagavad Gita, Krishna redefine el Karma yoga combinándolo con la idea fundamental del Jnana yoga,—es decir la identidad final del Yo individual (Atman) y del Yo universal (Brahman)—, llegando a la conclusión de que *es lo absoluto lo que realiza todas las acciones*. Por esta toma de consciencia, el individuo es capaz de realizar una acción *sin ningún interés en su resultado y sin ninguna sensación personal de don*. Renunciando al apego derivado de una acción, el individuo alcanza la liberación de sí mismo en el mismo medio de trabajo:

> *Yo estoy presente en todo el universo en mi forma no manifiesta. Todos los seres existen en mí, y aún así, no dependo de ellos. ¡Contemplad el misterio de mi condición sublime! [...] Los ignorantes no reconocen más allá de las apariencias físicas mi naturaleza verdadera como Señor de toda la creación. Estos seres borrachos de ilusión están carentes de conocimiento; sus vidas están plagadas de desastres y perversiones. Vanas son sus esperanzas e igualmente vanas son sus acciones [...]. Solo las grandes almas reconocen mi divina naturaleza. Tras concebir que yo soy la fuente eterna de donde surge todo, me adoran con todo su ser. Luchan constantemente, con fuerte determinación y me adoran sin dudas. Rebosantes de devoción, cantan a mi divina gloria [...]. Yo acepto cualquier ofrenda que un corazón puro me haga, ya sea una hoja, una flor, una fruta o incluso agua: acepto todo lo que me haya sido ofrecido por amor. Cualquier cosa que hagas, ofréndemela a mí. La comida que comas, los sacrificios que realices, la ayuda que ofrezcas e incluso los sufrimientos que vengan a tu vida. De este modo te habrás liberado de las ataduras del Karma, tanto si sus frutos son buenos como si son malos. Perseverando así en la renuncia y en el yoga, serás libre y vendrás a mí. Yo considero a todos los seres iguales, no me inclino por ninguno. Pero los que me adoran con amor viven en mí y vengo al mundo en ellos [...]. Todos los que buscan en mí su refugio, sin importar su origen, raza,*

sexo o casta, alcanzarán la meta suprema; esta meta pueden alcanzarla incluso los despreciados por sus entornos [...] En consecuencia, puesto que has nacido en un mundo vacuo y transitorio, entrégame todo tu amor. Llena tu mente de mi persona, ámame, sírveme, adórame siempre. Búscame en tu interior y vendrás a mí.

—*Anthology of Living Religions, 66-68 (Bhagavad Gita, C.9); cf. BG/9*

IV. El camino de la devoción

—*El Bhakti yoga*

El Bahkti yoga está estrechamente ligado a la noción del Karma yoga expuesta en el Bhagavad Gita, pues precisamente realizando una acción con un espíritu de devoción hacia Krishna (más que como un medio para generar un karma favorable para el individuo, ya sea en esta vida o en la futura) la persona consigue liberarse del ciclo del renacimiento. Esta devoción se manifiesta en un sentimiento de amor intenso hacia Dios que se experimenta a menudo en la poesía o en la música, como la ofrenda siguiente de Mirabai:

> *Sin Krishna no puedo dormir.*
> *Torturada por la envidia no puedo dormir,*
> *Y el fuego del amor*
> *Me lleva errante de un lado a otro.*
> *Sin la luz de mi Amado*
> *Mi hogar está en penumbra,*
> *Y las lámparas no son suficientes.*
> *Sin mi Amado mi lecho está frío,*
> *Y paso las noches en vela*
> *¿Cuándo volverá mi Amado?*
> *...¿Qué he de hacer? ¿Adónde ir?*
> *¿Quién puede aliviar mis penas?*
> *Mi cuerpo fue mordido*
> *Por la serpiente de la «ausencia»*
> *Y mi vida se evapora*
> *Con cada latido de mi corazón*
> *...Mi Señor, ¿cuándo vendrás*
> *a buscar a tu Mira?*

> ...¿*Cuándo, Mi Señor?*
> *¿Vendrás a reír y a hablar conmigo?*
>
> —Anthology of Living Religions, 79

Dado que el Bhakti yoga es más fácil de practicar que el Raja yoga o el Jnana yoga, se presenta como la modalidad más extendida entre los hindúes. Sri Ramakrishna describe con belleza sus atractivos en la siguiente cita:

> *Mientas el «Yo» perdure, la consciencia verdadera y la Liberación son imposibles... [No obstante], ¿cuántos pueden alcanzar esta Unión [Samadhi] y liberarse ellos mismo de este «Yo»?*
> *Es verdad que unos pocos pueden deshacerse del «Yo» por medio del samadhi, pero estos casos son muy raros. Puedes entregarte a miles de razonamientos, pero el «Yo» todavía vuelve. Puedes cortar el aswattha hasta la misma raíz hoy, pero mañana notarás que de la raíz está saliendo un brote. Por lo tanto, si el «Yo» tiene que quedar, deja que el canalla quede como el «Yo» servidor*[2].
>
> —Living Religions, 83

---

1. N. del T.: Todas las partes de este pasaje que han sido marcadas en letra itálica son traducciones propias del traductor.
2. Traducción extraída de: Mahendranath Gupta. El evangelio de Ramakrishna. Vol. I. Buenos Aires: Kier 1977.

JNANA YOGA
EL CAMINO DEL CONOCIMIENTO

Capítulo I
La Necesidad de la Religión

Londres

De entre todas las fuerzas que han contribuido y aún contribuyen a moldear el destino de la raza humana, sin duda alguna, ninguna es más poderosa que la manifestación que llamamos religión. Todas las organizaciones sociales tienen como origen, en algún punto, el funcionamiento de esta peculiar fuerza y de tal fuerza, deriva el mayor de los impulsos cohesivos que jamás ha entrado en juego entre asociaciones humanas. Es obvio para todos nosotros que en muchas ocasiones los lazos religiosos han demostrado ser más fuertes que los raciales, los de entorno o incluso los de parentesco. Es un hecho conocido que fieles de un mismo dios, creyentes de una misma religión, se han apoyado mutuamente con mucha mayor resistencia y lealtad que personas que simplemente proceden del mismo linaje, incluso en el caso de hermanos. Se han producido varios intentos de localizar los orígenes de la religión. Todas las religiones antiguas que han llegado a nosotros al día de hoy, reivindican su condición de sobrenaturales: su génesis no tiene lugar, por así decirlo, en el cerebro humano, sino en alguna otra parte fuera de este.

Dos teorías han ganado la aceptación de los eruditos modernos. Una de ellas es la teoría espiritual de la religión; la otra es la evolución de la idea de lo infinito. Unos sostienen que el origen de las ideas religiosas reside en el culto ancestral; otros sostienen que la religión tiene sus orígenes en la personificación de los poderes de la naturaleza. El hombre quiere mantener viva la memoria de sus parientes muertos que, según cree, continúan viviendo incluso cuando el cuerpo ha muerto, y quiere colocar comida para ellos y, en cierto modo, adorarlos. De aquí proviene lo que llamamos religión.

El estudio de las religiones antiguas de egipcios, babilonios, chinos y muchas otras razas de América y de otras partes del mundo, revela claros indicios de este culto ancestral como el origen de la religión. Para los antiguos egipcios, la primera idea del alma fue la de ésta como doble: todo cuerpo humano contenía en su interior otro ser muy parecido a él, y cuando un hombre moría, este doble salía del cuerpo y continuaba viviendo. Sin embargo, la vida del doble se prolongaba solo mientras el cuerpo inerte permaneciese intacto, y de ahí que encontremos entre los antiguos egipcios tanta diligencia por conservar el cadáver en perfecto estado, y la razón por la que construyeron aquellas enormes pirámides en las que preservaban los cuerpos. Así, si una parte del cuerpo sufría algún daño, el doble sufriría a su vez el daño correspondiente. Nos hallamos frente a un claro caso de culto ancestral. En el caso de los antiguos babilonios encontramos la misma idea de doble, pero con una variación: el doble perdía toda noción de sentimiento; conseguirles comida y bebida, y ayudarlos de varias maneras asustaba a los vivientes. Perdía incluso todo sentimiento por sus propios hijos y esposa. También, en el caso de los antiguos hindúes encontramos vestigios de este culto ancestral. En el caso de los chinos, también puede decirse que la base de su religión es el culto ancestral, el cuál continúa impregnando a lo largo y a lo ancho el vasto país. De hecho, se puede realmente decir que la única religión que florece en China es la del culto ancestral. Por lo tanto, parece que aquellos que sostienen la teoría del culto ancestral como el origen de la religión se encuentran bien posicionados.

Por otra parte, hay eruditos que desde la antigua literatura aria muestran que la religión tuvo sus orígenes en el culto a la naturaleza. Si bien en India encontramos por todas partes indicios del culto ancestral, en los documentos más antiguos no hay huella alguna de ello. En el Rigveda Samhita, el documento más antiguo de la raza aria, no encontramos registro alguno. Los eruditos modernos creen más bien encontrar en él el culto a la naturaleza. La mente humana parece esforzarse por echar un vistazo más allá del paisaje. El amanecer, el atardecer, el huracán, las extraordinarias y colosales fuerzas de la naturaleza, sus atractivos; han ejercido la mente humana, que aspira a ir más allá para comprender algo acerca de ellos. En este esfuerzo, la mente humana dota atributos personales a estos fenómenos, les atribuye almas y cuerpos, en ocasiones hermosos, en otras trascendentales. Toda tentativa culmina en la conversión de estos fenómenos en abstracciones, sean estas personalizadas o no. Esto se manifiesta también en el caso de los antiguos griegos, cuya mitología consiste, en su totalidad, en la mera abstracción del culto a la naturaleza. Así ocurre también en el caso de los antiguos germanos, escandinavos y en el resto de las razas arias. Por lo tanto, la perspectiva de que la religión tiene su origen en la personificación de los poderes de la naturaleza también cuenta con argumentos sólidos.

Estos dos puntos de vista, si bien parecen contradictorios, pueden reconciliarse en un tercer fundamento que es, en mi opinión, el auténtico germen de la religión, y que propongo denominar la lucha por trascender las limitaciones de los sentidos. Ya sea que el hombre va al encuentro de los espíritus de los ancestros, de los difuntos; es decir, que quiera hacerse una idea de lo que hay una vez que el cuerpo ha muerto, o bien, que pretenda entender la fuerza que se esconde detrás de los extraordinarios fenómenos de la naturaleza. Sea cual sea el caso, algo es seguro: el hombre intenta trascender las limitaciones de los sentidos. No se da por satisfecho con ellos; quiere ir más allá. La explicación no ha de ser necesariamente misteriosa. Me parece lógico que el primer atisbo de religión tenga como origen los sueños. Bien puede ser que el hombre conciba la primera idea de inmortalidad a través de los sueños. ¿Acaso no es este un estado de lo más maravilloso? Además se sabe que los niños y las mentes iletradas no encuentran casi diferencia alguna entre el estado de sueño y el de vigilia ¿Qué podría ser más natural que el hecho de que a ellos les parezca lógico que cuando sueñan y el cuerpo está aparentemente muerto la mente continúa con todo su complejo funcionamiento? ¿Qué hay de sorprendente en el hecho de que los hombres lleguen a su vez a la conclusión de que cuando el cuerpo muere para siempre el mismo funcionamiento continuará? Esto sería en mi opinión una explicación más natural de lo sobrenatural, y a través de esta idea de sueño la mente humana alcanza concepciones cada vez superiores. Por supuesto, con el tiempo, la vasta mayoría de la humanidad descubriría que su estado de vigilia no constataba sus sueños, y que durante el sueño el hombre no experimenta una nueva existencia, sino que simplemente recapitula las experiencias del estado de vigilia.

Sin embargo, para entonces la búsqueda ya había comenzado, una búsqueda hacia el interior; el hombre árido continuó indagando con mayor profundidad los diferentes estados de la mente y descubrió estados superiores diferentes al estado de vigilia o al del sueño. Encontramos este estado de las cosas en todas las religiones organizadas del mundo, ya lo llamen éxtasis, ya lo llamen inspiración. En todas las religiones organizadas, sus fundadores, profetas y mensajeros han asegurado experimentar estados de la mente, diferentes del estado de vigilia y del estado de sueño, en los que se encontraron, frente a frente, con una nueva serie de hechos relacionados con lo que se conoce como el reino espiritual. En estos estados constataban realidades de una manera mucho más intensa de lo que percibimos las realidades de nuestro entorno en el estado de vigilia. Tomemos por ejemplo las religiones de los brahmanes. Se dice que los Vedas fueron escritos por los rishis, sabios que constataron ciertas realidades. La definición exacta de la palabra sánscrita *rishi* es vidente de mantras; es decir, de los pensamientos transmitidos en los himnos védicos. Estos hombres afirmaron haber constatado, percibido, si es que esta palabra puede utilizarse en lo relativo a lo ultrasensible, ciertas realidades que procedieron a recoger por escrito. Encontramos la misma realidad declarada tanto en el caso de los judíos como en el caso de los cristianos.

Se podrían hacer algunas excepciones en el caso de los budistas del sur. Se preguntará: si los budistas no creen en ningún dios o espíritu, ¿cómo puede su religión derivarse del estado ultrasensible de la existencia? La respuesta es que incluso los budistas cuentan con una ley moral eterna, y esta ley moral eterna no fue razonada tal y como concebimos nosotros esta actividad, sino que Buda la encontró, la descubrió en un estado ultrasensible. Todo aquel que haya estudiado la vida de Buda, incluso como se resume brevemente en aquel hermoso poema, *La Luz de Asia*, recordará que Buda se representa sentado bajo el árbol de Bodhi hasta alcanzar tal estado ultrasensible de la mente. Es de aquí de donde provienen todas sus enseñanzas, y no de reflexiones intelectuales.

Por lo tanto, todas las religiones hacen la misma formidable declaración: la mente humana, en ciertos momentos, trasciende no solo las limitaciones de los sentidos, sino también la capacidad de razonamiento. Entonces, se encuentra cara a cara con realidades que nunca podría haber percibido, que nunca podría haber razonado. Estas realidades constituyen el fundamento de todas las religiones del mundo. Tenemos por supuesto el derecho de cuestionar estas realidades, de someterlas al examen de la razón. Sin embargo, todas las religiones existentes en el mundo reivindican este peculiar poder de la mente humana, de trascender los límites de los sentidos y de la razón; y lo presentan como una declaración de hecho.

Además de la consideración de la pregunta de hasta qué punto estas realidades reivindicadas por las religiones son ciertas, encontramos una característica común a todas ellas. Se trata de abstracciones en contraposición a los descubrimientos concretos, por ejemplo de la física; y además, todas las religiones altamente organizadas adoptan la forma más pura de unidad abstracta, ya sea en forma de presencia abstracta, de ser omnipresente, de personalidad abstracta omnipresente llamada Dios, de ley moral o de esencia abstracta subyacente a toda existencia. También en tiempos modernos, los intentos de predicar religiones sin apelar al estado ultrasensible de la mente tuvieron que remontarse a las viejas abstracciones de los antiguos y otorgarles nombres diferentes como ley moral, la unidad ideal etc., demostrando por lo tanto que estas abstracciones no residen en los sentidos. Ninguno de nosotros ha visto aún un *Ser Humano Ideal*, y aún se nos insta a creer en él. Ninguno de nosotros ha visto aún un hombre idealmente perfecto, y aún no podemos progresar sin ese ideal. Por lo tanto, entre todas estas diferentes religiones destaca la existencia de una unidad ideal de abstracción, que se nos presenta ya en forma de persona, de ser impersonal, de ley, de presencia, o de esencia. Siempre luchamos por elevarnos hacia ese ideal. Todo ser humano, sea quien sea, se encuentre donde se encuentre, tiene un ideal de poder infinito. Todo ser humano tiene un ideal de placer infinito. La mayoría de los trabajos que encontramos a nuestro alrededor, la mayoría de las actividades desarrolladas en cualquier parte se deben a la lucha por este poder o por este placer infinitos. Sin embargo, unos pocos se percatan rápidamente de que si bien luchan por el poder infinito, este no se puede alcanzar a través de los sentidos. Descubren muy pronto que el placer infinito no puede ser alcanzado a través de los sentidos o, en otras palabras, que los sentidos están demasiado limitados, y que el cuerpo está demasiado limitado para expresar lo infinito. Manifestar lo infinito a través de lo finito es imposible, y tarde o temprano el hombre aprende a desistir en el intento. Este abandono, esta renuncia al intento, constituye el trasfondo de la ética. La renuncia es el mismísimo fundamento sobre el que la ética reposa. Nunca se predicó un código ético que no tuviese la renuncia como principio.

La ética siempre dice: *No yo, sino tú*. Su lema es *No yo, sino el otro*. Las leyes de la ética afirman que las ideas estériles de individualismo, a las que el hombre se aferra al intentar encontrar ese poder o ese placer infinitos a través de los sentidos, han de dejarse a un lado. Uno tiene que colocarse a sí mismo en último lugar, y a los otros por delante. Los sentidos dicen: *Yo primero*. La ética dice: *Debo mantenerme el último*. Por lo tanto, todo código ético se basa en esta renuncia; destrucción, no construcción, del individuo en la esfera material. Nunca podrá expresarse ese infinito sobre la esfera material; pues no es posible ni imaginable.

Por lo tanto, el hombre ha de abandonar la esfera de lo material y elevarse hacia otras esferas a la búsqueda de expresiones más profundas de ese infinito. De esta manera se modelan las diversas leyes éticas, pero todas comparten la idea central de abnegación eterna. La completa auto-aniquilación es el ideal de la ética. La gente se sorprende cuando se les pide que renuncien a su individualidad. Parecen aterrados ante la idea de perder lo que llaman individualidad. Al mismo tiempo, estas mismas personas se declararían a favor de los ideales mayores de la ética, sin reparar en ningún momento en que, el objetivo, la meta, la idea de toda ética es la destrucción y no la construcción del individuo.

Se ha dicho que prestar demasiada atención a los asuntos espirituales perturba nuestras relaciones prácticas en este mundo. Desde los tiempos del sabio chino Confucio se decía: *Ocupémonos de este mundo, y cuando hayamos acabado con él, ocupémonos del otro mundo*. Es muy positivo que nos ocupemos de este mundo;

pero si bien demasiada atención a los asuntos espirituales puede afectar en algo nuestras relaciones prácticas, demasiada atención a lo que se conoce como práctico nos perjudica ahora y en lo sucesivo. Nos hace materialistas. El hombre no ha de tener como meta la naturaleza, sino algo más allá de la misma.

  El hombre es hombre mientras luche por elevarse por encima de la naturaleza, siendo esta naturaleza tanto interna como externa. Esta abarca no solo las leyes que gobiernan las partículas de lo material dentro y fuera de nuestro cuerpo, sino también la sutil naturaleza que ello entraña, que es, de hecho, el poder motor que gobierna lo externo. Es grandioso conquistar la naturaleza externa, pero más grandioso es aún conquistar nuestra naturaleza interna. Es grandioso conocer las leyes que gobiernan las estrellas y los planetas; pero es infinitamente más grandioso conocer las leyes que gobiernan las pasiones, los sentimientos, la voluntad de la humanidad. Esta conquista del hombre interior, entender los secretos de los sutiles mecanismos que se producen en el interior de la mente humana y conocer sus maravillosos secretos, corresponde exclusivamente a la religión. La naturaleza humana (me refiero a la naturaleza ordinaria), desea constatar grandes hechos materiales. El hombre ordinario no puede comprender lo sutil. Se ha dicho con razón que las masas admiran al león que mata a mil corderos, sin reparar en ningún momento en que esto significa la muerte para los corderos, si bien es un triunfo momentáneo del león; pues solo encuentran placer en las manifestaciones de fuerza física. Por lo tanto, así ocurre con el género ordinario de la humanidad. Estos hombres entienden y perciben placer en todo lo externo. Sin embargo, existe en toda sociedad un sector cuyos placeres no residen en los sentidos, sino más allá, y que a menudo atisban algo por encima de lo material y luchan por alcanzarlo. Si leemos entre líneas la historia de las naciones, nos percataremos siempre de que el surgimiento de una nación está ligado a un incremento en el número de hombres de este tipo; y su caída comienza cuando la búsqueda de lo infinito, por vana que la consideren los utilitaristas, ha cesado. Esto ilustra que el motivo principal de la fuerza de toda raza reside en su espiritualidad, y la muerte de tal raza comienza en el momento en el que la espiritualidad se desvanece y el materialismo gana terreno.

  Por lo tanto, aparte de las sólidas realidades y verdades que podemos aprender de la religión, aparte del consuelo que podemos obtener de ella, la religión como ciencia, como estudio, es el más sano y grandioso ejercicio de la mente humana. Esta búsqueda de lo infinito, esta lucha por alcanzarlo, este esfuerzo por ir más allá de las limitaciones de los sentidos, más allá de lo material, por así decirlo, y de evolucionar en hombre espiritual, esta lucha constante por hacer de

CAPÍTULO I: LA NECESIDAD DE LA RELIGIÓN

lo infinitito y de nuestro propio ser uno solo, esta batalla es, en sí misma, la más grandiosa y gloriosa que el hombre puede librar. Algunas personas encuentran el placer máximo en la comida. No tenemos derecho a decir que esto no deba ser así. Otras encuentran el mayor placer en la posesión de ciertos objetos. No tenemos derecho a decir que esto no deba ser así; pero tampoco ellos tienen derecho a decir *no* al hombre que encuentra el mayor placer en el pensamiento espiritual. A menor organización, mayor placer se encuentra en los sentidos. Muy pocos hombres pueden comer con el mismo deleite que un perro o un lobo. No obstante los placeres experimentados por el perro y el lobo se han esfumado, por así decirlo, con los sentidos. El último escalafón del género humano de todas las naciones encuentra el placer en los sentidos, mientras que las personas cultas y formadas lo encuentran en el pensamiento, en la filosofía, en el arte y en la ciencia. La espiritualidad se sitúa en una esfera aún más elevada. Al ser el sujeto infinito, esta esfera está por encima de todas, y el placer ahí, es máximo para todos aquellos capaces de apreciarlo. En consecuencia, incluso en terreno utilitarista, donde el hombre ha de buscar el placer, debe cultivar el pensamiento religioso, puesto que se trata del mayor placer existente. Por lo tanto, reivindico la religión, en calidad de estudio, como absolutamente necesaria.

Podemos constatarlo en sus efectos. Se trata del mayor poder motor de la mente humana. Ningún otro ideal puede generar en nuestro interior semejante masa de energía como genera lo espiritual. Es obvio para todos nosotros que este ha sido el caso a lo largo de toda la historia de la humanidad, y que sus poderes no están muertos. No niego que los hombres, ciñéndose exclusivamente a fundamentos utilitaristas, puedan ser muy buenos y morales. En este mundo ha habido muchos grandes hombres completamente sanos, buenos y morales que se han basado en meros fundamentos utilitarios; pero los hombres que impulsan el cambio en el mundo, los que traen, por así decirlo, una masa de magnetismo consigo, cuyos espíritus calan en otros cientos y miles, cuyas vidas prenden otras con el fuego espiritual, resultan siempre contar con un trasfondo espiritual. Su fuerza motora provenía de la religión. La religión es la mayor fuerza motora para comprender que la energía infinita es el derecho de nacimiento y la naturaleza de todo ser humano. Desarrollando la actitud de permitir todo lo que es bueno y grandioso, trayendo la paz a los demás y a uno mismo, la religión es la mayor fuerza motora y, por lo tanto, debe estudiarse desde esta perspectiva. Se debe estudiar la religión desde una perspectiva más amplia que anteriormente. Toda idea sesgada y combativa de la religión debe eliminarse. Toda idea sectaria, tribal o nacional de la religión debe abandonarse. El hecho de que cada tribu o nación tenga un dios particular y crea que todos los demás están equivocados es una superstición que ha de pertenecer al pasado. Todas estas ideas deben dejarse a un lado.

A medida que la mente humana se abre, se abren también sus actitudes espirituales. Ha llegado un momento en que un hombre no puede registrar un pensamiento sin que este alcance las cuatro esquinas del planeta; por meros medios físicos, hemos entrado en contacto con el mundo entero, por lo que las futuras religiones del mundo han de ser universales.

Los ideales religiosos del futuro deben abarcar todo aquello bueno y grandioso existente en el mundo, y, al mismo tiempo, contar con un objetivo infinito consistente en el desarrollo futuro. Deben preservarse todas las cosas buenas del pasado; al tiempo que la puerta debe permanecer abierta a futuras aportaciones al bagaje existente hasta el momento. Las religiones también deben ser inclusivas y no mirar con desprecio a las demás por el hecho de que sus ideas de Dios sean diferentes. A lo largo de mi vida he visto a muchos hombres espirituales, a muchos hombres razonables que no creían en absoluto en Dios, al menos tal y como entendemos este concepto. Tal vez, estas personas entendieron mejor el concepto de Dios de lo que nosotros jamás podríamos hacerlo. La idea personal de Dios, o de impersonal, de lo infinito, de la ley moral o del hombre ideal han de reunirse bajo la definición de religión. Así cuando las religiones se hayan abierto de esta forma, su poder para hacer el bien se habrá multiplicado por cien. Las religiones, que contienen un enorme poder en sí, han hecho a menudo más daño que bien al mundo, solo por culpa de sus estrecheces y limitaciones.

Incluso en nuestros tiempos hay sectas y organizaciones que, prácticamente con las mismas ideas, se enfrentan mutuamente por no querer exponer tales ideas exactamente de la misma forma que la otra. Por lo tanto, las religiones han de evolucionar hacia el aperturismo. Las ideas religiosas deberán llegar a ser universales, vastas e infinitas; y solo entonces jugarán un papel pleno, puesto que su poder tan solo ha comenzado a manifestarse en el mundo. Se dice a veces que las religiones, las ideas espirituales se están extinguiendo del mundo. Yo creo que tan solo han comenzado a desarrollarse. El poder de la religión, ampliado y purificado, impregnará cada aspecto de la vida humana. Mientras que la religión estuvo en manos de unos pocos elegidos o de un grupo de sacerdotes, estuvo en templos, iglesias, libros, dogmas, ceremonias, formas, rituales; pero cuando alcancemos el concepto real, espiritual y universal, entonces y solo entonces, la religión será real y viva, llegará a nuestra misma naturaleza, vivirá en nuestros propios movimientos, penetrará cada poro de la sociedad, y constituirá infinitamente más una herramienta para el bien de lo que jamás ha constituido.

Lo que se necesita es un sentimiento de fraternidad entre diferentes religiones, dado que todas ellas se mantienen o bien, caen juntas; un sentimiento de fraternidad que nazca de la estima y el respeto mutuos y no de la expresión de buena voluntad, condescendiente, paternalista y mezquina, por desgracia, tan de moda en nuestros tiempos. Y por encima de todo, esto es necesario entre los tipos de expresiones religiosas que provienen del estudio de los fenómenos mentales, y que por desgracia, incluso ahora reivindican exclusivamente para sí el nombre de religión, y entre aquellas expresiones de la religión cuyas cabezas, por así decirlo, penetran más en los secretos del cielo, si bien sus pies se aferran a la Tierra. Me refiero a las conocidas como ciencias materiales.

Para lograr esta armonía ambas partes tendrán que hacer concesiones, a veces significativas, incluso dolorosas, pero cada una de ellas se encontrará más dispuesta al sacrificio y más próximo a la verdad. Al final, el conocimiento encerrado en el dominio del tiempo y del espacio se reunirá y se convertirá en uno, solo con aquello que está más allá de ambos, donde la mente y los sentidos no pueden llegar: lo absoluto, lo infinito, lo único sin un segundo.

Los estándares utilitaristas no pueden explicar las relaciones éticas entre hombres puesto que, en primer lugar, no podemos derivar ley ética alguna a partir de consideraciones utilitaristas. Sin la denominada sanción sobrenatural, o sin la percepción del superconsciente, como yo prefiero denominarlo, no hay ética posible. Sin la lucha hacia lo infinito no hay ideal posible. Todo sistema que pretenda atar al hombre a las limitaciones de su propia sociedad es incapaz de explicar las leyes éticas de la humanidad. Los utilitaristas quieren que abandonemos la lucha hacia lo infinito, hacia lo ultrasensible, pues lo consideran impracticable y absurdo y, en el mismo contexto, nos piden actuar de manera ética y hacer el bien en la sociedad. ¿Por qué deberíamos hacer el bien? Hacer el bien es una consideración secundaria. Debemos tener un ideal. La ética en sí misma no es el final, sino el camino hacia el final. Si no supone el final, ¿por qué deberíamos actuar de manera ética?, ¿por qué deberíamos hacer el bien a otros hombres y no hacerles daño? Si la felicidad es la meta de la humanidad, ¿por qué no debería preocuparme por mi propia felicidad y hacer infelices a los demás?, ¿qué me lo impide? En segundo lugar, los fundamentos de la utilidad son demasiado limitados. Todos los métodos y formas sociales actuales se derivan de la sociedad tal y como esta existe, pero, ¿qué derecho tiene el utilitarismo a dar por hecho que la sociedad es eterna? La sociedad no existía años atrás; probablemente tampoco existirá en el futuro. Lo más probable es que esta sea una de las etapas de transición a través de las cual evolucionamos, y ninguna ley que se derive exclusivamente de la sociedad puede ser eterna, no puede abarcar todo el terreno de la naturaleza humana. Por lo tanto, como mucho, las teorías utilitaristas pueden funcionar solo bajo condiciones sociales actuales. Más allá, carecen de valor. Por el contrario, un código moral y ético derivado de la religión y de la espiritualidad contempla la totalidad del hombre infinito como objetivo. Trata al individuo, pero sus relaciones alcanzan lo infinito, y también se ocupa de la sociedad, porque la sociedad no es sino un gran número de tales individuos agrupados; y como se aplica al individuo y a sus eternas relaciones, ha de aplicarse necesariamente al conjunto de la sociedad, en cualquier condición y en cualquier momento. Así, comprobamos que siempre existe la necesidad de la religión espiritual para la humanidad. El hombre no puede pensar siempre en lo material, por muy placentero que sea.

Capítulo II
La Auténtica Naturaleza del Ser Humano

(Entregado en Londres)

El ser humano se aferra con prodigiosa tenacidad a los sentidos. No obstante, por sustancial que considere el mundo externo en el que vive y se mueve, llega un momento en la vida de todo individuo y raza en el que se pregunta: «¿Es esto real?». Incluso para quien jamás se cuestiona las credenciales de sus sentidos, que se entrega en todo momento a algún tipo de placer procurado por estos, la muerte llega, y también a él le compete preguntarse: «¿Es esto real?». La religión comienza con esta pregunta y termina con su respuesta. Incluso en el pasado remoto —del que no hay historia registrada que nos pueda ayudar—, en la misteriosa luz de la mitología, en los profundos albores de la civilización, se formulaba la misma pregunta: «¿Qué sucederá con esto? ¿Qué es real?».

Uno de los más poéticos Upanishads, el Katha Upanishad, comienza así: «Cuando un individuo muere, se abre un debate. Algunos afirman que se ha marchado para siempre; otros insisten en que continúa viviendo. ¿Quién está en lo cierto?». Se han dado varias respuestas. Todo el respectivo ámbito de la Metafísica, la Filosofía y la religión se halla repletos de respuestas a esta pregunta. Al mismo tiempo, se ha intentado eliminarla, acabar con la inquietud de la mente que se pregunta: «¿Qué hay más allá? ¿Qué es real?». Sin embargo, mientras la muerte aceche, todos estos intentos serán en vano. Puede que se hable de no ver nada más allá y de mantener nuestras esperanzas y aspiraciones limitadas al momento presente, así como de esforzarse por no pensar en nada más allá del mundo de los sentidos; y tal vez todo a nuestro alrededor contribuya a que nos mantengamos en sus estrechos límites. Puede que el mundo entero se alíe para impedir que vayamos más allá del presente. Sin embargo, mientras la muerte aceche, la pregunta ha de repetirse una y otra vez: ¿es la muerte el final de todo esto a lo que nos aferramos como si fuera la más real de las realidades, la más sustancial de las sustancias? El mundo se desvanece, se esfuma en un instante. Al borde del precipicio tras el cual se encuentra el abismo profundo, infinito, toda mente, por obstinada que sea, está destinada a recular y a preguntarse: «¿Es esto real?». Las esperanzas de toda una vida, construidas poco a poco con todas las energías de una gran mente, se desvanecen en un segundo. ¿Son reales? Se ha de hallar respuesta a esta pregunta. El tiempo nunca merma su poder; al contrario, lo alimenta.

Y después está el deseo de ser feliz. Perseguimos todo cuanto nos permita alcanzar la felicidad, proseguimos nuestra frenética carrera en el mundo externo de los sentidos. Si se pregunta al hombre joven de éxito, afirmará que esto es real, y lo creerá de veras. Quizá cuando este mismo hombre envejezca y se encuentre con que la fortuna siempre lo elude, afirmará que se trata del destino. Al final se encuentra con que sus deseos no pueden ser satisfechos. Vaya donde vaya, se encuentra con un muro infranqueable. Toda actividad sensorial conlleva una reacción. Todo es evanescente: el goce, el sufrimiento, el lujo, la riqueza, el poder, la pobreza e incluso la vida misma; todos se desvanecen.

A la humanidad le quedan dos posturas que adoptar: una es creer, como los nihilistas, que todo es nada, que lo ignoramos todo; que jamás podremos saber nada sobre el futuro, sobre el pasado, ni siquiera sobre el presente. Sin embargo, hemos de recordar que quien niega el pasado y el futuro pero quiere aferrarse al presente es un loco. Sería igual de lógico que negar la existencia del padre y de la madre y reconocer la existencia del hijo. Para negar el pasado y el futuro, también ha de negarse inevitablemente el presente. He aquí la postura de los nihilistas. Jamás he conocido hombre alguno que pudiese ser un auténtico nihilista durante tan solo un minuto. Hablar es muy fácil.

Luego, esta la otra postura, la de buscar una explicación, buscar lo real, descubrir en medio de este mundo eternamente cambiante y evanescente lo que es real. ¿Hay algo real en este cuerpo consistente en un conjunto de moléculas de materia? Esta ha sido la cuestión a lo largo de la historia de la mente humana. En los tiempos más remotos encontramos a menudo atisbos de luz que llegan a la mente humana. Vemos que los hombres, incluso por entonces, indagaban más allá de su cuerpo, dando con algo que no es su cuerpo externo, aunque fuese muy parecido; es algo mucho más completo, mucho más perfecto, que perdura incluso cuando este cuerpo ha muerto. En los himnos del Rig Veda leemos lo siguiente, dirigido al dios del fuego, que devora un cadáver: «Transpórtalo, oh fuego, suavemente en tus brazos; otórgale un cuerpo perfecto, brillante; transpórtalo donde moran los antepasados, donde no hay más dolor, donde no hay más muerte». Encontramos la misma idea en toda religión, y con ella, otra idea más: es un hecho significativo que todas las religiones, sin excepción, sostengan que el ser humano es la degeneración de lo que una vez fue, ya lo adornen con palabras mitológicas, ya lo formulen en los términos claros de la Filosofía o en las bellas expresiones de la poesía. Este es el hecho que se desprende de todas las escrituras y mitologías: que el ser humano que existe es una degeneración de lo que una vez fue. Este es el núcleo de la verdad en la historia de la caída de Adán en las escrituras hebreas. Esto se repite una y otra vez en las escrituras de los hindúes: el sueño de un periodo que denominaban la Edad de la Verdad, en la que el individuo no moría a menos que así lo deseara, en la que este podía conservar el cuerpo tanto tiempo como quisiera y su mente era pura y fuerte; no había maldad ni miseria, y la época actual es una corrupción de tal estado de perfección. Paralelamente, la historia del diluvio aparece en todas partes. Esta historia en sí constituye la prueba de que toda religión sostiene que la época presente es una corrupción de una época pasada. Continuó corrompiéndose cada vez más hasta que el diluvio exterminó a buena parte de la humanidad, y la serie ascendente comenzó de nuevo, y asciende de nuevo lentamente para alcanzar aquel estado primitivo de pureza. Todos conocéis la historia del diluvio en el Antiguo Testamento, historia a la vez común entre los antiguos babilonios, egipcios, chinos e hindúes. Manu, un gran sabio antiguo, estaba rezando a orillas del Ganges cuando un pececillo acudió para pedirle protección. Lo colocó en un tarro con agua que tenía ante sí y le preguntó: «¿Qué quieres?». El pececillo afirmó ser perseguido por un pez más grande, y le pidió protección. Manu se llevó al pececillo a su casa; a la mañana siguiente este se había hecho tan grande como el tarro, y dijo: «No puedo continuar viviendo en este tarro». Manu lo colocó en un estanque, y al día siguiente era tan grande como el estanque; aseguró no poder seguir viviendo en él, por lo que Manu tuvo que trasladarlo a un río, y a la mañana siguiente el pez abarcaba todo el río. Entonces, Manu lo echó al océano, y el pez reveló: «Manu, soy el Creador del Universo. He cobrado esta forma para venir a avisarte de que provocaré un diluvio universal. Construye un arca, mete en ella una pareja de cada especie animal y haz a tu familia entrar en el arca. Mi cuerno expulsará agua; ata el arca a él. Cuando el diluvio haya cesado, salid y poblad la Tierra». Así que se produjo el diluvio universal, y Manu salvó a su propia familia y una pareja de cada especie animal, así como semillas de cada especie vegetal. Cuando el diluvio cesó, salió y pobló el mundo. Cada uno de nosotros recibimos el nombre de humano porque somos la prole de Manu.

Por otra parte, la lengua humana es el intento de expresar la verdad que encierra. Estoy completamente convencido de que un bebé, cuya lengua consiste en ininteligibles balbuceos, intenta expresar la más elevada filosofía, solo que no cuenta con los órganos ni los medios para hacerlo. La diferencia entre la lengua de los grandes filósofos y la de los bebés reside en el grado y no en el tipo. Es de grado la diferencia existente entre lo que podemos denominar como la lengua más correcta, sistemática y matemática de nuestros tiempos y la lengua vaga, mística y mitológica de los antiguos. Todas estas lenguas encierran una idea grandiosa que lucha, por así decirlo, por ser expresada; y a menudo tras estas lenguas mitológicas hay un trasfondo de verdad, en tanto que —siento decirlo— tras la lengua sutil y pulida de los modernos hay auténtica basura. Por lo tanto, no hemos de tirar nada por la borda solo porque esté adornado con mitología o porque no encaje con las nociones de tal señor o señora de nuestros tiempos. Si hemos de burlarnos de la religión porque la mayoría de ellas afirma que los individuos deben creer en las enseñanzas de tal o tal profeta, aún más deberíamos burlarnos de estos modernos. En la actualidad, si alguien cita a Moisés, a Buda o a Cristo, esa persona es objeto de mofa; pero si afirma algo citando a Huxley, Tyndall o Darwin, lo que diga va a misa. «Lo dice Huxley» es suficiente para muchos. Pero ¡estamos libres de supersticiones! Aquella fue una superstición religiosa y esta es una superstición científica; solo que a través de aquella superstición nos llegaron las ideas vivificantes de espiritualidad, en tanto que a través de esta moderna superstición nos llegan la lujuria y la codicia. Aquella superstición supuso el culto a Dios, y esta superstición supone el culto al repugnante lucro de la fama y del poder. He aquí la diferencia.

Volviendo a la mitología, detrás de todas estas historias se halla una idea suprema: que el ser humano es una degeneración de lo que un día fue. En lo que a la actualidad se refiere, las investigaciones modernas parecen rechazar de plano esta posición. Así lo hacen los evolucionistas, según los cuales el ser humano es la evolución del molusco; por lo tanto, la teoría de la mitología no puede ser cierta. Sin embargo, hay en la India una mitología capaz de reconciliar ambas posturas. La mitología india se basa en la teoría de los ciclos, en que todo progreso se asemeja al proceso del oleaje. Todo auge es seguido de un declive, sucedido a su vez por otro auge, al que seguirá un nuevo declive, y así sucesivamente. El movimiento se produce en ciclos. Es sin duda alguna cierto, incluso en el terreno de la investigación moderna, que el ser humano no puede ser simplemente una evolución. Toda evolución presupone una involución. El individuo científico moderno afirmará que de una máquina solo se puede obtener una cantidad de energía colocada en ella previamente. Nada puede ser producido de la nada. Si el ser humano es una evolución del molusco, entonces el individuo perfecto (Buda, Cristo) estuvo contenido en el molusco. De lo contrario, ¿de dónde provienen esas colosales personalidades? Nada puede ser producido de la nada. Se presenta, por lo tanto, la ocasión de reconciliar las escrituras con las tendencias modernas. Esa energía que se manifiesta lentamente a través de varios estados hasta convertirse en el individuo perfecto no puede nacer de la nada. Existía en alguna parte, y si el molusco o el citoplasma es el primer punto en el que podemos localizarla, ese citoplasma debió, de una forma u otra, contener esa energía.

Existe un acalorado debate en el que se plantea si el conjunto de materiales que llamamos cuerpo es la causa de la manifestación de la fuerza que llamamos alma, pensamiento, etc., o si es el pensamiento lo que causa la manifestación de este cuerpo. Las religiones del mundo sostienen, por supuesto, que es la fuerza llamada pensamiento lo que manifiesta el cuerpo, y no al contrario. Hay escuelas modernas que sostienen que lo que llamamos pensamiento es simplemente el resultado del ajuste de las partes de la máquina que denominamos cuerpo. Si adoptamos esta segunda tesis de que el alma, la masa de pensamiento o como queramos llamarlo es el resultado de esta máquina, el resultado de las combinaciones físicas y químicas de materia que construyen el cuerpo y el cerebro, la pregunta queda sin responder. ¿Qué hace el cuerpo? ¿Qué fuerza combina las moléculas que lo integran? ¿Cuál es la fuerza que toma materiales de la masa de materia que la rodea y forma mi cuerpo de una manera, otro cuerpo de otra manera y así sucesivamente? ¿Qué hace estas diferencias infinitas? Afirmar que la fuerza llamada alma es el resultado de las combinaciones de moléculas del cuerpo es empezar la casa por el tejado. ¿Cómo y a partir de qué fuerza se produjeron las combinaciones? Si se afirma que otra fuerza fue la causa de estas combinaciones y el alma fue el resultado de esa materia, que el alma —la cual combinó cierta masa de materia— fue en sí el resultado de las combinaciones, no hay respuesta. Debe adoptarse una teoría que explique la mayoría de los hechos, si no todos, y que no contradiga otras teorías existentes. Es más lógico postular que la fuerza que toma la materia y forma los cuerpos es la misma que se manifiesta a través del cuerpo. Por lo tanto, carece de sentido afirmar que las fuerzas de pensamiento manifestadas por el cuerpo son el resultado de una combinación de moléculas y no cuentan con una existencia independiente, así como afirmar que la fuerza puede evolucionar a través de la materia. Más bien es demostrable que lo que llamamos materia no existe en absoluto. Se trata simplemente de un estado concreto de la fuerza. Se puede demostrar que la solidez, la dureza o cualquier otro estado de la materia son el resultado del movimiento. El incremento del movimiento de un torbellino aplicado a los fluidos les otorga la fuerza de los sólidos. Una masa de aire en movimiento en forma de remolino, como en un tornado, se asemeja a un sólido, y al impactar contra estos, los rompe, los corta. Si un hilo de una telaraña pudiese moverse a una velocidad casi infinita, sería tan fuerte como una cadena de hierro y sería capaz de partir un roble. Si lo miramos de esta manera, sería más fácil demostrar que lo que llamamos materia no existe. La otra tesis, sin embargo, no es demostrable.

¿Cuál es la fuerza que se manifiesta a través del cuerpo? Es obvio para todos nosotros, sea cual sea esa fuerza, que toma partículas, por así decirlo, y compone formas a partir de ellas: el cuerpo humano. Nada ni nadie más compone nuestros cuerpos. Nunca nadie ha ingerido alimentos en mi lugar, sino que yo tengo que asimilarlos para, a partir de ellos, producir sangre y construir huesos y todo lo demás. ¿Qué es esta misteriosa fuerza? Las ideas sobre el futuro y sobre el pasado parecen aterrorizar a muchos, y para otros parecen ser meras especulaciones.

Retomaremos la cuestión que nos ocupa. ¿Qué es la fuerza que opera ahora mismo a través de nosotros? Sabemos que tiempo atrás, en todas las antiguas escrituras, esta manifestación de poder se consideraba una sustancia luminosa en forma de cuerpo, y que subsistía incluso después de la muerte del mismo. Más tarde, sin embargo, se presentaba una idea superior: que ese cuerpo luminoso no era la manifestación de la fuerza. Todo lo que tiene forma ha de ser el resultado de una combinación de partículas y necesita de alguna fuerza motora tras de sí. Si este cuerpo necesita de algo ajeno a él que lo manipule, el cuerpo luminoso, por esa regla de tres, también necesitará de una fuerza ajena que lo manipule. De ahí que haya algo que reciba el nombre de alma, el *atman*, en sánscrito. Fue el *atman* el que, por así decirlo, operó a través del cuerpo luminoso sobre el cuerpo externo. Se considera el cuerpo luminoso el receptáculo de la mente, y el *atman* está más allá de este. Ni siquiera se trata de la mente: opera sobre la mente y, a través de esta, sobre el cuerpo. Vosotros tenéis un *atman*, yo tengo otro; todos tenemos un *atman* y un cuerpo sutil independientes, y a través de todo ello operamos sobre el cuerpo externo. Se plantearon, entonces, preguntas sobre tal *atman*, sobre su naturaleza. ¿Qué es este *atman*, esta alma del ser humano que no es ni el cuerpo ni la mente? Se sucedieron grandes discusiones y especulaciones, y surgieron varias tendencias dentro de la investigación filosófica. Intentaré exponeros algunas de las conclusiones a las que se ha llegado en lo que a este *atman* se refiere.

Las diferentes corrientes parecen estar de acuerdo en que este *atman* sea lo que sea, no tiene forma ni estado físico, y que lo que no tiene forma ni estado físico ha de ser omnipresente. El tiempo comienza con la mente, y en la mente se encuentra también el espacio. La causalidad no existe si no es en el tiempo. Sin la idea de sucesión no hay tampoco idea de causalidad. Tiempo, espacio y causalidad se sitúan, por lo tanto, en la mente, y puesto que el *atman* se encuentra más allá de la mente y no tiene forma, también debe encontrarse más allá del tiempo, del espacio y de la causalidad. Ahora bien, si se encuentra más allá del tiempo, del espacio y de la causalidad, ha de ser infinito. Y aquí llega la mayor especulación de nuestra filosofía: lo infinito no puede ser más de uno. Si el alma es infinita, solo puede haber un alma, y, por lo tanto, aquellas ideas que contemplan la existencia de varias almas (la vuestra, la mía, etc.) no son reales. El ser humano real, por consiguiente, es uno e infinito, el espíritu omnipresente. El ser humano aparente es solo la limitación de aquel ser humano real. En este sentido, las mitologías están en lo cierto al afirmar que el ser humano aparente, por grande que sea, no es sino un vago reflejo del ser humano real que hay más allá. El ser humano real, el espíritu, al encontrarse más allá de la causa y el efecto, al no estar limitado por el tiempo ni por el espacio, ha de ser, por lo tanto, libre. Jamás estuvo ni podrá estar limitado. El ser humano aparente, el reflejo, se ve limitado por el tiempo, el espacio y la causalidad, y está por lo tanto atado. O, en palabras de algunos de nuestros filósofos, parece estarlo, si bien no lo está realmente. Esta es la realidad en nuestras almas, esta omnipresencia, esta naturaleza espiritual, este infinito. Toda alma es infinita, por lo que no cabe hablar de nacimiento ni de muerte.

Una vez, unos niños se examinaban. El examinador les formuló preguntas bastante complejas, entre ellas, la siguiente: «¿Por qué no se cae la Tierra?». Con esto quería evocar respuestas relacionadas con la gravitación. La mayoría de los niños no pudo responder siquiera; unos pocos contestaron que era a causa de la gravitación, o algo así.   Una niña brillante respondió con otra pregunta: «¿Caerse a dónde?». La pregunta es disparatada. ¿A dónde caería la Tierra? No existe caída ni ascenso para la Tierra. En el espacio infinito no hay arriba ni abajo; estos existen solo en lo relativo. ¿A dónde se dirigen el ir y el venir de lo infinito? ¿De dónde vendría y a dónde iría?

Por lo tanto, cuando las personas dejen de pensar en el pasado y en el futuro; cuando abandonen la idea de cuerpo, porque el cuerpo va y viene y está limitado, se elevarán hacia un ideal más elevado. El cuerpo no es el ser humano real, ni tampoco lo es la mente, puesto que también esta va y viene. El único que puede vivir por siempre es el espíritu que se encuentra más allá. El cuerpo y la mente cambian constantemente, y, de hecho, solo hacen referencia a una serie de fenómenos en constante cambio, como ríos cuyas aguas fluyen constantemente, aun bajo la apariencia de corrientes continuas. Toda partícula del cuerpo está en constante cambio. Nadie tiene el mismo cuerpo durante muchos minutos, y aun así lo concebimos como un mismo cuerpo. Lo mismo ocurre con la mente: en un momento dado es feliz, y al momento siguiente, desdichada; en un momento es fuerte, y en otro, débil; es un torbellino en imparable cambio. Esto no puede ser el espíritu que es infinito. El cambio solo se produce en lo limitado. Decir que lo infinito cambia en cualquier sentido es absurdo, no puede producirse. Vosotros podéis moveros, yo puedo moverme, como cuerpos limitados. Toda partícula del universo fluye de manera constante; pero si tomamos el universo como unidad, como un todo, no puede moverse, no puede cambiar. El movimiento es siempre algo relativo; nos movemos en relación a otras cosas. Cualquier partícula en este universo puede cambiar en relación a cualquier otra. Pero si tomamos el universo como una unidad, ¿en relación a qué puede moverse? No hay nada a su lado respecto a lo que establecer esa relación. Por lo tanto, esta unidad infinita es inmutable, inamovible, absoluta, y esto es el ser humano real. Nuestra realidad, por lo tanto, consiste en lo universal, no en lo limitado. No es sino un viejo engaño —por reconfortante que parezca— el pensar que somos pequeños seres limitados en constante cambio. La gente se queda aterrorizada cuando se le cuenta que son el ser universal, omnipresente en todo lo que lleváis a cabo, en todo lo que decís, en todo corazón con que sentís.

La gente se queda aterrorizada cuando se les explica esto. Preguntarán una y otra vez si conservarán su individualidad. ¿Qué es la individualidad? Me gustaría saberlo. Un bebé no tiene bigote, pero cuando crezca, tendrá tal vez bigote y barba. De haber residido en el cuerpo, su individualidad se perdería. Si perdiese un ojo o una de mis manos, perdería la individualidad solo si esta residiera en el cuerpo. Entonces, un borracho no debería dejar el alcohol porque perdería su individualidad. Un ladrón no debería convertirse en una buena persona porque perdería así su individualidad. Nadie podría cambiar sus hábitos ante el miedo de perder su individualidad. No hay individualidad sino en lo infinito. Esta es la única condición que no cambia. Todo lo demás fluye constantemente. Ni tampoco puede la individualidad residir en la memoria. Supongamos que a causa de un golpe en la cabeza olvidase todo lo relativo a mi pasado; en ese caso, perdería mi individualidad, desaparecería. No puedo recordar dos o tres años de mi infancia, y si memoria y existencia son una, en ese caso aquello que he olvidado jamás existió. Aquella parte de mi vida que soy incapaz de recordar no la viví. Esta es una idea muy limitada del concepto de individualidad.

Aún no somos individuos. Luchamos por alcanzar la individualidad, que es lo infinito, que es la auténtica naturaleza del ser humano. Solo vive la persona cuya vida está en el universo al completo. Cuanto más concentramos nuestras vidas en cosas limitadas, más rápidamente avanzamos hacia la muerte. Solo vivimos esos momentos cuando nuestras vidas están en el universo, en otros. Vivir esta efímera vida significa la muerte, simplemente, la muerte; y, por ello, sobreviene el miedo a ella. El individuo solo vence el miedo a la muerte cuando se percata de que él vivirá mientras haya una única vida en este universo. Cuando pueda decir: «Vivo en todas las cosas, en todas las personas, en todas las vidas, en el universo», vencerá el miedo. Es absurdo hablar de inmortalidad en aquello que cambia constantemente. Un antiguo filósofo sánscrito dice: «Solo el espíritu es individual, porque es infinito». Lo infinito es indivisible, imposible de romper en añicos. Es siempre el mismo, la unidad por siempre indivisible, el individuo individual, el ser humano real. El individuo aparente es tan solo la lucha por expresar, por manifestar la individualidad que se esconde más allá; la evolución no está en el espíritu. Estos cambios que se producen (el malvado que se torna bueno, el animal que se convierte en individuo..., consideradlo como queráis) no residen en el espíritu, sino que son la evolución de la naturaleza y la manifestación del espíritu. Supongamos que una pantalla os oculta a mis ojos, mas cuenta con un pequeño agujero a través del cual puedo ver algunas de las caras que se encuentran ante mí, tan solo unas cuantas. Supongamos ahora que el agujero comenzara a hacerse cada vez mayor: a medida que se ensanchase, cada vez mayor porción de la escena que está ante mí se me revelaría, y cuando por fin agujero y pantalla hubiesen desaparecido, me hallaría cara a cara con todos vosotros. En este caso, vosotros no habríais cambiado en absoluto, sino que a medida que el agujero se agrandase, vosotros os iríais manifestando gradualmente. Lo mismo ocurre con el espíritu. No hay perfección alguna que alcanzar. Ya sois libres y perfectos. ¿Qué son esas ideas de la religión, de Dios y de la búsqueda del más allá? ¿Por qué busca el ser humano un Dios? ¿Por qué todo individuo en toda nación y en toda esfera de la sociedad anhela hallar en alguna parte un ideal perfecto, ya sea en el ser humano, ya en Dios, ya en cualquier otra cosa? Porque esa idea está en vuestro interior. Era el latido de vuestro propio corazón y no lo sabíais; lo confundíais con algo externo. Es el Dios en vuestra propia persona que os insta a buscarlo, a descubrirlo. Tras interminables búsquedas aquí y allá, en templos y en iglesias, en la tierra y en el cielo, por fin regresáis, completando el ciclo que comenzasteis, a vuestra propia alma, y halláis que aquel que habéis buscado por todas partes, aquel por el que os habéis lamentado y habéis rezado en iglesias y templos, aquel que habéis contemplado como el misterio de los misterios envuelto en nubes, es lo más cercano entre lo cercano, es vuestro propio «yo», es la realidad de vuestra vida, es el cuerpo y el alma, es vuestra propia naturaleza. Reivindicadla, manifestadla; no para tornaros puros, pues ya sois puros. No se trata de que os tornéis perfectos, pues ya sois perfectos. La naturaleza es como esa pantalla que esconde la realidad que hay más allá. Todo pensamiento positivo o acto en él fundamentado contribuye a rasgar el velo, por así decirlo, y así la pureza, lo infinito, el Dios tras de él se manifiesta cada vez en mayor medida.

Esta es la historia al completo del ser humano. Cuanto más fino se vuelve el velo, más brilla la luz que se halla tras él, puesto que está en su naturaleza brillar. No se puede conocer. En vano pretendemos conocerla. De poder conocerse no sería lo que es, puesto que es el sujeto eterno. El conocimiento es una limitación, una objetivación. Él es el sujeto eterno de todo, el eterno testigo del universo, vuestro propio «yo». El conocimiento es, por así decirlo, un peldaño inferior, una degeneración. Ya somos ese sujeto eterno, ¿cómo podríamos conocerlo? Esta es la auténtica naturaleza de todo individuo, que lucha por expresarse de diversas maneras; de lo contrario, ¿por qué existen tantos códigos éticos?, ¿cuál es la explicación de toda ética? La idea central de todo sistema ético, expresada de diversas maneras, es hacer el bien a los demás. La razón de ser de la humanidad debería ser la caridad para con el prójimo y para con los animales; estas no son sino distintas expresiones de esa verdad eterna: «Yo soy el universo, el universo es uno solo». Si no, ¿cuál es la razón?, ¿por qué debería hacer el bien a los otros, a mis iguales?, ¿qué me obliga? Se trata de la empatía, el sentimiento universal de igualdad. Incluso los corazones más duros sienten a veces empatía por otros. Incluso el individuo que se aterroriza ante la idea de que la individualidad es en realidad una falsa ilusión, de que carece de sentido intentar aferrarse a esta individualidad aparente, os podrá decir que la abnegación extrema es el centro de toda moralidad. ¿Y qué es la completa abnegación? Supone la negación de este «yo» aparente, la negación de todo egoísmo. Esta idea de *ahamkara* y *mamata*, 'yo y mío', es fruto de la superstición pasada, y cuanto más se aleja este «yo» presente, en mayor medida se manifiesta el «yo» real. Esta es la auténtica abnegación, el centro, la base, el fundamento de toda enseñanza moral. Sea el individuo consciente o no, el mundo entero camina lentamente hacia ella, practicándola en mayor o en menor medida. La vasta mayoría de la humanidad lo hace de manera inconsciente. Permitamos que lo haga de manera consciente. Permitámosle llevar a cabo el sacrificio, consciente de que este «yo y mío» no es el «yo» real, sino tan solo una limitación. Tan solo un atisbo de esa realidad infinita que se encuentra más allá, tan solo una chispa de ese fuego infinito que es el todo representa al ser humano presente; lo infinito es su auténtica naturaleza.

¿Cuál es la utilidad, el efecto, el resultado de este conocimiento? En nuestros días, la utilidad es la vara de medir para todo, en función de la cantidad de dinero que valga. ¿Con qué derecho solicita el individuo que se juzgue la verdad mediante el estándar de la utilidad o del dinero? Supongamos que no tuviese utilidad alguna; ¿sería por ello menos verdad? La utilidad no es la prueba de la verdad. Sin embargo, la verdad encierra la mayor utilidad. La felicidad, como podemos comprobar, es lo que toda persona anhela; pero la mayoría la busca en cosas evanescentes e irreales. Jamás se halló felicidad alguna en los sentidos; jamás hubo persona alguna que encontrase la felicidad en los sentidos, o en el disfrute de los mismos. La felicidad se halla solo en el espíritu. La mayor utilidad para la humanidad reside, por lo tanto, en hallar la felicidad en el espíritu. Lo siguiente que es necesario destacar es que la ignorancia es la madre de toda miseria, y la ignorancia de base es creer que lo infinito se lamenta y llora, que es finito. Esta es la base de toda ignorancia: nosotros, lo inmortal, lo siempre puro, el espíritu perfecto, creemos ser mentes, cuerpos insignificantes; esta es la madre de todos los egoísmos. Si pienso que soy un pequeño cuerpo, deseo preservarlo, protegerlo, mantenerlo en buen estado, aun a costa de otros cuerpos; de esta forma, vosotros y yo nos separamos. Al aparecer esta idea de separación se abre la puerta a toda maldad, lo que conduce a toda miseria. He aquí la utilidad: si tan solo una mínima parte de los seres humanos que viven hoy en día se deshiciese de la idea de egoísmo, limitación y pequeñez, este mundo se convertiría mañana en un paraíso; pero es imposible llevarlo a cabo con las máquinas y los avances en el conocimiento material. Estos últimos solo contribuyen a aumentar la miseria, al igual que arrojar leña al fuego alimenta al máximo la llama. Sin el conocimiento del espíritu todo conocimiento material no es sino añadir leña al fuego, otorgándole al individuo egoísta un instrumento más para apoderarse de lo que pertenece a otros, para vivir por encima de otros, en lugar de dar su vida por ellos.

Otra pregunta es si esto es práctico. ¿Puede llevarse a cabo en la sociedad moderna? La verdad no rinde homenaje a ninguna sociedad, antigua o moderna. La sociedad ha de pagar tributo a la verdad o sucumbir. Las sociedades deben configurarse en función de la verdad; no ha de adaptarse la verdad a la sociedad. Si una verdad tan noble como la generosidad es impracticable en sociedad, entonces es mejor que el ser humano abandone la sociedad y se adentre en el bosque. Ese es el individuo valiente. Hay dos tipos de valentía: una es aquella consistente en enfrentarse al cañón; la otra es la valentía de la convicción espiritual. Un emperador que invadió la India recibió de su preceptor el consejo de visitar a alguno de los sabios que allí vivían. Después de buscar durante largo tiempo a uno, dio con un hombre muy anciano que estaba sentado sobre un bloque de piedra. El emperador habló con él brevemente y, enormemente impresionado por su sabiduría, le pidió que le acompañase a su país. «No —contestó el sabio—. Me siento muy satisfecho aquí, con mi bosque». El emperador dijo: «Te procuraré dinero, posición y prosperidad. Soy el emperador del mundo». «No —replicó el sabio—. Tales cosas no me interesan». El emperador le espetó: «Si no vienes te mataré». El hombre sonrió serenamente y dijo: «Eso es lo más estúpido que podríais decir, emperador. No podéis acabar conmigo. El sol no puede secarme, el fuego no puede quemarme, la espada no puede matarme, puesto que no nací ni moriré; soy el siempre viviente, el omnipotente, el omnipresente espíritu». Esta es la valentía espiritual, en tanto que la otra es la valentía propia del tigre o del león. En la rebelión de 1857 hubo un *swami*, un alma grandiosa, a quien un sublevado mahometano apuñaló severamente. Los sublevados hindúes atraparon al hombre y lo llevaron ante el *swami*, ofreciéndose a matarlo. Pero el *swami*, contemplándolo con calma, dijo: «Hermano mío, ¡tú eres Él!, ¡tú eres Él!». Y expiró. Este es otro ejemplo. ¿De qué os sirve hablar de la resistencia de vuestros músculos, de la superioridad de vuestras nociones Occidentales si no podéis practicar la verdad en vuestra sociedad, si no sois capaces de construir una sociedad en la que la verdad encuentre su lugar? ¿De qué os sirve jactaros de vuestra grandeza y genialidad si os levantáis y decís: «Esta valentía no es práctica»?. ¿Acaso solo es práctico el dinero? Si esto es así, ¿qué sentido tiene jactaros de vuestra sociedad? La sociedad más grandiosa es aquella en la que las verdades más elevadas se tornan prácticas. Esta es mi opinión, y si la sociedad no se ajusta a las verdades más elevadas, hagamos que así sea, y cuanto antes, mejor. ¡Levantaos, hombres y mujeres, con este espíritu! ¡Atreveos a creer en la verdad, atreveos a practicar la verdad!

El mundo necesita unos cientos de hombres y mujeres valientes. Practicad esa valentía que osa conocer la verdad, que osa practicar la Verdad en lo cotidiano, que no vacila ante la muerte, sino que, al contrario, le da la bienvenida, que hace al individuo consciente de que él es el espíritu, consciente de que nada en el universo puede matarlo. Entonces seréis libres. Entonces conoceréis vuestra auténtica alma. «Primero se oye hablar del *atman*, luego se piensa en él y por último se medita sobre él».

En nuestros días se tiende enormemente a hablar demasiado del trabajo y a subestimar el pensamiento. Obrar es bueno, pero procede del pensamiento. Denominamos trabajo a las pequeñas manifestaciones de energía a través de los músculos. Sin embargo, allá donde no hay pensamiento tampoco habrá trabajo. Ocupad vuestra mente, por lo tanto, con pensamientos e ideales elevados; contempladlos día y noche, y de ellos nacerán grandes obras. No habléis de impureza; al contrario, afirmad que somos puros. Nos hemos autoconvencido de que somos pequeños, de que hemos nacido y de que vamos a morir, en un constante estado de temor.

Cuenta la historia que una leona a punto de parir iba en busca de una presa. Dio con un rebaño de ovejas y se abalanzó sobre él, muriendo en el intento tras dar a luz a un cachorro. Las ovejas se hicieron cargo de él; lo criaron y creció con ellas, paciendo y balando como una más. Y aunque con el tiempo la cría se convirtió en un león adulto, fuerte, se creía a sí mismo oveja. Un día otro león llegó en busca de una presa y quedó atónito al encontrar entre el rebaño a un león que huía como una oveja ante el peligro. Intentó acercarse a la oveja-león para revelarle que no era una oveja, sino un león; pero el pobre animal huyó de él. Sin embargo, un día en que encontró a la oveja-león mientras estaba durmiendo, vio su oportunidad. Se acercó a él y le dijo: «Eres un león». «Soy una oveja», sollozó balando el león, sin poder creer al otro. El otro león lo condujo hasta un lago y le dijo: «Mira, aquí están mi reflejo y el tuyo». Y así se produjo la comparación. Miró al otro león y su propio reflejo, y en ese instante asumió la idea de ser un león. El león rugió, el balido se había esfumado. Sois leones; sois almas; sois puros, infinitos y perfectos. El poder del universo está en vosotros. «¿Por qué te lamentas, amigo? No hay ni nacimiento ni muerte. ¿Por qué te lamentas? No hay enfermedad ni miseria, pues eres como el cielo infinito: nubes de varios colores se posan sobre él, juegan durante un momento y, después, se desvanecen; pero el cielo permanece eternamente azul». ¿Por qué vemos mezquindad? Hubo una vez un tocón, y en la oscuridad un ladrón pasó cerca de él y pensó: «Es un policía». Un joven que esperaba a su amada y vio el tocón pensó que se trataba de esta. Un niño que había escuchado historias de fantasmas lo tomó por un fantasma y comenzó a gritar. No obstante, se trató en todo momento del mismo tocón, del mismo trozo de árbol. Vemos el mundo tal y como somos nosotros. Supongamos que en un cuarto hay un bebé y un saco de oro en una mesa; llega un ladrón y roba el oro. ¿Pensaría el bebé que han robado el oro? Vemos fuera lo que tenemos dentro. El bebé no tiene ladrón dentro y no lo ve fuera. Así ocurre siempre con el conocimiento. No habléis de la maldad del mundo y de sus pecados. Lamentad que aún estáis abocados a ver la maldad. Lamentad que estáis abocados a ver pecado por todas partes, y si queréis ayudar al mundo, no lo condenéis. No contribuyáis a debilitarlo más. Puesto que, ¿qué son el pecado y la miseria sino el resultado de la debilidad? El mundo se debilita cada vez más por culpa de tales enseñanzas. Desde su infancia se les enseña a las personas que son débiles y pecadoras. Enseñadles que son todos gloriosos hijos de la inmortalidad, incluso quienes presentan las más débiles manifestaciones. Dejad que el pensamiento positivo, fuerte y útil penetre en vuestra mente desde la infancia. Abríos a estos pensamientos, y no a aquellos que os debilitan y os paralizan. Decidle a vuestra mente: «Yo soy Él, Yo soy Él». Dejad que resuene en vuestra mente día y noche como una canción, y afirmad en el momento de vuestra muerte: «Yo soy Él». Esa es la Verdad. La infinita fuerza del mundo es vuestra. Zafaos de la superstición que obstruye vuestra mente. Atreveos a ser valientes. Conoced y practicad la verdad. Puede que la meta esté lejos, pero despertad, levantaos y no paréis hasta alcanzarla.

Capítulo III
Maya e Ilusión

Entregado en Londres

Casi todos vosotros habéis escuchado la palabra *Maya*, normalmente utilizada, si bien de manera incorrecta, para referirse a la ilusión, al engaño o algo así. La teoría de *Maya* constituye, sin embargo, uno de los pilares de la Vedanta, por lo que es necesario interpretarla debidamente. Os pido un poco de paciencia, puesto que es alta la probabilidad de malinterpretarla. En la literatura védica, la idea más antigua de *Maya* hace referencia al engaño; pero por entonces no se había alcanzado aún la auténtica teoría. Recoge pasajes como: «Indra, a través de su *Maya*, adoptó varias formas», donde la palabra *Maya* designa realmente algo parecido a la magia, y este mismo significado de la palabra lo encontramos también en otros pasajes. Después la palabra *Maya* cae por completo en el olvido, si bien la idea se desarrollaba mientras tanto. Más tarde se formuló la siguiente pregunta: ¿por qué no podemos conocer este secreto del universo?, a la que se dio una respuesta muy significativa: porque hablamos en vano, porque nos satisfacemos con aquello que reside en los sentidos, porque perseguimos deseos; por lo tanto, cubrimos la realidad de bruma, por así decirlo. En este caso no se utiliza en absoluto la palabra *Maya*; pero nos hacemos una idea de que la causa de nuestra ignorancia es una especie de bruma que se interpone entre nosotros y la verdad. Mucho después, en uno de los últimos Upanishads, reaparece la palabra, esta vez transformada, pues se le ha atribuido un nuevo conjunto de significados. Se habían propuesto y repetido varias teorías, y otras se habían comenzado a formular, hasta que la idea de Maya se consolidó. En el Shvetashvatara Upanishad leemos: «Conoce que la naturaleza es Maya y que el gobernador de este Maya es el mismo Dios». En lo que a nuestros filósofos se refiere, se ha manipulado la palabra de diferentes formas hasta llegar al gran Shankaracharya. También los budistas manipularon un poco la teoría de Maya; pero en su terreno se pareció mucho más a lo que llamamos idealismo, significado atribuido actualmente de manera general a la palabra. Cuando el hindú dice que el mundo es Maya, la gente interpreta inmediatamente que el mundo es una ilusión, interpretación con cierto fundamento proveniente de los filósofos budistas, puesto que hubo un grupo de filósofos que no creían en absoluto en el mundo externo. Sin embargo, el Maya de la Vedanta en su último estadio evolutivo no hace referencia al idealismo ni al realismo, ni es tampoco una teoría, sino un simple estado de la realidad: lo que somos y lo que vemos a nuestro alrededor.

Como os he dicho antes, la mente de las personas de las que nos llegaron los Vedas se esmeraba en seguir, en descubrir principios. No tenían tiempo de trabajar en detalles o esperar a que estos llegaran; querían profundizar en el interior absoluto de las cosas. Algo más allá los llamaba, por así decirlo, y no podían esperar. Dispersos en los Upanishads vemos que los detalles de los campos que ahora conocemos como ciencias modernas son a menudo muy erróneos. Pero, al mismo tiempo, sus principios son correctos. Por ejemplo, la idea del éter, una de las últimas teorías de la ciencia moderna, se encuentra ya en nuestra antigua literatura en formas mucho más desarrolladas que en la teoría del éter moderna, solo que como principio. Al intentar demostrar el funcionamiento de tal principio, cometieron múltiples errores. La teoría del principio vital omnipresente, de que toda vida en este universo es solo una manifestación diferente, fue entendida en tiempos védicos; así lo encontramos en los Bráhmanas. En los Samhitas hay un largo himno que alaba el *prana*, del que toda vida es solo una manifestación. A propósito, puede que a algunos de vosotros os interese saber que en la filosofía védica acerca del origen de la vida en nuestro planeta, existen teorías muy similares a las formuladas por algunos científicos europeos modernos. Todos vosotros conocéis, por supuesto, la teoría que postula que la vida llegó de otros planetas. Varios filósofos védicos asentaron la doctrina según la cual la vida procede, así, de la Luna.

En lo que a los principios se refiere, estos pensadores védicos mostraron gran valentía, increíble atrevimiento a la hora de formular teorías amplias y generalizadas. Su solución al misterio del universo desde el mundo externo fue todo lo satisfactoria que podía ser. Los mecanismos detallados de la ciencia moderna no avanzan ni un solo paso hacia la solución puesto que los principios han fallado. Si en tiempos antiguos la teoría del éter fracasó en el intento de hallar una solución al misterio del universo, trabajar en los detalles de tal teoría no nos haría avanzar hacia la verdad. Si la teoría del principio vital omnipresente fracasara como teoría del universo, no iríamos más allá por mucho que trabajásemos en sus detalles, dado que los detalles no cambian el principio del universo. Lo que quiero decir es que los pensadores hindúes fueron, en lo que se refiere a su investigación sobre el principio, tan intrépidos —mucho más intrépidos en algunos casos— como los pensadores modernos: formularon algunas de las más importantes generalizaciones jamás alcanzadas, y algunas existen aún como teorías, teorías aún no alcanzadas por la ciencia moderna. Por ejemplo, no solo formularon la teoría del éter, sino que fueron más allá y clasificaron la mente como un éter aún más enrarecido; e incluso más allá encontraron un éter todavía más enrarecido. Sin embargo, esto no suponía la solución, no resolvía el problema. El conocimiento del mundo externo no podía resolver este problema. «Pero —dice el científico— tan solo estamos comenzando a conocer algo. Esperemos unos cuantos miles de años y tal vez hallemos la solución». «No», dice el seguidor de la Vedanta, puesto que ha constatado que la mente es, sin lugar a dudas, limitada; que no puede trascender ciertos límites, a saber, tiempo, espacio y causalidad, como tampoco ningún individuo puede ir más allá de su propia persona, es decir, no puede trascender los límites que le han sido marcados por las leyes del tiempo y del espacio. Todo intento de ahondar en las leyes de la causalidad, el tiempo y el espacio sería inútil, puesto que el mero intento habría de hacerse dando por hecho la existencia de estos tres. Entonces, ¿qué significa la afirmación de la existencia del mundo?, ¿y qué significa afirmar que «este mundo no tiene existencia»? Significa que no tiene existencia absoluta; que existe solo en función de mi mente, la vuestra y la mente de cualquiera. Percibimos el mundo con nuestros cinco sentidos. Pero si tuviésemos un sexto sentido, percibiríamos en él algo nuevo; y si tuviésemos un séptimo sentido, se nos mostraría de forma todavía más diferente. No tiene, por lo tanto, una existencia real; no tiene una existencia inmutable, inamovible, infinita. Tampoco se puede llamar a esto inexistencia, visto que existe y que nos dejamos la piel trabajando en ella y a través de ella. Se trata de una mezcla de existencia y de inexistencia.

Desde lo abstracto hasta los detalles comunes y cotidianos de nuestras vidas, nos damos cuenta de que todo es una contradicción, una mezcla de existencia e inexistencia. Esta contradicción también existe en el conocimiento. Parece que el ser humano puede conocerlo todo con solo desearlo; pero cuando apenas ha avanzado unos cuantos pasos, se da de bruces con un muro infranqueable. Todo su trabajo constituye un círculo del que no puede salir. Los problemas más próximos y más interesantes para él le reclaman día y noche una solución. Pero no puede solucionarlos porque no puede trascender su intelecto, y, sin embargo, este deseo está en él profundamente arraigado. A pesar de esto, sabemos que el bien solo puede obtenerse controlando, conteniendo tal deseo. Con cada aliento, todo impulso de nuestro corazón nos insta a ser egoístas. Al mismo tiempo, algún poder más allá de nosotros nos dice que solo la generosidad es buena. Todo niño es un optimista nato; sus sueños son de oro. En la juventud este optimismo se acentúa. Para una persona joven es difícil creer en cosas como la muerte, la derrota o la degradación. Llega la senectud y la vida es un cúmulo de ruinas. Los sueños se han desvanecido en el aire y el individuo se torna pesimista. Pasamos, por lo tanto, de un extremo al otro, golpeados por la naturaleza, sin saber adónde vamos. Me recuerda a un célebre canto del *Lalita Vistara*, la biografía de Buda, quien nació, cuenta la historia, como el salvador de la humanidad, aunque olvidó su razón de ser en el lujo de su palacio. Algunos ángeles vinieron y entonaron una canción para «despertarlo». El estribillo de la canción dice que fluimos en el río de la vida, en constante cambio, sin cesar, sin descanso. Así son nuestras vidas: continúan sin cesar. ¿Qué debemos hacer? El ser humano que tiene para comer y para beber es un optimista, y rehúye toda mención de la miseria, pues esta lo atemoriza. No le habléis del dolor ni del sufrimiento del mundo; dirigíos a él y decidle que todo va bien. «Sí, estoy a salvo —dice—. Miradme. Tengo una bonita casa en la que vivir. El frío y el hambre no me asustan. Así que no me mostréis esas cosas horribles». En cambio, hay otros que mueren de frío y hambre. Si les decís que todo está bien, no os escucharán. ¿Cómo podrían desear la felicidad a los demás cuando ellos son desgraciados? Oscilamos, por lo tanto, entre el optimismo y el pesimismo.

Luego, está el tremendo hecho de la muerte. El mundo entero camina hacia la muerte, todo muere. Todos nuestros progresos, vanidades, normas, lujos, riquezas, conocimientos… comparten el mismo final: la muerte. Esto es lo único seguro. Las ciudades surgen y desaparecen; los imperios se construyen y caen; los planetas se rompen en añicos y se desintegran en polvo, que se esparce por las atmósferas de otros planetas. Así ha sucedido desde tiempos inmemoriales. La muerte es el final de todo. La muerte es el final de la vida, de la belleza, de la riqueza, del poder y también de la virtud. Mueren los santos y los pecadores; mueren los reyes y los mendigos. Todos caminan hacia la muerte, y, no obstante, existe este tremendo afán por aferrarse a la vida. De alguna forma, y no sabemos por qué, nos aferramos a la vida, no podemos renunciar a ella. Y esto es Maya.

La madre cría con gran esmero a su hijo; pone toda su alma y su vida en ese niño. El niño crece, se hace un hombre y se convierte —tal vez— en un canalla, en un bruto que día a día le propina patadas y puñetazos. Aun así, la madre se aferra a su hijo, y cuando su razón se despierta, la silencia con la idea de amor. Apenas repara en que no es amor, sino algo que se ha apoderado de sus nervios y de lo que no puede zafarse; por mucho que lo intente, no puede escapar de la esclavitud de la que es víctima. Y esto es Maya.

Todos vamos en busca del vellocino de oro, y todos creemos que será nuestro. Toda persona razonable sabe que su probabilidad de éxito es de una entre veinte millones, y aun así lucha por ello. Y esto es Maya.

La muerte acecha este mundo nuestro día y noche; pero al mismo tiempo creemos que viviremos eternamente. Al rey Yudhishthira le preguntaron: «¿Qué es lo más maravilloso de este mundo?». Y este contestó: «Cada día muere gente a nuestro alrededor, y aun así, el hombre cree que jamás morirá». Y esto es Maya.

Estas enormes contradicciones en nuestro intelecto, en nuestro conocimiento, en todos los aspectos de nuestra vida, nos hacen frente por todas partes. Un reformador se alza para poner fin a los males de cierta nación, y ya antes de que se remedien, otro millar de males surgen en otro lugar. Es como una vieja casa que se desmorona: parte de ella puede volver a ser erigida mientras otra de sus partes se reduce a escombros. En la India nuestros reformadores protestan y denuncian la perversidad de la viudez forzosa. En Occidente la soltería es el mayor de los males. Ayudemos, por una parte, a las solteras, porque están sufriendo; ayudemos, por otra parte, a las viudas, porque están sufriendo. Es como el reumatismo crónico: se le hace desaparecer de la cabeza pero reaparece en el torso; se le hace desaparecer del torso pero reaparece en los pies. Los reformadores se alzan para predicar que la educación, la riqueza y la cultura no deberían estar en manos de unos pocos privilegiados, y luchan por hacerlos accesibles a todo el mundo. Puede que estos hagan felices a algunos; pero tal vez la felicidad física se debilite con la llegada de la cultura. El conocimiento de la felicidad conlleva el conocimiento de la desdicha. ¿Qué camino debemos, pues, tomar? El mínimo disfrute de prosperidad material causa la misma cantidad de miseria en alguna otra parte. Esta es la ley. Tal vez los jóvenes no lo vean con claridad, pero quienes han vivido y han luchado lo suficiente lo entenderán. Y esto es Maya. Todo esto se desarrolla sin cesar y es imposible hallar solución al problema. ¿Por qué han de ser así las cosas? Es imposible responder porque la pregunta no puede formularse de manera lógica. De hecho, no hay cómo ni por qué; tan solo sabemos que es así y que no podemos remediarlo. Incluso comprenderlo, formarnos en nuestra mente una imagen nítida de ello, está fuera de nuestro alcance. ¿Cómo podemos, entonces, solucionarlo?

Maya es el estado de la realidad de este universo, de cómo se desarrolla. Normalmente, la gente se atemoriza al tener noticia de estas cosas; pero debemos ser valientes. Esconder los problemas no es la manera de encontrarles remedio. Como todos sabéis, una liebre perseguida por perros se cree segura con agachar la cabeza. Así, cuando nos aferramos al optimismo hacemos exactamente como la libre. Pero esto no soluciona nada. Hay argumentos en contra, pero observaréis que son los poseedores de muchas de las cosas buenas de la vida quienes los esgrimen. En este país, Reino Unido, es muy difícil convertirse en un pesimista. Todos me dicen lo maravillosamente que marcha el mundo, cómo progresa. Pero su mundo solo se limita a sus vidas. Reaparecen viejas cuestiones, como que el cristianismo ha de ser la única religión verdadera del mundo porque las naciones cristianas son prósperas. Pero esta afirmación es en sí misma una contradicción, puesto que la prosperidad de la nación cristiana depende de la desdicha de las naciones no cristianas; debe tener de quién alimentarse. Suponiendo que el mundo se convirtiese al cristianismo, las naciones cristianas se volverían pobres, porque no habría naciones no cristianas de las que alimentarse. Por lo tanto, el argumento se desmonta a sí mismo. Los animales viven de las plantas; los humanos viven de los animales y, lo peor de todo, de otros humanos; el fuerte vive del débil. Así ocurre en todas partes. Y esto es Maya. ¿Qué solución encontráis a esto? Día a día escuchamos muchas explicaciones, y se nos dice que a largo plazo todo irá bien. Dando por hecho que esto sea posible, ¿por qué debería existir esta manera diabólica de hacer el bien?, ¿por qué no podemos hacer el bien a través del bien, en lugar de a través de estos métodos diabólicos? Los descendientes de los seres humanos de hoy en día serán felices. Pero ¿por qué debe existir todo este sufrimiento ahora? No hay solución. Esto es Maya.

Además, escuchamos a menudo que una de las características de la evolución es que elimina el mal, y como constantemente se elimina este mal de la faz de la tierra, al final solo quedará el bien. Esto suena muy bien, y complace la vanidad de quienes disponen de suficientes bienes de los que hay en el mundo, quienes no han de luchar con ahínco para afrontar cada momento ni son aplastados por la rueda de esta denominada evolución. Esto es, de hecho, muy positivo y reconfortante para los afortunados. Puede que el rebaño ordinario sufra, pero no les importa; se les puede dejar morir, carece de importancia. Muy bien. Con todo, este argumento es falaz de principio a fin. En primer lugar, da por sentado que el bien y el mal que se manifiestan en este mundo son dos realidades absolutas. En segundo lugar, lo que es peor, presupone que el bien crece y el mal decrece. Así que, si se elimina el mal de esta manera mediante lo que ellos denominan evolución, llegará un momento en el que todo este mal haya sido eliminado y todo lo que quede será bueno. Esto es muy fácil de decir, pero ¿puede demostrarse que lo malo decrezca? Pongamos por ejemplo a la persona que vive en un bosque, que no sabe cómo cultivar su mente, que no puede leer un libro, que no tiene la más mínima noción de lo que es la escritura. Si fuese gravemente herida, se recuperaría de inmediato, en tanto que nosotros morimos con sufrir tan solo un rasguño. La tecnología pone las cosas fáciles, contribuye al progreso y a la evolución. Pero millones de personas son aplastadas para que una pueda volverse rica; al mismo tiempo que una se hace rica, millares de personas se empobrecen progresivamente y masas enteras de seres humanos son esclavizadas. Por este camino vamos. El humano animal vive en los sentidos. Si no tiene para comer, es miserable; si ve su integridad física afectada, es miserable. Tanto su miseria como su desdicha comienzan y acaban en los sentidos. A medida que este individuo progresa, a medida que se ensancha el horizonte de su felicidad, también el horizonte de su desdicha crece proporcionalmente. La persona del bosque no sabe lo que es sentir celos, ni comparecer ante tribunal, ni pagar impuestos, ni ser víctima de las críticas de la sociedad, ni ser gobernado día y noche por la mayor tiranía que el diabolismo humano haya jamás inventado y que se entromete en los secretos de todo corazón humano. Ignora que el ser humano, con todo su vanidoso conocimiento y todo su orgullo, se vuelve mil veces más diabólico que cualquier otro animal. Por lo tanto, al desvincularnos de los sentidos desarrollamos capacidades de disfrute más elevadas, y al mismo tiempo tenemos que desarrollar también más elevadas capacidades de sufrimiento. Los nervios se agudizan y se vuelven capaces de sufrir más. En toda sociedad observamos a menudo que el individuo ignorante y vulgar no es demasiado sensible a los insultos. Pero sí lo es a una buena paliza. El caballero, sin embargo, no puede soportar insulto alguno, debido al nivel de agitación de sus nervios. La desgracia ha aumentado a consecuencia de su susceptibilidad a la felicidad. Esto no parece demostrar la tesis evolucionista. A medida que incrementamos nuestra capacidad de ser felices, también incrementamos nuestra capacidad de sufrir, y a veces me inclino a pensar que si aumentamos nuestra capacidad de ser felices en progresión aritmética, incrementaremos por otro lado nuestra capacidad de ser desgraciados en progresión geométrica. Quienes progresamos sabemos que cuanto más lo hacemos, más caminos hacia el dolor y hacia el placer se nos abren. Y esto es Maya.

Observamos, por lo tanto, que Maya no es una teoría que explique el mundo, sino un simple estado de la realidad tal y como esta es. La contradicción es el mismísimo fundamento de nuestro ser. En todas partes nos movemos a través de esta enorme contradicción. Dondequiera que encontremos el bien ha de existir también el mal; dondequiera que encontremos el mal ha de existir también el bien; dondequiera que haya vida ha de seguirla la sombra de la muerte; todo el que sonríe habrá de llorar, y viceversa. Este hecho es inmutable. Sí que podemos imaginar que habrá un lugar donde solo haya bien y no mal, donde solo sonriamos y nunca lloremos. Pero esto es imposible en la misma naturaleza de las cosas, puesto que las condiciones seguirían siendo las mismas. El poder que provoca nuestras lágrimas acecha allá donde se encuentre el poder que nos provoca una sonrisa. El poder que nos hace desgraciados acecha allá donde se encuentre el poder que produce felicidad.

Por lo tanto, la filosofía védica no es ni optimista ni pesimista. Da visibilidad a ambas perspectivas y trata las cosas tal y como son. Admite que este mundo es una mezcla de bien y de mal, de felicidad y de desdicha, y que para aumentar una, la otra ha de aumentar también. Jamás llegará a haber un mundo bueno ni malo por completo porque esta idea en sí es una contradicción. El gran secreto que este análisis revela es que el bien y el mal no son dos compartimentos estancos, dos realidades separadas. No hay cosa alguna en nuestro mundo ni en el universo que se pueda calificar solo como bueno o solo como malo. Lo que hoy consideramos bueno lo consideraremos mañana malo. Lo que produce la desgracia de alguien produce la felicidad de otro. El fuego que quema al niño puede utilizarse para cocinar un buen plato para una persona hambrienta. Los mismos nervios que portan el sentimiento de desgracia portan también el sentimiento de felicidad. Por consiguiente, la única manera de frenar el mal es frenar el bien; no hay otro modo. Para acabar con la muerte habría que acabar también con la vida. La vida sin la muerte y la felicidad sin la desdicha son contradicciones, y no se pueden hallar por separado porque ambas son manifestaciones de lo mismo. Lo que ayer creí bueno no lo considero bueno hoy. Cuando echo la vista hacia atrás en la historia de mi vida y recuerdo cuáles eran mis ideales en diferentes momentos, me percato de que así es. Hubo un tiempo en que mi ideal era conducir un par de caballos fuertes; en otra época creía ver la felicidad en poder elaborar cierto tipo de dulce; más tarde pensaba que me satisfaría sobremanera tener una esposa e hijos, así como una gran fortuna. A día de hoy me río de todos estos ideales, de estas meras puerilidades.

La Vedanta dice que debe llegar un momento en el que miremos hacia atrás y nos riamos de los ideales que nos provocan miedo a renunciar a nuestra individualidad. Todos nosotros queremos conservar nuestro cuerpo durante un tiempo indefinido, pensando que así seremos muy felices. Pero llegará un momento en que nos riamos de esta idea. Ahora bien, si esto es cierto, nos hallamos en un estado de desesperada contradicción: ni existencia ni inexistencia, ni desdicha ni felicidad, sino una mezcla de todas ellas. ¿Cuál es, por lo tanto, la utilidad de la Vedanta y de todas las demás filosofías? Y por encima de todo, ¿cuál es la utilidad de hacer el bien? Esta pregunta se nos viene a la mente. Si es cierto que no se puede hacer el bien sin hacer el mal y que allí donde se intente crear felicidad habrá siempre desdicha, la gente preguntará: «¿Cuál es la utilidad de hacer el bien?». La respuesta es, en primer lugar, que debemos luchar contra la desgracia, porque esta es la única manera de ser felices. Todos lo descubrimos tarde o temprano en nuestras vidas, los más brillantes algo antes que los más torpes. Los torpes lo pagan caro, y los brillantes, no tanto. En segundo lugar, debemos cumplir con nuestra parte, puesto que es la única manera de salir de esta vida de contradicción. Tanto las fuerzas del bien como del mal mantendrán nuestro universo vivo para nosotros, hasta que despertemos de nuestro letargo y dejemos a un lado la construcción de castillos de arena. Tendremos que aprender la lección, lo que llevará mucho, mucho tiempo.

En Alemania se ha intentado construir un sistema filosófico fundamentado en la conversión de lo infinito en finito, intentos que se dan también en Inglaterra. El análisis de la postura de estos filósofos es el siguiente: lo infinito intenta expresarse en este universo, y llegará un momento en que así lo consiga. Todo suena muy bonito. Se han utilizado las palabras *infinito, manifestación, expresión*, etc.; pero los filósofos reclaman, por supuesto, una base fundamental lógica para la afirmación de que lo finito puede expresar plenamente lo infinito. Lo absoluto y lo infinito solo pueden convertirse en este universo por limitación. Todo lo que nos llega a través de los sentidos, de la mente o del intelecto ha de estar limitado; y es simplemente absurdo, imposible, que lo limitado pueda ser lo ilimitado. La Vedanta, por su parte, afirma que es cierto que lo absoluto y lo infinito intentan expresarse a través de lo finito, pero que llegará un momento en que esto se dé por imposible y se tendrá que dar un paso atrás en este sentido, lo que significará la renuncia, que es el auténtico comienzo de la religión. En nuestros días incluso hablar de renuncia es muy difícil. En América se me recriminó que yo, que vengo de una tierra que ha estado muerta y sepultada durante cinco mil años, hablaba de renuncia. Así piensa tal vez el filósofo inglés. No obstante, es cierto que este es el único camino hacia la religión: renunciar y abandonar. ¿Qué dijo Cristo? «El que ha perdido su vida por mi causa la hallará». Reivindicó una y otra vez la renuncia como el único camino hacia la perfección. Llega un momento en que la mente despierta de su largo y monótono letargo: el niño deja a un lado sus juegos y quiere volver con su madre. Se percata de la veracidad de la siguiente afirmación: «El deseo no es jamás satisfecho por su disfrute; esto solo contribuye a avivarlo, como el viento aviva el fuego».

Esto es válido tanto para el disfrute que reside en los sentidos como para el disfrute que reside en el intelecto y en la mente. No son nada; son parte de Maya, de este tejido más allá del que no podemos ir. Podemos recorrer este camino infinitamente sin hallar el final, y en todo momento en que nos esforcemos por obtener un pequeño disfrute, la desdicha caerá sobre nosotros. ¡Esto es horrible! Y cuando pienso en ello solo puedo llegar a la conclusión de que esta teoría de Maya, esta declaración de que todo es Maya, es la mejor y la única explicación. Con tanta miseria como hay en el mundo, si viajamos por varias naciones, observamos que cada una trata de paliar sus males de una manera diferente. Diversas razas han tratado de eliminar el mismo mal, sin que ninguna lo haya logrado aún. Si en cierto punto se ha minimizado, en otro punto se ha concentrado. Así ocurre. Los hindúes, para preservar un alto nivel de castidad, han promovido el matrimonio infantil, lo que a la larga ha degradado la raza. Al mismo tiempo, es innegable que esto contribuye a la castidad ¿Cómo actuaríais? Si se quiere que la raza sea más casta, se debilita físicamente al hombre y a la mujer mediante el matrimonio infantil. Por otra parte, ¿es la situación mejor en Inglaterra? No, porque la castidad es la vida de una nación. ¿No habéis observado que a lo largo de la historia el primer signo del declive de una nación siempre ha sido la falta de castidad? Cuando esta aflora, el final de la raza es inminente. ¿Dónde debemos hallar, entonces, el remedio a estas desgracias? Este mal queda atenuado si los padres escogen los cónyuges de sus hijos. Las hijas indias son más prácticas que sentimentales, pero existe un ápice de poesía en sus vidas. Además, parece que el hecho de escoger uno mismo a su cónyuge no conduce a la felicidad. La mujer india es, por lo general, muy feliz; no se suelen dar disputas entre marido y mujer. Por el contrario, en Estados Unidos, donde existe la mayor libertad, el número de hogares y matrimonios desgraciados es elevado. La desdicha existe aquí, allí y en todas partes. ¿Qué demuestra esto? Que, después de todo, todas estas ideas no han conducido, por lo general, a la felicidad. Luchamos por la felicidad, y tan pronto como la obtenemos, aparece en otro lado la desdicha.

¿No debemos, entonces, trabajar para hacer el bien? Sí, con más fervor que nunca, pero el ser conscientes de todo esto pondrá fin a nuestro fanatismo. El inglés ya no será un fanático ni maldecirá al hindú. Aprenderá a respetar las costumbres de los diferentes pueblos. Habrá menos fanatismo y más trabajo auténtico. Los fanáticos no pueden llevar a cabo un trabajo eficaz, malgastan con su fanatismo tres cuartos de sus fuerzas. Es el individuo sensato, sereno y práctico el que lleva a cabo un trabajo eficaz. Por ello, la capacidad de trabajar irá en aumento gracias a esta idea. Siendo conscientes de que esta es la situación, tendremos más paciencia. La percepción de la miseria y del mal no alterará nuestro equilibrio ni nos hará perseguir las sombras. Nos armaremos, por lo tanto, de paciencia,

CAPÍTULO III : MAYA E ILUSIÓN

sabiendo que el mundo tendrá que seguir su propio curso. Si, por ejemplo, todas las personas se volviesen buenas, los animales habrían estado evolucionado mientras tanto en personas y tendrían que recorrer el mismo proceso, e igual pasaría con las plantas. Pero solo hay algo cierto : el torrencial río se precipita hacia el océano, y todas las gotas que componen la corriente llegarán en su debido momento al océano infinito. Así que en esta vida, con todas sus desgracias, pesares, goces, sonrisas y llantos, algo es seguro : todo se precipita hacia su meta, y es solo cuestión de tiempo que nosotros, plantas, animales y toda partícula de vida existente alcancemos el infinito océano de la perfección, alcancemos la libertad, alcancemos a Dios.

Permitidme reiterar una vez más que la posición védica no es ni optimista ni pesimista. No afirma que este mundo sea por completo bueno ni malo. Afirma que nuestro mal no es menos importante que nuestro bien, y que nuestro bien no es más importante que nuestro mal. Ambos van juntos. Así es el mundo, y siendo consciente de ello uno trabaja con paciencia. ¿Para qué? ¿Por qué deberíamos trabajar? Si esta es la situación , ¿qué podemos hacer?, ¿por qué no adoptar una postura agnóstica? Los agnósticos modernos también saben que no hay solución a este problema, que no hay forma de escapar a este mal de Maya, como decimos en nuestra lengua, por lo que nos animan a sentirnos satisfechos y a vivir la vida. Esto es, de nuevo, un error, un gravísimo error, el más ilógico de los errores, y esta es la explicación : ¿qué se entiende por vida? ¿Por vida se entiende exclusivamente el mundo de los sentidos? A este respecto, cada uno de nosotros difiere solo ligeramente de los ignorantes. Estoy seguro de que entre todos cuantos estamos aquí no se encuentra nadie cuya vida resida solo en los sentidos. Esta vida presente significa, por lo tanto, algo más que eso. Nuestros sentimientos, pensamientos y aspiraciones forman también parte de nuestras vidas, ¿y acaso no es la lucha hacia el ideal de la perfección uno de los componentes más importantes de lo que llamamos vida? Según los agnósticos debemos disfrutar la vida tal y como es, pero esta vida supone ante todo esta búsqueda del ideal; la esencia de la vida es avanzar hacia la perfección. Debemos tener esta esencia y no podemos ser, por consiguiente, agnósticos ni tratar el mundo tal como se nos presenta. La posición agnóstica afirma que todo lo que existe es esta vida, sin el componente ideal. Y eso, reivindican los agnósticos, es inalcanzable, por lo que debemos renunciar a la búsqueda. Esto es lo que llamamos Maya : esta naturaleza, este universo.

Todas las religiones constituyen en mayor o menor medida intentos de ir más allá de la naturaleza, ya sea la más cruda o la más desarrollada, ya sea expresada, bien mediante la mitología o la simbología; bien mediante historias de dioses, de ángeles o de demonios; bien mediante historias de santos, de visionarios, de grandes hombres o de profetas; o bien mediante abstracciones filosóficas. Todas comparten el mismo objetivo, todas intentan trascender sus limitaciones. En pocas palabras, luchan por alcanzar la libertad. El ser humano siente consciente o inconscientemente que está atado, que no es lo que quiere ser, algo que se le enseñó desde el mismo momento en que comenzó a observar lo que le rodeaba. En el mismo momento en que aprendió que estaba atado, descubrió también algo en él que quería echar a volar, llegar a donde el cuerpo no puede, pero que se encontraba aún atado por esta limitación. Este factor común, el de la libertad, se encuentra incluso en el nivel ínfimo de las ideas religiosas, en el que se adora a los ancestros fallecidos y a otros espíritus que, por lo general, son violentos y crueles y se encuentran al acecho de la casa de sus amigos, sedientos de sangre y de aguardiente. Quien desea adorar a los dioses ve en ellos, por encima de todo, una libertad mayor que aquella de la que él dispone. Piensa que los dioses pueden pasar a través de una puerta cerrada, y que las paredes no son barreras para ellos. Esta idea de libertad aumenta hasta convertirse en la idea de un Dios personal, cuyo concepto clave es que Él es un ser más allá de las limitaciones de la naturaleza, de Maya. Digamos que veo que, en algunos de esos lugares retirados en el bosque, los antiguos sabios de la India debaten sobre esta cuestión, y que en medio de uno de estos debates, en el que incluso los más ancianos y los más santos fracasan en el intento de hallar soluciones, un joven hombre se levanta y dice: «¡Escuchad, hijos de la inmortalidad. Escuchad, los que vivís en los lugares más elevados. He encontrado el camino: conociendo a aquel que está más allá de las tinieblas, podemos vencer la muerte!».

Este Maya está en todas partes. Es terrible. Aun así, tenemos que trabajar a través de él. Quien afirma que trabajará cuando el mundo sea bueno por completo —y disfrutará, entonces, de la felicidad— tiene la misma probabilidad de éxito que quien se sienta a orillas del Ganges y dice: «Vadearé el río cuando toda el agua haya llegado al océano». La lucha no es junto a Maya, sino contra él. Este es otro hecho que hay que aprender. No hemos nacido como discípulos de la naturaleza, sino como sus competidores. Somos los amos a quienes se debe, pero nos atamos nosotros mismos. ¿Por qué está esta casa aquí? No la construyó la naturaleza. La naturaleza dice: «Ve y vive en el bosque». El ser humano dice: «Construiré una casa y lucharé contra la naturaleza», y así lo hace. La historia de la humanidad al completo es una lucha constante contra las denominadas leyes de la naturaleza, y al final vence el ser humano. En lo que al mundo interno se refiere, también en este se desarrolla la misma lucha, la lucha entre el humano animal y el humano espiritual, entre la luz y las tinieblas, y también aquí el ser humano resulta vencedor. Por así decirlo, desvincula su vida de la naturaleza hacia la libertad.

Observamos, por lo tanto, que más allá de este Maya los filósofos védicos encuentran algo que no está limitado por este, y si podemos llegar hasta allí, no estaremos atados por Maya. Todas las religiones comparten de una manera u otra esta idea. No obstante, esta es para la Vedanta no el final de la religión, sino el comienzo. La idea de un Dios personal, de un gobernador o creador del universo —como se ha denominado, el gobernador de Maya, de la naturaleza— no es el final de estas ideas védicas, sino solo el comienzo. La idea crece y crece hasta que el védico descubre que aquel que, según creía, estaba en el exterior, es él mismo, y está en realidad en su interior. Él es aquel que es libre, pero creyó que estaba atado por las limitaciones.

Capítulo IV
Maya y la Evolución del Concepto de Dios

Londres, 20 de octubre de 1896

Hemos comprobado cómo la idea de Maya, que constituye, por así decirlo, una de las doctrinas básicas de la Vedanta Advaita, aparece ya en su primer estadio evolutivo incluso en los Samhitas, y que en realidad todas las ideas que se desarrollan en los Upanishads aparecen ya en los Samhitas de una forma u otra. La mayoría de vosotros ya estáis familiarizados con la idea de Maya, y sabéis que este concepto se interpreta a veces de manera errónea, como una ilusión; por lo que cuando se dice que el universo es Maya, se entiende que este es una ilusión. Esta traducción de la palabra no es ni afortunada ni acertada. Maya no es una teoría, sino simplemente el estado de la realidad del universo tal y como existe, y para entender el concepto debemos remontarnos a los Samhitas y tomarlo en su origen.

Hemos visto cómo llegó la idea de los Devas. Sabemos al mismo tiempo que al principio estos Devas solo eran seres poderosos y nada más. A la mayoría de vosotros os horroriza la lectura de las antiguas escrituras —ya sean las griegas, las hebreas, las persas u otras— al ver que los dioses antiguos hacen a veces cosas repugnantes a nuestros ojos. Sin embargo, olvidamos al leer estos libros que nosotros pertenecemos al siglo XIX, y la existencia de estos seres se sitúa miles de años atrás. Olvidamos, asimismo, que la gente que adoraba a estos dioses no encontraba nada incongruente en sus personalidades ni nada que los asustase, porque estos dioses se parecían mucho a ellos. Debo además resaltar que esta es la única gran lección que tenemos que aprender a lo largo de nuestras vidas. Siempre juzgamos a los demás a través de nuestros propios ideales. Esto no debería ser así. Se debe juzgar a cada persona en función de su propio ideal, y no a través de los ideales de nadie más. Al tratar con nuestros iguales cometemos siempre este mismo error, y soy de la opinión de que esta es la causa de la gran mayoría de nuestras disputas con los demás: siempre intentamos juzgar a los dioses de los otros en función de los nuestros, los ideales de los demás en función de nuestros ideales, los motivos de los otros en función de nuestros motivos. Tal vez hagamos algo en ciertas circunstancias; pero cuando vemos a otra persona actuar de la misma manera, creemos que lo hace por el mismo motivo, sin llegar ni siquiera a pensar que, si bien el efecto puede ser el mismo, muchas otras causas han podido producir ese comportamiento. Probablemente haya actuado movido por una causa muy diferente a la nuestra. Así que no debemos partir de nuestro punto de vista a la hora de juzgar las religiones antiguas, sino que debemos situarnos en aquellos tiempos antiguos, en su pensamiento y en sus formas de vida.

La idea del Jehová cruel y despiadado del Antiguo Testamento ha aterrorizado a muchos; pero ¿por qué?, ¿qué derecho tienen a asumir que el Jehová de los antiguos judíos debe representar la idea convencional que se tiene de Dios a día de hoy? Al mismo tiempo, debemos tener presente que después de nosotros llegarán generaciones que se reirán de nuestras ideas de la religión y de Dios, igual que nosotros nos reímos de las ideas de los antiguos. Sin embargo, el hilo de oro de la unidad recorre todas estas diversas concepciones, y descubrirlo es el objetivo de la Vedanta. «Soy el hilo que recorre todas estas diversas ideas, cada una de las cuales es como una perla», dice Krishna, y la obligación de la Vedanta es establecer este hilo conductor, por incongruentes o aborrecibles que parezcan estas ideas si se las juzga de acuerdo con nuestras concepciones de hoy en día. Aquellas ideas, en el contexto de aquellos tiempos, eran armoniosas y no más horribles que nuestras ideas actuales. El horror se hace evidente solo cuando intentamos descontextualizarlas y aplicarlas a nuestras circunstancias presentes, puesto que sus antiguos contextos murieron y quedaron atrás. Así como el antiguo judío ha evolucionado en el judío entusiasta, moderno y perspicaz, el ario ha evolucionado en el hindú intelectual, y, de la misma forma, Jehová ha evolucionado y los Devas han evolucionado.

El gran error reside en reconocer la evolución de los creyentes sin admitir la evolución de las deidades adoradas, a las que no se les atribuye el progreso que sus devotos han logrado. Es decir, vosotros y yo, que representamos ideas, hemos crecido; también estas deidades, las cuales también representan ideas, han crecido. Puede que el hecho de que Dios pueda crecer os parezca en cierto modo curioso. Sin embargo, Dios no puede crecer, es inmutable. En este sentido, tampoco el ser humano real puede crecer jamás. No obstante, las ideas que el ser humano tiene de Dios cambian y se expanden constantemente. Llegaremos a ver cómo el ser humano real que hay detrás de cada una de estas manifestaciones humanas es inamovible, inmutable, puro y siempre perfecto. De la misma forma, la idea que nos formamos de Dios es una mera manifestación, es nuestra propia creación; detrás de ella está el Dios real que nunca cambia, el siempre puro, el inmutable. Sin embargo, la manifestación está en constante cambio, revelando cada vez en mayor medida la realidad que se esconde detrás. Cuando esta manifestación tiende a revelar esta realidad oculta, recibe el nombre de *progresión*; cuando tiende a esconderla más, recibe el nombre de *retrocesión*. Por lo tanto, cuando crecemos los dioses lo hacen en la misma medida. Desde el punto de vista ordinario, los dioses se revelan a sí mismos al igual que nosotros lo hacemos, a medida que unos y otros evolucionamos.

Ahora deberíamos estar en condiciones de entender la teoría de Maya. Las preguntas que se propone debatir en todas las regiones del mundo son las siguientes: ¿por qué carece de armonía este universo?, ¿por qué existe el mal en el universo? Estas preguntas no las encontramos en el mismísimo comienzo de las ideas religiosas primitivas porque al individuo primitivo el mundo no le parecía incongruente. Para él las circunstancias no estaban faltas de armonía; no había división de opiniones, no existía la dicotomía del bien y del mal. Solo albergaba en su propio corazón el sentimiento de algo que decía: «Sí», y algo que decía: «No». El ser humano primitivo era un ser impulsivo. Hacía lo que se le ocurría, e intentaba materializar a través de sus músculos todo pensamiento que le cruzaba la mente; no se paraba a considerar nada y rara vez intentaba controlar sus impulsos. Así ocurría con los dioses: también eran criaturas impulsivas. Indra aparece y destruye las fuerzas de los demonios. A Jehová le gustan unas personas y le disgustan otras, por alguna razón desconocida y que nadie pregunta. Aún no había surgido la costumbre de cuestionarse, y todo lo que un dios hacía se consideraba correcto. No había idea alguna del bien ni del mal. Los Devas hicieron, en el sentido que nosotros otorgamos a la palabra, muchas cosas malvadas. Indra y otros dioses cometieron una y otra vez actos perversos; pero para los devotos de Indra no existía idea alguna de perversidad o maldad, por lo que no los cuestionaban.

La lucha llegó con el avance de las ideas éticas. Afloró cierto sentimiento en el ser humano, llamado de distinta forma en diferentes lenguas y naciones. Llamadlo la voz de Dios o el resultado de la educación del pasado, como queráis; pero el efecto fue que ejerció un poder de control sobre los impulsos naturales del ser humano. Hay un impulso en nuestras mentes que dice: «Hazlo». Detrás de este se alza otra voz que dice: «No lo hagas». Hay un conjunto de ideas en nuestra mente que lucha por salir al exterior a través de los canales de los sentidos, y detrás de ellas, si bien fina y débil, hay una voz infinitamente pequeña que dice: «No salgáis afuera». Las dos bonitas palabras sánscritas para estos fenómenos son pravritti y navritti, 'movimiento circular hacia el exterior' y 'movimiento circular hacia el interior', respectivamente. Es el movimiento circular hacia el exterior el que gobierna normalmente nuestras acciones. La religión comienza con el movimiento circular hacia el interior. La religión comienza con este «no lo hagas»; la espiritualidad comienza con este «no lo hagas». Cuando el «no lo hagas» no está presente, la religión no ha comenzado. Este «no lo hagas» llegó, provocando la evolución de las ideas del ser humano a pesar de los dioses violentos a los que había adorado.

Un poco de amor afloró en los corazones de la humanidad; muy poco, en realidad, e incluso hoy en día no es mucho mayor. Al principio se limitó a una tribu, tal vez a miembros de la misma tribu. Estos dioses amaron a sus tribus; cada uno de ellos era un dios tribal, el protector de una tribu. A veces, los miembros de una tribu se creían descendientes de su dios, al igual que los clanes de diferentes naciones se creen los descendientes comunes de quien fundó el clan. Hubo en épocas antiguas y hay incluso ahora personas que reivindican ser descendientes no solo de estos dioses tribales, sino también del sol y de la luna. En los antiguos libros sánscritos leemos acerca de los grandes emperadores heroicos de las dinastías solares y lunares. Estos fueron primero adoradores del sol y de la luna, y gradualmente fueron creyendo ser descendientes de los dioses del sol y de la luna, y así sucesivamente. Así que cuando estas ideas tribales comenzaron a desarrollarse, surgió un poco de amor, una sutil idea de obligación para con el otro, una pequeña organización social. Entonces, naturalmente, aparecieron las siguientes preguntas: ¿cómo podemos vivir juntos sin soportar ni contenernos?, ¿cómo podemos convivir sin tener en algún momento que controlar nuestros impulsos, refrenarnos o abstenernos de hacer algo que nuestra mente nos impele a hacer? Es imposible. Así llega la idea de contención. Todo el conjunto social se basa en la idea de contención, y todos sabemos que quien no ha aprendido la gran lección de soportar y contenerse lleva una vida de lo más miserable.

Ahora bien, al llegar estas ideas de religión, un atisbo de algo superior, más ético, nació en el intelecto de la humanidad. Se consideró a los viejos dioses, a los dioses de los antiguos, muy incongruentes, a esos dioses bulliciosos, violentos, bebedores y que comían carne de res, cuyo placer residía en el olor a carne asada y en la libación de licores fuertes. Indra bebía a veces hasta caer al suelo y hablar de manera ininteligible. No se podía seguir tolerando a estos dioses. Había surgido la noción de indagar en los motivos, y también los dioses tenían que sufrir esta investigación. Se reclamó —sin éxito— la razón de tal y tal acción. Por ello, las personas dejaron a un lado a estos dioses, o más bien desarrollaron ideas más elevadas acerca de ellos. Podría decirse que sometieron a estudio todas las acciones y cualidades de los dioses; descartaron las que no podían armonizar, y preservaron las que podían comprender y las combinaron bajo el nombre Deva-deva, el dios de los dioses. El dios objeto de adoración no era ya un mero símbolo de poder: se requería algo más. Se trataba de un dios ético, que amaba a la humanidad y hacía el bien para esta; pero permaneció la idea de dios. Incrementaron su significado ético, así como su poder. Se convirtió en el ser más ético del universo, así como en casi omnipotente.

Pero esta labor de «reparación» no funcionaba aún. Al aumentar tan considerablemente la complejidad de la explicación, también aumentó la dificultad del problema que esta debía resolver. Si las cualidades del dios aumentaban en progresión aritmética, la dificultad y la duda aumentaban en progresión geométrica. La dificultad que planteaba Jehová era muy pequeña en comparación con la dificultad que plateaba el Dios del universo, cuestión aún vigente a día de hoy. ¿Por qué deberían seguir permitiéndose cosas diabólicas bajo el reinado de un Dios omnipotente y lleno de amor?, ¿por qué debería haber mucha más miseria que felicidad y mucha más maldad que bondad? Podemos dar la espalda a todo esto, pero la realidad sigue siendo que este mundo es horrible. Se trata, en el mejor de los casos, del infierno de Tántalo. Aquí nos encontramos, con impulsos fuertes y anhelos aún más fuertes en lo que al disfrute de los sentidos se refiere; pero no podemos satisfacerlos. Una ola se eleva y nos empuja hacia delante, en contra de nuestra propia voluntad, y tan pronto como avanzamos un paso, somos golpeados. Todos estamos condenados a vivir aquí como Tántalo. A nuestra mente llegan ideales que están mucho más allá de nuestros ideales sensoriales; pero fracasamos en el intento de expresarlos. Además, somos aplastados por la masa que crece a nuestro alrededor, y no obstante, si dejamos a un lado todo ideal y simplemente luchamos a través de este mundo, nuestra existencia es la de un bruto, nos degeneramos, nos degradamos. Ninguno de estos caminos conduce a la felicidad. El destino de todo individuo que se contente con vivir en este mundo al que ha venido es la desdicha. Mil veces más miserable es el destino de quien osa avanzar hacia la verdad y hacia concepciones más elevadas, quien osa reclamar algo más elevado que esta mera existencia bruta. Estos son los hechos, pero no hay explicación ni puede haberla. Sin embargo, la Vedanta muestra la salida. Debéis saber que tengo que contaros hechos que a veces os asustarán; pero si recordáis lo que digo, si pensáis en ello, si lo asimiláis, será vuestro, os elevará y os hará capaces de comprender y de vivir en la verdad.

Es un hecho que este mundo es un infierno como el de Tántalo, que no sabemos nada acerca de este universo Pero, al mismo tiempo, tampoco podemos decir que no sabemos. No podemos decir que esta cadena exista si pensamos que no lo sabemos. Puede que se produzca en nuestros cerebros una completa ilusión. Tal vez soñemos en todo momento. Estamos soñando que hablo con vosotros y que vosotros me escucháis, y nadie puede demostrar que no sea un sueño. Puede que nuestro propio cerebro sea un sueño, y en este sentido nadie ha visto su propio cerebro. Todos presuponemos su existencia, y así ocurre con todo. Presuponemos que nuestro propio cuerpo existe y, al mismo tiempo, no podemos decir que no lo sepamos. Nada conoce esta posición entre el conocimiento y la ignorancia: ni esta penumbra mística, ni la mezcla entre verdad y mentira ni el punto donde ambas se reúnen. Caminamos en medio de un sueño, medio dormidos, medio despiertos; pasamos la vida en una confusión. Este es el destino de todos nosotros, de todo conocimiento sensorial, de toda filosofía, de toda jactanciosa ciencia y de todo jactancioso conocimiento humano. Este es el universo.

Lo que llamamos materia, o espíritu, o mente, o como queramos llamarlo, no cambia el hecho: no podemos decir que existan ni que no existan. No podemos decir que sean uno ni que sean varios. Este eterno juego de luz y tinieblas, indistinto, indistinguible e inseparable, está siempre presente. Un hecho y al mismo tiempo un no hecho, despierto y al mismo tiempo dormido. Este es el estado de la realidad que llamamos Maya. En este Maya hemos nacido, vivimos, pensamos y soñamos. En él somos filósofos, individuos espirituales; lo que es más, en este Maya somos demonios y somos dioses. Ensanchad vuestras ideas tanto como podáis, elevadlas cada vez más, llamadlas infinitas o de alguna otra forma que os guste: incluso estas ideas están en este Maya. No puede ser de otra forma, y el conjunto del conocimiento humano es una generalización de este Maya, por intentar conocerlo tal como se presenta. Este es el trabajo de *namarupa*, 'nombre y forma'. Todo lo que tiene forma, todo lo que evoca una idea en vuestra mente está en Maya, pues todo lo que está atado a las leyes del tiempo, el espacio y la causalidad está en Maya.

Retrocedamos un poco a aquellas ideas primitivas de Dios y veamos en qué se convirtieron. Enseguida nos percatamos de lo insatisfactorio de la idea de cierto ser que nos ama infinitamente, ser infinitamente generoso y omnipotente que gobierna el Universo. El filósofo se preguntaba: «¿Dónde está el Dios justo, misericordioso?». ¿Acaso no ve que millones y millones de sus hijos —hombres y animales— perecen? ¿Quién puede, de hecho, vivir por un momento aquí sin matar a otros? ¿Es posible siquiera respirar sin destruir miles de vidas? Nosotros vivimos y, por ello, millones mueren. Cada momento de nuestras vidas, cada uno de nuestros respiros significa la muerte para miles. Todo movimiento que hacemos significa la muerte para millones. Cada bocado que degustamos es la muerte de millones de personas. ¿Por qué deberían morir? Un viejo sofisma defiende que son existencias viles. Suponiendo que lo sean (lo que es cuestionable, ya que quién sabe si la hormiga es mayor que el humano o al contrario), ¿quién puede demostrar lo uno o lo otro? Aparte de esto, incluso admitiendo que estos seres fuesen viles, ¿por qué deberían morir? Si son viles, mayor razón para vivir tienen. ¿Por qué no? Viven en mayor medida en los sentidos, sienten el placer y el dolor mil veces más que vosotros y que yo. ¿Quién de nosotros cena con el mismo deleite que un perro o un lobo? Nadie, porque nuestras energías no se concentran en los sentidos, sino en el intelecto, en el espíritu. Sin embargo, los animales vuelcan su alma por completo en los sentidos y se vuelven locos. Disfrutan con cosas con las que nosotros, como seres humanos, jamás soñaríamos, y el dolor es proporcional al placer. El placer y el dolor se producen en la misma medida. Ya que el placer que sienten los animales es mucho más intenso que el que sienten las personas, se deduce que la capacidad de sentir dolor de los animales es tan aguda —si no más aguda— como la de las personas. Por lo tanto, es un hecho que el dolor y el sufrimiento que las personas sienten al morir se multiplica por mil en el caso de los animales, y, con todo ello, los matamos sin que su sufrimiento nos perturbe. Esto es Maya. Si suponemos que existe un Dios personal semejante a un ser humano y que creó todo, estas denominadas explicaciones y teorías que intentan demostrar que del mal nace el bien son insuficientes. Que ocurran veinte mil cosas buenas, pero ¿por qué tendrían estas que provenir del mal? Por esta regla de tres yo podría decapitar a otros alegando querer experimentar el máximo placer en mis cinco sentidos. Esta no es una razón. ¿Por qué debería provenir el bien del mal? La pregunta carece aún de respuesta y no se puede responder. La filosofía india estuvo obligada a admitirlo.

La Vedanta ha sido y sigue siendo el más valiente de los sistemas religiosos. Nunca se detuvo, y presentó una ventaja: nunca contó con un conjunto de sacerdotes que tuviesen por objetivo silenciar a todo aquel que intentase contar la verdad. Siempre hubo libertad religiosa absoluta. En la India la esclavitud de la superstición es de carácter social; aquí, en Occidente, la sociedad es muy libre. La vida social en la India es muy estricta, pero la opinión religiosa es libre. En Inglaterra una persona puede vestir como quiera o comer lo que quiera sin que nadie ponga objeción alguna; pero si no asiste a la iglesia, doña Perfecta se le echa encima. Primero tiene que amoldarse a lo que la sociedad dice de la religión, y entonces puede que piense en la verdad. En la India, por el contrario, si un hombre se reúne para cenar con otro que no pertenece a su misma casta, cae sobre él todo el peso terrible de la sociedad y lo aplasta. Si desea vestir de forma un poco diferente a como su ancestro vestía hace años, está perdido. He escuchado hablar de un hombre expulsado de la sociedad por haber recorrido varias millas para ver el primer tren de ferrocarril. ¡Está bien, admitamos que esto no fuese cierto! En materia de religión, sin embargo, encontramos ateos, materialistas y budistas, así como credos, opiniones y especulaciones de toda clase y variedad (algunos del carácter más extravagante) que conviven codo con codo. Predicadores de todas las sectas captan y se granjean seguidores. En las mismas puertas de los templos de los dioses, los brahmanes (reconozcamos su labor al mentarlo) incluso permiten a los materialistas levantarse y expresar sus opiniones.

Buda murió a una edad muy avanzada. Recuerdo que un amigo mío, un gran científico americano, era aficionado a leer sobre su vida. La muerte de Buda no le gustó porque no fue crucificado. ¡Qué idea tan errónea! ¡Resulta que un hombre, para ser grande, ha de morir asesinado! Tales ideas nunca triunfaron en la India. Este gran Buda viajó por todo el país, denunciando a sus dioses, incluso al Dios del universo, y aun así vivió largo tiempo. Murió a los ochenta años, y había convertido a la mitad del país.

Luego, estaban los *chárvakas*, que predicaban cosas horribles, el más apestoso e indisimulado materialismo, cosas que nadie se atreve a predicar abiertamente en el siglo XIX. Se permitía a estos *chárvakas* ir predicando de templo en templo, de ciudad en ciudad, que la religión carecía de sentido; que solo era clericalismo; que los Vedas eran palabras y escritos de idiotas, truhanes y demonios; y que no existía ni Dios ni un alma eterna. Si hubiese un alma, volvería a nosotros después de la muerte, arrastrada por el amor de su mujer y su hijo. Eran de la idea de que si existía un alma, esta debería continuar amando después de la muerte, debería seguir queriendo buena comida y ropa bonita. Sin embargo, nadie hizo daño alguno a estos *chárvakas*.

En definitiva, la India ha contado siempre con esta maravillosa idea de libertad religiosa, y debemos recordar que la libertad es la primera condición para el crecimiento. Lo que no hacemos libre nunca crecerá. Carece de sentido la idea de que uno puede hacer crecer a los demás, contribuir a su crecimiento, la idea de que uno puede dirigirlos y guiarlos reservando para sí mismo la libertad del maestro; se trata de una peligrosa mentira que ha retardado el crecimiento de millones y millones de seres humanos en este mundo. Dejemos contar al individuo con la luz de la libertad. Esta es la única condición para el crecimiento.

Nosotros, en la India, permitimos la libertad en la vida religiosa, y, así, contamos con un enorme poder espiritual en lo religioso. Hoy en día vosotros concedéis la misma libertad en cuanto a la vida social y, por ello, contáis con una organización social espléndida. Nosotros no hemos concedido libertad alguna al desarrollo de los asuntos sociales y, por ello, la nuestra es una sociedad estrecha. Vosotros nunca habéis concedido libertad alguna en los asuntos religiosos, sino que habéis impuesto vuestras creencias con el fuego y con la espada, y como resultado la religión ha crecido en la mentalidad europea de una forma sesgada y degenerada. En la India nos tenemos que liberar de los grilletes de la sociedad; en Europa estos grilletes están en la base del progreso espiritual. Será entonces cuando se produzcan un crecimiento y un desarrollo del ser humano maravillosos. Si descubrimos que hay una unidad que recorre todos estos desarrollos, a saber, espiritual, moral y social, nos daremos cuenta de que la religión, en el sentido más amplio de la palabra, debe penetrar en la sociedad, en nuestra vida cotidiana. A la luz de la Vedanta entenderéis que todas las ciencias son solo manifestaciones de la religión, como lo es todo lo que existe en este mundo.

Observamos, por lo tanto, que las ciencias se construyeron a través de la libertad, y en ellas tenemos dos tipos de opiniones: una materialista y acusadora, otra positiva y constructiva. Es un hecho de lo más curioso que ambas se encuentren en todas las sociedades. Supongamos que haya un mal en la sociedad. Veremos de inmediato un grupo que se alza y lo denuncia de forma vengativa, lo que a veces degenera en fanatismo. En todas las sociedades hay fanáticos, grupos a los que a menudo se suman las mujeres, a causa de su naturaleza impulsiva. Todo fanático que se levanta y denuncia algo puede garantizarse partidarios. Es muy fácil destruir; un maníaco puede destruir todo cuanto quiera, pero construir algo sería difícil para él. Estos fanáticos, de acuerdo con su punto de vista, deben de hacer algún bien; pero el daño que hacen es mucho mayor, porque las instituciones sociales no se construyen en un día y cambiarlas implica eliminar la causa. Supongamos que hay un mal; denunciarlo no lo eliminaría, sino que debemos trabajar en la raíz del problema: primero, localizar la causa; luego, eliminarla, y así el efecto desaparecerá con ella. La mera lamentación no produce efecto alguno, excepto cuando, de hecho, produce desdicha.

Otros albergaban empatía en sus corazones y comprendieron la idea de que debemos ahondar en la causa; estos fueron los grandes santos. Debemos recordar que todos los grandes maestros del mundo aseguraron que no habían llegado para destruir, sino para realizar. Muchas veces esto no se ha entendido y su paciencia se ha malinterpretado como un compromiso indigno de las opiniones populares que existían. Incluso a día de hoy escuchamos de vez en cuando que estos profetas y grandes maestros fueron más bien cobardes, que no se atrevieron a decir ni a hacer lo que consideraban correcto. Pero esto no fue así. Los fanáticos difícilmente comprenden el infinito poder del amor que existía en los corazones de estos grandes sabios que contemplaban a los habitantes de este mundo como a sus propios hijos. Ellos eran los padres auténticos, los dioses auténticos, provistos de empatía y paciencia infinitas para todos, preparados para soportar y abstenerse. Sabían cómo debía crecer la sociedad humana y, de manera paciente, lenta y segura, avanzaron aplicando sus remedios, no mediante la denuncia ni asustando a la gente, sino guiándola hacia un estado superior, con delicadeza y amabilidad, paso a paso. Tales fueron los autores de los Upanishads. Eran plenamente conscientes de la imposibilidad de reconciliar las viejas ideas de Dios con las avanzadas ideas éticas de aquel tiempo, plenamente conscientes de que lo que los ateos predicaban encerraba gran parte de verdad, más aún, grandes núcleos de verdad. Sin embargo, comprendieron al mismo tiempo que quien quisiera cortar el hilo que unía las perlas, quien pretendiese construir una nueva sociedad de la nada, fracasaría por completo.

Nunca construimos de nuevo, simplemente cambiamos de lugar; no podemos tener nada nuevo, simplemente cambiamos las cosas de lugar. La semilla crece dentro del árbol con delicadeza y paciencia. Debemos dirigir nuestras energías hacia la verdad y realizar la verdad que existe, no intentar hacer nuevas verdades. Así, en lugar de denunciar esas viejas ideas de Dios afirmando que estaban desfasadas en su época, los antiguos sabios comenzaron a buscar la realidad que estas encerraban. El resultado fue la filosofía de la Vedanta, y más allá de las viejas deidades, del Dios monoteísta, gobernador del universo, encontraron ideas más y más elevadas acerca de lo que se conoce como el impersonal absoluto: encontraron la unicidad en todo el universo.

La paz eterna pertenece a quien ve en la multiplicidad de este mundo esa unidad que recorre todo, a quien en este mundo de muerte encuentra esa única vida infinita, a quien en este mundo de inconsciencia e ignorancia encuentra el conocimiento y luz únicos. A ese individuo y solo a él.

Capítulo V
Maya y Libertad

Entregado en Londres el 22 de octubre de 1896

El poeta dice: «Arrastrando nubes de gloria hemos llegado». Sin embargo, no todos hemos llegado arrastrando nubes de gloria: algunos de nosotros hemos llegado arrastrando nieblas negras. Que no haya ninguna duda al respecto, pero cada uno de nosotros viene a este mundo para luchar, como en un campo de batalla. Venimos aquí llorando para pelear nuestro camino, tan bien como podamos, y para crear nuestro propio camino a través de este océano infinito de la vida; hacia adelante vamos, dejando detrás de nosotros largos años y enfrentándonos a una inmensa extensión más allá. Y así vamos, hasta que llega la muerte y nos saca del campo; victoriosos o derrotados, no lo sabemos. Y esto es maya.

La esperanza domina el corazón de la infancia. El mundo entero es una visión de oro ante los ojos abiertos de un niño; él piensa que su voluntad es suprema. A medida que se mueve hacia adelante, la naturaleza se va erigiendo como una pared inquebrantable, bloqueando su futuro progreso. Él puede lanzarse contra ella una y otra vez, tratando de abrirse paso. Cuanto más lejos va, más retrocede el ideal, hasta que la muerte viene y, tal vez, haya liberación. Y esto es maya.

El ser humano de ciencia se eleva, tiene sed de conocimientos. Ningún sacrificio es demasiado grande, ninguna lucha es lo suficientemente vana. Se mueve hacia adelante, a través de la naturaleza, descubriendo secreto tras secreto, buscando los secretos de su corazón más íntimo; ¿y para qué? ¿Para qué es todo esto? ¿Por qué debemos glorificarlo? ¿Por qué debería adquirir fama? ¿La naturaleza no hace infinitamente más de lo que cualquier ser humano puede hacer? La naturaleza es torpe, insensible. ¿Por qué debería ser glorioso imitar al torpe, al insensible? La naturaleza puede lanzar un rayo de cualquier magnitud a cualquier distancia. Si alguien puede lanzar uno más pequeño, le alabamos cual Mesías llegado de los cielos. ¿Por qué? ¿Por qué debemos alabarlo por imitar la naturaleza, por imitar la muerte, por imitar la torpeza, por imitar la insensibilidad? La fuerza de gravedad puede reducir a escombros la masa más grande que jamás haya existido; sin embargo, es insensible. ¿Qué gloria hay en imitar al insensible? No obstante, todos luchamos por ello. Y esto es maya.

CAPÍTULO V : MAYA Y LIBERTAD

Los sentidos acaban con el alma humana. El ser humano busca el placer y la felicidad donde nunca se podrán encontrar. Durante incontables eras nos han enseñado que esto es inútil y vano, que en esa búsqueda no hay felicidad. Pero no podemos aprender: para nosotros es imposible hacerlo, excepto a través de nuestras propias experiencias. Experimentamos y recibimos un golpe. ¿Aprendemos entonces? No, ni siquiera entonces. Al igual que las polillas que se lanzan a las llamas, nosotros mismos nos lanzamos una y otra vez a los placeres de los sentidos, con la esperanza de encontrar en ellos la satisfacción. Volvemos una y otra vez con la energía renovada, y así continuamos hasta morir paralizados y engañados. Y esto es maya.

Lo mismo ocurre con nuestro intelecto. En nuestro deseo de resolver los misterios del universo, no podemos dejar de hacernos preguntas; sentimos que debemos conocer, y no podemos creer que no haya ningún conocimiento que obtener. A unos pocos pasos surge la pared del tiempo sin principio ni fin que no podemos atravesar. A unos pocos pasos aparece la pared del espacio sin límites que no puede ser superada, y el conjunto está irrevocablemente unido mediante las paredes de la causa y del efecto. No podemos ir más allá de ellas. Sin embargo, luchamos y tenemos que seguir la lucha. Y esto es maya.

Con cada respiración, con cada pulsación del corazón, con cada uno de nuestros movimientos pensamos que somos libres, y al momento se nos muestra que no lo somos. Somos esclavos, esclavos de la naturaleza, en cuerpo, en mente, en todos nuestros pensamientos y en todos nuestros sentimientos. Y esto es maya.

Nunca existirá una madre que no piense que su hijo es un genio de nacimiento, el niño más extraordinario que jamás haya nacido, Ella adora a su hijo. Su alma entera está en el niño. El niño crece, y puede convertirse en un borracho o en un bruto, o maltratar a su madre; cuanto más lo hace, más aumenta el amor de la madre. El mundo lo alaba como el amor desinteresado de la madre, pequeño sueño en el que ella es esclava de nacimiento sin que pueda evitarlo. Más bien, preferiría mil veces deshacerse de la carga, pero no puede, así que lo cubre con un manto de flores, que ella llama amor maravilloso. Y esto es maya.

Todos somos así en el mundo. Una leyenda cuenta cómo una vez Narada dijo a Krishna: «Señor, mostradme la Maya». Unos pocos días pasaron, y Krishna pidió a Narada que hiciera un viaje con él por el desierto. Después de haber caminado durante varias millas, Krishna dijo: «Narada, tengo sed; ¿puedes ir a buscar un poco de agua para mí?». «Iré de inmediato, señor, y os traeré vuestra agua». Así que Narada partió. A una corta distancia había un pueblo; entró en él en busca de agua y llamó a una puerta, que una joven muy hermosa abrió. Al verla, inmediatamente olvidó que su Maestro estaba esperando el agua, quien tal vez estuviese muriendo por falta de la misma. Olvidó todo y comenzó a hablar con la joven. No volvió con su Maestro en todo el día, y al día siguiente, estaba de nuevo en la casa, hablando con la joven. Esa charla se transformó en amor; pidió al padre la mano de la hija, se casaron, vivieron allí y tuvieron hijos. Pasaron doce años. Su suegro murió y él heredó su propiedad. Vivió —o eso pensaba él— una vida muy feliz, con su esposa e hijos, con sus campos y ganado… Entonces, vino una inundación. Una noche, el río creció hasta desbordarse e inundar todo el pueblo. Las casas se derrumbaron, los habitantes y los animales fueron arrastrados y se ahogaron; todo flotaba en la furia de la corriente. Narada tuvo que escapar. Con una mano sujetó a su mujer; con la otra, a dos de sus hijos, y llevaba a otro hijo a hombros, mientras trataba de vadear la tremenda inundación.

Llegó un momento en el que la corriente era demasiado fuerte para él, y el niño que llevaba en hombros cayó y la corriente lo llevó lejos. Narada emitió un grito de desesperación. Al tratar de salvar a ese hijo, soltó a otro, quien también se perdió. Al final, la corriente terminó por arrancarle también a su esposa, a quien había estrechado con todas sus fuerzas; él fue a parar a la orilla, donde se lamentó y lloró amargamente. Detrás de él se oyó una voz suave que dijo: «Hijo mío, ¿dónde está el agua? Fuiste a buscar una jarra de agua, y yo estoy esperándote; te fuiste hace media hora». «¡Media hora!», exclamó Narada. Doce años enteros habían pasado por su mente, y todas aquellas escenas habían sucedido en tan solo media hora. Y esto es maya.

De una forma u otra, a todos nos ocurre lo mismo. Es un estado muy difícil y complejo de entender. Se ha predicado en todos los países y se ha enseñado en todas partes, pero solo se cree en unos cuantos, porque hasta que no lo experimenta uno mismo, no se puede creer. ¿Qué nos muestra? Algo terrible. Porque todo es inútil. El tiempo, el vengador de todo, viene y no deja nada. Se traga al santo y al pecador, al rey y al campesino, lo bello y lo feo; no deja nada. Todo se precipita hacia el mismo objetivo: la destrucción. Nuestro conocimiento, nuestras artes, nuestras ciencias… todo se precipita hacia la destrucción. Nada puede detener la ola; nadie puede detenerla ni siquiera un minuto. Podemos tratar de olvidar, de la misma manera que las personas en una ciudad plagada tratan de crear el olvido bebiendo, bailando y con otros intentos vanos, hasta quedar paralizados. Así, estamos tratando de olvidar, tratando de crear el olvido por medio de toda clase de placeres sensoriales. Y esto es maya.

Se han propuesto dos maneras. Una que todo el mundo conoce; es muy común, y dice: «Puede ser muy cierto, pero no penséis en ello. Como dice el proverbio:

CAPÍTULO V: MAYA Y LIBERTAD

"Hacer heno mientras brilla el sol". Todo es cierto, es un hecho, pero no le deis importancia. Aprovechad los pocos placeres que podáis obtener, haced tan poco como podáis; no miréis hacia el lado oscuro de la imagen, sino siempre hacia la esperanza, hacia el lado positivo». Hay algo de verdad en esto, pero también hay un peligro. La verdad es que se trata de una buena fuerza motriz. La esperanza y las ideas positivas son muy buenas fuerzas motrices para nuestras vidas, pero hay un cierto peligro en ellas. El peligro reside en nuestro renunciar a la lucha en la desesperación. Tal es el caso de los que predican: «Tomad el mundo como es, sentaos tan calmadamente y tan cómodamente como sea posible y contentaos con todas estas miserias. Cuando recibáis golpes, decíos a vosotros mismos que no son golpes, sino flores; y cuando seáis conducidos como esclavos, decid que sois libres. Día y noche decid mentiras a los demás y a vuestra propia alma, porque esa es la única manera de vivir felizmente». Esto es lo que se llama sabiduría práctica, y nunca ha prevalecido tanto en el mundo como en este siglo XIX: nunca ha habido golpes tan duros como los del momento actual; nunca ha sido más salvaje la competencia; nunca han sido los seres humanos tan crueles con sus semejantes como ahora. Por lo tanto, este consuelo se debe ofrecer. Se presenta de la manera más fuerte en la actualidad; pero falla, como siempre fallará. No podemos ocultar una carroña cubriéndola con rosas; es imposible. No surtirá efecto porque pronto las rosas se marchitarán, y la carroña será peor que nunca. Así sucede con nuestras vidas: podemos tratar de cubrir nuestras viejas y enconadas llagas con telas de oro, pero llegara un día en que se retiren las telas de oro y se revele el dolor con toda su fealdad.

Entonces, ¿no hay esperanza? Es cierto que todos somos esclavos de Maya, que nacimos en Maya y vivimos en Maya. Entonces, ¿no hay salida, no hay esperanza? Es sabido desde hace varias eras que todos somos miserables; que este mundo es realmente una prisión, que incluso nuestra belleza no es más que nuestro hogar-prisión y que hasta nuestro intelecto y nuestra mente son prisioneros. No ha habido jamás una persona, jamás un alma humana que no haya sentido esto en algún momento, por mucho que pueda decir. Y son las personas de mayor edad quienes más lo sienten, ya que ellos han acumulado la experiencia de toda una vida, y no se les puede engañar fácilmente con mentiras de la naturaleza. ¿No hay salida? Vemos que en todo esto, en este terrible hecho que se alza frente a nosotros, en medio del dolor y del sufrimiento, incluso en este mundo donde la vida y la muerte son sinónimos, hay aún una pequeña voz que resuena a través de los tiempos, a través de cada país y en cada corazón: «Esto, Mi Maya, es divino, está hecho de cualidades y es muy difícil de atravesar. No obstante, aquellos que vienen a Mí atraviesan el río de la vida. Venid a Mí todos los que trabajáis y estáis cargados, y yo os haré descansar». Esta es la voz que nos está guiando hacia delante. Los individuos la han escuchado a través de los tiempos, y siguen haciéndolo. Esta voz llega cuando todo parece estar perdido y la esperanza ha huido; cuando la subordinación del ser humano a su propia fuerza se ha visto aplastada y todo parece derretirse entre sus dedos; cuando la vida es una ruina sin esperanzas. Entonces, él la escucha, y esto es lo que se llama religión.

Por lo tanto, por un lado, existe la audaz afirmación de que todo esto no tiene sentido, que esto es Maya; pero junto a ello existe la afirmación más esperanzadora: más allá de Maya hay una salida. Por otro lado, las personas prácticas nos dicen: «No os molestéis con tonterías como la religión y la metafísica. Vivid aquí, en este mundo, que ciertamente es un mundo muy malo, pero hacedde él lo mejor que podáis». Esto, dicho de manera simple, significa: llevad una vida hipócrita y llena de mentiras, una vida de fraude continuo, cubriendo todas las llagas de la mejor manera posible; poned parche tras parche, hasta que todo esté oculto, y seréis un mosaico de parches. Esto es lo que se llama vida práctica. Quienes están satisfechos con este mosaico de parches nunca se acercarán a la religión. La religión comienza con una tremenda insatisfacción con el estado actual de las cosas y con nuestras vidas, así como con un odio, con un odio intenso por esta vida parchada, un desprecio sin límites por el fraude y las mentiras. Solo quien pueda ser religioso se atreve a hablar, como alguna vez dijo el poderoso Buda bajo el árbol Bo, cuando esta idea de practicidad apareció ante él y vio que era una tontería, a la que, sin embargo, no pudo encontrar una salida. Cuando sintió la tentación de renunciar a su búsqueda de la verdad, para volver al mundo y vivir la antigua vida de fraude, cuando llamaba a las cosas por nombres equivocados, mentía al mundo y a sí mismo, él, el gigante, se impuso y dijo: «La muerte es mejor que una vida vegetativa e ignorante; es mejor morir en el campo de batalla que vivir una vida de derrota». Esta es la base de la religión. Cuando un individuo toma esta posición, está en el camino correcto para encontrar la verdad, está en el camino hacia Dios. Esa determinación debe ser el primer impulso para convertirse en religioso. Voy a labrar un camino para mí mismo. Voy a conocer la verdad o renunciaré a mi vida en el intento, ya que en este lado no hay nada, se ha ido, se está desvaneciendo cada día. La hermosa y esperanzadora persona joven de hoy es el veterano de mañana. Las esperanzas, las alegrías y los placeres morirán como retoños con las heladas de mañana. Esta es una de las caras; en la otra, se encuentran los grandes encantos de la conquista: la victoria sobre todos los males de la vida, la victoria sobre la vida misma y la conquista del universo.

CAPÍTULO V : MAYA Y LIBERTAD

Los individuos pueden hallar un apoyo en esto último. Los que se atreven a luchar por la victoria, por la verdad y por la religión están en el camino correcto, y eso es lo que los Vedas predican: no viváis en la desesperación, pues ese camino es muy difícil, como caminar por el filo de una navaja; sin embargo, no os desesperéis, levantaos, despertad y encontrad el ideal, la meta.

Todas estas diversas manifestaciones de la religión, sea cual sea la forma en que han llegado a la humanidad, tienen en común esta base central. La manera de salir de este mundo es mediante la predicación de la libertad. Nunca pudieron reconciliar el mundo y la religión, sino cortar el nudo gordiano, establecer la religión en su propio ideal y no comprometerse con el mundo. Eso es lo que predica cada religión, y el deber de la Vedanta es armonizar todas estas aspiraciones para poner de manifiesto el terreno común entre todas las religiones del mundo, tanto las más elevadas como las más mundanas.

Lo que llamamos la superstición más redomada y la filosofía más elevada realmente tienen un objetivo común: ambas tratan de mostrar la manera de salir de la misma dificultad, y en la mayoría de los casos esta manera es con la ayuda de alguien que no está atado a las leyes de la naturaleza, en una palabra, alguien que es libre. A pesar de todas las dificultades y diferencias de opinión acerca de la naturaleza de un agente libre, ya sea un Dios personal o un ser sensible como el ser humano, ya sea masculino, femenino o neutro —y las discusiones han sido interminables—, la idea fundamental es la misma. A pesar de las contradicciones insalvables de los diferentes sistemas, nos encontramos con el hilo dorado de la unidad que corre a través de todos ellos, y en esta filosofía, este hilo de oro se ha extraído y se nos ha revelado; el primer paso hacia esta revelación es la idea común de que todos estamos avanzando hacia la libertad.

Un hecho curioso presente en medio de todas nuestras alegrías y tristezas, de nuestras dificultades y luchas, es la certeza de que estamos de camino hacia la libertad. Las preguntas eran prácticamente las siguientes: «¿Qué es este universo? ¿De qué o dónde surge? ¿Hacia dónde va?». Y la respuesta fue: «Surge en la libertad, descansa en la libertad y dentro de la libertad se desvanece». No se puede renunciar a esta idea de libertad. Vuestras acciones y vuestra propia vida se perderían sin ella. En cada momento, la naturaleza nos está demostrando que somos esclavos, no libres. Sin embargo, simultáneamente se eleva la otra idea: aun así somos libres. A cada paso somos, por así decirlo, derribados por Maya, y se nos muestra que estamos atados. No obstante, en el mismo momento, junto con este golpe, junto con la sensación de que estamos atados, viene la sensación de que somos libres. Una voz interior nos dice que somos libres. Pero si tratamos de alcanzar esa libertad, que se manifieste, vemos que las dificultades son casi insuperables; sin embargo, a pesar de todo insiste en afirmarse interiormente: «Soy libre, soy libre». Y si estudiáis las diversas religiones del mundo, encontraréis expresada esta idea. No solo la religión —no toméis esta palabra en su sentido estricto—, sino toda la vida de la sociedad es la afirmación de ese principio de la libertad. Todos los movimientos son la afirmación de esa libertad. Esa voz ha sido escuchada por todos —lo sepan o no—, esa voz que declara: «Venid a Mí todos los que trabajáis y estáis cargados». Puede no ser en el mismo idioma, o estar expresado de manera diferente, pero de una forma u otra esa voz que pide la libertad ha estado con nosotros. Sí, hemos nacido aquí gracias a esa voz; cada uno de nuestros movimientos procede de ella. Todos nos apresuramos hacia la libertad, todos estamos siguiendo a esa voz, lo sepamos o no; como los niños de la aldea que se sintieron atraídos por la música del flautista, todos estamos siguiendo a la música de la voz aun sin saberlo.

Somos éticos cuando seguimos a esa voz. No solo el alma humana, sino todas las criaturas, desde la más baja hasta la más elevada, han oído la voz y están corriendo hacia ella; y en la lucha, o se están combinando entre sí, o echándose unas a otras del camino. Así llegan la competencia, las alegrías, las luchas, la vida, el placer y la muerte, y todo el universo no es más que el resultado de esta lucha loca por alcanzar la voz. Esta es la manifestación de la naturaleza.

¿Qué sucede entonces? La escena comienza a cambiar. Tan pronto como conocéis la voz y entendéis lo que es, toda la escena cambia. El mismo mundo, que fue el espantoso campo de batalla de Maya se ha convertido en algo bueno y hermoso. Ya no maldecimos la naturaleza, ni decimos que el mundo es horrible y que todo es vano; ya no necesitamos llorar ni gemir. Tan pronto como entendemos la voz, reconocemos el porqué de que esta lucha, esta competencia, esta dificultad, esta crueldad y estas pequeñas diversiones y alegrías deban estar ahí; vemos que están en la naturaleza de las cosas, porque sin ellas no habría camino hacia la voz, hacia la conquista de lo que nos está destinado —lo sepamos o no—. Por lo tanto, toda vida humana, toda naturaleza está luchando por alcanzar la libertad. El sol se está moviendo hacia el objetivo, al igual que la tierra gira en círculos alrededor del sol y la luna lo hace alrededor de la Tierra. Con este objetivo, el planeta se está moviendo y el viento está soplando. Todo está luchando en esa dirección. El santo se dirige hacia esa voz; no puede evitarlo, no es un acto de gloria. Así es el pecador. El individuo caritativo va directamente hacia esa voz y no puede ser obstaculizado. El avaro también se dirige hacia el mismo destino. El mejor hacedor del bien escucha la misma voz interior; no puede resistirse a ella, tiene que ir hacia la voz. Lo mismo sucede con el ocioso más redomado. Uno tropieza más que otro; al que tropieza más lo llamamos malo, y al que tropieza menos lo llamamos bueno. El bien y el mal no son dos cosas diferentes: son uno y lo mismo; la diferencia no es de clase, sino de grado.

Si la manifestación de este poder de libertad está realmente gobernando el universo entero, aplicando esto a la religión —nuestro estudio especial—, encontramos que esta idea ha sido la afirmación que ha prevalecido. Tomad la forma más baja de la religión, la cual consiste en el culto a los antepasados difuntos o a ciertos dioses poderosos y crueles: ¿cuál es la idea prominente a propósito de los dioses o ancestros difuntos? Que son superiores a la naturaleza y no están atados a sus restricciones. El adorador tiene, sin duda, ideas muy limitadas acerca de la naturaleza. Él mismo no puede pasar a través de una pared, ni volar; pero los dioses a quienes adora pueden hacer estas cosas. ¿Qué quiere decir filosóficamente? Que la afirmación de la libertad está ahí, que los dioses a quienes adora son superiores a la naturaleza como él la conoce. De igual forma sucede con los que adoran a seres todavía más elevados. Al igual que la idea de que la naturaleza se expande, la idea según la cual el alma es superior a la naturaleza también se expande, hasta llegar a lo que llamamos el monoteísmo, el cual sostiene que existe Maya (la naturaleza) y que hay un cierto Ser que es el Soberano de este Maya.

Así comienza la Vedanta, en la que aparecen por primera vez estas ideas monoteístas. Pero la filosofía de la Vedanta quiere más explicaciones. La Vedanta dice que la explicación de que hay un Ser más allá de todas estas manifestaciones de Maya, el cual es superior e independiente de Maya y nos está atrayendo hacia Él, es muy acertada; sin embargo, la percepción no es clara, la visión es tenue y nebulosa, aunque no se opone directamente a la razón. En vuestro himno decís: «Más cerca de Ti, Señor». El mismo himno sería muy adecuado para el seguidor de la Vedanta, aunque cambiaría una palabra, y diría: «Más cerca de Mí, Señor». La idea de que la meta está muy lejos —mucho más allá de la naturaleza—, la cual nos atrae a todos hacia ella, tiene que ser traída más y más cerca, sin degradarla o degenerarla. El Dios del cielo se convierte en el Dios de la naturaleza; el Dios de la naturaleza se convierte en el Dios que es la naturaleza; el Dios que es la naturaleza se convierte en el Dios dentro de este cuerpo, que es un templo, y el Dios que habita en el cuerpo por fin se convierte en el templo mismo, se convierte en el alma y en el ser humano —y así alcanza las últimas palabras que pueda enseñar—. Aquel a quien los sabios han estado buscando en todas partes es nuestro propio corazón. «La voz que escuchaste tenía razón —dice la Vedanta—, pero la dirección que diste a la voz era errónea». Ese ideal de libertad que percibisteis era correcto, pero lo proyectasteis hacia vuestro exterior, y ese fue vuestro error. Traedlo más y más cerca, hasta que os deis cuenta de que estuvo dentro de vosotros todo el tiempo, de que era el Ser de vuestro propio ser. Esa libertad era vuestra propia naturaleza, y Maya nunca os ató. La naturaleza nunca tiene poder sobre vosotros. Al igual que un niño asustado, estabais soñando que os estaba estrangulando; la liberación de este miedo es el objetivo: no solo visualizarlo intelectualmente, sino actualizarlo, percibirlo más claramente de lo que percibimos este mundo. Entonces sabremos que somos libres; entonces, y solo entonces, todas las dificultades desaparecerán; entonces todas las perplejidades del corazón desaparecerán suavemente, toda perversidad se enderezará y, a continuación, se desvanecerá la ilusión de la multiplicidad y la naturaleza. Maya, en lugar de ser un sueño horrible y sin esperanza como lo es ahora, será hermosa y esta tierra, en vez de ser una prisión, se convertirá en nuestro patio de recreo. E incluso los peligros, las dificultades y todos los sufrimientos serán deificados, y nos mostrarán su verdadera naturaleza: se nos mostrará que detrás de todo, como la sustancia de todo, Él está de pie, y que Él es el único y verdadero Ser.

Capítulo VI
El Absoluto y Su Manifestación

La pregunta más difícil de aprehender acerca de la filosofía Advaita, y la pregunta que nos haremos una y otra vez y que permanecerá por siempre, es: ¿cómo se ha convertido lo Infinito, el Absoluto, en finito? Vamos a tratar esta cuestión, y para ilustrarla utilizaremos el siguiente esquema:

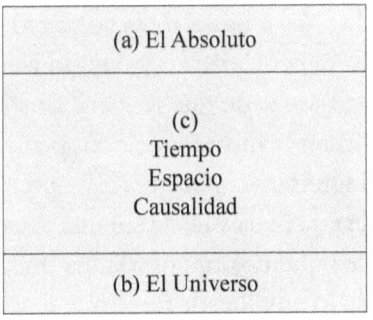

EL Absoluto es A, y el universo, B. Lo Absoluto se ha convertido en el universo. Con esto no solo se entiende el mundo material, sino también el mundo mental, el mundo espiritual: cielos y tierras, y de hecho, todo lo que existe. La mente es el nombre de un cambio; el cuerpo, el nombre de otro cambio, y así sucesivamente; y todos estos cambios componen nuestro universo. Este Absoluto (A) se ha convertido en el universo (B) a través del tiempo, del espacio y de la causalidad (C). Esta es la idea central de la Advaita. El tiempo, el espacio y la causalidad son como el cristal a través del cual se ve el Absoluto, y cuando se contempla su parte inferior, aparece como el universo. A partir de esto podemos deducir que en el Absoluto no hay tiempo, espacio ni causalidad. La idea del tiempo no puede existir en él, ya que no hay mente ni pensamientos. La idea de espacio no puede existir en él, ya que no hay ningún cambio externo. Lo que se llama movimiento y causalidad no puede existir donde solo existe Uno. Tenemos que entender esto y grabarlo en nuestra mente: lo que llamamos causalidad comienza no antes, sino después —si se nos permite decirlo así— de la descomposición del Absoluto en lo fenomenal; nuestra voluntad, nuestro deseo siempre vienen después. Creo que la filosofía de Schopenhauer comete un error en su interpretación de la Vedanta, porque busca hacer que la voluntad sea todo. Schopenhauer coloca la voluntad en el lugar del Absoluto, pero el absoluto no se puede presentar como la voluntad, debido a que la voluntad es algo cambiante y fenomenal; y más allá de la línea del tiempo, del espacio y de la causalidad no hay ningún cambio, ningún movimiento. El movimiento externo y el movimiento interno —pensamiento— pueden producirse únicamente por debajo de esa línea. No puede haber voluntad en el otro lado, y por lo tanto, esta no puede ser la causa de este universo. Acercándonos más, vemos en nuestro propio cuerpo que la voluntad no es la causa de todos los movimientos. Muevo esta silla; mi voluntad es la causa de este movimiento, y esta voluntad se manifiesta como movimiento muscular en el otro extremo. Pero la misma potencia que mueve la silla mueve el corazón, los pulmones... pero no lo hace a través de la voluntad. Teniendo en cuenta que el poder es el mismo, solo se convierte en voluntad cuando se eleva al plano de la conciencia, y llamarla así antes de que se eleve a este plano es inexacto. Esto genera una gran confusión en la filosofía de Schopenhauer.

Una piedra cae y nos preguntamos por qué. Esta pregunta solo es posible partiendo de la suposición de que nada sucede sin una causa. Es necesario dejar esto muy claro, ya que cada vez que nos preguntamos por qué ocurre algo estamos dando por hecho que todo lo que sucede tiene que tener un porqué, es decir, que debe haber algo que ha actuado como la causa.

Esta precedencia y sucesión son lo que llamamos la ley de la causalidad. Esto significa que todo en el universo es a su vez una causa y un efecto. Es la causa de ciertas cosas que vienen después, y que son a su vez el efecto de algo que las ha precedido. Esto se conoce como la ley de la causalidad y es una condición necesaria de nuestro pensamiento.

Creemos que cada partícula en el universo, cualquiera que sea, está relacionada con todas las demás partículas. Se ha discutido mucho sobre cómo surgió esta idea. En Europa ha habido filósofos intuitivos que creían que era constitucional en la humanidad, mientras que otros han creído que provenía de la experiencia; pero la pregunta sigue sin respuesta. Más adelante veremos lo que la Vedanta tiene que decir al respecto, pero primero tenemos que entender que el simple hecho de hacernos la pregunta «¿por qué?» presupone que todo lo que nos rodea ha sido precedido por ciertas cosas y será sucedido por otras tantas. La otra creencia involucrada en esta pregunta es que nada en el universo es independiente, que todo es accionado por algo externo a sí mismo. La interdependencia es la ley de todo el universo. Al preguntar qué causó el Absoluto, ¡estamos cometiendo un gran error! Para hacer esta pregunta tenemos que suponer que el Absoluto también está sujeto a algo, que es dependiente de algo; y al hacer esta suposición, arrastramos el Absoluto hasta el nivel del universo. En el Absoluto no hay ni tiempo, espacio ni causalidad: todo es uno. Lo que existe por sí mismo no puede tener ninguna causa. Lo que es libre no puede tener ninguna causa, de lo contrario no sería libre, sino dependiente. Lo que es dependiente no puede ser libre. Entonces, vemos que la pregunta «¿por qué el Infinito se convirtió en lo finito?» es imposible, ya que es contradictoria en sí misma. Cuando buscamos saber cómo el Absoluto se ha convertido en lo relativo, podemos hacerlo desde otro punto de vista si pasamos de las sutilezas de la lógica de nuestro plano común al sentido común. Suponiendo que supiéramos la respuesta, ¿seguiría el Absoluto siendo el Absoluto? No, se convertiría en relativo. ¿Qué se entiende por conocimiento en nuestra idea de sentido común? Simplemente, que es algo que se ha vuelto limitado por nuestra mente, que sabemos, y cuando está más allá de nuestra mente, no es conocimiento. Ahora bien, si el Absoluto se ve limitado por la mente, ya no es Absoluto; se ha convertido en finito. Todo aquello limitado por la mente se vuelve finito. Por lo tanto, conocer el Absoluto es, nuevamente, una contradicción de términos. Por eso esta pregunta no se ha contestado, porque si se hiciera, no podría haber un Absoluto. Un Dios conocido deja de ser Dios, se ha convertido en finito, como uno de nosotros. Él no puede ser conocido, Él siempre es el Uno Incognoscible.

Pero lo que la Advaita dice es que Dios es más que lo cognoscible. Este es un gran hecho que aprender. No hay que regresar a casa con la idea de que Dios es incognoscible en el sentido en que los agnósticos lo dictan. Por ejemplo, aquí hay una silla, y nosotros lo sabemos. Pero lo que está más allá de lo etéreo, o si existen o no personas allí, es posiblemente incognoscible; pero Dios no es ni conocido ni incognoscible en este sentido. Él es algo aún más elevado que lo que conocemos: eso es lo que se entiende al decir que Dios es desconocido e incognoscible. La expresión no se utiliza en el sentido de que se pueda decir que algunas preguntas son desconocidas e incognoscibles. Dios es más que conocido. Esta silla es conocida, pero Dios es intensamente más, ya que por Él y a través de Él conocemos esta silla en sí. Él es el testigo, el testigo eterno de todo el conocimiento. Todo lo que sabemos tenemos que saberlo a través de Él. Él es la esencia de nuestro propio Ser. Él es la esencia de este ego, este «Yo», y no podemos saber nada excepto a través de este «Yo». Por lo tanto, debéis saber todo a través de Brahmán. Para conocer la silla, tenéis que hacerlo a través de Dios. Así, Dios está infinitamente más cerca de nosotros que la silla, pero Él es infinitamente superior. Ni conocido ni desconocido, sino algo infinitamente superior a cualquier ente. Él es su Ser. «¿Quién viviría un segundo, quién respiraría un segundo en este universo si el Bendito no lo llenara?». Porque a través de Él respiramos, a través de Él existimos. Con ello no queremos decir que Él esté de pie en algún lugar y que haga que la sangre circule. Lo que queremos decir es que Él es la esencia de todo, Alma gemela de mi alma. No podéis decir —de ninguna manera— que vosotros lo conozcáis: sería degradarlo. No podéis escapar de vosotros mismos, por lo que no lo podéis conocer. El conocimiento es la objetivación. Por ejemplo, mentalmente objetivamos muchas cosas y las proyectamos fuera de nosotros mismos. Todo recuerdo, todo lo que he visto y sé está en mi mente. Las imágenes, las impresiones de dichas cosas están en mi mente, y cuando quiera tratar de pensar en ellas, conocerlas, el primer acto de conocimiento es proyectarlas al exterior. Esto no se puede hacer con Dios, porque Él es la Esencia de nuestra alma; no podemos proyectarlo fuera de nosotros mismos. Este es uno de los pasajes más profundos de la Vedanta: «Él que es la esencia de tu alma es la Verdad; Él es el Ser, y ello eres tú, ¡oh, Shvetaketu!». Esto es lo que se entiende por «Dios eres tú». No se puede describirlo en ningún otro idioma. Todos los intentos de la lengua, que lo llaman Padre, Hermano, o nuestro Amigo más querido, son intentos de objetivar a Dios, y eso no se puede hacer. Él es la Eterna Cuestión de todo. Yo soy la cuestión de esta silla, yo veo la silla; así que Dios es la Eterna Cuestión de mi alma. ¿Cómo objetivarlo, si es la Esencia del alma, la Realidad de todo? Por lo tanto —lo repito una vez más—, Dios no es ni cognoscible ni incognoscible, sino algo infinitamente superior. Él es uno con nosotros, y lo que es uno con nosotros no es ni cognoscible ni incognoscible, como nuestro propio ser. No podemos conocer nuestro propio ser; no podemos proyectar nuestro ser y hacer de él un objeto que ver, porque él somos y no podemos separarnos. Tampoco es incognoscible, porque, ¿qué es mejor conocido que nuestro propio ser? Realmente, es el centro de nuestro conocimiento. Exactamente en el mismo sentido, Dios no es ni incognoscible ni conocido, sino infinitamente superior a ambos conceptos; porque Él es nuestro verdadero Ser.

En primer lugar, vemos que la pregunta «¿qué causó el Absoluto?» es una contradicción en los términos; y en segundo lugar, vemos que la idea de Dios en la Advaita es esta Unidad. Por lo tanto, a Él no podemos objetivarlo, ya que siempre estamos viviendo y moviéndonos en Él, lo sepamos o no. Hagamos lo que hagamos siempre es a través de Él. Ahora la pregunta es: ¿qué son el tiempo, el espacio y la causalidad? «Advaita» significa 'no dualidad': no hay dos, sino uno. Sin embargo, vemos que en ello reside la idea de que el Absoluto se manifiesta

CAPÍTULO VI: EL ABSOLUTO Y SU MANIFESTACIÓN

a sí mismo como muchos, a través del velo del tiempo, del espacio y de la causalidad. Y por ello, podríamos deducir que son dos: el Absoluto y la Maya (la suma total del tiempo, del espacio y de la causalidad). Parece aparentemente muy convincente que haya dos. En este sentido, la Advaita explica que no se puede llamar dos: para tener dos, debemos tener dos existencias independientes absolutas que no puedan ser relacionadas. En primer lugar, no podemos decir que el tiempo, el espacio y la causalidad sean existencias independientes. El tiempo es una existencia completamente dependiente; cambia con cada variación de nuestra mente. A veces, en el sueño uno se imagina que ha vivido varios años, y en otras ocasiones, que varios meses han pasado en solo un segundo. Así, el tiempo es totalmente dependiente del estado de nuestra mente. En segundo lugar, a veces la idea del tiempo desaparece por completo. Y lo mismo sucede con el espacio. No podemos saber lo que es el espacio; es indefinible, y no puede existir por separado. Y, nuevamente, lo mismo sucede con la causalidad.

El atributo peculiar que encontramos en el tiempo, el espacio y la causalidad es que no pueden existir sin estar ligados a algo. Tratad de pensar en el espacio sin color o sin límites, o sin que esté relacionado con lo que lo rodea:, simplemente, pensad en el espacio abstracto. No podéis, pues tenéis que pensar en él como el espacio existente entre dos límites o entre tres objetos. Para tener cualquier tipo de existencia tiene que estar relacionado con algún objeto. Lo mismo sucede con el tiempo: no es posible tener idea alguna del tiempo abstracto; es necesario tomar dos acontecimientos, uno precedente y otro posterior, y unir ambos acontecimientos por medio de la idea de sucesión. El tiempo depende de dos acontecimientos, así como el espacio tiene que estar relacionado con los objetos externos. Y la idea de causalidad es inseparable del tiempo y del espacio. Esto es lo peculiar en lo referente a ellos, que no tienen una existencia independiente; ni siquiera tienen la existencia de la silla o de la pared. Son como sombras alrededor de todo lo que no se puede atrapar, no tienen una existencia real. Sin embargo, no son inexistentes, ya que a través de ellos todo se manifiesta, como este universo. Así, vemos en primer lugar que la combinación de tiempo, espacio y causalidad no tiene ni existencia ni inexistencia, y en segundo lugar, que a veces desaparece. Tomemos como ejemplo una ola en el océano. Sin duda, la ola es lo mismo que el océano, y sin embargo, sabemos que es una ola y, como tal, diferente del océano. ¿Dónde reside la diferencia? En el nombre y la forma, es decir, la idea en la mente y la forma. Ahora, ¿podemos pensar en la forma de una ola como algo separado del océano? Ciertamente no, pues siempre se asocia con la idea del océano. Si la ola amaina, la forma terminara por desaparecer, y sin embargo, la forma no era una ilusión. Mientras la ola existió, la forma estaba allí, y nosotros estábamos obligados a ver dicha forma. Esto es Maya.

Por lo tanto, la totalidad de este universo es, por así decirlo, una forma peculiar; el Absoluto es ese océano, mientras que nosotros, los soles, las estrellas y todo lo demás son distintas olas de ese océano. ¿Y qué es lo que hace diferente a las olas? Solo la forma, y esa forma es el tiempo, el espacio y la causalidad, los cuales son completamente dependientes de la ola. Tan pronto como la ola desaparece, ellos lo hacen con ella. Tan pronto como el individuo renuncia a esta Maya, se desvanece para él y queda libre. La lucha consiste en deshacerse de este apego por el tiempo, el espacio y la causalidad, que son siempre obstáculos en nuestro camino. ¿Cuál es la teoría de la evolución? ¿Cuáles son los dos factores? Un enorme poder que está tratando de expresarse y las circunstancias que lo mantienen retenido, el entorno que no permite que se exprese. Así, con el fin de luchar con este entorno, el poder está tomando nuevos cuerpos una y otra vez. Una ameba, mediante la lucha, obtiene otro cuerpo y supera algunos obstáculos; después, obtiene otro cuerpo, y así sucesivamente hasta que se convierte en ser humano. Si lleváis esta idea hasta su conclusión lógica, tiene que llegar un momento en que el poder que estaba en la ameba y que evolucionó en ser humano supere todos los obstáculos que la naturaleza pueda poner ante él y, por lo tanto, escape de todos sus entornos. Esta idea expresada desde un punto de vista metafísico sería de esta forma: hay dos componentes en cada acción, el sujeto y el objeto, y la finalidad de la vida es hacer que el sujeto sea el maestro del objeto. Por ejemplo, me siento infeliz porque alguien me riñe. Mi lucha será hacerme lo suficientemente fuerte como para conquistar el entorno, para que me puedan reñir sin que me afecte. Esa es la forma en la que todos tratamos de progesar. ¿Qué se entiende por moral? Dar fuerza al sujeto al sintonizarlo con el Absoluto, para que la naturaleza finita deje de tener control sobre aquel. Una conclusión lógica de nuestra filosofía es que debe llegar un momento en el que conquistemos todos los entornos, porque la naturaleza es finita.

Hay algo más que aprender. ¿Cómo sabemos que la naturaleza es finita? Esto solo se puede saber mediante la Metafísica. La naturaleza es ese Infinito sujeto a restricciones. Por lo tanto, es finita, así que debe llegar un momento en que conquistemos todos los entornos. ¿Y cómo vamos a conquistarlos? No podemos conquistar todos los entornos objetivos. Nosotros no podemos. El pequeño pez quiere volar lejos de sus enemigos. ¿Cómo lo hace? Gracias a la evolución, que le dio las alas que lo convierten en un pájaro. El pez no cambió el agua o el aire; el cambio se dio en él mismo. El cambio es siempre subjetivo. A lo largo de la evolución podemos ver que la conquista de la naturaleza procede del cambio en el sujeto. Si aplicamos esto a la religión y a la moral, comprobaremos que la conquista del mal procede únicamente del cambio en lo subjetivo. De esta manera es como el sistema Advaita obtiene toda su fuerza: del lado subjetivo del ser humano. Hablar de la maldad y la miseria es una tontería, porque no existen fuera. Si soy inmune a toda ira, nunca me sentiré enojado. Si soy a prueba de todo odio, nunca sentiré odio.

Por lo tanto, el proceso que se debe seguir para lograr esa conquista es a través de lo subjetivo, perfeccionando lo subjetivo. Me atrevo a decir que la única religión que está tan de acuerdo con las líneas físicas y morales es la Advaita, la cual va incluso más allá que las investigaciones modernas, de ahí que haga un gran llamamiento a los científicos modernos. Sus seguidores opinan que las viejas teorías dualistas no les son suficientes, que no satisfacen sus necesidades. Un individuo no solo debe tener fe, sino también fe intelectual. En estos últimos años del siglo XIX, la idea de que una religión procedente de una fuente diferente a la religión heredada por cada uno debe ser falsa demuestra que aún existe debilidad, y se ha de renunciar a tales ideas. No quiero decir que tal sea el caso únicamente en este país, pues se da en todos los países, y en ningún otro más que en el mío. Nunca se dejó que la Advaita llegara a la gente. Al principio, algunos monjes se apoderaron de ella y la llevaron a los bosques, por lo que fue nombrada la «Filosofía del Bosque». Gracias a la misericordia del Señor, el Buda vino y predicó a las masas, y toda la nación se convirtió al budismo. Mucho tiempo después, cuando los ateos y los agnósticos habían destruido la nación de nuevo, se hizo patente que la Advaita era la única manera de salvar la India del materialismo.

De esta forma, la Advaita ha salvado la India del materialismo en dos ocasiones. Antes de que llegara el Buda, el materialismo se había extendido hasta extremos temerosos, y era de un tipo de lo más horrible; no como el de nuestros días, sino de una naturaleza mucho peor. Yo soy un materialista, en cierto sentido, porque creo que no hay más que Uno. Eso es lo que el materialista quiere que creáis, solo que él lo llama materia y yo lo llamo Dios. Los materialistas admiten que la esperanza, la religión y todo lo demás provienen de la materia. Yo digo que todo proviene de Brahmán. Pero el materialismo que prevalecía antes del Buda era ese tipo crudo de materialismo que enseñaba: «Come, bebe y sé feliz. No hay Dios, alma o cielo; la religión es una invención de los sacerdotes malvados». Enseñaba que la vida consistía en intentar vivir felizmente y en comer, sin que importara pedir dinero prestado para ello ni preocuparse de devolverlo. Ese era el viejo materialismo, y ese tipo de filosofía se extendió tanto que aún hoy día tiene el nombre de «filosofía popular». El Buda trajo la Vedanta a la luz, se la dio a la gente y salvó la India. Mil años después de su muerte, se volvió a vivir una situación similar. Las turbas, las masas y varias razas se habían convertido al budismo, pero, naturalmente, las enseñanzas del Buda se degeneraron con el tiempo debido a que la mayoría de la población era muy ignorante.

El budismo no enseñaba a ningún Dios, a ningún gobernante del universo, por lo que poco a poco las masas volvieron a sacar a la luz a sus dioses, sus demonios y sus duendes, generando una enorme mezcolanza del budismo en la India. Una vez más, el materialismo llegó al rescate, tomando la forma de licencia entre las clases más altas y de superstición entre las inferiores. Entonces, vino Shankaracharya y una vez más revivificó la filosofía Vedanta. Hizo de ella una filosofía racionalista. En los Upanishads los argumentos son a menudo muy oscuros. Buda hacía énfasis en el lado moral de la filosofía, y Shankaracharya, en el lado intelectual. Trabajó de forma racionalizada y presentó el maravilloso sistema coherente de la Advaita.

El materialismo impera en la Europa actual. Podéis rezar por la salvación de los escépticos modernos, pero ellos no ceden, quieren tener razón. La salvación de Europa depende de una religión racionalista, y la Advaita —la no dualidad, la Unidad, la idea del Dios impersonal— es la única religión que puede tener cualquier poder sobre cualquier pueblo intelectual. Llega cuando la religión parece desaparecer y la irreligión parece prevalecer, y por eso ha ganado terreno en Europa y América.

Me gustaría decir una cosa más en relación con esta filosofía. En los viejos Upanishads encontramos una poesía sublime; sus autores fueron poetas. Platón dice que la inspiración llega a la gente a través de la poesía, y parece como si estos antiguos rishis, videntes de la Verdad, hubieran sido elevados por encima de la humanidad para mostrar estas verdades a través de la poesía. Ellos nunca predicaron, filosofaron o escribieron. La música salió de sus corazones. En Buda tuvimos el gran corazón universal y la paciencia infinita; hizo que la religión fuese práctica, y la llevó a la puerta de todos. En Shankaracharya vimos un enorme poder intelectual; arrojaba la luz abrasadora de la razón sobre todo. Hoy queremos el sol brillante de la intelectualidad unido con el corazón de Buda, el maravilloso corazón infinito de amor y misericordia. Esta unión nos dará la filosofía más elevada. La ciencia y la religión se reunirán y estrecharán sus manos. La poesía y la filosofía serán amigas. Esta será la religión del futuro, y si podemos cumplir este objetivo, podemos estar seguros de que será para todos los tiempos y para todos los pueblos. Esta es la única forma que resultará aceptable para la ciencia moderna, y casi ha llegado a ella. Cuando el maestro científico afirma que todo es la manifestación de una fuerza, ¿no os recuerda al Dios que encontramos en los Upanishads: «De la misma forma en que el fuego que entra en el universo se expresa en diversas formas, esa Única Alma se está expresando en cada alma y, sin embargo, está infinitamente más allá»? ¿No veis hacia dónde tiende la ciencia? La nación hindú procedió a través del estudio de la mente, a través de la Metafísica y la lógica. Las naciones europeas parten de la naturaleza externa, y ellas también están llegando a los mismos resultados. Descubrimos que mediante la búsqueda mental llegamos finalmente a esa Unidad, ese Ser Universal, el Alma Interna de todo, la Esencia y Realidad de todo, el Siempre-Libre, el Siempre-Dichoso, el Siempre-Existente. A través de la ciencia material llegamos a la misma Unidad. La ciencia actual nos dice que todo es la manifestación de una energía, la cual es la suma total de todo lo que existe, y que la tendencia de la humanidad es hacia la libertad y no hacia la esclavitud. ¿Por qué los individuos deben ser morales? Porque la moralidad es el camino hacia la libertad; porque la inmoralidad conduce a la esclavitud.

Otra peculiaridad del sistema Advaita es que desde su comienzo es no destructivo. Esta es otra gloria, la libertad para predicar: «No perturbéis la fe de cualquiera, incluso la de aquellos que por ignorancia se han atado a formas de culto inferiores». Eso es lo que dice: no molestéis, sino ayudad a todos —la humanidad en su conjunto— a que lleguen cada vez más alto. Esta filosofía predica a un Dios que es una suma total. Si buscáis una religión universal que pueda aplicarse a todos, esa religión no debe estar compuesta solo de partes, sino que siempre debe ser su suma total y debe incluir todos los grados de desarrollo religioso.

Esta idea no se encuentra expresada tan claramente en ningún otro sistema religioso. Son partes que luchan en las mismas condiciones para alcanzar la totalidad. Este es el único objetivo de la existencia de la parte. Por ello, desde el primer momento, la Advaita no tuvo antagonismo alguno con las diversas sectas que existen en la India. Hoy día existen dualistas, y su número es de lejos el más grande de la India, ya que el dualismo atrae, naturalmente, a las mentes menos educadas. Es una explicación muy conveniente, natural y de sentido común del universo. Pero la Advaita no tiene nada en contra de estos dualistas. Unos piensan que Dios está fuera del universo, en algún lugar en el cielo, y los otros piensan que Él es su propia alma, y que sería una blasfemia llamarlo algo más distante. Cualquier idea de separación sería terrible. Él es lo más cercano de lo cercano. No hay ninguna palabra en ningún idioma para expresar esta proximidad, excepto la palabra «Unidad». El seguidor de la Advaita no está satisfecho con ninguna otra idea, al igual que el dualista se sorprende con el concepto de la Advaita, y piensa que es blasfemia. Al mismo tiempo, el seguidor de la Advaita sabe que estas otras ideas deben existir, y por lo tanto, no combate al dualista que está en el camino correcto. Desde su punto de vista, el dualista tendrá que ver a muchos. Es una necesidad constitucional de su punto de vista: dejemos que lo tenga. El seguidor de la Advaita sabe que, cualesquiera que sean sus teorías, él persigue los mismos objetivos. En ello difiere por completo del dualista, quien, por su punto de vista, se ve obligado a creer que todos los puntos de vista distintos están equivocados. Los dualistas del mundo, naturalmente, creen en un Dios personal que es puramente antropomórfico y que, como un gran potentado en este mundo, está complacido con algunos y disgustado con los demás. Él está arbitrariamente complacido con algunas personas o razas y los colma de bendiciones. De esta forma, el dualista llega a la conclusión de que Dios tiene favoritos, y espera ser uno de ellos. Veréis que en casi todas las religiones está presente la idea: «Somos los favoritos de nuestro Dios, y solo creyendo como nosotros lo hacemos, podrás considerarte bajo su gracia». Algunos dualistas son tan estrechos de mente que insisten en que solo los pocos que han sido predestinados a la gracia de Dios pueden ser salvados; el resto puede intentarlo todo lo que quiera, pero no podrá ser aceptado. Os reto a que me digáis una religión dualista en la que no esté presente más o menos esta exclusividad. Y, por lo tanto, en la naturaleza de las cosas, las religiones dualistas están obligadas a luchar y pelear unas con otras, y esto es lo que siempre han estado haciendo. Una vez más, estos dualistas ganan el favor popular apelando a la vanidad de las personas sin educación. Les gusta sentir que gozan de privilegios exclusivos. El dualista cree que no se puede ser moral hasta que no se tenga un Dios con una vara en la mano, listo para castigarnos. Las masas irreflexivas son generalmente dualistas, y estas, pobres gentes, han sido perseguidas desde hace miles de años en todos los países; su idea de salvación es la libertad proveniente del miedo al castigo. Un clérigo en Estados Unidos me preguntó: «¿¡Cómo!? ¿Usted no tiene ningún diablo en su religión? ¿Cómo puede ser eso?». Pero hemos visto que los mejores y los más grandes hombres que han nacido en el mundo han trabajado esa elevada idea impersonal. El Hombre que dijo: «Mi Padre y yo somos Uno», es aquel cuyo poder ha descendido a millones de personas. Durante miles de años ha trabajado por el bien. Y sabemos que el mismo Hombre, porque era un no dualista, fue misericordioso con los demás. A las masas, que no podían concebir nada más elevado que un Dios personal, les dijo: «Orad a vuestro Padre que está en los cielos». Para aquellos que podían comprender una idea superior, dijo: «Yo soy la vid, y vosotros, los sarmientos»; pero a sus discípulos, a quienes se reveló más plenamente, proclamó la verdad más elevada: «El Padre y yo somos Uno».

Fue el gran Buda, quien nunca se preocupó por los dioses dualistas y fue llamado ateo y materialista, quien estuvo dispuesto a renunciar a su cuerpo por un pobre carnero. Ese Hombre puso en marcha las ideas más elevadas y morales que ninguna nación pueda tener. Dondequiera que haya un código moral, hay un rayo de luz de ese Hombre. No podemos introducir a la fuerza a los grandes corazones del mundo entre límites estrechos y mantenerlos allí, especialmente en este momento en la historia de la humanidad en el que existe un grado de desarrollo intelectual con el que nadie soñaba hace cien años, en este momento en el que ha surgido una ola de conocimientos científicos que hace cincuenta años nadie habría soñado. Al tratar de arrinconar a la gente hacia límites estrechos, los reducís a animales y a masas irreflexivas; es terminar con su vida moral. Lo que ahora se necesita es una combinación de los más grandes de corazón con la más alta intelectualidad, de amor infinito con conocimientos infinitos. El seguidor de la Vedanta da a Dios únicamente estos tres atributos: Él es Existencia Infinita, Conocimiento Infinito y la Dicha Infinita, y considera estos tres atributos como Uno. La existencia no se puede dar sin conocimiento y sin amor; el conocimiento sin amor y el amor sin conocimiento no pueden existir. Lo que queremos es la armonía de la Existencia, del Conocimiento y la Dicha Infinita. Esa es nuestra meta. Queremos armonía y no desarrollo no unilateral. Y es posible tener el intelecto de un Shankara con el corazón de un Buda. Espero que todos luchemos para alcanzar esta combinación bendita.

Capítulo VII
Dios en Todo

Entregado en Londres el 27 de octubre de 1896

Hemos visto cómo la mayor parte de nuestra vida debe necesariamente estar llena de males, y sin embargo, aun así podemos resistir; esta masa de males es prácticamente infinita para nosotros. Hemos estado luchando para poner remedio a esto desde el principio de los tiempos, pero todo sigue siendo muy similar. Cuantos más remedios descubrimos, más acosados nos encontramos por los males más sutiles. También hemos visto que todas las religiones proponen a un Dios como único medio para escapar a estas dificultades. Todas las religiones nos dicen que si se toma el mundo tal como es, como la mayoría de la gente práctica nos aconsejaría hacer en esta era, entonces no nos quedaría nada sino el mal. Además, afirman que hay algo más allá de este mundo. Esta vida de los cinco sentidos, la vida en el mundo material, no es todo; es solo una pequeña parte y es meramente superficial. Detrás y más allá se encuentra el Infinito, en el que ya no existe mal. Algunas personas lo llaman Dios; otras, Alá; otras diferentes, Jehová; otras más, Júpiter, y así sucesivamente. El seguidor de la Vedanta lo llama Brahmán.

La primera impresión que tenemos de los consejos dados por las religiones es que lo mejor sería terminar con nuestra existencia. La pregunta de cómo curar los males de la vida tiene la aparente respuesta de renunciar a la vida. Esto nos recuerda una vieja historia: un mosquito se posó en la cabeza de un hombre, y un amigo, con el deseo de matar el mosquito, le dio tal golpe que mató al hombre y el mosquito. El remedio del mal parece sugerir una acción similar. La vida y el mundo están llenos de males; eso es un hecho que nadie lo suficientemente mayor como para conocer el mundo puede negar.

Pero ¿cuál es el remedio propuesto por todas las religiones? Que este mundo no es nada. Más allá de este mundo existe algo que es muy real. Aquí viene la dificultad: el remedio parece destruir todo. ¿Cómo podría ser esto un remedio? ¿No hay entonces manera de salir? La Vedanta afirma que lo que todas las religiones proclaman es perfectamente cierto, pero debe ser bien entendido. A menudo, es mal entendido porque las religiones no son muy claras en su significado. Lo que realmente queremos es la combinación de la cabeza y el corazón. El corazón es, ciertamente, magnífico; las grandes inspiraciones de la vida vienen a través del corazón. Preferiría cien veces tener un poco de corazón y nada de cerebro a ser todo cerebro y no tener corazón. La vida es posible, el progreso es posible para quien tiene corazón; pero quien no tiene corazón y solo tiene cerebro muere de sequedad.

Al mismo tiempo, sabemos que quien se deja llevar únicamente por su corazón tiene que someterse a muchos males, pues es susceptible de caer en trampas de vez en cuando. Lo que queremos es la combinación del corazón y el cerebro. No quiero decir que una persona deba comprometer su corazón en beneficio de su cerebro o viceversa, sino dejar que el mundo entero tenga una cantidad infinita de corazón y sentimientos y, al mismo tiempo, una cantidad infinita de razón. ¿Existe algún límite para lo que queremos en este mundo? ¿No es el mundo infinito? Existe espacio para una cantidad infinita de sentimientos y también para una cantidad infinita de cultura y razón. Dejemos que se manifiesten juntos sin límites; dejémoslos correr, por decirlo así, en líneas paralelas..

La mayoría de las religiones comprenden este hecho, pero todas ellas parecen caer en el mismo error: se dejan llevar por el corazón, por los sentimientos. Existe mal en el mundo. Renunciar al mundo: esta es la gran enseñanza, y la única enseñanza, sin duda alguna. Renunciar al mundo. No puede haber dos opiniones sobre el hecho de que para entender la verdad sea necesario renunciar al error. No puede haber dos opiniones sobre el hecho de que cada se debe abandonar el mal, con el fin de alcanzar el bien. No puede haber dos opiniones sobre el hecho de que se ha de renunciar a la muerte para tener una vida.

Y sin embargo, ¿qué queda para nosotros, si esta teoría implica renunciar a la vida de los sentidos, a la vida tal como la conocemos? ¿Y qué si no queremos decir con vida? Si renunciamos a esto, ¿qué queda?

Vamos a entender esto mejor cuando, más adelante, lleguemos a los contenidos más filosóficos de la Vedanta. Pero, por el momento, me permito afirmar que solo en la Vedanta encontramos una solución racional al problema. Al respecto, solo puedo exponeros lo que la Vedanta intenta enseñar, que es la deificación del mundo. La Vedanta realmente no censura el mundo. El ideal de la renuncia no alcanza en ningún otro sitio la misma dimensión que en las enseñanzas de la Vedanta. Pero, al mismo tiempo, no se pretende aconsejar el suicidio; realmente, significa la deificación del mundo, renunciar al mundo tal como lo pensamos, tal como lo conocemos, tal como se nos presenta, y saber lo que en verdad es. Deificarlo… eso solo se puede aplicar a Dios. En el comienzo de uno de los

Upanishads más antiguos, leemos: «El Señor recubre t».

Tenemos que cobijarnos bajo el Señor, y no por una falsa especie de optimismo, no cegando nuestros ojos ante el mal, sino viendo realmente a Dios en todo. Tenemos que renunciar al mundo, y cuando lo hagamos, ¿qué quedará? Dios. ¿Y qué significa esto? Si tenéis esposa, no quiere decir que tengáis que abandonarla, sino ver a Dios en ella. Renunciar a vuestros hijos, ¿qué significa eso? ¿Echarlos fuera de casa, como algunos incivilizados hacen en todos los países? Ciertamente, no; eso es diabólico, no es religión. Significa que veáis a Dios en vuestros hijos. Y así, en todo. En la vida y en la muerte, en la felicidad y en la miseria, el Señor está igualmente presente. El Señor llena el mundo entero; abrid los ojos y comprobadlo. Esto es lo que enseña la Vedanta. Renunciad al mundo que habéis conjeturado, porque dicha conjetura se basa en una experiencia muy parcial, en un razonamiento muy pobre y en vuestra propia debilidad. Renunciad a él. El mundo en el que hemos estado pensando tanto tiempo, al mundo al que hemos estado aferrándonos tanto tiempo, es un falso mundo de nuestra propia creación. Renunciad a eso. Abrid los ojos y comprobad que ese mundo nunca existió; que era un sueño, Maya. Lo que existía era el Señor mismo. Es Él quien está en el niño, en la mujer y en el marido; es Él quien está en el bien y en el mal; Él está en el pecado y en el pecador; Él está en la vida y en la muerte.

Ciertamente, ¡una tremenda afirmación¬! Sin embargo, esta es la cuestión que la Vedanta quiere demostrar, enseñar y predicar. Esto es solo la introducción.

De esta manera evitamos los peligros de la vida y sus males. No desead nada. ¿Qué nos hace miserables? La causa de todas las miserias que padecemos es el deseo. Deseáis algo, y el deseo no se satisface: el resultado es la angustia. Si no hay deseo, no hay sufrimiento. Pero en este sentido también existe el peligro de que se me malinterprete, por lo que es necesario explicar lo que quiero decir cuando hablo de renunciar al deseo y de la liberación de toda miseria. Las paredes no tienen deseo y, por ello, nunca sufren. Es cierto, pero nunca evolucionan. Esta silla no tiene deseos, nunca sufre; pero siempre será una silla. Existe gloria en la felicidad, como existe gloria en el sufrimiento. Si me permitís decirlo, también existe una utilidad en el mal. La miseria es una gran maestra, eso todos lo sabemos. Desearíamos no haber tenido que realizar, en nuestras vidas, cientos de cosas que hemos tenido que hacer, cosas que, al mismo tiempo, han sido grandes maestras. En cuanto a mí, me alegro de haber hecho algo bueno y muchas cosas malas; me alegro de haber hecho algo bien y me alegro de haber cometido muchos errores, porque cada uno de ellos ha sido una gran lección. Yo, como soy ahora, soy el resultado de todo lo que he hecho, de todo lo que he pensado. Cada acción y cada pensamiento han tenido su efecto, y estos efectos son la suma total de mi progreso.

Todos somos conscientes de que los deseos están mal, pero ¿qué quiere decir renunciar a los deseos? ¿Cómo podría la vida seguir adelante? Sería el mismo consejo suicida: matar el deseo y al individuo también. La solución es la siguiente. No es que no debáis tener propiedades; no es que no debáis tener lo necesario e, incluso, lo lujoso. Tened todo lo que queráis y más, pero sed conscientes de la verdad y aceptadla: la riqueza no pertenece a nadie, no tengáis idea de propiedad o posesión. Vosotros no sois nadie, al igual que yo y que cualquier otra persona. Todo pertenece al Señor, porque el primer versículo nos dice que pongamos al Señor en todo. Dios está en la riqueza de que disfrutáis. Él se encuentra en el deseo que surge en vuestra mente. Él se encuentra en lo que compráis para satisfacer vuestros deseos. Él se encuentra en vuestros atuendos hermosos, en vuestros bellos adornos. Esta es la línea de pensamiento. Todo será metamorfoseado tan pronto como comencéis a ver todo bajo esa luz. Si ponéis a Dios en cada uno de vuestros movimientos, en vuestra conversación, en vuestra forma… en todo, la escena al completo cambiará, y el mundo, en lugar de aparecer como un mundo de dolor y miseria, se convertirá en un paraíso.

«El reino de los cielos está dentro de ti», dice Jesús; lo dice la Vedanta, y cada gran maestro. «El que tiene ojos para ver, que vea, y el que tiene oídos para oír, que oiga». La Vedanta demuestra que la verdad que hemos estado buscando todo este tiempo está presente y estuvo con nosotros todo el tiempo. En nuestra ignorancia, pensamos que la habíamos perdido, y fuimos gritando y llorando por el mundo, luchando por encontrar la verdad, mientras todo el tiempo estaba morando en nuestros propios corazones. Solo ahí podemos encontrarla.

Si entendiésemos el abandono del mundo en su sentido antiguo, en su sentido crudo, entonces llegaríamos a esto: no debemos trabajar, debemos estar en reposo cual pedazos de roca; no hemos de pensar ni hacer nada, sino más bien convertirnos en fatalistas, impulsados por todas las circunstancias, gobernados por las leyes de la naturaleza, a la deriva de un lugar a otro. Este sería el resultado. Pero este no es el significado que debemos entender. Tenemos que trabajar. La humanidad ordinaria, impulsada en cada acción por el falso deseo, ¿qué sabe sobre el trabajo? El ser humano impulsado por sus propios sentimientos y por sus propios sentidos, ¿qué sabe sobre el trabajo? Trabaja quien no está impulsado por sus propios deseos, por egoísmo alguno. Trabaja quien no tiene un motivo oculto a la vista. Trabaja quien no tiene nada que ganar con el trabajo.

¿Quién disfruta de la pintura, el vendedor o el que la observa? El vendedor está ocupado en sus cuentas, calculando cuál será su ganancia, cuánto beneficio obtendrá de la pintura. Su cerebro no piensa en nada más. Está mirando el martillo, atento a las apuestas; tiene la intención de escuchar lo rápido aumentan las ofertas. El vendedor está disfrutando de la pintura, pues ha ido allí sin ninguna intención de comprar o vender. Él mira la pintura y disfruta de ella. Así, todo este universo es una pintura, y cuando estos deseos se desvanezcan, los individuos podrán disfrutar del mundo, y, entonces, esta compra y venta, estas ideas absurdas de posesión terminarán. Con la desaparición dl prestamista, del comprador y del vendedor, este mundo seguirá siendo una pintura, un hermoso cuadro. Nunca he leído una concepción de Dios más hermosa que la siguiente: «Él es el Gran Poeta, el Antiguo Poeta; el universo entero es su poema, que viene en versos, rimas y estrofas, escritos en dicha infinita». Cuando renunciemos a los deseos, entonces —y solo entonces— seremos capaces de leer y disfrutar de este universo de Dios. Entonces, todo será deificado: rincones y esquinas, caminos y lugares umbríos que nos parecían oscuros y profanos... serán todos deificados. Todos ellos revelarán su verdadera naturaleza, y nos reiremos de nosotros mismos y pensaremos que todo este llanto ha sido un juego de niños, que solo estábamos ahí, observando.

Por lo tanto, la Vedanta dice que hagamos nuestro trabajo. En primer lugar, nos aconseja cómo trabajar: renunciando, renunciando al mundo ilusorio y aparente. ¿Qué se quiere decir con esto? Ver a Dios en todas partes. De esta manera, haced vuestro trabajo. Desead vivir cien años, tener todos los deseos terrenales, si así lo deseáis, pero deificadlos, convertidlos en el cielo; tened el deseo de vivir una larga vida de amabilidad, de bienaventuranza y actividad en esta tierra. Trabajando de esta manera, encontraréis el camino de salida. No hay otra manera. Si una persona se sumerge de cabeza en los lujos necios del mundo sin conocer la verdad, pierde el equilibrio y no podrá llegar a la meta. Y si una persona maldice el mundo, entra en un bosque, mortifica su carne y se mata poco a poco de inanición, hace de su corazón una pérdida estéril, termina con todos los sentimientos y se vuelve duro, severo y reseco; esa persona también se ha extraviado. Estos son los dos extremos, los dos extremos con sus correspondientes errores. Ambos han perdido el camino, ambos han perdido la meta.

Así que trabajad, dice la Vedanta, poniendo a Dios en todo y sabiendo que Él está en todo. Trabajad sin cesar, considerando la vida como algo deificado, como Dios mismo, sabiendo que esto es todo lo que tenemos que hacer, que esto es todo lo que debemos pedir. Dios está en todo. ¿Dónde debemos ir para encontrarlo? Él ya está en cada obra, en cada pensamiento, en cada sentimiento. Sabiendo esto, debemos trabajar; este es el único camino, no hay otro. De esta manera, los efectos del trabajo no nos atarán. Hemos visto cómo los deseos falsos son la causa de toda la miseria y el mal que sufrimos; pero cuando se han deificado, purificado a través de Dios, no traen consigo ningún mal, no traen consigo ninguna miseria. Quienes no conocen este secreto tendrán que vivir en un mundo demoníaco hasta que lo descubran. Muchos no saben que una mina infinita de felicidad está en ellos mismos, alrededor de ellos, en todas partes; aún no lo han descubierto. ¿Qué es un mundo demoníaco? La Vedanta dice que la ignorancia.

Nos estamos muriendo de sed mientras estamos sentados en la orilla del río más caudaloso. Nos estamos muriendo de hambre mientras nos sentamos cerca de un montón de comida. Ahí está el universo dichoso, y sin embargo, no lo encontramos. Estamos en él todo el tiempo, y siempre estamos confundiéndolo. La religión propone encontrarlo por nosotros. El anhelo de este universo de felicidad se encuentra en todos los corazones. Ha sido la búsqueda de todas las naciones, es el objetivo de la religión, y este ideal está expresado en varios idiomas y en las diferentes religiones. Es solo una diferencia de lenguaje la que crea estas divergencias aparentes. Una expresa un pensamiento de una manera, y otra, de manera un poco distinta; pero tal vez cada una quiera decir exactamente lo mismo que la otra está expresando, aunque en un idioma diferente.

Más preguntas surgen en relación con esto. Es muy fácil hablar. Desde mi infancia, he escuchado acerca de ver a Dios en todas partes y en todo y, por ello, yo realmente puedo disfrutar del mundo; pero en cuanto me mezclo con el mundo y recibo un par de golpes de él, la idea se desvanece. Camino por la calle pensando que Dios está en cada ser humano, y entonces aparece un hombre fuerte, me da un empujón y caigo en la acera. Luego, me levanto rápidamente con el puño cerrado; la sangre se ha apresurado en subir a mi cabeza, y el reflejo fluye. Inmediatamente, me vuelvo loco; he olvidado todo y en lugar de encontrar a Dios, veo al Diablo. Desde que nacimos, nos han dicho que veamos a Dios en todo. Cada religión enseña lo mismo: ver a Dios en todo y en todas partes. ¿No recordáis cómo lo dice Cristo en el Nuevo Testamento? A todos nos lo han enseñado; pero es cuando llegamos a la parte práctica cuando comienza la dificultad. Todos vosotros recordáis cómo en las *Fábulas de Esopo* un ciervo está mirando a su figura reflejada en un lago, mientras dice a su joven cría: «¡Qué poderoso soy! Mira mi espléndida cabeza; mira mis miembros, lo fuertes y musculosos que son; y la rapidez y ligereza con las que puedo correr». Entonces, el ciervo escucha el ladrido de unos perros en la distancia y, de inmediato, empieza a correr; después de haber recorrido varias millas, vuelve jadeante. Su cría le dice: «Me habías dicho lo fuerte que eres; ¿por qué huiste cuando los perros comenzaron a ladrar?». «Sí, hijo mío; pero cuando los perros ladran, toda mi confianza se desvanece». Tal es nuestro caso. Tenemos en muy alta estima a la humanidad, nos sentimos fuertes y valientes, hacemos grandes resoluciones; pero cuando los «perros» de las pruebas y de las tentaciones ladran, somos como el ciervo de la fábula. Entonces, si tal es el caso, ¿cuál es el fin de la enseñanza de todo esto?: que al final la perseverancia vencerá. Nada se puede hacer en un día.

«Este "Yo" es lo primero que se debe escuchar; a continuación, se debe pensar en él, y luego, meditar sobre él». Todo el mundo puede ver el cielo, incluso el mismo gusano que se arrastra sobre la tierra, pero ¡qué lejos está! Lo mismo sucede con nuestro ideal. Sin duda está lejos, pero, al mismo tiempo, sabemos que debemos alcanzarlo. Incluso debemos tener el más alto ideal. Por desgracia, en esta vida, la gran mayoría de las personas anda a tientas a través de esta vida oscura sin ningún ideal en absoluto. Si una persona con un ideal comete mil errores, estoy seguro de que la persona sin un ideal comete cincuenta mil. Por lo tanto, es mejor tener un ideal. Y de este ideal debemos oír hablar tanto como podamos, hasta que entre en nuestros corazones, en nuestros cerebros, en nuestras propias venas, hasta que palpite en cada gota de nuestra sangre y penetre cada poro de nuestro cuerpo. Debemos meditar sobre el. «De la abundancia del corazón habla la boca», y de la abundancia del corazón la mano también funciona.

Se cree lo que es nuestra fuerza propulsora: llenar la mente con los más grandes pensamientos, escucharlos día tras día, pensar en ellos mes tras mes. No os preocupéis por los fracasos; son muy naturales, son la belleza de la vida. ¿Qué sería la vida sin ellos? No sería digno vivir si no fuera para luchar. ¿Dónde estaría la poesía de la vida? No os preocupéis por las luchas, los errores. Nunca he escuchado a una vaca decir una mentira, pero es solamente una vaca, nunca un ser humano. Así que no os preocupéis jamás por estas faltas, por estas pequeñas recaídas; mantened el ideal mil veces, y si falláis una y mil veces, intentadlo una vez más. El ideal del ser humano es ver a Dios en todo. Pero si no lo podéis ver en todo, vedlo en una cosa, en lo que más os guste; luego vedlo en otra cosa, y así sucesivamente. Ante el alma existe vida infinita. Tomaos vuestro tiempo y al final lo lograréis.

«Él, el Uno, quien vibra más rápidamente que la mente, quién alcanza más velocidad de lo que la mente jamás podrá, a quién incluso los dioses no pueden alcanzar o los pensamientos rozar; cuando Él está en movimiento, todo se mueve. En Él todo existe. Él se está moviendo. También es inamovible. Él está cerca y Él está lejos. Él está dentro de todo. Él está fuera de todo, penetrando todo.

CAPÍTULO VII : DIOS EN TODO

Quien ve en cada ser el mismo *atman*, quien ve todo en ese *atman*, nunca se aleja de ese *atman*. Cuando toda la vida y el universo entero se ven en este atman, entonces el ser humano ha alcanzado el secreto. No hay más desilusión para él. ¿Dónde existe la miseria para quien ve esta Unidad en el universo?».

Este es otro gran tema de la Vedanta, la Unidad de la vida, la Unidad de todo. Veremos cómo se demuestra que toda nuestra miseria viene a través de la ignorancia, y esta ignorancia es la idea de multiplicidad, esta separación entre hombre y hombre, entre nación y nación, entre la tierra y la luna, entre la luna y el sol. De esta idea de separación entre átomo y átomo viene toda miseria. Pero la Vedanta dice que esta separación no existe, que no es real. Es meramente aparente, superficial. En el corazón de las cosas existe todavía unidad. Si miráis por debajo de la superficie, encontraréis Unidad entre hombre y hombre, entre raza y raza, entre altos y bajos, ricos y pobres, dioses y hombres, y hombres y animales. Si llegáis lo suficientemente profundo, todo se verá como variaciones del Uno, y quien ha llegado a esta concepción de la Unidad no tiene más desilusiones. ¿Qué le puede engañar? Conoce la realidad de todo, el secreto de todo. ¿Dónde existe la miseria para esa persona? ¿Qué es lo que desea? Ha trazado la realidad de todo hacia el Señor, el Centro, la Unidad de todo, y esto es la Existencia Eterna, el Conocimiento Eterno, la Felicidad Eterna. Ni la muerte ni la enfermedad, ni el llanto, ni la miseria ni el descontento están allí. Todo es Perfecta Unión y Perfecta Bienaventuranza. ¿Por quién habría de llorar, entonces? En la Realidad no existe muerte, no hay miseria; en la Realidad no existe nadie a quien llorar, nadie por quien lamentarse. Ha penetrado todo, lo Puro, lo Sin Forma, lo Incorpóreo, lo Inoxidable. Él, el Conocedor; Él, el Conocedor; Él, el Gran Poeta; Él, el Autoexistente; Él, que está dando a cada uno lo que se merece. Quienes adoran este mundo ignorante van a tientas en la oscuridad, en el mundo que es producido por la ignorancia, creyendo que eso es la Existencia; y quienes viven toda su vida en este mundo y nunca encontraron nada mejor o más alto están buscando a tientas en una oscuridad aún mayor. Pero quien conoce el secreto de la naturaleza, contemplando Aquello que está más allá la naturaleza con de la ayuda de la naturaleza, atraviesa la muerte, y con la ayuda de Aquello que está más allá de la naturaleza disfruta de la felicidad eterna. «Tú, sol, que has cubierto la Verdad con tu disco de oro, no te quites el velo, para que yo pueda ver la Verdad que está dentro de ti. He conocido la Verdad que está dentro de ti; he sabido lo que es el verdadero significado de tus rayos y tu gloria, y he visto lo que brilla en ti; la Verdad en ti veo, y lo que está dentro de ti está dentro de mí, y yo soy Eso».

Capítulo VIII
Realización

Entregado en Londres el 29 de octubre 1896

Voy a leeros acerca de uno de los Upanishads. Se llama el *Katha Upanishad*. Probablemente algunos de vosotros hayáis leído la traducción de Sir Edwin Arnold, llamada *El secreto de la muerte*. En nuestra última lectura vimos cómo la investigación que comenzó con el origen del mundo y con la creación del universo no pudo obtener una respuesta satisfactoria desde el exterior, y vimos cómo luego se volvió hacia el interior. Este libro toma psicológicamente esta sugerencia, cuestionando la naturaleza interna del ser humano. Se preguntó primero quién creó el mundo externo, y cómo llegó a existir. Ahora las preguntas son: ¿qué es ese ser humano?, ¿qué lo hace vivir y moverse?, ¿y qué es lo que sucede con él cuando muere? Los primeros filósofos estudiaron la sustancia material, y trataron de alcanzar lo último a través de ella. En el mejor de los casos, se encontraron con un gobernador personal del universo, un ser humano inmensamente magnificado, pero, en el fondo, preso de todos los esfuerzos y objetivos de un ser humano. Pero esa no podía ser toda la verdad; a lo sumo, podía ser solo la verdad parcial. Vemos este universo como seres humanos, y nuestro Dios es nuestra explicación humana del universo.

Supongamos que una vaca fuera filósofa y que tuviera una religión; entonces, tendría un universo vaca y una solución vaca del problema; así, no sería posible que viera a nuestro Dios. Supongamos que los gatos se convirtieran en filósofos, que vieran un universo gato y que tuvieran una solución gato al problema del universo; por tanto, un gato gobernaría dicho universo. A partir de esto, podemos ver que nuestra explicación del universo no es toda la solución, y que nuestra concepción tampoco cubre la totalidad del universo. Sería un gran error aceptar esa posición tremendamente egoísta que el ser humano tiende a tomar. Con esta dificultad, la solución al problema universal que podemos obtener de los trabajos externos es que, en primer lugar, el universo que vemos es nuestro propio universo particular, y nuestro propio punto de vista de la Realidad. Esa Realidad no podemos verla a través de los sentidos, no podemos comprenderla. Solo conocemos el universo desde el punto de vista de los seres con cinco sentidos. Supongamos que obtenemos otro sentido: el universo entero cambiaría para nosotros. Supongamos que tuviéramos un sentido magnético: es muy posible que encontrásemos millones y millones de fuerzas existentes que ahora no conocemos, y de las que no tenemos sentido o sentimiento. Nuestros sentidos son limitados, de hecho, muy limitados. Dentro de estas limitaciones existe lo que llamamos nuestro universo; nuestro Dios es la solución a ese universo, pero no puede ser la solución a todo el problema. El ser humano no puede detenerse en este punto. Él es un ser pensante y quiere encontrar una solución que explique exhaustivamente todos los universos. Quiere ver un mundo que sea a la vez el mundo de los seres humanos, de los dioses y de todos los seres posibles, y encontrar una solución que explique todos los fenómenos.

Vemos que primero tenemos que encontrar el universo que incluye todos los universos; debemos encontrar algo que, por sí mismo, sea el material que atraviesa todos estos diversos planos de existencia, lo aprehendamos a través de los sentidos o no. Si pudiéramos encontrar algo que conociéramos como la propiedad común de los mundos inferiores y de los mundos superiores, nuestro problema estaría resuelto. Incluso si por la fuerza pura de la lógica pudiéramos entender que debe de haber una base de toda la existencia, nuestro problema podría acercarse a algún tipo de solución; pero sin duda, esta solución no se puede obtener solo a través del mundo que vemos y conocemos, ya que es únicamente una visión parcial de la totalidad.

Por tanto, nuestra única esperanza radica en una penetración más profunda. Los primeros pensadores descubrieron que cuanto más lejos estaban del centro, más marcadas eran las variaciones y diferenciaciones; y que cuanto más se acercaban al centro, más cerca estaban de la unidad. Cuanto más cerca estamos del centro de un círculo, más cerca estamos del terreno común en el que se reúnen todos los radios; y cuanto más lejos estamos del centro, más divergente es nuestra línea radial de las demás. El mundo exterior está muy lejos del centro, y por lo tanto no existe un terreno común en el que todos los fenómenos de la existencia puedan encontrarse. A lo sumo, el mundo exterior no es sino una parte de la totalidad de los fenómenos. Existen otros dominios: lo mental, lo moral y lo intelectual —los diversos planos de existencia—, y tomar solo uno para encontrar una solución a la totalidad, a partir de ese uno, es simplemente imposible. Por lo tanto, en primer lugar queremos encontrar algún lugar a partir de cuyo centro, por así decirlo, se inicien todos los otros planos de la existencia, y encontrándonos en ese lugar, debemos tratar de dar con una solución. Esa es la propuesta. ¿Y dónde está ese centro? Está dentro de nosotros. Los sabios antiguos penetraron más y más profundo, hasta que descubrieron que el núcleo más íntimo del alma humana es el centro de todo el universo. Todos los planos gravitan alrededor de ese punto. Ese es el terreno común, y solo estando en él podremos encontrar una solución común. Así, la pregunta «¿quién hizo este mundo?» no es muy filosófica, ni lo es, en absoluto, su solución.

El *Katha Upanishad* habla en un lenguaje muy figurado. Existió, en la antigüedad, un hombre muy rico que hizo un cierto sacrificio que requería deshacerse de todo lo que tenía. No obstante, este hombre no era sincero: quería obtener la fama y la gloria de haber hecho el sacrificio, pero se deshizo únicamente de aquello que ya no le servía, como vacas viejas, estériles, ciegas y cojas. Tenía un hijo llamado Nachiketas. Este muchacho se percató de que su padre no estaba haciendo lo correcto, se dio cuenta de que estaba faltando a su voto; pero no sabía qué decirle. En la India, el padre y la madre son dioses vivientes para sus hijos. De esta forma, el muchacho se acercó al padre con el mayor respeto y, humildemente, le preguntó: «Padre, como su sacrificio requiere que se deshaga de todo, ¿a quién va a entregarme?». El padre se ofendió por esa pregunta y respondió: «¿Qué quieres decir, muchacho? ¿Un padre que se deshace de su propio hijo?». El muchacho repitió la pregunta una segunda y una tercera vez, así que el padre, enojado, respondió: «A ti te entregaré a la Muerte (Yama)». Así, la historia continúa diciendo que el muchacho se presentó ante Yama, el dios de la muerte. Yama fue el primer hombre que murió. Subió al cielo y se convirtió en el gobernador de todos los *Pitris*. Todas las personas buenas que mueren van y viven con él durante mucho tiempo. Él es una persona muy pura, santa, casta y buena, como su nombre —Yama— lo implica.

Así, el muchacho fue al mundo de Yama. Pero incluso los dioses a veces no se encuentran en casa, de manera que el muchacho tuvo que esperar en aquel lugar durante tres días. Yama regresó al tercer día. «¡Oh, aprendiz! —dijo Yama—. Has estado esperando aquí durante tres días sin comer, y eres un invitado digno de respeto. Saludos a ti, ¡oh, brahmán!, y prosperidad para mí. Lamento mucho no haber estado en casa. Pero por ello voy a enmendarme; pídeme tres deseos, uno cada día». Así, el muchacho le dijo: «Mi primer deseo es que la ira de mi padre desaparezca; que sea amable conmigo y que me reconozca cuando me permitas irme». Yama accedió totalmente. El siguiente deseo consistía en que quería saber más acerca de un sacrificio que llevara al cielo. Hemos visto que la idea más antigua que obtenemos de la *Samhita* de los Vedas solo se refiere a un cielo donde tenían cuerpos brillantes y vivían con los padres. Poco a poco, otras ideas surgieron, pero no eran satisfactorias: todavía se necesitaba algo más elevado. Vivir en el cielo no sería muy diferente de la vida en este mundo. A lo sumo, consistiría solo en llevar la vida de un hombre muy rico y muy sano, con multitud de goces para los sentidos y un cuerpo sano que no conocería la enfermedad; sería este mundo material, aunque un poco más refinado. Hemos visto la problemática de que el mundo material externo no puede resolver el problema. De igual forma, no hay cielo que pueda resolver el problema. Si este mundo no puede resolver el problema, ninguna multiplicación de este mundo podrá hacerlo, porque siempre debemos recordar que la materia es solamente una parte infinitesimal de los fenómenos de la naturaleza. La mayor parte de los fenómenos que en realidad vemos no es materia. Por ejemplo, en cada momento de nuestra vida, una gran parte se desarrolla a través del pensamiento y los sentimientos, en comparación con los fenómenos materiales externos. ¡Cuán grande es este mundo interno, con su tremenda actividad! Los fenómenos sensibles son muy pequeños si se los compara con nuestro interior. El pensar en el cielo como la solución comete este error: se basa en que la totalidad de los fenómenos se reduce al tacto, el gusto, la vista, etc. Así, esta idea del cielo no satisfizo a todos. Sin embargo, el segundo deseo de Nachiketas es conocer un sacrificio a través del cual la gente pueda alcanzar este cielo. En los Vedas está presente la idea de que estos sacrificios agrandan a los dioses y llevan a los seres humanos al cielo.

Al estudiar todas las religiones, os daréis cuenta de que todo lo que es antiguo se convierte en sagrado. Por ejemplo, nuestros antepasados en la India acostumbraban escribir en corteza de abedul, pero con el tiempo aprendieron a hacer papel. Sin embargo, la corteza de abedul todavía es considerada como sagrada. Cuando los utensilios con los que solían cocinar antiguamente fueron mejorados, los tradicionales se volvieron sagrados, y en ningún sitio ha perdurado más esta idea que en la India. Los métodos antiguos, que deben tener nueve o diez mil años de antigüedad, tales como frotar dos palos para hacer fuego, todavía se siguen utilizando. En el momento del sacrificio ningún otro método servirá. De igual manera sucede con la otra rama de los arios asiáticos.

A sus descendientes modernos todavía les gusta obtener el fuego del rayo, mostrando que es lo que solían hacer para obtener el fuego. Incluso cuando conocieron otras costumbres, mantuvieron las antiguas, las cuales se volvieron sagradas. Igual con los hebreos. Acostumbraban escribir sobre pergamino; ahora escriben en papel, pero el pergamino es sagrado. E igual sucede con todas las naciones. Cada rito que ahora se considera sagrado es simplemente una vieja costumbre, y el sacrificio védico es de esta naturaleza. Con el tiempo, conforme hallaban mejores maneras de vivir, sus ideas mejoraban; pero estas antiguas formas se mantuvieron, y de vez en cuando se practicaban y recibían un significado sagrado.

Luego, un grupo de hombreshizo de estos sacrificios su profesión. Estos fueron los sacerdotes, para quienes los sacrificios lo eran todo, al tiempo que especulaban con ellos. Los dioses terminaron por disfrutar de la fragancia de los sacrificios, y se consideraba que todo en este mundo podía ser conseguido gracias al poder de los sacrificios. Si se realizaban determinadas oblaciones, si se cantaban ciertos himnos, si se construían ciertos altares altares, los dioses concederían todo. Así, Nachiketas quiso saber por medio de qué forma de sacrificio un hombre podía ir al cielo. Yama también le concedió prontamente su segundo deseo, y le prometió que tal sacrificio llevaría su nombre a partir de aquel momento.

A continuación, vino el tercer deseo, con el que comienza el Upanishad en sí. El muchacho dijo: «Existe esta dificultad: cuando un hombre muere, algunos dicen que sigue existiendo, y otros, que ya no existe. Deseo que me instruyas para que pueda comprenderlo». Pero Yama estaba asustado. Le había agradado concederle los otros dos deseos. Esta vez, Yama dijo: «Esa cuestión desconcertaba a los dioses de la antigüedad. Esa sutil ley no es fácil de entender. Elije otro deseo, ¡oh, Nachiketas!; no me presiones para obtener una respuesta sobre ello».

El muchacho estaba determinado, y dijo: «Lo que has dicho es verdad, ¡oh Muerte!: que incluso los dioses tenían dudas sobre este punto, y no es cosa fácil de entender. Pero no puedo obtener otro maestro como tú, y no hay ningún deseo que iguale a este».

La muerte dijo: «Pide hijos y nietos que vivan cien años, mucho ganado, elefantes, oro y caballos. Pide un imperio en esta tierra y vivir tantos años como desees. O elige cualquier otro deseo que pienses que iguale a estos: tener riqueza y una larga vida. O convertirte tú en el rey de toda la tierra, ¡oh, Nachiketas! Yo te haré el hombre que realice todos sus deseos. Pide todos esos deseos, pues son difíciles de obtener en el mundo. Estas doncellas celestiales con carros y música, que no deben ser obtenidas por el hombre, son tuyas. Deja que te sirvan, ¡oh, Nachiketas!, pero no me preguntes acerca de lo que viene después de la muerte».

Nachiketas dijo: «¡Oh, Muerte! Esas son solo cosas de un día que desgastan la energía de todos los órganos de los sentidos. Incluso la vida más larga es muy corta. Estos caballos y carros, estos bailes y canciones, pueden permanecer contigo. La riqueza no puede satisfacer al hombre. ¿Podemos retener la riqueza cuando estemos contigo? Viviremos solo mientras tú lo desees. No elijo ningún otro deseo más.

Yama se mostró satisfecho con esta respuesta, y dijo: «La perfección es una cosa, y el goce, otra; ambos tienen fines diferentes, comprometen a los hombres de manera diferente. Quien elige la perfección se vuelve puro; quien elige el disfrute pierde su verdadero fin. Tanto la perfección como el disfrute se presentan al hombre; el sabio, al haber examinado ambas, distingue ambos. Él elige la perfección, ya que es superior al disfrute, pero el hombre insensato elige el disfrute por el placer de su cuerpo. ¡Oh, Nachiketas! Tras haber pensado en lo que solo es aparentemente deseable, sabiamente las has abandonado». Entonces, la muerte procedió a enseñar a Nachiketas.

Ahora tenemos una idea muy desarrollada de la renuncia y de la moralidad védica, y es que hasta que uno conquiste los caprichos del disfrute, la verdad no brillará en él. Mientras estos deseos banales de nuestros sentidos estén clamando como si quisieran arrastrarnos hacia afuera en cada momento, haciéndonos esclavos de todo lo exterior —un poco de color, un poco de sabor, un pequeño roce—, a pesar de todas nuestras pretensiones, ¿cómo puede la verdad manifestarse en nuestros corazones?

Yama dijo: «Aquello que está más allá nunca surge en la mente de un niño irreflexivo y engañado por la locura de la riqueza. Y así, vienen una y otra vez hasta mí pensando: "Este mundo existe; el otro, no". Entender esta verdad es muy difícil. Muchos, incluso escuchándola continuamente, no la entienden, porque no solo el orador debe ser ducho, sino también el oyente. El maestro debe ser ducho, y el aprendiz, también. La mente tampoco debe ser perturbada con argumentos vanos, pues ya no es una cuestión de argumentos, sino una cuestión de hechos». Siempre hemos escuchado que cada religión insiste en que tengamos fe. Se nos ha enseñado a creer ciegamente. Pues bien, sin duda, esta idea de la fe ciega es objetable; pero analizándola, encontramos que detrás de ella existe una gran verdad. Lo que realmente significa es lo que leemos ahora. La mente no debe ser confundida con argumentos vanos, porque los argumentos no nos ayudarán a conocer a Dios. Es una cuestión de hechos, no de argumentos. Todos los argumentos y razonamientos deben basarse en ciertas percepciones. Sin ellos, no puede haber ningún argumento. El razonamiento es el método de comparación entre ciertos hechos que ya hemos percibido. Si estos hechos percibidos no existieran, no podría haber ningún razonamiento. Si esto se aplica a los fenómenos externos, ¿por qué no debería aplicarse a los internos? El químico combina ciertos productos químicos y se producen ciertos resultados. Esto es un hecho; lo vemos, lo sentimos, y hacemos de esto la base sobre la que construimos todos los argumentos químicos. De igual manera sucede con la Física y con todas las otras ciencias. Todo conocimiento debe sostenerse en la percepción de ciertos hechos, y sobre ellos construimos nuestro razonamiento. Pero, curiosamente, la gran mayoría de la humanidad piensa, sobre todo en el momento actual, que tal percepción no es posible en la religión, y afirman que la religión solo puede ser aprehendida mediante argumentos vanos. Por lo tanto, se nos dice que no molestemos la mente con argumentos vanos. La religión es una cuestión de hechos, no de palabras. Tenemos que analizar nuestra propia alma y encontrar lo que existe en ella; tenemos que entenderla y darnos cuenta de lo que se entiende. Eso es religión. Ninguna cantidad de palabras hará la religión. Por lo tanto, la cuestión de si hay un Dios o no nunca podrá ser probada mediante argumentos, porque los argumentos están tanto en un lado como en el otro. Pero si existe un Dios, Él está en nuestros corazones. ¿Alguna vez lo habéis visto? La cuestión de si este mundo existe o no aún no se ha decidido, y el debate entre los idealistas y los realistas es interminable. Sin embargo, sabemos que el mundo existe, que continúa. Nosotros solo cambiamos el significado de las palabras. Así, con todas las preguntas sobre la vida debemos llegar a los hechos. Existen ciertos hechos religiosos que, como en la ciencia externa, tienen que ser percibidos, y sobre ellos se construirá la religión. Por supuesto, la afirmación extrema de que hemos de creer en todos los dogmas de una religión es degradante para la mente humana. El ser humano que nos pide que creamos en todo se degrada a sí mismo, y si le creemos, nosotros también nos degradaremos. Los sabios del mundo solo tienen derecho a decirnos que han analizado su mente y que han encontrado estos hechos; si nosotros hacemos lo mismo, también creeremos, pero no antes. Eso es todo lo que existe en la religión. Pero siempre debemos recordar esto: el noventa y nueve coma nueve por ciento de quienes atacan la religión nunca han analizado sus mentes, nunca han luchado para llegar a los hechos. Por lo tanto, sus argumentos no pueden perjudicar a la religión, al igual que no nos afectarían las palabras de un ciego que gritase: «Todos los que creéis en el sol sois unos ignorantes».

Hemos de tener presente y aferrarnos a esta gran idea, la idea de la realización. Esta agitación, esta lucha y diferencia entre las religiones cesarán solo cuando entendamos que la religión no se encuentra en los libros ni en los templos. Es una percepción real. Solo la persona que ha percibido realmente el alma y a Dios es religiosa. No hay ninguna diferencia real entre el mayor gigante eclesiástico que puede hablar gracias a su posición y el materialista más ignorante y bajo. Todos somos ateos: confesémoslo. La mera afirmación intelectual no nos hace religiosos. Tomad a un cristiano, a un musulmán o a un seguidor de cualquier otra religión del mundo. Cualquier ser humano que realmente entienda la verdad contenida en el «Sermón de la montaña» será perfecto, y se convertirá en un dios inmediatamente. Sin embargo, se dice que existen muchos millones de cristianos en el mundo, aunque lo que se quiere decir es que la humanidad podrá, en algún momento, tratar de y entender ese sermón. Ninguno de esos veinte millones es un verdadero cristiano.

De la misma forma, se dice que que en la India existen trescientos millones de seguidores de la Vedanta; pero si hubiera uno entre mil que comprendiese realmente la religión, este mundo no tardaría en cambiar enormemente. Todos somos ateos, y sin embargo, tratamos de luchar contra el individuo que lo admite. Todos estamos en la oscuridad; la religión es para nosotros una mera afirmación intelectual, una simple charla, una mera nada. A menudo consideramos que un hombre es religioso si sabe hablar bien, pero esto no es religión. «Los maravillosos métodos de unión de palabras, los poderes retóricos y la explicación de los textos de los libros de diversas maneras son solo para el disfrute de los aprendices, pues eso no es religión». La religión se manifiesta cuando comienza el entendimiento real en nuestra propia alma.

Ese será el amanecer de la religión, y solo entonces seremos morales. Ahora no somos mucho más morales que los animales; solo nos regimos por los azotes de la sociedad. Si esta última declarara hoy: «No te castigaré si robas», nos abalanzaríamos sobre las propiedades de los demás. Es la policía quien nos hace morales; es la opinión social la que nos hace morales, y realmente solo somos un poco mejores que los animales. Entendemos lo mucho que esto significa en el fondo de nuestros corazones, así que no seamos hipócritas. Confesemos que no somos religiosos y que no tenemos derecho a despreciar a los demás. Todos somos hermanos, y seremos verdaderamente morales cuando hayamos entendido la religión.

Si habéis visitado un determinado país y alguien os obliga a decir que no lo habéis visitado, en el fondo de vuestro corazón lo sabéis. Por lo tanto, cuando veáis la religión y a Dios con un significado más intenso que aquel con el que veis este mundo externo, nada será capaz de arrebataros vuestra creencia. En ese momento tendréis una fe verdadera. Esto es lo que se quiere decir con las palabras de vuestro Evangelio: «Si tuvierais fe del tamaño de un grano de mostaza» De esta forma conoceréis la verdad, porque os habréis convertido en la Verdad.

Esta es la consigna de la Vedanta: entended la religión, las palabras no servirán. Pero se hace con mucha dificultad. Él se ha escondido en el interior del átomo, ese Venerable Anciano que reside en el rincón más íntimo de cada corazón humano. Los sabios lo entendieron a través del poder de la introspección, y llegaron más allá de la alegría y de la miseria; más allá de lo que llamamos virtud y vicio; más allá de buenas y malas acciones; más allá del ser y del no ser: quien lo ha visto ha visto la Realidad. Pero entonces, ¿qué sucede con el cielo? Era la idea de felicidad sin la infelicidad, es decir, lo que queremos son las alegrías de esta vida, sin sus penas. Esa es una idea muy buena, sin duda, y se manifiesta de manera natural; pero es un error absoluto, porque no existe el bien absoluto, como tampoco existe el mal absoluto.

Todos hemos oído hablar de ese hombre rico de Roma que un día supo que solo le quedaban alrededor de un millón de libras, y dijo: «¿Qué voy a hacer mañana?», y de inmediato se suicidó. Un millón de libras era pobreza para él. ¿Qué es la alegría? ¿Qué es el dolor? Es una cantidad que se desvanece, que se desvanece continuamente. Cuando yo era un niño, pensaba que podía ser cochero: habría sido el colmo de la felicidad para mí poder conducir. Ahora ya no lo creo. ¿A qué alegría os aferráis? Este es el único punto que todos debemos tratar de entender, y es una de las últimas supersticiones que nos abandona. Cada uno tiene su propia idea del placer. Yo he visto a una persona que no es feliz si no consume un trozo de opio cada día. Esa persona puede soñar con un cielo donde la tierra esté hecha de opio. Ese sería un cielo muy poco atractivo para mí. Una y otra vez, en la poesía árabe leemos acerca de un cielo con hermosos jardines surcados por ríos que no dejan de correr. He vivido la mayor parte de mi vida en un país donde hay demasiada agua; muchas aldeas se inundan y miles de vidas se pierden cada año. Por lo tanto, mi cielo no tendría jardines surcados por corrientes de agua: preferiría una tierra donde cayera muy poca agua. Nuestros placeres siempre están cambiando. Si un joven sueña con el cielo, soñará con un cielo en el que tendría a una mujer hermosa. Cuando ese mismo joven se hace viejo, ya no quiere una esposa. Son nuestras necesidades las que hacen nuestro cielo, y el cielo cambia con el cambio de nuestras necesidades. Si tuviéramos un cielo como el que desean aquellos para quienes el disfrute de los sentidos es el objetivo de la existencia, entonces no progresaríamos. Esa sería la maldición más terrible, la que acabaría con nuestra alma. ¿No podemos aspirar a nada más? Un poco de llanto y de diversión, y después, ¡morir como un perro! ¡Con qué maldición condenáis a la humanidad cuando os aferráis a cosas así! Eso es lo que hacéis cuando lloráis por las alegrías de este mundo, porque no sabéis lo que es la verdadera alegría. La Filosofía no insiste en renunciar a las alegrías, sino en saber lo que en realidad es la alegría. El paraíso escandinavo es un lugar de tremenda lucha en el que todos se sientan ante Odín; cazan un jabalío, y después parten a la guerra y se despedazan entre sí. Pero de una u otra manera, tras unas horas de dicha lucha, las heridas sanan, y los guerreros llegan a una sala en la que se encuentra el jabalí, asados, y tiene lugar una inmensa celebración. Entonces, el jabalí vuelve a su antigua forma, listo para ser cazado al día siguiente. Esto se parece mucho a nuestro cielo, ni una pizca peor, solo que nuestras ideas quizás sean un poco más refinadas. Queremos cazar jabalíes, y llegar a un lugar donde todos los goces continúen, tal y como los escandinavos imaginan que cazan el jabalí, que se lo comen todos los días y lo recuperan al día siguiente.

Ahora bien, la Filosofía insiste en que existe una alegría que es absoluta, que nunca cambia. Esa alegría no puede proceder de uno de los regocijos o placeres que tenemos en esta vida. Sin embargo, la Vedanta enseña que todo lo que es gozo en esta vida no es más que una partícula de esa verdadera alegría, porque esa es la única alegría que existe. Realmente, en cada momento estamos disfrutando de la felicidad absoluta, aunque encubierta, mal entendida y caricaturizada. Cualquier Bendición, bienaventuranza o alegría, incluso el gozo que siente el ladrón al robar, es una manifestación de la felicidad absoluta, solo que se ha oscurecido, confundido, por así decirlo, con todo tipo de sentimientos extraños, y es incomprendida. Pero para comprenderlo, tenemos que ir más allá de la negación, hasta ver el lado positivo; tenemos que renunciar a la ignorancia y a todo lo que es falso, y entonces la verdad empezará a revelarse ante nosotros. Cuando hayamos comprendido la verdad, las cosas a las que renunciamos en un primer momento tomarán una nueva forma, aparecerán ante nosotros bajo una nueva luz y serán deificadas; se habrán sublimado, y las entenderemos bajo su verdadera luz. No obstante, para entenderlas, primero tenemos que ver un mínimo destello de la verdad; debemos renunciar a ellas al principio, para después recuperarlas deificadas; tenemos que renunciar a todas nuestras miserias y tristezas, a todas nuestras pequeñas alegrías.

«Lo que todos los Vedas declaran, repetido en todos los rezos, el deseo de que los hombres lleven una vida de conciencia, te lo voy a decir yo en una palabra: Om». Veréis que esta palabra, Om, es muy elogiada en los Vedas, cuyo significado se considera sagrado.

Yama responde a la pregunta: «¿Qué ocurre con un hombre cuando su cuerpo muere?». «El Sabio nunca muere, nunca nace; surge de la nada, y nada surge de él. Nonato, Eterno, Perenne, este Anciano siempre resistirá a la destrucción del cuerpo. Si el asesino cree que puede asesinar, o el muerto piensa que está muerto, ninguno conoce la verdad, porque el Ser ni asesina ni es asesinado». Una situación terrible. Me gustaría centrarais en el adjetivo de la primera línea: «sabio». A medida que avancemos, veremos que el ideal de la Vedanta es que toda la sabiduría y toda la pureza ya están en el alma, expresadas de manera más o menos vaga (esa toda la diferencia). La diferencia entre un individuo y otro, y entre todas las cosas de toda la creación, no es de especie, sino únicamente de grado. Los antecedentes, la realidad de todo el mundo es el mismo Eterno, Siempre Bendecido, Siempre Puro y Siempre Perfecto Uno. Es el *atman*, el Alma, en el santo y en el pecador, en el feliz y en el miserable, en lo bello y lo feo, en los seres humanos y en los animales: es el mismo en todas partes, es el Resplandeciente. La diferencia es causada por el poder de expresión. En ocasiones se expresa más, y en otras, menos; pero esta diferencia de expresión no tiene ningún efecto en el *atman*. No hay ninguna diferencia entre los cuerpos de dos personas, sin importar que, con sus vestidos, una enseñe más de su cuerpo que la otra: la diferencia solo reside en la forma de vestir. Hemos de recordar aquí que en toda la filosofía Vedanta no existe ni el bien ni el mal; no son dos cosas diferentes, sino que lo mismo es bueno o malo, y la diferencia es solo de grado. Lo mismo que yo llamo placentero hoy, mañana podría llamarlo doloroso en otras circunstancias. El fuego que nos calienta también puede consumirnos, pero no es culpa del fuego. Por lo tanto, si el alma es pura y perfecta, la persona que hace el mal está mintiéndose a sí misma, no conoce su propia naturaleza. Incluso en el asesino el alma pura está ahí, no muere. Este fue su error, el no poder manifestarla, el haberla cubierto. En la persona que piensa que ha sido asesinada, el alma tampoco muere, es eterna. Nunca puede ser destruida. «Infinitamente más pequeño que lo más pequeño, infinitamente más grande que ello más grande, el Señor de todo está presente en lo más profundo de cada corazón humano. El sin pecado, privado de toda miseria, lo verá gracias a la misericordia del Señor; también el sin cuerpo, que aún mora en el cuerpo; y el sin espacio, que aún parece ocupar espacio. Infinita y Omnipresente: al saber que eso es el alma, los sabios nunca son miserables».

«Este *atman* no puede ser descubierto mediante el poder de la palabra, ni mediante un gran intelecto, ni mediante el estudio de los Vedas». Esta es una declaración muy audaz. Como Dijimos antes, los sabios eran pensadores muy audaces, y nunca se detuvieron ante nada. Recordaréis que en la India estos Vedas se encuentran en un lugar más elevado que el que ocupa la Biblia para los cristianos. Vuestra idea de la revelación es que un hombre fue inspirado por Dios; pero en la India, la idea es que todo existe porque está en los Vedas. La creación procede de los Vedas. Todo lo que se llama conocimiento está en los Vedas. Cada palabra es sagrada y eterna: eterna como el alma, sin principio ni fin. La totalidad de la mente del Creador está en este libro, por así decirlo. Esa es la luz en la que se sostienen los Vedas. «¿Por qué es esto moral? Porque los Vedas así lo dicen». «¿Por qué es esto inmoral? Porque los Vedas así lo dicen». A pesar de esto, observad la audacia de estos sabios que proclamaron que la verdad no será encontrada mediante el estudio profundo de los Vedas. «El Señor se manifiesta ante el individuo con el que está complacido». Pero entonces, la objeción que se puede adelantar es que se trata de algo parecido al partidismo. Como explica Yama: «Los que son malhechores, cuyas mentes no están en paz, nunca podrán ver la Luz. Este Ser se manifiesta ante quienes son honestos de corazón, puros en sus acciones y cuyos sentidos están controlados».

Esta es una hermosa alegoría. Imaginad el Ser como un jinete, y el cuerpo como el carro; el intelecto como el auriga, que domina las riendas, y los sentidos como los caballos. Aquel cuyos caballos están amaestrados y cuyas riendas están seguras en manos del auriga (el intelecto) llega a la meta, el Omnipresente. Pero aquel cuyos caballos (los sentidos) y riendas (la mente) no están va a la destrucción. Este *atman* presente en todos los seres no se manifiesta ante los ojos o los sentidos, sino a aquellos cuyas mentes se han purificado y refinado. Más allá de todo sonido y de toda visión; más allá de la forma, absoluto; más allá de todo gusto y tacto; infinito, sin principio ni fin, incluso más allá de la naturaleza, se halla el Inmutable. Quien sabe de su presencia se libera de las garras de la muerte. Pero es muy difícil. Es, por así decirlo, como caminar por el filo de una navaja; el camino es largo y peligroso, pero seguid luchando, no os desesperéis. Despertad y levantaos, no os detengáis hasta alcanzar la meta.

La única idea central de todos los Upanishads es la de la realización. Un gran número de preguntas surgirán de aquí y de allá, sobre todo para el ser humano moderno. Surgirá la cuestión de la utilidad, y habrá muchas preguntas mañas, pero en general, veremos que son nuestras conexiones pasadas las que nos empujan. La conexión de ideas ejerce una tremenda influencia en nuestra mente. Para quienes desde la infancia siempre han oído hablar de un Dios personal y de la personalidad de la mente, estas ideas, por supuesto, les parecerán muy severas y duras; pero si piensan en ellas, se convertirán en parte de su vida y ya no sentirán miedo de ellas. La gran pregunta que generalmente surge es la utilidad de la Filosofía. La única respuesta a dicha pregunta es la siguiente: si en el mundo terrenal es bueno que los hombres busquen el placer, ¿por qué aquellos cuyo placer está en la especulación religiosa no podrían buscar lo mismo? Porque los goces de los sentidos agradan a muchos, que no dejan de perseguirlos; pero puede haber otros a quienes no les agraden, los que quieran un mayor disfrute. El placer del perro está solo en comer y beber. El perro no puede entender el placer del científico que renuncia a todo, quien, tal vez, se detiene en la cima de una montaña para observar la posición de ciertas estrellas. El perro podría reírse de él y pensar que es un loco. Tal vez, este pobre científico nunca tuvo dinero suficiente ni siquiera para casarse, y vive de manera muy sencilla. Puede ser que el perro se ría de él. Pero el científico dice: «Mi querido perro, tu placer reside solo en el disfrute de los sentidos, y no sabes nada de lo que existe más allá; pero para mí esta es la vida más placentera, y si tu tienes derecho a buscar el placer a tu manera, yo también tengo derecho a hacerlo en la mía». El error es que queremos vincular a todo el mundo con nuestra forma de pensar y hacer de nuestra mente la medida de todo el universo. Quizás para vosotros el mayor placer sea lo sensorial; pero mi fuente de placer no tiene por qué ser la misma que la vuestra, y cuando insistís en ello, se producen nuestras diferencias de opinión. Esa es la diferencia entre el individuo mundano utilitarista y el individuo religioso. El primero dice: «Mira lo feliz que soy. Tengo dinero, y no me preocupo por la religión. Es impenetrable, y estoy feliz sin ella». Hasta aquí, todo bien, bien para los utilitaristas. Pero este mundo es terrible. Si una persona consigue la felicidad de la manera que sea, excepto hiriendo a sus semejantes, pues mucha suerte; pero cuando esa persona viene a mí y dice: «Tú también deberías hacer lo mismo; serías un tonto si no lo hicieras», le digo: «Estás equivocado, porque lo que es agradable para ti no tiene la menor atracción para mí. Si tuviera que ir tras un par de puñados de oro, ¡no merecería la pena vivir mi vida! Preferiría morir». Esa es la respuesta que el individuo religioso daría. El hecho es que la religión solo está al alcance de quienes han roto toda relación con lo inferior, lo mundano. Debemos tener nuestras propias experiencias, debemos completar nuestra propia carrera. Solo cuando hayamos terminado esta carrera, se abrirá ante nosotros el otro mundo.

Los placeres de los sentidos a veces penetran en otra fase, que es peligrosa y tentadora. Siempre —en cualquier época, en cualquier religión— escucharemos la idea de que llegará un momento en que todas las miserias de la vida cesarán, quedando solo sus alegrías y sus placeres, y esta tierra se convertirá en un paraíso. Yo no lo creo. Esta tierra siempre será la misma. Es terrible afirmarlo, pero me temo que es así. La miseria del mundo es como el reumatismo crónico del cuerpo: afecta a una zona y se va a otra; aliviad una zona, pero lo sentiréis en otra. Hagáis lo que hagáis, no podréis deshaceros de él. En los tiempos antiguos la gente vivía en los bosques y se comían unos a otros; en los tiempos modernos no se comen unos a otros, pero sí se engañan. El engaño ha arruinado ciudades y países enteros. Esta situación no refleja mucho progreso. Yo no veo que lo que vosotros llamáis progreso en el mundo sea algo distinto de la multiplicación de los deseos. Si existe algo evidente para mí, es que los deseos traen consigo la miseria. Es el estado del mendigo, quien siempre está pidiendo algo y no puede observar nada sin el deseo de poseerlo; siempre está anhelando, anhelando más y más. Si el poder de *satisfacer* nuestros deseos aumenta en progresión aritmética, el poder de nuestros deseos aumenta en progresión geométrica. La suma total de la felicidad y la miseria de este mundo es al menos la misma en todas partes. Si una ola se levanta en el océano, deja un hueco en algún lugar; si un individuo conoce la felicidad, otro conocerá la desgracia, o tal vez, algún animal. La humanidad está aumentando en número mientras el de animales están disminuyendo. Los estamos matando y arrebatándoles su territorio; estamos haciéndonos con todos sus medios de sustento. ¿Cómo podemos decir, entonces, que la felicidad está en aumento? El más fuerte se come al más débil, pero ¿creéis que el más fuerte va a ser muy feliz? No: van a empezar a matarse unos a otros. No veo cómo este mundo, en la práctica, podría convertirse en un paraíso. Los hechos están en contra. Y desde el punto de vista teórico, tampoco veo que sea factible.

La perfección es siempre infinita. Ya somos este infinito, y estamos tratando de manifestar este infinito. Vosotros y yo, y todos los seres, estamos tratando de manifestarlo. Hasta aquí, todo va bien. Pero, a partir de este hecho, algunos filósofos alemanes han comenzado a desarrollar una teoría peculiar: que esta manifestación se volverá más y más espiritual, hasta que alcancemos la manifestación perfecta, hasta que nos hayamos convertido en seres perfectos. ¿Qué se entiende por «manifestación perfecta»? Perfección significa infinito, y manifestación significa límite; por tanto, significa que nos convertiríamos en seres infinitos y limitados, lo que es contradictorio en sí mismo. Tal teoría puede complacer a los niños, pero supone envenenar su mente con mentiras, y eso es muy perjudicial para la religión. Pero sabemos que este mundo es una degradación, que el ser humano es una degradación de Dios y que Adán cayó. No hay religión actual que no enseñe que el ser humano es una degradación. Se nos ha degradado al nivel del animal, y ahora estamos ascendiendo para liberarnos de nuestras cadenas. Pero nunca podremos manifestar completamente el Infinito en este mundo. Podemos luchar duro, pero llegará un momento en que veremos que es imposible ser perfectos en este mundo mientras estemos dominados por los sentidos. Luego, la marcha de regreso a nuestro original estado Infinito comenzará a sonar.

Esta es la renuncia. Tendremos que escapar de la dificultad invirtiendo el proceso por el cual llegamos a esta situación, y entonces, la moralidad y la caridad comenzarán. ¿Cuál es el lema de todos los códigos éticos? «Yo no, sino tú», y este «yo» es el resultado del Infinito que está detrás tratando de manifestarse en el mundo exterior. Este pequeño «yo» es el resultado, y tendrá que regresar y unirse al Infinito, a su propia naturaleza. Cada vez que decís: «Yo no, hermano, sino tú», estáis tratando de regresar, y cada vez que decís: «Yo, tú no», tomáis el camino incorrecto, el intentar manifestar el Infinito por medio del mundo de los sentidos. Esto es fuente de luchas y males al mundo, pero después de un tiempo, la renuncia tiene llegará, la renuncia eterna. El pequeño «yo» estará muerto y enterrado. ¿Por qué preocuparse tanto por esta pequeña vida? Todos estos vanos deseos de vivir y disfrutar de esta vida, aquí o en otro lugar, traen la muerte.

Si nos desarrollamos a partir de los animales, los animales también pueden ser seres humanos degradados. ¿Cómo sabemos que no es así? Vemos que la prueba de la evolución es simplemente esto: ver que una serie de cuerpos, desde el más bajo hasta el más alto, ascienden gradualmente en una escala. Partiendo de esta base, ¿cómo podéis insistir en que el sentido siempre es desde los que están más abajo hacia los que están más arriba y nunca al revés? El argumento se aplica en ambos sentidos, y si algo es cierto, es que los seres ascienden y descienden en la escala. ¿Cómo puede existir la evolución sin involución? Nuestra lucha por la vida superior demuestra que se nos ha degradado. Debe de ser así, solo que quizás habría que discutir acerca de los detalles. Siempre me aferro a la idea expuesta por Cristo, Buda y la Vedanta, y es que todos debemos alcanzar la perfección con el tiempo, pero solo al renunciar a esta imperfección. Este mundo no es nada. Es, en el mejor de los casos, simplemente una caricatura horrible, una sombra de la realidad. Tenemos que ir a la Realidad. La renuncia nos llevará a la misma. La renuncia es la base misma de nuestra vida verdadera; solo cuando no pensamos en nosotros mismos podemos disfrutar de la bondad y de la vida auténtica. Este pequeño «yo» aislado debe morir. Entonces, veremos que nos encontramos en lo Real, y que la Realidad es Dios; que Él es nuestra verdadera naturaleza, que Él está siempre en nosotros y con nosotros. Vivamos en Él y estemos en Él. Es el único estado gozoso de la existencia. La vida en el plano del Espíritu es la única vida: permitámonos tratar de alcanzar esta realización.

Capítulo IX
Unidad en la Diversidad

Entregado en Londres el 3 de noviembre de 1896

«El Uno Autoexistente proyecta los sentidos hacia el exterior y, por lo tanto, el ser humano mira hacia fuera y no dentro de sí mismo. Cierto sabio, que deseaba la inmortalidad, percibió el Ser interior gracias a la inversión de sus sentidos». Como ya hemos dicho, la primera pregunta que nos encontramos en los Vedas se refiere a lo exterior, y de ahí una nueva idea surge: la realidad de las cosas no se encuentra en el mundo exterior; la manera de conocer dicha realidad no es mirando hacia el exterior, sino dirigiendo la mirada —tal como se expresa literalmente— hacia el interior. Y la palabra que se usa para el alma es muy significativa: es esta última la que se halla en el interior, la realidad más íntima de nuestro ser, el centro del corazón, el núcleo del que, por así decirlo, todo procede; el sol central del cual la mente, el cuerpo, los órganos de los sentidos y todo lo demás no son más que los rayos que se proyectan hacia el exterior. «Los individuos de intelecto infantil, las personas ignorantes, persiguen deseos que son externos y caen en la trampa de la muerte trascendental; pero el sabio, que comprende la inmortalidad, nunca busca lo Eterno en esta vida finita». Parece clara la idea de que en este mundo externo, que está lleno de cosas finitas, es imposible ver y encontrar el Infinito. El Infinito debe buscarse únicamente en aquello que es infinito, y lo único infinito que poseamos está dentro de nosotros: es nuestra propia alma. Ni el cuerpo, ni la mente, ni nuestros pensamientos ni el mundo que vemos a nuestro alrededor son infinitos. Solo la Vidente, aquella a quien todo pertenece, el Alma del individuo, que está despierta en el ser humano interior, es infinita, y para buscar la Causa Infinita de todo este universo es necesario volverse hacia ella. Solo en el Alma Infinita lo podemos encontrar. «Lo que está aquí también está allí, y viceversa. Quien contempla la diversidad va de muerte en muerte». Hemos visto cómo en un principio existía el deseo de ir al cielo. Cuando estos antiguos arios quedaron insatisfechos con el mundo que les rodeaba, pensaron que después de la muerte irían a algún lugar donde todo sería felicidad, donde no existiría la miseria. Estos lugares se multiplicaron y se nombraron *svargas* —la palabra puede traducirse como 'cielos'—; en ellos predominaría la dicha, el cuerpo y la mente se volverían perfectos, y vivirían con sus antepasados. Pero tan pronto como llegó la filosofía, los seres humanos se dieron cuenta de que aquello era imposible y absurdo. La idea misma de un infinito *en un lugar* sería una contradicción de los términos, ya que un lugar debe comenzar y continuar en el tiempo; por lo tanto, tuvieron que renunciar a esa idea. Se dieron cuenta de que los dioses que vivían en estos cielos habían sido una vez seres humanos en la tierra, quienes, a través de sus buenas obras, se habían convertido en dioses, y las divinidades, como ellos los llamaban, eran diferentes estados, diferentes posiciones. Ninguno de los dioses de los que se habla en los Vedas es un individuo permanente.

Por ejemplo, Indra y Varuna no son los nombres de ciertas personas, sino los nombres de los cargos de gobernadores, y así sucesivamente. El Indra que vivió antes no es la misma persona que el Indra de la actualidad; el primero ha fallecido, y otro hombre de la tierra ha ocupado su lugar. Y así sucede con todos los otros dioses: son ciertas posiciones ocupadas sucesivamente por las almas humanas que han alcanzado la condición de dioses, pero, incluso estas, mueren. En el antiguo Rig-Veda encontramos la palabra inmortalidad, que se utiliza en relación con estos dioses; pero más adelante se olvida del todo, porque se dieron cuenta de que la inmortalidad que está más allá del tiempo y del espacio no se puede describir de forma física, por muy sutil que sea. Por mucho que se quiera, debe tener un comienzo en el tiempo y en el espacio, ya que los factores necesarios para la composición de la forma se encuentran también en el espacio. Tratad de pensar en una forma sin espacio: es imposible. El espacio es uno de los materiales, por así decirlo, que constituyen la forma, y esto está cambiando continuamente; el espacio y el tiempo se encuentran en Maya, y esta idea se expresa en esta línea: «Lo que es agujero, eso también está allí". Si existen estos dioses, deben estar sometidos a las mismas leyes que se aplican aquí, y todas las leyes implican destrucción y renovación, una y otra vez. Estas leyes están moldeando la materia en diferentes formas, y destruyéndolas de nuevo. Todo lo que nace debe morir, y así, si hay cielos, las mismas leyes deben ser válidas en ellos.

En este mundo encontramos que toda felicidad es seguida por la miseria, como si fuese su sombra. La vida tiene su sombra, que es la muerte; deben ir juntas porque no son contradictorias, no son dos existencias separadas, sino diferentes manifestaciones de la misma unidad: la vida y la muerte, la felicidad y el dolor, el bien y el mal. La concepción dualista de que el bien y el mal son dos entidades separadas y que ambos existen eternamente es absurda. Existen diversas manifestaciones de un mismo hecho; algunas veces aparecen como malas, y otras, como buenas. La diferencia no es de tipo, sino únicamente de grado; se diferencian entre sí en el grado de intensidad. Aceptamos como un hecho que los mismos sistemas nerviosos transportan sensaciones buenas y malas por igual, y que cuando los nervios se lesionan, no sentimos nada. Si se paraliza un nervio concreto, no sentimos el placer que solía viajar por estos «cables», como tampoco sentimos el dolor. Nunca son dos, sino el mismo. Lo repetimos una vez más: algo produce placer o dolor en función del momento. El mismo fenómeno producirá placer en uno y dolor en otro. El consumo de carne produce placer a una persona, pero dolor al animal que es comido. Nunca ha habido nada que dé placer a todos por igual. Algunos están contentos, y otros, a disgusto. Y así continúa. Por lo tanto, se ha de rechazar esta dualidad de la existencia. ¿Y qué es lo que viene después? Os dije en mi última lectura que nunca podemos tener, en última instancia, todo lo bueno en este mundo y nada malo. Esta afirmación puede haber decepcionado y asustado a algunos de vosotros, pero es la verdad; estoy dispuesto a aceptar lo contrario si me lo demostraran, pero hasta que eso suceda, aquella afirmación es verídica.

El argumento general en contra de mi afirmación —y, al parecer, uno muy convincente— es que a lo largo de la evolución todo lo malo a nuestro alrededor está desapareciendo gradualmente, y el resultado es que, si esta eliminación se prolonga durante millones de años, llegará un momento en el que se habrá extirpado todo el mal, y solo el bien prevalecerá. Este es aparentemente un argumento muy sólido. ¡Quisiera por Dios que fuera cierto! Pero hay una falacia en dicho argumento, y es que da por sentado que tanto el bien como el mal son cosas eternamente establecidas; da por sentado que hay una cantidad definida de mal, que puede representarse con un cien, y lo mismo ocurre con el bien, y que esta masa de maldad está disminuyendo cada día, dejando solo lo bueno. Pero ¿es así? La historia del mundo muestra que el mal es una cantidad que crece de forma continua, y de igual forma sucede con el bien. Pensad en un individuo inferior que viva en el bosque. Su sentido del disfrute es muy pequeño, al igual que su capacidad para sufrir. Su miseria reside totalmente en el plano de los sentidos. Si no consigue mucha comida, es miserable; pero dadle mucha comida y libertad para vagar y cazar: así será muy feliz. Su felicidad se basa en los sentidos, y lo mismo sucede con su miseria. Pero si ese individuo aumenta su conocimiento, su felicidad se incrementará; el intelecto se abrirá a él, y su placer sensorial se convertirá en el goce intelectual. Gozará leyendo un poema hermoso, y se interesará muchísimo por un problema matemático. Pero con esto, los nervios interiores se volverán más y más susceptibles a las miserias del dolor mental, en las cuales el salvaje no piensa. Tomad un ejemplo muy simple. En el

Tíbet no hay matrimonio ni celos; sin embargo, sabemos que el matrimonio es un estado mucho más elevado. Los tibetanos no conocen el maravilloso disfrute, la bendición de la castidad ni la felicidad procedente de tener un cónyuge casto y virtuoso. Estas personas no pueden sentir eso, como tampoco sienten los celos intensos ni la miseria causados por la infidelidad del esposo o la mujer casta, todas las quemaduras del corazón y las penas que los creyentes en la castidad experimentan. Por un lado, estos últimos ganan felicidad, pero por el otro lado, también sufren miserias.

Pensad en vuestro país[1], que es el más rico del mundo y más lujoso que cualquier otro, y observad cuán intensa es la miseria, cuántos lunáticos más tiene en comparación con otros solo porque se atribuye tanto valor a los deseos. Un ciudadano debe mantener un alto nivel de vida, y la cantidad de dinero que gasta en un año sería una fortuna para un ciudadano de la India. No se le puede predicar una vida sencilla porque la sociedad exige mucho de él. La rueda de la sociedad está girando; no se detiene por las lágrimas de la viuda o los lamentos de los huérfanos. Esta es la situación en todas partes. Vuestro sentido del disfrute está desarrollado; vuestra sociedad es mucho más hermosa que algunas otras; tenéis muchas más cosas de las que disfrutar. Pero los que tienen menos tienen mucha menos miseria. Podríais argumentar en contra que cuanto más alto sea el ideal, mayor es el disfrute y menos profunda la miseria. El primero es como la sombra de la segunda. Que los males estén desapareciendo puede ser cierto, pero si es así, el bien también debería estar desapareciendo. Pero, si se me permite plantearlo, ¿acaso los males no se están multiplicando rápidamente, y el bien, disminuyendo?. Si el bien aumenta en progresión aritmética, el mal aumenta en progresión geométrica. Y esto es Maya. Esto no es ni optimismo ni pesimismo. La Vedanta no adopta la postura que defiende que este mundo es solo miseria. Eso es falso. Al mismo tiempo, es un error decir que este mundo está lleno de felicidad y bendiciones.

Así, vemos que es inútil decir a los niños que este mundo es todo bueno, todo flores, leche y miel. Eso es lo que todos hemos soñado. Al mismo tiempo, es erróneo pensar que porque un hombre haya sufrido más que otro el mal se encuentre por doquier. Es esta dualidad, este juego entre el bien y el mal lo que forma nuestro conjunto de experiencias. Al mismo tiempo, la Vedanta dice: «No penséis que el bien y el mal sean dos, que sean dos esencias separadas, porque son una y la misma cosa, las cuales aparecen en diferentes grados y en diferentes formas, produciendo diferentes sentimientos en la misma mente». Así, el primer pensamiento de la Vedanta es el hallazgo de la unidad en el exterior; la Existencia del Uno que se manifiesta a sí mismo, por muy diferentes que puedan ser sus manifestaciones. Pensad en la vieja y burda teoría de los persas. Dos dioses que crean este mundo: el dios bueno crea todo lo que es bueno, y el malo, todo lo malo. A primera vista, vemos lo absurdo de esta teoría, ya que supone que cada ley de la naturaleza debe tener dos partes, una de las cuales es manipulada por un dios, y la otra, por el otro dios. Nos topamos con la dificultad de que ambos están trabajando en el mismo mundo; que estos dos dioses se mantienen en armonía al perjudicar a unos y beneficiar a otros. Este es un caso burdo, por supuesto, la forma más cruda de expresar la dualidad de la existencia. Pero pensad en la forma más avanzada, en la teoría más abstracta que defienda que este mundo es en parte bueno y en parte malo: también sería absurda si la analizamos desde el mismo punto de vista. Es la ley de la unidad la que nos proporciona la comida, la misma ley que mata a muchas personas por medio de accidentes o desgracias.

De esta forma, vemos que este mundo no es un lugar ni optimista ni pesimista; es una mezcla de ambos, y a medida que avancemos, veremos que toda la culpa no recae en la naturaleza, sino sobre nuestros propios hombros. Al mismo tiempo, la Vedanta muestra el camino de salida, pero no mediante la negación del mal, porque analiza audazmente el hecho tal como es y no trata de ocultar nada. No es inútil; no es agnóstico. Se descubre un remedio, pero quiere que los cimientos de ese remedio sean duros como el acero, no callar al niño y cegar sus ojos con algo que es falso, y que descubrirá en unos pocos días. Recuerdo que cuando yo era joven, el padre de un joven murió y lo dejó en una situación de pobreza, con una gran familia que mantener y con unos amigos de su padre que no estaban dispuestos a ayudarlo. Tuvo una conversación con un clérigo, el cual le ofreció este consuelo: «Oh, no pasa nada. Todo lo que ocurre es por nuestro bien». Ese es el viejo método de tratar de recubrir un viejo dolor con una lámina de oro. Es una confesión de debilidad, de lo absurdo. El joven se fue, y seis meses después, el clérigo tuvo un hijo y dio una fiesta de acción de gracias, a la que invitó al joven. El clérigo oró: «Gracias, Señor, por Tu misericordia». El joven se puso de pie y dijo: «Alto. Todo esto es miseria». El clérigo preguntó por qué. «Porque cuando murió mi padre, usted dijo que era algo bueno, aunque en apariencia malo; ahora, esto es aparentemente bueno, pero realmente es malo». ¿Es este el camino para curar la miseria del mundo? Sed buenos y apiadaos de los que sufren; pero no tratéis de parchear las cosas, pues nada va a curar este mundo: seguid adelante.

Este es un mundo de bien y de mal. Dondequiera que haya bien, también habrá mal; pero más allá y detrás de todas estas manifestaciones, de todas estas contradicciones, la Vedanta encuentra la Unidad. Dice: «Renunciad a lo que es malo y renunciad a lo que es bueno». ¿Qué queda, entonces? Detrás del bien y del mal se encuentra algo que es vuestro, vuestro verdadero «yo», y también más allá de todo el mal y todo bien, y eso es lo que se manifiesta como el bien y el mal. Primeramente, sed conscientes de ello, y solo entonces seréis unos verdaderos optimistas, nunca antes; en ese momento, seréis capaces de controlar todo. Controlad estas manifestaciones y tendréis la libertad de manifestar vuestro verdadero «yo». Primero sed dueños de vosotros mismos. Poneos de pie y sed libres, e id más allá de los límites de las leyes, porque estas leyes no os gobiernan por completo, sino que son solo una parte de vuestro ser. Primero descubrid que no sois esclavos de la naturaleza, que nunca lo fuisteis y nunca lo seréis; que esta naturaleza, la cual consideráis infinita, solo es finita, una gota en el océano, y que vuestra Alma es el océano; que estáis más allá de las estrellas y del sol, los cuales son solo como meras burbujas en comparación con vuestro ser infinito. Aprended esto y controlaréis tanto el bien como el mal. Solo entonces, la visión entera cambiará, y os pondréis de pie y diréis: «¡Qué hermoso es el bien y qué maravilloso es el mal!».

Eso es lo que enseña la Vedanta. No recurre a ningún deficiente remedio que consiste en cubrir las heridas con láminas de oro, poniendo más láminas de oro cuanto más supura la herida. Esta vida es una realidad dura; abríos camino a través de ella con valentía, aunque hacerlo pueda ser una tarea ardua. No importa: el alma es más fuerte. No culpéis a los pequeños dioses, porque vosotros creáis vuestra propia fortuna. Vosotros sois los responsables de vuestros sufrimientos; hacéis el bien y el mal, y vosotros mismos os tapáis los ojos con la mano y decís que está oscuro. Retirad las manos y contemplad la luz. Sois refulgentes, perfectos desde el primer momento. Ahora entendemos el siguiente verso: «Quien ve a muchos va de muerte en muerte». Contemplad ese Uno y sed libres.

¿Cómo podemos contemplarlo? Esta mente, tan ilusa, tan débil, tan fácilmente guiada... puede ser fuerte y puede percibir este conocimiento, esa Unidad que nos salva de la muerte una y otra vez. De la misma forma en que la lluvia que cae sobre una montaña se bifurca en varias corrientes por los lados de la montaña, todas las energías que podéis observar proceden de esa Unidad. Se ha convertido en la diversidad que cae sobre Maya. No persigáis la diversidad: id hacia el Uno. «Él se encuentra en todo lo que se mueve; Él se encuentra en todo lo que es puro; llena el universo; se encuentra en el sacrificio; es el anfitrión de la casa; se encuentra en el hombre, en el agua, en los animales, en la verdad; es el Gran Uno. Al igual que el fuego que surge en este mundo se manifiesta de diversas formas, esa Alma del universo se manifiesta a sí misma de todas estas formas diversas. Al igual que el aire que circula por este universo se manifiesta de formas diversas, el Alma Única de todas las almas, de todos los seres, se manifiesta a sí misma de todas las formas». Cuando hayáis comprendido esta Unidad, aceptaréis esta verdad, nunca antes; entonces, todo será optimismo, porque veréis a Él en todas partes. La cuestión es que si todo esto es verdad —que ese Ser Puro e Infinito ha penetrado en todo esto—, ¿cómo es que Él sufre?, ¿cómo es que Él se vuelve miserable, impuro? No es así, según el Upanishad. «Al igual que el sol es la causa de la visión de cada ser y no resulta perjudicado por un defecto en cualquier ojo, el Ser de todo no resulta perjudicado por las miserias del cuerpo ni por cualquier miseria que esté a nuestro alrededor». Puedo tener alguna enfermedad y ver todo de color amarillo, pero el sol no se ve afectado por ella. «Él es el Uno, el Creador de todo, el Gobernador, el alma interna de cada ser, el que hace de la diversidad una Unidad. De este modo, a los sabios que lo aprehenden y entienden como el Alma de su alma les pertenece la paz eterna; a nadie más, a nadie más... La paz eterna pertenece a quienes en este mundo de evanescencia encuentran al que nunca cambia, a quienes en este universo de muerte encuentran esa Vida Única, a quienes en esta diversidad encuentran esa Unidad, a todos aquellos que lo aprenden y entienden como el Alma de sus almas.. ¿Dónde encontrarlo en el mundo exterior? ¿Dónde encontrarlo en los soles, en las lunas y en las estrellas? Allí no pueden brillar el sol, la luna ni las estrellas; el rayo no puede iluminar el lugar. ¿Y qué decir de este fuego mortal? Si Él brilla, todo lo demás brilla. Han tomado prestada su luz, y Él está brillando a través de ellos». Este es otro bello símil. Aquellos de vosotros que hayáis estado en la India y que hayáis visto cómo la higuera de Bengala procede de una raíz y se propaga ampliamente alrededor entenderán esto. Él es ese árbol, es la raíz de todo, y se ha diversificado hasta convertirse en este universo; por muy lejos que se extienda, cada uno de estos troncos y ramas están conectados.

Se habla de varios cielos en los Bráhmanas de los Vedas; pero la enseñanza filosófica de los Upanishads renuncia a la idea de ir al cielo. La felicidad no se encuentra en un cielo o en este otro, sino en el alma; los lugares no significan nada. Esta es otro pasaje que muestra los diferentes estados de la realización: «En el cielo de los antepasados, la Auténtica Verdad es vista tal y como el hombre ve las cosas en sus sueños». En ese lugar se ve la Realidad de la misma forma que vemos las cosas en los sueños, es decir, difusas y no tan nítidas. Existe otro cielo, llamado Gandharva, en el que todavía existe menos claridad; en él, la Realidad es vista tal y como un hombre ve su propio reflejo en el agua. El cielo más alto que los hindúes conciben se llama *Brahmaloka*; en él, la Verdad se ve mucho más claramente, como la luz y la sombra, pero todavía no lo suficiente. La Verdad que brilla en el alma se ve de la misma forma en que el individuo observa su reflejo en el espejo: perfecta, distinguida, nítida. Por lo tanto, el cielo más alto se encuentra en nuestra propia alma. El mayor templo es el alma humana, más grande que todos los cielos, dice la Vedanta. En ningún cielo podemos entender la realidad tan nítida y claramente como en esta vida, como en nuestra propia alma. Cambiar de lugar no sirve de mucho. Mientras estaba en la India, pensé que la cueva me ofrecería una visión más clara; pero descubrí que no era así. Entonces, pensé que en el bosque lo conseguiría, y después, en Benarés. No obstante, me topaba con la misma dificultad en todas partes, porque cada uno construye su propio mundo. Si hago el mal, todo el mundo hará el mal conmigo. Eso es lo que dice el Upanishad. Y lo mismo se aplica a todos los mundos. Si muero y voy al cielo, encontraré lo mismo, porque hasta que sea puro, de nada sirven las cuevas, los bosques, Benarés o el cielo. Si he pulido mi espejo, no importa dónde viva, pues observaré la Realidad tal y como es. Así que es inútil corretear de aquí para allá y gastar energía en vano, la cual debe ser gastada solo en pulir el espejo. La misma idea se expresa una vez más: «Ninguno lo ve, no ve su forma con los ojos. Es en la mente, en la mente pura donde se ve, y así se gana esta inmortalidad».

A quienes estuvieron en las conferencias de verano sobre el Raja-yoga les interesará saber que lo que se enseñó entonces era un tipo diferente de yoga. El yoga del que estamos hablando ahora consiste principalmente en el control sobre los sentidos. Cuando los sentidos estén sometidos por el alma humana, cuando ya no puedan perturbar la mente, entonces el yogui habrá alcanzado a la meta. «Cuando se haya renunciado a todos los vanos deseos del corazón, este mismo mortal se volverá inmortal, será uno con Dios, incluso en este mundo. Cuando todos los nudos del corazón se hayan deshecho, el mortal se volverá inmortal y gozará de Brahmán en este mundo». Aquí, en esta tierra, y en ninguna otra parte.

En este punto, hemos de decir algunas palabras. En general, escucharéis que la Vedanta, esta filosofía y otros sistemas Orientales buscan solo algo más allá, dejando ir los goces y la lucha de esta vida. Esta idea es totalmente errónea. Quienes lo afirman son solo las personas ignorantes que no saben nada del pensamiento Oriental, quienes nunca han tenido la inteligencia suficiente para comprender su verdadera enseñanza. Leemos en nuestras escrituras que nuestros filósofos no quieren ir a otros mundos, a los que desprecian por ser lugares donde la gente llora y ríe solamente por un tiempo, antes de morir. Mientras seamos débiles, tendremos que vivir estas experiencias; pero lo que es cierto está aquí, que es

CAPÍTULO IX : UNIDAD EN LA DIVERSIDAD

el alma humana. También se insiste en que al cometer el suicidio, no podemos escapar de lo inevitable, no podemos sortearlo. Pero el camino correcto es difícil de encontrar. El hindú es tan práctico como el Occidental; solo diferimos en nuestra visión de la vida. Uno dice: «Construyamos una buena casa, tengamos buena ropa, comida, cultura intelectual...», y así sucesivamente, porque en eso consiste toda la vida; en eso es inmensamente práctico. Pero el hindú dice: «El verdadero conocimiento del mundo significa el conocimiento del alma, la metafísica», y él quiere disfrutar de esa vida. En Estados Unidos hubo un gran agnóstico, un hombre muy noble, muy bueno y un muy buen orador. Dio una conferencia sobre la religión, y dijo que no era de ninguna utilidad; ¿por qué perturbar nuestra mente con la idea de otros mundos? Él empleó este símil: tenemos una naranja aquí, y queremos exprimirle todo el jugo. Me encontré con él una vez y le dije: «Estoy completamente de acuerdo con usted. Tengo un poco de fruta, y yo también quiero exprimirle el jugo. Nuestra diferencia radica en la elección de la fruta. Usted quiere una naranja, y yo prefiero un mango. Usted cree que comer, beber y tener un poco de conocimiento científico es suficiente para vivir; pero usted no tiene derecho a decir que de esa manera todos los gustos quedaron satisfechos. Tal concepción no significa nada para mí. Si tan solo tuviera que aprender cómo una manzana cae al suelo, o cómo una corriente eléctrica sacude mis nervios, me suicidaría. Quiero entender el corazón de las cosas, el mismísimo núcleo. Su estudio es la manifestación de la vida, pero el mío es la vida misma. Mi filosofía dice que usted debe ser consciente de ello y expulsar de su mente todos los pensamientos sobre el cielo y el infierno y todas las demás supersticiones, a pesar de que existen de la misma forma en que existe este mundo. Debo conocer el corazón de esta vida, su esencia misma, lo que es, no solo cómo funciona y cuáles son sus manifestaciones. Yo quiero el porqué de todo y dejo el cómo a los niños. Como decía uno de sus compatriotas: "Si yo fuera a escribir un libro mientras estuviera fumando un cigarrillo, sería sobre la ciencia del cigarrillo". Es bueno y grandioso ser científico (¡Que Dios les bendigue en su búsqueda!); pero cuando una persona dice que el porqué lo es todo, está hablando tontamente, sin preocuparse de conocer la razón de ser de la vida, sin estudiar jamás la existencia misma. Yo podría afirmar que, sin una base, todo su conocimiento es absurdo. Usted está estudiando las manifestaciones de la vida, pero cuando le pregunto qué es la vida, usted dice que no lo sabe. Céntrese en su estudio, pero déjeme a mi el mío».

Soy práctico, muy práctico, a mi manera. Así que la idea de que solo Occidente es práctico es una tontería. Vosotros sois prácticos de una manera, y yo, de otra.

Existen diferentes tipos de individuos y mentes. Si en Oriente a una persona se le dice que va a descubrir la verdad estando de pie sobre una pierna durante toda su vida, seguirá ese método. Si en Occidente los individuos escuchan que existe una mina de oro en algún lugar de un país incivilizado, miles se enfrentarán allí los peligros con la esperanza de conseguir el oro y, tal vez, solo uno tendrá éxito. Esos mismos individuos han oído que tienen alma, pero se contentan con dejarlas al cuidado de la Iglesia. El primero no se acercará a los salvajes, dirá que puede ser peligroso. Pero si le decimos que en la cima de una alta montaña vive un sabio que le puede brindar el conocimiento del alma, tratará de llegar hasta él, aunque pueda morir en el intento. Ambos tipos de individuos son prácticos, pero el error radica en la visión de este mundo como la totalidad de la vida. El vuestro es el punto de fuga del disfrute sensorial —no hay nada permanente en él, solo trae más y más miseria—, mientras que el mío trae la paz eterna.

No digo que vuestro punto de vista sea erróneo. Sois libres de poseerlo; buenaventura y bendición proceden de él, pero no condenéis mi punto de vista. El mío también es práctico a su propia manera. Trabajemos todos en nuestros propios planes. Quiera Dios que todos nosotros seamos igualmente prácticos. He visto a algunos científicos que eran igualmente prácticos, tanto científicos como hombres espirituales, y es tengo la gran esperanza de que, con el tiempo, toda la humanidad sea eficiente de la misma manera. Cuando el agua está llegando a su punto de ebullición, si observáis el fenómeno, primero veréis una burbuja ascendente; luego, otra, y así sucesivamente, hasta que al final todas ellas se unen y se lleva a cabo una tremenda confusión. Este mundo es muy similar. Cada individuo es como una burbuja, y las naciones se asemejan a muchas burbujas. Poco a poco estas naciones se están uniendo, y estoy seguro de que llegará el día en el que la separación se desvanecerá, y la Unidad a la que todos tendemos se manifestará. Llegará un momento en el que cada individuo será intensamente práctico tanto en el mundo científico como en el espiritual, y después esa Unidad, la armonía de la Unidad, impregnará el mundo entero. Toda la humanidad se convertirá en *jivanmuktas*, libre mientras vive. Todos estamos abriéndonos camino hacia ese extremo, a través de nuestros celos y odios, a través de nuestro amor y de la cooperación. Una tremenda corriente fluye hacia el océano y nos lleva con ella ella, y aunque, como la paja y los trozos de papel, podamos a veces flotar a la deriva, estamos seguros de que a la larga alcanzaremos el Océano de la Vida y de la Felicidad.

1. N.d.T. El autor se refiere a Estados Unidos, pero en un sentido más general, se puede tomar cualquier país Occidental desarrollado

Capítulo X
La Libertad del Alma

Entregado en Londres el 5 de noviembre de 1896

El Katha Upanishad, que hemos estado estudiando, se escribió mucho más tarde que aquel al que nos vamos a referir ahora: el Chhandogya. Su lenguaje es más moderno, y su pensamiento, más organizado. En los antiguos Upanishads el lenguaje es muy arcaico, como el de la parte correspondiente a los cantos de los Vedas, y uno tiene que vadear a veces toda una masa de contenidos innecesarios para llegar a las doctrinas esenciales. La literatura ritual de la que hablamos, la cual forma la segunda parte de los Vedas, ha dejado una buena huella en este antiguo Upanishad, de tal forma que más de la mitad es todavía de tipo ritualista. Sin embargo, se puede obtener un gran beneficio estudiando los antiguos Upanishads. Se sigue el rastro, por así decirlo, del crecimiento histórico de las ideas espirituales. En los Upanishads más recientes, las ideas espirituales se han recogido y plasmado en un solo sitio; por ejemplo, en el Bhagavad Gita, que se puede considerar como el último de los Upanishads, no se encuentra ningún indicio de estas ideas rituales. El Gita es como un ramo compuesto de las bellas flores de las verdades espirituales recogidas en los Upanishads. Pero en el Gita no se puede estudiar el surgimiento de las ideas espirituales, no se puede rastrear su fuente; para ello, como muchos han señalado, se deben estudiar los Vedas. La gran idea de santidad que se ha atribuido a estos libros los ha preservado, más que cualquier otro libro en el mundo, de la mutilación. En ellos, los pensamientos en su nivel más alto y en su nivel más bajo han sido preservados; lo esencial y lo no esencial, las enseñanzas más ennoblecedoras y las cuestiones más simples de detalle aparecen reunidos, porque nadie se ha atrevido a establecer una división. Los autores que los comentaron trataron de hacerlos más accesibles a fin de poder extraer maravillosas ideas nuevas de los contenidos antiguos; trataron de extraer ideas espirituales incluso de los enunciados más comunes, pero los textos se mantuvieron y, como tales, son el estudio histórico más maravilloso que exista. Todos sabemos que en las escrituras de todas las religiones se hicieron cambios para satisfacer la creciente espiritualidad de los últimos tiempos; una palabra se cambió aquí, se puso otra allá, y así sucesivamente. Probablemente, esto no se ha hecho con la literatura védica, o si alguna vez se hizo, es casi imperceptible. Así que tenemos esta gran ventaja: podemos estudiar los pensamientos en su significado original, observar cómo se desarrollan, cómo a partir de ideas materialistas más y más finas evolucionan ideas espirituales hasta que estas alcanzan su cumbre en la Vedanta. También podemos encontrar descripciones de algunos viejos usos y costumbres, las cuales no aparecen mucho en los Upanishads. El lenguaje utilizado es peculiar, lacónico, mnemotécnico.

Los autores de estos libros simplemente apuntaron estas líneas como ayuda para recordar ciertos hechos que se supone que ya eran bien conocidos. En una narración, que a lo mejor están contando, dan por sentado que es bien conocida por todos a quienes se están dirigiendo. Así, surge una gran dificultad: apenas conocemos el verdadero significado de cualquiera de estas historias, porque las tradiciones casi han desaparecido, y lo poco que queda de ellas ha sido muy exagerado. Se les han dado muchas nuevas interpretaciones, de modo que cuando los encontramos en los Puranas, ya consisten en poemas líricos. De la misma forma en que en Occidente nos encontramos en el desarrollo político de sus razas con el destacado hecho de que no pueden soportar una autoridad absoluta, que siempre están tratando de evitar que un hombre los gobierne, que están avanzando poco a poco hacia ideas democráticas e ideas de libertad física cada vez más elevadas, en la metafísica de la India se produce exactamente el mismo fenómeno en el desarrollo de la vida espiritual. La multiplicidad de dioses dio lugar a un Dios del universo, y en los Upanishads existe una rebelión aun en contra de ese único Dios. No solo era insoportable la idea de que muchos gobernadores del universo rigiesen sus destinos, sino que también era intolerable que existiera un individuo que gobernase este universo. Esto es lo primero que llama nuestra atención. La idea crece y crece, hasta que alcanza su punto culminante. En casi todos los Upanishads, encontramos que el clímax viene al final, que es el destronamiento de este Dios del universo. La personalidad de Dios se desvanece, la impersonalidad se produce. Dios ya no es una persona, ya no es un ser humano —por muy magnificado y exaltado— quien gobierna este universo; se ha convertido en un principio consagrado en cada ser, inmanente en todo el universo. Sería ilógico pasar del Dios personal al impersonal y, al mismo tiempo, seguir considerando al ser humano como una persona. Así que el ser humano personal se descompone, y se construye el ser humano como principio. La persona es solo un fenómeno, el principio está detrás de ella. Así, desde ambos lados, nos encontramos al mismo tiempo con la ruptura de las personalidades y el acercamiento a los principios; el Dios personal se acerca al impersonal, el ser humano personal se acerca al ser humano impersonal. Luego, se producen las etapas sucesivas de convergencia gradual de las dos líneas de avance del Dios impersonal y del ser humano impersonal. Los Upanishads encarnan las etapas que atraviesan estas dos líneas hasta que al fin se convierten en una; la última palabra de cada Upanishad es: «Tú eres eso». No hay más que un principio eternamente dichoso, y ese Uno se manifiesta como toda esta variedad.

Más tarde, vinieron los filósofos. El trabajo de los Upanishads parecía haber terminado en ese punto; el siguiente fue tomado por los filósofos. Los Upanishads les dieron la estructura, y ellos tuvieron que revestirla. Por ello, naturalmente, surgieron muchas preguntas. Dando por sentado que no hay más que un principio impersonal que se manifiesta en todas las múltiples formas, ¿cómo es que el Uno se convierte en muchos? Es otra manera de formular la misma vieja pregunta que, en su forma más cruda, penetra en el corazón humano como el interrogante sobre la causa del mal, y así sucesivamente. ¿Por qué existe el mal en el mundo y cuál es su causa? Pero la misma pregunta se ha refinado, abstraído. Ya no se pregunta desde los sentidos por qué somos infelices, sino desde de la filosofía. ¿Cómo es que este principio único se multiplica? Y la respuesta —como ya lo hemos visto—, la mejor respuesta que la India ha producido es la teoría de Maya, según la cual en realidad no se ha multiplicado, en realidad no ha perdido nada de su verdadera naturaleza. La multiplicidad es solo aparente. El ser humano es solo aparentemente una persona; pero en realidad es el ser impersonal. Dios es una persona solo en apariencia; pero en realidad Él es el ser impersonal.

Incluso en esta respuesta se han producido etapas sucesivas y los filósofos han cambiado de opiniones. Todos los filósofos indios no han admitido la teoría de Maya, y posiblemente, la mayoría de ellos no lo haya hecho. Hay dualistas, defensores de un crudo dualismo, que no permiten que se les plantee la pregunta, sino que la sofocan en su mismo nacimiento. Estos dicen: «No tenéis derecho a hacer tal pregunta; no tenéis derecho a pedir una explicación, pues es simplemente la voluntad de Dios, y tenemos que someternos a ella sin protestar. No hay libertad para el alma humana. Todo está predestinado: lo que debemos hacer, tener, disfrutar y padecer. Cuando llega el sufrimiento, es nuestro deber soportarlo con paciencia; si no lo hacemos, seremos castigados aún más. ¿Cómo lo sabemos? Porque los Vedas así lo dicen». Ellos tienen sus textos y sus significados, y quieren hacerlos valer.

Hay otros que, aunque no admiten la teoría de Maya, se sitúan a medio camino. Dicen que el conjunto de esta creación forma, por así decirlo, el cuerpo de Dios. Dios es el alma de todas las almas y de toda la naturaleza. En el caso de las almas individuales, la contracción viene de hacer el mal. Cuando una persona hace algo mal, su alma comienza a contraerse y su poder disminuye cada vez más, hasta que haga obras buenas, momento en que se expande de nuevo. Una idea parece ser común en todos los sistemas de la India, y creo que en todos los sistemas del mundo, lo sepan o no, y es lo que yo llamaría la divinidad del hombre. No hay un sistema en el mundo, ninguna religión verdadera que no sostenga la idea de que el alma humana, cualquiera que sea o cualquiera que sea su relación con Dios, es esencialmente pura y perfecta, independientemente de que sea expresada en el lenguaje de la mitología, de la alegoría o de la filosofía. Su verdadera naturaleza es la bienaventuranza y el poder, no la debilidad y la miseria. De una manera u otra, esta miseria se ha manifestado. Los sistemas crudos pueden llamarlo un mal personificado, un demonio, un ahriman, para así explicar cómo se manifiesta esta miseria. Otros sistemas pueden tratar de hacer un Dios y un diablo en uno, lo que, sin motivo alguno, hace a algunas personas miserables y a otras felices. Otros, más reflexivos, aceptan la teoría de Maya, y así sucesivamente. Pero un hecho destaca claramente: es esto con lo que tenemos que lidiar. Después de todo, estas ideas y sistemas filosóficos no son más que la gimnasia de la mente, ejercicios intelectuales. La única gran idea que me parece clara, que emerge a través de masas de superstición en todos los países y en todas las religiones, es la idea luminosa de que el hombre es divino, que la divinidad es nuestra naturaleza.

Cualquier otra cosa que surja es una mera superposición, como la Vedanta lo llama. Algo se ha superpuesto, pero esa naturaleza divina nunca muere. Tanto en el más degradado como en el más santo siempre está presente. Tiene que llamarse, y se desarrollará por sus propios medios. Tenemos que solicitarla, y así se manifestará.

Los pueblos de la antigüedad sabían que el fuego residía en el sílex y en la madera seca; pero era necesaria la fricción para que surgiera. Así, este fuego de libertad y pureza es la naturaleza de cada alma, y no una cualidad, porque las cualidades pueden ser adquiridas y, por ende, no se pueden perder. El alma es una con la Libertad, una con la Existencia y una con el Conocimiento. El *Sat-Chit-Ananda* —Existencia-Conocimiento-Dicha Absoluta— es la naturaleza, la herencia del alma, y todas las manifestaciones que vemos son sus expresiones que, débil o brillantemente, se están manifestando. Incluso la muerte no es más que una manifestación de esa existencia real. El nacimiento y la muerte, la vida y la decadencia, la degeneración y la regeneración: todos son manifestaciones de esa Unidad. Así, el conocimiento, de cualquier forma en que se manifieste, ya sea como ignorancia o como aprendizaje, no es más que la manifestación de ese mismo *chit*, la esencia del conocimiento; la diferencia es solo de grado, y no de tipo. La diferencia de conocimientos entre el gusano más bajo que se arrastra bajo nuestros pies y el mayor genio que el mundo pueda producir es solo de grado, no de tipo. El pensador que sigue la Vedanta audazmente dice que los disfrutes de esta vida, incluso las alegrías más bajas, no son más que manifestaciones de esa dicha divina, la esencia del alma.

Esta idea parece ser la más prominente de la Vedanta, y, como ya he dicho, me parece que cada religión la sostiene. Todavía tengo que conocer la religión que no lo haga. La única idea universal recogida en todas las religiones es que se ha de trabajar. Tomemos la Biblia, por ejemplo. Vemos la afirmación alegórica de que el primer hombre, Adán, era puro, y que su pureza fue obliterada después por sus malas acciones. De esta alegoría se deduce, claramente, que se pensaba que la naturaleza del hombre primitivo era perfecta. Las impurezas que vemos, las debilidades que sentimos, no son sino añadidos a esa naturaleza, y la historia posterior de la religión cristiana muestra que ellos también creen en la posibilidad, mejor dicho, tienen la certeza de recuperar ese viejo estado. Esta es toda la historia de la Biblia, del Antiguo y del Nuevo Testamento juntos. Lo mismo sucede con los musulmanes: también creían en Adán y la pureza de Adán, y por medio de Mahoma se abrió el camino para recuperar ese estado perdido. Y, de igual forma lo vemos con los budistas: creen en el estado llamado Nirvana, que está más allá de este mundo relativo. Lo mismo ocurre con el Brahmán de los seguidores de la Vedanta, y todo el sistema de los budistas está fundado en la idea de recuperar ese estado perdido del Nirvana. En todo sistema encontramos presente esta doctrina: no podemos conseguir nada que no sea ya nuestro; no estamos en deuda con nadie en este universo. Podemos reclamar nuestros propios derechos de nacimiento, como lo ha expresado, muy poéticamente, un gran filósofo de la Vedanta, en el título de uno de sus libros: *The attainment of our own empire*[1]. Ese imperio es nuestro; lo hemos perdido y tenemos que recuperarlo. Sin embargo, el *mayavadi*[2] dice que esta pérdida del imperio era una alucinación, que nunca se perdió. Esta es la única diferencia.

Aunque todos los sistemas están de acuerdo, hasta ahora, en que teníamos ese imperio y que lo hemos perdido, nos dan consejos variados sobre cómo recuperarlo: unos dicen que hay que realizar ciertas ceremonias, pagar ciertas sumas de dinero a ciertos ídolos, comer ciertos tipos de alimentos, vivir de una manera peculiar... para recuperar ese imperio; otros, que si lloramos, si nos postramos y pedimos perdón a algún ser de más allá de la naturaleza, recuperaremos ese imperio; otros, que si amamos a un ser con todo nuestro corazón, recuperaremos ese imperio. Todos estos consejos varios se encuentran en los Upanishads. Conforme yo continúe, lo descubriréis. Pero el último y el mayor consejo es que no necesitamos llorar en absoluto, que no necesitamos participar en todas estas ceremonias, que no es necesario seguir ninguna indicación acerca de cómo recuperar el imperio porque nunca lo perdimos. ¿Por qué deberíais ir a buscar lo que nunca habéis perdido? Ya sois puros, libres. Si pensáis que sois libres, libres seréis en este momento; y si pensáis que estáis atados, atados estaréis. Esta es una declaración muy audaz, y como dije al principio de este escrito, mi estilo ha de ser también audaz. Esto puede asustaros, pero cuando reflexionéis sobre ello, cuando lo comprendáis y lo apliquéis en vuestra propia vida, os daréis cuenta de que lo que digo es cierto. Porque si suponéis que la libertad no es vuestra naturaleza, de ninguna manera podréis ser libres. Si suponéis que erais libres y que, de alguna manera, perdisteis esa libertad, estaréis demostrando que no erais libres en un principio. Si erais libres, ¿qué pudo hacer que perdierais la libertad? Lo independiente no puede hacerse dependiente; si es realmente dependiente, su independencia era una alucinación.

De las dos posturas, ¿cuál elegiríais? Si decís que el alma es por su propia naturaleza pura y libre, se desprende naturalmente que no había nada en este universo que pueda atarla o limitarla. Pero si existe algo en la naturaleza que puede unirse al alma, se deduce naturalmente que no es libre, y vuestra afirmación de que es libre es una ilusión. Así que, si es posible que nosotros alcancemos la libertad, la conclusión inevitable es que el alma es, por su propia naturaleza, libre. No puede ser de otra manera. Libertad significa independencia de cualquier exterior, y eso significa que no hay nada fuera de sí misma que pueda actuar sobre ella como una causa. El alma es sin causa, y de esto parten todas las grandes ideas que tenemos. No podéis establecer la inmortalidad del alma, a menos que reconozcáis que es libre por su naturaleza, o en otras palabras, que nada del exterior puede actuar sobre ella. La muerte es un efecto producido por una causa exterior. Puedo beber veneno y morir, mostrando así que algo exterior —el veneno— puede influir sobre mi cuerpo. Pero si es verdad que el alma es libre, se deduce naturalmente que nada puede afectarla, y que nunca puede morir. La libertad, la inmortalidad, la bienaventuranza; todas dependen de que el alma esté más allá de la ley de la causalidad, más allá de este Maya. De estos dos, ¿cuál elegís? O hacéis de la primera una ilusión, o hacéis de la segunda una ilusión. Sin duda, voy a hacer de la segunda una ilusión. Está en más consonancia con todos mis sentimientos y aspiraciones. Soy perfectamente consciente de que soy libre por naturaleza, y no

CAPÍTULO X: LA LIBERTAD DEL ALMA

voy a admitir que esta esclavitud sea verdadera ni que mi libertad sea una ilusión.

Esta discusión se da en todas las filosofías, de una forma u otra. Incluso en las filosofías más modernas veréis que aparece la misma discusión. Existen dos partes. Una dice que no existe el alma, que la idea del alma es una ilusión producida por el tránsito repetido de partículas o materia, el cual provoca la combinación que se llama cuerpo o cerebro. La impresión de la libertad es el resultado de las vibraciones, de los movimientos y del tránsito continuo de estas partículas. Había sectas budistas que tenían la misma visión y se ilustra con este ejemplo: si un joven toma una linterna y la hace girar rápidamente, creará un círculo de luz; ese círculo realmente no existe, porque la antorcha está cambiando de lugar en cada momento. No somos más que haces de pequeñas partículas que en su rápido torbellino producen la ilusión de un alma permanente. La otra parte afirma que en la rápida sucesión de pensamientos la materia se produce como una ilusión, y que en realidad no existe. Por un lado, se afirma que el espíritu es una ilusión, y por otro, que la materia es una ilusión. ¿Qué elegimos? Por supuesto, elegimos el espíritu y negamos la materia. Estos dos argumentos son similares, aunque el argumento espiritual es un poco más fuerte, porque nadie ha visto jamás lo que es la materia. Solo podemos sentirnos a nosotros mismos. Nunca conocí a un individuo que pudiera sentir la materia fuera de sí mismo. Nadie fue nunca capaz de «saltar» fuera de sí mismo. Por lo tanto, el argumento espiritual es un poco más fuerte. En segundo lugar, la teoría del espíritu explica el universo, mientras que el materialismo no, de ahí que la explicación materialista sea ilógica. Si se toman todas las filosofías y se analizan, veréis que se reducen a una o a la otra de estas dos posiciones. De esta forma, aquí también, en una forma más compleja, en una forma más filosófica, nos encontramos con la misma pregunta acerca de la pureza natural y la libertad. Un lado dice que la primera es una ilusión, y el otro, que el segundo es una ilusión. Y, por supuesto, estamos de acuerdo con el segundo lado, en la creencia de que nuestra esclavitud es un engaño.

La solución de la Vedanta es que no estamos atados, que ya somos libres. Y no solo esto, sino que decir o pensar que estamos atados es peligroso, es un error, es autohipnosis. Tan pronto como decís: «Estoy atado, soy débil, nadie puede ayudarme», ¡ay de vosotros!, pues os atáis una cadena más. No lo digáis, no lo penséis. He oído hablar de un hombre que vivía en un bosque y solía repetir día y noche: «Shivoham», 'yo soy el Bendecido', y un día un tigre se abalanzó sobre él y lo arrastró lejos para matarlo. La gente lo vio desde el otro lado del río, y pudieron escuchar su voz mientras se mantuvo en él, incluso cuando estaba en las propias fauces del tigre. Ha habido muchos hombres como él. Ha habido casos de hombres que han bendecido a sus enemigos mientras los cortaban en pedazos. «Yo soy Él, yo soy Él; y así eres tú. Soy puro y perfecto, y también lo son todos mis enemigos. Tú eres Él, y yo también». Esa es una posición de fuerza. No obstante, hay grandes y maravillosos aspectos en las religiones de los dualistas, por ejemplo, la maravillosa idea del Dios personal apartado de la naturaleza, al que adoramos y amamos. A veces, esta idea es muy placentera; pero la Vedanta dice que lo placentero es algo parecido al efecto de un opiáceo, algo no natural. Trae debilidad a largo plazo, y lo que este mundo quiere hoy, más de lo que nunca antes lo quiso, es la fuerza. Es la debilidad, dice la Vedanta, la causa de toda la miseria en este mundo; la debilidad es la causa del sufrimiento. Nos volvemos miserables porque somos débiles; mentimos, robamos, matamos y cometemos otros delitos porque somos débiles; sufrimos porque somos débiles; morimos porque somos débiles. Donde no existe nada que nos debilite no existe la muerte ni la tristeza. Somos miserables debido a la ilusión. Renunciad a la ilusión y todo desaparecerá; es simple y sencillo. A través de todas estas discusiones filosóficas y tremenda gimnasia mental llegamos a esta única idea religiosa, la más simple del mundo entero.

La Vedanta monista es la forma más simple de expresar la verdad. Enseñar el dualismo fue un tremendo error cometido en la India y en otros lugares, porque la gente no prestó atención a los principios últimos, sino que solo pensaron en el proceso, que, por cierto, es muy complejo. Para muchos, estas tremendas propuestas filosóficas y lógicas eran alarmantes. Pensaron que algo así no se podría hacer universal, que no podría llevarse a cabo en la vida práctica cotidiana, que bajo la apariencia de una filosofía así surgiría una vida de gran laxitud.

Yo no creo en absoluto que las ideas monistas predicadas al mundo puedan producir inmoralidad y debilidad. Por el contrario, tengo razones para creer que es el único remedio que exista. Si esto es verdad, ¿por qué dejar que la gente beba agua de la acequia cuando el río de la vida está fluyendo justo al lado? Si es verdad que todos ellos son puros, ¿por qué no enseñarlo, en este momento, a todo el mundo? ¿Por qué no enseñarlo con voz de trueno a cada persona que nace, a santos y pecadores, a hombres, mujeres y niños, al rey y al barrendero?

En este punto aparece una empresa grandiosa. Para muchos es muy alarmante, pero eso tan solo es debido a la superstición. Al comer todo tipo de alimentos malos y no digeribles, o al matarnos de hambre a nosotros mismos, nos volvemos incapaces de comer una buena comida. Hemos escuchado las palabras de debilidad desde nuestra infancia. Se oye a la gente decir que no creen en fantasmas; pero, al mismo tiempo, hay muy pocos que no sientan un poco de escalofrío en la oscuridad. Se trata simplemente de una superstición. Lo mismo sucede con todas las supersticiones religiosas. Hay gente en este país que pensará que toda religión ha desaparecido si se les dice que no existe el diablo. Muchas personas me han preguntado: «¿Cómo puede existir una religión sin un diablo? ¿Cómo puede existir una religión sin nadie que nos dirija? ¿Cómo podemos vivir sin que nadie nos gobierne?». Nos gusta ser tratados así porque nos hemos acostumbrado a ello. No somos felices hasta que sentimos que alguien nos amonesta cada día. ¡La misma superstición! Pero por muy terrible que parezca ahora, llegará el momento en el que miraremos hacia atrás, cada uno de nosotros, y nos reiremos de cada una de esas supersticiones que cubrían el alma pura y eterna, y repetiremos con alegría, con la verdad y con fuerza: «Soy libre, era libre y siempre seré libre». Esta idea monista procederá de la Vedanta, y es la única idea que merece vivir. Las escrituras pueden perecer mañana. A nadie le importa si esta idea destelló primero en los cerebros de los hebreos o en las personas que habitaban en las regiones árticas. Porque esta es la verdad y la verdad es eterna, y la verdad misma nos enseña que las propiedades especiales de cualquier individuo o nación son irrelevantes: seres humanos, animales y dioses son todos destinatarios de esta verdad. Dejemos que todos la reciban. ¿Por qué hacer la vida miserable? ¿Por qué dejar que la gente caiga en todo tipo de supersticiones? Yo daría diez mil vidas, si veinte de ellos renunciaran a su superstición. No solo en este país, sino también en la tierra de su nacimiento, si dices a la gente esta verdad, se asusta. Ellos dicen: «Esta idea es para los *sannyasins* que renuncian al mundo y viven en los bosques. Para ellos está bien, pero nosotros, pobres cabezas de familia, debemos tener todos algún tipo de temor, debemos tener ceremonias».

Las ideas dualistas han gobernado el mundo suficiente tiempo, y este es el resultado. ¿Por qué no llevar a cabo un nuevo experimento? Puede que se necesiten siglos hasta que todas las mentes reciban el monismo. Pero ¿por qué no empezar ahora? Si hemos hablado de él a veinte personas, hemos hecho un gran trabajo. Existe una idea que a menudo choca con esta concepción, y es esta: «Está muy bien decir que yo soy el puro y el bendito, pero no puedo demostrarlo siempre». Es verdad, el ideal es siempre muy duro. Cada niño que nace ve que el cielo se halla muy lejos, sobre su cabeza. Pero ¿es esta una razón por la cual no debamos mirar hacia el cielo? ¿Solucionaría algo el volverse hacia la superstición? Si no podemos obtener el néctar, ¿solucionaría algo el beber veneno? Porque no podamos comprender la verdad de inmediato, ¿nos ayudaría de alguna manera penetrar en la oscuridad y rendirnos ante la debilidad y la superstición?

No tengo nada que objetar en contra del dualismo en muchas de sus formas.

Me gusta la mayoría de ellas, pero he de objetar en contra de toda forma de enseñanza que inculca la debilidad. Estas son las únicas preguntas que hago a cada hombre, mujer o niño cuando realizan un entrenamiento físico, mental o espiritual: ¿eres fuerte? ¿Sientes la fuerza?; porque sé que solo la verdad da fuerza. Yo sé que la verdad da la vida; nada más que ir hacia la realidad nos hará fuertes, y nadie alcanzará la verdad hasta que sea fuerte. Por lo tanto, cada sistema que debilita la mente nos hace supersticiosos, nos deprime, nos hace desear todo tipo de imposibilidades salvajes, misterios y supersticiones, y no me gusta porque su efecto es peligroso. Estos sistemas nunca traen nada bueno, hacen que la mente enferme; la hacen débil, tan débil que con el tiempo será casi imposible recibir la verdad o vivir por ella. Por lo tanto, la fuerza es lo único necesario. La fuerza es la medicina para la enfermedad del mundo; la fuerza es la medicina a la que los pobres deben recurrir cuando son explotados por el rico; la fuerza es la medicina a la que el ignorante debe recurrir cuando es oprimido por los sabios; y es la medicina a la que los pecadores deben recurrir cuando son explotados por otros pecadores. Y nada brinda tanta fuerza como esta idea de monismo, nada nos hace tan morales como esta idea del monismo. Nada nos hace trabajar tan bien como el asumir toda la responsabilidad nosotros mismos. Reto a cada uno de vosotros: ¿cómo os comportaríais si pongo a un pequeño bebé en vuestras manos? Toda vuestra vida cambiaría de momento; seáis quienes seáis, deberíais volveros desinteresados en el acto. Renunciaréis a todas vuestras ideas criminales tan pronto como la responsabilidad se abalance sobre vosotros; toda vuestra forma de ser cambiará. Así que si toda la responsabilidad descansa sobre nuestros propios hombros, nos encontraremos en nuestro estado más elevado. Cuando no tengamos a nadie hacia quien avanzar a tientas, diablo al que culpar ni Dios personal que lleve nuestras cargas, cuando solo nosotros seamos los responsables, alcanzaremos nuestro estado más elevado.

Soy responsable de mi destino, soy el portador de mi propio bien y soy el portador del mal. Yo soy el Puro y el Bendecido. Debemos rechazar todos los pensamientos que afirman lo contrario. «No tengo ni muerte ni miedo; no tengo ni casta ni credo; no tengo ni padre, ni madre ni hermano; no tengo ni amigo ni enemigo, porque yo soy Existencia, Conocimiento y Bienaventuranza absoluta. Yo soy el Uno dichoso, yo soy el Uno dichoso. No estoy atado ni por virtud ni por vicio algunos, ni por la felicidad ni la miseria. Peregrinaciones, libros y ceremonias no me pueden atar. No tengo hambre ni sed; el cuerpo no es mío, y no estoy sujeto a las supersticiones y la decadencia que proceden del cuerpo. Soy Existencia, Conocimiento y Bienaventuranza Absoluta. Yo soy el Uno dichoso, yo soy el Uno dichoso».

Esta, dice la Vedanta, es la única oración que deberíamos tener. Esta es la única manera de llegar a la meta, de decirnos a nosotros mismos y de decirles a todos los demás que somos divinos. Y a medida que repetimos esto, la fuerza viene. El que se tambalea en un primer momento se hará más y más fuerte, y la voz aumentará de volumen hasta que la verdad se apodere de nuestros corazones; correrá por nuestras venas y penetrará en nuestro cuerpo. La ilusión se desvanecerá conforme la luz se haga más y más resplandeciente. Se desvanecerá la ignorancia poco a poco, y entonces vendrá un tiempo en que todo lo demás habrá desaparecido y solo el sol brillará.

1. N.d.T. Libro no editado en España. Literalmente, 'la conquista de nuestro imperio'.
2. N.d.T. Literalmente, 'impersonalista'.

Capítulo XI
El Cosmos (El Macrocosmos)

Entregado en Nueva York el 19 de enero de 1896

Las flores que vemos a nuestro alrededor son hermosas; hermoso es el sol al amanecer cada mañana; hermosos son los tonos abigarrados de la naturaleza. El universo entero es hermoso, y el ser humano lo ha disfrutado desde su aparición en la Tierra. Sublimes e inspiradoras son las montañas; los gigantescos ríos que corren hacia el mar, el desierto sin caminos, el océano infinito, el cielo estrellado...: todo es imponente, sublime y ciertamente hermoso. Toda la masa de existencia que llamamos naturaleza ha estado actuando sobre la mente humana desde tiempos inmemoriales. Ha estado actuando en el pensamiento del hombre, y como reacción ha surgido la siguiente pregunta: ¿qué es esto y de dónde proviene? Si regresamos al tiempo en donde encontramos la porción más remota y antigua de la composición humana, los Vedas, encontramos la misma pregunta: «¿De dónde viene esto? Cuando no había más que nada y la oscuridad se ocultaba en la oscuridad, ¿quién proyectaba este universo? ¿Cómo? ¿Quién conoce el secreto?». Y la pregunta ha llegado hasta nosotros en la actualidad. Se han hecho millones de intentos por responderla, y sin embargo, tendrá que ser respondida de nuevo un millón de veces. No es que cada respuesta fuese un fracaso; cada respuesta a esta pregunta contenía una parte de la verdad, y esta verdad se fortalece conforme el tiempo avanza. Voy a tratar de presentaros el esquema de la respuesta que he recogido de los antiguos filósofos de la India, en armonía con el conocimiento moderno.

Vemos que en estas antiguas preguntas algunos puntos ya habían sido resueltos. El primero es que hubo un momento en el que no había «nada sino nada», cuando no existía este mundo. Nuestra madre tierra y su infinita variedad de creaciones —los mares y océanos, los ríos y las montañas, las ciudades y las aldeas de razas humanas, los animales, las plantas, los pájaros, los planetas, los astros luminosos— no tenían existencia. Pero ¿estamos seguros de ello? Vamos a tratar de rastrear cómo se llegó a esta conclusión. ¿Qué ve el individuo a su alrededor? Tomemos por ejemplo una pequeña planta. Él pone una semilla en la tierra, y más tarde verá que una planta ha surgido, que se alza desde el suelo, creciendo y creciendo hasta convertirse en un árbol gigantesco. Después muere, dejando solo la semilla. Se completa el círculo: sale de la semilla, se convierte en el árbol y termina en la semilla de nuevo. Observad un ave; cómo surge del huevo, cómo vive su vida, y después muere, dejando otros huevos, semillas de aves futuras. Así, de igual forma sucede con los animales y con el ser humano. Todo en la naturaleza empieza, por así decirlo, de ciertas semillas, ciertos rudimentos, ciertas formas finas que se vuelven más y más grandes; se desarrollan durante un tiempo determinado, y después otra vez regresan a la forma fina y diminuta. La gota de agua en la que el hermoso rayo de sol está jugando surgió en forma de vapor desde el océano, viajó hasta muy lejos por el aire y llegó a una región donde se transformó en agua, y se dejó caer en su forma actual… para convertirse en vapor de nuevo. Así sucede con todo aquello que nos rodea en la naturaleza. Sabemos que los glaciares y los ríos erosionan poco a poco las enormes montañas, reduciéndolas a arena, la cual se aleja hacia el océano, en cuyo lecho se asienta, capa tras capa, volviéndose dura como la piedra, para una vez más formar las montañas de una generación futura. De nuevo serán golpeadas y pulverizadas, y así el ciclo continúa. De arena se componen estas montañas, y en arena se convertirán.

Si es verdad que la naturaleza es completamente uniforme; si es cierto, y hasta ahora ninguna experiencia humana lo ha contradicho, que el método gracias al cual se crea un pequeño grano de arena es el mismo que se sigue en la creación de los soles gigantescos, de las estrellas y de todo esto universo; si es cierto que la totalidad de este universo se construye exactamente a nivel de los átomos; si es cierto que la misma ley prevalece en todo el universo, entonces, como se ha dicho en los Vedas, «conociendo un solo trozo de arcilla, conocemos la naturaleza de toda la arcilla que existe en el universo». Tomemos una planta pequeña y estudiemos su vida: así conoceremos el universo tal y como es. Si conocemos un grano de arena, entendemos el secreto de todo el universo. Si aplicamos este razonamiento a los fenómenos, encontremos en primer lugar que todo es casi similar al principio y al final: la montaña procede de la arena y regresa a la arena; el río surge del vapor y después vuelve a ser vapor; la vida de las plantas proviene de la semilla y regresa a la semilla; la vida humana surge de células humanas y regresa a las células humanas; el universo, con sus estrellas y sus planetas, ha surgido de un estado nebuloso y debe volver al mismo estado. ¿Qué aprendemos de esto? Que el estado manifestado o el más expandido es el efecto, y el estado más fino es la causa. Hace miles de años, Kapila, el gran padre de toda filosofía, demostró que la destrucción significa el regreso a la causa. Si esta mesa se destruye, regresará de nuevo a su causa, a aquellas bellas formas y partículas que, combinadas, hicieron de esta forma lo que llamamos una mesa. Si un individuo muere, regresará de nuevo a los elementos que le dieron su cuerpo. Si esta tierra muere, regresará de nuevo a los elementos que le dieron forma. Esto es lo que se llama destrucción: regresar a la causa. Por lo tanto, aprendemos que el efecto es el mismo que la causa, no diferente, sino en formas diferentes. Este cristal es un efecto y tenía su causa, y esta causa está presente en esta forma. Una cierta cantidad de material llamado cristal y la fuerza de las manos del fabricante son las causas, es decir, lo instrumental y lo material que, en conjunto, produjeron esta forma llamada cristal. La fuerza que estaba en las manos del fabricante está presente en el cristal, al igual que el poder de adherencia sin el cual su estructura se vendría abajo; y el material de vidrio también está presente. El cristal es solo una manifestación de estas finas causas en una nueva forma; y si se rompe en pedazos, la fuerza que estaba presente en forma de adhesión regresará, se unirá a su propio elemento, y las partículas de cristal seguirán siendo las mismas hasta que tomen nuevas formas.

Así, vemos que el efecto nunca es diferente de la causa; simplemente, este efecto es una reproducción de la causa, pero en una forma más expandida. Después, aprendemos que todas estas formas particulares que llamamos plantas, animales o seres humanos se repiten hasta el infinito, surgiendo y desapareciendo. La semilla produce el árbol. El árbol produce la semilla, la cual a su vez aparece como otro árbol, y así sucesivamente. No existe un final. Las gotas de agua ruedan por las montañas hacia el océano y se levantan de nuevo en forma de vapor, regresan a las montañas y otra vez llegan hasta el océano. Así, elevándose y cayendo, el ciclo continúa. Lo mismo sucede con todas las vidas, y de igual forma ocurre con toda la existencia que podemos ver, sentir, oír o imaginar. Todo lo que está dentro de los límites de nuestro conocimiento procede de la misma manera, como la respiración en el cuerpo humano. Todo en la creación sigue este proceso. Sucesiva e ininterrumpidamente, una ola crece y otra se rompe. Cada ola deja su hueco, cada hueco tiene su ola. Debido a su uniformidad, la misma ley debe aplicarse al universo considerado en su conjunto. Este universo debe convertirse en sus causas; el sol, la luna, las estrellas, los planetas, el cuerpo, la mente y todo lo demás en este universo deben regresar a sus causas más finas, desaparecer, ser destruidas, por así decirlo. Pero vivirán en las causas, como las formas finas. De estas formas finas emergerán de nuevo como nuevas tierras, soles, lunas y estrellas.

Hay un hecho más que aprender acerca de esta ascensión y caída. La semilla surge del árbol; no se convierte inmediatamente en un árbol, sino que conserva un período de inactividad, o más bien, un período de acción muy sutil y no manifestada. La semilla tiene que trabajar durante algún tiempo bajo el suelo. Se rompe en pedazos —se degenera, por así decirlo— y la regeneración surge de la degeneración. En un principio, la totalidad de este universo tiene que trabajar del mismo durante un período en esa forma menuda, no vista y no manifestada que se llama caos, y de ella procede una nueva proyección. Todo el período de una manifestación de este universo (se reduce a la forma más fina, permaneciendo allí durante algún tiempo, y después surge de nuevo) se llama en sánscrito kalpa, 'ciclo'. A continuación, surge una pregunta muy importante, especialmente en los tiempos modernos. Vemos que las formas más finas se desarrollan lenta y gradualmente, hasta convertirse en formas más expandidas. Hemos visto que la causa es la misma que el efecto, y el efecto es solo la causa en otra forma. Por lo tanto, todo este universo no puede haber surgido de la nada. Nada surge sin una causa, y la causa es el efecto en otra forma.

Entonces, ¿a partir de qué se ha producido este universo? De un universo fino precedente. ¿A partir de qué se han producido los seres humanos? De una forma fina precedente. ¿A partir de qué se ha producido el árbol? A partir de la semilla; la totalidad del árbol estaba allí, en la semilla. Surge y se manifiesta. Por lo tanto, la totalidad de este universo ha sido creada a partir de este mismo universo existente en una forma menuda. Se ha puesto de manifiesto ahora. Volverá a esa forma menuda y de nuevo se manifestará. De esta forma, vemos que las formas finas surgen lentamente y se vuelven más expandidas, hasta que alcanzan su límite; cuando esto se produce, se retraen más y más, hasta volverse lentamente cada vez más finas de nuevo. Este surgimiento de lo fino y la transformación en lo expandido simplemente cambiando la disposición de sus partes, por así decirlo, es lo que en los tiempos modernos se llama evolución. Esto es muy cierto, absolutamente cierto, y lo vemos en nuestras vidas. Ningún ser humano racional puede discutir con los evolucionistas. Pero tenemos que aprender algo más. Tenemos que dar un paso más allá, pero ¿cuál es? Pues que cada evolución es precedida por una involución. La semilla es la madre del árbol, pero otro árbol era en sí el padre de la semilla. La semilla es la forma fina de la que el gran árbol proviene, y otro árbol grande era la forma que ha involucionado en esa semilla. La totalidad de este universo estuvo presente en el universo cósmico fino. La pequeña célula, que se convierte después en individuo, es simplemente el individuo involucionado, y evolucionará en individuo una vez más. Si esto parece claro, no tenemos nada en contra de los evolucionistas, porque vemos que si reconocen este hecho en lugar de su destructora religión, serán sus defensores más férreos.

De esta manera, vemos que nada puede ser creado de la nada. Todo existe a través de la eternidad, y existirá por toda la eternidad. El movimiento se halla solo en las olas y los huecos sucesivos, que regresan a sus formas finas y, una vez más, se manifiestan en su máxima expansión. Esta involución y evolución está sucediendo en todo el conjunto de la naturaleza. La serie completa de la evolución a partir de la manifestación más baja de la vida, evolución que ha llegado a su estado más elevado, el ser humano más perfecto, debe haber sido la involución de otra cosa. La pregunta es: ¿la involución de qué? De Dios. El evolucionista dirá que la idea de que es Dios es errónea. ¿Por qué? Porque vemos que Dios es inteligente, pero nos encontramos con que la inteligencia se desarrolló mucho más tarde en el curso de la evolución. La inteligencia se observa en el ser humano y en los animales superiores; pero millones de años pasaron en este mundo antes de que surgiera esta inteligencia. Esta objeción de los evolucionistas no se sostiene, y lo veremos más adelante aplicando nuestra teoría. El árbol surge de la semilla y regresa a la semilla; el principio y el fin son lo mismo. La tierra surge de su causa y regresa a la misma. Sabemos que si podemos encontrar el principio, podemos encontrar el final; e, inversamente, si encontramos al final, podemos encontrar el principio. Si esto es así, tomemos toda esta serie evolutiva, desde el citoplasma en un extremo hasta el ser humano perfecto en el otro, y toda esta serie es una vida. Al final encontramos al ser humano perfecto, por lo que en un principio debe haber sido el mismo. Por lo tanto, el citoplasma es la involución de la más alta inteligencia. Quizás no podáis verlo, pero esa inteligencia involucionada es lo que está desenrollándose, hasta manifestarse en el ser humano más perfecto. Esto puede ser matemáticamente demostrado. Si la ley de conservación de la energía es cierta, no se puede obtener nada de una máquina a menos que se haya puesto en ella primero. La cantidad de trabajo que se obtiene de un motor es exactamente la misma que se ha puesto en el motor en forma de agua y carbón, ni más ni menos. El trabajo que estoy haciendo ahora es justo lo que he puesto en mí, en forma de aire, alimentos, etc. Es solo una cuestión de cambio y manifestación. No se pueden añadir en este universo una partícula de materia o un julio de fuerza, ni se pueden retirar ni una partícula de materia ni julio de fuerza alguna. Si ese fuera el caso, ¿cuál es esta inteligencia? Si no estuvo presente en el citoplasma, debe de haber llegado de repente, algo que venga de la nada, lo cual es absurdo. Por lo tanto, se deduce que en la célula del citoplasma, la cual está en el otro extremo de la misma cadena, se encuentra involucrado el ser humano perfecto, el ser humano libre, el Dios-individuo que ha ido más allá de las leyes de la naturaleza, que ha trascendido todo, que no tiene que volver a sufrir este proceso de evolución a través del nacimiento y la muerte; es ese hombre llamado el Cristo-hombre por los cristianos, el Buda-hombre por los budistas y el Libre por los yoguis, ese ser humano perfecto que se halla en el extremo opuesto de la cadena de la evolución.

Aplicando el mismo razonamiento a la totalidad del universo, vemos que la inteligencia debe ser el Señor de la creación, la causa. ¿Cuál es el concepto más evolucionado que el ser humano tiene de este universo? Es la inteligencia, el ajuste de una parte a otra, la demostración de la inteligencia de la que la antigua teoría del diseño fue un intento de expresión. Por lo tanto, el comienzo fue la inteligencia. Al principio, esta inteligencia involucionó, y al final esta inteligencia evolucionó. La suma total de la inteligencia que se muestra en el universo debe ser, por lo tanto, el autodesdoblamiento de la inteligencia universal involucionada. Esta inteligencia universal es lo que llamamos Dios. Llamadla como queráis, pero es absolutamente cierto que en el principio esta inteligencia cósmica Infinita estaba presente. Esta inteligencia cósmica involucionó, se manifestó y evolucionó, hasta que se convirtió en el ser humano perfecto, el Cristo-hombre, el Buda-hombre. Más tarde, volvió a su propia fuente. Esta es la razón por la que todas las escrituras dicen: «En Él vivimos, nos movemos y existimos». Esta es la razón por la que todas las escrituras predican que venimos de Dios y que regresamos a Dios. No os asustéis de los términos teológicos; si los términos os asustan, no estáis hechos para ser filósofos. Esta inteligencia cósmica es lo que los teólogos llaman Dios.

Me han preguntado muchas veces que por qué utilizo esa palabra antigua, Dios. Mi respuesta es que es la mejor palabra para nuestro propósito; no podéis encontrar una mejor palabra porque todas las esperanzas, aspiraciones y la felicidad de la humanidad se han centrado en esa palabra. Ya imposible cambiar de palabra. Palabras como estas fueron acuñadas por primera vez por los grandes santos que se dieron cuenta de su importancia y entendieron su significado. Pero a medida que se vuelven comunes en la sociedad, las personas ignorantes toman estas palabras, y como resultado pierden su espíritu y gloria. La palabra Dios se ha utilizado desde tiempos inmemoriales; la idea de esta inteligencia cósmica y todo lo que es grandioso y sagrado se asocia con ella. ¿Se ha de entender que porque algún necio diga que no está bien debemos deshacernos de ella? Otro individuo puede llegar y decir: «Toma mi palabra»; y otro más: «Toma mi palabra». Así, las palabras necias nunca tendrán fin. Usemos la palabra antigua, solamente en su verdadera alma, habiéndola purificado de supersticiones, y démonos cuenta plenamente de lo que significa esta gran palabra antigua. Si comprendéis el poder de las leyes de asociación, sabréis que estas palabras se asocian con innumerables ideas majestuosas y poderosas; millones de almas humanas las han utilizado y adorado, y las han asociado con todo lo que es mejor y más elevado, todo lo que es racional, todo lo que es digno de ser amado y todo lo grandioso en la naturaleza humana. Surgen como sugerencias de estas asociaciones, y no pueden ser abandonadas. Si tratara de expresar todo esto solo diciéndoos que Dios creó el universo, no tendría ningún significado para vosotros. Sin embargo, después de toda esta lucha, hemos regresado a Él, al Anciano y al Supremo Uno.

Ahora vemos que todas las diversas formas de energía cósmica, como la materia, el pensamiento, la fuerza, la inteligencia, etc., son simplemente las manifestaciones de la inteligencia cósmica, o como lo llamaremos de ahora en adelante, el Señor Supremo. Todo lo que se ve, se siente o se oye, todo el universo es su creación; para ser un poco más precisos, es su proyección, o para ser aún más precisos, es el Señor mismo. Él es quien está brillando como el sol y las estrellas; Él es la madre tierra. Él es el océano mismo. Él llega como una suave lluvia. Él es el aire suave que respiramos. Él es quien está trabajando como fuerza en el cuerpo. Él es el discurso que se pronunció y la persona que está hablando. Él es la audiencia que está aquí. Él es la plataforma sobre la que me apoyo. Él es la luz que me permite ver vuestros rostros. Todo es Él. Él es tanto el material como la causa eficiente de este universo. Él es el que involuciona en la célula diminuta, y evoluciona en el otro extremo, convirtiéndose nuevamente en Dios. Él es lo que se reduce y se convierte en el átomo más simple, el cual, desenvolviendo lentamente su naturaleza, se reincorpora a Él. Este es el misterio del universo. «Tú eres el hombre. Tú eres la mujer. Tú eres el hombre fuerte que camina en el orgullo de la juventud. Tú eres el anciano tambaleante en sus muletas. Tú estás en todo, Tú eres todo, oh, Señor». Esta es la única solución del cosmos que satisface el intelecto humano. En pocas palabras: hemos nacido de Él, vivimos en Él y a Él volvemos.

Capítulo XII
El Cosmos (El Microcosmos)

Entregado en Nueva York el 26 de enero de 1896

La mente humana, naturalmente, quiere salir para mirar fuera del cuerpo, por decirlo así, a través de los canales de los órganos. El ojo debe ver, el oído debe oír, los sentidos deben percibir el mundo externo y lógicamente, las bellezas y sublimidades de la naturaleza son las primeras que cautivan la atención humana. Las primeras preguntas que surgieron en el alma humana eran relativas al mundo externo. La solución al misterio se le preguntó al cielo, a las estrellas, a los cuerpos celestes, a la tierra, a los ríos, a las montañas, al mar; y en todas las religiones antiguas encontramos rastros de cómo la mente humana, a tientas, en un primer momento se quedó atrapada en todo lo externo. Había un dios de los ríos, un dios del cielo, un dios de las nubes, un dios de la lluvia; todo lo externo, todo lo que ahora llamamos los poderes de la naturaleza, se metamorfoseó, se transformó en voluntades, en dioses, en mensajeros celestiales. Conforme la pregunta se hizo más y más profunda, estas manifestaciones externas no pudieron satisfacer la mente humana, y finalmente la energía se volvió hacia dentro, la pregunta se le hizo a la propia alma humana. Desde el macrocosmos la pregunta se encaminó hacia el microcosmos, del mundo exterior hacia el mundo interior. Del análisis de la naturaleza externa, el ser humano se centró en el análisis del interior. Este cuestionamiento acerca del ser humano interior vino con un estado superior de la civilización, con una visión más profunda de la naturaleza, con un estado de crecimiento superior.

El tema de debate de esta tarde es este ser humano interior. Ninguna pregunta es tan cercana y querida por el corazón humano como la del ser humano interior. ¡Cuántos millones de veces y en cuántos países se ha hecho esta pregunta! Sabios y reyes, ricos y pobres, santos y pecadores, cada hombre y cada mujer, todos en algún momento se han hecho esta pregunta. ¿No existe nada permanente en esta vida humana efímera? Se han preguntado: ¿no existe nada que no se apague cuando este cuerpo muere? ¿No hay algo que siga viviendo cuando esta estructura se desmorona? ¿No hay nada que sobreviva al fuego que reduce el cuerpo a cenizas? Y si es así, ¿cuál es su destino? ¿A dónde va? ¿De dónde proviene?

Estas preguntas se han hecho una y otra vez, y mientras esta creación perdure, siempre y cuando existan cerebros humanos para pensar, esta pregunta seguirá planteándose. Sin embargo, no es que la respuesta no se haya encontrado; cada vez que se obtuvo una respuesta, y conforme el tiempo pasó, la respuesta ganaba cada vez más fuerza. La pregunta fue respondida de una vez por todas hace miles de años, y a través de todos los tiempos posteriores se ha replanteado, ilustrado nuevamente, se ha hecho más clara en nuestro intelecto. Por lo tanto, lo que tenemos que hacer es una reformulación de la respuesta. No pretendemos arrojar ninguna luz nueva sobre los problemas que nos absorben, sino poner frente a vosotros la antigua verdad en el lenguaje de los tiempos modernos, hablar de los pensamientos de los antiguos en el lenguaje de los modernos, hablar de los pensamientos de los filósofos en el lenguaje de la gente, hablar de los pensamientos de los ángeles en el lenguaje humano, hablar de los pensamientos de Dios en la lengua de la pobre humanidad, para que el ser humano pueda entenderlos, ya que la misma esencia divina de la cual las ideas han emanado está siempre presente en el hombre y, por lo tanto, siempre podrá entenderla.

Os estoy mirando. ¿Qué es necesario para esta visión? En primer lugar, los ojos; porque si yo soy perfecto en todo lo demás y, sin embargo, no tengo ojos, no voy a ser capaz de ver. En segundo lugar, el verdadero órgano de la visión, porque los ojos no son los órganos; ellos no son sino los instrumentos de visión, detrás de ellos está el órgano real, que es el nervio central alojado en el cerebro. Si ese centro se lesiona, un individuo puede tener el par de ojos más agudo, y sin embargo, no será capaz de ver nada; por lo tanto, es necesario que este centro —órgano real— esté en su lugar, sano. Lo mismo ocurre con todos nuestros sentidos. El oído externo no es sino el instrumento que transporta la vibración del sonido hacia el interior, hacia el centro. Sin embargo, eso no es suficiente. Supongamos que en su biblioteca estáis leyendo atentamente un libro mientras está sonando un reloj; sin embargo, no lo oís. El sonido, las vibraciones en el aire, el oído y el centro están ahí, y estas vibraciones se han llevado a través del oído al centro; sin embargo, no las oís. ¿Qué falta? La mente no está atenta. Así, vemos que la tercera cosa necesaria es la presencia de la mente. En primer lugar, los instrumentos externos; a continuación, el órgano al que este instrumento externo debe llevar la sensación; y por último, la conexión entre el órgano y la mente. Si la mente no está unida al órgano, el órgano y el oído pueden recibir la impresión, y sin embargo, no seremos conscientes de ello. La mente, también, es solo una portadora; tiene que transportar la sensación más allá y presentarla al intelecto. El intelecto es la facultad determinante que decide lo que se pone frente a él. Sin embargo, esto no es suficiente; el intelecto debe transportar la sensación aún más lejos y presentarla ante el gobernador del cuerpo, el alma humana, la reina en su trono. Ante ella se presenta la sensación, y de ella procede la orden, qué hacer o qué no hacer. La orden regresa en el mismo orden al intelecto, a la mente y a los órganos, y los órganos la transmiten a los instrumentos, completando así la percepción.

Los instrumentos están en el cuerpo externo, el cuerpo burdo del individuo; pero la mente y el intelecto no lo están. Están, en lo que se llama en la filosofía hindú, en el cuerpo más fino, y en lo que en la teología cristiana se lee como el cuerpo espiritual del individuo, más fino, mucho más fino que el cuerpo, aunque no es el alma. Esta alma está más allá de ellos. El cuerpo externo perece en pocos años; cualquier simple causa puede perturbarlo y destruirlo. El cuerpo más fino no es tan fácilmente perecedero; sin embargo, a veces se degenera, y en otras ocasiones se hace fuerte. Vemos cómo en el anciano la mente pierde su fuerza; cómo cuando el cuerpo es fuerte, la mente se vuelve vigorosa; cómo varios medicamentos y drogas la afectan; cómo todo lo externo actúa sobre ella, y cómo reacciona en el mundo exterior. Al igual que el cuerpo, la mente también sufre un progreso y una decadencia; por lo tanto, la mente no es alma, porque el alma no puede decaer ni degenerarse. ¿Cómo podemos saberlo? ¿Cómo podemos saber que existe algo más allá de esta mente? Porque el conocimiento que es que posee luz por sí mismo y la base de la inteligencia no pueden pertenecer a la materia inerte, muerta. Nunca se ha visto ninguna materia burda que tenga inteligencia en su propia esencia. Ninguna materia inerte o muerta puede iluminarse a sí misma. Es la inteligencia lo que ilumina toda la materia. Esta sala está aquí solo por medio de la inteligencia, ya que, como sala, su existencia sería desconocida si una inteligencia no la hubiera construido. Este cuerpo no posee luz por sí mismo; si así fuera, también un cuerpo muerto la poseería. Ni la mente ni el cuerpo espiritual pueden poseer luz por sí mismos, no son la esencia de la inteligencia. Lo que posee luz por sí mismo no puede decaer. La luminosidad de lo que brilla gracias a una luz prestada va y viene; pero lo que tiene luz propia, ¿cómo podría ir y venir florecer y decaer? Vemos que la luna crece y mengua porque brilla gracias a la luz prestada del sol. Si un trozo de hierro se pone al rojo vivo, brilla y resplandece; pero su luz se desvanecerá porque es prestada. Así, la decadencia es posible solo en aquella luz que se pide prestada y que no forma parte de la esencia del objeto.

Vemos que el cuerpo, la forma externa, no tiene luz en su propia esencia ni puede conocerse a sí mismo, como tampoco puede la mente. ¿Por qué no? Porque la mente crece y mengua, porque es vigorosa en un momento y débil en otro, porque todo puede influir sobre ella y afectarla. Por lo tanto, la luz que brilla a través de la mente no es la suya. ¿De quién es, entonces? Debe pertenecer a aquello que posee luz en su propia esencia, y como tal, nunca puede decaer o morir, nunca puede ser más fuerte o más débil; posee luz por sí mismo, es la luminosidad en sí misma. No es posible que el alma sepa, sino que es conocimiento; el alma no puede tener existencia, sino que es existencia; el alma no puede ser feliz, sino que es la felicidad misma. Aquello que es feliz ha tomado prestada su felicidad; aquello que tiene conocimiento ha recibido su conocimiento; aquello que tiene existencia relativa solo tiene una existencia reflejada. Dondequiera que haya cualidades, estas cualidades han sido reflejadas en la sustancia; pero el alma no tiene conocimiento, existencia ni bienaventuranza como cualidades, sino que son la esencia del alma.

Una vez más, se puede preguntar: ¿por qué vamos a dar esto por sentado?, ¿por qué hemos de admitir que la esencia del alma son el conocimiento, la bienaventuranza y la existencia; que no los ha tomado prestados? Se podría argumentar: ¿por qué la luminosidad, la bienaventuranza y el conocimiento del alma no han podido ser tomados prestados de la misma forma que la luminosidad del cuerpo se ha tomado prestada de la mente? El engaño de esta argumentación sería que no habría límite. ¿De quién fueron estos prestados? Si decimos que de alguna otra fuente, se plantearía de nuevo la misma pregunta. Así, al final tendremos que admitir que existe alguien que posee luz por sí mismo. Por resumir, el camino lógico consiste en detenernos en donde obtengamos la luz propia, y no ir más allá.

De esta forma, vemos que este ser humano está compuesto en primer lugar de esta cubierta externa, el cuerpo; en segundo lugar, del cuerpo más fino, que consiste en la mente, el intelecto y el egoísmo. Detrás de ellos se encuentra el ser real del humano. Hemos visto que la mente presta todas las cualidades y poderes de que consta el cuerpo burdo, y la mente, el cuerpo más fino, toma prestados sus poderes y su luminosidad del alma, que está justo detrás.

Ahora, surge un gran número de preguntas acerca de la naturaleza de esta alma. Si la existencia del alma es trazada a partir del argumento de que es posee luz propia, ese conocimiento, esa existencia y esa bienaventuranza son su esencia, y se deduce naturalmente que esta alma no puede haber sido creada. Una existencia con luz propia, independiente de cualquier otra existencia, nunca podría haber sido el resultado de algo. Siempre existió; nunca hubo un tiempo en el que no existiera, ya que si no existía el alma, ¿dónde estaba el tiempo? El tiempo está en el alma; el tiempo surge cuando el alma refleja su poder sobre la mente y cuando la mente piensa. Cuando no había alma, sin duda no había pensamiento, y sin pensamiento no había tiempo. Entonces, ¿cómo se puede decir que el alma existe en el tiempo, cuando el tiempo mismo existe en el alma? No tiene ni nacimiento ni muerte, pero está pasando por todas estas distintas etapas. Se está manifestando lenta y gradualmente de menor a mayor grado, y así sucesivamente. Está expresando su propia grandeza, trabajando en el cuerpo a través de la mente, y a través del cuerpo está aprehendiendo el mundo exterior, comprendiéndolo. Ocupa un cuerpo y lo utiliza; cuando ese cuerpo se debilita y se agota, toma otro cuerpo, y así sucesivamente.

En este punto surge una pregunta muy interesante: la pregunta que se conoce generalmente como la reencarnación del alma. A veces las personas se asustan de esta idea, y la superstición es tan fuerte que los seres humanos pensantes incluso creen que son el resultado de la nada, y luego, con la lógica más grande, tratan de establecer la teoría de que, a pesar de que hayan surgido de la nada, serán eternos para siempre. Quienes salen de la nada sin duda tendrán que volver a la nada. Ni vosotros, ni yo ni ninguno de los presentes hemos surgido de la nada, ni volveremos a la nada. Hemos existido eternamente y existiremos; no existe poder bajo el sol o por encima de él que pueda deshacer nuestra existencia o enviarnos de nuevo a la nada. Esta idea de la reencarnación no es solo una idea de la que no se debe sentir miedo, sino que es más que esencial para el bienestar moral de la raza humana. Es la única conclusión lógica a la que los seres humanos pensantes pueden llegar. Si existiréis en la eternidad sucesiva, debisteis existir a través de la eternidad, en el pasado: no puede ser de otra manera. Voy a tratar de responder a algunas objeciones que generalmente surgen en contra de esta teoría. Aunque muchos de vosotros pensáis que son objeciones muy tontas, tenemos que responderlas, porque a veces vemos que los individuos más reflexivos están listos para promover las ideas más absurdas. Bien se ha dicho que nunca ha existido una idea tan absurda que no se encontraran filósofos para defenderla. La primera objeción es: ¿por qué no recordamos nuestro pasado? ¿Nos acordamos de todo nuestro pasado en esta vida? ¿Cuántos de vosotros recordáis lo que hicisteis cuando erais bebés? Ninguno de vosotros recuerda su primera infancia, y si de la memoria depende vuestra existencia, entonces este argumento demuestra que nunca fuisteis bebés, porque no recordáis ese periodo. Es una tontería absoluta decir que nuestra existencia depende de los recuerdos que tengamos de ella. ¿Por qué debemos recordar el pasado? Ese cerebro ha desaparecido, se ha roto en pedazos, y un nuevo cerebro se ha fabricado. Lo que se ha establecido en este cerebro es el resultante, la suma total de las impresiones adquiridas en nuestro pasado con las que la mente se ha establecido en el nuevo cuerpo.

Yo, mientras estoy aquí, soy el efecto, el resultado de todo el pasado infinito que está unido a mí. ¿Y por qué es necesario que recuerde todo el pasado? Cuando un gran sabio, un vidente o un profeta de tiempos pasados que se encontró cara a cara con la verdad dice algo, los individuos modernos se levantan y dicen: «Oh, estaba loco». Pero usemos otro nombre (Huxley o Tyndall, por ejemplo), y entonces reconocerán la veracidad de lo que estos establecen. En lugar de antiguas supersticiones, han erigido supersticiones modernas; en lugar de los antiguos Papas de la religión, se ha entronizado a modernos Papas de la ciencia. Así, vemos que esta objeción sobre la memoria no es válida, y esa es la única objeción seria que se levanta en contra de esta teoría. Aunque hemos visto que no es necesario para la teoría que haya un recuerdo de las vidas pasadas, al mismo tiempo estamos en condiciones de afirmar que hay casos en los que este recuerdo permanece y que cada uno de nosotros recuperará ese recuerdo en la vida en la que se volverá libre. Solo entonces os daréis cuenta de que este mundo no es más que un sueño; solo entonces os daréis cuenta en el alma de vuestra alma de que no sois sino actores y que el mundo es un escenario; solo entonces la idea del no apego os golpeará con el poder del trueno; solo entonces toda esta sed de disfrute, este apego por la vida y este mundo se desvanecerán para siempre; solo entonces la mente verá tan claro como la luz del día cuántas veces habéis vivido todo esto, cuántos millones de veces tuvisteis padres y madres, hijos e hijas, esposos y esposas, parientes y amigos, riqueza y poder. Iban y venían. ¡Cuántas veces estabais en la cresta más alta de la ola y cuántas veces estuvisteis en el abismo de la desesperación! Cuando la memoria os haga recordar todo esto, os alzaréis como héroes y sonreiréis cuando el mundo os dé la espalda. Solo entonces os levantaréis y diréis: «Oh, Muerte, no me preocupo ni siquiera por ti, ¿pues qué terrores tienes reservados para mí?». Esto nos llegará a todos.

¿Existen argumentos, pruebas racionales para esta reencarnación del alma? Hasta ahora hemos tratado el lado negativo, demostrando que los argumentos opuestos para refutarlo no son válidos. ¿Existen pruebas positivas? Sí las hay, y más que válidas también. Ninguna otra teoría —excepto la de la reencarnación— explica la gran divergencia que encontramos entre dos individuos en cuanto a su capacidad para adquirir conocimientos. En primer lugar, vamos a considerar el proceso por medio del cual se adquiere el conocimiento. Supongamos que voy por la calle y veo un perro. ¿Cómo sé que se trata de un perro? Lo remito a mi mente, donde existen grupos de todas mis experiencias pasadas, organizadas en casillas, por así decirlo. Tan pronto como surge una nueva impresión, la tomo y la clasifico en algunos de los viejos casilleros; tan pronto como encuentre un grupo con las mismas impresiones que ya tengo, la coloco en ese grupo, y estoy satisfecho. Sé que es un perro, porque coincide con las impresiones que ya poseo. Cuando no encuentro, en mi interior, el parentesco de esta nueva experiencia, quedo insatisfecho. Cuando al no encontrar el parentesco de una impresión quedamos insatisfechos, ese estado de la mente se llama ignorancia; pero al encontrar un parentesco a una impresión ya existente, quedamos satisfechos, y eso se llama conocimiento. Cuando cayó la manzana, los individuos quedaron insatisfechos. Luego, gradualmente, descubrieron el grupo. ¿Cuál fue el grupo que encontraron? Que todas las manzanas cayeron, por lo que lo llamaron gravitación. De esta manera, vemos que sin un trozo de la experiencia ya existente cualquier nueva experiencia sería imposible, porque no habría nada a lo que remitir la nueva impresión. Por lo tanto, si, como piensan algunos de los filósofos europeos, un niño vino al mundo con lo que llaman tabula rasa, tal niño nunca alcanzaría ningún grado de poder intelectual, porque no tendría nada a lo que remitir sus nuevas experiencias. Vemos que la capacidad de adquisición de conocimientos varía en cada individuo, y esto demuestra que cada uno de nosotros ha llegado con su propio bagaje de conocimientos. El conocimiento solo se puede conseguir de una manera, que es a través de la experiencia; no existe otra forma de saber. Si no lo hemos experimentado en esta vida, tenemos que haberlo experimentado en otras vidas. ¿Cómo es que el miedo a la muerte está en todas partes? Un pequeño pollo acaba de salir de un huevo y un águila aparece; el pollo vuela atemorizado hacia su madre. Existe una vieja explicación (que apenas deberíamos dignificar con tal nombre): se llama instinto. ¿Qué hace que ese pequeño pollo recién salido del huevo tenga miedo de morir? ¿Cómo es que un patito empollado por una gallina se introduce en el agua y nada tan pronto como se acerca a ella? Nunca nadó antes, ni vio nada nadar. La gente lo llama instinto. Es una palabra importante, pero no nos permite progresar. Vamos a estudiar el fenómeno del instinto.

Un niño comienza a tocar el piano. Al principio debe prestar atención a cada tecla que pulsa; pero conforme transcurren los meses y los años, toca de manera casi involuntaria, instintiva. Lo que primero se hacía con una voluntad consciente no requiere, más adelante, el esfuerzo de la voluntad. Esta todavía no es una prueba completa. Una mitad se mantiene, y es que casi todas las acciones que ahora son instintivas pueden ser realizadas bajo el control de la voluntad. Cada músculo del cuerpo puede controlarse; este es un hecho conocido. Así que la prueba se completa con este doble método: lo que ahora llamamos instinto es la degeneración de las acciones voluntarias; si la analogía se aplica a toda la creación, si toda la naturaleza es uniforme, entonces lo que es instinto en los animales inferiores y en el ser humano debe ser la degeneración de la voluntad. Aplicando la ley que acordamos para el macrocosmos, según la cual cada involución presupone una evolución y cada evolución una involución, vemos que el instinto es la razón involucionada. Por lo tanto, lo que llamamos instinto en el ser humano o los animales deben estar involucionado, degenerado; deben ser acciones voluntarias, pero las acciones involuntarias son imposibles sin la experiencia. La experiencia comenzó ese conocimiento, y el conocimiento está ahí. El miedo a la muerte, el patito que se mete en el agua y todas las acciones involuntarias del ser humano que se han vuelto instintivas son el resultado de experiencias pasadas. Hasta el momento, hemos procedido con sumo cuidado, y hasta el momento, la ciencia más actual está con nosotros. Pero aquí surge una dificultad más. Los últimos hombres de ciencia están volviendo a los antiguos sabios, y hasta donde lo han hecho, existe un acuerdo perfecto. Admiten que cada individuo y cada animal nacen con un bagaje de experiencias, y que todas estas acciones en la mente son el resultado de experiencias pasadas. Y se preguntan: «Pero ¿para qué sirve decir que esa experiencia pertenece al alma? ¿Por qué no decir que pertenece al cuerpo y solo al cuerpo? ¿Por qué no decir que se transmite hereditariamente?». Esta es la última pregunta. ¿Por qué no decir que todas las experiencias con la que he nacido son el efecto resultante de toda la experiencia pasada de mis antepasados? La suma total de la experiencia desde el pequeño citoplasma hasta el ser humano más elevado está en mí; pero ha pasado de un cuerpo a otro en el transcurso de la transmisión hereditaria. ¿Dónde estará la dificultad? Esta pregunta es muy buena, y reconocemos una parte de esta transmisión hereditaria. ¿Hasta dónde? Hasta lo relativo al suministro del material. Nosotros, debido a nuestras acciones pasadas, nos adaptamos a un nacimiento concreto en un determinado cuerpo, y el único material adecuado para ese cuerpo proviene de los padres, quienes se unieron para tener esa alma como su descendencia.

La mera teoría hereditaria da por sentada la suposición más sorprendente sin ninguna prueba: que la experiencia mental se puede grabar en lo físico, que la experiencia mental puede estar implicada en la materia. Cuando os miro, en el lago de mi mente surge una ola. Esa ola disminuye, pero sigue siendo una forma fina, como una impresión. Entendemos que una impresión física pueda permanecer en el cuerpo. Pero ¿qué prueba existe para suponer que la impresión mental pueda permanecer en el cuerpo, ya que el cuerpo se desmorona en pedazos? ¿Qué sostiene esta suposición? Aun admitiendo que sea posible que la impresión men-

CAPÍTULO XII: EL COSMOS (EL MICROCOSMOS)

tal pueda permanecer en el cuerpo, que cada impresión —comenzando desde el primer hombre hasta mi padre— estaba en el cuerpo de mi padre, ¿cómo pudo serme transmitida? ¿A través de la célula bioplásmica? ¿Cómo pudo producirse algo así? Debido a que el cuerpo del padre no se transmite al niño en su totalidad. Los mismos padres pueden tener un gran número de hijos; entonces, de esta teoría de la transmisión hereditaria, en la que la impresión y los imprimidos —los materiales— son uno, se deduce, rigurosamente, que por el nacimiento de cada niño los padres deben perder una parte de sus propias impresiones; o que si los padres deben transmitir la totalidad de sus impresiones, sus mentes se vaciarían tras el nacimiento del primer hijo.

Si la infinidad de impresiones de todos los tiempos han penetrado en la célula bioplásmica, ¿dónde está y cómo es? Esta es una posición de lo más imposible, y hasta que los fisiólogos puedan demostrar cómo y dónde esas impresiones viven en esa célula, y lo que quieren decir con una impresión mental que duerme en la célula física, su posición no puede darse por sentada. De esta forma, hasta ahora está claro que esta impresión se encuentra en la mente, que la mente viene para nacer y renacer utilizando el material que es más adecuado para ello y que la mente que se ha adaptado para un solo tipo de cuerpo tendrá que esperar hasta que adquiera ese material. Esto lo entendemos. De esta teoría, entonces, se deduce esto: existe la transmisión hereditaria en lo que se refiere al suministro del material para el alma; pero el alma migra y fabrica cuerpo tras cuerpo, y cada pensamiento y cada acto que llevamos a cabo se almacenan en ella en formas finas, listos para saltar de nuevo y tomar una nueva forma. Cuando os miro, una ola se levanta en mi mente; se sumerge, por así decirlo, y se vuelve más y más fina, pero sin llegar a morir. Está lista para alzarse de nuevo como una ola en forma de recuerdo. Así, todas estas impresiones están en mi mente, y cuando muera, la fuerza resultante de ellas estará por encima de mí. Una pelota está aquí, y cada uno de nosotros toma un mazo en la mano y golpea la pelota desde todos los lados; la pelota va de un lugar a otro de la habitación, y cuando llega a la puerta, sale volando. ¿Qué se lleva con ella? La resultante de todos estos golpes; eso le da su dirección. Entonces, ¿qué dirige el alma cuando el cuerpo muere? La resultante, la suma total de todas las obras que ha hecho y de sus pensamientos. Si el resultante es tal que tiene que fabricar un nuevo cuerpo para futuras experiencias, irá a los padres que estén listos para abastecerla con el material adecuado para ese cuerpo. Por lo tanto, irá de un cuerpo a otro; a veces irá a un cielo y regresará a la tierra, convirtiéndose en un ser humano o en algún animal inferior. Continuará de esta forma hasta que haya terminado su experiencia y completado el círculo. Por tanto, conoce su propia naturaleza, sabe lo qué es; la ignorancia se desvanece, sus poderes se ponen de manifiesto, se vuelve perfecta; el alma ya no tiene necesidad de trabajar a través de los cuerpos físicos, ni tampoco existe ninguna necesidad de que funcione a través de cuerpos más finos, o mentales. Brilla en su propia luz y es libre; no tiene que volver a nacer, no tiene que volver a morir.

No vamos a entrar ahora en los detalles de esto. Pero os presentaré un punto más respecto a esta teoría de la reencarnación. Es la teoría que expone la libertad del alma humana. Es la única teoría que no culpa de toda nuestra debilidad a terceras personas, lo cual es un error común de la humanidad. No nos fijamos en nuestras propias faltas; los ojos no se ven a sí mismos, sino los ojos de todos los demás. Nosotros, los seres humanos, somos muy lentos a la hora de reconocer nuestra propia debilidad, nuestras propias faltas: siempre podemos echar la culpa a alguien diferente. Los individuos, en general, echan toda la culpa de la vida a sus semejantes, o, en su defecto, a Dios; o evocan un fantasma y dicen que es el destino. ¿Dónde está el destino y quién es el destino? Se recoge lo que se siembra. Nosotros somos los creadores de nuestro propio destino. Nadie más tiene la culpa, nadie más ha de ser alabado. El viento está soplando; los buques cuyas velas están desplegadas lo aprovechan para proseguir su camino; pero los que tienen las velas plegadas no atrapan el viento. ¿Es eso culpa del viento? ¿Es culpa del Padre misericordioso, cuyo viento de misericordia está soplando sin cesar, día y noche, cuya misericordia no conoce la decadencia? ¿Es su culpa que algunos de nosotros seamos felices y otros seamos infelices? Nosotros construimos nuestro propio destino. Su sol brilla para los débiles, así como para los fuertes. Su viento sopla para los santos y para los pecadores por igual. Él es el Señor de todos, el Padre de todos, misericordioso e imparcial. ¿Queréis decir que Él, el Señor de la creación, tiene en consideración las cosas pequeñas de la vida de la misma manera que lo hacemos nosotros? ¡Qué idea degenerada de Dios sería esa! Somos como pequeños cachorros que combaten a muerte y piensan ingenuamente que incluso Dios se lo tomará tan en serio como nosotros. Él sabe lo que significa el juego de los cachorros. Nuestros intentos de echarle la culpa a Él, haciendo de Él el que castiga o recompensa, son absurdos. Él no castiga ni da recompensa alguna. Su infinita misericordia está disponible para todos, en todo momento, en todo lugar, en todas las condiciones, infalible, inquebrantable. Nosotros elegimos el uso que queremos darle. De nosotros depende cómo la utilicemos. No culpéis ni al ser humano, ni a Dios ni a nadie en el mundo. Cuando estéis sufriendo, culpaos a vosotros mismos y tratad de hacerlo mejor.

Esta es la única solución del problema. Quienes culpan a otros (¡ay!, su número está aumentando cada día) son generalmente unos miserables con cerebros inútiles; ellos mismos han creado su situación mediante sus errores y el hecho de culpar a los demás. Pero esto no altera su posición, ni les sirve de ninguna manera. Este intento de echar la culpa a los demás solo los debilita más. Por lo tanto, no culpéis a nadie por sus propias faltas, resistid a lo que venga y asumid vosotros toda la responsabilidad. Decid: «Esta miseria que estoy sufriendo es fruto de mis propios actos, y por esa razón soy yo quien tendrá que ponerle remedio». Lo que he creado lo puedo demoler; aquello que es creado por otra persona nunca seré capaz de destruirlo. Por lo tanto, poneos de pie, sed valientes y fuertes. Cargad vosotros mismos con toda la responsabilidad, y sed conscientes de que vosotros sois los creadores de vuestro propio destino. Toda la fuerza y la ayuda que necesitáis están en vuestro interior. Por lo tanto, construid vuestro futuro. «Dejad que el pasado muerto entierre a sus muertos». El futuro infinito está delante de vosotros, y siempre debéis recordar que cada palabra, cada pensamiento, cada obra se almacena en vosotros, así como que, tal y como los malos pensamientos y malas obras están listos para abalanzarse sobre vosotros cual tigres, existe la esperanza inspiradora de que los buenos pensamientos y las buenas acciones estén listos con el poder de cientos de miles de ángeles para defenderos por toda la eternidad.

Capítulo XIII
Inmortalidad

Entregado en América

¿Qué pregunta se ha hecho el mayor número de veces? ¿Qué idea ha llevado a más individuos a buscar una respuesta en el universo? ¿Qué pregunta es más querida y más cercana al corazón humano? ¿Qué pregunta está más inseparablemente unida a nuestra existencia que aquella sobre la inmortalidad del alma humana? Ha sido el tema de poetas y sabios, de sacerdotes y profetas; reyes en el trono la han discutido, mendigos en la calle han soñado con ella. Lo mejor de la humanidad se ha acercado a ella, y los peores individuos la han anhelado. El interés en el tema aún no ha muerto, y no morirá mientras exista la naturaleza humana. Son varias las mentes que han presentado al mundo varias respuestas. Miles, en cada período de la historia, han renunciado a su búsqueda, y sin embargo, la pregunta sigue estando tan presente como siempre. A menudo, en la agitación y en la lucha de nuestras vidas, parecemos olvidarla; pero, de repente, alguien muere —tal vez alguien a quien amamos, alguien querido y cercano a nuestros corazones que nos es arrebatado—: la lucha, el ruido y la agitación del mundo que nos rodea cesarán por un momento, y el alma se hará viejas preguntas: «¿Qué hay después de esto? ¿Qué sucede con el alma?».

Todo conocimiento humano procede de la experiencia; no podemos saber nada si no es por la experiencia. Todo nuestro razonamiento se basa en la experiencia generalizada; todo nuestro conocimiento no es sino una experiencia armonizada. Si miramos a nuestro alrededor, ¿qué encontramos? Un cambio continuo. La planta sale de la semilla, crece y se convierte en un árbol; completa el círculo y vuelve a la semilla. El animal aparece, vive un cierto tiempo, muere y, así, completa el círculo. También lo hace el ser humano. Las montañas se desmoronan poco a poco, los ríos poco a poco se secan, las lluvias vienen del mar y regresan al mar. En todas partes los círculos se están cerrando, naciendo, creciendo, desarrollándose y decayendo, uno tras otro, con precisión matemática. Esta es nuestra experiencia cotidiana. Dentro de todo, detrás de toda esta vasta masa de lo que llamamos vida, de millones de formas y figuras, de millones y millones de variedades, comenzando desde el átomo más bajo hasta el ser humano más espiritualizado, vemos que existe una cierta unidad. Todos los días descubrimos que la pared que se pensaba que era la división de una cosa y otra se ha caído, y que la ciencia moderna está reconociendo que toda la materia es una sustancia, la cual se manifiesta de diferentes maneras y en diversas formas. La vida que corre a través de todo es como una cadena continua, cuyos eslabones —todas estas diversas formas— se extienden casi infinitamente, pero son parte de la misma cadena. Esto es lo que se llama evolución. Es una vieja, vieja idea, tan antigua como la sociedad humana, solo que conforme el conocimiento humano progresa, se hace más y más fresca. Hay algo más que los antiguos percibían, pero que en los tiempos modernos no es todavía tan claramente percibido, y se trata de la involución. La semilla se convertirá en la planta; un grano de arena nunca se convertirá en una planta. Es el padre quien se conviete en un niño; un trozo de arcilla nunca se convierte en un niño. La pregunta es: ¿de dónde viene esta evolución? ¿Cuál fue la semilla? La misma que la del árbol. Todas las posibilidades de un futuro árbol están en esa semilla; todas las posibilidades de un futuro hombre se encuentran en el pequeño bebé; todas las posibilidades de cualquier vida futura están en el germen. ¿Qué es esto? Los antiguos filósofos de la India lo llamaron la involución. Vemos, entonces, que cada evolución supone una involución. Solo lo que ya existe puede evolucionar. Aquí, de nuevo, la ciencia moderna viene en nuestra ayuda. Sabéis, por razonamiento matemático, que la suma total de la energía que se manifiesta en el universo es la misma en todas partes. No se puede retirar un átomo de materia o un gramo de fuerza; no se puede agregar al universo un átomo de materia o un gramo de fuerza. Así, la evolución no viene de cero; entonces, ¿de dónde viene? Proviene de una involución anterior. El niño es el hombre involucionado, y el hombre es el niño evolucionado. La semilla es el árbol involucionado, y el árbol es la semilla evolucionada. Todas las posibilidades de la vida están en el germen. El problema se vuelve un poco más claro. Añadidle la primera idea de la continuación de la vida. Desde el citoplasma más bajo hasta el ser humano más perfecto, solo existe realmente una única vida. Del mismo modo en que en una vida tenemos tantas diversas fases de expresión —el citoplasma que se convierte en el bebé, en el niño, en el joven, en el anciano—, a partir de ese citoplasma hasta el ser humano más perfecto, se trata de una vida continua, una cadena. Esta es la evolución, pero hemos visto que cada evolución supone una involución. La totalidad de esta vida que se manifiesta lentamente evoluciona por sí misma desde el citoplasma hasta el ser humano perfecto: la encarnación de Dios en la Tierra. La totalidad de esta serie no es más que una vida, y el conjunto de esta manifestación debe haber estado presente en ese mismo citoplasma. Toda esta vida, este mismo Dios en la Tierra, estuvo involucionada y poco a poco salió, manifestándose a sí misma lentamente, lentamente, lentamente. La máxima expresión debe haber existido en el estado de germen, en forma minuta; por lo tanto, esta fuerza, toda esta cadena, es la involución de esa vida cósmica que está en todas partes. Es esta masa de inteligencia la que, desde el citoplasma hasta el ser humano más perfeccionado, lentamente se expande. No es que crezca; suprimid todas las ideas de crecimiento de vuestra mente. Con la idea de crecimiento se asocia algo que viene de afuera, algo extraño, lo que refutaría la verdad de que el infinito que se encuentra latente en cada vida es independiente de todas las condiciones externas. Nunca puede crecer; siempre estuvo ahí y solo se manifiesta.

El efecto es la causa manifestada. No hay ninguna diferencia esencial entre el efecto y la causa. Tomemos este vaso, por ejemplo. Se tenía el material, y el material más la voluntad del fabricante hicieron el vaso; estas dos fueron sus causas y están presentes en el. ¿De qué forma está presente la voluntad? Como adherencia. Si la fuerza no existiera, cada partícula se caería. ¿Cuál es el efecto, entonces? Es el mismo que la causa, solo que toma diferente forma, una composición diferente. Cuando se cambia la causa y cuando es limitada por un tiempo, se convierte en el efecto. Debemos recordar esto. Aplicándolo a nuestra idea de la vida, la manifestación total de esta serie, desde el citoplasma hasta el ser humano más perfecto, debe ser igual que la vida cósmica. Primero, involucionó y se hizo más fina, y a partir de ese algo fino, que roció la causa, ha ido evolucionando, manifestándose y volviéndose cada vez más grande.

Pero la cuestión de la inmortalidad aún no se ha resuelto. Hemos visto que todo en este universo es indestructible. No hay nada nuevo; no habrá nada nuevo. La misma serie de manifestaciones se están presentando alternativamente como una rueda, subiendo y bajando. Todo movimiento en este universo se encuentra en forma de olas, subiendo y bajando sucesivamente. Sistemas y sistemas surgen de formas finas, evolucionan y toman formas más desarrolladas, y, por así decirlo, se funden de nuevo y vuelven a las formas finas. Una vez más surgen, evolucionando durante un determinado período y poco a poco volviendo a la causa. Lo mismo ocurre con toda la vida. Cada manifestación de la vida se eleva y luego cae de nuevo. ¿Qué es lo que cae? La forma. La forma se rompe en pedazos, pero surge de nuevo. En un sentido, incluso los cuerpos y las formas son eternos. ¿Cómo? Supongamos que tomamos un conjunto de dados, los lanzamos y obtenemos esta combinación: 6, 5, 3 y 4. Tomamos los dados y los lanzamos una y otra vez. Tiene que haber un momento en que los mismos números aparezcan otra vez; la misma combinación debe repetirse. Cada partícula, cada átomo que se encuentra en este universo es como los dados: se están lanzando y combinando una y otra vez. Todas estas formas que veis son una combinación. Estas son las formas de un vaso, una mesa, una jarra de agua... Esta es una combinación, pero con el tiempo, todo se va a romper. No obstante, tiene que llegar un momento en el que exactamente la misma combinación aparezca. Cuando estéis aquí y esta forma esté aquí, se hablará de dicha cuestión y esta combinación estará aquí. Un número infinito de veces ha estado aquí y un número infinito de veces se repetirá. Así ocurre con las formas físicas.

¿Qué deducimos de esto? Que incluso la combinación de formas físicas se repite eternamente.

Una conclusión muy interesante que se desprende de esta teoría es la explicación de hechos como estos. Algunos de vosotros, tal vez, hayáis visto a una persona que puede leer la vida pasada de los demás y predecir el futuro. ¿Cómo es posible que alguien pueda ver qué ocurrirá en el futuro, a menos que haya un futuro regulado? Efectos del pasado se repiten en el futuro, y vemos que es así. Todos habéis visto las grandes norias de los parques de atracciones. La noria gira, y sus pequeñas cabinas circulan regularmente una tras otra; un grupo de personas se mete en ellas, y después de haber dado una vuelta completa, salen, para que un nuevo grupo de personas entre. Cada uno de estos grupos es como una de esas manifestaciones, desde los animales más inferiores hasta los humanos más elevados. La naturaleza es como el recorrido de la noria, interminable e infinita, y sus pequeñas cabinas son los cuerpos o formas en los que los nuevos grupos de almas están montando, las cuales suben más y más alto hasta que se vuelven perfectas, dejando la noria. Pero la noria sigue girando. Y mientras los cuerpos estén en la noria, puede predecirse absoluta y matemáticamente a dónde irán; pero no se puede decir lo mismo de las almas. Así, es posible leer el pasado y el futuro de la naturaleza con precisión. Vemos que hay recurrencia de los mismos fenómenos materiales en determinados períodos, y que las mismas combinaciones han tenido lugar a través de la eternidad. Pero esa no es la inmortalidad del alma. Ninguna fuerza puede morir, ninguna materia puede ser aniquilada. ¿Qué pasa con ella? Sigue cambiando, hacia adelante y hacia atrás, hasta que regresa a la fuente de la que procede. No hay movimiento en una línea recta. Todo se mueve en un círculo. Una línea recta producida infinitamente se convierte en un círculo. Si ese es el caso, no puede haber degeneración eterna para ningún alma. No puede ser. Todo debe completar el círculo y volver a su fuente. ¿Qué sois vosotros, qué soy yo y qué son todas estas almas? En nuestro análisis de la evolución e involución, hemos visto que nosotros debemos ser parte de la conciencia cósmica, de la vida cósmica, de la mente cósmica que involucionó. Debemos completar el círculo y volver a esta inteligencia cósmica, que es Dios. Esta inteligencia cósmica es lo que la gente llama Señor, Dios, Cristo, Buda o Brahmán; lo que los materialistas perciben como la fuerza; lo que los agnósticos perciben como el infinito, el inexpresable más allá. Todos somos parte de eso.

Esta es la segunda idea, y sin embargo, no es suficiente; habrá todavía más dudas. Está muy bien decir que no hay destrucción de ninguna fuerza. Pero todas las fuerzas y formas que vemos son combinaciones. Esta forma ante nosotros es una composición de las varias partes que la componen, y, por lo tanto, cada fuerza que vemos está compuesta de una forma similar. Si tomáis la idea científica de la fuerza y la llamáis la suma total, la resultante de varias fuerzas, ¿qué sucede con vuestra individualidad? Todo lo que es un compuesto debe, tarde o temprano, regresar a las partes que lo componen. Lo que en este universo es el resultado de la combinación de la materia o de la fuerza debe regresar, tarde o temprano, a sus componentes. Lo que sea el resultado de ciertas causas debe morir, debe ser destruido; se rompe, se dispersa y vuelve a sus componentes. El alma no es una fuerza, ni tampoco lo es el pensamiento. Es el fabricante del pensamiento, pero no el pensamiento en sí; es el fabricante del cuerpo, pero no el cuerpo. ¿Por qué? Vemos que el cuerpo no puede ser el alma. ¿Por qué no? Debido a que no es inteligente.

Un cadáver no es inteligente, ni lo es un pedazo de carne en una carnicería. ¿Qué entendemos por inteligencia? Poder reactivo. Queremos profundizar un poco en esto. Aquí hay una jarra. Yo la veo. ¿Cómo? Los rayos de luz reflejados por la jarra entran en mis ojos y forman una imagen en mi retina, que es llevada al cerebro. Sin embargo, no hay visión. Los nervios sensoriales, como los llaman los fisiólogos, llevan esta impresión hacia el interior. Pero hasta el momento sigue sin haber reacción. El centro neurálgico del cerebro lleva la impresión a la mente, y la mente reacciona; tan pronto como se produce esta reacción, la jarra se muestra ante ella. Tomemos un ejemplo más común. Supongamos que me estáis escuchando con atención, y un mosquito está posado en la punta de vuestra nariz y os está dando esa sensación agradable que los mosquitos pueden dar. Pero estáis tan concentrados en escucharme que no sentís para nada el mosquito. ¿Qué ha sucedido? El mosquito os ha picado en cierta zona, zona que cuenta con algunos nervios. Estos últimos han llevado una cierta sensación al cerebro, y la impresión es real; pero la mente, estando ocupada, no reacciona, por lo que no sois conscientes de la presencia del mosquito. Cuando se produce una nueva impresión, si la mente no reacciona, no seremos conscientes de ella; pero cuando se produce la reacción, entonces sentimos, vemos, oímos, etc. Con esta reacción viene la iluminación, como los filósofos de la Samkhya la llaman. Vemos que el cuerpo no puede iluminar, porque en ausencia de atención ninguna sensación es posible. Se han conocido casos en los que, en condiciones peculiares, un hombre que nunca había aprendido un idioma en particular fue capaz de hablarlo. Investigaciones posteriores probaron que el hombre, cuando era niño, vivió entre personas que hablaban dicho idioma, y las impresiones quedaron marcadas en su cerebro. Estas impresiones permanecieron almacenadas allí, hasta que por alguna causa la mente reaccionó, y la iluminación se produjo; entonces, el hombre fue capaz de hablar ese idioma. Esto demuestra que la mente no es suficiente, que la mente misma es un instrumento en manos de alguien. En el caso de ese niño, la mente contenía ese idioma, aunque él no lo supiera; pero más tarde llegó un momento en que lo supo. Esto demuestra que hay alguien además de la mente. Cuando el niño era un bebé, ese alguien no hizo uso de la fuerza; pero cuando el niño creció, lo aprovechó y la utilizó. En primer lugar, está el cuerpo; en segundo, la mente, o un instrumento de pensamiento; y en tercer lugar, detrás de esta mente, está el Ser del ser humano. La palabra sánscrita es atman. Los filósofos modernos han identificado el pensamiento con los cambios moleculares en el cerebro; pero como no saben cómo explicar tal proceso, por lo general lo niegan. La mente está íntimamente conectada con el cerebro, el cual muere cada vez que el cuerpo cambia. El Ser es el iluminador; la mente es el instrumento en sus manos, y a través de ese instrumento se apodera del instrumento externo, produciéndose así la percepción. Los instrumentos externos se apoderan de las impresiones y las llevan a los órganos. Pero debéis recordar siempre que los ojos y los oídos son solo receptores: son los órganos internos, los centros del cerebro, los que actúan. En sánscrito estos centros se llaman *indriyas*, y llevan sensaciones a la mente; la mente las transporta a un lugar más interior, a otro estado de la mente, que en sánscrito se llama *chitta*, donde se funden en la voluntad, para finalmente presentarse al rey de reyes en el interior, al gobernante en su trono, el Ser del hombre. A continuación, el Ser ve y da sus órdenes. Entonces, la mente actúa de inmediato sobre los órganos, y los órganos, sobre el cuerpo externo. El verdadero perceptor, el verdadero gobernante, el gobernador, el creador, el manipulador de todo, es el Ser del hombre.

Vemos, por tanto, que el Ser del ser humano no es el cuerpo, ni lo es el pensamiento. No puede tratarse de un conglomerado. ¿Por qué no? Porque todo cuanto es un conglomerado se puede ver o imaginar. Lo que no podemos percibir ni imaginar, lo que no podemos reunir, no es fuerza y materia, ni causa y efecto: no puede ser un conglomerado. El mundo de los conglomerados solo llega hasta donde lo hace nuestro universo mental, nuestro universo reflexivo. Más allá no se sostiene, su límite son las leyes, y en caso de que exista algo más allá de las leyes, no podría tratarse ni mucho menos de un conglomerado. El Ser del ser humano, al estar más allá de la ley de causalidad, no se trata de un conglomerado. Es por siempre libre y el gobernador de todo cuanto esté dentro de dicha ley; nunca muere, pues morir supone retroceder hasta las partes integrantes, y lo que nunca fue un conglomerado, por tanto, no podrá morir jamás. Es un completo sinsentido decir que el Ser muere.

Ahora estamos pisando terrenos más y más finos, y algunos de vosotros, tal vez, os asustéis. Hemos visto que este Ser, que está más allá del pequeño universo de la materia, de la fuerza y del pensamiento, es simple, tan simple que no puede morir. Lo que no muere no puede vivir, porque la vida y la muerte son la cara y la cruz de la misma moneda. La vida es otro nombre para la muerte, y la muerte, otro nombre para la vida. Un modo particular de manifestación es lo que llamamos vida; otro modo particular de manifestación de lo mismo es lo que llamamos muerte. Cuando la ola se encuentra en su punto más alto, es la vida; cuando se desmorona, rellenando el hueco que dejó al producirse, es la muerte. Si hay algo que está más allá de la muerte, deducimos naturalmente que también debe estar más allá de la vida. Debo recordar la primera conclusión de que el alma del ser humano es parte de la energía cósmica que existe —Dios—, que está más allá de la vida y de la muerte. Vosotros nunca nacisteis ni nunca moriréis. ¿Qué es este nacimiento y esta muerte que vemos a nuestro alrededor? Pertenece solo al cuerpo, porque el alma es omnipresente. «¿Cómo puede ser eso? —os preguntaréis—. Hay mucha gente sentada aquí, ¿y dices que el alma es omnipresente?». Yo pregunto: ¿qué existe para limitar todo lo que está más allá de la ley, más allá de la causalidad? Este vaso está limitado, no es omnipresente, porque la materia que lo rodea lo obliga a tomar esa forma y no permite que se expanda. Está condicionado por todo lo que lo rodea, y está, por lo tanto, limitado. Pero lo que está más allá de la ley, donde no hay nada que actúe sobre él, ¿cómo puede ser limitado? Debe ser omnipresente. Vosotros estáis en todas partes en el universo. ¿Cómo es, entonces, que he nacido y que moriré, etc.? Así habla la ignorancia, la alucinación del cerebro. Ni nacisteis ni vais a morir; no habéis tenido nacimiento; no tendréis renacimiento, ni vida, ni encarnación ni nada. ¿Qué entendéis por ir y venir? Tonterías superficiales. Estáis en todos lados. Entonces, ¿qué es este ir y venir? Es la alucinación producida por el cambio de este minúsculo cuerpo que llamáis mente. Eso está sucediendo. Una pequeña nube surca el cielo; conforme se mueve, puede crear la ilusión de que el cielo se mueve. A veces, veis que una nube pasa por delante de la luna, y pensáis que la luna se está moviendo. Cuando estáis en un tren creéis que la tierra está volando, o cuando estáis en un barco, pensáis que el agua se mueve. En realidad, ni vais ni venís; no habéis nacido, ni vais a renacer; sois infinitos, siempre presentes, más allá de toda causalidad, siempre libres. Dicha pregunta está fuera de lugar, es absurda. ¿Cómo podría haber mortalidad cuando no ha habido nacimiento?

Tendremos que dar un paso más para llegar a una conclusión lógica. No hay centro de reinserción alguno. Somos metafísicos, y no existe opción de súplica. Entonces, si estamos más allá de toda ley, tenemos que ser omniscientes, siempre benditos; todo conocimiento debe estar en nosotros, así como todo el poder y la bienaventuranza. Ciertamente. Sois el omnisciente, el Ser omnipresente del universo. Pero ¿puede haber muchos de tales seres? ¿Puede haber cientos de miles de millones de seres omnipresentes? Ciertamente, no. Entonces, ¿qué sucede con todos nosotros? Sois el único; solo hay un Ser así, y ese Ser único sois vosotros. Detrás de esta pequeña naturaleza está lo que llamamos el alma. Solo hay un ser, una existencia, el siempre bendito, el omnipresente, omnisciente, el que no nació, el que no morirá. «Bajo su control el cielo se expande, el aire sopla, el sol brilla y todo vive. Él es la realidad en la naturaleza, Él es el alma de vuestra alma, es más, sois Él, sois uno con Él». Dondequiera que haya dos, hay miedo, hay peligro, hay conflicto, hay contiendas. Cuando todo es uno, ¿a quién se puede odiar?, ¿contra quién se puede luchar? Cuando todo es Él, ¿contra quién se puede luchar? Esto explica la verdadera naturaleza de la vida, esto explica la verdadera naturaleza del ser. Esto es perfección, y esto es Dios. Mientras veáis a *muchos*, estaréis bajo el efecto de una ilusión. «Quien ve al uno en este mundo de muchos, quien ve al que nunca cambia en este mundo siempre cambiante como el alma de su propia alma, como su propio Ser, es libre, es bendecido, ha llegado al objetivo». Por lo tanto, sabed que sois Él, que sois el Dios de este universo, «Tat Tvam Asi» ('eso eres'). Todas estas diversas ideas de que yo soy un hombre o una mujer, un enfermo o una persona sana, fuerte o débil, qué odio o qué me encanta, si tengo poco de poder... no son más que alucinaciones. Olvidaos de ellas. ¿Qué os hace débiles? ¿Qué os hacer tener miedo? Vosotros sois el único Ser en el universo. ¿Qué os asusta? Poneos de pie y sed libres. Sabed que cada pensamiento y palabra que os debilitan en este mundo es el único mal que existe. Lo que sea que haga a los individuos débiles y el miedo son los únicos males que es necesario rehuir. ¿Qué puede asustaros? Si los soles se vienen abajo, las lunas son reducidas a polvo y sistemas y sistemas son empujados a la aniquilación, ¿qué os importa? Mostraos cual roca, indestructibles. Sois el Ser, el Dios del universo. Decid: «Yo soy existencia absoluta, dicha absoluta, conocimiento absoluto; yo soy Él», y como un león que rompe su jaula, romped las cadenas y sed libres para siempre. ¿Qué os asusta? ¿Qué os detiene? Solo la ignorancia y el engaño; nada más puede ataros. Sois el único puro, el siempre bendecido.

Son ingenuos quienes os dicen que sois pecadores, y quienes os dicen que os sentéis en un rincón a llorar. ¡Es locura, maldad, manifiesta bellaquería decir que sois pecadores! Todos vosotros sois Dios. ¿No veis a Dios y lo llamáis hombre? Por lo tanto, si os atrevéis, aferraos a eso: moldad toda vuestra vida en función de eso. Si una persona os corta la garganta, no digáis que no, porque estaréis cortando vuestra propia garganta. Cuando ayudéis a un pobre hombre, no sentáis el menor orgullo. Es una alabanza, no una causa de orgullo. ¿No sois vosotros todo el universo? ¿Dónde hay alguien que no sea *vosotros*? Sois el alma de este universo; sois el sol, la luna y las estrellas; sois quienes estáis brillando en todas partes; sois el universo al completo. ¿A quién vais a odiar o reñir? Sabed, pues, que sois Él; ajustad vuestra vida entera en consecuencia, ya que quien sea consciente de esto y modele su vida en consecuencia dejará de arrastrarse en la oscuridad.

Capítulo XIV
El Atman

Entregado en América

Muchos de vosotros habéis leído el celebre libro de Max Müller *Introducción a la filosofía vedanta*, y algunos, tal vez, hayáis leído, en alemán, el libro del profesor Deussen sobre la misma filosofía. En las escrituras y enseñanzas de Occidente sobre el pensamiento religioso de la India destaca la filosofía conocida como la Advaita: el lado monista de la religión de la India. Se suele pensar que todas las enseñanzas de los Vedas están incluidas en este sistema filosófico. Sin embargo, existen diversas fases del pensamiento indio, y, tal vez, esta forma no dualista es una minoría en comparación con otras fases. Desde los tiempos más antiguos han existido varias sectas de pensamiento en la India, y como nunca ha existido una iglesia formulada, reconocida, o cualquier grupo de hombres para designar las doctrinas que deben ser creídas por cada filosofía, los individuos han sido libres de elegir su propia forma, de hacer su propia filosofía y de establecer sus propias sectas. Por lo tanto, vemos que desde los tiempos más antiguos, la India ha estado colmada de sectas religiosas. En la actualidad, no sé cuántos cientos de sectas tenemos en la India, y varias otras nuevas surgen cada año. Parecería que la actividad religiosa de esta nación es simplemente inagotable.

En primer lugar, se pueden hacer dos divisiones principales de estas varias sectas: la ortodoxa y la no ortodoxa. Quienes creen en las escrituras hindúes, los Vedas, como revelaciones eternas de la verdad son los llamados ortodoxos, y los que se apoyan en otras autoridades, quienes rechazan los Vedas, son heterodoxos en la India. Las principales sectas hindúes ortodoxas modernas son los jainistas y los budistas. Algunos ortodoxos declaran que las escrituras tienen mucha mayor autoridad que la razón; otros dicen que solo la parte de las escrituras que es racional debe ser considerada, y el resto, rechazada.

Las tres doctrinas ortodoxas son la Sāmkhya, la Nyāya y la Mīmāmsā. Las dos primeras, a pesar de que existían como escuelas filosóficas, no pudieron alcanzar el estatus de sectas. La única secta que ahora realmente cubre la India es la de los tardíos Mīmāmsā, seguidores de la filosofía Vedanta. Todas las escuelas de filosofía hindú parten de la Vedanta o de los Upanishads; pero los monistas se tomaron el nombre de la Vedanta como una especialidad, ya que querían basar toda su teología e ideas exclusivamente en esta filosofía. En el transcurso del tiempo, la Vedanta prevaleció, y todas las diferentes sectas de la India que existen hoy en día se pueden relacionar con una u otra de sus escuelas. Sin embargo, estas escuelas no son unánimes en sus opiniones.

Vemos que hay tres variaciones principales entre los seguidores de la Vedanta. Todos ellos creen en Dios. Todos estos seguidores de la Vedanta también creen que la palabra de Dios está revelada en los Vedas, probablemente no exactamente de la misma manera en que lo creen los cristianos o los musulmanes, sino en un sentido muy peculiar. Ellos creen que los Vedas son una expresión del conocimiento de Dios y, como Dios es eterno, su conocimiento está eternamente con Él; por lo tanto, también los Vedas son eternos. Existe otra creencia común: la creación de ciclos. El conjunto de la creación aparece y desaparece. Es proyectada y se convierte en algo más burdo, y al final de un período incalculable de tiempo, se vuelve más fina y más fina, se disuelve y desaparece. Seguidamente viene un periodo de descanso, y después, nuevamente comienza a aparecer y pasa por el mismo proceso. Ellos postulan la existencia de un material llamado *akasha*, similar al éter de los científicos, y un poder llamado *prana*. Afirman que el universo es producido por la vibración de este *prana*. Cuando un ciclo termina, toda esta manifestación de la naturaleza se vuelve más y más fina, y se disuelve en el *akasha*, que no se puede ver ni sentir, pero a partir del cual todo se fabrica. Todas las fuerzas que vemos en la naturaleza, como por ejemplo la gravedad, la atracción y la repulsión, o el pensamiento, el sentimiento y el movimiento nervioso, se reducen a ese *prana*, y entonces la vibración del *prana* cesa. En ese estado se mantiene hasta el comienzo del siguiente ciclo. Entonces, el *prana* comienza a vibrar; esa vibración actúa sobre el *akasha*, y todas estas formas son expulsadas en sucesiones regulares.

La primera escuela de la que hablaré es la escuela dualista. Los dualistas creen que Dios, que es el creador y gobernante del universo, está eternamente separado de la naturaleza, eternamente separado del alma humana. Dios es eterno, la naturaleza es eterna, y también lo son todas las almas. La naturaleza y las almas se manifiestan y cambian, pero Dios sigue siendo el mismo. De acuerdo con los dualistas, este Dios es personal, tiene cualidades, pero no tiene un cuerpo. Tiene atributos humanos; es misericordioso, es justo, es poderoso, es todopoderoso; podemos acercanos a él, podemos orarle, podemos amarlo, su amor es recíproco... En una palabra, es un Dios humano, aunque infinitamente más grande que el ser humano. Él no tiene ninguno de los atributos negativos que tienen los humanos. La definición de los dualistas es: «Él es el depositario de una cantidad infinita de cualidades benditas». Él no puede crear sin materiales, y la naturaleza es la materia a partir de la cual Él crea todo el universo. Hay algunos dualistas, llamados atomistas, que no siguen la Vedanta, quienes creen que la naturaleza no es más que un número infinito de átomos, y creen que la voluntad de Dios actúa sobre estos átomos, que es esa voluntad la que crea. Los seguidores de la Vedanta niegan la teoría atómica; dicen que es completamente ilógica. Los átomos indivisibles son como puntos geométricos sin partes ni magnitud; pero si algo sin partes ni magnitud se multiplica un número infinito de veces, seguirá siendo lo mismo. Todo lo que no tiene partes nunca formará algo con partes; cualquier cantidad de ceros colocados unos juntos a otros no formarán un número entero. De esta manera, si estos átomos no tienen partes ni magnitud, la creación del universo a partir de dichos átomos es simplemente imposible. Por lo tanto, de acuerdo con los dualistas seguidores de la Vedanta, existe una naturaleza indiscreta o indiferenciada, y a partir de ella Dios crea el universo. La gran mayoría de los indios son dualistas. La naturaleza humana generalmente no puede concebir nada superior. Vemos que el noventa por ciento de la población de la Tierra que cree en alguna religión es dualista. Todas las religiones de Europa y Asia occidental son dualistas; tienen que serlo. El ser humano ordinario no puede pensar en algo que no sea concreto, de forma natural le gusta aferrarse a lo que su intelecto puede aprehender. Es decir, solo puede concebir las ideas espirituales más altas llevándolas hasta su propio nivel, solo puede aprehender pensamientos abstractos al hacerlos concretos. Esta es la religión de las masas en todo el mundo. Creen en un Dios que está completamente separado de ellos, un gran rey, un alto y poderoso monarca, por así decirlo. Al mismo tiempo, lo hacen más puro que a los monarcas de la tierra, le atribuyen todas las cualidades buenas y eliminan las malas. Como si fuera posible que el bien existiese sin el mal, ¡como si pudiera existir una concepción de la luz sin una de la oscuridad!

En todas las teorías dualistas la primera dificultad es: ¿cómo es posible que pueda haber tantos males en este mundo bajo el gobierno de un Dios justo y misericordioso que es el depositario de un número infinito de buenas cualidades? Esta pregunta surge en todas las religiones dualistas; pero los hindúes nunca inventaron a Satanás como respuesta. Los hindúes, unánimemente, le echaron la culpa al ser humano, y para ellos fue fácil hacerlo. ¿Por qué? Porque, como he dicho hace un momento, no creían que las almas fueran creadas de la nada. Vemos que en esta vida podemos —cada uno de nosotros— moldear y formar nuestro futuro. Cada día estamos tratando de dar forma al mañana: hoy fijamos el destino del mañana, mañana vamos a fijar el destino del siguiente día, y así sucesivamente. Es bastante lógico que se pueda refutar este razonamiento. Si por nuestros propios actos damos forma a nuestro destino en el futuro, ¿entonces por qué no aplicar la misma regla al pasado? Si en una cadena infinita un cierto número de eslabones se repiten alternadamente y si se explica uno de estos grupos de eslabones, entonces podemos explicar la cadena entera. En consecuencia, si en esta longitud infinita de tiempo podemos extraer una porción, explicarla y entenderla; si es cierto que la naturaleza es uniforme, la misma explicación debe aplicarse a toda la cadena del tiempo. Si es verdad que estamos trazando nuestro propio destino, aquí, en este corto espacio de tiempo; si es cierto que todo lo que vemos ahora debe tener una causa, entonces también debe ser cierto que lo que somos ahora es el efecto de la totalidad de nuestro pasado. Por lo tanto, ninguna otra persona es necesaria para dar forma al destino de la humanidad: únicamente, el propio ser humano. Los males que hay en el mundo no son causados sino por nosotros mismos. Hemos causado todo este mal, y así como vemos constantemente la miseria resultante de las malas acciones, también podemos ver que gran parte de la miseria que existe en el mundo es el efecto de la maldad de los seres humanos del pasado. Por lo tanto, de acuerdo con esta teoría, solo el ser humano es responsable. Dios no tiene la culpa. Él, el padre eternamente misericordioso, no puede ser culpado. «Se recoge lo que se siembra».

Otra enseñanza peculiar de los dualistas nos dice que cada alma debe, eventualmente, llegar a la salvación. Nadie quedará fuera. A través de diversas vicisitudes, de diversos padecimientos y goces, cada uno escapará al final. ¿Escapar de qué? La idea común de todas las sectas hindúes es que todas las almas tienen que escapar de este universo. El universo que vemos y sentimos, ni siquiera uno imaginario, puede ser correcto, el verdadero, porque en ambos se mezclan el bien y el mal. De acuerdo con los dualistas, más allá de este universo existe un lugar colmado únicamente de felicidad y bondad, y cuando se llegue a ese lugar, no habrá más necesidad de nacer y renacer, de vivir y morir. Ellos aprecian mucho esta idea. En ese sitio ya no existe la enfermedad, la muerte. Habrá felicidad eterna; estarán en presencia de Dios constantemente, y disfrutarán de Él por siempre. Ellos creen que todos los seres, desde el gusano menos desarrollado hasta los ángeles y dioses más elevados, tarde o temprano, alcanzarán ese mundo donde no habrá más miseria. Pero nuestro mundo no tendrá fin; continúa infinitamente, aunque se mueva como las olas, en ciclos que nunca terminan. El número de almas que han de ser salvadas, que han de ser perfeccionadas, es infinito. Algunas están en las plantas; otras, en los animales poco desarrollados; otras, en los seres humanos; y otras, en los dioses. Pero todas ellas, incluso las de los dioses más grandiosos, son imperfectas, están esclavizadas. ¿De qué son esclavas? De la necesidad de haber nacido y de la necesidad de morir. Incluso los dioses más grandiosos mueren. ¿Quiénes son esos dioses? Representan ciertos estados, ciertos cargos. Por ejemplo, Indra, rey de los dioses, representa un determinado cargo. Un alma grandiosa ha pasado a ocupar ese puesto en este ciclo, y después de este ciclo va a nacer de nuevo como ser humano y va a venir a esta tierra; mientras tanto, el ser humano que es muy bondadoso en este ciclo va a ocupar ese puesto en el siguiente ciclo. De igual forma sucede con todos estos dioses: son ciertos cargos que han sido ocupados sucesivamente por millones y millones de almas, las cuales, después de haber ocupado estos cargos, vinieron a la tierra y se convirtieron en seres humanos. Quienes hacen obras buenas en este mundo y ayudan a los demás pero con la mirada puesta en la recompensa, con la esperanza de alcanzar el cielo o buscando obtener el elogio de sus semejantes, deben, cuando mueran, cosechar los beneficios de esas obras: se convierten en estos dioses. Pero esa no es la salvación; la salvación no vendrá mediante la espera de la recompensa. El Señor concede al ser humano lo que desea. Los seres humanos desean poder, desean prestigio, desean disfrutar como dioses, y consiguen estos deseos; pero ningún efecto del trabajo puede ser eterno. El efecto se agota después de un cierto período de tiempo. Puede durar una eternidad, pero después se acabará, y estos dioses tienen que bajar de nuevo, convertirse en seres humanos y conseguir otra oportunidad para liberarse. Los animales menos desarrollados ascenderán y se convertirán en seres humanos, tal vez en dioses; después se convertirán en seres humanos de nuevo o volverán a ser animales, hasta el momento en que se libren de todo deseo de disfrute, de la sed de la vida, de este aferrarse al «yo y lo mío». Este «yo y lo mío» es la raíz de todo el mal en el mundo. Si preguntáis a un dualista: «¿Es tuyo tu hijo?», él responderá: «Es de Dios. Mi propiedad no es mía, es de Dios». Todo debe ser considerado propiedad de Dios.

Estas sectas dualistas de la India son vegetarianas, grandes predicadoras de la no matanza de animales. Pero su idea es muy distinta de la que tienen los budistas. Si le preguntamos a un budista: «¿Por qué predicas en contra de la matanza de cualquier animal?», él responderá: «No tenemos derecho a acabar con ninguna vida»; y si le preguntamos a un dualista: «¿Por qué no matas a ningún animal?», él dirá: «Porque pertenece al Señor». De esta manera, el dualista dice que este «yo y lo mío» se debe aplicar a Dios y solo a Dios; Él es el único «yo» y todo le pertenece. En el momento en que un ser humano alcanza el estado donde no tiene el «yo y lo mío», cuando todo es entregado al Señor, cuando ama a todo el mundo y está incluso dispuesto a dar su vida por un animal, sin ningún deseo de recompensa, entonces su corazón se purificará, y el amor de Dios se hará en dicho corazón purificado. Dios es el centro de atención de todas las almas. El dualista dice: «Una aguja cubierta con arcilla no será atraída por un imán, pero será atraída tan pronto como la arcilla se elimine». Dios es el imán y el alma humana es la aguja, y su mal es representado por la suciedad y el polvo que la cubren. Tan pronto como el alma sea pura, será atraída de forma natural hacia Dios y permanecerá con Él para siempre, pero separada eternamente. El alma perfeccionada, si lo desea, puede tomar cualquier forma; es capaz de tomar un centenar de cuerpos, si lo desea, o no apropiarse de ninguno en absoluto, si así lo desea. Se vuelve casi todopoderosa; la única excepción es que no puede crear, pues ese poder pertenece solo a Dios. Ningún alma, por perfecta que sea, puede administrar los asuntos del universo; esta es una función propia de Dios. Pero cuando las almas se perfeccionan, son felices para siempre y viven eternamente con Dios. Esta es la declaración dualista.

Por otro lado, los dualistas se rebelan contra la idea de orar a Dios: «Señor, dame esto y dame aquello». Ellos piensan que es una mala práctica. Si un ser humano tiene que pedir algún regalo material, debe pedirlo a seres inferiores; si debe pedir objetos temporales, debe hacerlo a uno de estos dioses, o ángeles, o a un ser perfeccionado. A Dios solo se le puede amar. Es casi una blasfemia pedir a Dios: «Señor, dame esto y dame aquello». Por lo tanto, de acuerdo con los dualistas, un ser humano conseguirá lo que quiere, tarde o temprano, orando a uno de los dioses; pero si quiere la salvación, debe adorar a Dios. Esta es la religión de masas de la India.

La verdadera filosofía Vedanta comienza con los llamados no dualistas calificados. Ellos hacen la afirmación de que el efecto nunca es distinto de la causa: el efecto es la causa reproducida en otra forma. Si el universo es el efecto y Dios es la causa, entonces debe tratarse de Dios mismo; no puede ser nada más que eso. Comienzan afirmando que Dios es la causa material y eficiente del universo; que Él mismo es el creador y que Él mismo es el material a partir del cual toda la naturaleza es proyectada. La palabra *creación* en vuestro idioma no tiene equivalente en sánscrito, porque en la India no existe secta alguna que crea en la creación de la misma manera en la que es considerada en Occidente: como algo que surge de la nada. Parece que en algún momento hubo unos pocos que tuvieron esta idea, pero fueron rápidamente silenciados. En la actualidad no tengo conocimiento de ninguna secta que crea en esto. Para nosotros el significado de creación es la proyección de lo que ya existía. Ahora bien, todo el universo, de acuerdo con esta secta, es Dios mismo. Él es el material del universo. En los Vedas leemos: «El universo entero ha salido del Ser de la misma forma en que la *urnanabhi* ('araña') teje el hilo de su propio cuerpo».

Si el efecto es la causa reproducida, la pregunta es: ¿cómo es posible que este universo material, aburrido y poco inteligente haya sido producido por un Dios que no es material, sino más bien la inteligencia eterna? ¿Cómo puede ser el efecto tan distinto si la causa es pura y perfecta? ¿Qué es lo que dicen estos no dualistas calificados? Su teoría es muy peculiar. Dicen que estas tres existencias —Dios, la naturaleza y el alma— son una. Por así decirlo, Dios es el alma, y la naturaleza y las almas son el cuerpo de Dios. Así como yo tengo un cuerpo y tengo un alma, todo el universo y todas las almas son el cuerpo de Dios, y Dios es el alma de las almas. Por lo tanto, Dios es la causa material del universo. El cuerpo puede cambiarse, puede ser joven o viejo, fuerte o débil; pero no afecta de ninguna manera al alma. Es la misma existencia eterna, que se manifiesta a través del cuerpo. Los cuerpos van y vienen, pero el alma no cambia. Aun así, el universo entero es el cuerpo de Dios y, en ese sentido, es Dios; pero el cambio en el universo no afecta a Dios. Él crea el universo a partir de este material. Al final de un ciclo su cuerpo se vuelve más fino, se contrae; al inicio de otro ciclo se expande de nuevo, y a partir de ello evolucionan todos estos mundos diferentes.

Tanto los dualistas como los no dualistas calificados admiten que el alma es pura por naturaleza y que a través de sus propias acciones se vuelve impura. Los no dualistas calificados lo expresan de manera más hermosa que los dualistas. Evitan decir que esa pureza y perfección del alma se contraen, para después ponerse de manifiesto nuevamente, y nos dicen que lo que ahora estamos tratando de hacer es manifestar nuevamente la inteligencia, la pureza y la potencia que son propias del alma. Las almas tienen una multitud de cualidades, excepto la omnipotencia o la omnisciencia. Cada mala acción contrae la naturaleza del alma, y cada buena acción la expande. Estas almas son todas parte de Dios. «Así como a partir de un fuego ardiente se desprenden millones de chispas de la misma naturaleza, a partir de este Ser infinito, Dios, estas almas han surgido». Cada uno tiene el mismo objetivo. El dios de los no dualistas calificados es también un dios personal, el depositario de un número infinito de cualidades benditas. Solo Él penetra a través de todo en el universo. Él es inmanente en todo y en todas partes. Cuando las escrituras dicen que Dios es todo, significa que Dios penetra a través de todo; no quiere decir que Dios se haya convertido en la pared, sino que Dios está en la pared. No hay ni una partícula, ni un átomo en el universo en el que Él no esté presente. Las almas están limitadas, no son omnipresentes.

Cuando alcanzan la expansión de sus poderes y se vuelven perfectas, no hay más nacimiento o muerte para ellas: viven para siempre con Dios.

Ahora llegamos a los seguidores de la Advaita, la última doctrina, y en nuestra opinión, la flor más bella de la filosofía y de la religión que cualquier país en cualquier época haya jamás producido. Una filosofía en la que el pensamiento humano alcanza su más alta expresión y que incluso va más allá del misterio que parece impenetrable. Se trata de la Vedanta no dualista. Es demasiado abstrusa, demasiado elevada para ser la religión de las masas. Incluso en la India, su lugar de nacimiento y donde ha supremamente gobernando por los últimos tres mil años, no ha sido capaz de llegar a las masas. A medida que avancemos, descubriremos que es difícil incluso para los hombres o mujeres más reflexivos de cualquier país entender la Vedanta. Nos hemos hecho muy débiles; nos hemos vuelto muy bajos. Podemos tener grandes pretensiones, pero, naturalmente, queremos apoyarnos en alguien más. Somos como pequeñas plantas débiles, siempre deseando un soporte. ¡Cuántas veces me han pedido una «religión cómoda»! Muy pocos individuos piden la verdad, menos aún se atreven a conocer la verdad, y muchos menos aún se atreven a seguirla en todos sus aspectos prácticos. No es su culpa; es simplemente una debilidad del cerebro. Cualquier nuevo pensamiento, sobre todo uno superior, crea una perturbación; trata, por así decirlo, de crear un nuevo canal en el cerebro, que desquicia el sistema y hace que los seres humanos pierdan el equilibrio. Se utilizan en ciertos entornos, y tienen que superar una enorme masa de antiguas supersticiones: la superstición ancestral, la superstición de clase, la superstición de la ciudad, la superstición del país y, además de todo ello, la gran masa de supersticiones que son innatas de cada ser humano. Sin embargo, hay unas pocas almas valientes en el mundo que se atreven a concebir la verdad, que se atreven a aceptarla y a seguirla hasta el final.

¿Qué declara el seguidor de la Advaita? Él dice que si hay un Dios, ese Dios debe ser tanto el material como la causa eficiente del universo. No solo es el creador, sino que también es el creado. Él es este universo. ¿Como puede ser? ¿Dios, el puro, el espíritu, se ha convertido en el universo? Sí, aparentemente sí. Todo lo que la gente ignorante ve como el universo en realidad no existe. Vosotros y yo, ¿qué somos?, y todas estas cosas que vemos, ¿qué son? Mero autohipnotismo. Solo hay una existencia: el infinito, el siempre bendito. En esa existencia tenemos diversos sueños. Es el *atman*, más allá de todo, el infinito, más allá de lo conocido, más allá de lo cognoscible; en y a través de ello vemos el universo. Es la única realidad. Es esta mesa; es el público que esta frente a mí; es la pared; es todo, excepto el nombre y la forma. Si quitáis la forma de la mesa y el nombre, lo que queda es ello. El seguidor de la Vedanta no lo llama él o ella; estas son ficciones, delirios del cerebro humano: el alma no tiene sexo. Las personas que están bajo la ilusión, que son como animales, ven a una mujer o a un hombre; los dioses vivientes no ven a hombres ni a mujeres. ¿Cómo pueden tener alguna idea de sexo quienes están más allá de todo? Cada ser y cada objeto es el *atman*, el Ser, el asexuado, el puro, el siempre bendito. Son el nombre, la forma y el cuerpo —que son materiales— los que hacen toda la diferencia. Si quitáis estas dos diferencias, el nombre y la forma, todo el universo es uno; no hay dos, sino uno en todas partes. Vosotros y yo somos uno. No hay ni naturaleza, ni Dios, ni universo, solamente esa existencia única infinita, a partir de la cual, por medio del nombre y la forma, todo es fabricado. ¿Cómo conocer al conocedor? No puede ser conocido. ¿Cómo podéis ver vuestro propio Ser? Solo os podéis reflejar. Todo este universo es el reflejo de ese eterno Ser, el *atman*, y conforme el reflejo cae sobre reflectores buenos o malos, imágenes buenas o malas se forman. De igual forma sucede en el asesino: el reflector es malo, no el Ser. En el santo, el reflector es puro. El Ser, el *atman*, es por naturaleza puro. Es lo mismo, la existencia del universo que está reflejándose desde el gusano menos desarrollado hasta el ser más alto y perfecto. La totalidad de este universo es una unidad, una existencia física, mental, moral y espiritual. Estamos buscando esta existencia de diferentes formas y creando todas estas imágenes sobre ella. Para el ser que se ha limitado a la condición de humano, aparece como el mundo de los seres humanos. Para el ser que está en un plano superior de existencia, puede parecer como el cielo. Solo hay un alma en el universo, no dos. Ni va ni viene. No ha nacido, no muere, no se reencarna. ¿Cómo puede morir? ¿A dónde puede ir? Todos estos cielos, todas estas tierras y todos estos lugares son imaginaciones vanas de la mente. No existen, nunca existieron en el pasado y nunca existirán en el futuro.

Soy omnipresente, eterno. ¿A dónde puedo ir? ¿En dónde no he estado? Estoy leyendo este libro de la naturaleza. Estoy leyendo y pasando página tras página, y un sueño de la vida tras otro se va. Otra página de la vida se pasa, otro sueño de la vida viene y se va, y cuando he terminado mi lectura, lo dejó ir y me hago a un lado; me deshago del libro y todo ha terminado. ¿Qué predica el seguidor de la Advaita? Él destrona a todos los dioses que jamás han existido o que existirán en el universo, y coloca en ese trono al Ser del individuo, el *atman*, más alto que el sol y la luna, más alto que los cielos, más grandioso que el universo mismo. No hay libros, ni escrituras ni ciencia alguna que puedan imaginar la gloria del Ser que aparece como el ser humano, el Dios más glorioso que jamás ha habido, el único Dios que jamás haya existido, existe o existirá. Por lo tanto, yo no adoro a nadie más que a mí mismo. «Yo adoro a mi Ser», dice el seguidor de la Advaita. ¿Ante quién tengo que inclinarme? Saludo a mi Ser. ¿A quién debo acudir para obtener ayuda? ¿Quién me puede ayudar? ¿El Ser infinito del universo? Estos son sueños tontos, alucinaciones. ¿Quién ha ayudado jamás a alguien? Nadie. Siempre que vea a un individuo débil, un dualista, llorando y pidiendo ayuda a algún lugar más de los cielos, es porque no sabe que los cielos están en él. Él quiere ayuda desde los cielos, y la ayuda viene. Vemos que así sucede; pero esta ayuda viene del interior de su Ser, y se equivoca al creer que viene de fuera. A veces, una persona enferma, acostada en su cama, puede oír un golpe en la puerta. Se levanta, abre y no encuentra nadie allí. Vuelve a la cama, y otra vez escucha el golpe. Se levanta y abre la puerta. Nadie está ahí. Por fin se da cuenta de que era el latido de su propio corazón lo que confundía con un golpe en la puerta. Así, la persona, después de esta vana búsqueda de dioses fuera de sí misma, completa el círculo y regresa al lugar de inicio: el alma humana. Se da cuenta de que el dios a quien estaba buscando en montes y valles, a quien había buscado en cada arroyo, en cada templo, en las iglesias y en los cielos, ese dios a quien incluso había imaginado sentado en el cielo mientras gobernaba el mundo, es su propio Ser. Yo soy Él y Él es Yo. Nadie más que yo era Dios, y este pequeño «yo» nunca existió.

No obstante, ¿cómo podría haber sido engañado ese Dios perfecto? Nunca lo fue. ¿Cómo podría haber estado soñando un Dios perfecto? Nunca soñó. La verdad nunca sueña. La pregunta «¿de dónde surgió esta ilusión?» es absurda. La ilusión surge de la ilusión misma. No habrá ilusión siempre que se vea la verdad. La ilusión siempre se basa en la ilusión; nunca descansa en Dios, en la verdad, en el atman. Nunca se está en la ilusión; es la ilusión la que está en vosotros, delante de vosotros. Una nube está aquí; otra viene y la empuja para tomar su lugar. Después, otra viene y empuja está última. Al igual que el eterno cielo azul es ocultado por nubes de varios tonos y colores que, tras haber permanecido un corto período de tiempo, desaparen, revelando el mismo azul eterno, vosotros sois eternamente puros, eternamente perfectos. Vosotros sois los verdaderos dioses del universo; pero no hay dos, solo hay uno. Es un error decir «tú y yo»; digamos «yo». Soy yo quien está en millones de bocas; ¿cómo puedo tener hambre? Soy yo quien está trabajando a través de un número infinito de manos; ¿cómo puedo estar inactivo? Soy yo quien está viviendo la vida de todo el universo; ¿dónde me espera la muerte? Estoy más allá de toda la vida, más allá de toda la muerte. ¿Dónde he de buscar la libertad? Soy libre por mi naturaleza. ¿Quién me puede esclavizar? ¿El Dios de este universo? Las escrituras del mundo no son sino pequeños mapas que desean delinear mi gloria; pero yo soy la única existencia del universo. Así, el seguidor de la Advaita dice: «¿Qué significan estos libros para mí?».

«Conoced la verdad y seréis libres en un momento». Así toda la oscuridad se desvanecerá. Cuando el ser humano se ha visto a sí mismo como uno con el Ser Infinito del universo; cuando todo lo que lo separaba ha cesado; cuando todos los hombres y mujeres, dioses y ángeles, todos los animales y las plantas, y todo el universo se ha fundido en esa unidad, entonces todos los miedos desaparecerán. ¿Puedo hacerme daño? ¿Puedo acabar con mi vida? ¿Puedo lastimarme? ¿A quién temeré? ¿Puedo temer a mi propio Ser? Todo el dolor desaparecerá. ¿Qué me puede causar dolor? Yo soy la única existencia del universo. Todos los celos desaparecerán. ¿A quién envidiaré? ¿A mí mismo? Todos los malos sentimientos desaparecerán. ¿Contra quién puedo tener malos sentimientos? ¿Contra mí mismo? No hay nadie en el universo más que yo. El seguidor de la Vedanta dice que esta es la única manera de alcanzar el conocimiento. Acabad con estas diferencias, terminad con estas múltiples supersticiones. «La paz eterna pertenece a quien en este mundo de muchos ve al uno, a quien en esta masa de inconsistencias ve a ese Ser sensible, a quien en este mundo de sombras se hace con esa realidad. A nadie más, a nadie más».

De los tres pasos del pensamiento religioso de la India, estos son los puntos más destacados que ha tomado con respecto a Dios. Hemos visto que se inició con el dios personal, extracósmico; se pasó del cuerpo cósmico externo al interno, al dios inmanente en el universo, y se llegó por último a la identificación de la propia alma con ese dios, haciendo una sola alma, una unidad de todas estas diversas manifestaciones en el universo. Esta es la última palabra de los Vedas. Comienza con el dualismo, pasa a través de un monismo calificado y termina en el monismo perfecto. Sabemos que muy pocos en este mundo pueden llegar a lo último, o incluso se atreven a creer en ello, y menos aún se atreven a actuar en consecuencia. Sin embargo, sabemos que ahí reside la explicación de toda ética, de toda moralidad y espiritualidad en todo el universo. ¿Por qué todos dicen: «Haced el bien a los demás»? ¿Dónde está la explicación? ¿Por qué todos los grandes seres humanos han predicado la fraternidad de la humanidad, y los seres humanos aún más grandiosos, la hermandad de todas las vidas? Porque, fueran o no conscientes de ello o no, detrás de todo eso, a través de todas sus supersticiones irracionales y personales, atisbaron la luz eterna del Ser, negaron toda multiplicidad y afirmaron que todo el universo no es más que uno.

La última palabra nos dio un universo que a través de los sentidos vemos como materia; a través del intelecto, como almas; y a través del espíritu, como Dios. Para el ser humano que arroja sobre sí mismo velos, para quien el mundo es un lugar de iniquidad y maldad, este mismo universo cambiará y se convertirá en un lugar horrible. Para otro ser humano que quiere goces, este mismo universo cambiará su apariencia y se convertirá en un cielo. Y para el ser humano perfecto, todo se desvanecerá y se convertirá en su propio Ser.

Debido a como es la sociedad en el momento actual, estas tres etapas son necesarias; una no niega la otra, una es simplemente el cumplimiento de la otra. El seguidor de la Advaita o el seguidor calificado de la Advaita no dice que el dualismo sea incorrecto: se trata de un punto de vista acertado, pero inferior. Está en el camino a la verdad, por lo tanto, dejemos que todo el mundo construya su propia visión de este universo de acuerdo con sus propias ideas. No lastiméis a nadie, no neguéis a nadie su posición. Aceptad a las personas como son y, si podéis, tendeles una mano para llevarlas a una plataforma más alta, sin herir o destruir jamás. Todos alcanzarán la verdad a largo plazo. «Cuando se venzan todos los deseos del corazón, este mismo mortal será inmortal»: el ser humano se convertirá en Dios.

Capítulo XV
El Atman: Sus Ataduras y Su Libertad

Entregado en América

De acuerdo con la filosofía Advaita, solo una cosa en el universo es real, y se llama Brahmán; todo lo demás es irreal, manifestado y fabricado a partir de Brahmán por el poder de Maya. Nuestra meta es alcanzar nuevamente ese Brahmán. Cada uno de nosotros somos ese Brahmán, esa realidad, además de este Maya. Si podemos deshacernos de este Maya o ignorancia, entonces nos convertiremos en lo que somos en realidad. De acuerdo con esta filosofía, cada ser humano está constituido de tres partes: el cuerpo, el órgano interno —o la mente— y, detrás de eso, lo que se llama el *atman*, el Ser. El cuerpo es el revestimiento externo y la mente es el revestimiento interno del *atman*, que es el perceptor real, el que verdaderamente disfruta, el ser en el cuerpo que funciona por medio del órgano interno, o la mente.

El *atman* es la única existencia en el cuerpo humano inmaterial. Debido a que es inmaterial, no puede ser un compuesto y, por ello, no obedece a la ley de causa y efecto. De esta manera, podemos concluir que es inmortal. Lo que es inmortal no puede tener un principio, ya que todo lo que consta de un principio debe tener un fin. También se deduce que no puede tener forma. No existe ninguna forma sin materia; todo lo que tiene forma debe tener un principio y un fin. Ninguno de nosotros ha visto una forma que no tenga un principio y no tenga un fin. Una forma surge de la combinación de fuerza y materia. Esta silla tiene una forma peculiar; una cierta fuerza actúa sobre cierta cantidad de materia para obligarla a adoptar una forma particular. La figura es el resultado de una combinación de materia y fuerza. La combinación no puede ser eterna; después de un tiempo, cada combinación se disolverá. Así, todas las formas tienen un principio y un fin. Sabemos que nuestro cuerpo perecerá, que tuvo un principio y tendrá un fin. Pero el Ser, que no tiene forma, no está limitado por la ley del principio y del fin. Existe durante un tiempo infinito; el Ser de cada individuo es eterno, al igual que el tiempo. En segundo lugar, debe estar presente en todo. Únicamente la forma está condicionada y limitada por el espacio; no ocurre igual con lo que no tiene forma. Así, de acuerdo con la Advaita Vedanta, el Ser, el *atman*, en vosotros, en mí, en cada uno, es omnipresente. Vosotros estáis tanto en el sol como en la tierra, tanto en España como en América Latina. El Ser actúa a través de la mente y el cuerpo, y su acción es visible en donde estén.

Cada trabajo que hacemos, cada pensamiento que pensamos, produce una impresión en la mente; en sánscrito se conoce como *samskara*. La suma total de estas impresiones se convierte en una fuerza tremenda que se llama carácter. El carácter de un ser humano es lo que él ha creado para sí mismo; es el resultado de las acciones mentales y físicas que él ha hecho en su vida. La suma total de los *samskaras* es la fuerza que guía al ser humano después de la muerte. Un ser humano muere, su cuerpo decae y se desintegra en los elementos que lo forman; pero los *samskaras* permanecen, se adhieren a la mente, que, al estar hecha de material fino, no se disuelve: cuanto más fino es el material, más persistente es. Pero nosotros luchamos porque la mente también se disuelve a largo plazo. En este sentido, el mejor ejemplo que viene a mi mente es el del torbellino: diferentes corrientes de aire provenientes de diferentes direcciones se encuentran en un punto, se unen y continúan girando; a medida que giran, forman un cuerpo de polvo que atrae trozos de papel, paja, etc., para después dejarlos caer y seguir avanzando, girando, levantando y formando cuerpos con los materiales que encuentran a su paso. De la misma manera, las fuerzas —llamadas *pranas* en sánscrito— se unen y forman el cuerpo y la mente a partir de la materia, y siguen adelante hasta que el cuerpo cae; después levantan otros materiales para hacer otro cuerpo, y cuando este cae, otro surge, y así continúa el proceso. La fuerza no puede viajar sin materia. Cuando el cuerpo cae, la sustancia mental permanece; el *prana*, en forma de *samskaras*, actúa sobre ella, y luego viaja a otro lugar, crea otro torbellino de materiales frescos y comienza otro movimiento. Así se desplaza de un lugar a otro hasta que la fuerza se agota, y luego cae, acabada. De esta forma, cuando la mente acabe, será completamente reducida a pedazos, sin dejar ningún *Samskara*, y seremos totalmente libres. Hasta que llegue ese momento, estaremos esclavizados; hasta entonces, el *atman* está cubierto por el torbellino de la mente, e imagina que lo llevan de un lugar a otro. Cuando el torbellino se disipa, el *atman* se da cuenta de que es omnipresente. Puede ir a donde desee, es totalmente libre, y es capaz de fabricar el número de mentes o cuerpos que desee. Pero hasta entonces, solo puede seguir al torbellino. Esta libertad es la meta hacia la que todos nos dirigimos.

Supongamos que hay una pelota en una habitación y con un mazo en la mano cada uno comienza a golpearla. Se le dan cientos de golpes, conduciéndola de un lugar a otro, hasta que al final sale de la habitación. ¿Con qué fuerza y en qué dirección va a salir? Esto será determinado por las fuerzas que han actuado sobre la pelota por toda la habitación. Todos los diferentes golpes que se le han dado tendrán sus efectos. Cada una de nuestras acciones, mentales y físicas, corresponden a uno de esos golpes. La mente humana es una pelota que se está golpeando. Nos golpean a cada instante durante el paso por esta habitación del mundo, y nuestra salida está determinada por la fuerza de todos estos golpes. En cada caso, la velocidad y la dirección de la pelota están determinadas por los golpes que ha recibido; de igual forma, todas nuestras acciones en este mundo determinarán nuestro futuro nacimiento. Por lo tanto, nuestro nacimiento actual es el resultado de nuestro pasado. Este es otro caso. Supongamos que os doy una cadena infinita, compuesta alternativamente por eslabones negros y blancos. Esta cadena no tiene ni principio ni fin, y suponed que os cuestiono sobre la naturaleza de la cadena. En un primer momento, será difícil determinar su naturaleza, ya que la cadena es infinita en ambos extremos; pero poco a poco descubriréis que es una cadena. Pronto descubriréis que esta cadena infinita es una repetición de dos eslabones —unos blancos, otros negros—, y que estos multiplicados infinitamente forman una cadena. Si conocéis la naturaleza de uno de estos eslabones, conoceréis la naturaleza de toda la cadena debido a que es una repetición perfecta. Todas nuestras vidas —pasadas, presentes y futuras— forman, por así decirlo, una cadena infinita, sin principio y sin fin; cada eslabón de la cadena es una vida con dos extremos: nacimiento y muerte. Lo que somos y hacemos aquí se repite una y otra vez, con variaciones mínimas. Así que si conocemos estos dos eslabones, conoceremos todos los pasajes que tendremos que realizar a través de este mundo. De esta forma, vemos que nuestro paso por este mundo está determinado de forma exacta por nuestros pasos anteriores. De forma similar, estamos en este mundo por nuestras propias acciones. Del mismo modo que salimos cargando con la suma total de nuestras acciones presentes, vemos que llegamos cargando con la suma total de nuestras acciones pasadas; lo que nos hace salir es lo mismo que nos hace llegar. ¿Qué es lo que nos hace llegar? Nuestras acciones pasadas. ¿Qué es lo que nos hace salir? Nuestras propias acciones aquí, y así seguimos sucesivamente. Al igual que la oruga que saca el hilo de su propia boca, construye su capullo y se encierra en el interior de este, nosotros mismos nos hemos atado por medio de nuestras propias acciones. Hemos lanzado la red de nuestras acciones a nuestro alrededor. Hemos establecido la ley de la causalidad en movimiento, y nos resulta difícil salir de ahí. Hemos puesto la rueda en movimiento, y esta nos está aplastando. Así, esta filosofía nos enseña que nuestras propias acciones, buenas o malas, nos atan uniformemente.

El *atman* nunca viene ni va, ni nace ni muere. Es la naturaleza la que está en movimiento ante el atman, y el reflejo de dicho movimiento está en el atman. De forma ignorante, el *atman* piensa que es él quien se está moviendo, y no la naturaleza. Cuando el *atman* piensa así está esclavizado; pero cuando descubre que nunca se mueve, que es omnipresente, entonces llega la libertad. El *atman* esclavizado se llama *jiva*. De este modo, podemos ver que cuando se dice que el *atman* va y viene, es únicamente para facilitar la comprensión, al igual que, por conveniencia, en el estudio de la astronomía se os pide que supongáis que el sol se mueve alrededor de la tierra, aunque tal no sea el caso. De esta forma, el jiva, el alma, alcanza estados superiores o inferiores. Esta es la conocida ley de la reencarnación, y esta ley une toda la creación.

La gente en este país cree que es horrible pensar que el ser humano proviene de un animal. ¿Por qué? ¿Cuál será el final de estos millones de animales? ¿Son nada? Si tenemos un alma, ellos también la tienen; si no tienen alma alguna, tampoco la tenemos nosotros. Es absurdo decir que solo el ser humano tiene un alma, que los animales no la tienen. He visto a hombres que son peores que animales.

El alma humana ha residido en formas inferiores y superiores, migrando de una a otra, de acuerdo con los *samskaras* o impresiones. Pero es solo en la forma más alta, en el ser humano, en la que puede alcanzar la libertad. La forma del ser humano es incluso superior a la forma de ángel, y de todas las formas es la más alta. El ser humano es el ser más elevado en la creación, pues alcanza la libertad.

Todo este universo estaba en Brahmán, y era, por así decirlo, proyectado fuera de él; se ha estado moviendo hacia la fuente de la cual se proyectó, tal como la electricidad que sale de la dínamo para completar el circuito y regresar a su fuente. Lo mismo ocurre con el alma. Proyectada de Brahmán, pasa a través de todo tipo de formas vegetales y animales, y al final reside en el ser humano, el cual está más cerca de Brahmán. La lucha más grande de la vida es regresar a Brahmán, del que hemos sido proyectados. No importa si las personas lo saben o no. En el universo, todo lo que vemos en movimiento, todas las luchas de los minerales, plantas o animales, consisten en un esfuerzo por volver al centro y reposar ahí. Había un equilibrio que ha sido destruido; la totalidad de las partes, átomos y moléculas están luchando por encontrar nuevamente el equilibrio perdido. En esta lucha se están combinando y reformando, dando lugar a todos los maravillosos fenómenos de la naturaleza. Todas las luchas y competencias en la vida animal, en la vida vegetal y en cualquier otro lugar, todas las luchas sociales y las guerras, no son más que expresiones de esa lucha eterna por volver a dicho equilibrio.

El camino desde el nacimiento hasta la muerte, este viaje, se llama *samsara* en sánscrito, literalmente, el 'ciclo de nacimiento y muerte'. Tarde o temprano, toda la creación, al pasar por este ciclo, será libre. La pregunta que puede hacerse es que si todos alcanzaremos la libertad, ¿por qué debemos luchar por conquistarla? Si cada uno va a ser libre, podríamos sentarnos y esperar. Es cierto que, tarde o temprano, cada ser será libre. Nadie se puede perder; nada puede llegar a la destrucción; todo debe llegar. De ser así, ¿de qué sirve nuestra lucha? En primer lugar, la lucha es el único medio que nos lleva al centro, y en segundo lugar, no sabemos por qué luchamos. Tenemos que hacerlo. «Entre miles de seres humanos, algunos son conscientes de la idea de que llegarán a ser libres». Las grandes masas de la humanidad se contentan con las cosas materiales, pero hay algunas que «despiertan» y quieren volver, que han tenido suficiente de este juego, aquí abajo. Estas masas luchan conscientemente, mientras que el resto lo hace inconscientemente.

El alfa y omega de la filosofía Vedanta es renunciar al mundo, renunciar a lo irreal y aceptar lo real. Quienes están enamorados del mundo pueden preguntar: «¿Por qué debemos tratar de salir del mundo para volver al centro? Supongamos que todos hemos venido de Dios, pero vemos que este mundo es placentero y agradable; entonces, ¿por qué no tratar más bien de conseguir más y más del mundo? ¿Por qué debemos tratar de salir de él?». Ellos dicen que observemos las maravillosas mejoras que se dan en el mundo todos los días, cuánto lujo se está obteniendo a partir de ello. Esto es muy agradable. ¿Por qué debemos ir lejos y luchar por algo diferente? La respuesta es que con certeza el mundo morirá, se destruirá, y muchas veces hemos tenido los mismos goces. Todas las formas que vemos ahora se han manifestado una y otra vez, y el mundo en que vivimos ahora ha estado aquí muchas veces antes. He estado aquí y os he hablado muchas veces antes. Vosotros sabéis que así debe ser, y las palabras que habéis estado escuchando ahora las habéis oído muchas veces con anterioridad. Y muchas veces más será lo mismo. Las almas nunca fueron diferentes, los cuerpos se han disuelto y han vuelto a surgir constantemente. En segundo lugar, estas cosas se producen periódicamente. Supongamos que aquí hay tres o cuatro dados y cuando los tiramos obtenemos un cinco, un cuatro, un tres y un dos. Si continuáis lanzando, en algún momento los mismos números aparecerán. Seguid lanzando, y sin importar cuán largo sea el intervalo, esos números deben aparecer de nuevo. Debido a la ley de la causalidad, no se puede afirmar en cuántos tiros obtendremos la misma combinación. Lo mismo sucede con las almas y sus asociaciones. Sin importar lo distantes que sean los períodos, las mismas combinaciones y disoluciones sucederán una y otra vez. El mismo nacimiento, comida, bebida y muerte regresan en ciclos una y otra vez. Algunos nunca encuentran nada superior a los goces del mundo; pero quienes quieren volar más alto descubren que estos goces no son definitivos, que, simplemente, están en el camino.

Cada forma, comenzando por el pequeño gusano y terminando por el ser humano, es como una de las cabinas de la noria de Chicago, que está en movimiento constante; solo cambian sus ocupantes. Un ser humano entra en una cabina, se mueve con la noria y sale de ella. La noria continúa girando. Un alma entra en una forma y reside en ella por un tiempo; a continuación, la deja y se va a otra, y después deja esta segunda forma por una tercera. Y así continúa el ciclo hasta que sale de la noria y se vuelve libre.

En todos los países y en todos los tiempos se han conocido poderes asombrosos para leer el pasado y el futuro de la vida de los seres humanos. La explicación es que mientras el *atman* está dentro del ámbito de la causalidad (aunque su libertad inherente no está del todo perdida y puede afirmarse, incluso hasta el punto de tomar el alma de la cadena causal, como lo hace en el caso de los individuos que alcanzan la libertad), sus acciones están fuertemente influenciadas por la ley de causalidad, permitiendo que los seres humanos, poseídos por la idea de trazar la secuencia de los efectos, puedan relatar el pasado y el futuro.

Mientras exista el deseo o la necesidad de posesión, existirá una señal segura de que hay imperfección. Un ser perfecto, libre, no puede tener ningún deseo. Dios no puede querer nada. Si Él desea, no puede ser Dios, sería imperfecto. Así que todo lo que se dice sobre que Dios desea esto o aquello, que Dios se enoja y es complacido, no son más que palabras infantiles que no significan nada. Por lo tanto, como todos los maestros nos han enseñado, «no deseéis nada, renunciad a todos los deseos y satisfaceros plenamente».

Un niño viene al mundo gateando y sin dientes, y el viejo sale sin dientes y gateando. Los extremos son iguales: simplemente, uno de ellos no tiene ninguna experiencia de la vida, mientras que el otro ha pasado por todo. Cuando las vibraciones del éter son muy bajas, no vemos la luz, solo vemos oscuridad; cuando son muy altas, el resultado también es la oscuridad. Los extremos generalmente parecen ser el mismo, aunque uno sea tan distante del otro como los polos. La pared no tiene deseos, ni tampoco el ser humano perfecto. Pero la pared no es lo suficientemente sensible como para desear, mientras que el ser humano perfecto no tiene nada que desear. Hay idiotas que no tienen deseos en este mundo porque su cerebro es imperfecto. Al mismo tiempo, el estado más alto es cuando no tenemos deseos; pero los dos son polos opuestos de la misma existencia. Uno se encuentra cerca del animal, el otro cerca de Dios.

Capítulo XVI
El Ser Humano Real y El Aparente

Entregado en Nueva York

Aquí estamos, y nuestros ojos, a veces, miran ansiosos a la lejanía, varias millas por delante. El ser humano lo ha hecho desde que empezó a pensar. Siempre está a la espera, mirando hacia el futuro. Quiere saber a dónde va, incluso después de la disolución de su cuerpo. Se han propuesto varias teorías, se han presentado sistemas y sistemas con los que atisbar una explicación. Algunos de ellos han sido rechazados, mientras que otros han sido aceptados, y así seguirá siendo siempre que el ser humano esté presente y piense. Hay algo de verdad en cada uno de estos sistemas; pero también hay muchas falsedades. Voy a tratar presentaros la suma y la sustancia, el resultado de las investigaciones que se han seguido en esta línea en la India. Voy a tratar de armonizar los diversos pensamientos filosóficos que han surgido en la India sobre esta cuestión a través del tiempo. Trataré de armonizar a los psicólogos y a los metafísicos, y si es posible también los armonizaré con los pensadores científicos modernos.

El tema de la filosofía Vedanta es la búsqueda de la unidad. La mente hindú no se preocupa por lo particular; siempre busca lo general, lo que es más, lo universal. El único tema de estudio es: «¿Qué es eso, sabiendo que todo lo demás se ha de conocer?». Y la búsqueda es: «Ya que por medio del estudio de un trozo de arcilla se conoce todo lo que es de arcilla, ¿qué es eso, sabiendo que este universo entero se conocerá?».

Según los filósofos hindúes, la totalidad de este universo se puede resumir en un solo material, que llaman *akasha*. Todo lo que a nuestro alrededor vemos, sentimos, tocamos, probamos, es simplemente una manifestación diferente de este *akasha*. Es omnipresente, fino. Todo lo que nosotros llamamos sólidos, líquidos o gases; las figuras, formas o cuerpos; la Tierra, el sol, la luna y las estrellas, están compuestos de este *akasha*.

¿Qué fuerza es la que actúa sobre este *akasha* y fabrica este universo a partir del mismo? Junto con el *akasha* existe un poder universal; todo lo que es poder en el universo y que se manifiesta como fuerza o atracción —incluso como pensamiento— no es más que una manifestación diferente del poder que los hindúes llaman *prana*. Este *prana*, que actúa sobre el *Akasha*, está creando todo este universo. Podríamos decir que en el comienzo de un ciclo duerme en el océano infinito del *akasha*. Al principio era inmóvil. Después, por la acción del *prana*, surge el movimiento en este océano de *akasha*, y conforme este *prana* comienza a moverse, a vibrar, los diversos sistemas celestes, soles, lunas, estrellas, la Tierra, los seres humanos, animales, plantas y las manifestaciones de todas las diversas fuerzas y fenómenos surgen de este océano.

Por lo tanto, según los hindúes, cada manifestación de poder es este *prana*, y cada manifestación material es el *akasha*. Cuando este ciclo termine, todo lo que llamamos sólido se derretirá y adoptará la siguiente forma, es decir, la siguiente forma más fina, la líquida; a su vez, esta se volverá gaseosa, y después en vibraciones de calor más uniformes, hasta que todo se convierta de nuevo en el *akasha* original y lo que ahora llamamos atracción, repulsión y movimiento se disolverá lentamente en el *prana* original. Después, se dice que este *prana* dormirá durante un tiempo, para surgir de nuevo y producir todas esas formas. Cuando este nuevo período termine, todo se desplomará una vez más. Por lo tanto, este proceso de creación está bajando y subiendo, oscilando hacia atrás y hacia adelante. En el lenguaje de la ciencia moderna, se vuelve estático durante un período, y durante otro período se vuelve dinámico. En un momento se convierte en potencial y en el próximo período es en activo. Esta alteración ha sucedido a través de la eternidad.

Sin embargo, este análisis es solo parcial. Incluso la Física moderna es consciente de esto. Más allá, la investigación de la Física no puede llevarse a cabo. Pero la investigación no se detiene, sin embargo. Todavía no hemos encontrado lo buscado, sabiendo que todo lo demás ha de saberse. Hemos resumido todo el universo en dos componentes: materia y energía, o lo que los antiguos filósofos de la India llamaron *akasha* y *prana*. El siguiente paso es encontrar el origen del *akasha* y el *prana*. Ambos pueden resolverse en la entidad todavía más alta que se llama mente. Es fuera de esta mente, mahat, la fuerza de pensamiento universalmente existente, donde el *akasha* y el *prana* se han producido. El pensamiento es una manifestación aún más fina del ser que el *akasha* o el *prana*. Se cree que se divide a sí mismo en estos dos. El pensamiento universal existía en el principio y se manifestó, cambió, evolucionó en el *akasha* y el *prana*. La combinación de ambos ha producido todo el universo.

A continuación, llegamos a la Psicología. Os estoy mirando. Las sensaciones externas llegan a mí a través de los ojos y son transportadas por los nervios sensoriales al cerebro. Los ojos no son los órganos de la visión: simplemente, son los instrumentos externos. Si el órgano real que se encuentra detrás y que lleva la sensación al cerebro se destruye, puedo tener veinte ojos y, sin embargo, no podría veros. La imagen en la retina puede ser lo más completa posible, sin embargo, no podría veros. Por lo tanto, el órgano es diferente de sus instrumentos; detrás de los instrumentos, los ojos, debe estar el órgano. Y lo mismo sucede con todas las sensaciones. La nariz no es el órgano del olfato; no es más que el instrumento, y detrás de ella está el órgano real. En todos los sentidos que tenemos, primero está el instrumento externo en el cuerpo físico; detrás del instrumento, en el mismo cuerpo físico, está el órgano, y sin embargo, estos no son suficientes. Supongamos que yo os estoy hablando y que vosotros me estáis escuchando atentamente. Digamos que algo sucede, por ejemplo, suena una campana. Vosotros probablemente no la escuchareis. Las ondas de sonido que llegan a vuestros oídos os golpean el tímpano. La impresión viaja por el nervio hasta el cerebro. Si todo el proceso se completa, es decir, se lleva el impulso hasta vuestro cerebro, ¿por qué no la escucháis? Falta otra cosa: la mente no está unida al órgano. Cuando la mente se separa del órgano, este puede llevarle señales, pero la mente puede no recibirlas. La mente recibe las señales solo cuando se conecta al órgano. Sin embargo, incluso así no se completa el proceso. Los instrumentos pueden traer la sensación desde fuera; los órganos pueden trasportarla; la mente puede adherirse al órgano, y sin embargo, la percepción puede no completarse. Se necesita de otro factor: debe haber una reacción. Con esta reacción viene el conocimiento. Lo que está fuera envía, por así decirlo, la corriente de las noticias a mi cerebro. Mi mente la toma y la presenta al intelecto, quien a su vez la agrupa en función de las impresiones previamente recibidas y envía una corriente de reacción; y con esa reacción viene la percepción. En este punto se encuentra la voluntad. El estado de la mente que reacciona se llama buddhi, 'intelecto'. Sin embargo —una vez más—, incluso así el proceso no se completa. Se requiere un paso más. Supongamos que aquí hay una cámara y que más allá hay un trozo de tela, y yo trato de tomar una foto de dicha tela. ¿Qué voy a hacer? Voy a dirigir varios rayos de luz a través de la cámara, que caerán sobre la tela y se agruparán en ella. Para tener la imagen, necesito algo que no se mueva. No puedo formar una imagen de algo que se está moviendo; ese algo debe estar estático, debido a que los rayos de luz que lanzo se están moviendo, los cuales deben ser reunidos, unificados, coordinados y completados con algo que es estacionario. Algo similar ocurre con las sensaciones que nuestros órganos transportan desde el exterior y que presentan a la mente, la cual a su vez las presenta al intelecto. Este proceso no se completa a menos que haya algo permanente en el fondo sobre el que la imagen, por así decirlo, se pueda formar, sobre lo cual podamos unificar todas las diferentes impresiones. ¿Qué es lo que da unidad al conjunto cambiante de nuestro ser? ¿Qué es lo que mantiene la identidad del objeto en movimiento en cada momento? ¿Qué es aquello sobre lo cual todas nuestras diferentes impresiones encajan una con otra, sobre lo cual las percepciones, por así decirlo, se juntan, residen y forman un conjunto unido? Hemos visto que para este fin debe de haber algo, y también vemos que ese algo debe estar, en relación con el cuerpo y la mente, inmóvil. El trozo de tela sobre el cual la cámara lanza la imagen está, en relación con los rayos de luz, inmóvil; de lo contrario, no habría imagen. Es decir, quien percibe debe ser un individuo. Este algo sobre el cual la mente está pintando todas estas imágenes, este algo sobre el cual nuestras sensaciones, transportadas por la mente y el intelecto, son colocadas, agrupadas e integradas en una unidad, se llama el alma humana.

Hemos visto que la mente cósmica universal se divide en el *akasha* y en el *prana*, y más allá de la mente encontramos el alma en nosotros. En el universo, detrás de la mente universal, existe un alma llamada Dios. En el individuo es el alma humana. En este universo, en el cosmos, al igual que la mente universal evoluciona en el *akasha* y en el *prana*, el alma universal evoluciona en la mente. ¿De igual forma sucede con el ser humano? ¿Es su mente la creadora de su cuerpo y su alma la creadora de su mente, es decir, su cuerpo, su mente y su alma son tres existencias diferentes o son una trinidad? ¿Son diferentes estados de la existencia del mismo ser?

Trataremos gradualmente de encontrar una respuesta a esta pregunta. La primera etapa que hasta ahora hemos resuelto es esta: aquí está este cuerpo externo; detrás de él están los órganos, la mente y el intelecto, y detrás está el alma. En la primera etapa, hemos visto, por así decirlo, que el alma está separada del cuerpo, separada de la propia mente. Las opiniones religiosas se dividen en este punto y este es el punto de partida. Todos esos puntos de vista religiosos, que generalmente se conocen con el nombre de dualismo, sostienen que esta alma está calificada, que tiene varias cualidades; que todos los sentimientos de disfrute, de placer y de dolor realmente pertenecen al alma. Los no dualistas niegan el hecho de que el alma tenga cualquiera de estas cualidades.

Permitidme que me ocupe primero de los dualistas: trataré de presentaros su posición con respecto al alma y su destino; a continuación hablaré sobre el sistema que los contradice; y, por último, vamos a tratar de encontrar la armonía que nos traerá al no dualismo. Como esta alma del ser humano es independiente de la mente y del cuerpo, y debido a que no se compone de *akasha* y *prana*, podemos concluir que es inmortal. ¿Por qué? ¿Qué entendemos por mortalidad? Descomposición. Y esta solo es posible para las cosas que son resultado de la composición; cualquier ente compuesto de dos o tres ingredientes debe poder descomponerse. Lo que no es resultado de la composición no puede descomponerse y, por lo tanto, nunca puede morir, es inmortal. Ha existido a través de la eternidad; es «no creado». Cada elemento de la creación es simplemente una composición; nadie ha visto jamás que la creación surja de la nada. Todo lo que conocemos de la creación es la combinación de cosas existentes en formas nuevas. Siendo así, esta alma del ser humano, por ser simple, ha debido existir desde siempre y existirá para siempre. Cuando este cuerpo muere, el alma sigue viva. Según los seguidores de la Vedanta, cuando este cuerpo se disuelve, las fuerzas vitales del ser humano regresan a su mente y esta se disuelve, por así decirlo, en el *prana*. Dicho *prana* entra en el alma del hombre, y el alma humana sale, por así decirlo, vestida con lo que ellos llaman el cuerpo fino, el cuerpo mental o cuerpo espiritual, como vosotros prefiráis llamarlo. En este cuerpo se hallan los *samskaras* del individuo. ¿Qué son los *samskaras*? Esta mente es como un lago, y cada pensamiento es como una ola en ese lago. Al igual que en el lago las olas se elevan y luego caen y desaparecen, estas olas mentales están continuamente elevándose en la sustancia mental y luego desaparecen, pero no desaparecen para siempre. Los pensamientos se hacen más y más finos, pero todos están allí, listos para activarse en otro momento, cuando se les pida que lo hagan. La memoria, simplemente, está «llamando» algunos de los pensamientos —en forma de ola— que se hallan en ese estado más fino de la existencia. Por lo tanto, todo lo que hemos pensado, cada acción que hemos hecho, se aloja en la mente; todo está presente en una forma fina, y cuando un ser humano muere, la suma total de estas impresiones permanece en la mente, la cual trabaja sobre un material más fino como un médium. El alma, por decirlo así, vestida con estas impresiones y con el cuerpo fino, pierde el conocimiento, y su destino es guiado por la resultante de todas las diferentes fuerzas representadas por las diferentes impresiones. Según nosotros, el alma tiene tres objetivos diferentes.

Cuando los individuos que son muy espirituales mueren, siguen los rayos solares y alcanzan lo que se llama la esfera solar, a través de la cual llegan a lo que se llama la esfera lunar, y a través de esta, a su vez, alcanzan la esfera del rayo, donde se reúnen con otra alma que ya es bendita; esta última guía al recién llegado a la esfera más alta de todas, que se llama *brahmaloka*, o la esfera de Brahma. Allí estas almas alcanzan la omnisciencia y la omnipotencia, se vuelven casi tan poderosas y omniscientes como el propio Dios. De acuerdo con los dualistas, residen allí para siempre; de acuerdo con los no dualistas, se convierten en uno con el universal al final del ciclo. Cuando muere la siguiente clase de personas, las que han hecho el bien con motivos egoístas, los resultados de sus buenas obras las llevan a lo que se llama la esfera lunar, donde hay varios cielos y donde adquieren cuerpos finos, los cuerpos de los dioses. Se convierten en dioses, viven allí y disfrutan de la bendición de los cielos durante un largo período; cuando se termina ese período, el viejo karma las envuelve de nuevo y regresan una vez más a la tierra. Regresan a través de las esferas de aire, a través de las nubes y de todas estas diversas regiones, y por fin, llegan a la tierra a través de las gotas de lluvia. Allí en la tierra se adhieren a algún cereal que finalmente algún ser humano devora, quien está en condiciones de proporcionarles el material para hacer un nuevo cuerpo. Cuando la última clase muere, a saber, los impíos, se convierten en fantasmas o demonios, y viven en algún lugar a medio camino entre la esfera lunar y esta tierra. Algunos tratan de perturbar a la humanidad, algunos son amigables. Después de haber vivido allí durante algún tiempo, también caen de nuevo a la tierra y se convierten en animales hasta que, después de haber vivido durante un tiempo en un cuerpo animal, se liberan, vuelven y se convierten en seres humanos una vez más, obteniendo así una oportunidad más para trabajar por su salvación. De esta forma, vemos que quienes casi han alcanzado la perfección, en quienes quedan solo muy pocas impurezas, van al *brahmaloka* a través de los rayos del sol. Quienes fueron una especie intermedia de gente, quienes hicieron buenas obras aquí con la idea de ir al cielo, van a la esfera lunar, donde obtienen cuerpos de dioses; pero tienen que convertirse de nuevo en seres humanos, y tendrán una nueva oportunidad para volverse perfectos. Quienes son muy impíos se convierten en fantasmas y demonios; luego, tendrán que convertirse en animales, y después, se convertirán en seres humanos nuevamente y tendrán otra oportunidad para perfeccionarse. Esta tierra se llama karma bhumi, 'la esfera del Karma'. Sólo aquí el ser humano hace su karma, bueno o malo. Cuando un individuo quiere ir al cielo y hace buenas obras para ese fin, se vuelve tan bueno como sus obras y no es afectado por ningún mal karma. Él simplemente disfruta de los efectos del buen trabajo que hizo en la tierra; cuando se agota este buen karma, la fuerza resultante de todo el mal karma que había almacenado en la vida se abalanza sobre él, haciéndolo volver de nuevo a esta tierra. De la misma manera, quienes se convierten en fantasmas permanecen en ese estado, sin poder generar karma fresco; sufren los malos resultados de sus errores del pasado, y permanecen durante un tiempo en un cuerpo animal. Cuando finaliza ese período, se convierten de nuevo en seres humanos. Los estados de la recompensa y castigo debidos, respectivamente, a buenos y malos karmas están desprovistos de la fuerza que genera karmas frescos; solo se pueden disfrutar o padecerlos. Un karma extraordinariamente bueno o malo da frutos muy rápidamente. Por ejemplo, si un individuo ha estado haciendo muchas cosas malas durante toda su vida pero realiza un acto bueno, el resultado de ese acto bueno aparecerá inmediatamente; pero cuando ese resultado se haya agotado, todas las malas acciones también deberán producir sus resultados. Todos los seres humanos que hacen actos buenos y grandiosos pero su vida ha seguido, por lo general, un camino incorrecto se convertirán en dioses, y después de haber vivido durante algún tiempo en cuerpos de dioses, disfrutando de sus poderes, tendrán que volver a ser humanos. Cuando el poder de los buenos actos se haya terminado, el viejo mal aparece para ser resuelto. Quienes realizan actos extraordinariamente malos terminan en cuerpos de fantasmas y demonios, y cuando se haya agotado el efecto de esas malas acciones, la pequeña buena acción que permanece unida a ellos les hace convertirse de nuevo en seres humanos. El camino al *brahmaloka*, del que ya no hay regreso, se llama *devayana*, es decir, 'el camino hacia Dios'; el camino al cielo es conocido como *pitriyana*, es decir, 'el camino hacia los padres'.

Por lo tanto, de acuerdo con la filosofía Vedanta, el ser humano es el ser más grandioso que haya en el universo, y este mundo de trabajo es el mejor sitio, porque solo aquí existe la mayor y la mejor oportunidad para volverse perfecto. Ángeles o dioses, como prefiráis llamarlos, tienen todo a su disposición para convertirse en seres humanos, si quieren ser perfectos. El gran centro, el maravilloso equilibrio y la maravillosa oportunidad están aquí, en esta vida humana.

Ahora llegamos al otro aspecto de la filosofía. Hay budistas quse niegan toda la teoría del alma que hasta ahora he expuesto. El budista dice: «¿Qué finalidad tiene el considerar algo como el sustrato, como el antecedente de este cuerpo y de esta mente? ¿Por qué no podríamos permitir que los pensamientos se extiendan? ¿Por qué admitir una tercera sustancia más allá de este organismo compuesto de cuerpo y mente, una tercera sustancia llamada alma? ¿Cuál es su función? ¿No es este organismo suficiente para explicarse a sí mismo? ¿Por qué añadir un tercero?». Estos argumentos son muy poderosos, este razonamiento es muy fuerte. Hasta donde la investigación externa abarca, vemos que este organismo es una explicación suficiente de sí mismo, al menos, muchos de nosotros así lo vemos. Entonces, ¿por qué se necesita un alma como sustrato, como algo que no es ni la mente ni el cuerpo, sino que se erige como un antecedente de ambos? Dejemos que existan solo la mente y el cuerpo. El cuerpo es el nombre de un flujo de materia en continuo cambio; la mente es el nombre de un flujo de conciencia o pensamiento en continuo cambio. ¿Qué produce la unidad aparente entre estos dos? Digamos que esta unidad no existe realmente. Tomemos, por ejemplo, una antorcha encendida y girémosla con rapidez; veremos un círculo de fuego. El círculo no existe realmente, pero da la impresión de que se trata de un círculo porque la antorcha está en continuo movimiento. De igual forma, no hay unidad en esta vida; se trata de una masa de materia que continuamente se está precipitando, y podéis llamar unidad a toda esta materia, pero no más. Así es la mente. Cada pensamiento es independiente de cualquier otro pensamiento. La corriente que deja tras de sí es solo la ilusión de la unidad; no hay necesidad de una tercera sustancia. Este fenómeno universal del cuerpo y la mente es todo lo que realmente hay: no coloquemos nada detrás de él. Veréis que este pensamiento budista ha sido retomado por ciertas sectas y escuelas en los tiempos modernos, aunque todas afirman que es nuevo, una invención propia. La idea central de la mayoría de las filosofías budistas es que este mundo es por sí mismo «omnisuficiente», que no es necesario buscar ningún antecedente. Todo lo que hay es este universo sensorial: ¿qué sentido tiene querer encontrar algo que sea el soporte de este universo? Todo es un conjunto de cualidades; ¿por qué debe existir una supuesta sustancia a la que deban ser inherentes? La idea de sustancia proviene del rápido intercambio de cualidades, no de algo inmutable que exista detrás de ellas.

Vemos que algunos de estos argumentos son maravillosos, y nos remitimos fácilmente a la experiencia ordinaria de la humanidad; de hecho, no hay uno entre un millón que no pueda pensar en algo diferente a los fenómenos. Para la gran mayoría de los seres humanos la naturaleza parece ser solo una masa que cambia, que gira, que se combina y se mezcla continuamente. Pocos de nosotros tenemos una visión del mar que se halla detrás. Para nosotros siempre está agitado por las olas, este universo se nos presenta solo como una masa de olas en movimiento. De esta manera, nos encontramos con estas dos opiniones: una nos dice que hay una sustancia inmutable e inmóvil detrás del cuerpo y de la mente, la otra nos dice no existe algo parecido a la inmovilidad o la inmutabilidad en el universo. Todo es cambio y nada más que cambio. La solución a esta diferencia viene en la siguiente fase del pensamiento, a saber, el no dualista.

Nos dice que los dualistas están en lo correcto a la hora de buscar de algo detrás de todo, como un antecedente que no cambia; no podemos concebir el cambio sin que exista algo inmutable. Solo podemos concebir que algo cambia si conocemos algo que es menos variable, y esto también parecerá más variable en comparación con otra cosa que lo es menos, y así una y otra vez, hasta que nos vemos obligados a admitir que debe haber algo que nunca cambia en lo absoluto. La totalidad de esta manifestación debe haber estado en un estado de no manifestación, en calma y en silencio, y era el equilibrio de fuerzas opuestas, por así decirlo, cuando no había una fuerza que operaba. La fuerza actúa cuando se produce una perturbación en el equilibrio.

El universo está siempre apresurándose por regresar nuevamente a ese estado de equilibrio. Si estamos seguros de cualquier hecho es precisamente de este. Cuando los dualistas afirman que hay algo que no cambia tienen toda la razón; pero su análisis de que es un algo subyacente, que no es ni el cuerpo ni la mente, sino un algo separado de ambos, esta incorrecto. Cuando los budistas dicen que el universo entero es una masa de cambios tienen toda la razón. Siempre y cuando esté separado del universo, siempre y cuando dé un paso atrás y mire a algo delante de mí, siempre y cuando existan dos cosas —el que mira y lo que es mirado—, parecerá que el universo está cambiando continuamente, todo el tiempo. Pero la realidad es que en este universo existen tanto el cambio como la inmutabilidad. El alma, la mente y el cuerpo no son tres existencias separadas. Este organismo compuesto de estos tres es realmente uno. Es lo mismo lo que aparece como el cuerpo, la mente y como lo que está más allá de ambos; pero no es al mismo tiempo todos estos. Quien ve el cuerpo no ve la mente, quien ve la mente no ve lo que él llama alma, y para quien logra ver el alma, el cuerpo y la mente se han desvanecido. Quien no ve más que el movimiento nunca ve la calma absoluta, y para quien ve calma absoluta, el movimiento se ha desvanecido. Se confunde una cuerda con una serpiente: la cuerda se desvanece para quien ve una serpiente en lugar de una cuerda; cuando la ilusión cesa y mira a la cuerda, la serpiente se desvanece.

De esta forma, hay solo una existencia totalmente comprensible, y parece ser múltiple. Este ser, alma o sustancia es todo lo que existe en el universo. Ese ser, sustancia o alma es, en el lenguaje de la no dualidad, el Brahmán que parece múltiple por la imposición de nombre y forma. Observad las olas en el mar. Ninguna ola es realmente distinta al mar, pero ¿qué es lo que hace que la ola sea aparentemente diferente? El nombre y la forma, la forma de la ola y el nombre que le damos: ola. Esto es lo que la hace diferente del mar. Cuando el nombre y la forma se unen es el mismo mar. ¿Quién puede distinguir realmente entre la ola y el mar? Así que todo este universo es esa existencia única; el nombre y la forma han creado todas estas diversas diferencias. Tal como sucede cuando el sol brilla sobre millones de partículas de agua y en cada una se observa la representación más perfecta de sol, el Alma, el ser, la existencia única del universo, al reflejarse en todas estas numerosas partículas de diferentes nombres y formas, parece ser múltiple. Pero en realidad es solo una. No hay un «yo» ni un «vosotros»: todo es uno. Es todo «yo» o todo «vosotros». Esta idea de la dualidad es totalmente falsa, y todo el universo, como lo conocemos de forma ordinaria, es el resultado de este falso conocimiento. Cuando se logra discriminar y el ser humano descubre que no son dos, sino uno, este último descubre que él mismo es este universo. «Soy yo este universo en su estado actual, una masa de continuo cambio. Soy yo quien está más allá de todos los cambios, más allá de todas las cualidades, el eternamente perfecto, el eternamente bendito».

Por lo tanto, existe solo un atman, un ser, eternamente puro, eternamente perfecto, inmutable, sin cambios; nunca ha cambiado, y todos estos diversos cambios en el universo no son sino apariencias de ese único ser.

El nombre y forma son los que han pintado todos esos sueños; es la forma que la hace que la ola sea diferente de la mar. Supongamos que la ola se desmorona, ¿permanecerá la forma? No, porque se desvanecerá con ella. La existencia de la ola dependía por completo de la existencia del mar; pero la existencia del mar no es en absoluto dependiente de la existencia de la ola. La forma permanece tanto tiempo como la ola, pero tan pronto como la ola la abandona, la forma se desvanece. Este nombre y forma son el resultado de lo que se llama Maya. Es este Maya —aunque no tiene existencia— lo que está haciendo individuos que parecen distintos los unos de los otros. Pero no se puede decir que Maya exista; no puede decirse que la forma exista, porque depende de la existencia de otra cosa; no puede decirse, sin embargo, que no exista, viendo que provoca todas las diferencias. Entonces, de acuerdo con la filosofía Advaita, este Maya o ignorancia —el nombre y la forma o, como se ha llamado en Europa, tiempo, espacio y causalidad— surge de esta existencia infinita y única que nos muestra la multiplicidad del universo. En esencia, este universo es uno. Cualquiera que piense que hay dos realidades últimas se equivoca. Cuando aprenda que no hay más que uno, estará en lo cierto. Esto es lo que se nos demuestra cada día, en el plano físico, en el plano mental y también en el plano espiritual. Hoy en día se ha demostrado que vosotros y yo, el sol, la luna y las estrellas no somos más que los diferentes nombres de diferentes lugares en el mismo océano de la materia, y que esta materia está continuamente cambiando su configuración. La partícula de energía que estaba en el sol hace varios meses puede estar en el ser humano ahora; mañana puede estar en un animal, y el día después de mañana puede estar en una planta. Siempre está yendo y viniendo. Es una única masa ininterrumpida e infinita de materia que se diferencia solo por el nombre y la forma. Un punto

CAPÍTULO XVI: EL SER HUMANO REAL Y EL APARENTE

se llama el sol; otro, la luna; otro, las estrellas; otro, ser humano; otro, animal; otro, planta, y así sucesivamente. Todos estos nombres son ficticios, no tienen realidad, porque el todo es una masa de materia en continuo cambio. Desde otro punto de vista, este mismo universo es un océano de pensamientos donde cada uno de nosotros es un punto llamado mente particular. Vosotros sois una mente, yo soy una mente, todo el mundo es una mente, y el mismo universo visto desde el punto de vista del conocimiento, cuando los ojos están libres de delirios, cuando la mente se ha vuelto pura, parece el ininterrumpido ser absoluto, el siempre puro, el inmutable, el inmortal.

Entonces, ¿qué pasa con la escatología triple del dualista si cuando un individuo muere, va al cielo o a una u otra esfera y si las personas malvadas se convierten en fantasmas, en animales, etc.? Nadie viene ni nadie va, dice el no dualista. ¿Cómo podéis ir y venir? Vosotros sois infinitos. ¿A dónde deberíais ir? En cierta escuela se estaba examinando a un número determinado de niños. El examinador había hecho, tontamente, todo tipo de preguntas difíciles a los niños, entre otras, la siguiente: «¿Por qué la Tierra no se cae?». Su intención era hacer que los niños reflexionaran acerca de la idea de la gravitación o de alguna otra verdad científica compleja para ellos. La mayoría de ellos ni siquiera podía entender la pregunta, por lo que dieron todo tipo de respuestas incorrectas. Pero una niña brillante respondió con otra pregunta: «¿A dónde debería caer?"». La pregunta del examinador era una tontería frente a esta pregunta. No hay arriba y abajo en el universo, la idea es sólo relativa. Lo mismo sucede con respecto al alma: la cuestión misma del nacimiento y la muerte es un disparate. ¿Quién va y quién viene? ¿Dónde no estáis? ¿Dónde está el cielo en el que no os encontráis ahora mismo? El Ser del hombre es omnipresente. ¿A dónde debe ir? ¿A dónde no debe ir? Está en todas partes. Así que todo este sueño infantil, esta ilusión pueril de nacimiento y muerte, de los cielos, los cielos más altos y los mundos más bajos desaparece inmediatamente para el perfecto. Para el casi perfecto, se desvanece después de mostrarle las varias esferas hasta el *brahmaloka*; para los ignorantes, continúa.

¿Cómo es que todo el mundo cree en ir al cielo, en morir y nacer? Estoy estudiando un libro; página tras página, leo y continuo; otra página viene y la paso. ¿Quién cambia? ¿Quién va y viene? Yo no, sino el libro. Toda esta naturaleza es un libro frente el alma: se lee capítulo tras capítulo, y de vez en cuando aparece una escena. Eso es leer y continuar. Algo nuevo viene, pero el alma es siempre la misma, eterna. Es la naturaleza la que está cambiando, no el alma del ser humano. El nacimiento y la muerte están en la naturaleza, no en vosotros. Sin embargo, los ignorantes son engañados: del mismo modo en que bajo el engaño piensan que el que se mueve es el sol y no la Tierra, piensan que los que morimos somos nosotros y no la naturaleza. Por lo tanto, todas son alucinaciones. Sufrimos una alucinación cuando pensamos que los campos se están moviendo, no el tren, y el nacimiento y la muerte son alucinaciones de la misma naturaleza. Cuando los seres humanos están en un cierto estado mental, ven esta misma existencia como la tierra, el sol, la luna, las estrellas. Todos los que están en el mismo estado mental ven las mismas cosas. Entre vosotros y yo puede haber millones de seres en diferentes planos de existencia. Ellos nunca nos verán, ni nosotros a ellos; solo vemos a los que están en el mismo estado mental y en el mismo plano que nosotros. Los instrumentos musicales responden, por así decirlo, cuando su frecuencia de vibración es la misma. Si el estado de vibración, que ellos llaman vibración del ser humano, se cambiase, ya no se podría ver a esos seres humanos aquí; todo el «universo ser humano» desaparecería y, en su lugar, otro escenario se mostraría ante nosotros, tal vez dioses y el dios-universo, tal vez, para el ser humano impío, demonios y el mundo diabólico. Pero serían solamente diferentes puntos de vista de un mismo universo. Este universo, que desde el plano humano se ve como la tierra, el sol, la luna, las estrellas... se presenta como un lugar de castigo cuando se ve desde el plano de la maldad. Y quienes quieren verlo como el cielo lo ven como tal. Cuando mueran, quienes han soñado con ir junto a un dios que está sentado en un trono, para estar con él y alabarlo, simplemente verán una visión de lo que tienen en su mente; este mismo universo, simplemente, se convertirá en un vasto cielo, con todo tipo de seres alados que vuelan alrededor y un dios sentado en un trono. Estos cielos son una creación del ser humano. De esta manera, el seguidor de la Advaita dice que el dualista está en lo cierto, pero todo es resultado de su propia creación. Estas esferas de demonios y dioses, reencarnaciones y transmigraciones son mitos; también lo es esta vida humana. El gran error que los individuos siempre cometen es pensar que tan solo esta vida es verdadera. Son perfectamente conscientes de ello cuando llaman mitología a otras cosas; pero nunca están dispuestos a admitir que aquello en lo que ellos mismos creen sea también mitología. Todo, tal como aparece, es mera mitología, y la más grande de todas las mentiras es que somos cuerpos, los cuales no fuimos ni no podremos ser. La más grande de todas las mentiras es que somos meros seres humanos: somos el Dios del universo. Al adorar a Dios hemos adorado a nuestro propio Ser oculto. La peor mentira que podéis contaros a vosotros mismos es que habéis nacido pecadores o malvados. Solo el ve a un pecador en otro hombre es pecador. Supongamos que colocáis una bolsa de oro sobre la mesa, junto a un bebé. Supongamos que un ladrón viene y se lleva el oro. Para el bebé es lo mismo, porque no hay ladrón en el interior ni en el exterior. Para los pecadores e individuos viles, hay vileza exterior, pero no para los seres humanos bondadosos. Así, los impíos ven este universo como un infierno; los parcialmente bondadosos lo ven como el cielo, y los seres perfectos lo ven como Dios mismo. Solo entonces el velo de los ojos desaparece, y el ser humano, purificado y limpio, se da cuenta de que su punto de vista ha cambiado. Todas las pesadillas que le han estado torturando durante millones de años se desvanecen. Quien se veía a sí mismo como un ser humano, un dios o un demonio, quien pensaba vivir en sitios inferiores o superiores, en la tierra, en el cielo... descubre que realmente es omnipresente; que todo el tiempo está en él, que él no está en el tiempo; que todos los cielos están en él, que él no está en ningún cielo; que todos los dioses que el ser humano ha adorado siempre están en él, que él no se encuentra en ninguno de esos dioses. Él era el creador de dioses y demonios, de los seres humanos, de las plantas, de los animales y las piedras, y la verdadera naturaleza del ser humano está ahora desplegada ante él, por ser más alto que el cielo, más perfecto que nuestro universo, más infinito que el tiempo infinito, más omnipresente que el éter omnipresente. Solo entonces, el individuo deja de tener miedo y se vuelve libre. Todos los delirios cesan, todas las miserias desaparecen, todos los miedos llegan a su fin para siempre. El nacimiento desaparece y, con él, la muerte. Los dolores desaparecen, y, con ellos, los placeres. Las tierras desaparecen y, con ellas, se desvanecen cielos. Los cuerpos desaparecen y, con ellos, también desaparece la mente. Por así decirlo, para ese ser humano desaparece todo el universo. Esta búsqueda, este movimiento, esta lucha continua de fuerzas se detiene para siempre, y lo que se manifiesta como la fuerza y la materia, como las luchas de la naturaleza, como la naturaleza misma, como cielos y tierras, plantas y animales, seres humanos y ángeles, todo, se transfigura en una infinita, irrompible e inmutable existencia, y el ser humano sabe, descubre que él es uno con esa existencia. «Así como las nubes de varios colores cubren el cielo, permanecen durante un segundo y luego se desvanecen...», ante esta alma se encuentran todas las visiones de las tierras y los cielos, de la luna y los dioses, de los placeres y los dolores; pero todas se desvanecen, dejando solo el infinito, azul e inmutable cielo. El cielo nunca cambia: son las nubes las que lo hacen. Es un error pensar que el cielo es distinto. Es un error pensar que somos impuros, que somos limitados, que estamos separados. El verdadero ser humano es la unidad de existencia.

Ahora surgen dos preguntas. La primera es si es posible darse cuenta de esto.

Hasta ahora, es una doctrina, una filosofía, pero ¿es posible aprehenderla?. Lo es. Hay individuos para quienes la ilusión se ha desvanecido para siempre. ¿Mueren inmediatamente después de aprenderlo? No tan pronto como podemos pensar. Dos ruedas unidas por un eje giran al mismo tiempo; si me sujeto a una de las ruedas y, con un hacha, cortó el eje por la mitad, la rueda a la que estoy sujeto parará, pero la otra rueda continuará un momento gracias al impulso previo y, luego, se detendrá. El ser puro y perfecto, el alma, es una de las ruedas; la alucinación externa del cuerpo y la mente son la otra rueda, unidas por el eje del trabajo, del karma; el conocimiento es el hacha que rompe el vínculo entre las dos ruedas. La rueda del alma se detendrá, dejará de pensar que va y viene, que vive y muere; dejará de pensar que es naturaleza y que tiene necesidades y deseos, se dará cuenta de que es perfecta, carente de deseos. En la otra rueda, la del cuerpo y la mente, se encontrará el impulso de los actos pasados, por lo que vivirá durante algún tiempo hasta que el impulso de trabajos anteriores se haya agotado, momento en que el cuerpo y la mente caerán y el alma se liberará. Ya no habrá idas y venidas al cielo, ni siquiera ningún viaje al *brahmaloka* o a alguna de las esferas más altas, ya que ¿de dónde viene o a dónde va? El ser humano que ha alcanzado en esta vida este estado, para quien, al menos durante un minuto, la visión ordinaria del mundo ha cambiado y la realidad ha sido evidente, se llama ser vivo libre. Este es el objetivo del seguidor de la Vedanta: alcanzar la libertad mientras viva.

Una vez en la India occidental, estaba viajando por la región desértica de la costa del océano Índico. Durante días y días viajé a pie por el desierto, y para mi sorpresa cada día vi hermosos lagos con árboles alrededor, cuyas sombras vibraban en el agua. Me dije: «¡Qué maravillosa vista, y dicen que este es un país desierto!». Viaje casi durante un mes, viendo estos maravillosos lagos, árboles y plantas. Un día tenía mucha sed y quería un poco de agua, así que emprendí el camino hacia uno de estos hermosos lagos y, cuando me acerqué, se desvaneció. En un instante me vino el pensamiento de que aquel era el espejismo sobre el que había leído toda mi vida, y con él, la idea de que a lo largo de todo ese mes, todos los días, había estado viendo el espejismo sin saberlo. A la mañana siguiente inicié mi marcha. Allí estaba de nuevo el lago, pero también me asaltó la idea de que era un espejismo, no un lago de verdad. Lo mismo sucede con este universo. Todos estamos viajando en este espejismo del mundo, día tras día, mes tras mes, año tras año, sin saber que se trata de un espejismo. Un día se desvanecerá, pero regresará nuevamente. El cuerpo tiene que permanecer bajo el poder del karma pasado y, así, el espejismo regresará. Este mundo regresará siempre que estemos atados por el karma: hombres, mujeres, animales, plantas, nuestros apegos y deberes, todos vendrán de nuevo a nosotros, aunque no con la misma potencia. Bajo la influencia de los nuevos conocimientos, la fuerza del karma se romperá, su veneno se disolverá. Se transforma, ya que junto con él surge la idea de que se sabe de la clara distinción entre la realidad y el espejismo.

Este mundo no será entonces el mismo mundo que antes. Sin embargo, hay un peligro. Vemos en todos los países a gente que adopta esta filosofía y dice: «Yo estoy más allá de toda virtud y vicio. No estoy atado por las leyes morales. Puedo hacer lo que me plazca». Actualmente, podréis encontrar muchos ingenuos en este país que dicen: «Yo no estoy atado. yo Soy el mismo Dios. Dejadme hacer lo que quiera. Esto no es correcto, aunque es cierto que el alma está más allá de todas las leyes, físicas, mentales o morales. Donde hay una ley hay esclavitud; más allá de la ley está la libertad. Es también cierto que la libertad está en la naturaleza del alma, que es su derecho de nacimiento: la verdadera libertad del alma brilla a través de los velos de la materia en forma de la aparente libertad del ser humano. Cada momento de vuestras vidas sentís que sois libres. No podemos vivir, hablar ni respirar un momento sin tener la sensación de que somos libres; pero, al mismo tiempo, un poco de imaginación nos muestra que somos como máquinas, y no libres. Entonces, ¿cuál es la verdad? ¿Es esta idea de libertad un engaño? Una de las partes sostiene que la idea de libertad es una ilusión; otra dice que la idea de esclavitud es un engaño. ¿Cómo es posible? El ser humano es realmente libre, el ser humano real no puede sino ser libre. Es cuando entra en el mundo de Maya, en el nombre y la forma, cuando se esclaviza. El libre albedrío es un término equivocado. La voluntad nunca puede ser libre. ¿Cómo puede serlo? La voluntad del ser humano solo existe cuando el ser humano real se ha esclavizado, no antes. La voluntad del hombre está atada, pero el fundamento de esa voluntad es eternamente libre. Por lo tanto, incluso en el estado de esclavitud que llamamos vida humana o vida de dios, en la tierra o en el cielo, permanece en nosotros el recuerdo de libertad, que es nuestra por derecho divino. Y consciente o inconscientemente, todos estamos luchando por alcanzarla. Cuando un ser humano ha alcanzado su propia libertad, ¿cómo puede estar atado por alguna ley? Ninguna ley en este universo lo puede atar, porque este universo es suyo.

Él es todo el universo. Decid que él es todo el universo, o decid que para él no hay universo. Entonces, ¿cómo puede tener esas pequeñas ideas sobre el sexo y sobre el país? ¿Cómo puede decir que es un hombre, una mujer o un niño? ¿No son mentiras? Él sabe que lo son. ¿Cómo puede decir que estos son los derechos del ser humano y estos otros son los derechos de la mujer? Nadie tiene derechos;

nadie existe de manera independiente. No hay ni hombre ni mujer; el alma no tiene sexo, es eternamente pura. Es una mentira decir que yo soy un hombre o una mujer, o decir que pertenezco a este país o a este otro. Todo el mundo es mi país, todo el universo es mío, porque me he vestido con él como si fuera mi cuerpo. Sin embargo, vemos que hay gente en este mundo que está lista para hacer valer estas doctrinas, y al mismo tiempo hacen cosas que debemos calificar de inmundas; si les preguntamos por qué lo hacen, nos dicen que es nuestra ilusión y que ellos no pueden hacer nada malo. ¿Cuál es la prueba por la que han de ser juzgados? La prueba está aquí.

Si bien y el mal son dos manifestaciones condicionadas del alma, el mal es la capa más externa y el bien es el recubrimiento más cercano al ser humano real, al Ser. Un individuo no podrá llegar a la capa del bien a menos que un atraviese la capa del mal, y si no ha pasado a través de ambas capas, no podrá llegar al Ser. ¿Qué es lo que permanece unido a quien alcanza el Ser? Un poco de karma, un poco del impulso de la vida pasada, pero son impulsos positivos. Mientras los impulsos negativos no sean totalmente disueltos y las impurezas del pasado se quemen por completo, es imposible que cualquier individuo vea y se dé cuenta de la verdad. Por lo tanto, es el remanente de las buenas impresiones de la vida pasada, el impulso positivo, lo que queda unido al individuo que ha alcanzado el Ser y que ha visto la verdad. Incluso si vive en el cuerpo y trabaja sin cesar, solo trabaja para hacer el bien, sus labios solo bendicen a todos, sus manos hacen solamente obras bondadosas, su mente solo puede tener buenos pensamientos, su presencia es una bendición donde quiera que vaya. Él mismo es una bendición. Tal ser humano, con su sola presencia, convertirá en santos incluso a las personas más malvadas. Aunque no hable, su presencia será una bendición para la humanidad. ¿Pueden estos individuos hacer algún mal? ¿Pueden hacer malas acciones? Hay que recordar la enorme diferencia existente entre la realización y las meras palabras. Cualquier ingenuo puede hablar, incluso los loros hablan. Hablar es una cosa, pero la realización es otra. Filosofías, doctrinas, argumentos, libros, teorías, iglesias, sectas..., todas son buenas a su manera; pero cuando llegue esa realización se derrumbarán.

Por ejemplo, los mapas son buenos, pero cuando veis el país de verdad y después miráis de nuevo los mapas, ¡qué diferencia tan grande! Así, quienes se han dado cuenta de la verdad no necesitan los raciocinios de la lógica y de otras gimnasias del intelecto para hacerles comprender la verdad; es para ellos la vida de sus vidas, concretizada, hecha más tangible. Es, como dicen los sabios de la Vedanta, «incluso como una fruta en vuestra mano»; podéis poneros de pie y decir que está ahí. Quienes se han dado cuenta de la verdad se pondrán de pie y dirán: «Aquí está el Ser». Podéis discutir con ellos durante un año, pero ellos os sonreirán, considerarán que se trata del parloteo de un niño, y permitirán que el niño parlotee. Se han dado cuenta de la verdad y están satisfechos. Supongamos que habéis visto un país, y otro individuo se os acerca y trata de deciros que ese país nunca existió. Puede seguir argumentando de forma indefinida, pero en lo único que pensaréis con respecto a él es que debería estar encerrado en un manicomio. Así que el ser humano realizado dice: «Toda esta charla en el mundo acerca de sus pequeñas religiones no es más que parloteo. La realización es el alma, la esencia misma de la religión». La religión puede ser aprehendida. ¿Estáis listos? ¿La queréis? De ser así, vosotros también podréis realizaros, y entonces seréis verdaderamente religiosos. No habrá diferencia entre vosotros y los ateos hasta que no alcancéis la realización, hasta que no aprehendáis. Los ateos son sinceros; en cambio, el individuo que dice que cree en la religión y que nunca intenta aprehenderla no es sincero.

La siguiente pregunta es saber lo que viene después de la realización. Supongamos que hemos aprehendido la unidad del universo, que somos este Ser infinito; y supongamos que hemos aprehendido que este Ser es la única existencia y que es el mismo Ser que se está manifestando en todas estas diversas formas: ¿qué sucede con nosotros después? ¿Nos volveremos inactivos, nos sentaremos en una esquina para morir allí? «¿Y para qué sirve en este mundo?» ¡La antigua pregunta! En primer lugar, ¿por qué debería beneficiar al mundo? ¿Hay alguna razón por la que debería? ¿Qué derecho tiene cualquiera a hacer la pregunta: «¿Y para qué sirve?»? ¿Qué quiere decir eso? A un bebé le gustan los caramelos. Supongamos que estáis llevando a cabo unas investigaciones en relación con alguna cuestión de la electricidad. El bebé os pregunta: «¿Sirve para comprar caramelos?», y vosotros respondéis que no. «Entonces, ¿para qué sirve?», vuelve a preguntar el bebé. De igual forma, los seres humanos se preguntan: «¿Para qué sirve esto en el mundo? ¿Nos va a dar dinero?». «No». «Entonces, ¿qué sentido tiene?». Eso es lo que los seres humanos quieren decir con hacer el bien en este mundo. Sin embargo, la realización religiosa brinda todo el sentido al mundo. La gente tiene miedo de que cuando la alcancen, cuando se den cuenta de que no hay más que uno, las fuentes del amor estén secas, que todo en la vida desaparezca, que todo lo que aman desaparezca para ellos, por así decirlo, en esta vida y en la vida que está por venir. La gente nunca se detiene a pensar en que aquellos que otorgaron el más mínimo pensamiento a sus individualidades fueron los mayores trabajadores en el mundo. Un ser humano solo puede amar cuando descubre que el objeto de su amor no es algo bajo, mortal. Un ser humano solo puede amar cuando se da cuenta de que el objeto de su amor no es un terrón de tierra, sino Dios mismo. La esposa amará más a su marido cuando piense que su marido es el mismísimo Dios. El marido amará más a su esposa cuando sepa que su esposa es el mismísimo Dios. La madre que más amara a sus hijos será aquella que piense que sus niños son el mismísimo Dios. Una persona amará a su enemigo más grande si ve en él al mismísimo Dios. Un ser humano amará a un hombre santo si sabe que el hombre santo es el mismísimo Dios, y ese mismo hombre también amará a los que no son santos porque sabe que en el fondo de estos individuos está Él, el Señor. Tal ser humano se convierte en un motor del mundo; para él su pequeño «yo» está muerto, y en su lugar se encuentra Dios. Todo el universo se transformará para él. Lo que es doloroso y miserable se desvanecerá; las luchas concluirán. En lugar de ser una prisión, en la que cada día luchamos, peleamos y competimos por un bocado de pan, este universo será para nosotros un parque de atracciones. ¡Hermoso será ese universo! Solo dicho ser humano tiene derecho a ponerse de pie y decir: «¡Qué hermoso es este mundo!». Solo él tiene el derecho de decir que todo es bueno. Este será el gran bien para el mundo que resulta de dicha realización, en lugar de este mundo que continúa lleno de roces y luchas, si toda la humanidad se da cuenta hoy —aunque sea mínimamente— de esa gran verdad; cambiará el aspecto de todo el mundo y, en lugar de luchas y disputas, habría un reinado de paz. Esta indecente y brutal prisa que nos obliga a ir por delante de todos los demás desaparecerá del mundo; con ella se desvanecerán todas las luchas, se desvanecerá todo el odio y todas las envidias; todo el mal se desvanecerá para siempre. Serán dioses quienes vivirán sobre esta tierra. Esta misma tierra se convertirá en el cielo, ¿y qué mal puede existir cuando los dioses están jugando con los dioses, cuando los dioses están trabajando con los dioses, cuando los dioses se aman entre ellos? Esa es la gran utilidad de la realización divina. Todo lo que veis en la sociedad cambiará y se trasformará. No pensaréis más en el ser humano como el mal, y ese será el primer gran beneficio. No os pararéis nunca más para echar una mirada burlona a un pobre hombre o a una mujer que ha cometido un error. Nunca más miraréis con desprecio a la pobre mujer que camina por la calle en la noche, porque incluso en ella veréis al propio Dios. No pensaréis más en los celos y los castigos. Todo ello desaparecerá, y el amor, el gran ideal del amor, será tan poderoso que no será necesario el látigo para orientar a la humanidad.

Si una millonésima parte de los hombres y mujeres que viven en este mundo simplemente se sentara durante unos minutos y dijera: «¡Todos vosotros sois

Dios, oh seres humanos, oh animales y seres vivos. Todos sois manifestaciones de la única deidad viviente!». Todo el mundo cambiaría en media hora.

En lugar de lanzar bombas enormes de odio en cada esquina, en lugar de proyectar corrientes de celos y malos pensamientos, la gente de cada país pensará que todo se trata de Él. Él es todo lo que veis y sentís. ¿Cómo podéis ver el mal si el mal no está en vosotros? ¿Cómo podéis ver al ladrón a menos que esté aferrado a vuestro corazón? ¿Cómo podéis ver al asesino a menos que vosotros mismos seáis lo seáis? Sed buenos y el mal desaparecerá. Así todo el universo cambiará. Este es el mayor beneficio para la sociedad. Este es el gran beneficio para el organismo humano. Estos pensamientos fueron formulados en voz alta, elaborados en tiempos antiguos entre los individuos en la India. Por diversas razones, como la exclusividad de los profesores y la conquista extranjera, no se permitió que estos pensamientos se propagaran. Sin embargo, son grandes verdades, y en donde han estado presentes, el ser humano se ha vuelto divino. Toda mi vida ha cambiado por la caricia de uno de esos hombres divinos, de quien os hablaré el próximo domingo. Y llegará el momento en el que estos pensamientos sean propagados por el extranjero, por todo el mundo. En lugar de vivir en monasterios, en lugar de limitarse a los libros filosóficos para que solo los sabios los estudien, en lugar de ser la posesión exclusiva de las sectas y de algunos de los doctos, todos estos pensamientos serán difundidos por todo el mundo, para que se conviertan en la propiedad común del santo y del pecador; de hombres, mujeres y niños; de sabios e ignorantes. Entonces permearán la atmósfera del mundo, y el mismo aire que respiramos dirá con cada una de sus pulsaciones, «Tú eres eso». Y todo el universo, con sus miríadas de soles y lunas, a través de todo lo que habla, con una sola voz dirá: «Tú eres eso».

RAJA YOGA
EL CAMINO DEL CONOCIMIENTO DE SÍ

Prefacio

Desde los inicios de la historia, se han registrado varios fenómenos extraordinarios, que han sido acontecimientos para / entre los seres humanos. En los tiempos modernos, los testigos no quieren confirmar el hecho de tales acontecimientos, incluso en las sociedades que viven bajo el pleno esplendor de la ciencia moderna. La inmensa mayoría de tales evidencias son poco fiables, y vienen de ignorantes, supersticiosos o personas fraudulentas. En muchos casos los llamados milagros son solo imitaciones. Pero, ¿Qué es lo que imitan? No es la señal de una mente cándida y científica que lanza por la borda cualquier cosa sin que se investigue debidamente. Existen muchos científicos incapaces de explicar estos fenómenos mentales extraordinarios, intentando ignorar su existencia. Por lo tanto, estos científicos son más culpables que los que piensan que sus plegarias vas a ser contestadas por un ser o por seres en el cielo, o en los que creen que sus peticiones los harán seres para cambiar el curso del universo. Estos últimos, tienen la excusa de su ignorancia, o por lo menos de un sistema educativo defectuoso, en el cual se les ha enseñado que dependen de tales seres, dependencia que se ha vuelto parte de su naturaleza degenerada. Los primeros no tienen tal excusa.

Durante miles de años estos fenómenos han sido estudiados, investigados y generalizados, todo el campo de las facultades religiosas de un hombre han sido analizadas, y el resultado de esta práctica es la ciencia de Raja Yoga. El Raja Yoga no niega la existencia de hechos que son difíciles de explicar tal como lo hacen algunos científicos modernos / Ante la imperdonable manera de los científicos negar los hechos, el Raja Yoga no niega la existencia de estos fenómenos que son difíciles de explicar. Por otra parte aclaró a los supersticiosos que los milagros, las respuestas a las oraciones, poderes de la fe, aunque son verdaderos como hechos, no se hacen comprensibles a través de la explicación supersticiosa de atribuirlo a la representación de un ser, o seres en el cielo. Proclama que cada hombre no es más que un vehículo para el océano infinito del conocimiento y poder que está detrás de la humanidad. Enseña que los deseos y las necesidades están en el hombre, que la fuente de alimentación está también en el hombre, y que dondequiera y a donde lo desee, una necesidad, una oración, se ha cumplido. La idea de un ser sobrenatural puede despertar hasta cierto punto el poder de la acción en un hombre, pero esto también trae decadencia espiritual. Trae dependencia; miedo; superstición. Esto degenera una horrible creencia en la debilidad natural del hombre. No existe lo sobrenatural, dice el Yogui, pero existen densas y sutiles manifestaciones. Las sutiles son las causas y las densas los efectos. Las densas pueden percibirse a través de los sentidos; no son tan sutiles. La práctica del Raja Yoga te guiará a adquirir percepciones más sutiles.

El tema de este libro es la forma del Yoga conocido como Raja Yoga. Los aforismos de Patanjali son la jerarquía más alta del Raja Yoga y son los que forman este libro. Aunque otros filósofos difieran ocasionalmente en algunos puntos filosóficos del Patanjali han decidido acceder a su método de práctica. La primera parte de este libro contiene varias clases presentadas por el presente autor en Nueva York. La segunda parte es más bien una traducción gratuita de los alforismos (Sutras) de Patanjali, con comentarios aclaratorios. Se ha hecho esfuerzos para evitar en lo posible términos técnicos y mantener un estilo de conversación fácil y libre. En la primera parte se dan algunas instrucciones simples y específicas para los estudiantes que quieran practicar, pero sobre todo recuerden que el Yoga sólo puede aprenderse de manera segura directamente con un profesor. Si estas conversaciones logran despertar un deseo para mayor información acerca del tema, el maestro no faltara.

El sistema de Patanjali está basado en el sistema de los Sankhyas, la diferencia es muy poca. Las diferencias más importantes son: en primer lugar, que el Patanjali admite un Dios personal en la forma de un primer maestro, mientras que el único Dios de los Sankhyas admite que es un ser casi perfecto que está encargado temporalmente del ciclo de la creación. Los Yogis mantienen la mente equilibrada con el alma, o Parusha y los Sankhyas no lo hacen.

— Swami Vivekananda

— Cada alma es potencialmente divina.
El objetivo es manifestar en tu interior esta divinidad controlando la naturaleza, externa e interna.
Hacer esto ya sea por trabajo o culto, control físico o filosófico, de a uno, o más, o todos estos, y serás libre.
Esta es toda la religión. Doctrinas, dogmas, rituales, libros, templos, no son sino detalles secundarios.

Capítulo I

Todo nuestro conocimiento está basado en la experiencia. Lo que llamamos conocimiento inferencial, que es lo que va de lo general a lo particular, tiene como experiencia su base. Lo que llamamos las ciencias exactas, la gente encuentra fácilmente la verdad, porque esto atrae a las experiencias particulares de cada ser humano. El científico no dice que no creas en nada, pero sus resultados que provienen de su experiencia y razonamiento nos invitan a creer en sus conclusiones, el lo llama en cierta medida la experiencia universal de la humanidad. En cada ciencia exacta hay una base que es común en toda la humanidad, para que así podamos ver la verdad o los errores de las conclusiones a las que se ha llegado. Ahora, la pregunta es: Tiene la religión alguna base común en toda la humanidad o no? Tendré que responder ambas preguntas afirmativa y negativamente.

La religión, en general se enseña en todo el mundo, se suele decir que está basada en la fe y en la creencia, en la mayor parte de los casos, consiste solamente en diferentes conjuntos de teorías, y esa es la razón por la que encontramos todas las religiones peleándose unas con otras. Una vez, un hombre dijo que hay un Gran Ser sentado en el cielo que gobierna todo el universo, y me pidió que creyera únicamente en lo que él afirmaba. De igual forma, yo puedo tener mis propias ideas, y puedo pedirles a los demás que crean, y si me preguntan la razón por la que deben creer, no puedo darles ninguna. Esta es la razón por la que la religión y la metafísica tienen mala fama hoy en dia. Cada hombre educado parece decir, «Oh, esas religiones no son más que un conjunto de teorías sin ninguna prueba que lo confirme, pues cada hombre predice sus propios ideales». Sin embargo, la religión tiene una base de creencia universal, que gobierna las diferentes teorías y las diversas ideas de los diferentes cultos en diferentes países. Si vamos más allá encontramos que estas bases también están basadas en la experiencia humana.

En primer lugar, si analizamos las diferentes religiones del mundo, encontraremos que se dividen en dos tipos, aquellas con libros sagrados y aquellas sin las sagradas escrituras. Aquellas con libros sagrados son mucho más fuertes y tienen un mayor número de seguidores. Y aquellas sin las sagradas escrituras en su mayoría han desaparecido, y cuentan con pocos seguidores. Sin embargo, en todas estas religiones encontramos un consenso de opinión, que las verdades que enseñan son los resultados de las experiencias de determinadas personas. El cristianismo nos pide creer en su religión, creer en Cristo y creer en él como la encarnación de Dios, creer en Dios, en un alma y en un mejor estado del alma. Si le preguntamos la razón, él dice, él cree en nosotros. Pero si vas a la fuente de la cabeza del cristianismo encontrarás que está basado en la experiencia. Cristo dijo que vio a Dios; los discípulos dijeron sentirse Dios; y así sucesivamente. Asimismo, en el Budismo, se basa en la experiencia de Buda. El experimentó algunas verdades, las vió, entró en contacto con ellas, las predicó al mundo. Así como con los indus. Los Rishis o sabios quienes son llamados así en las escrituras declaran que experimentaron ciertas verdades y las predicaron. Así queda claro que todas las religiones del mundo se han construido de una única base universal, de todo nuestro conocimiento y experiencia directa. Todos los maestros vieron a Dios; todos vieron sus propias almas, su futuro, su eternidad y vieron lo que predicaban. La única diferencia que tenemos en la mayoría de estas religiones es que estas experiencias son imposibles en estos tiempos, solo fueron posibles por algunos hombres, que posteriormente dieron sus nombres a estas religiones. En la actualidad estas experiencias quedaron obsoletas, y por lo tanto, ahora tenemos que tomar la religión en la creencia. Esto se negó totalmente, si ha habido una experiencia en este mundo en cualquier rama del conocimiento, es que dicha experiencia se ha repetido durante millones de veces y se repetirá eternamente. La uniformidad es la ley de la naturaleza lo que una vez sucedió puede suceder siempre.

Por lo tanto, Los profesores del Yoga, manifiestan que la religión no se basa solo en en la experiencia de la antigüedad, sino en que un hombre puede ser religioso hasta que el tenga las mismas percepciones. ¿Por que hay tanto derramamiento de sangre y tanta disputa en el nombre de Dios? Ha habido más derramamiento de sangre en el nombre de Dios que por otra causa, quizas porque la gente nunca se dirigió a la fuente de la cabeza; se contentaron con solo dar un asentimiento mental a las costumbres de sus antepasados y querían que los otros hicieran los mismo. ¿Qué derecho tiene un hombre para decir que el tiene un alma si esté no la siente o que existe un dios si él no lo ve? Si existe un Dios debemos verlo, si existe un alma debemos percibirla; sin embargo es mejor no creer. Es mejor declararse atheista que ser un hipócrita. Por un lado, la idea moderna con el «sabio» es que la religión y la metafísica y la búsqueda de todo por un ser supremo son inútiles. Por el otro lado, con el instruido, la idea parece ser que todas las cosas no tienen base realmente; su único valor consiste en el hecho de que facilitan fuertes poderes que son motivos para hacer el bien al mundo. Si un hombre cree en Dios, puede que se vuelva bueno, y moral y así hacer buenos ciudadanos. No se puede culpar por tener tales ideas, viendo que las enseñanzas que consiguen creer estos hombres son simples historias sin ningún fondo detrás de ellas. ¿Acaso se puede vivir de las palabras? Y si se pudiera, no debería al menos respetar la naturaleza humana. El hombre quiere la verdad, quiere experimentar la verdad por sí mismo; Los vedas dicen que cuando el hombre haya experimentado esa verdad y la haya sentido dentro de sus corazones desaparecerán las dudas y toda la oscuridad se dispersará y la deshonestidad será enderezada. «Vosotros sois los hijos de la inmortalidad, incluso aquellos que viven en la más alta esfera, encontrarán el camino, hay una forma de salir de este camino de obscuridad, y esta es percibiendo a este Ser quien es mas allá de toda oscuridad; no hay otro camino».

La ciencia del Raja Yoga propone ante la humanidad un método científico y práctico para alcanzar esta verdad. En primer lugar, cada ciencia debe tener su propio método de investigación. Si usted quiere ser astronauta y se sienta solo a esperar a que llegue la astronomía, la astronomía no llegará a usted. Es lo mismo con la química, se debe seguir un cierto método. Debes ir a un laboratorio, tomar diferentes sustancias, mezclarlas, combinarlas, experimentar con ellas y es así que obtendrás un conocimiento de la química. Si quieres ser astronomo, debes ir a un observatorio, mirar a través del telescopio, estudiar las estrellas y planetas, y entonces serás un astrónomo. Cada ciencia debe tener sus propios métodos. Podría predicar miles de sermones, pero estos no te harán religioso, hasta que practiques el método. Estas son las verdades de todos los sabios de todos los países, de todas las épocas, de los hombres puros y desinteresados que no tenían motivo sino hacer el bien al mundo. Todos afirman/afirmaban que han/habían encontrado una verdad que va mucho más allá de nuestros sentidos y nos invitan/invitaban a verificarla. Ellos nos piden de retomar el método y practicarlo honestamente, y si no encontramos esta verdad superior, tendremos el derecho a decir que no existe tal verdad, pero si no lo hemos practicado, no tenemos el derecho de negar esta verdad de sus alegaciones. Así que debemos practicar fielmente con los métodos prescritos y la luz vendrá.

Al adquirir conocimientos hacemos uso de las generalizaciones, y lo general está basado en la observación. Primero observamos los hechos, y luego sacamos las conclusiones de los principios. Nunca se puede tener el conocimiento de la mente, de la naturaleza interna del hombre, del pensamiento hasta que tengamos primero el poder de observar los hechos que están sucediendo al interior/dentro. Es relativamente fácil observar hechos en el mundo exterior, porque se han inventado muchos instrumentos con este propósito, pero en el mundo interior no tenemos instrumentos para ayudarnos. Sin embargo, sabemos que debemos observar para tener una verdadera ciencia. Sin un buen análisis, ninguna ciencia sería posible—quedarían como simples teorías. Y por eso es que desde el principio de los tiempos muchos psicólogos han discutido entre ellos, excepto aquellos pocos que encontraron los medios de observación.

En primer lugar la ciencia de Raja Yoga propone darnos un tipo de medios de observación del mundo interior. El instrumento es la misma mente. El poder de atencion, correctamente guiada y dirigida hacia el mundo interior, analizaremos la mente e iluminaremos nuestros hechos. Los poderes de la mente son como rayos de luz disipados; cuando estos se concentran, iluminan. Este es nuestro unico medio de conocimiento. Todo el mundo los está utilizando tanto en el mundo exterior como en el interior; El psicólogo dirige la observación hacia el mundo interior, y el hombre científico lo dirige hacia el exterior; y esto requiere mucha práctica. Desde nuestra infancia nos han enseñado a prestar atención a las cosas externas, y nunca a las cosas internas, de ahí el porqué la mayoría de nosotros ha perdido la facultad de observar el mundo interno. Para activar la mente interior por así decirlo, dejamos salir las cosas del mundo exterior, concentramos nuestras energías, luego la proyectamos en nuestra mente, a fin de que pueda conocer su propia naturaleza y análisis, es un trabajo muy duro. Sin embargo es la única manera de que el científico se aproxime al tema.

¿De qué sirve este conocimiento? En primer lugar, no hay más recompensa que el conocimiento y segundo es muy útil. Quitará toda nuestra miseria. Cuando mediante el análisis de su propia mente, el hombre venga cara a cara, por así decirlo, con algo que nunca se ha destruido, algo como su propia naturaleza, eternamente pura y perfecta, el hombre no será más miserable, ni infeliz. Todas las miserias vienen del temor, del deseo insatisfecho. El hombre encontrará que nunca morirá, y entonces no tendrá más miedo a la muerte. Cuando el sepa que es perfecto, no tendrá más deseos superficiales y ambas causas estarán ausentes, no habrá miseria—habrá dicha, incluso mientras esté en el cuerpo.

Hay un solo método para lograr este conocimiento, a esto lo llaman concentración. El químico en su laboratorio concentra todas sus energías en un eje y los pone en los materiales que está analizando y así descubre sus secretos. El astrónomo concentra todas sus energías en su mente y las proyecta a través de sus telescopio sobre los cielos; y las estrellas; el sol, la luna, revelandole sus secretos. Cuanto más concentro mis pensamientos en el tema del que te estoy hablando, más luz te estoy enviando. Tu estás escuchándome y cuanto más concentras tus pensamientos, más claramente aprovecharas lo que tengo / quiero que decir.

¿Como se ha ganado el conocimiento? ¿Por la concentración de los poderes de la mente? El mundo está listo para renunciar a sus secretos si solo supiera como tocar, como dar el golpe necesario. La intensidad de la fuerza del golpe viene a través de la concentración. El poder de la mente humana no tiene límites. Cuanto más concentrada esté la mente, más poder se ejerce en un punto; este es el secreto.

Es fácil concentrar la mente del mundo exterior/de las cosas exteriores, la mente se inclina hacia lo exterior, pero no tanto como en el caso de la religión, o la psicología, o metafísica, donde el sujeto y el objeto son uno. El objeto es interno, la mente en sí es el objeto, y es necesario estudiar la mente—la mente estudia la mente. Sabemos que existe el poder de la mente llamada reflexión. Por ejemplo, estoy hablando contigo por así decirlo y al mismo tiempo hay una segunda persona que está escuchando lo que hablo. Pensamos y actuamos al mismo tiempo, mientras una porción de tu mente permanece y ve lo que estás pensando. Los poderes de la mente deben concentrarse y devolverse hacia el Yo, así como en los lugares más oscuros que revelan sus secretos al penetrar los rayos del sol. Así llegamos a la base de la creencia, la verdadera y genuina religión, así es como esta mente concentrada penetra en sus más íntimos secretos. Percibimos si tenemos alma, si la vida es corta o eterna, si hay un Dios en el universo o muchos más. Esto nos será revelado. Esto es lo que el Raja Yoga propone enseñar. El objetivo de toda esta enseñanza es como concentrar las mentes, como descubrir el interior de nuestra mente y cómo generalizar sus contenidos y formar nuestras propias conclusiones a partir de ella. Por lo tanto, nunca preguntes lo que nuestra religión es, si somos deístas o ateístas, cristianos, judíos o budistas. Somos seres humanos; eso es suficiente. Cada ser humano tienen el derecho y el poder de buscar una religión. Cada ser humano tiene el derecho de preguntar la razón y el porqué y responder así como responderse a sí mismo.

Hasta ahora vemos que en el estudio de Raja Yoga no hay fe o creencia necesaria. No creas en nada hasta que no te encuentres a ti mismo; eso es lo les enseñamos. La verdad no requiere apoyo para sostenerse. ¿Quieres decir que los hechos de nuestro estado mental no requieren sueños o imaginaciones para probarlo?. En realidad no. El estudio de Raja Yoga toma mucho tiempo para practicar y constancia. Una parte de esta práctica es física, pero en general es mental. Así es como se procede, encontraremos como el interior de nuestra mente está conectada con el cuerpo. Si creemos que la mente es la parte más delicada del cuerpo y que la mente actúa sobre el cuerpo, entonces es lógico que el cuerpo tiene que reaccionar en la mente. Si el cuerpo está enfermo, la mente se enferma también. Si el cuerpo está saludable, la mente permanece sana y fuerte. Cuando uno está enojado, la mente está perturbada. Del mismo modo cuando la mente está perturbada, el cuerpo también se ve afectado. En la mayoría de la humanidad la mente está bajo el control del cuerpo, su mente está muy poco desarrollada. La gran mayoría de la humanidad está muy apartada de los animales, no solo esto, pero en muchos casos, el poder de control de ellos es mucho mayor que el de los animales inferiores. Tenemos muy poco control nuestra mente. Por lo tanto para conseguir el control de nuestro cuerpo y mente, debemos poner en práctica ciertos métodos físicos. Cuando el cuerpo este suficientemente controlado, podemos intentar la manipulación de la mente. Mediante la manipulación de la mente, seremos capaces de dominarla, ponerla a trabajar como nos gusta y obligarla a concentrar los poderes como lo deseamos.

Según el Raja Yogi; el mundo externo no es sino una forma densa de lo interno, o de lo sutil. Lo delicado es siempre la causa, y lo denso es el efecto. Así el mundo externo es el efecto y el mundo interno la causa. De la misma manera en que las fuerzas externas son simplemente las partes más densas las fuerzas sutiles son las internas. El hombre que consiga descubrir y manipular las fuerzas internas tendrá la naturaleza bajo su control. El Yogi se propone nada más y nada menos que el objetivo de dominar el universo para controlar toda la naturaleza. Donde lo que llamamos leyes naturales no tengan influencian sobre él y en donde él será capaz de llegar más allá de ellas. Él será el maestro de toda naturaleza interna y externa. El progreso y la civilización de la raza humana significa simplemente el control de esta naturaleza.

Diferentes naciones tienen procesos diferentes para controlar la naturaleza. Al igual que algunos individuos quieren controlar lo externo y lo interno, algunas naciones también quieren controlar lo externo y lo interno. Algunos dicen que al controlar lo interno controlamos todo, y hay otros que dicen que si controlamos lo interno controlamos todo. Si lo llevamos al extremo ambos están en lo correcto, ya que en la naturaleza no existe tal división de lo interno o lo externo. Estas ficticias limitaciones nunca han existido. Los externalistas y las internalistas están destinadas a encontrarse en el mismo punto, cuando ambas alcancen el extremo de su conocimiento. Al igual que un físico cuando avanza su conocimiento hacia los límites, encuentra la metafísica, el metafísico encontrará lo que él llama materia y mente que no son más que aspectos distintos, la realidad de ser uno.

El fin y el objetivo de toda ciencia es encontrar la unidad, en la que la variedad se está creando, tal y como a la existente. Raja Yoga propone comenzar desde el mundo interno, estudiar la naturaleza interna y a través de esta controlar ambos—lo interno y lo externo. Es un método muy antiguo. En India ha sido su fortaleza pero no fue lo mismo en otras naciones. En Occidente se consideraba

CAPÍTULO I

como misticismo y aquellos que qusieron practicarlo fueron quemados o asesinados como brujos o hechiceros. Por diversas razones en India el Raja yoga cayó en manos de personas que destruyeron el 90% del conocimiento e intentaron hacer un gran secreto del resto. En tiempos modernos muchos de los llamados maestros han surgido en Occidente y son mucho peor que algunos maestros de la India, ya que en India se conocía algo, mientras que en Occidente no se conoce nada.

Algo que sea secreto y misterioso en este sistema de Yoga debe rechazarse de una vez. La mejor guía de la vida es la fortaleza. En la religión, como en los demás casos, se descarta todo lo que te debilita, no se hace nada con esto. El misterio debilita el cerebro humano. Esto casi ha destruido el Yoga—uno de los más grandes de la ciencia. Desde que el yoga fue descubierto, hace más de cuatro mil años, El Yoga fue delineado, y predicado en India. Es un hecho sorprendente que mientras mas moderno sea el predicador más errores comete, y mientras más antiguo sea el escritor más racional es. La mayoría de los escritores habla de un tipo de misterio. Así el Yoga cae en manos de pocas personas que lo hacen un secreto en lugar de dejar que el resplandor de la luz y la razón caigan sobre el. Esto lo hicieron para poder tener todos los poderes / esto lo hicieron porque pensaron que asi tendrian todos los poderes.

En primer lugar, no hay misterio en lo que se enseña. Lo poco que se sepa te lo diremos. Pero si hay algo que no sepa, te diré simplemente lo que los libros dicen. Es un error creer ciegamente. Debes ejercitar tu propia razón y criterio; debes practicar y ver si estas cosas pasan o no. Al igual que lo harías en cualquier otra ciencia que estudias. No hay misterio, ni peligro en esto. En lo que respecta a esta verdad, debera predicarse en las calles, en plena luz del dia. Ahora bien, cualquier intento de confundir estas cosas traerian un gran peligro.

Antes de avanzar mas, te diré un poco acerca de la lo único que es inmaterial. La mente es un instrumento, por así decirlo, en las manos del alma, a través del cual el alma capta objetos externos. La mente está siempre cambiando y vacilando constantemente y cuando se domina puede unirse a varios órganos a uno o a ninguno. Por ejemplo si escuchas el reloj con mucha atención quizás no veas nada aunque mis ojos estén abiertos, esto demuestra que la mente no está unida al órgano de la vista sino al órgano de la audición. Sin embargo, la mente es tan perfecta que puede unirse a todos los órganos simultáneamente. Este grado de percepción es lo que el Yogi desea alcanzar; concentrando los poderes de la mente e interiorizandolos, el Yogi busca saber lo que está pasando en el interior. Esto no es un asunto de creencia; esto es el análisis de varios filósofos. Los actuales fisiologistas dicen que los ojos no son el órgano de la visión, sino que están en el centro del cerebro, con todos los sentidos, así como también están formados del mismo material del cerebro. Los Shankyas también nos dicen lo mismo que lo primero es un estado físico y lo segundo psicológico, sin embargo ambos son los mismo. Nuestro campo de investigación va mucho más allá de las falsedades. filosofía de Shankya, sobre el cual todo el Raja Yoga está basado. Segun la filosofia de Shankya, el génesis de la percepción es el siguiente: Las emociones de los objetos externos son llevados por instrumentos externos hacia el centro del cerebro u organos, los organos llevan las emociones a la mente, la mente a la facultad determinada que se transmite a Purusha (el alma), este es el resultado de la percepción. A continuación se da la orden a los centros nerviosos para hacer lo necesario. Con excepción de Purusha todas estas cosas son material, pero la mente es mucho más sutil que los instrumentos externos. El material del cual la mente está compuesta va también para formar la materia sutil llamada Tanmatras. Esta se vuelve densa y hace la materia externa. Esta es la psicología de Shanky. Entonces entre el intelecto y la materia externa hay una sola diferencia de pocos grados. El Parusha es

El Yogi propone unir este sutil estado de percepción en la que él puede percibir los diferentes estados mentales. La podemos percibir como la sensación que viaja, como la mente que la recibe y cómo va a la facultad determinativa para llegar finalmente a Parusha. Como todas las ciencias el Raja Yoga requiere una cierta preparación y su propio método, que debe seguirse para que se comprenda.

Se necesitan aplicar ciertas regulaciones en cuanto a los alimentos; debemos utilizar los alimentos para que nos aporte una mente más pura. Por ejemplo, en un zoológico vemos a los elefantes tranquilos y amables pero si te vas hacia las jaulas de leones y tigres los encontraras mas agitados, la diferencia proviene de que el elefante es vegetariano y las fieras no. Toda la energía que produce nuestro cuerpo es por la comida; lo vemos cada dia. Si se comienza a ayudar, tu cuerpo se volverá débil, las fuerzas físicas y mentales sufrirán. En primer lugar la memoria fallara. Hasta llegar al punto en el que no podemos pensar ni razonar. Por lo tanto, al comenzar la práctica tenemos que cuidar el tipo de comida que comemos y cuando consigamos la fortaleza suficiente, cuando hayamos avanzado en nuestra práctica, no necesitaremos cuidarnos tanto al respecto. Es como cuando una planta crece que se la ha de cercar para protegerla de los posibles daños, pero en lo que se convierta en un árbol, se le quitaran las cercas, porque es bastante fuerte para resistir todo ataque.

Un Yogi debe evitar los dos extremos la lujuria y la austeridad. El no debe ayunar ni torturar a su carne. Según Gita, no puede ser un Yogi: el q ue ayuna, el que permanece despierto, el que duerme mucho, y trabaja demasiado, así mismo el que no trabaja, ninguno de los que hagan esto no puede ser un Yogi (Gita, VI 16)

Capítulo II
Las Primeras Etapas

El Raja Yoga se divide en ocho etapas. La primera de ellas es Yama: consiste en no matar, honestidad, no robar, continencia y en no recibir dádiva alguna. La segunda etapa es Niyama: Higiene, contentamiento, austeridad, estudio y entrega a Dios. La siguiente es Asana o postura; Pranayama o control de Prana; Pratyahara restringir los sentidos de sus objetos; Dharana fijando la mente en un punto; Dhyana o meditación; y Samadhi o superconciencia. El Yama y Niyama, como lo vemos son entrenamientos morales; sin estos como base la práctica del yoga no tendrá éxito. Una vez que estos dos estén establecidos, el Yogi comenzará a darse cuenta de los frutos de su práctica; sin estos el Yogi nunca verá los frutos. Un Yogi no debe pensar en herir a nadie de pensamiento, palabra u obra. La compasión no será únicamente para los hombres, sino que deberá ir más allá, y abrazar al mundo entero.

La siguiente etapa es Asana, postura. Una serie de ejercicios, físicos y mentales debe llevarse a cabo cada día, hasta que se alcancen ciertos estados superiores. Por lo tanto, debemos encontrar una postura en la que permanezcamos largo tiempo. Cada uno debe elegir la postura que le sea más confortable. Para meditar, una cierta postura puede ser muy fácil para un individuo, mientras que otra postura puede ser difícil. Más adelante encontraremos que durante este estudio de temas psicológicos una buena parte de la actividad se desarrolla/pasa en el cuerpo. Las corrientes nerviosas tendrán que desplazarse y cederse a un nuevo canal. Comenzarán nuevos tipos de vibraciones, por así decirlo y la constitución entera será remodelada. Pero la principal parte de la actividad se encuentra a lo largo de la columna vertebral, entonces lo más necesario para la postura es mantener la columna vertebral libre, sentado erguido manteniendo las tres partes pecho, cuello y cabeza en línea recta. Deja que todo el peso del cuerpo lo soporten las costillas, y así se logrará una postura natural con la columna recta. Fácilmente veras que que no puedes tener pensamientos elevados con el pecho hundido. Esta parte del Yoga es un poco similar a la de Hatha Yoga que se ocupa totalmente del cuerpo físico su objetivo es hacer que el cuerpo físico sea mas fuerte. No tenemos que hacer esto con este tipo de Yoga, ya que practicarlo es muy difícil, y no se puede

CAPÍTULO II : LAS PRIMERAS ETAPAS

aprender en un dia, y despues de todo, no guían/ayudan mucho al crecimiento espiritual. Muchas de estas prácticas las puedes encontrar en Desalter y otros maestros, como colocar el cuerpo en diferentes posturas, pero el objetivo de estas son fisicos, no psicologicos. No hay un solo músculo en el que el hombre no pueda establecer un perfecto control. El corazón puede pararse o seguir bajo su control y cada parte del organismo puede ser igualmente controlado.

El resultado de esta rama del Yoga es hacer que el hombre viva más tiempo; la salud es la idea principal, el único objetivo de Hatha Yogi. El hombre está decidido no enfermarse, y nunca lo hace. El vive mucho tiempo; cien años no son nada para él, él está joven y fresco incluso cuando tiene 150 años, sin un cabello gris. Pero eso es todo. Un árbol de banyan vive a veces hasta 5000 años, pero es solo un árbol de banyan, nada más. Así que, si un hombre vive mucho tiempo, el no es más que un animal saludable. Una o dos lecciones comunes del Hatha Yogis es que son muy útiles. Por ejemplo, algunos de ustedes encontrarán que para aliviar el dolor de cabeza es bueno ingerir agua fría por la nariz al levantarte. Todo el dia tu cerebro estará bien y fresco, y nunca contraeras resfriado. Es muy fácil de hacer; pon agua en tu nariz, haciendo actuar como bomba en la garganta.

Después que uno ha aprendido a sentarse erguido, se tiene que realizar, según ciertas escuelas, una práctica llamada la purificación de los nervios. Esta parte ha sido rechazada por algunos que no pertenecen al Raja Yoga, pero como lo aconseja una gran autoridad como lo es el comentador Shankaracharya, creo que lo adecuado es que sea mencionado, y citaré sus propias instrucciones del comentario de Shvetashvatara Upanishad: «La mente cuya escoria ha sido limpiada por Pranayama, se vuelve Brahman; por lo tanto se declara Pranayama. primero los nervios se purifican, luego viene el poder para practicar pranayama. Tapando la fosa nasal derecha con el pulgar aspira el aire por la fosa nasal izquierda, según la capacidad. Luego, sin intervalo, exhala el aire de la fosa nasal derecha, tapando la izquierda. De nuevo inhala por la derecha y exhala por la izquierda, según la capacidad de aire que puedas contener; practicando tres o cinco veces al día, antes del amanecer, durante el mediodía, al atardecer y a la medianoche, en quince días o en un mes se logra la pureza de los nervios; a partir de ahí, comienza el Pranayama».

La práctica es absolutamente necesaria. Puede sentarse y escuchar por horas cada dia, pero si no practica, no conseguirá avanzar un paso. Todo depende de la práctica. Nunca entendemos estas cosas hasta que no las experimentamos. Tendremos que verlas y sentirlas por nosotros mismos. Con solo escuchar las explicaciones y las teorías no lo harás. En la práctica se pueden presentar algunos obstáculos. El primer obstáculo es un cuerpo enfermo; si el cuerpo no esta en buen estado, la práctica será un impedimento. Así que debemos mantener nuestro cuerpo en buena salud, tenemos que cuidar lo que comemos bebemos y lo que hacemos. Usa siempre el esfuerzo mental, eso que llaman ciencia cristiana para mantener el cuerpo fuerte. No debemos olvidar que la salud es solo un medio para llegar a un fin. Y si la salud fuera el fin, seríamos como animales; los animales rara vez se enferman.

El segundo impedimento es la duda; siempre tenemos dudas con las cosas que no vemos. Sin embargo el hombre no puede vivir de palabras aunque lo intente. Así que las dudas vienen a nosotros así haya verdad alguna o no. Incluso el mejor de nosotros dudara algunas veces. Con la práctica, en unos pocos días, una luz vendrá, y será suficiente para darnos coraje y esperanza. Como dice un pensador de la filosofía Yoga: Cuando se haya logrado una prueba, no importa cuán pequeña sea, nos dará fe en toda la enseñanza del Yoga. «Por ejemplo, después de varios meses de practica, comenzara a descubrir que puede leer los pensamientos de otros; estos llegaran a usted a través de imágenes. Quizás escuchara lo que está pasando a larga distancia, cuando concentre su mente con algo que quiere oir. Estas luces llegarán primero en pedacitos, pero no serán lo suficiente para darte fe; fuerza y esperanza. Por ejemplo, si concentras, tus pensamientos en la punta de tu nariz, en pocos días comenzarás a oler las más ricas fragancias, que serán lo suficiente para mostrarte que hay ciertas percepciones que pueden hacerse obviamente sin el contacto físico de los objetos. Sin embargo, debemos siempre recordar que estos no son más que los medios; el objetivo, el final, de este entrenamiento es la liberación del alma. El objetivo debe ser nada más y nada menos que el control de la naturaleza. Debemos ser los maestros y no los esclavos de la naturaleza, ni el cuerpo ni la mente deben ser nuestros maestros, no debemos olvidar que el cuerpo es de uno, y no Yo del cuerpo.

Un dios y un demonio fueron a aprender acerca del Ser donde un gran sabio. Aprendieron con él por mucho tiempo. Al final el sabio les dijo, «Ustedes son el Ser que están buscando. «Ambos pensaron que sus cuerpos eran el Ser. Regresaron a su pueblo satisfechos y dijeron: «Aprendimos todo lo que había que aprender; comer; beber y casarse; somos el Ser; no hay nada más allá.» La naturaleza del demonio era ignorante; nublado; así que el nunca pregunto más allá, pero estaba contento con la idea de que era Dios, que el Ser significaba el cuerpo. El dios tenía una naturaleza pura. Primero cometió el error de pensar: Yo, soy este cuerpo Brahman: así que mantenlo fuerte y sano, y bien vestido y dale todo tipo de diversión. Pero en pocos días, el se dio cuenta de que eso no podría ser el significado del sabio; su maestro; debe haber algo más superior. Entonces regresó y dijo » ¿Señor, me enseñaste que este cuerpo es el Ser? Si es asi, Veo todos los cuerpos morir; el Ser no puede morir.» El sabio dijo, « Sigue buscando; tu eres eso.» Entonces el dios pensó que las fuerzas vitales que trabajan el cuerpo eran lo que el sabio decía. Pero después de un tiempo, encontró que si comias, estas fuerzas vitales permanecían fuertes, pero si él estaba hambriento, se volvían débiles. Entonces el dios regresó a ver al sabio y dijo, «¿Señor, significa que las fuerzas vitales son el Ser? « El sabio dijo, « Sigue buscando, tu eres eso ». El dios regreso a casa una vez más, pensando lo que estaba en su mente, quizás eso era el Ser. Pero en poco tiempo vio que los pensamientos eran diferentes ahora buenos, de nuevo malos, La mente era demasiado cambiante para ser el Ser, nuevamente regreso con el sabio y le dijo, « Señor, no creo que la mente sea el Ser, ¿Acaso significa eso? « No, contestó el sabio »Tú eres eso, descubrelo tu mismo». El dios regreso a casa, y finalmente encontró que el era el Ser, más allá de todo pensamiento, el Uno, sin nacimiento, ni muerte, a quien la espada no puede perforar, el fuego quemar, a quien el aire no puede secar y el agua mojar, sin principio y sin fin; el inmutable, intangible, omnisciente, omnipotente Ser. No era ni el cuerpo, ni la mente, va más allá de todo aquello. Así que quedo satisfecho, pero el pobre demonio no encontró la verdad debido a su afición por el cuerpo.

Este mundo está lleno de demonios y dioses. Si nos proponemos a enseñar alguna ciencia para aumentar el poder de gratificación, nos encontramos listos para esto. Si nos comprometemos a mostrar el objetivo supremo, encontramos que pocos lo escuchan. Muy pocos tienen el poder para comprender lo más elevado, pocos aún tienen la paciencia para llegar a el. Pero también muy pocos saben que incluso si el cuerpo puede estar hecho para vivir mil años, al final el resultado será el mismo. Cuando las fuerzas que se mantienen unidas se alejan, el cuerpo tiene que caer. No ha nacido el primer hombre que pueda detener su cuerpo un momento para transformarlo. El cuerpo es el nombre de una serie de cambios. « Como en un río, las masas de agua están cambiando ante ti cada momento, y nuevas masas llegan, pero tomando forma similar, eso es lo que pasa con tu cuerpo. «Todavía el cuerpo debe mantenerse fuerte y saludable. Este es el mejor instrumento que tenemos.

El cuerpo humano es el cuerpo más maravilloso del universo, y el ser humano el más maravilloso de los seres. El hombre es superior a todos los animales, a todos los ángeles; ninguno es más maravilloso que el hombre. Incluso las Devas (dioses) tendrán que bajar otra vez y alcanzar la salvación a través del cuerpo humano. Ni siquiera las Devas alcanzan la perfección solo lo hace el hombre. Según los jesuitas y los musulmanes, Dios creo el hombre después de crear a los ángeles y todo lo demás, después de crear al hombre, Dios le pidió a los ángeles de venir y saludarlo, y todos lo hicieron excepto Iblis; así que Dios lo maldijo y él se convirtió en Satán. Detrás de esta alegoría existe la gran verdad y es que el nacimiento del humano es el nacimiento más maravilloso que podemos tener. La creación inferior, es la de animal, carece de inteligencia, y creada mayormente de tamas. Los animales no pueden pensar; no pueden ser ángeles, o Devas, no pueden alcanzar la libertad sin antes nacer humanos. De la misma manera, en la sociedad humana, demasiada riqueza o demasiada pobreza es un gran impedimento para que el alma tenga un desarrollo elevado. Es por eso que en la clase media las fuerzas están más equilibradas y balanceadas y esto hace que surjan grandes seres.

Volviendo a nuestro tema, la siguiente etapa es el Pranayarna, el que controla la respiración. ¿Qué tiene eso que ver con la concentración de los poderes de la mente? Respirar es como la rueda rodante de la máquina, el cuerpo.

En esta gran maquina vemos primero moverse la rueda y ese movimiento es transmitido a la más fina maquinaria hasta que el mecanismo más fino y delicado este en movimiento. El respiro es la rueda, que suministra y regula la energía motriz de todo este cuerpo.

Había una vez un ministro del gran rey, que cayó en desgracia. El rey como castigo ordenó que se le encerrara en la parte superior de la torre más alta. Esto fue hecho y el ministro fue dejado ahí hasta que pereciera. Sin embargo, el tenia una fiel esposa que fue a la torre en la noche y llamó a su esposo para saber ¿qué era lo que ella podía hacer para ayudarlo? El le dijo que regresara a la torre la noche siguiente, y llevará una larga cuerda, un paquete de hilo, hilo de seda, un escarabajo y un poco de miel. Sin preguntar demasiado, la buena esposa obedeció a su marido , y le llevó los artículos pedidos. Le indico atar firmemente el hilo de seda al escarabajo, luego que le untara a las antenas una gota de miel y que lo dejara libre en el muro de la torre con la cabeza hacia arriba. Ella obedeció todas las instrucciones, y el escarabajo comenzó su largo viaje. Olfateando la miel, se arrastró hacia adelante con la esperanza de alcanzar la miel, hasta que finalmente alcanzó la cima de la torre, donde el ministro lo agarro y tomó posesión del hilo de seda. Le dijo a su esposa para atar el otro extremo al paquete de hilo y después con el cordel y así sucesivamente repitio el mismo proceso al final lo hizo con la cuerda. Después el resto fue fácil. El ministro descendió de la torre por medio de la cuerda y escapó. En nuestro cuerpo el movimiento respiratorio es «el hilo de seda»; sujetando y aprendiendo a controlarlo cogemos el hilo de las corrientes nerviosas y de estas el cordón de nuestros pensamientos y finalmente cogemos la cuerda de Prana la que controlamos para alcanzar la libertad.

No sabemos nada de nuestros propios cuerpos; por supuesto que no podemos saberlo. En el mejor de los casos podemos agarrar un cadáver y cortarlo en pedazos, hay algunos que agarran un animal y lo cortan para ver lo que está dentro del cuerpo. Sin embargo, nada tiene que ver con nuestros propios cuerpos, sabemos muy poco de ellos. ¿Por qué no sabemos nada? Porque nuestra atención no discrimina lo suficiente como para atrapar los finos movimientos que van a nuestro interior. Podemos saber de ellos únicamente cuando la mente se vuelve más sutil y entra, por así decirlo, en lo más profundo de nuestro cuerpo. Para conseguir la percepción sutil, debemos comenzar con las percepciones más densas. Tenemos que conseguir poner en marcha todo el motor. Esto es el Prana, la más clara manifestación de lo que es la respiracion. luego, mediante la respiración, entraremos poco a poco en el cuerpo, en el que nos daremos cuenta de las fuerzas sutiles, las corrientes nerviosas que se están moviendo por todo el cuerpo. Tan pronto las percibamos y aprendamos a sentirlas, comenzaremos a tener el control de ellas, y sobre el cuerpo. La mente también se encuentra en movimiento, por diferentes corrientes nerviosas, finalmente alcanzaremos el estado del control perfecto sobre el cuerpo y la mente, haciendo de ambos nuestros sirvientes. El conocimiento es poder. Tenemos que conseguir este poder. Entonces debemos comenzar por el principio, con Pranayama, dominando el Prana. Este Pranayama es un largo tema, y tomará varias lecciones para explicarlas completamente.

Poco a poco veremos las razones de cada ejercicio y que fuerzas en el cuerpo se ponen marcha. Todas estas cosas llegaran a nosotros, pero requiere una práctica constante, y la prueba llegará con la práctica. Ninguna de las razones que yo puedo dar serán una prueba, hasta que ustedes no la hayan demostrado. Tan pronto comiences a sentir estas corrientes, las dudas se desvanecerán, pero eso sí esto requiere de la práctica cada dia. Debes practicar al menos dos veces cada día, y los mejores momentos son en la mañana y en la noche. Cuando amanece y anochece un estado de relativa tranquilidad surge. Bien temprano en la mañana y al comienzo de la noche son los dos periodos más tranquilos. Tu cuerpo tendrá tendencia a volverse tranquilo en esos momentos. Debemos tomar ventaja de esa condición natural y comenzar entonces la práctica. Como norma no comas hasta que no hayas practicado, si haces esto, la fuerza del hambre romperá su pereza. En India le enseñan a los niños a no comer hasta que no hayan practicado o hecho algún culto, y después de cierto tiempo esto se hace algo natural; un niño no sentirá hambre hasta que se haya bañado y practicado.

Aquellos que puedan, tener una habitación disponible para esta práctica. No duerman en esta habitación, esto debe mantenerse un lugar sagrado. No debes entrar en la habitación hasta que te hayas bañado y tu cuerpo y tu mente estén perfectamente limpios. Coloca siempre flores en la habitación; ellas dan el mejor ambiente para un yogi; también coloca cuadros que sean agradables. Quema incienso en la mañana y en la noche. No tengas discusiones, ni rabia, ni pensamientos impuros en esa habitación. Solo permite entrar a esas personas que tienen el mismo pensamiento que tu. Entonces poco a poco habrá atmósfera de santidad en la habitación, de modo que cuando te sientas desdichado, triste, con dudas o que tu mente está perturbada, el hecho de entrar en la habitación te dará tranquilidad. Esta fue la idea del templo y de la iglesia y en algunos templos e iglesias, aún encontraras esto, pero en la mayoría de ellos esta idea se ha perdido. La idea es que manteniendo estas sagradas vibraciones el lugar se vuelve y se mantiene iluminado. Aquellos que no pueden permitirse tener un habitación aparte pueden practicar en donde quiera que les guste. Sentados con una postura derecha, lo primero que hay que hacer es enviar una corriente de pensamientos santos a toda la creación. Y repetir mentalmente,» Deja que todo ser sea feliz; deja que todo ser tenga paz, deja que todo ser sea bendecido.» Haz esto hacia el este, sur, norte y oeste. Mientras más repitas esto más, te sentirás feliz contigo mismo. Finalmente encontrarás que el camino más fácil de estar sanos es ver que los otros están sanos, y que la forma más fácil de ser felices es ver a los otros ser felices. Después de hacer todo esto, aquellos que creen en Dios deberían orar—pero no por dinero, ni por salud, ni por el cielo; orar por tener conocimiento y luz; toda otra oración es egoísta. Después, la siguiente cosa que hay que hacer es pensar en tu propio cuerpo, y ver que este es fuerte y saludable; es el mejor instrumento que tienes. Piensa en el como si es un diamante fuerte, y que con la ayuda de tu cuerpo cruzarás el océano de la vida. La libertad nunca la alcanzaras por la debilidad. Aleja toda debilidad. Dile a tu cuerpo que es fuerte, dile a tu mente que es fuerte y ten infinita fe y esperanza en ti mismo.

Capítulo III
Prana

Pranayama no es como muchos piensan, que es algo como la respiración; En efecto, la respiración no es más que una relación con esta, o nada. La respiración es uno de los muchos ejercicios en los que a través llegamos al verdadero Pranayama. Pranayama significa el control de Prana. Según los filósofos de India, el universo está compuesto de dos materiales, uno de los cuales lo llaman Akasha. Es la existencia omnipresente que penetra en todo. Todo lo que se forma, es el resultado de una combinación, que se desarrolló de Akasha. Es el Akasha que se convierte en aire, líquidos, sólidos; es el Akasha que se convierte en el sol, la tierra, la luna, las estrellas, los cometas; es el Akasha que se convierte en el cuerpo humano, en el cuerpo de animal, en plantas, en cada forma que vemos, en todo lo que puede sentirse, todo lo que existe. Es todo lo que puede percibirse; es tan sutil que va más allá de toda percepción ordinaria; únicamente puede verse cuando se vuelve densa, y ha tomado forma. Al principio de la creación existía solamente Akasha. Al final de los ciclos sólidos, los líquidos y los gases se consumiran en el Akasha otra vez, y la próxima creación del mismo modo se originara de Akasha.

¿De qué poder está hecho Akasha en este universo? Está hecho por el poder de Prana.

Así como Akasha es el infinito, el material Omnipresente de este universo, así es Prana infinito, el omnipresente que manifiesta el poder de este universo. Al principio y al final de un ciclo todo se convierte/vuelve en Akasha y todas las fuerzas que están en el universo retornan al Prana; En el siguiente ciclo, todo lo que llamamos energía y fuerza evolucionó de Prana. Esto es el Prana que se manifiesta como movimiento, gravitación, y magnetismo. Es el Prana que se manifiesta como las acciones del cuerpo, como las corrientes nerviosas, como pensamientos de fuerza. Descendiendo desde el pensamiento hasta las fuerzas más inferiores, esto no es sino la manifestación del Prana. La suma total de todas las fuerzas en el universo, mentales o físicas, que cuando vuelven a su estado original, se le llama Prana. «Cuando no había nadie ni nada, cuando la oscuridad cubría la oscuridad, ¿Que existía entonces? Ese Akasha existía sin movimiento». El movimiento físico del prana se detuvo, pero existía al mismo tiempo.

Al final de un ciclo las energías ahora aparecen apacibles en el universo y se vuelven potencia. Al comenzar un ciclo las energías comienzan a encontrarse con el Akasha y así se desarrollan estas diferentes formas, el Akasha se transforma, y este Prana también se transforma en todas las manifestaciones de energía. El conocimiento y el control de este prana es realmente lo que significa Pranayama.

Esto nos abre un portal casi de poder ilimitado. Supongamos que por ejemplo un hombre ha comprendido perfectamente lo que es el Prana, y puede controlarlo, ¿Que poder tendría él en la tierra? Quizás sería capaz de mover el sol y las estrellas de sus lugares, porque él controlaría el Prana. Este es el principio del objetivo de Pranayama Cuando un hombre se vuelve perfecto, no habrá nada en la naturaleza que no esté bajo su control. Si ordena que los dioses o las almas de los difuntos vengan, ellos vendrán a su disposición. Todas las fuerzas de lo natural le obedecerán como sus esclavos. Cuando la persona no conoce los poderes del Yogi, lo llaman milagros. Una particularidad de la mente Hindú es que siempre averigua acerca de la generación, dejando los detalles para trabajar luego. Esta pregunta fue planteada en los Vedas, « Que es el saber, sabremos todo? » Por lo tanto los libros y las filosofías que se han escrito, han sido para demostrar al conocimiento/saber que todo es conocido. Si un hombre quiere conocer este universo pedacito por pedacito tiene que conocer cada grano de arena, lo que significa tener un tiempo infinito; no podremos saber todo del universo. Entonces, ¿Cómo se puede tener el conocimiento? ¿Como puede ser que el hombre conozca todo el conocimiento a través de partículas? Los yogis dicen que detrás de esta manifestación particular hay una generalización. Detrás de cada idea particular hay un principio generalizado, abstracto, que al comprenderlo, habrás comprendido todas las cosas. Así como este universo ha sido generalizado por los Vedas como la única existencia, quien comprenda esta existencia comprenderá el universo, también todas las fuerzas se han generalizado en el Prana, y quien ha comprendido el Prana ha comprendido todas las fuerzas del universo, mentales o físicas. Aquel que ha controlado el Prana ha controlado su propia mente, y todas las fuerzas del cuerpo que existen, porque el Prana es la manifestación generalizada de la fuerza.

La única idea de Pranayama es cómo controlar el Prana. Todos los entrenamientos y ejercicios con relación a esto tienen un fin. Cada hombre debe comenzar donde se encuentre, debe aprender cómo controlar las cosas que están cerca de el. Este cuerpo está muy cerca de nosotros, más cerca que ninguna otra cosa en el universo externo y la mente aún mucho más cerca de todo. El Prana que trabaja esta mente y este cuerpo esta mucho mas cerca de nosotros y de todo el

Prana en este universo. La pequeña ola del Prana que representa nuestras energías mentales y físicas están más cerca de nosotros que todas las olas del infinito océano de Prana. Si podemos lograr a controlar esta ola, entonces tenemos la posibilidad de controlar todo el Prana. El Yogi que lo que ha hecho es ganar la perfeccion, ya no está bajo ningun poder. Se vuelve casi todopoderoso, casi omnisciente. Vemos sectas en diferentes países que han intentado controlar el Prana. En estos países hay sanadores de la mente, sanadores de la fe, espiritualistas, científicos cristianos, hipnotizadores etc. y si examinamos estos diferentes cuerpos, encontraremos detrás de cada uno el control del Prana, lo sepan o no. Si las teorías se reducen, el resto será eso. Es una sola fuerza la que ellos están manipulando, sin saberlo. Ellos se tropezaron con el descubrimiento de la fuerza y la están usando inconscientemente sin conocer su naturaleza/esencia, sin embargo esta fuerza es la misma que usa el yogi, y que viene del Prana.

El Prana es la fuerza vital de cada ser. El pensamiento es la acción más sutil y elevada del Prana. Una vez más, vemos que el pensamiento no lo es todo que también existe algo que llamamos instinto o pensamiento inconsciente, el nivel más inferior de la acción. Si un mosquito nos pica, automáticamente e instintiva movemos nuestra mano para pegarle. Esta es una acción/expresión del pensamiento. Todo reflejo de la acciones del cuerpo pertenecen a este nivel de pensamiento. De nuevo hay un nivel de pensamiento, la conciencia. Yo razono, juzgo, creo, pienso veo los pro y los contra de varias cosas, pero eso no es todo. Sabemos que la razón es limitada. La razón sólo puede ir hasta cierto punto, más allá de lo que podemos alcanzarla. El círculo donde se mueve es muy limitado. Sin embargo, al mismo tiempo encontramos hechos que entran rápidamente a este círculo. Como la venida de cometas; lo cierto es que viene fuera del límite, aunque nuestra razón no pueda ir más allá. Las causas de este fenómeno se imponen en los pocos limites que están fuera de el. La mente puede existir en un plano más superior, lo llamamos superconciencia. Cuando la mente ha alcanzado este estado, llamado Samadhi concentración perfecta, superconciencia, la mente va más allá de los límites de la razón y se enfrenta con hechos que ni el instinto ni la razón pueden conocer. Todas las manifestaciones de las fuerzas sutiles del cuerpo y las diferentes manifestaciones de prana, si se ejercitan dan un empuje a la mente, la ayudan a elevarse y la vuelven superconsciente desde donde se actúa.

Todos los planos de este universo están constituidos por una sola esencia. Físicamente solo hay un universo: No existe diferencia entre tu y el sol. El científico te dirá que es solo ficción por decir lo contrario. Pero no existe diferencia entre la mesa y yo; la mesa es un punto en la masa de la materia y yo otro punto.

Cada forma representa, por así decirlo, un remolino en el océano infinito de la materia, el cual no es constante. Así como en una corriente puede haber millones de remolinos, en cada uno de ellos el agua es diferente, giran y giran por unos pocos segundo y luego siguen reemplazados por otros, entonces el universo es un constante cambio de masa de materia, en la que sus formas de existencias son muchos remolinos. La masa de la materia entra en uno de los remolinos, supongamos que es un cuerpo humano, permanece ahí durante un tiempo, se transforma, y va hacia otro cuerpo, supongamos que ahora es el cuerpo de un animal, que después de varios años, entra en otro remolino que se transforma en mineral. Todo este proceso es un constante cambio, no solo el cuerpo es constante. No hay tal cosa como mi cuerpo es tu cuerpo, como en las palabras. De una inmensa masa de la materia un punto es llamado luna, sol, hombre, tierra, planta, y mineral. Ninguno es constante pero se transforman, la materia siempre estarán mezclandose y desintegrándose. Igual ocurre con la mente. La materia está representada por el éter; cuando la acción del Prana es más sutil, este éter se vuelve el estado más fino de la vibración, que representará a la mente y seguirá siendo una masa continua. Si puedes tener fácilmente una vibración sutil, verás y sentirás que todo el universo está compuesto de vibraciones sutiles. A veces algunas drogas tienen el poder de elevarnos..... Muchos de ustedes podrán recordar el famoso experimento de el señor Humphrey davy, cuando el gas hilarante lo dominó, durante la conferencia permaneció inmóvil, estupefacto y después de eso dijo que todo el universo estaba hecho de ideas. En ese momento, las vibraciones cesaron, y solo las vibraciones sutiles las que él llamaba idea se le manifestaron. Solo pudo ver las vibraciones sutiles alrededor de él; todo se había vuelto pensamiento; todo el universo era un océano de pensamientos, él y todos los demás se volvieron pequeños remolinos del pensamiento.

Así que, incluso en el universo de pensamiento encontramos unidad, y al final cuando llegamos al ego, sabemos que el ego puede ser uno. Más allá de las vibraciones de la materia en su aspecto denso y sutil, más allá del movimiento solo hay uno. Incluso en el movimiento solo se manifiesta una unidad. Estos hechos pueden más o menos negarse. Los físicos modernos también han demostrado que la suma total de las energías en el universo existe en dos formas. Esto se vuelve potencial moderado y tranquilo, y después viene a manifestarse en sus diversas fuerzas. de nuevo regresa a su estado tranquilo y de nuevo se manifiesta. Así va evolucionando e involucrándose a través de la eternidad. El control de este Prana, como se indicó antes se llama Pranayama.

La más obvia de la manifestación de este Prana en el cuerpo humano es el movimiento de los pulmones. Si dejan de funcionar todas las manifestaciones de las fuerzas del cuerpo inmediatamente se detendrán. Pero hay algunas personas que pueden entrenarse de tal manera que el cuerpo vivirá, incluso si los movimientos se han detenido. Hay algunas personas que pueden enterrarse por dias y todavia viven sin respirar. Para alcanzar lo sutil debemos tener la ayuda de todo, y entonces despacio viajamos hacia lo más sutil hasta que ganemos nuestro punto. Pranayama realmente significa controlar este movimiento de los pulmones y este movimiento está asociado con la respiración. Este movimiento se extrae del aire por la acción del bombeo. El prana mueve los pulmones, el movimiento de los pulmones extrae el aire. Entonces, Pranayama no es la respiracion, pero controla la energía muscular que mueve los pulmones. Esa energía muscular que va a través de los nervios hacia los músculos y de ellos a los pulmones, haciendo que se mueven de cierta manera es el Prana, que tenemos que controlar en la práctica del Pranayama. Cuando el Prana se ha controlado, entonces inmediatamente encontraremos todas las otras acciones del prana en el cuerpo vendrán despacio bajo control. Yo mismo he visto hombres que han controlado casi todos los músculos del cuerpo; Y por qué no? Si tengo el control de ciertos músculos por qué no controlar cada músculo y cada nervio del cuerpo? Que lo impide? En la actualidad, el control está perdido, y el movimiento se ha vuelto automático. No podemos mover nuestras orejas por voluntad propia, pero sabemos que los animales lo hacen, no tenemos el poder porque no practicamos. Esto es lo que se llama Atavismo.

Nuevamente, sabemos que el movimiento se ha vuelto latente y que puede llevarse a la manifestación. Por el trabajo duro y la práctica ciertos movimientos del cuerpo que en su mayoría están inactivos pueden llevarse bajo el perfecto control. Así que razonando encontramos que no es imposible, pero por otro lado hay una probabilidad de que cada parte del cuerpo pueda llevarse bajo el perfecto control. Este es el Yogi que lo hace a través del Pranayama. Quizás alguno de ustedes ha leído que en Pranayama , cuando extraes el aire , debes llenar todo tu cuerpo con el Prana. En la traducción al inglés Prana es como respirar y te cuesta preguntar como esto es posible. El error es del traductor. Cada parte del cuerpo puede estar llenado con Prana, la fuerza vital y cuando seas capaz de hacer esto , podrás controlar todo tu cuerpo. Toda enfermedad y miseria que se sienta en el cuerpo será perfectamente controlada ; no solamente esto ; sino que serás capaz de controlar otros cuerpos. Todo es contagioso en este mundo bueno o malo por ejemplo si tu cuerpo está en cierta tensión, tendrá tendencia a producir la misma tensión en otros. Si eres fuerte y saludable esos que viven cerca de ti tendrán tendencia a ser sanos y fuertes, pero si estas enfermo y débil, aquellos que están alrededor de ti sentirán los mismo. En el caso que un hombre intente de curar a otro, primero, la idea más simple es transmiti tu salud a la otra persona. Este es un tipo primitivo de curación. Consciente o inconscientemente la salud puede transmitirse. Un hombre fuerte que vive con un hombre débil lo hará un poco fuerte aunque lo sepa o no. Cuando se hace consciente la acción se hace mas rapida y mejor. Luego vienen los casos en que un hombre no está muy sano, sin embargo puede sanar a otro. En tal caso, el primer hombre tiene un poco mas de control sobre el Prana y puede despertar por el momento su Prana, por así decirlo, un cierto estado de vibración y transmitirlo a otra persona.

Hay algunos casos donde estos procesos se han llevado a la distancia, pero en realidad no hay ninguna distancia en el sentido de un intervalo / ruptura. ¿Donde esta la distancia que tiene una ruptura / intervalo? Hay una ruptura entre usted y el sol? Esto es una masa continua de la materia, el sol es una parte y tu otra. ¿Existe una ruptura entre una parte de un río y otro? Entonces por qué no puede viajar la fuerza? No existe razón contra esto. Los casos de curación a distancia son pura realidad. El Prana puede transmitirse a una gran distancia; pero hay casos genuinos, hay cientos de fraudes. Este proceso de curación no es tan fácil como se piensa. En la mayoría de los casos comunes de curación, encontrarás que los curanderos simplemente aprovechan del estado natural de salud del cuerpo humano. El alópata viene y trata a pacientes con cólera y les da sus medicamentos. El Homeópata prescribe sus medicinas y quizás cure más enfermos que lo que el alópata hace, porque el homeópata no molesta a sus pacientes, sino que permite que la naturaleza trate con ellos. El curandero cura más que todos porque él aporta la fuerza de su mente para dar y despertar a través de la fe, el adormecido Prana del paciente.

Los curanderos comenten un error constantemente: Ellos piensan que la fe cura directamente al hombre. Pero la fe no cubre todo el terreno. Hay enfermedades donde los peores síntomas son que el paciente nunca siente que tiene esa enfermedad. Esa extraordinaria fe del paciente es el síntoma de la enfermedad y a menudo indica que el morirá rápidamente. En muchos casos el principio de que la fe cura no es aplicado. Si se tratara solo de la fe, estos pacientes se curarian. La verdadera curación viene del Prana. El hombre puro, que ha controlado el Prana, tiene el poder de llevarla hasta un cierto estado de vibración, y que puede ser transmitido a los demás, despertando en ellos una vibración similar. Tu puedes verla en acciones cotidianas. Estoy hablando contigo. ¿Que estoy intentando hacer? Quiero decir que llevando la mente a un cierto estado de vibración los demás estaban afectados por lo que quiero decir Todos saben que el dia que estoy más entusiasmado, más disfruto la conferencia y cuando estoy menos entusiasmado a ustedes les falta el interés.

Las gigantescas fuerzas de voluntad y los motores del mundo, pueden llevar su Prana al estado de vibración más elevado, y esto es tan magnífico y poderoso que captura a otros en un momento y miles son atraídos hacia ellos, y la mitad del mundo piensa como ellos lo hacen. Grandes profetas del mundo tenían el más maravilloso control del Prana que les dio magnífica autodisciplina; ellos habían llevado el Prana hacia el más alto estado de movimiento, y esto fue lo que les dio poder para influir en el mundo. Todas las manifestaciones de la energía surgen de este control. Los hombres no pueden conocer el secreto, pero esta es solo una explicación. A Veces en tu cuerpo el suministro de Prana gravita más o menos a una parte; el balance se interrumpe y cuando el balance de Prana está interrumpido, se produce lo que llamamos la enfermedad. Para alejar el superfluos de Prana o para alimentar el Prana que queremos, la enfermedad será curada. Esto es de nuevo el pranayama—saber cuando hay más o menos Prana en una parte del cuerpo del que debería haber. La sensibilidad será muy sutil, que la mente sentirá que hay menos Prana en el pie o en el dedo de lo que debería haber, y poseerás la energía para alimentarlas. Estos están entre las distintas funciones del Pranayama. Tienen que aprenderse lento y gradualmente, y como veras, el alcance entero del Raja Yoga es enseñar el control y dirección en diferentes niveles del Prana. Cuando un hombre ha concentrado sus energías, domina el Prana en su cuerpo. Cuando un hombre está meditando, está también concentrando el Prana.

En un océano hay olas enormes, como montañas, hay olas pequeñas y todavía más pequeñas como burbujas, pero detrás de todo esto está el océano infinito. La burbuja está conectada con el océano infinito en un extremo y la enorme ola con el otro extremo. Así se puede ser un hombre gigantesco y otro pequeño con la burbuja pero que cada uno se conecte con el océano infinito de energía, que es el derecho común de nacimiento de cada animal que existe. Dondequiera que haya vida, el almacén de la energía infinita está detrás de esto. Comenzando con algunos hongos, algunos muy diminutos, burbujas microscópicas, que a partir del almacén de la energía infinita, una forma va cambiando poco a poco y de manera constante que con el transcurso del tiempo se convierte en una planta, luego en un animal, el hombre y por último en Dios. Esto se logra a través de millones de eones, Pero, ¿Que es el tiempo? Un aumento de la velocidad, un aumento de la fuerza que es capaz de superar la brecha del tiempo. Lo que naturalmente toma mucho tiempo para conseguirse puede ser corto por la intensidad de la acción, dice el Yogi. Un hombre puede atraer esta energía poco a poco de la masa infinita que existe en el universo y quizás el requiera unos cientos de miles de años para convertirse en un Deva y luego quizás requiera unos quinientos mil años para llegar todavía más alto, y quizás cinco mil millones de años para llegar a ser perfecto. Dado el rápido crecimiento, se reducirá el tiempo. Entonces ¿Por qué no es posible, con suficiente esfuerzo alcanzar esta perfección en seis meses o seis años? No hay límites. La razón lo demuestra. Si una máquina con una cierta cantidad de carbón recorre dos millas en una hora, la máquina recorrerá la distancia en menos tiempo con un gran suministro de carbón. Del mismo modo, ¿Por que no alcanzarlo de inmediato en este cuerpo, incluso en esta forma humana? ¿Por qué no conseguir ese conocimiento infinito, ese poder infinito, ahora?

El ideal del Yogi, toda la ciencia del Yoga, se dirige con el fin de enseñar al hombre como intensificar el poder de asimilación, reduciendo el tiempo para alcanzar la perfección, en lugar de avanzar despacio de un punto a otro y esperar a que la raza humana se vuelva perfecta. Los grandes profetas, santos y videntes del mundo, Que hicieron? En un lapso de vida vivieron toda la vida de la humanidad, atravesando el tiempo que toma la humanidad para llegar a la perfección. En una vida fueron perfectos; no tenían pensamientos para nada más, nunca vivieron un momento por otra idea, y así el camino fue breve para ellos. Eso es lo que significa concentración, intensificar el poder de asimilación, reduciendo el tiempo. Raja Yoga es la ciencia que nos ensena como ganar el tiempo de la concentración.

Que tiene que hacer pranayama con el espiritismo? El espiritismo también es una manifestación del Praanyama. Si es verdad que existen los espíritus de los difuntos, solo que no podemos verlos, es muy probable que hayan cientos, millones de ellos cerca de nosotros pero no los podemos ver, sentir o tocar. Esto es un círculo dentro de un círculo, universo dentro de un universo. Tenemos cinco sentido y representamos el Prana en un cierto estado de vibración. Todos los seres en un mismo estado de vibración nos veremos, pero si hay seres que representan Prana en su estado de vibración más alto, ellos no se verán. Podemos aumentar la intensidad de la luz hasta que no podamos ver nada, pero hay seres con ojos tan poderosos que pueden ver esa luz. Nuevamente, si estas vibraciones son muy bajas, no vemos una luz, peros existen animales que pueden verla, como los gatos y las lechuzas. Nuestro campo de visión es un solo plano de las vibraciones de este Prana. Por ejemplo, es como la atmosfera que es una acumulacion de capas, las capas que están más cerca de la tierra son más densas que las de arriba, y cuanto más vas alto la atmósfera se vuelve más delgada. U otro ejemplo sería el caso del océano cuanto más profundo te sumerges, la presión del agua aumenta, es por eso que los animales que viven en el fondo del océano nunca no salen o si lo hacen morirán.

Piensa del universo como un océano piensa del éter, compuesto de capas y más capas de diferentes grados de vibración bajo la acción del Prana; lejos del centro la vibración es menos, más cerca del centro esto se vuelve más rápido; En un orden de vibración se hace un plano. Supongo entonces que esos campos de vibración son cortados en planos entonces millones de millas son un conjunto de vibración. Por lo tanto, es probable que aquellos que viven en el plano de este estado de vibración tendrán el poder de reconocerse el uno al otro, pero no se reconocerán por encima de ellos. Sin embargo, así como el telescopio y el microscopio podemos aumentar el alcance de la visión, así mismo podemos a través del yoga llegar a un estado de vibración de otro plano, y así ser capaces de ver lo qué está pasando ahí. Supongamos que en esta sala está llena de seres que no vemos. Ellos representan el Pran en una cierta vibración mientras nosotros otro. Prana es el material del cual ellos están compuestos, como nosotros. Todas son partes del océano de Prana que solo se diferencia por su índice de vibración. Si puedo llevarme a la vibración rápida, inmediatamente este plano cambiará para mi: No podré verlos más; tú desapareces y ellos aparecen. Algunos de ustedes saben que es así. Todos estos estados de vibración de la mente, están incluidos en una sola palabra, Yoga—Samadhi y los estados más bajos de Samadhi nos da las visiones de estos seres. El grado más alto de Samadhi es cuando vemos lo real, cuando vemos el material salir de los cuales todos esos seres están compuestos, y ese trozo de arcilla conocido, todos sabemos que esa arcilla es el universo.

Vemos entonces que el Pranayama incluye todo lo que es el espiritismo. Del mismo modo, encontrarás que cualquier secta o conjunto de personas están tratando de encontrar algo oculto o místico, lo que en verdad están haciendo es Yoga, intentan controlar el Prana. Encontrarás que dondequiera que haya cualquiera demostración de poder, esto es una manifestación del Prana. Incluso las ciencias pueden estar incluidas en el Pranayama. ¿Qué es lo que mueve la máquina de vapor? Es el Prana que actúa a través de una máquina. Sino es Prana ¿Que son entonces estos fenómenos de electricidad? Y así sucesivamente, ¿Que es la física? Es la ciencia del Pranayama, mediante los medios externos. Esa parte del Pranayama que trata de controlar las manifestaciones físicas del Prana mediante medios físicos es llamada la ciencia física; y esa parte que trata de controlar las manifestaciones del Prana como una fuerza mental mediante medios mentales es llamada Raja Yoga.

Capítulo IV
El Prana Físico

Según los Yogis existen dos tipos de corrientes nerviosas en la columna vertebral, la primera llamada Pingala e Ida, y la segunda llamada Sushumna que recorre la médula espinal. En el extremo inferior del canal hueco se encuentra lo que los Yogis llaman el «Lotus del Kundalini». Ellos lo describen en forma de triángulo lo que significa el lenguaje simbólico de los Yogis. Alrededor de este triángulo hay una energía llamada Kundalini. Cuando el kundalini se despierta, intenta crear un pasaje a través del canal hueco, al aumentar la energía por asi decirlo, las capas de la mente se abren y las diferentes visiones así como poderes maravillosos vienen hacia el Yogi. Cuando este poder llega al cerebro, el Yogi está completamente separado del cuerpo y la mente. El alma se libera. Sabemos que la médula espinal está compuesta de una característica peculiar. si colocamos el símbolo del número ocho en posición horizontal, podemos observar que hay dos partes que se conectan en el medio. Supongamos que agregas un ocho tras un ocho apilados uno encima del otro, eso representara la médula espinal. La parte izquierda es la Ida y la derecha es Pingala, y el canal hueco que recorre a través del centro de la médula espinal es el Sushumna. Donde la médula espinal termina en algunas vértebras lumbares, una fibra fina que resulta hacia abajo. Y el canal recorre incluso dentro de esta fibra fina. El canal está cerrado en el extremo inferior que se encuentra cerca de lo que se llama el centro sacro plexo braquial según la fisiología moderna es de forma triangular. Los diferentes plexos que tienen sus centros en la médula espinal pueden muy bien soportar los diferentes lotuses del Yogi.

El Yogi concibe varios centros, comenzando con el Muladhara, el básico y terminando con el Sahasrara, el loto de mil pétalos en el cerebro. Entonces si tomamos estos diferentes plexuses como representantes de estos lotus, la idea del Yogi podrá comprenderse muy fácilmente en el lenguaje moderno de la psicología. Sabemos que existen dos tipos de acciones en estas corrientes nerviosas una es la aferente y la otra eferente; una sensorial y la otra motora; una centrípeto y la otra centrífuga. Una lleva las sensaciones del cerebro y la otra va desde el cerebro hasta el exterior del cuerpo. Todas estas vibraciones están conectadas

CAPÍTULO IV : EL PRANA FÍSICO

con el cerebro a largo plazo. Otros hechos que debemos recordar para aclarar la siguiente explicación es que la médula espinal y el cerebro terminan en una especie de bulbo, en la médula, que no está conectada al cerebro pero que flota como un fluido en el cerebro, de modo que si hay un golpe en la cabeza la fuerza del golpe se disipara en el fluido y no dañara el bulbo. Esto es muy importante recordar. Segundo, tenemos que recordar todos los centros, particularmente tres : El Muladhara (el básico), el Sahasrara (los mil pétalos del loto del cerebro) y la Manipura (el loto del ombligo).

A continuación tomaremos un hecho de la física. Todos hemos oído hablar de la electricidad y otras fuerzas que están conectadas con esta. Lo que nadie sabe es que la electricidad, como esta conocida, es un tipo de movimiento. Existen otros tipos de movimientos en el universo ; ¿Cuál es la diferencia entre estos movimientos y la electricidad? Supongamos que esta mesa se mueve — que las moléculas que componen esta mesa están moviéndose en diferentes direcciones ; si todas se hacen para moverse en la misma dirección esto será mediante la electricidad. El motor eléctrico hacen que las moléculas de un cuerpo se muevan en la misma dirección. Si en una habitación todas las moléculas de aire se hacen para moverse en la misma dirección, esto hará de la habitación una gigantesca batería de electricidad. Otro punto de la psicología que debe recordarse es que el centro que regula el sistema respiratorio, tiene un tipo de control sobre el sistema de las corrientes nerviosas.

Ahora veremos porqué la respiración es una práctica. En primer lugar, de la respiración rítmica viene una corriente de todas las moléculas del cuerpo para moverse en la misma dirección. Cuando la mente cambia por su propia voluntad, las corrientes nerviosas cambian a un movimiento similar al de la electricidad, ya que los nervios se han demostrado para mostrar polaridad bajo la acción de las corrientes eléctricas. Esto muestra que cuando la voluntad se transforma en las corrientes nerviosas, esto se transforma en algo como la electricidad. Cuando todos los movimientos del cuerpo son perfectamente rítmicos, el cuerpo tiene, por así decirlo, se convierte en una batería gigantesca de voluntad. Esta magnífica voluntad es lo que el Yogi desea. Esto es por lo tanto una explicación filosófica de un ejercicio de la respiración. Esto tiende a llevar una acción rítmica en el cuerpo, y nos ayuda mediante el centro respiratorio a controlar otros centros. El objetivo de Pranayama es despertar la energía enrollada en la Muladhara, llamada el kundalini.

Todo lo que vemos, imaginamos o soñamos tenemos que percibirlo en el espacio. Este el espacio ordinario, llamado el Mahakasha o espacio elemental. Cuando un Yogi le los pensamientos de otros hombres, o percibe objetos supersensitivos el los ve como otro tipo de espacio llamado el Chittakasha, el espacio mental. Cuando la percepción se ha vuelto objetiva, y el el alma brilla en su propia esencia , esto se llama el Chidakasha, o conocimiento del espacio. Cuando el Kundalini está despierto y entra en el canal del Sushumna, todas las percepciones están en el espacio mental. Cuando esto ha alcanzado el fin del canal que se abre en el cerebro, el objetivo de la percepción es el espacio del conocimiento. Volviendo al tema de la electricidad, encontramos que un hombre puede enviar una sola corriente mediante un cable, (el lector debe recordar que esto se dijo antes del descubrimiento de la telegrafía.—Ed. Pero naturalmente no requieren cables para enviar sus magníficas corrientes. Esta es la prueba de que los cables no son muy necesarios, pero sólo nuestra incapacidad para prescindir nos obliga a usarlos.

Del mismo modo, todas las sensaciones y movimientos del cuerpo están siendo enviadas al cerebro y fuera de el, a través de estos cables de fibras nerviosas. Las columnas de fibras sensoriales y motoras son la Ida y la Pingala de los Yogis. Son los canales principales a través del cual viajan las corrientes aferentes y eferentes. Pero, Por qué la mente no enviaria información sin un cable o reaccionar sin ningún cable? Vemos que está hecho de naturaleza/esencia. El Yogi dice: Si pueden hacer esto, entonces se han liberado de la esclavitud de la materia. Como hacer esto? Si puedes hacer que la corriente pase a través de Sushumna, el canal que se encuentra en el centro de la columna vertebral, han resuelto el problema. La mente ha creado esta red del sistema nervioso y esto ha de romperse, entonces no se requerirá un cable para trabajar esto. Entonces por sí solo, el conocimiento vendrá a nosotros—no más esclavitud del cuerpo; es por eso que es muy importante que tengamos control de Sushumna. El Yogi dice que lo podemos hacer y que el problema está resuelto al enviar las corrientes mentales a través del canal hueco sin fibras nerviosas que actúen como cables.

El Sushumna está cerrado en la parte inferior en personas ordinarias; Ninguna de las acciones vienen a través del Sushumna. El Yogi propone una práctica en la que se pueden abrir y así las corrientes nerviosas realizan el recorrido. Cuando una sensación se lleva al centro, el centro reacciona. En el caso de los centros automáticos, esta reacción está seguida por el movimiento; en el caso del centro del consciente primero está seguido por la percepción y segundo por el movimiento. Toda percepción es la reacción de la acción que viene desde afuera. Entonces, Cómo surgen las percepciones en los sueños? Entonces no hay acción desde afuera. Por lo tanto, los movimientos sensoriales en espiral están en alguna parte. Por ejemplo, veo la ciudad; la percepción de la ciudad viene de la reacción a las sensaciones que producen desde afuera los objetos que abarcan esta ciudad. Es decir, un cierto movimiento en las moléculas del cerebro se han establecido por el movimiento que llevan los nervios, y que otra vez están en marcha por objetos externos en la ciudad. Ahora incluso después de mucho tiempo puedo recordar la ciudad. Esta memoria es exactamente el mismo fenómeno, solo que es en forma ligera. Pero dónde está la acción que incluso establece la forma ligera de las vibraciones en el cerebro? Sin duda, de las sensaciones primarias. Por lo tanto, debe ser que las sensaciones están en espiral en alguna parte, y por su acción llevan a cabo la reacción de lo que llamamos percepción de sueños.

Ahora el centro donde están almacenadas, por así decirlo, estas sensaciones es llamada el Muladhara, el recipiente de la raíz, y la energía en espiral de la acción es Kundalini, «El espiral». Es muy probable que la energía residual del motor también este almacenada en el mismo centro, ya que, después de un profundo estudio o meditación de los objetos externos, se calienta la parte del cuerpo donde se encuentra el Muladhara (probablemente el sacro plexo braquial). Ahora si esta energía en espiral despertase y se activará y luego conscientemente hiciera un viaje hacia el canal de Sushumna, como este acto está sobre centro tras centro, una increíble relación se establecerá. Cuando una minuscula porción viaja a lo largo de una fibra de nervio y causa reacción desde los centros, la percepción es cualquiera de los dos sueño o imaginación. Pero cuando por el poder la extensa meditación interna la inmensa energía almacenada viaja a lo largo del Sushumna y ataca los centros, la reacción es magnífica, inmensamente superior a la reacción del sueño o la imaginación, inmensamente más intenso que la reacción de la percepción sensorial. Y cuando alcances los lugares de todas las sensaciones, todo el cerebro reacciona y el resultado es el pleno resplandor de la iluminación. La percepción de el mismo. Ya que la fuerza de este kundalini viaja desde el centro hasta el centro, capa tras capa de la mente, por así decirlo se abre, y este universo es percibido por el Yogi en su forma fina o causal.

De este modo el despertar del Kundalini es el único camino para alcanzar la sabiduría divina, la percepción superconsciente, la realización del espíritu. El despertar puede venir de varias formas, a través del amor de Dios, a través de la compasión de los sabios, o a través del poder analitico de la voluntad del filosofo. Siempre donde haya una manifestación de lo que llamamos comúnmente poder sobrenatural o sabiduría, ahí una pequeña corriente de kundalini debe haber encontrado su camino hacia el Sushumna. Solo en la gran mayoría de los casos la gente se había tropezado ignorantemente con alguna práctica que liberara una minuscula porcion de la energía espiral. Todo culto consciente o inconsciente, conduce a este fin. El hombre que piensa que está recibiendo respuesta a su oraciones no sabe que el cumplimiento viene de su propia esencia que ha conseguido a través de la actitud mental del orador despertar un poco este poder infinito que está enrrollado dentro de sí mismo. Lo que los hombres tanto adoran ignorantemente bajo diversos nombres mediante el miedo y el sufrimiento, el Yogi declara al mundo ser la verdadera energía enrollada en cada ser, la madre de la felicidad eterna, pero si sabemos cómo acercarnos a ella. Y que el Raja Yoga es la ciencia de la religión, el fundamento de toda adoración, oraciones, formas, ceremonias y milagros.

Capítulo V
El Control del Prana Físico

Ahora tenemos que tratar los ejercicios en Pranayama / Ahora vamos a ver estos ejercicios en Pranayama. Hemos visto que la primera etapa según los Yogis, es controlar el movimiento de los pulmones. Lo que queremos hacer es sentir los movimientos más finos que están sucediendo en el cuerpo. Nuestras mentes se han exteriorizado, y han perdido la vista de los movimientos interiores más suaves/finos. Si podemos empezar a sentirlos, podemos empezar a controlarlos. Esas corrientes nerviosas recorren todo el cuerpo, aportando vida y vitalidad a cada músculo, pero nosotros no las sentimos. El Yogi dice que podemos aprender hacerlo, ¿Como? Aceptando y controlando el movimiento de los pulmones; cuando hayamos hecho eso durante suficiente tiempo, seremos capaces de controlar los movimientos más finos.

Ahora venimos con los ejercicios de Pranayama. Sentarse erguido; el cuerpo debe manenerse derecho. Aunque la medula espinal no esté unida a la columna vertebral, está todavía en su interior. Si te sientas encorvado perturbas la medula espinal, asi que dejala libre. Cada vez que te sientas encorvado e intentas meditar tu mismo te lesionas. Las tres partes del cuerpo, el torso, el cuello y la cabeza deben siempre estar rectos en una sola línea. Descubrirás que con un poco de práctica será tan fácil como respirar. Lo segundo es controlar los nervios. Dijimos que el centro nervioso que controla los órganos respiratorios tienen un tipo de efecto control sobre los otros nervios, por lo tanto la respiración rítmica, es necesaria. La respiración que generalmente usamos no debería llamarse del todo respiracion. Es muy irregular. A continuación hay algunas diferencias naturales de respiración entre hombres y mujeres.

La primera lección sólo respirar de una forma medida, adentro y hacia afuera; Eso armonizara el sistema. Cuando hayas practicado esto durante un tiempo, harás bien en incorporar la repetición de la palabra «Om,» u otra palabra sagrada. En India usamos diferentes palabras simbólicas en lugar de contar uno, dos, tres, cuatro. Es por eso por lo que te aconsejo incorporar la repetición mental de «Om,' o alguna otra palabra sagrada al Pranayama. Deja que la palabra fluya hacia afuera con la respiración, de forma rítmica y armónica, y descubrirás que todo el cuerpo actúa de manera rítmica. Luego aprenderás lo que es descansar. Comparado con esto, el sueño no es descansar. Una vez que este descanso aparece la mayoría de los nervios cansados se calmaran; y descubrirás que nunca antes habías realmente descansado.

El primer efecto de esta práctica se percibe en el cambio de la expresión de la cara; las penetrantes líneas desaparecen; con calma, pensamientos de tranquilidad aparecen en la cara. Después aparece un voz hermosa. Nunca vi a un Yogi croando la voz. Estas señales aparecen después de unos pocos meses de práctica. Después de practicar la antes mencionada respiración durante varios días, debes comenzar una práctica superior. Lentamente, llena los pulmones con aire a través de Ida, la fosa nasal izquierda, y al mismo tiempo concentra la mente en la corriente nerviosa. Estás , por así decirlo, envían la corriente nerviosa abajo en la columna vertebral, y golpeando violentamente sobre el último plexo, el lotos básico, que es en forma triangular, la sede/asiento de kundalini. Luego se mantiene la corriente ahí durante un tiempo. Piensa que poco a poco estas sacando esa corriente nerviosa con la respiración a través del otro lado, el Pingal; luego expulsala a través de la fosa nasal derecha. Encontraras esto un poco difícil de practicar. La forma más fácil es presionar la fosa nasal derecha con el pulgar y a continuación lentamente inhala el aire a través de la fosa nasal izquierda; luego presiona ambas fosas nasales con el pulgar y el índice y piensa que que estás enviando la corriente nerviosa hacia abajo, y que golpea la base de Sushumna. Luego quita el pulgar y exhala a través de la fosa nasal derecha. Luego inhala lentamente a través de esa fosa nasal, manteniendo la otra cerrada con el dedo índice, luego cierra/presiona ambas, como antes. La forma en la que practican los hindues resultaria muy difícil para este pais, porque ellos lo hacen desde su infancia, y sus pulmones están preparados para esto. Aquí es bueno comenzar con cuatro segundos y después aumentar lentamente/progresivamente. Inhala en cuatro segundos, mantén seis segundos, luego exhala en ocho segundos. Esto hace un pranayama. Al mismo tiempo imagina el loto, en forma triangular; concentra la mente en el centro. La imaginacion puede ayudarte mucho. La siguiente respiracion es lenta inhalando y luego exhalando lentamente, luego reten el aire usando los mismos números/segundos. La unica diferencia es que en el primer ejercicio se contuvo la respiracion y en el segundo se aguantó. Esta ultima es la mas facil. La respiracion en la que retienes el aire en los pulmones no debe practicarse demasiado. Hazlo solamente cuatro veces en la manana, y cuatro veces en la noche. Luego puedes ir aumentando el tiempo y el numero (de veces). Encontrará que tiene la energía para hacerlo y que le complace. Así que mucha cautela aumente mientras sienta que tiene la energía, a seis en lugar de cuatro. Puede lesionarse si practica irregularmente.

De los tres procesos para la purificación de los nervios, descritos anteriormente, el primero y el último no son tan difíciles ni peligrosos. Mientras más practiques la primera más calmado / tranquilo estarás. Solo hay que pensar en «Om,» y se puede practicar incluso mientras estés sentado en tu trabajo. Usted estará mejor que nunca. Algun dia, si practica duro, el Kundalini se despertará. Para aquellos que practican una o dos veces al dia un poco de tranquilidad vendrá al cuerpo y a la mente y una voz hermosa; únicamente para aquellos que pueden continuar más allá el Kundalini se despertará, y toda la naturaleza / esencia comenzará a cambiar, y el libro del conocimiento se abrirá. Ya no tienes que ir hacia / que buscar los libros del conocimiento; tu propia mente se convertirá en tu libro, conteniendo conocimiento infinito. Ya he hablado de las corrientes de Ida y Pingal, que fluyen a través de ambos lados de la columna vertebral y también del Sushumna, el pasaje a través del centro de la médula espinal. Estas tres están presentes en cada animal; cualquier ser que tenga una columna vertebral tiene estas tres lineas de accion. Sin embargo, los Yogis afirman que en un hombre normal el Sushumna está cerrado; su acción no es evidente mientras que en / de las otras dos se está llevando fuerza / poder a las diferentes partes del cuerpo.

El Yogi solo tiene el Sushumna abierto. Cuando esta corriente Sushumna se abre y comienza a crecer / subir, más allá de los sentidos, nuestras mentes se vuelve super sensoriales, super concientes—incluso más allá de lo intelectual, donde la razón no puede llegar. El objeto primordial del Yogi es abrir ese Sushumna. Según el Yogi, a lo largo de este Sushumna oscilan estos centros, o, en un lenguaje figurado, estos lotos, como se les conoce. El loto más bajo está en el extremo inferior de la médula espinal, y se llama Muladhara, el siguiente más alto se llama Svadhisthana, el tercero Manipura, el cuarto Anahata, el quinto Vishuddha, el sexto Ajna y el ultimo, que esta en el cerebro, es el Sahasrara, o los mil pétalos. De todos estos, por ahora tenemos que tomar conocimiento de dos centros solamente, el más bajo / inferior, el Muladhara, y el más alto / superior; el Sahasrara. Toda energía tiene que comenzar desde su sede en el Mudhara y llevarse a el Sahasrara. Los Yogis afirman que todas las energías que están en el cuerpo humano la más alta / superior es la que llaman «Ojas». Ahora estas Ojas están almacenadas en el cerebro, y las demás Ojas están en la cabeza del hombre, cuanto más potente es, más intelectual, más es el espíritu fuerte. Un hombre puede hablar una hermosa lengua (y tener) bellos pensamientos, pero ellos no impresionan a la gente; otro hombre puede que no hable una hermosa lengua ni (tener) bellos pensamientos, pero sus palabras tienen encanto. Cada movimiento de él es poderoso. Ese es el poder de Ojas.

Ahora en cada hombre hay más o menos estas Ojas almacenadas. Todas las fuerzas que están trabajando en el cuerpo a su máximo se vuelven Ojas. Debes recordar que esto es solamente una cuestión de transformación. La misma fuerza que está trabajando al exterior como electricidad o magnetismo cambiará en fuerza interior; las mismas fuerzas que están trabajando como energía muscular se transformara en Ojas. Los Yogis dicen que esa parte de la energía humana que se expresa como energía sexual, en pensamiento sexual, cuando verificamos y controlamos, fácilmente se transforma en Ojas, y como el Muladhara guia estas, el Yogi presta particularmente atención a ese centro. Intenta absorber toda su energía sexual y convertirla en Ojas. Esto es solo el hombre o mujer casto(à) que puede hacer que las Ojas se eleven y se almacenen en el cerebro; es por eso por lo que la castidad ha sido considerada como la mayor de las virtudes. Un hombre siente que si no es impuro, la espiritualidad desaparece, pierde vigor mental y resistencia moral. Por ello, todos los tipos de religiones en el mundo que han formado grandes religiosos encontrarás siempre que se insiste en la absoluta castidad. Por eso los monjes llegaron a la existencia, renunciando al matrimonio. Debe haber una castidad perfecta en pensamiento, palabra y acción; sin esto la práctica del Raja Yoga es peligrosa, y puede conducir a la locura. Si la gente practica Raja Yoga y al mismo tiempo lleva una vida impura, ¿Como pueden esperar ser Yogis?

Capítulo VI
Prathayara y Dhayanara

La próxima etapa se llama Pratyahara. ¿Qué significa esto? Tú sabes cómo ocurren las percepciones. Primero que todo existen instrumentos externos, luego los órganos internos actúan en el cuerpo mediante los centros del cerebro, ahí está la mente. Cuando estos se juntan y se atacan mutuamente a algún objeto externo, entonces la percibimos. Al mismo tiempo es un tarea muy difícil, concentrar la mente y unirla a un solo órgano; la mente es un esclavo.

Se oye decir «Sea bueno», y «Sea bueno», y «Sea bueno,» impartidos por todo el mundo. Difícilmente no existe un niño, nacido en algún país de este mundo al que no se le haya dicho, No robes, No digas mentiras, «Sin embargo, nadie le dice al niño como él puede ayudar a hacerlos. Hablando no le ayudará. ¿Por qué él no debería volverse un ladrón? Nosotros no le enseñamos como no robar; simplemente le decimos «No robes». Solamente le ayudamos, cuando le enseñamos a controlar su mente. Todas las acciones interna y externa, ocurren cuando la mente se une a varios centros, llamados órganos. La mente voluntaria e involuntariamente se extrae para unirse a los centros y es por eso por lo que la gente hace acciones insensatas y se sienten miserables / tristes, el cual si la mente estuviese bajo control, la gente no lo haría. ¿Cual seria el resultado de controlar la mente? Desde luego la mente no se uniría a los centros de percepción, y por supuesto la sensibilidad / sentimientos y la voluntad estarían bajo control. Está claro hasta ahora. ¿Es esto posible? Es perfectamente posible. Tu ves esto en los tiempos modernos; los curanderos religiosos le ensenan a la gente a negar la miseria, el dolor y el mal. Su filosofía es bastante indirecta, pero es una parte del Yoga por la que ellos alguna vez se han equivocado. En donde tienen éxitos los curanderos es haciendo que la gente se libere de su sufrimiento a través de la negación, ellos usan en verdad una parte de Pratyahamara, mientras ellos hacen la mente de la gente lo suficientemente fuerte para ignorar los sentidos. Del mismo modo los hipnotizadores por su sugerencia, estimulan en el paciente una especie de Pratyahara mórbida provisionalmente. La tan llamada sugestion hipnotica solo puede actuar sobre una mente débil. Y mediante la mirada fija del operador, o de otra manera él ha conseguido tener la atención del sujeto en una especie de condición pasiva, mórbida, sus instrucciones jamas funcionan.

Ahora el control de los centros que se establece por un operador en un paciente hipnotizado o en un paciente del curandero religioso, por el momento es reprobable, porque conduce a la ruina definitiva. Realmente no está controlando los centros cerebrales por voluntad propia, pero, por así decirlo, dejan sin sentido la mente de la persona por un momento con golpes repentinos que una persona le da. No se trata de controlar a través de la soga y la fuerza muscular la disparatada carrera de un grupo de fieras, sino pidiendo a otro ofrecer fuertes golpes en la cabeza de los caballos, para dejarlos estupefactos por un momento con amabilidad. En cada uno de estos procesos el hombre pierde una parte de sus energías mentales, hasta que finalmente, la mente en lugar de ganar el poder del perfecto control, se convierte en una masa amorfo, impotente, y el único objetivo del paciente es/sera el manicomio.

Cada intento de control que no sea voluntario, no (precisamente) con la mente del controlador, no es solo desastrosa, sino al final la derrota. El objetivo de cada alma es libertad, dominio, libertad de la esclavitud de materia y pensamiento, dominio de la naturaleza externa e interna. En lugar de seguir hacia eso, cada voluntad actual de otro, en cualquier forma que venga, como control directo de organos o forzando a controlarlos bajo una condicion morbida. Solo remachas a un eslabon mas, a la ya existente cadena pesadade esclavitud de pensamientos pasados, supersticiones pasadas. Por lo tanto, mantenganse alerta de como se permiten ustedes mismo actuar por los demas/mantengase alerta de como es su comportamientohacia los demas. Cuidado como sin darte cuenta llevas al otro a la ruina. Es cierto, algunos logran hacer el bien por un momento, dando una nueva tendencia a sus propensiones, pero al mismo tiempo, traen la ruina a millones (de personas)por las sugestiones inconscientes que lazan en el mundo, incitando hombres y mujeres a esa condición mórbida, pasiva e hipnótica que les hace casi impersonal finalmente. Quienquiera que, por lo tanto pregunte a alguien de creer ciegamente o arrastrarse detrás de él por el poder dominante, hará un daño a la humanidad, aunque no tenga la intención (de hacerlo).

Por lo tanto usen sus propias mentes, controlen cuerpo y mente, recuerden que hasta que no estés enfermo, ninguna voluntad extraña puede funcionar sobre ustedes; evita a todos, quienes te pregunte de creer ciegamente, sin importar si el puede ser excelente o bueno. Todos en este mundo han bailado, saltado y clamado sectas, que se expanden como una infección cuando comienzan a cantar, bailar y orar; ellos también tienen una especie de hipnotismo. De momento ejercen un control extraordinario sobre personas susceptibles, ay! a menudo, a lo largo, para degenerar razas enteras. Ay, es mas sano para el individuo o la raza quedarse malo que aparentar ser bueno por dicho extraño poder mórbido. El corazón se hunde para pensar en la cantidad de daño hecho a la humanidad por estos fanáticos religiosos, de buena voluntad pero irresponsables. Pocos saben que las mentes que alcanzan una repentina perturbación espiritual bajos sus sugerencias, con música y oraciones se están haciendo pasivos, mórbidos e impotentes, abriendoles a cualquier otra sugerencia, así sea muy perverso. Poco hacen estos ignorantes, engañan los sueños de esas personas mientras ellos se congratulan en cuanto a sus poderes milagrosos para transformar corazones humanos, cuyo poder piensan que les fue derramado por algún ser que vino del cielo/nubes, ellos siembran las semillas del decaimiento del futuro, del crimen, de la locura y de la muerte. Por lo tanto, cuidate de todo lo que te aleje de tu libertad. Sepan que es peligroso, y evite por todos los medios estar en su poder.

Quien haya logrado conectar y desconectar su mente hacia o desde los centros habrá logrado Pratyahara, que significa, «encuentro hacia» »juntándose hacia», controlando los poderes salientes de la mente, liberándola de la esclavitud/sumisión de los sentidos. Cuando hagamos esto, controlaremos el carácter; entonces, por sí solo habremos dado un gran paso hacia la libertad; antes que seamos meras máquinas.

Como es/si que es difícil controlar la mente! La mente se ha comparada con la demencia del mono. Hubo un mono, inquieto por su naturaleza, como todos los monos son. Como si no fuese suficiente alguien le dio de beber vino gratis y esto lo volvió más inquieto. Luego lo pico un escorpion. Cuando un hombre lo pica un escorpión, el salta durante todo el dia; entonces el pobre mono se halló peor que nunca. Para completar su desgracia un demonio entró en el. ¿Que lenguaje puede describir la incontrolable inquietud/agitación de ese mono? La mente humana es como la de ese mono. Incesantemente activa por su propia naturaleza; luego se embriaga con el vino del deseo, de este modo aumenta su perturbación. Después que el deseo toma posesión, viene la picadura del escorpión de los celos con el éxito de otros, y por último el demonio del orgullo entra en la mente, haciéndole creer que él es todo lo importante. Que difícil controlar la mente/Cuan difícil es controlar la mente.

Entonces la primera lección es sentarse por un largo tiempo y dejar que la mente se libere. La mente está burbujeando todo el tiempo. Es como el mono saltando. Deje que el mono salte tanto como pueda. Tu simplemente esperas y miras. El proverbio dice que el conocimiento es poder, y eso es verdad. Hasta que sepas lo que la mente está haciendo no puedes controlarla. Dale la rienda; muchos pensamientos horribles pueden entrar en la mente. Y estarás sorprendido que para ti fue posible pensar tales pensamientos. Pero descubrirás que los caprichos de la mente se vuelven cada vez menos y menos agresivos/ansiosos, que cada dia se vuelven más calmados. En los primeros meses descubrirás que la mente tendrá grandes pensamientos, más tarde descubrirás que algo han disminuido, y en pocos meses los pensamientos serán cada vez menos, hasta que finalmente la mente estará bajo el perfecto control; pero debemos practicar pacientemente cada día. Tan pronto el vapor se active, el motor debe funcionar; tan pronto las cosas esten ante nosotros, debemos percibirlas; entonces un hombre para probar que no es una máquina, debe demostrar que está bajo cero control. Pratyahara es este control de la mente y no la unión a los centros. Este control de la mente y no permitiendo a la mente unirse a los centros es Pratyahara. ¿Como se practica esto? Esto es u gran trabajo, que no se hace en un dia. Solo después de una lucha continua durante años podemos lograrlo.

Después que has practicado Pratyhara por un tiempo, prosigue al siguiente paso, the Dharana, mantener la mente en algunos puntos. Que significa mantener la mente en algunos puntos? Forzar la mente para sentir algunas partes del cuerpo excluyendo a otras partes. Por ejemplo, intenta sentir solo la mano, excluyendo las otras partes del cuerpo. Cuando el chitta, o la mente se limita a algún lugar esto es Dharana. Dharana es diversa y junto con ella, es mejor tener un poco de imaginación/jugar un poco con la imaginación. Por ejemplo, la mente debería estar hecha para pensar en un punto en el corazón. Eso es muy difícil; una forma más fácil es imaginando un lotos ahí. Ese lotos está lleno de luz, luz resplandeciente. Pon tu mente ahí. O imagina el lotos en el cerebro como una luz resplandeciente, o imagina el lotos en los diferentes centros en el Sushumna mencionados antes.

El yogi debe siempre practicar. Debe intentar vivir solo; la compañía de diferentes personas distraen la mente; no debe hablar mucho, porque al hablar distrae a la mente; no debe trabajar mucho, porque trabajar demasiado distrae a la mente; la mente no puede estar controlada después de un largo dia de trabajo. Una vez que haya cumplido estas reglas se convierte en un Yogi. Tal es el poder del Yoga que incluso que lo mínimo de la práctica te traerá una gran cantidad de beneficio. No lastimara a nadie, pero beneficiara a todos. En primer lugar, la excitación nerviosa disminuira, traerá tranquilidad y nos permitirá ver las cosas más claras. El temperamento y la salud serán mejor. La buena salud y una voz hermosa serán las primeras señales. Los defectos en la voz cambiarán. Estos estarán entre los primeros efectos que vendrán. Aquellos que practiquen arduamente tendrán muchos otros síntomas. A veces habrá sonidos como el replicar de una campana que se oye a distancia, mezclados y retumbando en el oído como un sonido constante. A veces las cosas se verán, destellos de luz flotando y volviéndose cada vez mas y mas grandes; y cuando estas cosas lleguen, sepan/sabrán que están progresando rápidamente.

Aquellos que quieran ser Yogis y practicar duro, primero deben cuidar su dieta. Sin embargo, aquellos que quieren solo un poco de práctica para la vida cotidiana, no coman demasiado; de lo contrario pueden comer lo que les plazca. Para aquellos que quieren progresar rápido, y no practicar duro, es necesaria una dieta estricta. Encontraran esto beneficioso solamente vivir de leche y cereales por/durante algunos meses/No encontrarán más beneficioso que vivir de leche y cereales durante algunos meses. A pesar de que la estructura del aparato digestivo se vuelve cada vez más delgada, encontrara al principio que a la menor irregularidad lo expulsara de su equilibrio. Un trozo de comida perturbara más o menos todo el sistema digestivo, hasta que logremos el perfecto control y despues seran capaces de comer lo que les guste. Cuando uno comienza a concentrarse, la caída de un alfiler será como la de un rayo que atraviesa el cerebro. Como los órganos son más delicados, las percepciones son más delicadas. Estas son las etapas a través del cual tenemos que pasar, y todos aquellos que perseveran lo lograran. Renunciando a todo razonamiento y otras distracciones. Hay algo de intelectual en la jerga? Esta solo saca a la mente de su equilibrio y la perturba. Las cosas de los planos más sutiles tienen que realizarse. ¿Harán esa charla? Entonces renuncien a toda conversación vana. Lean aquellos libros que han sido escritos por personas que han comprendido.

Se como la perla de la ostra. Hay una bonita fábula india al efecto de que si llueve cuando la estrella Svati está ascendiendo y una gota de lluvia cae en una ostra, la gota se convierte en perla. Las ostras saben esto, entonces ellas vienen a la superficie cuando la estrella brilla y esperan atrapar la preciosa gota de lluvia. Cuando la gota cae, la ostra rápidamente cierra su concha y se sumerge en el fondo del mar, ahí pacientemente evoluciona la gota en una perla. Nosotros debemos ser como las ostras. primero oir, luego comprender y luego dejando toda distracción, cerrar sus mentes a las influencias externas y dedicarse a desarrollar la verdad en su interior. Existe el peligro de perder sus energías aceptando una idea solo porque es nueva, y luego abandonarla por otra mas nueva. Toma una cosa y hazlo, y antes de que hayas visto el final, no la dejes. El que puede volverse loco con una idea, el solo ve la luz. Aquellos que pican por aquí y por allá nunca alcanzarán nada. Pueden estimular los nervios por un momento, pero allí se terminara. Serán esclavos en las manos de la naturaleza/en su propia esencia y nunca conseguiran mas alla de los sentidos.

   Aquellos que en verdad quieran ser un Yogis deben dejar de una vez por todas, esto de picar las cosas. Empieza una idea. Haz de esa sola idea tu vida —imaginala, suenala, mantén esa idea. Deja al cerebro, músculos, nervios, cada parte de tu cuerpo, está lleno de esa idea y solo aleja cualquier otra idea. Este es el camino de éxito, y de esta forma se forman grandes gigantes espirituales. Los otros son simples máquinas. Si en verdad quieres ser bendecido, y bendecir a otros, debemos ir a lo profundo. El primer paso es no perturbar la mente, no asociarla con personas que tengan ideas perturbadoras. Todo lo que conoces de ciertas personas, lugares, comida te repelan. Evitalas; y aquellas que quieran ir a lo más alto, deben evitar toda compania buena o mala. Practica duro; si vives o mueres no importa. Tienes que sumergirte/lanzarte y trabajar, sin pensar en el resultado. Si eres suficientemente valiente, en seis meses serán un Yogi perfecto. Sin embargo aquellos que comiencen un poco de esto y un podo de todo lo demás no progresaran. Esto no sirve solamente para tomar un simple curso. Para aquellos que están llenos de Tamas, ignorantes y sordos—aquellos cuyas mentes no esten puestas/fijas/nunca fijan en alguna idea, aquellos que solo tienen antojos de algo para divertirse—la religión y la filosofía son simplemente objetos de entretenimiento. Esta no son la perseverancia. Escuchamos/oímos una charla, pensamos que es bien y luego nos vamos a casa y olvidamos todo. Para tener éxito debemos tener una enorme perseverancia, una gran voluntad. «Beberé el océano, dice el alma perseverante, «a mi voluntad montañas se derrumban.» Tienen ese tipo de energía, ese tipo de voluntad, trabajen duro y llegarán al objetivo.

Capitulo VII
Dhyana y Samadhi

Hemos dado una vista rápida de las diferentes etapas en Raja Yoga, a excepción de las sutiles. El adiestramiento en concentración, que es el objetivo al que Raja Yoga nos llevará. Como seres humanos vemos que todo nuestro conocimiento que se llama racional se refiere a la conciencia. Mi conciencia de esta mesa, y de su presencia, me hace saber que la mesa y ustedes están aquí. Al mismo tiempo, hay una gran parte de mi existencia de la que no soy consciente. Los diferentes órganos dentro del cuerpo, las diferentes partes del cerebro—nadie es consciente de estos.

Cuando como comida, lo hago conscientemente; cuando la asimilo, lo hago inconscientemente. Cuando la comida se transforman en sangre, esto se hace inconscientemente. Y sin embargo soy yo el que está haciendo todo esto; No pueden haber veinte personas en un mismo cuerpo. ¿Como se que yo lo hago y nadie más? Puede que mi responsabilidad sea solamente comer y asimilar la comida, y ese fortalecimiento del cuerpo a través de la comida se haga por mí a través de alguien más. Eso no puede ser, porque se puede demostrar que casi todas las acciones de las que estamos ahora conscientes pueden llevarse a el nivel de consciencia. Aparentemente el corazón está latiendo sin nuestro control. Nadie de nosotros aquí puede controlar el corazón; él sigue su propio camino. Sin embargo, los hombres a través de la práctica incluso pueden llevar/tener el corazón bajo control, hasta que el corazón solo latira a voluntad, lento, o rápidamente o que casi deje de latir. Casi toda parte del cuerpo puede estar/llevarse bajo control. Que muestra esto? Que las funciones que están bajo conciencia están también actuando a través de nosotros, solo que lo estamos haciendo inconscientemente. A continuación, tenemos dos planos en el que el humano trabaja la mente. Primero es el plano consciente, en el que toda función/trabajo está acompañada del/con el sentimiento egoísmo. El sieguiente es el plano inconsciente en el que toda función/trabajo está sin compañía del sentimiento egoismo. Esa parte de la mente que está sola con el sentimiento del egoísmo es el trabajo inconsciente, y esa parte que esta acompañada con el sentimiento del egoísmo es el trabajo consciente. En los animales inferiores este trabajo inconsciente se llama instinto. En los animales superiores, y en el más alto de todos los animales, el hombre lo que se llama trabajo consciente prevalece.

Pero esto no termina aquí. Existe todavía un plano más alto sobre el cual la mente puede trabajar. Puede ir más allá de la conciencia. Solo como trabajo inconsciente está debajo de la conciencia, por lo tanto hay otro trabajo que está por encima de la conciencia, y que también no está acompañada del/con el sentimiento del egoísmo. El sentimiento del egoísmo está únicamente en el plano medio. Cuando la mente está por encima o debajo de esa línea, no existe el sentimiento del «Yo», y sin embargo la mente trabaja. Cuando la mente va más allá de esta línea de conciencia, esto se llama Samadhi o superconciencia. Por ejemplo, ¿Cómo sabemos que un hombre no ha pasado por debajo de la conciencia, que no la ha deteriorado en lugar ir más alto? En ambos casos los trabajos están solo con el egoísmo. La respuesta es, según los efectos y los resultados del trabajo, sabemos lo que está abajo, y lo que está arriba. Cuando un hombre entra en un sueño profundo, entra en un plano por debajo de la conciencia. El trabaja el cuerpo todo el tiempo, respira, mueve el cuerpo, quizás, en su sueño, sin ninguna compañía del sentimiento del ego; él está inconsciente, y cuando vuelva d e su sueño, será/es el mismo hombre que entró en el. La suma total del conocimiento que tuvo antes de que entrara al sueño sigue siendo la misma; no aumento del todo. No hay iluminación. Pero cuando un hombre entra en Sadhami si entra en el un loco, y sale/aparece un sabio.

Cual es la diferencia? De un estado sale un hombre del mismo hombre que entró en él, y de otro estado sale un hombre iluminado, un sabio, un profeta, un santo, cambió todo su carácter, cambió su vida, iluminado. Estas son los dos efectos. Ahora los efectos serán diferentes, las causas deben ser diferentes. ya que esta iluminación con la que un hombre vuelve de Samadhi es mucho más alta de lo que se puede conseguir de la inconsciencia, o mucho más alta de lo que se puede conseguir del razonamiento en un estado consciente, esto debe ser por lo tanto, superconsciencia, y el estado superconsciente se llama Samadhi.

Esto en resumen, es la idea de Samadhi. Como se aplica? La aplicacion esta aqui. El campo/dominio de la razon, o el funcionamiento consiente de l amente, que es estracha e imilitada. Hay un pequeno circulo dentro del cual la razón humana debe mover. No se puede ir mas alla. Todo intento de ir más allá es imposible, ademas fuera de esta circulo de la razon la mayoria de las mentiras de la humanidad se mantienne en alto. Todas esta preguntas, si existe/hay un alma inmortal, si existe/hay un Dios, si hay alguna inteligencia suprema que guia este universo o no, estan mas alla del dominio de la razon. La razon nunca podra responder a estas preguntas. Que dice la razon? Dice, «Soy agnostico; nose si si o no.» Por lo tanto estas preguntas son muy importantas para nosotros. Sin responderlas correctamente, la vida humana no tendra proposito / sera sin objetivo. Todas nuestras teorias eticas, nuestras actitudes morales, todo lo que es bueno y grande en la naturaleza humana, han sido creadad en respuestas que han llegado mas alla del circulo. Por lo tanto, es muy importante, que debamos tener respuestas a estas preguntas. Si la vida es solo un juego (corto), si el universo es solo una casual combinación de atomos, entonces ¿Por que debo hacer el bien a otro? ¿Por que debe haber misericordia, justicia, o sentimiento de solidaridad? Lo mejor para este mundo seria que cada hombre aproveche por / de si mismo. Si no hay esperanza, Por que debo amar a mi hermano, y no cortale la garganta? Si no hay nada mas alla, si no hay libertad, sino (solo) leyes rigorosas de muerte, solo debo intentar ser feliz aqui. Hoy en dia encontraras personas que dicen tener bases utilitaristas como los fundamentos de moralidad. ¿De que se trata este fundamento / base? Procuran la mayor cantidad de felicidad a un mayor número de personas. ¿Por que debo hacer esto? ¿Por que no debo producir la mayor infelicidad al mayor número de personas, si esto sirve a mi propósito? ¿Como los utilitarios responderán a esta pregunta? Como sabes que es lo correcto / bueno o que es lo malo? Estoy impulsado por mi deseo por la felicidad y en mi naturaleza está cumplirlo; nose nada más allá. Tengo estos deseos, y debo cumplirlos? ¿Por que quejarse / Por que deberías quejarte? ¿De dónde vienen estas verdades de la vida humana, mortalidad, alma inmortal, Dios, amor y compasión, ser bueno y sobre todo, ser generoso?

Todas las éticas, toda acción humana y todo pensamiento humano, cuelga sobre esta idea de generosidad / altruismo. Toda la vida humana puede expresar en una palabra, generosidad / altruismo. ¿Por qué deberíamos ser generosos? ¿De dónde viene / Dónde está la necesidad, la fuerza, el poder, de (mi) ser generoso? LLámese un hombre racional, generoso; pero si no me muestras una razón de generosidad, te digo irracional. Demuestrame la razón por la que no debo ser egoísta. Pidele ser generoso puede ser bueno como una poesia, pero la poesía no es la razón. Demuestrame una razón. ¿Por que debo ser desinteresado, y por qué ser bueno? Porque señoras y señores. Y decir que esto no me pesa. Donde está el beneficio / ventaja de (mi) ser generoso? Mi beneficio es ser egoísta si el beneficio significa la mayor cantidad de felicidad. Cual es la respuesta? Los beneficiados no pueden darla. La respuesta es que este mundo es solo una gota en un océano infinito, un eslabón en una cadena infinita. Donde los que predicaron desinteresadamente tuvieron esta idea y se la enseñaron a la raza humana? Sabemos que no fue por instinto; los animales, que tienen instinto, no lo hacen. Tampoco esta es una razon; la razon no sabe nada acerca de estas ideas. Entonces, ¿De dónde vinieron?

Estudiando la historia, encontramos un hecho en común con los grandes maestros de la religión que el mundo jamás ha tenido. Ellos afirman haber obtenido sus revelaciones/verdades del más allá, pero muchos de ellos no saben de dónde la obtuvieron. Por ejemplo, uno diría que un ángel vino del cielo en forma de humano, con alas, y le dijo, «Escuchad, Oh hombre, este es el mensaje.» Otro dijo que un Deva, un ser de luz, se le apareció. Un tercero dijo que soñó que su antepasado vino y le dijo varias cosas. Dijo que no sabia mas alla de eso. Sin embargo lo que si es comun es que todos afirman que ese conocimiento les llegó del más allá, y no a través de su poder de razonamiento. ¿Qué es lo que enseña el yoga? El Yoga enseña que ellos estaban en lo correcto al afirmar que todo este conocimiento les llegaba más allá del razonamiento, pero que eso viene de su interior.

El Yogi enseña que la misma mente tiene un estado de existencia superior, más allá de la razón, un estado superconsciente, y cuando la mente llega a ese estado más alto/superior, entonces este conocimiento, más allá del razonamiento, llega al hombre. El conocimiento metafísico y trascendental llega a ese hombre. Este es el estado de ir más allá de la razón, que trasciende la naturaleza humana corriente/va más allá de la gente común, alguna veces puede llegar por casualidad a un hombre que no entiende esta ciencia; el, por así decirlo lo encuentra. Cuando el encuentra el conocimiento, en general lo interpreta como si viene de afuera. Por lo tanto esto explica porque una inspiración, o conocimiento trascendental, puede ser lo mismo en diferentes países, pero en un país parecerá que viene a través de un angel, y en otro pais a traves de Deva, y un tercer país a través de Dios. ¿Qué significa esto? Significa que la mente llevo el conocimiento a través de su propia naturaleza, y que la búsqueda del conocimiento fue interpretada según la creencia y la educación de la persona a través de la cual vino. La realidad es que varios hombres, por así decirlo, encontraron este estado superconsciente.

El Yogi dice que ha un gran peligro en encontrar este estado. En muchos casos hay un peligro que el cerebro se trastorne, y como norma, descubrirás que esos hombres, a pesar de lo grande que fueron, que tuvieron que encontrar su estado superconsciente sin entenderlo, tentaron en la oscuridad, y generalmente tuvieron, junto con su conocimiento algunas supersticiones pintorescas. Se abrieron a las supersticiones. Mohammed afirmó que el ángel Gabriel se le apareció un dia en una cueva y se lo llevó en su caballo celestial, Harak, y el visitaron el cielo. Pero con todo y eso, mohammed hablo algunos verdades maravillosas. Si tu lees el corán, encuentras que la mayoría de las verdades maravillosas están mezcladas con supersticiones. ¿Cómo puedes explicar eso?/Como lo explicas? Sin duda ese hombre se inspiró/fue inspirado, pero esa inspiración, por así decirlo, se encontró/fue encontrada. No era un Yogi preparado, y no sabía la razón de lo que estaba haciendo. Piensa en lo bueno que Mohammed hizo al mundo, y piensa en la gran maldad que se ha hecho a través de su fanatismo. Piensa en los millones masacrados a través de sus enseñanzas, madres despojadas de sus hijos, niños huérfanos/ que se quedaron huérfanos, países enteros destruidos, millones y millones de personas asesinadas.

Vemos este peligro al estudiar las vidas de los grandes maestros como Mohammed y otros. Sin embargo, encontramos al mismo tiempo, que todos estaban inspirados. Siempre que un profeta entra en un estado superconsciente a elevar su estado emocional, no solo se trae algunas verdades, sino también algo de fanatismo, superstición, que perjudica el mundo tanto como la grandeza de las enseñanzas. Para tener la razón fuera de la masa de incongruencia que llamamos vida humana, tenemos que trascender nuestra razón, pero debemos hacerlo científicamente, lento, practicando regularmente, y debemos apartar toda superstición. Debemos empezar el estudio del estado superconsciente como otra ciencia. En razón, tenemos que crear nuestro fundamento , debemos seguir la razón hasta donde guíe, y cuando la razón falle, ella misma nos mostrará el camino hacia el plano más alto.Cuando escuches a un hombre decir, «Estoy inspirado,» y luego hable de forma irracional, rechazalo. ¿Por qué? Porque estos tres estados —instinto, razón, y superconciencia, o el inconsciente, consciente, y estado superconsciente— pertenece a uno y a la misma mente. No existen tres mentes en un hombre, sino un estado de la mente se desarrolla en los otros. El instinto se desarrolla dentro de la razón, y la razón dentro de la conciencia trascendental; Por lo tanto, ninguno de los estados contradice a los otros. La verdadera inspiración nunca contradice la razón, sino la cumple. Igual encuentras a los grandes profetas que dicen, «No vengo a destruir sino a cumplir,» así que la inspiración siempre viene a cumplir la razón y estar en armonía con ella.

Las diferentes etapas del Yoga están intentando llevarnos científicamente a el estado de superconsciente, o Samadhi. Así que este es el aspecto más importante que hay que entender, que la inspiración es mucho más que toda la naturaleza/esencia del hombre como lo fue en los antiguos profetas. Estos profetas no fueron únicos; Ellos fueron hombres como tu y yo. Ellos fueron grandes Yogis. Ganaron esta superconciencia, y tu puedes conseguir la misma. Ellos no fueron personas particulares. El hecho de que un hombre jamás ha alcanzado ese estado, demuestra que para todo hombre es posible hacerlo. No solamente es posible, sino que cada hombre debe con el tiempo, llegar a ese estado, y esa es la religión. La experiencia es el único maestro que tenemos. Debemos hablar y razonar nuestras vidas, pero no entenderemos una palabra de la verdad, hasta que no lo experimentamos por nosotros mismos. No puedes esperar que un hombre sea cirujano dándole simplemente unos pocos libros. No puedes satisfacer mi curiosidad para ver a un país mostrandome un mapa; debo tener verdadera experiencia. Los mapas solo pueden crearnos curiosidad para tener mas conocimiento.Mas alla de eso no tiene valor alguno. Aferrarse a los libros solo deteriora la mente humana. Acaso hubo alguna vez una horrible blasfemia que limitará la afirmación de Dios a este o a ese libro? Como se atreven los hombres a llamar a Dios infinito, y aún intentan reducirlo en la portada de un pequeño libro! Millones de personas han sido asesinadas porque no creían lo que los libros decían, porque no vieron el conocimiento de Dios en las portadas de un libro. Por supuesto estas matanzas y asesinatos han pasado, pero el mundo sigue atado a la gran creencia de los libros.

Para alcanzar el estado superconsciente de manera científica es necesario pasar a través de las diferentes etapas que he estado enseñando del Raja Yoga. Después de Pratyhara y Dharana, pasamos a Dhyana, meditación; Cuando la mente ha sido entrenada para permanecer fija en un cierto lugar interno o externo, ahí viene hacia ese punto la fuerza de la corriente, en una corriente interrumpida. Este estado se llama Dhyana. Cuando se ha intensificado el poder de Dhyana como para ser capaz de rechazar la parte externa de la percepción y permanecer meditando solo en la parte interna, significa qu ese estado se llama Samadhi. Los tres (estados)—Dharana, Dhyana y Samadhi—juntos, se les conoce como Samyama. Eso es, si la mente primero puede concentrarse en un objeto, y luego se capaz de continuar en esa concentración durante un periodo de tiempo, y después, por concentración continua, residir solamente en la parte interna de la percepción en el que el objeto era el efecto, todo está bajo el control de la mente.

Este estado meditativo es el estado más alto de la existencia. Mientras no haya deseo, ninguna felicidad verdadera puede llegar. Es solo el contemplativo, testigo que estudia los objetos que nos traen placer y felicidad. El animal tiene su felicidad en los sentidos, el hombre en su intelecto, y el dios en la contemplación espiritual. Es solo el alma que ha alcanzado este estado contemplativo que el mundo se vuelve hermoso. A el que no desea, y no se mezcla con estos, los múltiples cambios de la naturaleza son un panorama de belleza y sublimidad.

Estas ideas se comprenden en Dhyana, o meditación. Oímos un sonido. Primero, hay una vibración externa; segundo, el movimiento del nervio que transporta a la mente; tercero la reacción de la mente, junto con la cual parpadea el conocimiento del objeto que era la causa externa de estos diferentes cambios de las vibraciones etéreas a las reacciones mentales. Estas tres se les denomina en Yoga, Shabda (sonido), Artha (significado), y Jnana (conocimiento). En el lenguaje de la física y la fisiología se les llaman vibración etérea, el movimiento en el nervio y cerebro, y la reacción mental. Aunque tengan procesos distintos, se han mezclado de tal forma que se han vuelto bastante borrosas. De hecho, ahora no podemos percibirlas en ninguna de estas, solo percibimos su efecto combinado, lo que llamamos el objeto externo. Cada acto de percepción incluye estos tres, y no hay razón por la que no deba ser capaz de distinguirlas.

Antes de prepararnos para la meditacion la mente debe estar fuerte y controlada, y tener la mas fina percepcion/Cuando se va a preparar a la mente para la meditacion, esta se vuelve fuerte y controlada, tiene el poder de la mas fina percepción. Esta meditación debe comenzar con objetos gruesos y poco a poco pasar a objetos más finos, hasta que se opongan. Primero la mente debe utilizarse para percibir las causas externas de la sensaciones, luego los movimientos internos, y después su propia reacción. Cuando haya logrado percibir las causas externas de las sensaciones por ellas mismas, la mente adquirirá el poder de percibir todos los buenos materiales que puedan existir, cuerpos y formas. Cuando se pueda percibir los movimientos dentro de ellos mismos, la mente ganará control en las ondas mentales o en otras, incluso antes de que se hayan trasladado en energía física; y cuando sea/será capaz de percibir la reacción mental por sí misma, el Yogi adquirira el conocimiento de todo, como todo objeto sensible, y cada pensamiento es el resultado de esta reacción. Entonces él habrá visto las bases de su mente, y estará bajo su perfecto control. El yogi tendrá diferentes poderes diferentes y si cede a la tentación de uno de ellos, el camino para seguir avanzando le será negado. Este es el mal de seguir los placeres/correr tras los placeres. Pero si el es lo suficientemente fuerte para rechazar incluso estos poderes milagrosos/maravillosos, alcanzará el objetivo del Yoga. La supresión completa de las ondas en el océano de la mente. Entonces la gloria del alma imperturbada/tranquila por las distracciones de la mente, o los movimientos del cuerpo brillara en su luz resplandeciente, y el Yogi se encontrara a si mismo y será lo que siempre ha sido, la esencia del conocimiento, el inmortal, el omnipresente.

Samadhi es la propiedad/pertenencia de cada ser humano —no de cada animal. Desde el animal más inferior hasta el ángel más elevado, en un momento u otro, cada uno tendrá que llegar a ese estado, y luego solo, la verdadera religión comenzará para el. Hasta entonces solo luchamos hacia esa etapa. Ya no existe diferencia entre nosotros y aquellos que no tiene religión, porque no tenemos experiencia. ¿Cual es el propósito de la buena concentración, ayudar a llevarnos a esta experiencia? Cada una de las etapas para alcanzar Samadhi han sido analizadas correctamente, organizadas científicamente, y cuando se hayan practicado constantemente, seguro que nos guiará hacia el final deseado. Entonces todas nuestras penas cesarán, toda miseria desaparecerá; las semillas de las acciones se quemaran; y el alma se liberará para siempre.

Capitulo VIII
En Pocas Palabras Raja Yoga

Lo siguiente es un resumen de Raja Yoga traducido libremente del Kurma-Purana.

El fuego del Yoga quema la jaula de pecados que están alrededor del hombre. El conocimiento se purifica y se obtiene directamente el Nirvana. Del Yoga viene el conocimiento; de nuevo el conocimiento ayuda al Yogi. Que combina en sí tanto el Yoga como el conocimiento, con él, el Señor está complacido. Aquellos que practiquen Mahayoga, una, dos o tres veces al día o siempre/todos los días, saben que son dioses. El Yoga está dividido en dos partes. Uno se le denomina Abhava, y al otr, Mahayoga. Abhava es donde uno mismo medita desde cero, y se despoja de naturaleza. Mahayoga es cuando uno se une con Dios y se ve uno mismo lleno de felicidad y despojado de todas las inmoralidades. Cada Yogi se da cuenta del Yo. Los otros Yogas que leemos y escuchamos no merecen estar nivelados con el excelente Mahayoga en el que el Yogi se encuentra a sí mismo y encuentra a todo el universo como un Dios. Este es el más alto/el superior de todos los Yogas.

Las etapas del Raja Yoga son Yama, Niyama, Asana, Pranayama, Pratyahara, Dharana, Dhyana, y Samadhi, de las cuales no dañar, honestidad, no codicia, castidad, no recibir nada de otros se le denomina Yama. Estas purifican la mente, la Chitta. Jamas producen dolor a través del pensamiento, palabra y obra, en cualquier ser, esto es lo que se llama Ahimsa, no perjuicio. No hay mayor virtud que la de no hacer danoAbhava/no perjudicar. No hay mayor felicidad que lo que un hombre obtiene por su actitud no ofensiva, hacia toda creación. La verdad es que conseguimos frutos del trabajo. A través de la verdad todo se consigue. En la verdad todo esta establecido. Relacionando los hechos como son—esta es la verdad. Asteya significa no coger otros bienes por el sigilo o por la fuerza, decir no a la codicia. Brahmacharya es la castidad en pensamiento, palabra y obra, siempre, y en todas las condiciones. Aparigraha es no aceptar ningún presente de alguien, incluso cuando uno está sufriendo terriblemente. La idea es, que cuando un hombre recibe un regalo de otro, su corazón se vuelve impuro, esta por el suelo, pierde su independencia, se queda obligado y atado.

Lo siguiente son ayudas para el éxito en el yoga y se llaman Niyama o hábitos regulares y practicas; Tapas, austeridad; Svadhyaya, estudio; Santosha, alegria; Shaucha, pureza; Ishvara-pranidhana, alabanza a Dios. Ayunar, o en otras maneras controlar el cuerpo, se les denomina Tapas física. Al repetir los Vedas y otros Mantras, por el cual el material Sattva en el cuerpo se purifica, se les denomina estudio, Svadhyaya. Hay tres tipos de repeticiones de estos Mantras. Uno es llamado el verbal, otro semi verbal, y el otro el tercer mental. El verbal o audible es el más inferior/el mas bajo, y el inaudible es el más alto/superior de todos. La repetición que es fuerte es la verbal; la siguiente es donde solo mueves los labios, pero no se escucha ningún sonido. La repetición inaudible del Mantra, acompañada con el pensamiento de sus significado, se denomina la «repetición mental», y es la más alta/superior. Los sabios dijeron que hay dos tipos de purificación, externas e internas. La purificación de cuerpo a través del agua, la tierra, u otros materiales es la purificación externa, como el baño etc. La purificación de la mente a través de la verdad, y a través de otras virtudes, es lo que se denomina la purificación interna. Ambas son necesarias. No es suficiente que un hombre deba ser puro internamente y sucio externamente, Cuando ambos no están unidos, la pureza interna es la mejor, pero nadie sera un Yogi hasta que tengas ambas. Adorar a Dios es la alabanza, a través del pensamiento y de la devoción.

Hablamos sobre Yama y Niyama. El próximo es Asana (postura). La sola cosa que hay que entender es dejar el cuerpo libre, manteniendo el torso, hombros y cabeza derechos. Luego viene Pranayama. Prana significa fuerzas vitales en nuestro propio cuerpo, Ayama significa control de ellas. Hay tres tipos de Pranayama, la más simple, la del medio y la mas alta. Pranayama esta dividida en tres partes: relleno, interdicción, vaciado. La media Pranayama es cuando empiezas con veinticuatro segundos; la mejor Pranayama es la que comienza con treinta y seis segundos. En la clase mas baja de Pranayama hay transpiración, en la clase media, estremecimiento en el cuerpo, y en la mas alta Pranayama levitación del cuerpo el influjo de la gran felicidad. Ahi esta un Mantra llamado el Gayatri. Es un verso muy sagrado de los Vedas. «Meditamos en la gloria de ese ser que ha creado este universo; que él ilumine nuestras mentes.» Om se une a ella al principio y al final. En uno Pranayama repite tres gayatris. En todos los libros hablan del ser Pranayama dividido en Rechaka (rechazar o exhalar), Puraka (inhalar); y Kurnbhaka (interdicción, inmobil). Pratyahara o unión hacia uno mismo es cuando los Indriyas, los órganos de los sentidos, actuan hacia afuera y entran en contacto con objetos externos llevándolos bajo el control de la voluntad. Se denomina Dharana al fijar la mente en el loto del corazón, o en el centro de la cabeza. Limitado a un punto, haciendo del punto la base y que aumenten una clase particular de ondas mentales. Estas no están envueltas por completo por otras clases de onda, pero los grados se vuelven prominentes mientras todas las otras se desvanecen y finalmente desaparecen. Después la multiplicidad de estas ondas dan lugar a la unidad y una onda se queda en la mente. Esto es Dhyana, meditación. Cuando lo basico no es necesario, cuando la totalidad de una mente se convierte en una onda, se forma, esto se le denomina Samadhi. Carente de toda ayuda de lugares y centros, solamente el significado del pensamiento esta presente. Si la mente puede fijarse en el centro por veinte segundos esto sera una Dharana, veinte como Dharanas seran una Dhyana, y veinte con Dhyana seran una Samahi.

Cuando hay fuego, o en agua o en tierra que se derrama con hojas secas, donde hay muchos hormigueros, donde hay animales salvajes, o peligro, donde cuatro calles se encuentran, donde hay demasiado ruido, donde hay muchas personas débiles, El Yoga no debe practicarse. Esto aplica particularmente más a India. No practiquen cuando el cuerpo se sienta perezoso o enfermo, o cuando la mente esté deprimida o afligida. Anda a un lugar que esté bien apartado / escondido, y donde no vengan personas a molestarte / perturbarte. No escojas lugares sucios. Más bien escoja un bonito paisaje, o un habitación en tu casa que sea bonita. Cuando practiques, primero saluda a todos los yogis antiguos, y a su propio Guru, y Dios, y luego comienzas.

Se habla de Dhyana, y se dan pocos ejemplos en lo que se refiere a meditar. Siéntate derecho, y mira hacia la punta de tu nariz. Más tarde vamos a conocer cómo se concentra la mente, como controlar los dos nervios ópticos se avanza un largo recorrido hacia el control del arco de reacción, y por lo tanto al control de la voluntad. Aquí hay unos pocos ejemplos de meditación. Imagina un loto en la parte superior de la cabeza, varios pulgadas hacia arriba, con la virtud como su centro, y el conocimiento como su tallo. Los ocho pétalos del loto son los ocho poderes del Yogui; Adentro, los estambres y los pistilos están renunciando. Si el Yogi rechaza los poderes externos vendrá a la salvación. Por lo tanto los ocho pétalos del loto son los ocho poderes, pero los estambres internos y pistilos son la renuncia extrema, la renuncia de todos estos poderes. Dentro de ese loto piensa en el de oro, el Omnipotente, el Intangible, el cuyo nombre es Om, el Indescriptible, rodeado con luz resplandeciente. Medita sobre eso. Otra meditación más / otra meditación es dada. Imaginen un espacio en su corazón, y en medio de ese espacio imaginen que una llama está ardiendo. Piensa / imagina de esa llama como tu propia alma y dentro de la llama otra luz resplandeciente, y esa es el alma de tu alma, Dios. Medita sobre eso en el corazon; Castidad, no lesiona, perdona incluso el mayor enemigo, verdad, fe en el Senor, estos son los diferentes vrittis. No temas si no eres perfecto en todo esto; trabaja, vendran/llegaran. El que ha renunciado a todo apego, todo temor, todo sentimiento de rabia, el cuya alma entera se ha ido al Senor, el que se ha refugiado en el señor, cuyo corazón ha purificado, con cualquier deseo viene al señor, le concederá que a el. Por lo tanto, adoralo a través del conocimiento amor o renuncia.

«El que no odia a nadie, que es el amigo de todos, que es misericordioso con todos, que no tiene nada del mismo, que está libre de egoísmo, que es incluso de mente en dolor y placer, que es paciente, está siempre satisfecho, que trabaja siempre en Yoga, cuyo el mismo/ego se ha vuelto controlado, cuya voluntad es firme, cuya mente e intelecto ha renunciado hacia Mi, tal es Mi amado Bhakta. De quien no proviene ninguna molestia, que no puede ser molestado por otros, que está libre de alegría, enojo, miedo, y ansiedad, tal es Mi amado. Que no depende de nada, que es puro y activo, que no importa si lo bueno o malo llega, y nunca llega a ser infeliz, que ha renunciado a todos sus esfuerzos por el mismo; que es el mismo en alabanza y culpa, con un silencio, mente reflexiva, bendecido con lo poco que viene aus camino, sin hogar, el mundo entero es su hogar, y que es constante en sus ideas, tal es Mi amado Bhakta. «Esos solamente se convierten en Yogis.

Hubo un gran Dios-sabio llamado Narada. Así como hay sabios en la humanidad, grandes Yogis, asi existen grandes Yogis entre los dioses. Narada era un buen Yogi, y de los grandes. Viajó por todas partes. Un dia estaba pasando por el bosque, y vio un hombre que había estado meditando tanto tiempo sentado en la misma posición, que hasta las hormigas blancas habían construido un enorme montículo alrededor de su cuerpo. Le dijo a Narada, «A donde vas?» Narada respondió, «Voy al cielo.»»Entonces pregunta a Dios cuando será misericordioso conmigo; cuando alcanzare la libertad.» Más adelante Narada vio a otro hombre. Estaba saltando, cantando, bailando, y dijo, «Oh, Narada, ¿a dónde vas?» Su voz y sus gestos eran salvajes. Narada dijo, «Voy al cielo.» «Entonces, pregunta cuándo seré libre.» Narada siguió. Con el transcurso del tiempo volvió por el mismo camino, y había un hombre que había estado meditando con el hormiguero alrededor de él. Él dijo, «Oh, Narada, ¿Le preguntaste al Señor de mi?» «Oh si.» «Que dijo?» «El Señor me dijo que alcanzarás la libertad en cuatro nacimientos más.» Entonces el hombre comenzó a llorar y a gemir, y dijo, «He meditado hasta que un hormiguero ha crecido alrededor mío, y tengo todavía cuatro nacimientos más!.» Narada fue hacia el otro hombre. «Preguntaste mi pregunta?» «Oh, sí. Ves este árbol de tamarindo? tengo que decirte que cuantas hojas hay en ese árbol, tantas veces nacerás, y entonces alcanzarás tu libertad.» Entonces el hombre comenzó a bailar de la alegría, y dijo, «Voy a tener libertad después de un corto tiempo!» Se oyó una voz, «Mi hijo, tendrás libertad este minuto. «Esa fue la recompensa por su perseverancia. Estaba listo para trabajar a través de esos nacimientos, nada lo desanimó. Sin embargo, el primer hombre sintió que incluso cuatro nacimientos eran demasiado largo. Solo perseverancia, como la de ese hombre que estaba dispuesto a esperar siglos para llegar al resultado más alto.

LOS AFORMISMOS DEL YOGA DE PATANJALI

Introducción

Antes de profundizar sobre los aforismos del yoga, hablaré sobre una gran cuestión en el cual, para los yoguis, reposa toda teoría religiosa. Las grandes mentes de este mundo son unánimes en un punto que las investigaciones sobre la naturaleza física casi llegaron a demostrar, según el cual se afirma que seríamos el resultado y la manifestación de una condición absoluta que precede a nuestra condición relativa actual, y que avanzaríamos para regresar hacia ese absoluto. Con ésta afirmación, la pregunta es: ¿cuál sería el estado preferible, el absoluto o nuestro estado actual? Un gran número de personas piensan que éste estado manifiesto es el estado más elevado del hombre. Las grandes mentes opinan que somos la manifestación de un ser indiferenciado y que el estado diferenciado es superior al absoluto. Ellos imaginan que no puede haber ninguna cualidad en el absoluto; que debe ser insensato, aburrido y exánime; que solo se puede disfrutar en esta vida, y que por lo tanto, debemos aferrarnos a ella. Antes que nada, debemos investigar sobre otras posibles soluciones de la vida. Antiguamente, existía una solución según la cual el hombre permanecía siendo el mismo después de su muerte, que todas sus virtudes, salvo su lado maldadoso, subsistían para siempre. Esta lógica significaría que todo humano tiene el mundo como objetivo; ese mundo dirigido al estado superior y librado de todos sus males, es aquel estado que llaman paraíso. En un principio, esta teoría resulta absurda y pueril porque es simplemente imposible. No puede existir el bien sin el mal, ni el mal sin el bien. Vivir en un mundo en que todo es bueno y donde el mal no existe, es lo que los lógicos sanscritos llaman «un sueño que flota en el aire». Hoy en día, algunas escuelas presentaron otra teoría que estima que el destino del hombre es avanzar hacia la progresión y luchar siempre para alcanzar ese objetivo, mas sin jamás lograrlo. Bien que esta teoría sea muy simpática, también es absurda, ya que el movimiento en línea recta no existe. Todo movimiento sigue una forma circular. Si recoges una piedra, la lanzas hacia el espacio y vives el tiempo suficiente, esa piedra, si no encontró ningún obstáculo en su camino, regresará exactamente a tu mano. Una línea recta proyectada hacia el infinito, debe terminar en un círculo. Por lo tanto, esa idea según la cual el destino del hombre es progresar siempre hacia adelante sin jamás detenerse, resulta absurda. A pesar de que no tenga relación con el tema, me permito remarcar que este planteamiento explica la teoría ética según la cual no debemos odiar, pero sí debemos amar. El odio y el amor deben regresar a su origen, porque, como lo explica la teoría moderna, la energía eléctrica abandona la dinamo y completa su recorrido en un círculo que la trae de vuelta a la dinamo. Por lo tanto, no odies a nadie, porque el odio que creas, a largo plazo deberá regresar a ti. Y si amas, ese amor regresará a ti y completará así el círculo. Es innegable que cada onza de odio que proviene del corazón de un hombre, regresará a éste de lleno sin que nada lo tenga. Asimismo sucede con cada impulso de amor que terminará por regresar a él.

Por otras razones prácticas, podemos observar que la teoría de la progresión eterna es insostenible, ya que el objetivo de toda forma terrestre es la destrucción. ¿Hacia dónde nos dirigen nuestras luchas, nuestros miedos y alegrías? Todos estamos destinados a morir. Nada es más cierto que esto. Entonces, ¿dónde se encuentra, ese movimiento en línea recta, esa progresión infinita? Tan solo se extiende a una determinada distancia, y luego regresa al centro, de donde comenzó. Basta con ver cómo se crearon el sol, la luna y las estrellas a partir de nebulosas; y cómo éstos se disuelven y regresan a las nebulosas. Lo mismo pasa con todo. La planta toma la sustancia de la tierra, se disuelve y la devuelve. Todo en este mundo se extrae de los átomos de su entorno, y todo se devuelve a esos átomos. Resulta imposible que una misma ley ejerza de forma distinta en lugares diferentes. La ley es uniforme. No hay nada más cierto. Si esta es la ley de la naturaleza, también es válida para el pensamiento. El pensamiento se disolverá y regresará a su origen. Que lo deseemos o no, todos deberemos regresar a nuestro origen, llamado Dios o absoluto. Todos venimos de Dios, y todos estamos destinados a regresar hacia Él. Podemos llamarlo como sea, Dios, absoluto o naturaleza, el resultado es el mismo. «El universo entero proviene de él, todo lo que nace, vive en él y regresará hacia él. Este es un hecho certero. La naturaleza funciona bajo el mismo principio: aquello que se hace en una esfera, se hace igualmente en millones de otras esferas. Lo que observamos con los planetas, pasará de la misma forma con esta tierra, con el hombre, y con todo el resto. La gran ola es una combinación vigorosa de pequeñas olas, talvez millones de olas. La vida del mundo entero está compuesta con millones de pequeñas vidas y su muerte se compone con las muertes de millones de pequeños seres.

Ahora, la cuestión es la siguiente: ¿Es el regreso a Dios el estado más elevado, o no? Los filósofos de la escuela de yoga responden formalmente que éste es el caso. Según ellos, el estado actual del hombre es una degeneración. Ninguna religión en este mundo dice que el hombre sea una mejoría. La idea define que el comienzo del hombre es perfecto y puro, que se degenera hasta que no pueda degradarse más, y que debe llegar el día en que deba elevarse para completar el círculo. Debemos describir el círculo. No importa lo bajo que caiga, inevitablemente, debe tomar la curva ascendente y regresar a su fuente de origen, es decir, Dios. El origen inicial del hombre es Dios, luego, en la mitad de su trayecto se convierte en hombre, y al final regresa a Dios. Este es el método que consiste en tratar ésta idea bajo una forma dualista. La forma monista consiste en la idea de que el hombre es Dios y que regresa hacia él de nuevo. Si nuestro estado actual es el más elevado, entonces ¿por qué existen tantos horrores y tanto sufrimiento, y por qué existe un fin? Si se trata del estado superior, ¿por qué se termina? Aquello que se corrompe y se degenera no puede ser el estado superior. ¿Por qué sería tan infernal e insatisfactorio? La única excusa es que, gracias a este estado, tomamos un camino más elevado y debemos pasar por él para regenerarnos nuevamente. Cuando se planta una semilla en la tierra, ésta se desintegra y, con el tiempo, nace un espléndido árbol. Cada alma debe desintegrarse para convertirse en Dios. Por lo tanto, mientras más pronto salgamos de este estado denominado «hombre», mejor será para nosotros. ¿Es a través del suicidio, que podemos salir de este estado? Para nada. Esto empeoraría la situación. La tortura a sí mismo o la condena al mundo no son la solución para salir de esto. Debemos pasar por el fango del desespero, y es preferible hacerlo lo más pronto posible. Debemos recordar siempre que, el estado de hombre, no es el estado más elevado.

La parte más difícil de comprender es que este estado, el absoluto, catalogado como el más elevado, no es, como muchos temen, similar al estado zoofito o el de la piedra. Según ellos, solo hay dos tipos de estado de existencia, el de la piedra y el del pensamiento. Pero, ¿con qué derecho limitan la existencia a estos dos estados? ¿No existe acaso nada que sea superior al pensamiento? Cuando las vibraciones de la luz son muy bajas, no las vemos; cuando éstas son más intensas, se convierten en luz para nuestros ojos; y cuando son mucho más intensas, no las podemos ver y es oscuridad para nosotros. ¿Es la oscuridad final la misma que la oscuridad inicial? Ciertamente no, pues son así de diferentes que los dos polos. ¿Es la ausencia del pensamiento de la piedra la misma que la ausencia de pensamiento de Dios? Ciertamente no. Dios no piensa, Él no razona. ¿Por qué debería hacerlo? ¿Existe algo que él desconozca sobre el cual debería razonar? La piedra no puede razonar; Dios simplemente no lo hace. Ésta es la diferencia. Esos filósofos piensan que sería horrible ir más allá del pensamiento. Ellos no encuentran nada por encima del pensamiento.

Existen estados de existencia mucho más elevados que sobrepasan al razonamiento. Es más allá del intelecto que se encuentra el primer estado de la vida religiosa. Cuando avancemos más allá del pensamiento, del intelecto y de todo razonamiento, entonces habremos dado el primer paso hacia Dios, y este es el principio de la vida. Aquello que llamamos vida, no es más que un estado embrionario.

La siguiente pregunta sería: ¿Pueden ofrecerse pruebas para demostrar que el estado superior al pensamiento y al razonamiento es el estado más elevado? En primer lugar, todos los grandes hombres del mundo, mucho más grandes que aquellos que lo único que hacen es hablar, hombres que han movido el mundo, que nunca tuvieron objetivos egoístas, y que han declarado que esta vida no es más que una pequeña etapa del camino que conduce hacia el infinito que está más allá. En segundo lugar, no solo lo claman, sino que también muestran a todos el camino y explican sus métodos para que todos puedan seguirlos. En tercer lugar, no hay otra alternativa. No existen otras explicaciones. Si consideramos que no existe ningún estado superior, ¿por qué seguimos ese círculo todo el tiempo?, ¿qué razón puede dar el mundo? El mundo sensato será el límite de nuestro conocimiento si no podemos ir más lejos, si no debemos pedir más. Esto es lo que llaman agnosticismo. Pero, ¿cuál es la razón para creer en la prueba del sentido? Llamaré verdadero agnóstico a cualquiera que se mantendría inmóvil y moriría. Si la razón lo representa todo, no nos queda más lugar que ponerse del lado del nihilismo. Si un hombre es agnóstico para todo, excepto para el dinero, la fama y el renombre, se trata entonces de un impostor. Kant comprobó de forma inequívoca que no podemos penetrar más allá del muro inflexible que llamamos razón. No obstante, es en esta idea que cada pensamiento hindú toma posición, se atreve a buscar y logra encontrar algo superior que la razón, donde solo podemos encontrar la explicación a este estado actual. Este es el valor del estudio sobre algo que nos llevará más allá del mundo. «Tú eres nuestro padre, y nos llevarás hasta la otra orilla del océano de ignorancia.». De esto trata la ciencia de la religión, nada más.

Capítulo I
La Concentración y Sus Usos Espirituales

अथ योगानुशासनम् ॥१॥
1. Ahora explicamos la concentración.

रिोधः ॥२॥
2. El yoga impide a la substancia mental (chitta) de adoptar distintas formas (vittris).

Aquí es necesario una gran cantidad de explicaciones. Tenemos que comprender lo que es chitta, y lo que es vittris. Tengo ojos, pero los ojos no ven. Quitemos el centro del cerebro que está en la cabeza, los ojos están aún allí, la retina estará aún completa, así como las imágenes de los objetos que se reflejan en ella, y sin embargo, los ojos no verán. Por lo tanto, los ojos son un instrumento secundario, y no el órgano de la visión. El órgano visual se encuentra en el centro nervioso del cerebro. Los dos ojos solos, no son suficientes. A veces, un hombre puede dormir con los ojos abiertos. Allí se encuentran la luz y la imagen, pero hace falta un tercer objeto: la mente debe estar unida al órgano. El ojo es el instrumento externo; pero necesitamos también del centro cerebral y de la acción de la mente. A veces, lo automóviles circulan por la calle y no los oímos. ¿Por qué? Porque la mente no está unida al órgano de la audición. Primero está el instrumento, luego el órgano y finalmente, la mente que se une a los dos anteriores. La mente recoge la impresión, ésta la presenta a la facultad determinativa (buddhi) que reacciona a su turno. Con esta reacción, nace la idea del egoísmo. Luego, esta mezcla de acción y reacción, se presenta ante purusha, la verdadera alma, que percibe un objeto en medio de esta mezcla. Los órganos (indriyas), la mente (manas), la facultad determinativa (buddhi) y el egoísmo (ahamkára), forman un grupo que llamamos instrumento interno (antahkarana). Estos son solo una serie de procesos variados que se encuentran en el seno de la substancia mental llamada chitta. Las ondas del pensamiento producidas en chitta, se llaman vittris (que significa vorágine). ¿Qué es el pensamiento? El pensamiento es una fuerza, como lo son la gravedad o la repulsión. El instrumento llamado chitta, se apropia un poco de las reservas infinitas de la fuerza de la naturaleza, las absorbe y las emite en forma de pensamiento. A través de los alimentos, adquirimos la fuerza, y, a partir de esos alimentos, el cuerpo obtiene la facultad de moverse, etcétera. Las otras, las fuerzas más sutiles, las expresa en aquello que llamamos pensamiento. De este modo, nos damos cuenta de que, aunque lo parezca, la mente no es inteligente. ¿Por qué? Porque el alma inteligente se esconde por detrás. Somos los únicos seres sensibles; la mente es un simple instrumento a través de la cual comprendemos el mundo exterior. Tomemos este libro; como tal no existe en el mundo exterior; lo que existe en el exterior no se conoce, ni es conocible. Lo incognoscible ofrece una sugestión a la mente, que reacciona en forma de libro. De la misma forma en que se lanza una piedra en el agua, el agua se proyecta de la piedra en forma de ondas. El verdadero universo es el motivo de reacción de la mente. La forma de un libro, de un elefante, o de un hombre, no se encuentra en el mundo exterior; todo lo que sabemos, es nuestra reacción mental producto de una sugestión exterior. John Stuart Mill dijo: «la materia es la posibilidad permanente de sensaciones». Solo la sugestión es exterior. Tomemos el ejemplo de una ostra. Sabemos cómo fabrican sus perlas: un parásito penetra en la coquilla y provoca una irritación, la ostra entonces lo recubre de una especie de esmalte y lo transforma en perla. El universo de la experiencia es nuestro propio esmalte, por así decirlo, y el verdadero universo es el parásito que sirve de núcleo. El hombre común jamás podrá comprender esto, porque cuando lo intenta, produce un esmalte y solo podrá ver su propio esmalte. Ahora sabemos lo que significan esos vittris. El verdadero hombre se encuentra detrás de la mente, la mente es el instrumento, sus manos; es solo su inteligencia que se filtra a través de la mente. Es solo cuando nos posicionamos detrás de la mente, que ésta se vuelve inteligente. Cuando un hombre la abandona, se desborona en pedazos y se vuelve nada. De este modo podemos comprender el significado de chitta; es la sustancia mental. Los vittris son las ondas y las olas que se forman, cuando las causas externas lo afectan. Estos vittris constituyen nuestro universo. No podemos ver el fondo de un lago porque su superficie está cubierta de ondas. Solo podemos tener una breve visión del fondo, si las ondas disminuyen y que el agua se calma. Si el agua es turbia o está agitada todo el tiempo, su fondo no será visible. Si es clara y que no hay ondas, podremos ver su fondo. El fondo del lago representa nuestra verdadera persona, el lago representa el chitta; y las ondas, los vittris. Una vez más, la mente posee tres estados, entre éstos la oscuridad, llamada tamas, que vemos en los ignorantes e idiotas; solo actúa para lastimar. Ninguna otra idea surge de este estado mental. Luego, encontramos el estado activo de la mente, el rayas, cuyas motivaciones principales son el poder y el placer. «Seré poderoso y dominaré al mundo». Luego, vemos el estado denominado satuá, la serenidad y la calma, en el cual las ondas cesan y el agua del lago de la mente se clarifica. No es un estado inactivo, sino más bien intensamente activo. Estar sereno es la más grande manifestación de poder. Es fácil estar activo. Aflojemos las riendas y los caballos correrán con nosotros. Cualquiera puede hacerlo, pero aquel que logre parar el caballo a galope, es el más fuerte. ¿Qué requiere mayor fortaleza entre soltarlas o retenerlas? El hombre sereno no es un hombre monótono. No podemos confundir el satuá con la monotonía o la flojera. El hombre sereno es aquel que tiene el control de las ondas de su mente. La actividad es la manifestación de una fortaleza inferior, y la serenidad es una fuerza superior.

El chitta siempre intenta regresar a su estado puro y natural, pero los órganos se lo impiden. Retenerlo, frenar esta tendencia exterior y comenzar un viaje de regreso hacia la esencia de la inteligencia, es la primera etapa del yoga, porque es la única forma para que el chitta vuelva a encontrar su propio curso.

A pesar de que el chitta se encuentra en toda forma animal, desde la más baja hasta la más elevada, es solo en el ser humano que la encontramos en forma de intelecto. Hasta que la sustancia mental no pueda tomar la forma de intelecto, para el chitta no será posible tomar el mismo camino de regreso y liberar el alma. Para una vaca o un perro, la salvación inmediata resulta imposible, ya que, a pesar de que tienen una mente, el chitta aún no ha alcanzado esta forma que llamamos intelecto.

El chitta se manifiesta en las siguientes formas: dispersión, oscurecimiento, recopilación, focalización y concentración. La forma dispersiva corresponde a la actividad. Ésta tiende a manifestarse bajo la forma del placer o del dolor. La forma de oscurecimiento corresponde a un embotamiento con tendencia a lesionar. Según el interlocutor, la tercera forma es natural para los devas, los ángeles; la primera y la segunda, lo son para los demonios. La forma de recopilación corresponde a la lucha del chitta para centrarse en sí mismo; la forma de focalización, corresponde a la tentativa de concentración; y la forma de concentración conduce al estado de samadhi.

तदा द्रष्टुः स्वरूपेऽवस्थानम् ॥३॥

3. En ese preciso momento (de concentración), el veedor (purusha) se reposa en su propio estado (inalterado).

A partir del momento en que las ondas se detienen y el lago se tranquiliza, vemos su fondo. Asimismo, cuando la mente está serena, podemos ver lo que es nuestra propia naturaleza; nosotros no nos mezclamos, sino permanecemos nosotros mismos.

तिरत्र ॥४॥

4. En otras ocasiones (diferentes a la concentración), el veedor se identifica con las modificaciones.

Por ejemplo, alguien nos hace un reproche; esto produce una modificación, un vittri, en mi mente. Al identificarnos con esta modificación por haberla tomado en consideración, el resultado es sufrimiento.

पिटाः ॥५॥

5. Existen cinco clases de modificación, (algunas) dolorosas, (otras) indoloras.

दिरा-स्मृतयः ॥६॥

6. (Éstas son) el buen conocimiento, la indistinción, la ilusión verbal, el sueño y la memoria.

[॥७॥

7. La percepción directa, la inferencia y las evidencias válidas constituyen pruebas.

Cuando dos de nuestras percepciones no se contradicen, lo llamamos prueba. Si oímos algo que contradice otro algo que ya habíamos percibido, comienza nuestra lucha para rechazar esa percepción y no la creemos. Igualmente existen tres tipos de prueba. Pratyaksha, la percepción directa: todo lo que vemos y resentimos constituye una prueba, si nada ha engañado los sentidos. En segundo lugar, el anumana o la inferencia: cuando vemos un signo, y gracias a ese signo, deducimos su significado. En tercer lugar, aptavakya, la prueba directa de yoguis, de aquellos que han visto la verdad. Todos luchamos por lograr el conocimiento. Pero, tú y yo, debemos luchar duro, y lograr el conocimiento a través de un largo y tedioso proceso de razonamiento, sin embargo el yogui, el hombre puro, ha ido más allá de esto. Para su mente, el pasado, el presente y el futuro representan los mismo; como un libro abierto. El yogui no necesita pasar por el tedioso proceso que nosotros tenemos que atravesar para alcanzar el conocimiento; sus palabras son prueba porque él encuentra el conocimiento en sí mismo. Por ejemplo, los yoguis son los autores de las sagradas escrituras, por lo tanto, las escrituras son pruebas. Si uno de esos yoguis viviera en la actualidad, sus palabras serían prueba. Otros filósofos se han aventurado en largas discusiones sobre el aptavakya, y se cuestionan sobre «¿cuál es la prueba que justifique sus palabras?» La prueba es su directa percepción. Porque todo lo que vemos constituye una prueba, a condición de que no contradiga ningún conocimiento anterior. El conocimiento va más allá de los sentidos, y cuando no contradice ni la razón ni alguna experiencia humana precedente, este conocimiento se convierte en prueba. Cualquier loco puede entrar en esta habitación y clamar que puede ver ángeles a su alrededor; esto no sería ninguna prueba. Antes que nada, se debe tratar de un verdadero conocimiento; luego, no debe contradecir ningún conocimiento anterior; finalmente, debe depender del carácter de quién lo diga. He escuchado decir que el carácter de un hombre no es tan importante como sus palabras, y que primero debemos escucharlas. Esto puede ser cierto para otras cosas. Un hombre puede ser malvado y, sin embargo, haber hecho un descubrimiento astronómico, pero en la religión es diferente, ya que un hombre impuro, jamás tendrá la capacidad de alcanzar las verdades de la religión. Por lo tanto, primero tenemos que comprobar que este hombre, que se declara ser un Apta, es una persona perfectamente bondadosa y santa; luego, que ha transcendido los sentidos, y que lo que manifiesta no contradice el conocimiento previo de la humanidad. Ningún descubrimiento de la verdad se opone a la verdad anterior, más bien ha de adaptarse a ella. Por último, hay que comprobar que esa verdad puede demostrarse. Si una persona dice: «tuve una visión», y no tenemos el derecho de verla, entonces no le creeremos. Todos deberíamos tener el poder de verla por sí mismos. Ninguna persona que vende su conocimiento puede pretender ser un Apta. Por lo tanto, se deben cumplir todas estas condiciones: en primer lugar, se debe constatar que el hombre es puro, que no es el egoísmo que lo motiva, y que no desea ganancias, ni la gloria. En segundo lugar, debe demostrar que es supraconsciente. Debe ofrecernos algo que no podamos percibir a través de nuestros sentidos y que beneficiará al mundo entero. En tercer lugar, debemos comprobar que no contradice otras verdades; si tal es el caso, hemos de rechazarlo en el acto. En cuarto lugar, el hombre jamás debe ser excepcional, pues solo debe representar lo que todo hombre es capaz de alcanzar. Los tres tipos de prueba son entonces: el directo sentido de la percepción, la inferencia y las palabras de un Apta. No puedo traducir esta palabra en español. No corresponde a la palabra «inspirado», porque se piensa que la inspiración viene del exterior, en tanto que, este conocimiento proviene del mismo hombre. El sentido literal es «alcanzado».

षिठम् ॥८॥

8. La indistinción es un falso conocimiento que no está establecido en la verdadera naturaleza.

La clase de vittris siguiente, consiste en confundir una cosa con otra, por ejemplo, confundir el nácar con la plata.

किल्पः ॥९॥
9. La ilusión verbal proviene de palabras sin realidad (correspondiente).

Existe otra clase de vittris llamada vikalpa. Cuando se pronuncia una palabra, sin tomarse el tiempo de comprender su significado, uno se precipita hacia una conclusión inmediata. Este es el signo de debilidad del chitta. Ahora pueden comprender la teoría de la retención. Mientras más débil es el hombre, menos demuestra su retención. Siempre debemos proceder a examinarnos por medio de esta prueba. Cuando estemos a punto de enfadarnos, o sentirnos desgraciados, pensemos en cómo unos cuantos sucesos han logrado cundir nuestras mentes de vittris.

दिरा ॥१०॥
10. El sueño es un vittri que implica una sensación de vacío.

La clase de vittri siguiente se llama sueño y ensueño. Cuando nos despertamos, sabemos que hemos estado durmiendo, y solo podemos tener el recuerdo de la percepción. Aquello que no percibimos, jamás podemos recordarlo. Cada reacción es como una onda sobre el lago. Si durante el sueño, la mente no emite ninguna onda, no existirá ninguna percepción, ni positiva, ni negativa, y por lo tanto, no las recordaremos. La verdadera razón por la cual recordamos un sueño, es que en su transcurso, un cierto tipo de ondas actuaba en la mente. El recuerdo es una clase diferente de vittris que llamamos smriti.

िः ॥११॥
11. El recuerdo es cuando los (vittris de) entes percibidos no se fugan (y llegan a la conciencia por medio de las impresiones).

El recuerdo puede originarse de la percepción directa, del falso conocimiento, de la ilusión verbal, o del sueño. Por ejemplo, cuando escuchamos una palabra. Esa palabra es como una piedra lanzada al lago de chitta; ésta genera una onda, y esta onda genera una serie de otras ondas; esto es lo que llamamos recuerdo.

CAPÍTULO I: LA CONCENTRACIÓN Y SUS USOS ESPIRITUALES

Asimismo ocurre durante el sueño. Cuando un tipo de onda, llamada sueño, sumerge el chitta en una onda de recuerdos, es lo que llamamos ensueño. El ensueño es otra forma de onda que, en estado de vigilia, llamamos recuerdo.

रोधः ॥१२॥

12. El control se logra con la práctica y no con el apego.

Para que la mente no tenga apego, ha de ser clara, buena y racional. ¿Por qué debemos practicar? Porque cada acción es como las vibraciones que se agitan en la superficie del lago. Si la vibración desaparece, ¿qué queda? Los samskaras, las impresiones. Cuando un buen número de samskaras se quedan en la mente, se fusionan y se convierten en un hábito. Se dice que «el hábito es una segunda naturaleza», pero también es la primera naturaleza, la naturaleza entera del hombre, pues, todo lo que somos es el resultado de los hábitos. Este pensamiento nos conforta, ya que si tan solo se trata de un hábito, entonces podemos hacerlo y deshacerlo en todo momento. Las vibraciones producen los samskaras o impresiones que salen de nuestra mente, y que aportan, cada una de ellas, su resultado. Nuestro carácter esta hecho del conjunto de estas impresiones, y cuando una onda en particular prevalece, tomamos ese rasgo de la personalidad. Si prevalece el bien, seremos buenos. Si prevalece la maldad, seremos malvados. Si prevalece la alegría, seremos felices. El único remedio para los malos hábitos, son los contra hábitos. Todos los malos hábitos que han dejado sus impresiones, deben controlarse por medio de los buenos hábitos. Continuemos a hacer el bien, tengamos pensamientos puros en permanencia, es el único medio para suprimir las bajas impresiones. No digamos nunca que un hombre es desesperanzado, ya que es tan solo un carácter, un montón de hábitos que se pueden detener con nuevos y mejores hábitos. El carácter corresponde a los hábitos repetidos, y solo éstos pueden mejorar el carácter.

तौ यत्नोऽभ्यासः ॥१३॥

13. La práctica es la lucha continua para retenerlos (vittris) perfectamente.

¿Qué es la práctica? Es el esfuerzo de retener la mente en forma de chitta, con el fin de impedir que se transforme en ondas.

स ॥१४॥

14. Firmemente inmovilizado por sus amplios y constantes esfuerzos y un gran amor (por el logro del objetivo).

La retención no se adquiere en un día, sino a través de una amplia y constante práctica.

तृष्णास्य वशीकारसंज्ञा वैराग्यम् ॥१५॥

15. *El desapego es lo que sucede cuando se ha renunciado al deseo que ansía controlar aquellos objetos vistos o escuchados.*

Las dos fuerzas de motivación de nuestras acciones son, en primer lugar, lo que nosotros mismos vemos, y en segundo lugar, la experiencia ajena. Estas dos fuerzas proyectan la mente, es decir, el lago, hacia diferentes tipos de ondas. La renunciación es el poder de lucha contra esas fuerzas para tener el control de la mente. Su renunciación es lo que la vista desea. Si camino por la calle y un hombre viene y me roba el reloj. Ésta es mi propia experiencia. Me veo a mi mismo, e inmediatamente proyecto mi chitta en una onda en forma de cólera. No permitamos que esto suceda. Si no somos capaces de evitarlo, entonces no somos nada, y si lo logramos, es porque tenemos vairagya. Una vez más, las experiencias de la mente terrenal nos enseñan que los placeres sensoriales son el ideal más elevado. Se tratan de grandes tentaciones. La renunciación es renegarlas; es que a su contacto, no demos autorización a la mente a movilizarse en una onda. El vairagya es el control de la doble fuerza de motivación producto de mi propia experiencia y de la experiencia ajena, para así impedirles el control sobre chitta. Soy yo que debo controlarlo, y no inversamente. Este tipo de fuerza mental es lo que llamamos la renunciación. El vairagya constituye el único camino hacia la libertad.

गुणवैतृष्ण्यम् ॥१६॥

16. *El extremo desapego renuncia incluso a las cualidades y proviene del conocimiento de (la verdadera naturaleza del) purusha.*

La más elevada manifestación de la fuerza de vairagya sucede cuando nos despoja de nuestra atracción por las cualidades. Antes que nada, debemos comprender lo que significa el purusha, el Ser, y cuáles son sus cualidades. Según la filosofía del yoga, la naturaleza entera se constituye de tres cualidades: la primera se llama tamas, la segunda rayas, y la última satuá. Estas tres cualidades se manifiestan en el mundo físico en forma de oscuridad o inactividad, atracción o repulsión, y equilibrio entre ambas. Todo lo que se encuentra en la naturaleza, todas sus manifestaciones son combinaciones y recombinaciones de estas tres fuerzas. Los Sankhias dividieron la naturaleza en distintas categorías. El Ser de un individuo está más allá de todo eso, más allá de la naturaleza. El Ser es iluminado, puro y perfecto. La inteligencia que encontramos en la naturaleza es tan solo el reflejo de ese Ser en la naturaleza. La naturaleza por sí misma, es insensible. Tenemos que recordar que la palabra naturaleza constituye también la mente. La mente está en la naturaleza, así como el pensamiento. Todo se encuentra en la naturaleza, en la manifestación de la naturaleza, desde el pensamiento hasta la forma más trivial de la materia. Esta naturaleza recubre el Ser del hombre, y cuando ésta retira su cubertura, el Ser reaparece en toda su gloria. El desapego, tal como está descrito en el quinceavo aforismo (como el control de objetos o de la naturaleza), es la ayuda más preciada para lograr la manifestación del Ser. El aforismo siguiente describe el samadhi, la concentración perfecta, objetivo del yogui.

तिानुगमात् सम्प्रज्ञातः ॥१७॥

17. La concentración, que llaman justo conocimiento, conlleva al razonamiento, la dicha del discernimiento y egoísmo absoluto.

El samadhi se divide en dos tipos. Uno se llama samprajnata, el otro, asamprajnata. En el transcurso del samprajnata samadhi, surgen todos los poderes de control sobre la naturaleza. Existen cuatro clases. La primera se llama savitarka: la mente medita constantemente sobre un objeto y aísla los otros. Entre las veinticinco categorías de Sankhias, existen dos tipos de objetos para la meditación: en primer lugar, las veinticuatro categorías insensibles de la naturaleza, y, en segundo lugar, el purusha sensible. Esta parte del yoga se basa en su totalidad en la filosofía sankhia, de la que ya he hablado. Como podrán recordar, el egoísmo, la voluntad y la mente poseen una base común, el chitta (o sustancia mental), a partir del cual provienen todos. La sustancia mental absorbe las fuerzas de la naturaleza y las proyecta en forma de pensamiento. Una vez más, debe existir algo en que la fuerza y la materia formen uno solo. Esto se llama avyakta, el estado no manifiesto de la naturaleza anterior a la creación, y es a él que regresa la naturaleza entera al final del ciclo, para luego volver a escapar después de un cierto tiempo. Más allá de este estado, se encuentra el purusha, la esencia de la inteligencia. El conocimiento es el poder, y cuando apenas comenzamos a conocer algo, tomamos el poder sobre ese algo. Asimismo, cuando la mente comienza a meditar sobre diferentes elementos, ésta gana poder sobre éstos. Este tipo de meditación, en el cual los elementos son objetos externos brutos, se llama savitarka. Vitarka significa cuestión; savitarka, con cuestión, interroga los elementos, por así decirlo, para que liberen sus verdades y sus fuerzas al hombre que medita sobre ellos. Los poderes no conducen a la liberación. Se trata de una búsqueda mundana de los placeres, pero no existe ningún placer en esta vida. Toda búsqueda de placer es en vano; es una antigua enseñanza que el hombre encuentra tan difícil de aprender. Pero cuando la aprende, sale del universo y se libera. La posesión de lo que llaman poderes ocultos, solo intensifica el apego al mundo, y al final de cuentas, agrava su sufrimiento. Aunque Patanjali, como hombre científico, está destinado a mostrar las posibilidades de esta ciencia, nunca olvida de prevenirnos en contra de estos poderes.

Una vez más, en esta meditación, cuando luchamos por extraer los elementos del espacio y del tiempo, que los consideramos tal como en realidad son, es lo que se llama nirvitarka, el incuestionable. Cuando la meditación alcanza un nivel superior, que toma los tanmatras por objeto, y los considera en el espacio y el tiempo, es lo que se llama savichara, con discernimiento. Cuando, en el mismo nivel de meditación, se eliminan el espacio y el tiempo, y que se consideran los finos elementos tal como son, es lo que se llama nirvichara, sin discernimiento. La siguiente etapa sucede cuando abandonamos los elementos brutos y finos, que se toma el órgano interior, el órgano del pensamiento por objeto de meditación. Cuando el órgano del pensamiento se considera desprovisto de cualidades de actividad y monotonía, es lo que llaman sananda, el samadhi bienaventurado. Cuando la misma mente se convierte en el objeto de meditación, cuando la meditación ha madurado y se vuelve concentrada, cuando se abandona toda idea de materia bruta o fina, cuando, del ego, solo subsiste el estado de satuá, aunque diferenciado de otro tipo de objetos, es lo que llaman sasmita samadhi. Aquel que lo logre, ha alcanzado lo que los Vedas llaman «desprovisto de cuerpo». Entonces, puede considerarse a sí mismo sin su cuerpo bruto, aunque debe considerarse como poseedor de un cuerpo fino. Los que se encuentran en este estado y que se camuflan en la naturaleza sin alcanzar el objetivo, se les llaman prakritilayas, pero quienes no se detienen allí, alcanzan el objetivo, es decir, la libertad.

वः संस्कारशेषोऽन्यः ॥१८॥

18. Existe otro samadhi que se logra por medio de una práctica constante del cese de toda actividad mental, en el cual el chitta solo guarda las impresiones no manifiestas.

Se trata del perfecto estado de supraconciencia, asamprajnata samadhi, el estado que nos devuelve nuestra libertad. El primer estado no nos la devuelve, no libera el alma. Puede suceder que un hombre obtenga todos los poderes y, sin embargo, continúe a caer. No existen garantías mientras que el alma no transcienda la naturaleza. Resulta muy difícil lograrlo, aunque su método parezca fácil. El método consiste en meditar sobre la mente misma y, cuando surge un pensamiento, eliminarlo, impedir que ningún pensamiento venga a la mente, y de esta forma, vaciarla por completo. Cuando llegamos a hacerlo, a partir de ese momento, lograremos la liberación. Cuando las personas sin ningún entrenamiento ni preparación tratan de vaciar sus mentes, lo más posible es que no lo logren y se recubran de tamas, la materia de la ignorancia que convierte la mente monótona e ignorante, y los conduce a pensar que al fin han vaciado sus mentes. Para poder lograrlo, debemos demostrar la mayor fuerza y el control más elevado. Cuando se alcanza el estado de asamprajnata (supraconciencia), el samadhi no contiene más semillas. ¿Qué quiere decir esto? En el transcurso de una concentración donde la conciencia subsiste y la mente no logra calmarse y controlar las ondas en el chitta, estos últimos se quedan presentes con la forma de tendencias. Esas tendencias (o semillas) se convierten de nuevo en ondas a su debido tiempo. Pero, cuando se han destruido todas las tendencias y casi destruido la mente, entonces el samadhi no contiene más semillas. No existen más semillas en la mente, de las cuales, podría germinar de nuevo la planta de la vida, el interminable ciclo del nacimiento y la muerte.

Se preguntarán talvez, ¿cuál es entonces ese estado en que no existe ni mente, ni conocimiento? Lo que llamamos conocimiento, es un estado inferior con respecto a aquél que sobrepasa el conocimiento. Tenemos que recordar que los extremos se asemejan mucho. Si consideramos una baja vibración de ondas de éter como las tinieblas, y la luz como un estado intermediario, entonces la vibración más elevada se consideraría igualmente como las tinieblas. Asimismo, la ignorancia constituye el estado más inferior, el conocimiento el estado intermediario, y la superación del conocimiento como el más elevado; los dos extremos parecen idénticos. El propio conocimiento es producto de la fabricación, de una combinación, no se trata de la realidad.

¿Cuál es el resultado obtenido de una constante práctica de la concentración superior? Toda tendencia a la agitación y monotonía se suprimirán, así como la tendencia a la bondad. Similar al caso de los productos químicos que se utilizan para depurar el oro. Cuando se funde el mineral, se eliminan las escorias junto con los productos químicos. Así, el poder de control permanente pondrá un fin a las malas tendencias y, al final, a las buenas también. Estas buenas y malas tendencias se anularán entre sí, y solo dejarán al alma en su esplendor, liberada del yugo del bien y del mal, omnipresente, omnipotente y omnisciente. Entonces, el hombre sabrá que no existió ni nacimiento, ni muerte, ni necesidad de paraíso o de tierra. Sabrá que nunca vino, ni fue, que es la naturaleza que se movía y que ese movimiento se reflejaba en el alma. Que la forma de la luz reflejada en el vidrio sobre el muro, tiene movimiento, pero el muro piensa torpemente que puede moverse. En nuestro caso, es el chitta que se mueve en permanencia y toma diferentes formas, pero tenemos la concepción de que nosotros somos esas formas. Todas esas ilusiones desaparecerán. Cuando el ama libre comande (no se trata de súplicas, ni rezos, sino de comandar), entonces se cumplirá todo lo que desee, y será capaz de hacer todo lo que quiera. Según la filosofía sankhia, Dios no existe. Dice que no puede existir ningún dios del universo, porque si acaso existiese, debería ser un alma, y un alma debe ser prisionera o libre. Por lo tanto, ¿cómo un alma prisionera de la naturaleza, podría crear? El alma misma es una esclava. Por otro lado, ¿por qué un alma libre debería crear y manipular todas esas cosas, si no tiene ningún deseo y por lo tanto no tiene la necesidad de crear? Además, esta filosofía dice que Dios no es necesario, ya que la naturaleza lo explica todo. Entonces, ¿para qué sirve Dios? Pero Kapila enseña que existen muchas almas que, aunque cerca de la perfección, no llegan a alcanzarla porque no pueden renunciar por completo a todos sus poderes. Por un instante, sus mentes se unen a la naturaleza, para resurgir a la imagen de su maestro. Son esos, los dioses que existen. Debemos convertirnos en dioses tales y, según los Sankhias, el dios del que se habla en los Vedas, es exactamente una de esas almas libres. Allende estos dioses, no existe ningún creador del universo libre y santo por la eternidad. No obstante, los yoguis objetan: «no precisamente. Sí existe un dios. Existe una alma, distinta de otras, que es la maestra eternal de toda creación, siempre libre, la preceptora de todos los preceptores». Asimismo, los yoguis admiten la existencia de aquello que los Sankhias llaman «los fusionados a la naturaleza». Se trata de yoguis que no alcanzaron la perfección y, aunque por un tiempo no tengan la autorización para lograr sus objetivos, aún son los dirigentes de una parte del universo.

लियानाम् ॥१९॥

19. (Si no siguen este samadhi, con extrema renunciación de todo tipo de apego) se convierte en la causa de la nueva manifestación de los dioses y de aquellos fusionados con la naturaleza.

En el sistema de la filosofía hindú, los dioses representan algunos cargos elevados que diferentes entidades desempeñan de forma sucesiva. Sin embargo, ninguno de entre ellos es perfecto.

वक इतरेषाम् ॥२०॥

20. Para los otros (este samadhi) surge por medio de la fe, la energía, los recuerdos, la concentración y el discernimiento de la realidad.

Éstos no desean convertirse en dioses, ni dirigentes de ciclos, y alcanzan la liberación.

तीव्रसंवेगानामासन्नः ॥२१॥

21. El éxito llega rápido para aquel con extrema energía

शिषः ॥२२॥

22. El éxito de los yoguis difiere de acuerdo a los métodos que adopten, sean ligeros, moderados o intensos.

धानाद्वा ॥२३॥

23. O por la devoción a Isvará.

शिष ईश्वरः ॥२४॥

24. Isvará (el dirigente supremo) es un purusha especial que no conoce ni el sufrimiento, ni las acciones, ni sus resultados, ni los deseos.

Hay que recordar que la filosofía de Patanjala Yoga se basa en la de Sankhia. Sin embargo, en el sistema sankhia, no existe lugar para Dios. Por el contrario, para los yoguis, sí existe. No obstante, los yoguis no mencionan muchas ideas con respecto a Él, como la creación por ejemplo. Los yoguis no consideran Isvará como el Dios creador del universo. Según los Vedas, Isvará es el creador del universo, y dado que el universo es armonioso, se debe tratar de la manifestación de una voluntad. Los yoguis, por su lado, quieren definir a un dios, pero le otorgan un modo particular y propio de ellos, y dicen:

वज्ञत्वबीजम् ॥२५॥

25. En Él, se vuelve infinita esta omnisciencia, que en los demás es (tan solo) un germen.

La mente siempre se desplaza entre dos extremos. Podemos pensar en un espacio restringido, pero esa misma idea nos proporciona un espacio ilimitado. Si cerramos los ojos e imaginamos un espacio pequeño, además de percibir el pequeño círculo, al mismo tiempo, un círculo de dimensiones ilimitadas lo rodeará. Tratemos ahora de imaginar un segundo de tiempo. En el mismo transcurso de su percepción, pensaremos igualmente en la eternidad del tiempo. Lo mismo pasa con el conocimiento. El conocimiento no es más que un germen en el hombre, pero se ha de pensar en el conocimiento infinito a su alrededor para que la propia constitución de la mente nos muestre que existe un conocimiento ilimitado, que los yoguis llaman Dios.

गुरुः कालेनानवच्छेदात् ॥२६॥

26. Él es incluso el maestro de los antiguos maestros, ya que no está limitado en el tiempo.

Es cierto que todos los conocimientos viven en nosotros, pero deben estar inspirados en base a otros conocimientos. Para un yogui, a pesar de que la capacidad de conocimientos está en nuestro interior, se deben invocar, y esta invocación del saber solo puede hacerse a través de otro conocimiento. La materia muerta e insensible jamás solicita el conocimiento; es la acción del conocimiento que atrae el conocimiento. Debemos rodearnos de personas sabias para que soliciten el conocimiento que está en nosotros. Por esta razón, los maestros siempre han sido indispensables. En el mundo, nunca han faltado y ningún conocimiento puede aparecer sin ellos. Dios es el maestro de todos los maestros, no importa lo grandiosos que fuesen (dioses o ángeles), siempre han estado limitados en el tiempo, al contrario de Dios. Surgen entonces, dos peculiares deducciones sobre los yoguis. La primera, en referencia a lo que es limitado, la mente debe pensar en aquello que es ilimitado, y si una parte de la percepción es verdadera, entonces la otra parte debe serlo por igual, ya que su valor de percepción en la mente es igual. El hecho de que el hombre posee un poco de conocimiento, significa que Dios posee un conocimiento ilimitado. Si aceptamos una, ¿por qué no aceptar la otra? La razón nos obliga a aceptar las dos, o a renegarlas. Si creemos en la existencia de un hombre con algo de conocimiento, debemos también admitir que existe alguien detrás de él que posee un conocimiento infinito. De acuerdo con la segunda deducción, sin maestro, no se puede adquirir ningún conocimiento. Como dice la filosofía moderna, es cierto que existe algo en el hombre que evoluciona en su exterior. Todo conocimiento vive en el interior del hombre, pero es necesario cierto tipo de entorno para despertarlo. No podemos descubrir ningún conocimiento sin un maestro. Si estos maestros son humanos, dioses o ángeles, son todos limitados. Por lo tanto, ¿quién era el maestro anterior a ellos? Para finalizar, hay que reconocer que existe un maestro ilimitado en el tiempo; ese maestro de conocimiento infinito y que no conoce ni principio ni fin, se llama Dios.

तस्य वाचकः प्रणवः ॥२७॥
27. Su nombre manifiesto es Aum.

Cada idea de la mente, tiene su contrapartida en una palabra. Las palabras y los pensamientos son inseparables. La parte externa de una sola y única cosa, se le llama palabra, y a la parte interna se le llama pensamiento. Nadie puede separar por análisis, el pensamiento de la palabra. Se ha demostrado que la idea según la cual el hombre creó el lenguaje (personas que concertaron y decidieron las palabras), es falsa. Desde que existe el hombre, siempre han existido las palabras y el lenguaje. ¿Cuál es el nexo entre una idea y una palabra? Aunque constatemos que siempre existe una palabra asociada a un pensamiento, no es indispensable que ese mismo pensamiento sea asociado a la misma palabra. El pensamiento puede ser el mismo en veinte países diferentes, y por lo tanto el lenguaje es diferente. Necesitamos una palabra para expresar un pensamiento, pero no es indispensable que esas palabras tengan el mismo sonido. Los sonidos varían según el país. Nuestro comentador dice: «aunque la unión entre el pensamiento y la palabra sea perfectamente natural, no significa que se trate de una conexión rígida entre en sonido y una idea». Por lo tanto, los sonidos varían, mientras que la unión entre los sonidos y los pensamientos es un lazo natural. La conexión entre el pensamiento y el sonido solo puede ser de calidad, si existe un verdadero lazo entre su significado y su símbolo. Hasta entonces, generalmente no se utiliza ese símbolo. Un símbolo es el que hace manifiesto el significado. Si ese significado ya existe, y si por experiencia sabemos que el símbolo lo ha expresado cuantiosas veces, entonces es cierto que existe entre ellos una verdadera relación. Aunque las cosas no estén presentes, miles de personas las conocerán por su símbolo. Debe existir una conexión natural entre el símbolo y el significado. De esta forma, cuando se pronuncie dicho símbolo, se pueda recordar su significado. El comentador dice que Aum es la palabra manifiesta de Dios. Pero, ¿por qué insiste en esa palabra? Existen cientos de palabras para designar a Dios. Un pensamiento está unido a centenares de palabras. La idea de «Dios» está relacionada con centenares de palabras, y cada una de ellas es un símbolo de Dios. Muy bien. No obstante, debe existir una generalización entre todas esas palabras, un substrato o una base común a todos esos símbolos, y el símbolo común será el mejor para representar todas las otras palabras. Para emitir un sonido, utilizamos la laringe y el paladar como caja de resonancia. ¿Existe un sonido material del que todos los otros sonidos sean manifestaciones, un sonido que sea el más natural? Ese sonido es Aum (Om), la base de cada sonido. La primera letra, la A, es el son de base, la llave. Se pronuncia sin tocar ninguna parte de la lengua ni del paladar. La M, representa el último sonido ya que se produce con los labios cerrados. La U, va desde la base hasta el final de la caja de resonancia de la boca. Así, Aum representa el fenómeno completo de la fonética, por lo tanto, debe ser el símbolo natural, la matriz de todos los distintos sonidos, pues denota la escala completa y las posibilidades de todas las palabras que pueden pronunciarse. Además de estas especulaciones, constatamos que alrededor de la palabra Aum, gravitan todos los principios religiosos de la India. Todas las concepciones religiosas de los Vedas se han unido en torno a la palabra Aum. ¿Qué tiene que ver todo esto con Norteamérica, Inglaterra o cualquier otro país? Simplemente que, esa palabra se conservó en cada etapa de expansión religiosa en la India, y ha sido manipulada para que exprese todas las ideas relativas a Dios. Monistas, dualistas, mono dualistas, separatistas, e incluso los ateos han retomado la palabra Aum. Aum se ha convertido en el símbolo de las aspiraciones religiosas de una gran mayoría de seres humanos. Por ejemplo, tomemos la palabra en español «Dios». Esta palabra cumple solo una función limitada, y para ampliarla, se deben añadir adjetivos con el fin de hacerla personal, impersonal o absoluta. Asimismo, las palabras utilizadas para decir «Dios» en otras lenguas, tienen un significado bastante restringido. En cambio, la palabra «Aum» abarca todos sus diferentes adjetivos y significados. Es por esta razón que el mundo debería retomarla.

थभावनम् ॥२८॥

28. La repetición de esta palabra (Aum) y la meditación de su significado (es el camino).

¿Por qué se debe repetir? No olvidemos la teoría de los samskaras, según la cual, el conjunto de impresiones vive en la mente. Éstas son cada vez más latentes, pero cuando son estimuladas, reaparecen. La vibración de las moléculas no se detiene nunca. Cuando llegue la destrucción de este universo, todas las vibraciones masivas desaparecerán: el Sol, la Luna y las estrellas se destruirán. Sin embargo, las vibraciones subsistirán en los átomos. Cada átomo desempeña la misma función que cumplen los grandes mundos. Por lo tanto, aunque las vibraciones del chitta se debiliten, sus vibraciones moleculares persistirán, y cuando reciban una buena impulsión, éstas resurgirán. Podemos comprender ahora lo que significa la repetición. Se trata del mejor estímulo que se pueda aplicar a los samskaras espirituales. «Un instante en compañía del sagrado, construye una nave para atravesar el océano de la vida». Tal es el poder de la asociación. Por lo tanto, la repetición de la palabra «Aum», y la reflexión sobre su significado, constituyen una buena compañía en la mente. Estudiemos, y luego meditemos lo que hemos estudiado. Así, la luz vendrá a nosotros, y el Ser se manifestará.

Pero también debemos pensar en «Aum» y su significado. Han de evitarse las malas compañías, ya que las cicatrices de las heridas pasadas viven en el interior, y, la mala compañía es lo justo y necesario para hacerlas remontar a la superficie. Asimismo, la buena compañía solicita las buenas impresiones que duermen en el interior de cada quien y que están latentes. No hay nada mejor en el mundo que estar en buena compañía, ya que las buenas impresiones tendrán tendencia de remontar a la superficie.

गिमोऽप्यन्तरायाभावश्च ॥२९॥

29. Es así como que se logra (el conocimiento de) la introspección, y la destrucción de obstáculos.

La repetición y la meditación sobre Aum, tendrá como premier resultado la creciente manifestación del poder de inspección, y todos los obstáculos mentales y físicos comenzarán a desaparecer. Pero, ¿cuáles son los obstáculos para el yogui?

क्षेपास्तेऽन्तरायाः ॥३०॥

30. Enfermedades, fatiga mental, dudas, falta de interés, letargia, apego a los placeres sensoriales, falsas percepciones, falta de concentración y la pérdida del estado alcanzado, son las distracciones que hacen obstáculo.

La enfermedad. Este cuerpo representa la nave que nos conducirá hasta la otra orilla del océano de la vida. Hay que cuidarlo. Las personas con poca salud no pueden ser yoguis. La flojera mental nos hace perder el vivo interés por el tema, y sin éste, no existiría ni la voluntad, ni la energía para practicar. Mientras no se hayan experimentado ciertas experiencias psíquicas, como la clarividencia, etcétera, las dudas sobre la verdad de la ciencia surgirán en la mente, sin importar cuán profunda sea la convicción intelectual. Tales visiones refuerzan la mente y animan a la perseverancia. Perder este estado... cuando ya se ha alcanzado. Habrá ciertos días, o semanas, que al practicar, la mente estará serena, se concentrará fácilmente, y habrá rápidos progresos. Otros días, de repente, los progresos se detendrán y nos sentiremos bloqueados, por así decirlo. Todo progreso sufre de altibajos.

क्षेपसहभुवः ॥३१॥

31. El dolor, la angustia psicológica, los temblores del cuerpo y la respiración irregular son los síntomas de la pérdida de concentración.

Cada vez que la practicamos, la concentración ofrece reposo a la mente y al cuerpo. Cuando la práctica se ha mal orientado, o que no se ha controlado lo suficiente, surgen este tipo de problemas. La repetición de Aum y la entrega de sí mismo al Señor, reforzarán la mente y renovarán la energía. A casi todo el mundo nos sucede de tener estremecimientos nerviosos. No hay de qué preocuparse, pues la práctica sanará todo esto y nos fortalecerá.

थमेकतत्त्वाभ्यासः ॥३२॥

32. Para remediarlo, (ha de ejercerse) la práctica de concentración sobre un solo asunto.

Hacer que la mente tome la forma de un objeto por algún tiempo, destruirá estos obstáculos. Este es un consejo general que se explicará y particularizará en los siguientes aforismos. Como una misma práctica no conviene para todo el mundo, se presentarán diferentes métodos y, gracias a una experiencia concreta, cada uno descubrirá la que mejor le convenga.

तित्प्रसादनम् ॥३३॥

33. Cuando se consideren la amistad, la misericordia, la felicidad y la indiferencia, en relación con asuntos felices, infelices, buenos o malos, respectivamente, el chitta se pacificará.

Tenemos que tomar en cuenta cuatro tipos de ideas diferentes. Debemos ser amigos de todos, tener misericordia hacia aquellos que sufren. Cuando la gente es feliz, nosotros también deberíamos serlo, y debemos demostrar indiferencia hacia los malvados. Asimismo, debemos actuar frente a todo tipo de situación que se nos presente. Si el asunto es agradable, debemos mostrarnos amigables. Si el asunto es doloroso, debemos mostrarnos misericordiosos. Si es bueno, debemos sentirnos alegres. Si es malo, debemos ser indiferentes. Estas actitudes mentales frente a los distintos asuntos que se presentan, apaciguarán la mente. La mayoría de las dificultades cuotidianas, surgen por nuestra incapacidad de mantener estas actitudes mentales. Por ejemplo, si alguien nos hace daño, inmediatamente deseamos responder con la misma maldad, y cada reacción de maldad, demuestra que no somos capaces de calmar a nuestro chitta, que surge como ondas en contra de la persona que nos hirió, y perdemos así nuestro poder. Cada reacción de odio y maldad constituye una pérdida para la mente. Si controlamos cada pensamiento o acción de odio, o cada pensamiento de venganza, se volverá en nuestro favor. Al demostrar dominio, no perdemos nada, más bien ganamos mucho más de lo que imaginamos. Cada vez que eliminamos un pensamiento de odio o cólera, equivale a la misma energía acumulada a nuestro favor. Esta energía se transmutará en poderes superiores.

धीरगाभ्यां वा प्राणस्य ॥३४॥
34. Expirar y retener el aliento.

Utilizamos la palabra prana, que no significa precisamente aliento. Se trata de un nombre que designa la energía que se encuentra en el universo. Todo lo que vemos en el universo, todo lo que se mueve, funciona o vive, es una manifestación de ese prana. El conjunto de la energía empleada en el universo, constituye lo que llamamos prana. Antes del comienzo de un ciclo, ese prana se mantiene en un estado casi inmóvil, y cuando el ciclo se inicia, comienza a manifestarse. Es ese prana que se manifiesta con rasgos de movimiento, como una acción nerviosa en el ser humano y en los animales. Es el mismo prana que se manifiesta en forma de pensamiento, etcétera. El universo entero, es una combinación de prana y de akasha; lo mismo sucede en el cuerpo humano. A partir de akasha, podemos obtener diferentes tipos de materias que vemos y sentimos. A partir del prana, obtenemos diferentes formas de poderes. Por lo tanto, esta forma de expirar y retener el prana, es lo que llaman pranayama. Patanjali, el padre de la filosofía del yoga, solo ofreció unas pocas instrucciones acerca del pranayama. Sin embargo, más tarde, otros yoguis descubrieron distintas cosas sobre el tema e hicieron de él una gran ciencia. Patanjali aconseja uno de los muchos métodos para lograrlo, pero no profundiza mucho sobre el tema. Simplemente indica expirar, aspirar, retener la respiración unos instantes, y gracias a esto, la mente se apaciguará. No obstante, más adelante descubriremos que este método ha evolucionado en una particular ciencia llamada pranayama. Deberíamos escuchar lo que estos yoguis posteriores tienen que decir al respecto.

Ya he hablado anteriormente sobre el tema, pero si lo repito, podrá grabarse en la memoria. Antes que nada, recordemos que ese prana no es la respiración, sino la energía que produce el movimiento de la respiración. Además, la palabra prana se utiliza para todos los sentidos que se llaman pranas. La mente se llama prana, por lo tanto, prana es la energía. Y, sin embargo, no podemos llamarla energía, ya que solo se trata de su manifestación. Se trata de lo que se manifiesta como energía y como forma de movimiento. El chitta, la sustancia mental, es la máquina que atrae al prana desde su entorno, y que lo transmuta en distintas energías vitales que preservan el cuerpo, como en pensamientos, voluntad, y en otro tipo de capacidades. Gracias al método antes mencionado, podemos controlar los distintos movimientos y las diferentes corrientes nerviosas que circulan en el cuerpo. Primero, empezamos a reconocerlas, y luego, tomamos el control lentamente.

Los yoguis posteriores a Patanjali, consideran que, en el cuerpo humano, existen tres corrientes principales del prana. La primera se llama ida, la segunda pingala, y la tercera, sushumna. Según ellos, el pingala se encuentra del lado derecho de la columna vertebral; ida del lado izquierdo; y sushuma, un canal vacío en el medio de la columna. Estos yoguis piensan que ida y pingala son las corrientes que actúan en cada ser, y que, gracias a ellas, podemos efectuar todo tipo de funciones vitales. En cambio, el sushumna se encuentra presente en cada uno de nosotros, como una potencialidad, pero solo funciona en el yogui. Debemos recordar que el yoga transforma el cuerpo. A medida que lo practicamos, el cuerpo se transforma. No es el mismo que aquel que teníamos antes de comenzar. Esto es muy lógico y puede explicarse, ya que cada pensamiento nuevo, debe, por así decirlo, crear un nuevo canal en el cerebro, lo que explica la formidable preservación de la naturaleza humana. A la naturaleza humana le gusta correr por los surcos ya trazados, porque es fácil. Si pensamos, por ejemplo, que la mente es una aguja, y que la sustancia cerebral es una pequeña masa delante de la aguja; entonces, cada pensamiento que surge en la cabeza, crea una ruta en el cerebro, por así decirlo, y dicha ruta debería volverse a cerrar a su paso, pero llega la materia gris y hace una cobertura para que la ruta se quede abierta. Si no existiese la materia gris, no existirían los recuerdos, porque los recuerdos, significa retomar esas viejas rutas, reconstituir un pensamiento por así decir. Talvez nos ha ocurrido que cuando alguien habla sobre ciertas ideas que nos son familiares, cuando las construye y las reconstruye, resulta fácil de seguirlas, ya que esas rutas se encuentran presentes en nuestro cerebro y no hay necesidad de volver a trazarlas. Pero, apenas se aborda un nuevo tema, se deben trazar nuevas rutas o canales, y no se puede comprender el tema tan fácilmente. Es por esto que, inconscientemente, el cerebro (es el cerebro y no las personas en sí mismas) se niega a que nuevas ideas actúen en él. Se resiste. El prana intenta crear nuevos canales, pero el cerebro se lo impide. Éste es el secreto de la preservación. Mientras existan menos canales en el cerebro, menos huellas habrá dejado la aguja del prana. Mientras más conservador es el cerebro, mayor será su lucha contra los nuevos pensamientos. Mientras más pensador es el hombre, los canales de su cerebro serán más complejos y aceptará y comprenderá las nuevas ideas más fácilmente. De esta forma, con cada nueva idea, dejamos una nueva impresión en el cerebro y se abren nuevos canales en él, a través de la sustancia cerebral; esta es la razón del porque constatamos que, al principio, al tratarse de un nuevo grupo de pensamientos y motivaciones, existe tanta resistencia física durante la práctica del yoga. Por este motivo, constatamos una amplia aceptación de los asuntos de la religión que conciernen el lado terrestre de la naturaleza, mientras que la otra parte, la filosofía o la psicología que explica la naturaleza interior del hombre, suelen ignorarse.

Debemos recordar que, por definición, este mundo nuestro, es tan solo la existencia infinita proyectada en el plano de la conciencia. Una pequeña parte del infinito, se proyecta en la conciencia, y la llamamos mundo. Por lo tanto, existe un más allá del infinito, y la religión debe abarcar a su vez, este montón de tierra que es nuestro mundo, y el infinito del más allá. Toda religión que solo trate uno de los dos, sería imperfecta, pues debe tratar sobre los dos elementos. La parte de la religión que habla sobre el infinito que se encuentra en el plano de la conciencia, se encontró atrapada, por así decirlo, en la jaula del tiempo, del espacio y de la causalidad. Esta parte de la religión nos es familiar, ya que estamos actualmente en ella; las ideas que se refieren a este mundo, nos siguen desde tiempos inmemorables. Pero la parte de la religión que trata sobre el infinito del más allá, es totalmente nueva para nosotros, y, asimilar estas ideas, significa crear nuevos canales en el cerebro y conlleva al trastorno de todo el sistema. Es por esta razón que, al principio, constataremos que la gente común se siente completamente perdida en su práctica del yoga. Para apaciguar en lo posible estos trastornos, Patanjali nos ha legado todos los métodos, y así escoger y practicar la que más nos convenga.

नि ॥३५॥

35. Esas formas de concentración que aportan extraordinarias percepciones sensoriales, conllevan a la perseverancia de la mente.

La concentración viene con dharana de forma natural. Los yoguis dicen que si nuestra mente se concentra en la punta de la nariz, después de un tiempo, comenzaremos a oler perfumes deliciosos. Si la mente se concentra en la base de la lengua, comenzaremos a escuchar sonidos; si se concentra en la punta, comenzaremos a degustar sabores refinados; si se concentra en su medio, sentiremos como si entráramos en contacto con algo. Si concentramos la mente en el paladar, comenzaremos a ver cosas particulares. Si un hombre con mente perturbada desea dedicarse, aunque dude de su veracidad, a algunas prácticas del yoga, sus dudas se desvanecerán cuando, luego de un poco de práctica, estos fenómenos le aparecerán, y entonces perseverará.

ष्मिती ॥३६॥

36. O (gracias a la meditación en) la luz fulgente que se encuentra más allá de la tristeza.

Este es otro tipo de concentración. Imaginemos el loto del corazón, cuyos pétalos están orientados hacia abajo, e imaginemos el sushumna que recorre a través de él. Aspiremos, y mientras expiremos, imaginemos al loto con sus pétalos que se retornan hacia arriba, con su interior que irradia una luz fulgente. Meditemos en esto.

तितम् ॥३७॥

37. O (gracias a la meditación en) el corazón que ha renunciado al apego hacia los objetos sensoriales.

Tomemos una persona pura, una persona excepcional a quien reverenciemos, un santo de quien estemos seguros que ha renunciado a los apegos, y pensemos en su corazón. Meditemos en ese corazón que ha renunciado a todo apego y nuestras mentes se calmarán. Si no lo logramos, existe el siguiente método:

दिराज्ञानालम्बनं वा ॥३८॥

38. O meditemos en el conocimiento sobrevenido durante el sueño.

A veces, un hombre sueña que los ángeles vienen a hablarle, que se encontraba en éxtasis y que escuchaba una música flotando en el aire. Durante ese sueño, esta persona se encuentra en estado de gracia, y al despertar, quedará en ella una profunda impresión. Imaginemos que ese sueño fue real y meditemos en él. Si no lo logramos, meditemos en algo puro que nos agrade.

मितध्यानाद्वा ॥३९॥

39. O por meditación en algo que consideremos puro.

Esto no abarca los temas perversos, sino cualquier cosa pura y buena que nos agrade, un lugar predilecto, un paisaje agradable, un pensamiento preferido, cualquier cosa que permita la concentración de la mente.

परमाणु परममहत्त्वान्तोऽस्य वशीकारः ॥४०॥

40. La mente del yogui que medite de esta forma, no encuentra ningún obstáculo en el camino entre lo atómico y lo infinito.

Mediante esta práctica, la mente puede contemplar fácilmente, desde la cosa más ínfima, hasta la más grande. De este modo, se debilitan las ondas de la mente.

कि ॥४१॥

41. Aquel yogui cuyos vittris se han debilitado (controlado), adquiere en el receptor, (el instrumento de) la recepción y lo recibido (el Ser, la mente y el objeto externo), un estado de concentración con semejanza parecida al cristal (frente a diferentes objetos de color).

¿Cuál es el resultado de la constante meditación? Hay que recordar cómo en un aforismo precedente, Patanjali experimentó los diferentes tipos de meditación, y explicó cómo el primero representa los objetos brutos, el segundo, los más finos, y así continuaba hacia los objetos cada vez más finos. El resultado es que, tenemos la posibilidad de meditar en objetos, ya sean grandes o minúsculos, con la misma facilidad. Aquí, el yogui observa las tres cosas: el receptor, lo recibido y el instrumento de recepción, que corresponden al alma, los objetos externos y a la mente, respectivamente. Asimismo, existen tres objetos de meditación: el primero, los objetos brutos que representan los cuerpos u objetos materiales; el segundo, los objetos finos que representan la mente, el chitta; el tercero, el purusha calificado, no el purusha en sí, sino el egoísmo. El yogui se construye en sus meditaciones, con la práctica. Cuando medita, es capaz de apartar los otros pensamientos y se identifica con el objeto de su meditación. Cuando medita, se asemeja a un trozo de cristal. Frente a las flores, el cristal se identifica casi como las flores. Si la flor es roja, el cristal se asemeja al rojo. Si la flor es azul, parece azul.

रि ॥४२॥

42. El sonido, el significado y el conocimiento que resultan de su mezcla, constituyen (lo que llamamos) el samadhi con raciocinio.

Por sonido se entiende vibración; por significado, las corrientes nerviosas que lo dirigen; y por conocimiento, la reacción obtenida. Patanjali denomina savitarka (meditación con raciocinio) a los diferentes tipos de meditación que hasta ahora hemos visto. Luego nos confía los dhianas, cada vez más elevados. En estos dhianas, considerados «con raciocinio», conservamos la dualidad del sujeto y del objeto que resulta de esa mezcla de la palabra, el sentido y el conocimiento. Primero, se encuentra la vibración externa: la palabra. Una vez que las corrientes sensoriales conduzcan esa palabra al interior, se produce su significado. Luego, se produce una reacción, una ola en el chitta llamada conocimiento; pero la asociación de estos tres elementos, forman lo que llamamos conocimiento. En cada meditación que hasta ahora hemos visto, es esta asociación que tomamos como objeto de meditación. El siguiente samadhi es más elevado.

तिर्का ॥४३॥

43. El samadhi considerado «sin raciocinio» (se alcanza) cuando la memoria está purificada, limpia de cualidades, y solo expresa el significado (del objeto meditado).

Este estado se logra a través de la práctica de la meditación sobre estos tres elementos, y donde no se combinen. Podemos librarnos de éstos. Antes que nada, trataremos de comprender lo que esos tres elementos representan. El chitta: recordemos la comparación de la sustancia mental con un lago; y la vibración, la palabra, y el sonido con una pulsación que recorre la superficie. En el interior existe ese lago tranquilo, hasta que pronuncio la palabra «vaca». Apenas esa palabra entra por la oreja, se produce una onda creada en el chitta. Esta onda representa el concepto de la vaca, su forma, su significado, cuando se pronuncia. La vaca que vemos y conocemos, es, en realidad, la onda en la sustancia mental que se crea en reacción a las vibraciones internas y externas del sonido. La onda desaparece al mismo tiempo que el sonido: en ningún caso puede existir sin la palabra. Nos preguntaremos entonces, ¿cómo es posible que pensemos en una

CAPÍTULO I: LA CONCENTRACIÓN Y SUS USOS ESPIRITUALES

vaca sin haber pronunciado una sola palabra? El sonido lo producimos nosotros mismos. Murmuramos «vaca» en nuestra mente, y se produce una onda. No existen ondas sin la impulsión de un sonido. Cuando el sonido no proviene del exterior, pues viene del interior. Cuando el sonido desaparece, la onda también lo hace. ¿Qué queda? El resultado de la reacción producida: el conocimiento. Estos tres elementos están tan íntimamente unidos en nuestra mente, que nos resulta imposible separarlos. Cuando recibimos un sonido, su significado vibra y la onda se produce en reacción. Estos elementos se siguen de tan cerca, que resulta imposible distinguirlos. Cuando hemos practicado esta meditación durante un largo tiempo, la memoria, el receptáculo de todas las impresiones, se purifica. Entonces seremos capaces de disociarlos. Esto se llama nirvitarka: la concentración sin raciocinio.

षिया व्याख्याता ॥४४॥

44. Gracias a este procedimiento, (también) se explican (las concentraciones) con distinción o sin distinción cuyos objetos son más finos.

Aquí empleamos un nuevo procedimiento similar al precedente. No obstante, si los objetos que tomamos para la precedente meditación eran brutos, aquí, son más finos.

यवसानम् ॥४५॥

45. Los objetos más finos, terminan con el pradhana.

Los objetos brutos representan solo elementos y todo lo que se crea en base a ellos. Los objetos finos comienzan en los tanmatras, o partículas finas. A excepción del purusha (el alma), en la categoría de objetos finos, se encuentran: los órganos, la mente (el sensor general, el agregado de todos los sentidos), el egoísmo, la sustancia cerebral (la causa de toda manifestación), el estado de equilibrio de las materias de satuá, rayas y tamas, que llamamos pradhana (el principal), prakriti (la naturaleza) o avyakta (lo no manifiesto).

िः ॥४६॥

46. Estas concentraciones contienen semillas.

Estas concentraciones no destruyen las semillas de las acciones pasadas, por lo tanto, no pueden procurar la liberación, pero lo que ofrecen al yogui se explica en el siguiente aforismo.

चिर-वैशारद्येऽध्यात्मप्रसादः ॥४७॥

47. Una vez lograda la purificación de la concentración «sin distinción», el chitta se fija firmemente.

ऋतम्भरा तत्र प्रज्ञा ॥४८॥

48. El conocimiento en aquello que consideramos «lleno de verdad».

Esto podrá explicarse en el siguiente aforismo.

थत्वात् ॥४९॥

49. El conocimiento que se adquiere a través del testimonio y la inferencia, se refiere a objetos ordinarios. El conocimiento que se adquiere a través del samadhi, que acabamos de mencionar, forma parte de una orden mucho más elevada, y es capaz de avanzar y penetrar allí donde la inferencia y el testimonio no pueden.

La idea es que debemos adquirir nuestro conocimiento de objetos ordinarios a partir de la percepción directa, y de allí por inferencia, y por el testimonio de individuos competentes. Por «individuos competentes», los yoguis siempre se refieren a los rishis, o veedores de los pensamientos plasmados en las escrituras, en los Vedas. Según ellos, la única prueba aportada de las escrituras, es que fueron testimonios de personas competentes, sin embargo, no pueden conducirnos al conocimiento. Podemos haber leído todos los Vedas y, sin embargo, no haber adquirido su conocimiento. Pero, cuando ponemos en práctica sus preceptos, entonces podemos alcanzar el estado que nos hace conscientes del mensaje que aportan las escrituras, el cual penetra allí donde no pueden llegar ni la razón, ni la percepción, ni la inferencia; allí donde el testimonio ajeno no puede servir. Este es el significado del aforismo.

La toma de conciencia es la verdadera religión. Todo lo demás son solo una preparación: escuchar charlas, leer libros o razonar, solo sirven para preparar el terreno, pero no son religión. El asentimiento o el disentimiento intelectual, no son religión. La idea principal del yogui, es que, así como somos capaces de entrar directamente en contacto con los objetos sensoriales, de la misma manera podemos percibir directamente la religión con un sentido mucho más intenso. Las verdades de la religión (Dios o alma), no pueden percibirse a través de los sensores externos. No podemos ver a Dios con nuestros ojos, ni tocarlo con nuestras manos. También sabemos que no podemos razonar más allá de los sentidos. La razón nos abandona en un momento indefinido. Podemos razonar durante toda nuestra vida, tal como el mundo ha hecho durante miles de años, pero resulta que nos daremos cuenta de nuestra incompetencia para probar o refutar los hechos de la religión. El humano toma sus percepciones por base, y razona a partir de esta base. Es evidente que el razonamiento se mantiene dentro de los límites de la percepción y no puede ir más lejos. Por lo tanto, la concienciación esta fuera del alcance de la percepción sensorial. Para los yoguis, el hombre puede trascender su percepción sensorial directa, al igual que su razón. El hombre posee la facultad, el poder de trascender hasta su propio intelecto, una capacidad presente en cada ser, en cada criatura. Esta capacidad puede estimularse con la práctica del yoga. Así, el hombre trascendería los límites comunes de la razón, y percibiría directamente las cosas que van más allá del entendimiento.

बिन्धी ॥५०॥

50. La impresión obtenida de ese samadhi, neutraliza todas las demás.

Hemos visto en el aforismo anterior, que la concentración es la única manera de alcanzar la supraconciencia, y que los samskaras del pasado (las impresiones) impiden la concentración de la mente. Todos hemos notado que cuando tratamos de concentrar nuestras mentes, los pensamientos vagan. Cuando tratamos de pensar en Dios, es cuando esos samskaras aparecen. En otras ocasiones, estos samskaras no están tan activos, pero a partir del momento que no los deseamos, es seguro que aparecerán y harán lo posible por invadir nuestras mentes. ¿Por qué sucede esto? ¿Por qué se vuelven tan potentes a la hora que deseamos la concentración? Porque al tratar de reprimirlas, éstas reaccionan con toda sus fuerzas. En otras ocasiones, no hay reacción. ¡Cuán numerosas deben ser esas impresiones, aglutinadas todas en alguna parte del chitta, listas, como tigres a la espera de saltarnos encima! Debemos eliminarlas para que la única idea que deseamos, pueda elevarse y excluir las otras. En cambio, éstas luchan para elevarse todas al mismo tiempo. Estos son los diferentes poderes que poseen los samskaras con el fin de obstaculizar la concentración de la mente. Por lo tanto, este samadhi es el mejor que pueda practicarse, ya que tiene el poder de eliminar los samskaras. El samskara que surgirá de este tipo de concentración, será tan potente que obstaculizará y controlará todos los demás.

हि ॥५१॥

51. Cuando incluso retenemos ésta (la impresión que obstruye las demás impresiones), y todo así refrenado, surge el samadhi «sin semilla».

Recordemos que nuestro objetivo es la percepción del alma en sí. Pero no podemos percibirla porque se encuentra mezclada con la naturaleza, la mente y el cuerpo. El hombre ignorante piensa que su alma es el cuerpo, y el hombre culto piensa que su alma es la mente; pero ambos se equivocan. ¿Cómo el alma se encuentra unida a todo eso? Las distintas ondas del chitta, surgen y recubren el alma. Solo podemos distinguir un pequeño reflejo del alma entre las ondas. Por lo tanto, si se trata de una onda de cólera, el alma se refleja en cólera: «estoy en cólera», decimos. Si se trata de una onda de amor, nos vemos reflejados en esta onda y manifestamos amor. Si se trata de una onda de debilidad, y si el alma se refleja en ella, pensamos que somos débiles. Estas distintas ideas provienen de esas impresiones, de los samskaras que recubren el alma. Mientras quede, así sea una minúscula onda sobre el lago del chitta, no podremos percibir la verdadera naturaleza de nuestra alma. No la percibiremos nunca, si las ondas no llegan a calmarse. Por lo tanto, Patanjali nos enseña, primero, el significado de esas ondas, la mejor forma para controlarlas, y finalmente, cómo crear una onda tan potente que sea capaz de destruir todas las demás; el fuego que consume el fuego, por así decirlo. Cuando quede solo una, también será fácil eliminarla, y cuando todo haya desaparecido, ese samadhi o concentración, se considerará «sin semilla». No queda nada, y el alma se manifiesta tal como es, y en toda su gloria. Solo entonces, descubriremos que el alma no es una mezcla. Que es la única e infinita unicidad en el universo, y que por lo tanto, no puede nacer ni morir. Es inmortal, indestructible, la esencia eternal de la inteligencia.

Capítulo II
La Práctica de la Concentración

क्रियायोगः ॥१॥

1. *La mortificación, el estudio y la entrega de los frutos del trabajo a Dios, se denomina kriya yoga.*

Aquellos samadhis, con los cuales terminamos el capítulo anterior, son muy difíciles de alcanzar, por lo tanto, debemos tomarlo de forma paulatina. La primera etapa, la etapa preliminar, se llama kriya yoga, que significa literalmente trabajo, el trabajo del yoga. Los órganos representan los caballos, la mente representa las riendas, el intelecto es el cochero, el alma es el jinete y el cuerpo es el carruaje. El jefe de la casa, el rey, el Ser del hombre, está sentado en el carruaje. Si los caballos son muy potentes y no obedecen las órdenes de las riendas, si el cochero (el intelecto) no sabe cómo controlar sus caballos, entonces el carruaje se dirigirá directo a su pérdida. Pero si los caballos (los órganos) están suficientemente controlados, y si el cochero (el intelecto) sujeta firmemente las riendas (la mente), entonces el carruaje alcanzará su objetivo. ¿Qué significa la mortificación? Esto significa la firme retención de las riendas, al mismo tiempo que guiamos el cuerpo y los órganos, sin permitir que hagan todo lo que quieran y, principalmente, mantenerlos bajo un perfecto control. El estudio. En éste caso, ¿qué significa el estudio? No se trata del estudio de novelas o de cuentos, sino del estudio de aquellos trabajos que enseñan el camino hacia la liberación del alma. Repito, esto no se refiere a estudios controversiales. Se supone que el yogui ya ha terminado con su período de controversias, pues ya ha tenido suficientes y ahora está satisfecho. El yogui solo estudia para profundizar sus convicciones. El vada (la argumentación) y el siddhanta (la decisión), son los dos tipos de conocimientos producto de las escrituras. Un hombre ignorante utiliza el primero de estos conocimientos, la lucha argumentativa, y sopesa los pros y los contras. Cuando ha terminado, utiliza el siddhanta, la decisión, para llegar a una conclusión. Una vez llegado a esa conclusión, no le resulta suficiente. Necesita más fuerzas. Existe una cantidad infinita de libros, pero nuestro tiempo aquí es corto, por lo tanto, el secreto del conocimiento es asimilar únicamente lo primordial. Tomemos solo lo esencial e intentemos vivir con ello. Existe una antigua leyenda hindú que dice que, si colocamos un vaso de leche y agua frente a un raya hamsa (un cisne), éste solo tomará la leche y dejará el agua. De la misma forma, debemos tomar solo aquello con valor para el conocimiento, y dejar las estupideces de un lado. Al principio, la gimnasia intelectual es indispensable. Nunca debemos comenzar algo a ciegas. El yogui ya ha superado el estado de argumentación y ha llegado a la conclusión de que es tan inquebrantable como una roca. Ahora, lo único que busca es reforzar esa conclusión. «No argumenten», dice. Si alguien los obliga a argumentar, mantengan el silencio. No argumenten para responder, retírense silenciosamente, porque los argumentos solo perturban la mente. Lo único que resulta indispensable, es el entrenamiento del intelecto; ¿de qué sirve perturbarla inútilmente? El intelecto es un instrumento sensible, y solo nos puede brindar un conocimiento limitado por los sentidos. El yogui desea sobrepasar esos sentidos y es por esto que el intelecto no le sirve de nada. El yogui está convencido de esto, y por lo tanto permanece en silencio y sin debatir. Todo argumento desequilibra la mente, crea una perturbación en el chitta, y toda perturbación significa un regreso hacia atrás. Las argumentaciones y la búsqueda de la razón solo son futilidades. Bien existen cosas muchos más grandes en el más allá. La vida no está hecha para disputas infantiles, ni para una sociedad de debate. «La entrega de los frutos del trabajo a Dios» significa que no debemos atribuirnos los logros ni las culpas, sino que debemos entregarlas a Dios y permanecer en la paz.

थश्च ॥२॥

2. (Se trata de) la práctica del samadhi y de la minimización de los obstáculos que aportan sufrimientos.

La mayoría de nosotros tratamos a nuestra mente como a un niño malcriado, y la dejamos hacer todo lo que quiera. Por esto, resulta indispensable practicar constantemente el kriya yoga, con la finalidad de adquirir el control de la mente y someterla. Los obstáculos del yoga, provienen de la falta de control y nos hacen sufrir. Solo se pueden eliminar al renegar la mente y al mantenerla bajo control, por medio del kriya yoga.

विशाः क्लेशाः ॥३॥

3. Los obstáculos dolorosos son: la ignorancia, el egoísmo, los apegos, la aversión y el aferro a la vida.

Estos son los cinco dolores, el quíntuple lazo que nos abate tiene su origen en la ignorancia, y los otros cuatro, son sus efectos. Se trata de la única causa de nuestros sufrimientos. ¿Qué otra cosa podría provocar nuestra infelicidad? El alma es de naturaleza infinitamente feliz. ¿Qué otra cosa podría llenarla de tristeza, si no es por la ignorancia, las alucinaciones o las ilusiones? Los sufrimientos del alma son solo ilusiones.

निनोदाराशाम् ॥४॥

4. La ignorancia es el motor de todos estos efectos, ya sean latentes, tenues, superados o expandidos.

La ignorancia es la causa del egoísmo, de los apegos, de la aversión y del aferro a la vida. Estas impresiones existen en diferentes estados. A veces, están latentes. Solemos oír esta expresión: «tan inocente como un bebé», no obstante, quizás ese bebé posee un estado predecesor de un demonio o de un dios, el cual se manifestará poco a poco. En el yogui, esas impresiones (los samskaras producto de acciones pasadas) se encuentran de forma atenuada, es decir, existen en un estado bien sutil que el yogui puede controlar e impide su manifestación. «Superado», quiere decir que, a veces, en un momento dado, un grupo de impresiones quedan reducidas al silencio por aquellas que son más fuertes, pero, cuando desaparece aquello que las reprimía, resurgen. El último, el estado «expandido», es cuando, animados por el entorno, los samskaras alcanzan una fuerte actividad, sea ésta buena o mala.

दिया ॥५॥

5. La ignorancia confunde lo efímero, lo impuro, lo doloroso y el no Ser o anatman, con lo eterno, lo puro, lo dichoso y el Ser o atman (respectivamente).

Estos distintos tipos de impresión tienen un origen común: la ignorancia. Primero tenemos que conocer su significado. Todos pensamos: «soy el cuerpo, y no soy el Ser, lo puro, lo fulgente y eternamente dichoso», y esto es ignorancia. Pensamos y vemos al hombre como un cuerpo. Esto constituye una terrible ilusión.

ति ॥६॥

6. El egoísmo es la identificación del veedor con el instrumento de la visión.

El veedor es en realidad el Ser, el puro, el siempre santo, el infinito y el inmortal.

Es el Ser del hombre. ¿Cuáles son sus instrumentos? El chitta (o substancia mental), el buddhi (o facultada de determinación), el manas (o mente) y los indriyas (o los órganos sensibles). Éstos son instrumentos que le permiten ver el mundo exterior. Identificar el Ser con estos instrumentos, constituye lo que llamamos ignorancia por egoísmo. Solemos decir: «soy la mente», «soy el pensamiento», «estoy en cólera» o «estoy feliz». ¿Cómo podemos ponernos en cólera y odiar? Debemos identificarnos al Ser que no puede cambiar. Si es incambiable, entonces, ¿cómo puede estar feliz un momento, y desdichado al otro? Él es informe, infinito y omnipresente. ¿Qué puede causar su cambio? Esto va más allá de toda ley. ¿Qué puede afectarlo? Nada en el universo puede tener un efecto en él. No obstante, gracias a la ignorancia, nos identificamos a la sustancia mental y pensamos que podemos sentir el placer o el dolor.

सुखानुशयी रागः ॥७॥
7. Los apegos se eternizan en el placer.

Encontramos placer en ciertas cosas, y la mente fluye hacia ellas como una corriente. Esta acción de fluir hacia el centro del placer la llamamos apego. Nunca nos apegamos a aquello que no nos otorga placer. A veces sentimos placer al realizar cosas muy extrañas, pero el principio es el mismo: nos apegamos a todo aquello que nos procure placer.

दुःखानुशयी द्वेषः ॥८॥
8. La aversión es aquello que se eterniza en el dolor.

Debemos alejarnos inmediatamente de aquello que nos causa sufrimiento.

विश्वः ॥९॥
9. El aferro a la vida fluye a través de su propia naturaleza, incluso en el erudito.

El aferro a la vida se manifiesta en todo animal. Se han realizado muchos ensayos para establecer la teoría de una vida futura, ya que los hombres aman tanto la vida, que igualmente desean una vida futura. Evidentemente, está de más decir que este argumento no tiene ningún valor, pero lo más curioso es que, en los países occidentales, la idea de aferrarse a la vida, indica una posibilidad de una vida futura para los hombres únicamente, no para los animales. En la India, este concepto es uno de los argumentos que ha probado las experiencias y existencias pasadas. Por ejemplo, si bien fuese cierto que todo nuestro conocimiento proviene de nuestras experiencias, entonces también sería cierto que no podemos imaginar, ni comprender aquello que aún no hemos vivido. Apenas los polluelos salen del huevo, empiezan a picotear la comida. Hemos visto muchas veces que los patos empollados por una gallina, vuelan directamente hacia el agua después de haber salido del huevo y sus madres piensan que van a ahogarse. Si la experiencia es la única fuente de conocimiento, entonces, ¿cómo esos polluelos aprendieron a picotear sus comidas, y cómo los patitos supieron que el agua era su elemento natural? Si respondemos que se trata del instinto, esto no quiere decir nada. Esto es tan solo una palabra, no una explicación. Entonces, ¿cuál es este instinto? Nosotros rebosamos de instintos. Por ejemplo, la mayoría de ustedes, señoras, tocan piano. Recuerden que, cuando aprendieron, debían posicionar sus dedos sobre las teclas blancas y negras, uno tras otro, con suma atención; pues hoy en día, después de muchos años de práctica, son capaces de hablar con sus amigos mientras sus dedos tocan las teclas de forma mecánica. Esto se convirtió en instinto. Asimismo, cada trabajo que elaboramos se convierte en instinto, un automatismo gracias a la práctica. Pero, hasta donde sabemos, todo lo que consideramos automático, significa una degradación de la razón. En el lenguaje yogui, el instinto implica la razón. El discernimiento se ve involucrado y se transforma en samskaras automáticos. Por consiguiente, es perfectamente lógico pensar que todo aquello que llamamos instinto en este mundo, es simplemente la implicación de la razón. Dado que la razón va de la mano con la experiencia, todo instinto es, por lo tanto, el resultado de una experiencia pasada. Los polluelos temen al halcón y los patitos adoran el agua, estos son los dos resultados de una experiencia pasada. Por lo tanto, la cuestión es saber si esta experiencia pertenece a un alma en particular, o solo al cuerpo; si esta experiencia proviene de las experiencias de los ancestros del pato, o del pato mismo. Para los científicos contemporáneos, esta experiencia pertenece al cuerpo, pero para los yoguis, pertenece a la mente, y es transmitida por medio del cuerpo. Es lo que llamamos la teoría de la rencarnación.

Hemos visto que nuestro conocimiento, que llamamos percepción, razón o instinto, debe recorrer un solo canal de la experiencia, y todo aquello que hoy llamamos «instinto», es el resultado de una experiencia pasada, degradada en instinto y rehabilitada en razón; y así sucesivamente, en todo el universo. En base a esta idea, se fundó uno de los principales argumentos de la rencarnación en la India. Las experiencias recurrentes de distintos miedos, con el tiempo, conllevan a ese aferro por la vida. Por este motivo, el niño es temeroso por instinto, ya que la experiencia pasada del dolor permanece en él. Aún en los eruditos, a pesar de sus convicciones intelectuales, también encontramos ese principio de aferrarse a la vida. Ellos saben que este cuerpo desaparecerá y por lo tanto manifiestan: «nada importa, hemos tenido centenares de cuerpos; el alma no puede morir». ¿Por qué ocurre esto? Hemos visto que se ha convertido en algo instintivo. En el lenguaje psicológico de los yoguis, esto se ha convertido en samskara. Los samskaras sutiles y escondidos, duermen en el chitta. Esta experiencia pasada de la muerte, todo lo que llamamos instinto, representa la experiencia convertida en subconsciente. Ésta vive latente en el chitta, y funciona sin darnos cuenta.

Podemos controlar fácilmente los chitta vittris, aquellas ondas bruscas de la mente que podemos apreciar y sentir, pero, ¿qué hay de los instintos más sutiles? ¿Cómo podemos controlarlos? Cuando estamos el cólera, nuestras mentes se transforman en una gigantesca ola de ira. La sentimos, la vemos, la maniobramos, podemos manipularla fácilmente, luchar contra ella, pero, hasta que no hayamos encontrado su causa, nunca podremos ganar completamente la batalla. Si un individuo me dice cosas muy malvadas, poco a poco empiezo a sentir la ira. La persona continúa a tal punto, que me siento invadido de ira, me olvido de mí mismo, y hasta llego a identificarme con la ola cólera. Cuando la persona comenzó a insultarme, pensé: «voy a enfadarme». La ira es una cosa, y yo otra; pero cuando me enfadé, era la ira misma. Debemos controlar esos sentimientos en su germen, su raíz, en su forma sutil, antes de que tomemos conciencia de que están actuando en nosotros. La gran mayoría de la humanidad ignora la existencia de los estados sutiles de esas pasiones, estados que emergen del subconsciente. Cuando una burbuja remonta del fondo del lago, no la vemos, ni siquiera la vemos cuando está casi en la superficie, solo sabemos que existe cuando explota y crea una onda. Solo podremos luchar contra esas ondas, cuando podamos percibir sus causas sutiles. Mientras esto no ocurra, y que no sepamos controlarlas antes de que se vuelvan enormes, no habrá esperanza de superar perfectamente una pasión. Para controlar las pasiones, debemos controlarlas en sus raíces mismas. Solo entonces seremos capaces de quemar sus semillas. Tal como semillas chamuscadas lanzadas al suelo y que más nunca crecerán, esas pasiones no se desarrollarán más nunca.

पिरसवहेयाः सूक्ष्माः ॥१०॥

10. Para controlar los samskaras sutiles, deben resolverse desde su estado originario.

Los samskaras son impresiones sutiles que, más tarde, se manifiestan en formas más densas. ¿Cómo podemos controlar esos samskaras sutiles? Resolviendo el efecto en su causa. Cuando el chitta, que es un efecto, se resuelve en su causa (asmita o egoísmo), solo entonces las impresiones sutiles morirán. La meditación no puede destruirlas.

ध्यानहेयास्तद्वृत्तयः ॥११॥

11. A través de la meditación se rechazarán las modificaciones (densas).

La meditación es uno de los medios principales para controlar el crecimiento de esas olas. Con la meditación, podemos lograr que la mente reprima estas olas. Si bien continuamos a practicar durante días, meses o años, hasta volverse costumbre y vengan por sí solas a pesar de nosotros mismos, podremos entonces controlar y sosegar la ira y el odio.

क्लेशमूलः कर्माशयो दृष्टादृष्टजन्मवेदनीयः ॥१२॥

12. «El receptáculo de obras» echa raíces en estas obstrucciones dolorosas y de allí hacemos la experiencia en esta vida visible o en la invisible.

Por «receptáculo de obras» entendemos el conjunto de samskaras. Sea cual sea el trabajo que desempeñamos, una onda recorre la mente y, después de que terminamos ese trabajo, pensamos que esta onda desapareció. Pero no es así. Simplemente se volvió sutil, pero aún subsiste. Cuando intentamos recordar el trabajo, ésta regresa y se transforma en onda. Por lo tanto, aún está allí, sino no existirían los recuerdos. Así, toda acción, pensamiento positivo o negativo, simplemente se aminora, se vuelve sutil y allí permanece. Tanto los pensamientos felices como los infelices, se consideran obstrucciones dolorosas, ya que, según los yoguis, a largo plazo conllevan al sufrimiento. La felicidad producto de estos sentidos, terminará por provocar el sufrimiento. Los placeres nos harán desear más, y esto provocará el sufrimiento en consecuencia. Para el hombre, no existen límites al deseo. Éste desea más y más, y sufre cuando no puede saciar más sus deseos. Por esta razón, los yoguis consideran el conjunto de impresiones, buenas o malas, como obstáculos dolorosos que bloquean e, camino hacia la libertad del alma.

Sucede lo mismo con los samskaras, las raíces sutiles de todos nos trabajos. Éstos constituyen la causa que provocará nuevos efectos, ya sea en esta vida o en las vidas posteriores. En raras ocasiones, cuando esos samskaras son muy fuertes, dan rápidamente sus frutos. Los excepcionales actos de maldad, o de bondad, darán sus frutos en esta misma vida. Los yoguis creen que, aquellos que son capaces de adquirir un formidable poder de buenos samskaras, no tienen necesidad de morir, sino que, hasta en el curso de esta vida, pueden transformar sus cuerpos en cuerpos santos. En sus libros, los yoguis mencionan muchos casos similares. Hombres así, cambian hasta la estructura de sus cuerpos: reordenan las moléculas de modo que no sufran más de enfermedades, ni de aquello que llamamos muerte. ¿Por qué esto no podría ser posible? El significado fisiológico del alimento es la asimilación de la energía solar. La energía llega a la planta, la planta es el alimento de un animal y el animal es el alimento del hombre. Esta ciencia clama que tomamos bastante energía solar y la hacemos parte de nosotros mismos. Dicho esto, ¿por qué debe existir solo una manera de absorción de energía? La planta no emplea el mismo método que nosotros, y el proceso terrestre para adsorber la energía difiere del nuestro. Pero de una u otra forma, todos absorben la energía. Según los yoguis, ellos son capaces de absorber la energía solo con el poder de la mente. Al igual que la araña que teje su tela a partir de su propia sustancia, está limitada y no puede ir más lejos de los hilos de su tela; nosotros hemos proyectado las redes llamadas nervios, a partir de nuestra propia sustancia, y estamos limitados a actuar únicamente a través de los canales de esos nervios. Pero según los yoguis, no debemos limitarnos en eso.

De forma similar, tenemos la capacidad de enviar la electricidad al otro lado del mundo, pero solo podemos hacerlo a través de los cables. La naturaleza puede enviar una gran cantidad de electricidad, sin ningún cable. ¿Por qué no podemos hacer lo mismo? Podemos enviar la electricidad mental. Lo que llamamos mente, es similar a la electricidad. Resulta evidente que ese fluido nervioso posee una cierta cantidad de electricidad, ya que está polarizado y responde a las impulsiones eléctricas. Solo podemos enviar nuestra electricidad por medio de los canales nerviosos. ¿Por qué no enviamos la electricidad mental sin ese soporte? Los yoguis afirman que es perfectamente posible y realizable, y que, cuando logremos hacerlo, podremos actuar sobre todo el universo. Seremos capaces de actuar sobre cualquier cuerpo y en cualquier lugar, sin la ayuda del sistema nervioso. Cuando el alma actúa a través de esos canales, decimos que el hombre está vivo, y cuando esto cesa de funcionar, decimos que está muerto. Pero cuando tiene la capacidad de actuar, con a sin la ayuda de estos canales, el nacimiento y la muerte no tendrán más significado para él. Todos los cuerpos en el universo están hechos de tanmatras, y solo se diferencian en la forma cómo están dispuestos. Si los acomodamos nosotros mismos, podemos componer el cuerpo de una u otra manera. ¿Quién crea el cuerpo, sino nosotros mismos? ¿Quién asimila el alimento? Si otro comiera por nosotros, no viviremos mucho tiempo. ¿Quién produce la sangre a partir del alimento? Nosotros, sin duda alguna. ¿Quién purifica la sangre y la hacer circular en las venas? Nosotros mismos. Nosotros somos los dueños de nuestro cuerpo y allí vivimos. Sin embargo, hemos perdido el conocimiento que nos permite regenerarlo. Nos hemos automatizado, degradado. Hemos olvidado cómo arreglar nuestras propias moléculas. De modo que, todo lo que hacemos automáticamente, debe hacerse conscientemente. Somos los dueños y, como tales, debemos regular esta organización. Cuando seamos capaces, deberíamos poder regenerarnos como queramos, y librarnos así del nacimiento, la enfermedad y la muerte.

पाको जात्यायुर्भोगाः ॥१३॥

13. Al existir sus raíces, la fruición viene en (forma de) especies, de vida y de experiencias de placer y de dolor.

Las raíces, las causas y los samskaras, al estar presentes, se manifiestan y tienen efectos. Al desaparecer la causa, surge el efecto, y el efecto que se vuelve más sutil, se convierte en la causa del próximo efecto. Un árbol contiene su semilla que se convierte en el origen de otro árbol, y así sucesivamente. Todos nuestros trabajos provienen de los samkaras del pasado, y, de nuevo, se convierten en samskaras que serán la causa de nuestras futuras acciones, y así sucesivamente. Este aforismo describe que, al estar presente la causa, el resultado debe producirse en forma de una especie de seres: uno será un hombre; otro un ángel, el siguiente un animal, y el último un demonio. Luego existen distintos tipos de karmas en la vida. Un hombre vive cincuenta años, otro cien, y otro muere a los dos años sin llegar a su madurez. En la vida, es el karma del pasado que regula tales diferencias. Supongamos que un hombre nace para el placer. Así se oculte en una selva, el placer lo perseguirá. Otro individuo, vaya donde vaya, lo perseguirá el sufrimiento y todo le resultará doloroso. Esto es el resultado de sus propias acciones pasadas. Según la filosofía de yoguis, todas las buenas acciones aportan placer, y todas las malas acciones aportan dolor. Todo aquel que obra de forma perniciosa, cosechará los frutos de sus acciones en forma de sufrimiento.

तिपफलाः पुण्यापुण्यहेतुत्वात् ॥१४॥

14. Cosechan sus frutos en forma de placer o de sufrimiento, producto de la virtud o del vicio.

नि: ॥१५॥

15. Para aquel que discrimina, todo resulta doloroso, por así decirlo, ya que todo provoca dolor, ya sea como consecuencia, como anticipación de la pérdida de la felicidad, o como una reciente ansia emanada de las impresiones de felicidad, así como una neutralización de las cualidades.

Según los yoguis, el hombre que posee el poder de discernir, el hombre de buen sentido, detecta todo lo que significa placer o sufrimiento, y saben que a todo el mundo le toca, y que uno sigue y se confunde en el otro. El yogui constata que el hombre pasa toda su vida detrás de una quimera y que jamás logra satisfacer sus deseos. El gran rey Yudhishthira dijo un día que la cosa más bella de la vida es que, a cada instante, vemos morir a la gente que nos rodea y, sin embargo, nos convencemos de que a nosotros nunca nos pasará. Rodeados de locos, nos creemos excepciones únicas, los únicos eruditos. Rodeados de todo tipo de experiencias de inconstancias, pensamos que nuestro amor es el único duradero. ¿Cómo es esto posible? Incluso el amor es egoísta y, según el yogui, al final de cuentas descubriremos que, incluso el amor del marido, de la mujer, de los hijos y de los amigos, se deteriora poco a poco. La decadencia afecta todo en esta vida. Es sólo cuando todo fracasa, incluso el amor, de repente comprenderemos que todo en este mundo es vano y onírico. Entonces, hay una percepción del Vairagya (la renunciación), una percepción del más allá. Es sólo por dejar este mundo que se alcanza el otro, y nunca por aferrarse al primero. Todas las grandes almas han renunciado a los placeres sensoriales y la diversión para lograr su grandeza. El sufrimiento encuentra su origen en la confrontación de las diferentes fuerzas de la naturaleza; unas tiran de un lado, otras del otro; esto hace imposible la felicidad eterna.

हेयं दुःखमनागतम् ॥१६॥

16. Debe evitarse el sufrimiento que aún no se ha causado.

Todo el mundo ha cumplido karma, actualmente estamos cumpliéndolo, y aún queda karma que producirá sus frutos en el futuro. El primer tipo de karma ha terminado, el segundo es aquel que debemos superar; y el único que podemos controlar y manipular es aquel que producirá sus frutos en el futuro, hacia donde debemos focalizar todos nuestros esfuerzos. A esto se refiere Patanjali cuando dice que debemos controlar los samskaras y resolver su causa (décimo aforismo).

CAPÍTULO II : LA PRÁCTICA DE LA CONCENTRACIÓN

द्रष्टृदृश्ययोः संयोगो हेयहेतुः ॥१७॥

17. La causa de lo que debe evitarse, es el vínculo entre el veedor y lo visto

¿Quién es el veedor? El Ser del hombre, el purusha. ¿Qué es lo visto? La naturaleza entera, que va desde la mente, hasta la materia densa. Todo placer y todo sufrimiento, surgen debido a la unión entre el purusha y la mente. Recordemos que, según esta filosofía, el purusha es puro. Pero cuando se une a la naturaleza, parece reflejar sensaciones de placer o sufrimiento.

थं दृश्यमः ॥१८॥

18. La experiencia está formada con elementos y órganos, es de naturaleza similar a la iluminación, la acción o la inercia, y su objetivo es la adquisición de la experiencia y la liberación (del experimentador).

La experiencia, que es naturaleza, está compuesta de elementos y órganos (los elementos densos y sutiles que constituyen la naturaleza entera, y los órganos sensoriales, la mente, etcétera), y es de naturaleza similar a la iluminación (sattúa), la acción (rayas), y la inercia (tamas). ¿Cuál es el objetivo de la naturaleza entera? Que el purusha adquiera experiencia. El purusha ha olvidado, por así decirlo, su poder, su naturaleza divina. Hay una historia que cuenta que, un día, Indra, el rey de dioses, se transformó en cerdo y se revolcaba en el lodo; tenía una cerda y bastantes lechones, y era muy feliz. Algunos dioses presenciaron su difícil situación y le preguntaron: «¿por qué estás aquí?» A lo que Indra respondió: «poco importa, yo estoy bien. Mientras esté con esta cerda y estos lechones, nada me interesa el paraíso». Cuando su familia de cerdos murió, Indra comenzó a llorar y a lamentarse. Tras esto, los dioses destriparon su cuerpo para sacarlo de allí. Cuando Indra se dio cuenta del horrible sueño que había tenido, comenzó entonces a reírse. ¡Él, el rey de dioses, se había convertido en cerdo y pensaba que la vida de cerdo era la única que existía! Y no solo eso, ¡también deseó que todo el universo se encontrara en el mundo porcino! El purusha, cuando se identificó en la naturaleza, olvidó que era puro e infinito. El purusha no ama, ya que él es el amor. El purusha no existe, él es la existencia misma. El alma no conoce, pues constituye el conocimiento mismo. Por lo tanto, es erróneo decir que el alma ama, que existe o que conoce. El amor, la existencia y el conocimiento no son cualidades, sino más bien la esencia del purusha, y cuando se reflejan en algo, podremos decir que son las cualidades de ese algo. No son cualidades, sino la propia esencia del purusha, del gran Atman, del Ser infinito sin nacimiento ni muerte, en su propia gloria. Sin embargo, parece ser que se degradó tanto, que cuando uno se le acercaba a decirle: «no eres ningún cerdo», él comenzaba a chillar y morder.

Asimismo pasa con nosotros en este maya, este mundo donde reinan el sufrimiento, el llanto y los gritos, donde se elaboran unas cuantas canicas doradas, y todo el mundo se lanza a su persecución. El yogui nos dice que jamás hemos estado bajo el yugo de las leyes, la naturaleza nunca ha tenido el dominio sobre nosotros. Tengamos entonces la paciencia de aprenderlo. El yogui nos demuestra cómo, al unirse con la naturaleza y al identificarse con la mente y el mundo, el purusha se cree desaventurado, y nos muestra que la experiencia es la solución. Debemos adquirir esta experiencia, y terminarla rápidamente. Estamos atrapados en la red, y de ella debemos liberarnos. Por lo tanto, vivamos la experiencia de esposo, de esposa, de amigos, de amoríos; si no olvidamos quiénes somos realmente, las atravesaremos sin ningún problema. No olvidemos nunca que se trata de un estado pasajero y que debemos afrontarlo. La experiencia es un gran profesor (la experiencia del placer y del sufrimiento), pero estemos conscientes de que solo se trata de experiencia. Paso a paso, la experiencia nos dirige a ese estado donde todo se vuelve pequeño y el purusha se vuelve tan grande, que el universo entero parece ser una gota de agua en el océano y cae en su propia vacuidad. Debemos pasar por diferentes experiencias, pero nunca olvidemos el ideal.

༑༑༡༩༑༑

19. Las cualidades tienen distintos estados: definido, indefinido, lo único manifiesto y lo no manifiesto.

Como he dicho anteriormente, el sistema del yoga se basa completamente en la filosofía sankhia, como ya he mencionado, y cabe que recordemos la cosmología de esta filosofía. Según los Sankhias, la naturaleza constituye ambas, tanto la materia como la causa eficiente del universo. En la naturaleza, existen tres tipos de materia: el sattúa, el rayas y el tamas. La materia que constituye el tamas, representa todo lo que es oscuro, ignorante y pesado. El rayas representa la actividad. El sattúa representa la serenidad y la luz. En los Sankhias, la naturaleza anterior a la creación, se llama avyakta, la indefinida o la indiscreta, es decir, donde no hay distinción de forma ni de nombre, un estado en el que esas tres materias se equilibran perfectamente. Luego, el equilibrio se rompe y las tres materias empiezan a mezclarse de diferentes formas, y cuyo resultado es el universo. En el hombre también existen estas tres materias. Cuando el sattúa prevalece, surge el conocimiento; cuando el rayas prevalece, surge la actividad; cuando el tamas prevalece, surgen la oscuridad, el cansancio, la ociosidad y la ignorancia. De acuerdo a la teoría sankhia, la manifestación más elevada de la naturaleza que reúne las tres materias, es la que llamamos mahat o inteligencia universal, que forma parte del intelecto de cada hombre. En la psicología sankhia, existe una clara diferencia entre el manas o función mental y el buddhi, el intelecto. La función mental consiste en recopilar, transportar y presentar las impresiones al buddhi o mahat individual que las determina. Del mahat, proviene el egoísmo, de donde provienen también otras materias sutiles. Las materias sutiles se unen y se convierten en materias densas al exterior, en el universo exterior. La filosofía sankhia clama que, todo, desde el intelecto hasta una piedra, es producto de una sola sustancia que se diferencia únicamente por los grados de existencia, del más sutil al más denso. El estado más sutil constituye la causa y, el estado más denso, el efecto. De acuerdo a la filosofía sankhia, allende la naturaleza entera, se encuentra el purusha, el cual, para nada se constituye de materia. El purusha no se asemeja a nada más, ni al buddhi (mente), ni a los tanmatras (materias densas). No se parece en nada a ellos, está completamente separada y es diferente en su naturaleza, y, dicho esto, el purusha debe ser inmortal, ya que no es el resultado de una combinación. Y lo que no resulta de una combinación, no puede morir. Los purushas o almas, existen en cantidad infinita.

Ahora debemos comprender el aforismo según el cual, los estados de las cualidades son definidos, indefinidos, lo único manifiesto y lo no manifiesto. «Definido» significa los elementos densos, aquellos que podemos sentir. Por «Indefinido» se entienden las materias más sutiles, los tanmatras que el hombre común no puede percibir. Sin embargo, de acuerdo Patanjali, si practicamos el yoga, las percepciones se volverán tan sutiles que, después de un tiempo, veremos los tanmatras. Por ejemplo, ya hemos escuchado que cada hombre posee una especie de halo a su alrededor, cada ser vivo emite una luz que el yogui puede ver, según dice. Nosotros no podemos verla, pero todos emitimos esos tanmatras, como una flor emite en permanencia finas partículas que nos permiten olerla. Cada día de nuestras vidas, emitimos un efluvio de bondad o de maldad, y donde sea que estemos, la atmosfera se carga de estas materias. Esta es la razón por el cual, de forma inconsciente, de la mente humana surgió la idea de construir templos e iglesias. ¿Por qué debe el hombre construir iglesias donde pueda venerar a Dios? ¿Por qué no puede venerarlo en cualquier lugar? Aún si ignorase la razón, el hombre descubrió que el lugar donde la gente venera a Dios, se llenaba de buenos tanmatras. La gente asiste cada día, y mientras más vayan, más se purifican, y mientras más se purifican, más puro será el lugar. Si un individuo que no posee muchos sattúas en él, asiste, el lugar lo influenciará y despertará en él su cualidad de sattúa. Ésta es la importancia de todos esos templos y lugares santos. Pero debemos recordar que, la pureza del lugar, depende de las personas puras que lo visitan. Lo que resulta difícil con el hombre, es que siempre olvida el sentido original y pone el arado delante de los bueyes. Son los hombres que hicieron esos lugares sagrados, luego el efecto se volvió la causa y, a su turno, convirtió al hombre en santo. Si únicamente asistieran los malintencionados, se haría tan malo que cualquier otro lugar. No es el edificio en sí, sino la gente que hace la iglesia, y eso es lo que solemos olvidar. Por esta razón, los sabios y las personas santas en quienes abunda esta cualidad de sattúa, pueden emitir y ejercer una increíble influencia en sus entornos. Es posible que un hombre se vuelva tan puro, que esa pureza se vuelva tangible. Y cualquiera que entre en contacto con él, se volverá puro también.

El siguiente estado, lo «único manifiesto» significa buddhi, el intelecto. Lo «único manifiesto» es la primera manifestación de la naturaleza de donde proceden todas las otras manifestaciones. Por último, se encuentra lo «no manifiesto». En este estado, parece haber una gran diferencia entre la ciencia moderna y todas las religiones. Todas las religiones tienen la idea de que el universo proviene de una inteligencia. El sentido psicológico de la teoría de Dios, además de todo concepto de personalidad, sugiere que la inteligencia llegó primero en el orden de la creación, y que de esta inteligencia surge lo que llamamos materia densa. En cambio, de acuerdo a los filósofos modernos, ésta llegó de última. Según ellos, las cosas carentes de inteligencia evolucionaron en animales, y luego los animales en hombres. Asimismo, en lugar de que todo se originara a partir de la inteligencia, más bien la inteligencia surgió al final. No obstante, de las declaraciones tanto religiosas como científicas, ambas son verdaderas. Tomemos, por ejemplo, una serie infinita: A-B-A-B-A-B... etcétera. La pregunta es: ¿cuál es el primero, A o B? Si consideramos la serie como A-B, diremos que A es el primero, pero si consideramos la serie B-A, diremos que B es el primero. Todo depende de la manera como consideramos el problema. La inteligencia se modifica y se transforma en materia densa, que de nuevo se mezcla con la inteligencia y así continúa el proceso. Los Sankhias, y las otras religiones, posicionan la inteligencia en primer lugar y la serie comienza a partir de allí, luego viene la materia. Los científicos colocan la materia en primer lugar, y piensan que la materia viene antes que la inteligencia. Ambos hablan de la misma cadena, sin embargo, la filosofía hindú sobrepasa tanto la inteligencia, como la materia, y encuentra un purusha, o Ser que trasciende la inteligencia, y del cual la inteligencia es solo la

CAPÍTULO II: LA PRÁCTICA DE LA CONCENTRACIÓN

luz que tomó prestada.

प्रत्ययानुपश्यः ॥२०॥

20. El veedor es solo la inteligencia, y, aunque puro, ve a través de la complexión del intelecto.

Aquí se trata también de la filosofía sankhia. Esta misma filosofía nos ha enseñado que todo es naturaleza, desde lo más minúsculo hasta la inteligencia, y que, más allá de la naturaleza, se encuentran los purushas (las almas) que no tienen cualidad. Entonces, ¿cómo el alma parece ser feliz o infeliz? Por reflexión. Si colocamos una flor roja junto a un cristal, éste parece de color rojo. De esta misma forma, las apariencias de felicidad o infelicidad del alma son solo reflejos. El alma en sí, no tiene colores. El alma está separada de la naturaleza. Una cosa es la naturaleza, y otra el ama, separadas por la eternidad. Los Sankhias dicen que la inteligencia es una composición que crece y decrece, que cambia tanto como un cambia cuerpo, y que su naturaleza es muy similar a la del cuerpo. Así como una uña pertenece al cuerpo, el cuerpo pertenece a la inteligencia. La uña forma parte del cuerpo, no obstante así se corte cientos de veces, el cuerpo continuará su existencia. De forma similar, así se «despelleje» o abandone un cuerpo, la inteligencia perdurará por eternidad. Sin embargo, la inteligencia no puede ser inmortal, ya que cambia, crece o decrece; y todo lo que cambia, no puede ser inmortal. Sin duda alguna, la inteligencia es fabricada, y este hecho demuestra que debe existir algo más allá. La inteligencia no puede ser libre. Todo lo que se conecta con la materia está en la naturaleza y, por lo tanto, vinculado para siempre. ¿Quién es libre? Aquel que es libre, ciertamente debe trascender más allá de las causas y efectos. Si admitimos que la idea de libertad es tan solo una ilusión, yo diría que, la idea de ataduras igualmente lo es. Estos dos hechos surgen en nuestra conciencia, y se elevan o caen conjuntamente: la noción de la atadura o de la libertad. Si queremos atravesar un muro y la cabeza se pega contra ese muro, podemos constatar entonces que ese muro nos limita. Al mismo tiempo, descubrimos una fuerza de voluntad y pensamos que podemos dirigirla por doquier. En cada etapa, de nuestra mente surgen estas ideas contradictorias. Debemos creer que somos libres, sin embargo, constatamos diariamente que no lo somos. Si una idea es una ilusión, la otra también lo es, y si una es verdadera, la otra también, ya que ambas se basan en la conciencia. Para los yoguis, las dos son verdaderas, es decir, que estamos atados a los límites de la inteligencia, y que somos libres en todo a lo que alma se refiere. Así es la verdadera naturaleza humana, el alma, el purusha, que está más allá de toda ley de causalidad. Su libertad se filtra a través de las capas de la materia bajo diferentes formas: la inteligencia, la mente, etcétera. Es su luz que brilla a través de todo. La inteligencia no tiene propia luz. Cada órgano tiene un centro particular en el cerebro, pero no significa que todos los órganos tengan un solo centro. Cada uno está separado de los demás. Entonces, ¿cómo se armonizan todas las percepciones? ¿Cómo consiguen su unidad? Si fuera en el cerebro, sería entonces indispensable que todos los órganos sensoriales (ojos, nariz, orejas, etcétera) posean un solo centro, no obstante, sabemos que existen distintos centros para cada órgano. Un individuo puede escuchar y ver al mismo tiempo, por lo tanto, debe existir una unidad detrás de la inteligencia. La inteligencia está conectada al cerebro, pero detrás de la inteligencia se encuentra el purusha, la unidad donde las distintas sensaciones y percepciones se juntan en una sola. El alma en sí, constituye el centro donde las distintas percepciones convergen y se unifican. Esta alma es libre, y es su libertad que nos indica que somos libres en todo momento. Pero siempre cometemos el error de confundir esta libertad con la inteligencia y la mente. Tratamos se atribuir esta libertad a la inteligencia, e inmediatamente descubrimos que la inteligencia no es libre. Atribuimos esta libertad al cuerpo, y la naturaleza nos dice de inmediato que nos equivocamos de nuevo. Esta es la razón de la existencia de ese sentimiento de libertad mezclado con ataduras al mismo tiempo. El yogui distingue a la vez entre lo que es libre y lo que es atadura, y entonces la ignorancia desaparece. El yogui descubre que el purusha es libre, que es la esencia de este conocimiento que, a través del buddhi, se convierte en inteligencia y que, como tal, está atada.

थ एव दृश्यस्यात्मा ॥२१॥

21. La naturaleza de la experiencia vivida es para él.

La naturaleza no tiene luz propia. Mientras el purusha está presente en ella, parece luminosa. Pero esa luz es prestada, así como se refleja la luz de la luna. De acuerdo a los yoguis, todas las manifestaciones de la naturaleza son producto de la naturaleza misma, pero la naturaleza no tiene ningún otro objetivo a la vista, aparte de liberar el purusha.

निष्टमप्यनष्टं तदन्यसाधारणत्वात् ॥२२॥

22. Aunque destruida para aquel que ha logrado su objetivo, aún no está acabada, porque es común para los otros.

Cada actividad de la naturaleza tiene por objetivo enseñar al ama su completa individualidad con respecto a la naturaleza. Cuando el alma está consciente de ello, la naturaleza no tiene más atractivo para él. Pero la naturaleza entera solo desaparece para el hombre que ha logrado su liberación. Siempre habrá una infinidad de hombres para quienes la naturaleza continuará a existir.

हितुः संयोगः ॥२३॥

23. La unificación es la causa de la concienciación de la naturaleza, sobre los poderes de la experiencia y los poderes del Señor.

De acuerdo con este aforismo, ambos, los poderes del alma y de la naturaleza, se manifiestan en su unificación. Entonces surgen todas las manifestaciones. La ignorancia es la causa de esta conjunción. Todos los días vemos que, la causa de nuestro sufrimiento o de nuestro placer, es nuestra conjunción con el cuerpo. Si estuviéramos completamente seguros de que no somos ese cuerpo, no deberíamos prestarle atención al calor, ni al frio, ni nada de la misma índole. El cuerpo es una combinación. Es ilusorio decir que yo poseo un cuerpo, mi vecino otro, y el sol aún otro más. El universo entero es un océano de materia, y yo represento una pequeña partícula del océano, mi vecino otra, y el sol una tercera. Todos sabemos que esta materia cambia permanentemente. Aquello que un día creó el sol, creó también nuestros cuerpos el día siguiente.

दिया ॥२४॥

24. La ignorancia es su causa.

Por ignorancia, nos hemos unido a un cuerpo y, así, nos hemos abierto al sufrimiento. La idea del cuerpo es tan solo una simple superstición. Se trata de una superstición que nos hace felices o infelices. Se trata de una superstición cuya causa es la ignorancia, que nos hacer sentir el calor, el frio, el dolor o el placer. Está en nosotros superarnos por encima de esta superstición, y el yogui nos muestra cómo podemos lograrlo. Se ha comprobado que, bajo ciertas condiciones mentales, un hombre puede quemarse sin por ello sentir dolor. La dificultad está en esta brusca conmoción de la mente que, un minuto surge como un huracán, y al minuto siguiente desaparece. Sin embargo, si lo logramos por medio del yoga, obtendremos la separación del Ser y del cuerpo de forma permanente.

तदभावात् संयोगाभावो हानं तद्दृशेः कैवल्यम् ॥२५॥

25. En su ausencia (de ignorancia), no existe conjunción, el cual debe evitarse; ésta será la independencia del veedor.

De acuerdo con la filosofía yoga, es por ignorancia que el alma se une a la naturaleza. El objetivo es de liberarnos del control que la naturaleza ejerce sobre nosotros. Este es el objetivo de toda religión. Cada alma es potencialmente divina. El objetivo es manifestar internamente esta divinidad, por medio del control interno y externo de la naturaleza. Alcancemos esta tarea con el trabajo, la devoción, el control psíquico o la filosofía (ya sea uno, o varios, o todos ellos) y seamos libres. Esta es la esencia de la religión. Las doctrinas, los dogmas, los rituales, los libros, los templos o los formulismos, son tan solo detalles secundarios. El yogui intenta alcanzar este objetivo por medio del control psíquico. Mientras no nos liberemos de la naturaleza, seremos esclavos y debemos hacer lo que nos ordena. Para el yogui, aquel que controla la mente, también controla la materia. La naturaleza interna es muy superior a la naturaleza externa, y mucho más difícil de dominarla. Por lo tanto, aquel que haya dominado la naturaleza interna, controla el mundo entero, el cual se convierte en su sirviente. El raya yoga expone los métodos que permiten adquirir ese control. Tendremos que someter fuerzas mucho más elevadas que las que conocemos en la naturaleza física. El cuerpo no es más que la corteza externa de la mente. No son distintos, son como la ostra y su concha. Son dos aspectos de una misma cosa: la sustancia interna de la ostra recupera la materia exterior y elabora su concha. De esta misma forma, las fuerzas sutiles internas que llamamos mente, recuperan la materia densa externa, de la cual elaboran la concha, su cuerpo. Por lo tanto, si tenemos el control de la materia interna, resulta muy fácil obtener el control de la materia externa. Una vez más, estas fuerzas no son diferentes. No significa que ciertas fuerzas sean físicas y otras mentales: las fuerzas físicas son solo las manifestaciones densas de las fuerzas sutiles, así como el mundo físico es la manifestación densa del mundo sutil.

पिलवा हानोपायः ॥२६॥

26. El medio para acabar con la ignorancia, es a través de la práctica continua de la distinción.

El verdadero objetivo de la práctica es la distinción entre lo real y lo irreal, a sabiendas de que el purusha no es la naturaleza, que tampoco es la materia, ni la mente, y que, por lo tanto, no puede cambiar. Solo la naturaleza cambia, se combina, se recombina y desaparece en permanencia. Cuando, a través de la práctica constante, comencemos a hacer la distinción, la ignorancia desaparecerá, y el purusha comenzará a brillar en su verdadera naturaleza omnisciente, omnipotente y omnipresente.

पिरज्ञा ॥२७॥
27. Su conocimiento está en un nivel siete veces superior.

Cuando el conocimiento se manifiesta, llega, por así decir, en siete etapas sucesivas. Cuando empieza una, sabemos que estamos en proceso de adquirir conocimientos. La primera etapa es conocer lo que debemos conocer. La mente dejará de sentirse insatisfecha. Cuando estamos sedientos de conocimientos, comenzamos a buscar esto y aquello, sin importar el lugar donde pensamos que podemos encontrarlo, y cuando fallamos, nos sentimos insatisfechos y cambiamos de dirección. Toda búsqueda será vana mientras no nos demos cuenta de que el conocimiento duerme en nosotros, que nadie puede ayudarnos, sino que solo somos nosotros que podemos ayudarnos a sí mismos. Cuando comenzamos a aplicar el poder de la distinción, el primer signo indicador de que nos acercamos a la verdad, será la desaparición de este estado de insatisfacción. Nos sentiremos muy seguros de que hemos descubierto la verdad y que es imposible que no sea otra cosa que la verdad. Sabremos que el sol se levanta, que la mañana despierta para nosotros y, con valor, debemos perseverar para alcanzar nuestro objetivo. La segunda etapa será la ausencia de todo tipo de sufrimiento. Nada en el universo, ya sea interno o externo, será capaz de infligirnos sufrimiento. La tercera etapa será la adquisición de todo el conocimiento. La omnisciencia nos pertenecerá. La cuarta, será el final de todo deber gracias a la distinción. Luego llegará lo que llamamos la libertad del chitta. Tomaremos conciencia de que todas las dificultades y luchas, todas las tergiversaciones de la mente han desaparecido, así como una piedra que cae de la montaña y rueda hasta el valle, jamás volverá a la montaña de nuevo. Luego, el chitta sabrá que se disipa en su causa cuando así lo deseemos. Por último, en la séptima etapa descubriremos que nos encontramos en nuestro Ser, que hemos estado solos en el universo, que el cuerpo y la mente jamás han estado unificadas, y que nosotros mucho menos. Que funcionaban a su manera y, gracias a la ignorancia, nos hemos unido a ellos. Pero hemos sido independientes, omnipotentes, omnipresentes, bendecidos para siempre. Que nuestro verdadero Ser era tan puro y tan perfecto, que no teníamos necesidad de nada más. Que no necesitábamos más nada para ser felices, porque nosotros mismos somos la felicidad. Descubriremos que este conocimiento no depende de nada más. Que todo el universo se ilumina frente a nuestro conocimiento. Ésta será la última etapa, donde el yogui se apaciguará y se calmará, más nunca sentirá el dolor, ni se engañará con la ilusión, ni se afligirá por el sufrimiento. Sabrá que es para siempre bendito, perfecto y todopoderoso.

विकख्यातेः ॥२८॥

28. *Con la práctica de las diferentes partes del yoga, se eliminan las impurezas y el conocimiento se ilumina gracias a la distinción.*

Ahora surge la práctica del conocimiento. Todo cuanto hemos dicho hasta ahora, es de un nivel mucho más elevado que se extiende mucho más allá de nuestro entendimiento, pero resulta el ideal. Antes que nada, es indispensable lograr el control físico y mental. Luego, se establecerá una concienciación sobre este ideal. Una vez conocido el ideal, solo queda practicar el método que permitirá alcanzarlo.

ि॥२९॥

29. *Yama, niyama, asama, pranayama, pratyahara, dharana, dhiana y samadhi representan las ocho ramas del yoga.*

गिरहा यमाः ॥३०॥

30. *La abstención de matar, la abstención de mentir, la abstención de robar, la abstención de placeres sexuales y la abstención de recibir son los principios del yamas.*

Un hombre que desea lograr la perfección del yogui, debe abandonar toda idea sexual. El alma es asexual, por lo tanto, ¿por qué debería degradarse con tales pensamientos? Más adelante comprenderemos mejor por qué debemos abandonar estas ideas. Por otro lado, aquel que obsequia actúa en la mente del hombre que recibe, y es probable que el receptor se vea así degradado. Recibir obsequios tiende a destruir la independencia de la mente y a hacernos serviles. Por lo tanto, no debemos aceptar ningún obsequio.

वभौमा महाव्रतम् ॥३१॥

31. *Los grandes votos (universales) son inquebrantables por el tiempo, el espacio, el objetivo o por la política de castas.*

Esas prácticas (la abstención de matar, la abstención de mentir, la abstención de robar, la castidad y la abstención de recibir) deben ejercerse por cada hombre,

CAPÍTULO II : LA PRÁCTICA DE LA CONCENTRACIÓN

mujer, hijo, cada alma, sin distinción alguna de naciones, países o posición social.

यमाः ॥३२॥

32. La purificación interna y externa, la satisfacción, la mortificación, el estudio y la devoción a Dios, son los principios del niyamas.

La purificación externa mantiene la pureza del cuerpo; un hombre desaseado no se convertirá nunca en un yogui. Igualmente es necesaria la purificación interna. Ésta se obtiene a través de las virtudes citadas en el aforismo 33 del capítulo 1. Por supuesto que la purificación interna es mucho más valiosa que la externa, pero ambas son necesarias, y la purificación externa sin la interna, no sirve de nada.

पिक्षभावनम् ॥३३॥

33. Para obstaculizar los pensamientos adversos al yoga, deben existir pensamientos contrarios.

Ésta es la forma en que se deben practicar las virtudes antes mencionadas. Por ejemplo, cuando una gran ola de cólera surge en la mente, ¿cómo se supone que debemos controlarla? Simplemente al crear una ola opuesta. Pensemos en el amor. A veces sucede que una madre puede estar invadida de ira contra su marido, y mientras está en este estado, el hijo interrumpe y la besa. En ese instante, la ola anterior se neutraliza y se forma una nueva, llena de amor hacia el niño. Así se elimina la precedente ola. El amor es opuesto de la ira. Cuando surja el deseo de recibir un obsequio, remplacémoslo con un pensamiento opuesto.

पिक्षभावनम् ॥३४॥

34. Los obstáculos del yoga son el asesinato, la mentira, etcétera; ya se hayan cometido, causado o aprobado; ya sea por avaricia, cólera o ignorancia; ya sean leves, moderados o grandes, resultan en ignorancia y sufrimiento infinito. Se trata del (método de) pensamiento contrario.

Si mentimos, causamos o aprobamos la mentira, resulta igual de pecaminoso. Si se trata de una mentira de poca gravedad, sigue siendo una mentira. Todo pensamiento pernicioso rebotará, todo pensamiento de odio que podríamos sentir, así sea dentro de una gruta, se almacenará y, un día, resurgirá con una fuerza colosal, bajo la forma de algún sufrimiento aquí abajo. Si proyectamos sentimientos de odio o celos, rebotarán en nosotros con interés compuesto. Ningún poder podrá evitarlos. Una vez puestos en marcha, se tendrán que soportar. Recordar esto, permitirá que evitemos recurrir a acciones perversas.

धी वेरत्यागः ॥३५॥

35. Una vez establecida la abstención de asesinato, en su presencia cesa todo tipo de hostilidad (en los otros).

Si un hombre adopta el ideal de no perjudicar al otro, incluso los animales feroces por naturaleza, serán mansos frente a él. El tigre y el cordero jugarán juntos ante ese yogui. Cuando alcanzamos este estado, comprenderemos que estamos firmemente renuentes a lastimar.

यिाफलाश्रयत्वम् ॥३६॥

36. Una vez establecida la honestidad, el yogui adquiere la capacidad de lograr, para él y para los otros, los frutos de su trabajo, sin trabajo.

Cuando el poder de la verdad esté bien arraigado en nosotros, entonces, hasta en los sueños, nunca más diremos mentiras. Seremos honestos de pensamiento, palabra y obra. Cualquier cosa que digamos será verdadera. Podemos decir a un hombre: «bendito seas», y ese hombre recibirá la bendición. Si un hombre está enfermo y decimos: «sánate», ese hombre sanará inmediatamente.

वरत्नोपस्थानम् ॥३७॥

37. Una vez establecida la abstención de robar, todas las riquezas vendrán al yogui.

Mientras más huimos de la naturaleza, ésta más nos seguirá; si no nos preocupamos más por ella, se convertirá en nuestra esclava.

यलाभः ॥३८॥

38. Una vez establecida la castidad, se adquiere la energía.

El cerebro de un hombre casto posee una energía colosal y una gigantesca fuerza de voluntad. Sin castidad, no puede haber fuerza espiritual. La castidad otorga un perfecto control sobre la humanidad. Los guías espirituales de la humanidad han sido muy castos, y esto les ha procurado el poder. Por esta razón el yogui debe ser casto.

CAPÍTULO II: LA PRÁCTICA DE LA CONCENTRACIÓN

ये जन्मकथन्तासंबोधः ॥३९॥
39. Una vez que la abstención de recibir esté establecida en él, obtendrá la memoria de la vida pasada.

Cuando un hombre no recibe obsequios, no estará en deuda con los otros y permanecerá libre e independiente. Su mente se purifica. Con cada obsequio, está predispuesto a recibir los males del donador. Si no recibe nada, su mente se purifica y el primer poder obtenido será la memoria de la vida pasada. Solo entonces, el yogui tendrá su ideal perfectamente determinado. Constatará que ha ido y regresado muchas veces, y así, esta vez estará finalmente determinado a ser libre, a no volver y regresar, y a dejar de ser esclavo de la naturaleza.

ग: ॥४०॥
40. Con la limpieza interna y externa establecida, nace la aversión por su propio cuerpo y por las relaciones sexuales con otros.

Cuando se haya realizado la verdadera purificación, interna y externa, del cuerpo, surge la negligencia del cuerpo y se desvanece la idea de cuidarlo. Un rostro que otros consideran como el más perfecto, para el yogui será solo animal si por detrás no hay inteligencia. Al contrario, un rostro que todos consideran banal, para él será celestial si detrás brilla el espíritu. Esta ansia de adorar el cuerpo, es la gran calamidad de la humanidad. Por lo tanto, la primera señal de purificación es el desinterés de que somos un cuerpo. Solo cuando alcanzamos la pureza, desechamos la idea del cuerpo.

चि ॥४१॥
41. También surge la purificación del sattúa, la alegría de la mente, la concentración, del dominio de los órganos y la aptitud para el reconocimiento del Ser.

Con la práctica de la purificación, la materia de sattúa prevalece y la mente se vuelve concentrada y alegre. La primera señal de religiosidad es la alegría. La depresión de un hombre, pudiera ser un síntoma de dispepsia, y no de la religión. La naturaleza del sattúa es el sentimiento de alegría. Todo es agradable para el hombre sátuico, y cuando esto suceda, nos daremos cuenta del progreso en el yoga. El tamas causa el sufrimiento, por lo tanto es necesario desecharlo. La tristeza es uno de los regocijos del tamas. Solo los hombres fuertes, sólidos, jóvenes, saludables y temerarios, son capaces de ser yoguis. Para el yogui, todo es belleza, cada rostro humano que ve, lo hace feliz. Es el indicio de un hombre virtuoso. El sufrimiento es la consecuencia del pecado y de nada más. ¿De qué sirve tener un semblante deprimido? Es una cosa terrible. Si reflejamos la tristeza, no salgamos de casa ese día, encerrémonos. ¿Con qué derecho nos permitimos de llevar esta enfermedad al mundo? Cuando controlamos nuestras mentes, controlamos también el cuerpo entero. En vez de ser el esclavo de ésta máquina, la máquina será nuestra esclava. En lugar de producir daño en el alma, ésta máquina será su ayuda más eficaz.

सन्तोषादनुत्तमः सुखलाभः ॥४२॥

42. De la satisfacción nace la felicidad superlativa.

कायात्तपसः ॥४३॥

43. De la mortificación se confieren poderes a los órganos y al cuerpo para eliminar las impurezas.

Los resultados de la mortificación se constatan instantáneamente, a veces con la ampliación de poderes de clarividencia, la capacidad de escuchar cosas lejanas, etcétera.

इष्टदेवतासंप्रयोगः ॥४४॥

44. Con la repetición del mantra se logra reconocer la deidad deseada.

Mientras más elevado es el ser que queremos alcanzar, más dura será la práctica.

ध्यानात् ॥४५॥

45. Al sacrificar todo para Isvará, se alcanza el samadhi.

A través de la resignación a Dios, se llega al perfecto estado de samadhi.

स्थिरसुखमासनम् ॥४६॥

46. La postura debe ser firme y placentera.

Ahora llega asana, la postura. En tanto que no tengamos una postura firme, no podremos practicar la respiración, ni los otros ejercicios. La firmeza de la postura significa que no sentimos el cuerpo. En la vida diaria, constatamos que cuando nos sentamos durante varios minutos, sentimos todo tipo de perturbación en el cuerpo. Pero cuando superamos la idea de un cuerpo concreto, perderemos todo tipo de sensación corporal. No sentiremos ni placer, ni dolor. Y cuando retomamos posesión del cuerpo, éste estará más descansado. Este es el único descanso perfecto que se puede ofrecer al cuerpo. Cuando llegamos a dominar el cuerpo y a mantenerlo firme, la práctica será igualmente firme. Pero cuando el cuerpo nos perturba, los nervios se alteran y no logramos la concentración de la mente.

भियाम् ॥४७॥
47. Si mitigamos la tendencia natural (a la agitación) y meditamos en lo ilimitado, la postura será firme y placentera.

Si pensamos en lo infinito, podemos hacer firme la postura. No podemos pensar en el infinito absoluto, pero podemos pensar en la infinidad del cielo.

घातः ॥४८॥
48. Una vez la postura dominada, las dualidades no representan más obstáculo.

Las dualidades, lo bueno y lo malo, el calor y el frio, y todos los pares opuestos, no nos molestarán.

चिच्छेदः पराणायामः ॥४९॥
49. Sigue el control del movimiento de exhalación e inhalación.

Cuando se domina la postura, se debe interrumpir y controlar el movimiento del prana. De esta manera, llegamos al pranayama, es decir, el control de las fuerzas vitales del cuerpo. El prana no representa el aliento, aunque éste sea su sentido figurado. Más bien se trata de la energía que se encuentra en el cuerpo de cada quien, y el movimiento de los pulmones representa su manifestación más evidente. Ese movimiento es producto del prana que inspira el aliento, y que el pranayama busca controlar. Empezar por controlar la respiración, es la manera más fácil de adquirir el control del prana.

घसूक्षमः ॥५०॥
50. Sus modificaciones son externas, internas, o estáticas, y están reguladas de acuerdo al lugar, el tiempo y la cantidad, y pueden ser largas o cortas.

Los tres tipos de movimiento del pranayama son cuando inspiramos, cuando expiramos y, por último, cuando retenemos el aliento o bloqueamos su entrada en los pulmones. Estos movimientos varían de acuerdo al lugar y al tiempo. Por lugar se entiende la zona particular del cuerpo donde concentramos el prana. Por tiempo, se entiende la duración de confinación del prana en cierto punto, y nos indica cuántos segundos debe durar un movimiento, y cuantos segundos debe durar el otro. De este pranayama surge el udghata, o el despertar del kundalini latente.

थः ॥५१॥

51. El cuarto, es la restricción del prana por medio de su reflejo en objetos externos o internos.

Se trata de un cuarto tipo de pranayama a través del cual llevamos el kumbhaka por medio de una larga práctica de reflexión, ausente en los tres tipos precedentes.

ततः क्षीयते प्रकाशावरणम् ॥५२॥

52. A partir de allí, quitamos el velo que cubre la luz del chitta.

Por naturaleza, el chitta posee todo los conocimientos. El chitta está compuesto de partículas de sattúa, pero se encuentra recubierto con partículas de rayas y de tamas. Gracias al pranayama, podemos retirar este recubrimiento.

धारणासु च योग्यता मनसः ॥५३॥

53. La mente estará lista para el dharana.

Luego de haber retirado el velo, seremos capaces de concentrar la mente.

याणां प्रत्याहारः ॥५४॥

54. La contracción de los órganos se logra con el desecho de sus propios objetos, y al adquirir la forma de la sustancia mental, por así decirlo.

Los órganos son estados disociados de la sustancia mental. Si observamos un libro, la forma no está en el libro, está en la mente. Algo externo produce esta forma. Pero la verdadera forma se encuentra en el chitta. Los órganos se identifican a aquello que perciben y toman su forma. Si logramos impedir que la sustancia mental tome estas formas, la mente se calmará. A esto lo llamamos pratyahara.

याणाम् ॥५५॥

55. *De allí surge el control supremo de los órganos.*

Cuando el yogui ha logrado impedir que los órganos tomen la forma de objetos externos, y ha procurado su permanente unión con la sustancia mental, entonces adquiere el perfecto control de los órganos. Cuando se controlan perfectamente los órganos, cada musculo y cada nervio estarán bajo control, ya que los órganos son los centros de sensación y movimiento. Los órganos se dividen en órganos de acción y órganos de sensación. Cuando los órganos están bajo dominio, el yogui puede entonces controlar todos los sentimientos y todos los movimientos: el cuerpo entero se somete bajo su control. Solo entonces comenzaremos a sentir la alegría de haber nacido, y decir con sinceridad: «bendito soy de haber nacido». Cuando adquirimos el control de los órganos, reconocemos cuán maravilloso es el cuerpo.

Capítulo III
Los Poderes

Hemos llegado al capítulo que describe los poderes del yoga.

तितस्य धारणा ॥१॥
1. El dharana mantiene la mente concentrada en un objeto particular.

Dharana (la concentración), significa cuando la mente permanece focalizada en algún objeto, ya sea el cuerpo o al exterior de éste, y se mantiene en ese estado.

तत्र प्रत्यर्थैकतानता ध्यानम् ॥२॥
2. Dhiana es un flujo constante de conocimiento contenido en ese objeto.

La mente trata de pensar en un objeto para concentrarse en un punto específico, como la coronilla de la cabeza, el corazón, etcétera. Si la mente logra percibir las sensaciones, únicamente a través de esa parte del cuerpo, y no de otra alguna, sería entonces el dharana. Y, cuando la mente logra mantenerse en este estado durante cierto tiempo, hablamos entonces del dhiana (la meditación).

ि ॥३॥
3. El samadhi ocurre cuando todo se desecha todo tipo de forma, y solo se refleja el significado.

Este estado se alcanza cuando, durante la meditación, se prescinde de la forma o superficie del objeto. Supongamos que meditamos en un libro y que, progresivamente, logramos concentrar la mente en él sin percibir otra cosa que sus sensaciones internas, su significado, el cual se expresa sin forma alguna. A este estado de dhiana se le llama samadhi.

तरयमेकत्र संयमः ॥४॥
4. El samyama es (la práctica de) estos tres, en un objeto.

Cuando un hombre dirige su mente hacia un objeto determinado, la fija en él y la mantiene así durante un tiempo con el fin de separar el objeto de su parte interna; este el principio del samyama; o bien, del dharana, el dhiana y el samadhi que, uno tras otro se siguen y forman uno solo. De este modo, la forma del objeto desaparece y solo su significado permanece en la mente.

तज्जयात् प्रज्ञाऽऽलोकः ॥५॥
5. Al dominarlo, accedemos a la luz del conocimiento.

Cuando una persona logra este estado de samyama, todas las fuerzas se someten bajo su control. Éste es el remarcable instrumento del yogui. Los objetos del conocimiento son ilimitados y pueden clasificarse en densos, muy densos, ultra densos, y sutiles, muy sutiles, ultra sutiles, etcétera. Para practicar el samyama, se comienza por las cosas más densas, y a medida que obtenemos el conocimiento, paulatinamente, etapa por etapa, podremos avanzar hacia los objetos más sutiles.

योगः ॥६॥
6. Debe efectuarse por etapas.

Ésta es una nota de advertencia para alertarnos que no debemos avanzar muy rápido.

वेभ्यः ॥७॥
7. Los tres estados posteriores son más internos que los anteriores.

Antes de éstos, teníamos el pratyahara, el pranayama, el asana, el yama y el niyama, los cuales representan las partes externas del dharana, dhiana y samadhi. Cuando un hombre alcanza estos tres estados, podrá alcanzar la omnisciencia y la omnipotencia, pero no su liberación. Estos tres, no conducen la mente al nirvikalpa inmutable, pero dejará las semillas que le permitirán encontrar de nuevo su cuerpo. Solo cuando esas semillas están, como dice el yogui, «quemadas», pierden su capacidad de reproducir otras plantas. Pero estos poderes no son capaces de quemarlas.

िबीजस्य ॥८॥
8. No obstante, aún son externos con respecto al (samadhi) sin semillas.

Comparado con el samadhi sin semillas, estos poderes son todavía externos. Aún no hemos alcanzado el samadhi verdadero, el más elevado, sino que, aún estamos en un nivel inferior, donde el universo existe todavía tal como lo vemos y de donde provienen estos poderes.

शान्तः ॥९॥

9. Al eliminar las perturbaciones de las impresiones de la mente, y al aumentar las impresiones de control, se dice que la mente que persiste en este estado de control, alcanza las modificaciones reguladoras.

Esto quiere decir que, en el primer estado de samadhi, las modificaciones de la mente están controladas, pero no completamente, ya que, si así fuera el caso, no habría existido ninguna modificación. Si surge una modificación que incita a la mente a escaparse apresuradamente a través de los sentidos, y que el yogui intenta controlar, esta regularización será una modificación. Una onda inspeccionará otra onda, por lo tanto, no se trata del verdadero samadhi, el estado en que todas las ondas desaparecen, ya que el control mismo será la propia onda. Sin embargo, cuando la mente se escapa, ese samadhi inferior está más cercano al samadhi superior.

ति संस्कारात् ॥१०॥

10. El hábito estabiliza su flujo.

El flujo de ese control permanente de la mente, se estabiliza con la práctica diaria, y entonces la mente obtiene la facultad de concentración constante.

शान्तः ॥११॥

11. Con la destrucción y la manifestación respectivas de los dos poderes de asimilación de cualquier tipo de objeto y de la concentración a uno solo de ellos, el chitta obtiene la modificación llamada samadhi.

El estado inferior es cuando la mente se focaliza en varios objetos y maneja todo tipo de cosas. Pero existe un nivel superior en la mente, el samadhi, que ocurre cuando ésta toma solo uno de los objetos y excluye todos los otros.

शान्तः ॥१२॥

12. La concentración del chitta, sucede cuando las impresiones del pasado y del presente se vuelven similares.

¿Cómo podemos saber si la mente está concentrada? Cuando la idea del tiempo desaparece. Mientras más imperceptible es el tiempo, más concentrados estamos. En la vida diaria, esto sucede cuando nos interesamos en la lectura de un libro, nos aislamos y no nos damos cuenta del tiempo que pasa ; y cuando cerramos el libro, quedamos sorprendidos al ver la cantidad de horas que han transcurrido. El tiempo suele pasar y permanecer en el presente. De allí la definición : la mente está concentrada cuando el pasado y el presente se unen y forman uno solo.

शान्ता व्याख्याताः ॥१३॥
13. Esto explica la triple transformación de forma, tiempo y estado, en materia densa o sutil, hasta en los órganos.

La triple transformación de las partes de la sustancia mental, de forma, tiempo y estado, explican los correspondientes cambios de la materia densa o sutil, hasta en los órganos. Supongamos que tenemos una pepita de oro que, primero se transforma en brazalete, luego en aretes. De esto se trata los cambios de forma. Desde un punto de vista temporal, este mismo fenómeno tiende a producir un cambio en el tiempo. El brazalete y el arete pueden ser brillantes u opacos, gruesos o delgados, y así sucesivamente. Este es el cambio de estado. Ahora bien, en referencia a los aforismos 9, 11 y 12, la sustancia mental se transforma en vittris, es decir, cambia de forma. Como esto sucede durante el tiempo pasado, presente y futuro, provoca un cambio en el tiempo. Y, el hecho de que las impresiones varían de intensidad en un momento preciso, digamos el presente, significa un cambio de estado. Las concentraciones que estudiamos en los aforismos precedentes, ayudaban al yogui a que lograra un control voluntario de las transformaciones de su sustancia mental, para que pudiese realizar el samyama citado en el cuarto aforismo del capítulo 3.

तिव्यपदेश्यधर्मानुपातो धर्मी ॥१४॥
14. Lo calificado, es aquello sobre el cual actúan las transformaciones pasadas, presentes o futuras.

Lo calificado es la sustancia que cambia y se manifiesta constantemente, ya que el tiempo y los samskaras influyen sobre él.

सामान्यत्वे हेतुः ॥१५॥

15. La sucesión de cambios es la causa de las múltiples evoluciones.

परिणामत्रयसंयमादतीतानागतज्ञानम् ॥१६॥

16. El conocimiento del pasado y del futuro, se obtiene a través del samyama en sus tres tipos de cambios.

No debemos olvidar la primera definición del samyama, en la cual, la mente alcanza este estado cuando se identifica con la impresión interna del objeto y desecha, a su vez, su parte externa; después de esta práctica constante, la mente tiene la capacidad de retenerla y alcanzar inmediatamente este estado. Si un individuo en este estado, desea descubrir el pasado y el futuro, debe aplicar en samyama en los cambios de los samskaras (capítulo 3, 13). Algunos actúan ahora en el presente, algunos ya han actuado y otros están por actuar. Por lo tanto, al aplicar el samyama en estos cambios, se podrá conocer el pasado y el futuro.

शब्दार्थप्रत्ययानामितरेतराध्यासात्सङ्करस्तत्प्रविभागसंयमात्सर्वभूतरुतज्ञानम् ॥१७॥

17. Al aplicar el samyama en las palabras, sus significados y el conocimiento, los cuales suelen confundirse, se adquiere el conocimiento de todos los sonidos.

La palabra representa la causa externa; el significado, es la vibración interna que viaja al cerebro a través de los canales de los indriyas, los cuales transmiten la impresión externa a la mente; el conocimiento representa la reacción de la mente, del cual se produce la percepción. Estos tres elementos reunidos, forman la sensación que obtenemos del objeto. Supongamos que escuchamos una palabra. Antes que nada, se produce una vibración externa, luego una sensación interna que se dirige hasta la mente, a través del órgano auditivo; luego la mente reacciona, y entonces comprendemos la palabra. La palabra que reconocemos es una fusión de tres elementos: la vibración, la sensación y la reacción. Generalmente, éstos son inseparables, pero, con la práctica, el yogui es capaz de distinguirlos. Cuando un individuo es capaz de hacer esto, si aplica el samyama en cualquier tipo de sonido, entonces entenderá el significado de aquello que se trata de expresar, así provenga del hombre o de otro animal.

संस्कारसाक्षात्करणात्पूर्वजातिज्ञानम् ॥१८॥

18. Con la percepción de las impresiones, (llega) el conocimiento de las vidas pasadas.

Cada una de las experiencias que vivimos, produce una onda en el chitta, luego se mitiga y se vuelve cada vez más sutil, sin llegar a desaparecer nunca. Esta onda subsiste de forma minúscula, y si somos capaces de levantar nuevamente la onda, se transformará en recuerdos. Por lo tanto, si el yogui puede realizar un samyama en estas antiguas impresiones de la mente, será capaz de recordar todas sus vidas pasadas.

तित्ज्ञानम् ॥१९॥

19. Realizar el samyama en los signos de otro cuerpo, aporta el conocimiento de su mente.

Cada hombre posee signos distintivos en su cuerpo que los diferencia de otros. Cuando el yogui realiza el samyama en estos signos, tendrá acceso a la naturaleza de la mente de esa persona.

षियीभूतत्वात् ॥२०॥

20. Pero no a su contenido, porque no es el objetivo del samyama.

Si el yogui realiza un samyama en el cuerpo de otro, no tendrá acceso al contenido de esa mente. Para esto, se requiere hacer un doble samyama, uno en los signos del cuerpo, y el otro en su mente. Solo entonces, el yogui accederá al conocimiento total del contenido de esa mente.

ि-स्तम्भे चक्षुःप्रकाशासंप्रयोगेऽन्तर्धानम् ॥२१॥

21. Cuando se realiza un samyama en la forma del cuerpo, se obstruye la perceptibilidad de la forma y la fuerza de manifestación de los ojos se divide, por lo tanto el cuerpo del yogui se vuelve invisible.

Un yogui que se encuentra en el medio de una habitación, puede aparentemente desaparecer. Esto no significa que no está allí, pero nadie lo puede ver. La forma y el cuerpo son distintos, por así decirlo. Debemos recordar que esto es únicamente posible, cuando el yogui alcanza la fuerza de concentración en el cual la forma y la cosa formada se encuentran separadas. Entonces, al realizar un samyama en éstos, la capacidad de percepción de las formas se obstruirá, ya que su origen está en la unificación de la forma y la cosa formada.

एतेन शब्दाद्यन्तर्धानमुक्तम् ॥२२॥

22. *Esto también explica la desaparición o disimulación de las palabras pronunciadas y de otras cosas.*

ष्टिभ्यो वा ॥२३॥

23. *Existen dos tipos de karma: la fructificación por venir y la fructificación tardía. Cuando se realiza el samyama en estos dos karmas, o a través de los signos de arishta (los presagios), los yoguis saben exactamente cuándo se separarán de sus cuerpos.*

Cuando un yogui realiza el samyama en su propio karma, en esas impresiones de su mente que están o estarán activas, sabe exactamente, gracias a éstas últimas, cuándo su cuerpo sucumbirá. Sabe cuándo morirá, a qué hora y en qué minuto lo hará. Los hindúes reflexionan mucho sobre este conocimiento, o conciencia, de la inminencia de la muerte, puesto que el Gita enseña que, a la hora de la muerte, esos pensamientos influyen profundamente en la determinación de la vida siguiente.

ि॥२४

24. *Al realizar el samyama en la amistad, la compasión, etcétera (capítulo 1, 33) el yogui sobresale en sus cualidades.*

ि॥२५॥

25. *Al realizar un samyama en la fuerza de los elefantes y de otros animales; el yogui se apropia de sus respectivas fuerzas.*

Cuando un yogui alcanza el samyama y pide la fuerza, realiza el samyama en la fuerza de los elefantes y la adquiere. La energía infinita está a la disposición de todos aquellos que sepan utilizarla. El yogui ha descubierto la ciencia para adquirirla.

प्रिकृष्टज्ञानम् ॥२६॥

26. *Realizar un samyama en la luz fulgurante (capítulo 1, 36) aporta el conocimiento de lo sutil, lo obstruido y lo lejano.*

Cuando el yogui realiza un samyama en la luz fulgurante de su corazón, es capaz de ver cosas lejanas, cosas que, por ejemplo, suceden en un lugar lejano, obstruido con barreras montañosas, y también puede ver las cosas ultra sutiles.

ये संयमात् ॥२७॥

27. Realizar un samyama en el Sol, (procura) el conocimiento del mundo.

चन्द्रे तारावयूहज्ञानम् ॥२८॥

28. Realizar un samyama en la Luna, (procura) el conocimiento de los cúmulos de estrellas.

ज्ञानम् ॥२९॥

29. Realizar un samyama en la estrella polar, (procura) el conocimiento del movimiento de las estrellas.

चक्रे कायवयूहज्ञानम् ॥३०॥

30. Realizar un samyama en el ombligo, (procura) el conocimiento de la composición del cuerpo.

ि ॥३१॥

31. Realizar un samyama en la fosa yugular, (procura) el cese del hambre.

Cuando un hombre está hambriento, puede realizar el samyama en la fosa yugular del cuello para hacer cesar el hambre.

यम् ॥३२॥

32. Realizar un samyama en el plexo llamado kurma, (procura) la estabilidad del cuerpo.

Con su práctica, el cuerpo del yogui se mantendrá imperturbable.

ज्ञनम् ॥३३॥

33. Realizar un samyama en el halo de luz en la coronilla de la cabeza, (procura) la visión de los siddhas.

Los siddhas son seres un poco más elevados que los fantasmas. Cuando el yogui concentra su mente en la coronilla de sus cabezas, podrá ver esos siddhas. La palabra siddha no se refiere a los hombres liberados, como se suele pensar.

वम् ॥३४॥
34. O por el poder de pratibha, el conocimiento absoluto.

El hombre que posee el poder del pratibha (iluminación espontanea de la pureza), puede alcanzar todos estos conocimientos sin necesidad del samyama. Cuando un hombre se eleva a un estado superior del pratibha, recibe esta formidable luz. Para él, todo resulta evidente; todo viene espontáneamente hacia él, sin realización del samyama.

ति ॥३५॥
35. En el corazón, el conocimiento de las mentes.

थसंयमात् पुरुषज्ञानम् ॥३६॥
36. La satisfacción proviene de la ausencia de discernimiento del alma y del sattúa, que son totalmente diferentes, ya que las acciones de este último conciernen al otro. El samyama en el ego central, procura el conocimiento del purusha.

Toda la actividad del sattúa produce una modificación del prakriti en el alma, que se caracteriza por luz y felicidad. Cuando el sattúa está exento de egoísmo y cubierto por la luz de la inteligencia pura del purusha, se le llama ego central, ya que en este estado, uno se libera de toda relación.

भिश्रावणवेदनादर्शास्वादवार्ता जायन्ते ॥३७॥
37. De allí surge el conocimiento perteneciente a pratibha, así como una audición, una visión, un gusto, un olfato y un tacto (sobrenatural).

दिधयः ॥३८॥
38. Son obstáculos para el samadhi, pero son poderes en el estado mundano.

Para el yogui, el conocimiento de los placeres del mundo, proviene de la unión del purusha y la mente. Si desea realizar un samyama con el conocimiento de sus diferencias, una naturaleza y alma la otra, obtendrá el conocimiento del purusha. Entonces surge el discernimiento. Con este discernimiento, el yogui alcanza el pratibha, la luz del genio supremo. No obstante, sus capacidades son obstáculos para alcanzar el objetivo supremo, el conocimiento del Ser absoluto y la libertad. Estos son poderes que se interponen en el camino, y si el yogui los rechaza, podrá alcanzar el objetivo final. Pero si cae en la tentación de apoderarse de ellos, le resultará imposible ir más lejos.

तितस्य परशरीरावेशः ॥३९॥

39. Cuando el yogui se desprende de la causa de las ataduras en el chitta, gracias a sus canales de actividad (los nervios), puede penetrar en otro cuerpo.

El yogui puede penetrar en el cuerpo de un difunto, hacerlo levantar y moverse, aunque actúe en otro cuerpo. O bien, puede penetrar en el cuerpo de una persona viva, para controlar la mente y los órganos de ésta, y dominar las acciones de ese cuerpo en ese instante. Así puede hacerlo el yogui que alcanza a discernir entre el purucha y la naturaleza. Si desea penetrar el cuerpo de otro individuo, realiza un samyama en ese cuerpo y puede penetrar, ya que, de acuerdo con las enseñanzas del yogui, su alma y su mente son omnipresentes. Es una porción de la mente universal. Sin embargo, esto solo puede funcionar por medio de las corrientes nerviosas presentes en ese cuerpo, pero cuando el yogui se desliga de esas corrientes, puede actuar por otros medios.

शिच ॥४०॥

40. El dominio de la corriente denominada udana, dota al yogui de la capacidad para no hundirse dentro del agua o en pantanos; tiene la capacidad de caminar sobre espinas, etcétera, y puede escoger el momento de su muerte.

Udana es la corriente nerviosa que rige los pulmones y todas las partes superiores del cuerpo. Cuando el yogui la domina, se vuelve tan ligero como una pluma, por lo tanto, no puede hundirse en el agua, puede caminar sobre las espinas o sobre afiladas cuchillas, o permanecer en el fuego, y puede decidir el momento de abandonar esta vida.

समानजयात् प्रज्वलनम् ॥४१॥

41. Con el dominio de la corriente samana, el yogui se rodea de una luz fulgurosa.

Cuando así lo desee, el yogui puede emitir la luz de su cuerpo.

वियं श्रोतरम् ॥४२॥

42. Realizar el samyama en la unión de la oreja y el akasha, aporta la divina audición.

Existen el akasha o el éter, y el instrumento o la oreja. Al realizar el samyama en éstos, el yogui obtiene una audición sobrenatural. Puede escucharlo todo. Es capaz de escuchar cualquier sonido o palabra emitida a kilómetros de allí.

कायाकाश्योः सम्बन्धसंयमाल्लघुतूलसमापत्तेश्चाकाशगमनम् ॥४३॥

43. Realizar el samyama en la relación entre akasha y el cuerpo, volverse más ligero que una pluma, etcétera, confiere al yogui la capacidad de volar a través de los cielos.

Akasha es la materia de este cuerpo; es solo el akasha que, al adoptar cierta forma, se transformó en cuerpo. Si el yogui practica el samyama en esta materia akasha de su cuerpo, adquirirá la ligereza del akasha y podrá volar en el aire por doquier. Asimismo en los otros casos.

दिहा ततः प्रकाशावरणक्षयः ॥४४॥

44. Practicar el samyama en las «verdaderas modificaciones» de su mente, externas al cuerpo, llamadas la gran desmaterialización, conlleva a la desaparición del envoltorio de la luz.

La mente, en su insensatez, piensa que funciona en el interior del cuerpo. Si la mente es omnipresente, ¿por qué motivo nos limitamos a un sistema nervioso y colocamos nuestro ego en el cuerpo? No hay motivos. El yogui desea sentir el ego donde esté. Las ondas mentales que se levantan en ausencia del egoísmo en el cuerpo, se llaman «modificaciones verdaderas», o «la gran desmaterialización». Cuando se practica el samyama en esas modificaciones, desaparece todo aquello que envuelve la luz, así como desaparecen las tinieblas y la ignorancia. Todo se presenta pleno de conocimiento.

थवत्त्वसंयमादभूतजयः ॥४५॥

45. Practicar el samyama en las formas densas y sutiles de los elementos, sus caracteres esenciales, su inherencia a las gunas, y su contribución a las experiencias del alma, conlleva al dominio de esos elementos.

El yogui realiza el samyama en los elementos, primero en los densos, luego en los más sutiles. Este samyama proviene principalmente de una secta budista. Este samyama se realiza en un trozo de arcilla, y poco a poco se perciben los materiales sutiles que la constituyen. Una vez adquirido el conocimiento de sus materiales sutiles, se obtiene el dominio sobre este elemento. De esta forma, el yogui puede dominar todo tipo de objeto.

घातश्च ॥४६॥

46. *De allí surge la nimiedad y el resto de los poderes, la «glorificación del cuerpo» y la indestructibilidad de las cualidades corporales.*

Esto significa que el yogui ha obtenido los ocho poderes. Puede volverse tan minúsculo como una partícula, o tan grande como una montaña, tan pesado como la Tierra o tan ligero como el aire. Puede actuar a su voluntad y gobernar como quiera; puede dominarlo todo y alcanzar lo que quiera. Un león se amansará a sus pies como un cordero y todos sus deseos se realizarán a su voluntad.

कायसम्पत् ॥४७॥

47. *La «glorificación del cuerpo» es belleza, complexión, fuerza y firmeza inquebrantable.*

El cuerpo se vuelve indestructible. Nada puede herirlo. Nada puede destruirlo, si esa es la voluntad del yogui. «Al romper la barrera del tiempo, vive en este universo con su cuerpo». El Vedas afirma que este hombre no volverá a atravesar por la enfermedad, la muerte ni el sufrimiento más nunca.

यिजयः ॥४८॥

48. *Realizar el samyama en la objetividad y la fuerza de iluminación de los órganos, en el egoísmo, su inherencia a las gunas y en su contribución a la experiencia del alma, conduce al dominio de los órganos.*

Durante la percepción de objetos externos, los órganos abandonan su lugar en la mente y se dirigen hacia el objeto; su resultado es el conocimiento. El egoísmo también se encuentra presente en esta acción. Cuando el yogui realiza el samyama en estos elementos, poco a poco logra el dominio de los órganos. Tomemos cualquier cosa que vemos o sentimos; un libro, por ejemplo. Primero concentramos la mente en él, luego en el conocimiento que toma la forma de este libro y, por último, en el ego que observa el libro, y así sucesivamente. Con la práctica, seremos capaces de dominar todos los órganos.

किरणाभावः प्रधानजयश्च ॥४९॥

49. *El cuerpo ahora es capaz de desplazarse rápidamente como la mente, la fuerza de los órganos independientes del cuerpo y el dominio de la naturaleza.*

De la misma manera que el glorificamos el cuerpo a través del dominio de los elementos, con el dominio de los órganos podremos obtener los poderes mencionados.

वज्रात्तृत्वश्च ॥५०॥

50. *Al realizar el samyama en la diferenciación existente entre sattúa y el purucha, se adquiere la omnipotencia y la omnisciencia.*

La omnipotencia y la omnisciencia son cualidades que se adquieren cuando dominamos la naturaleza y cuando se hace evidente la diferencia entre el purusha y la naturaleza, es decir, cuando el purusha es indestructible, absoluto y perfecto.

दोषबीजक्षये कैवल्यम् ॥५१॥

51. *La renunciación de esas fuerzas, destruirá las semillas del mal y conducirá al kaivalya.*

En este estado, el yogui alcanza la soledad, la independencia y la liberación. Cuando el yogui desecha, hasta su omnipotencia y su omnisciencia, surge en él un rechazo absoluto hacia los placeres y las tentaciones de los seres celestiales. Cuando el yogui ha alcanzado todos esos poderes maravillosos, y los rechaza, entonces habrá logrado su objetivo. ¿Qué son esos poderes? Son simples manifestaciones, similares a los sueños. Incluso la omnipotencia es un sueño. Todo depende de la mente. A partir del momento que subsiste la mente, podrá haber omnipotencia, pero el objetivo incluso va más allá de la mente.

ष्टिपरसङ्गात् ॥५२॥

52. *El yogui no puede sentirse alabado o atraído por las proposiciones de los seres celestiales, por temor de la vuelta del mal.*

También existen otros peligros: cuando los dioses y otros seres vienen a seducir al yogui. Ellos no quieren que cualquiera alcance la plena libertad. Están celosos, igual que nosotros, y a veces hasta peor. Sienten temor de perder sus puestos. Aquellos yoguis que no alcanzan la perfección, mueren y se vuelven dioses. Abandonan la ruta directa, toman un callejón paralelo y obtienen esas capacidades. Entonces, renacen nuevamente. Pero aquel que tiene la fortaleza para resistirse a las tentaciones y continúa derecho al objetivo, logra su liberación.

विकजं ज्ञानम् ॥५३॥
53. El discernimiento se adquiere al realizar el samyama en una partícula de tiempo, en su precesión y su sucesión.

¿Cómo podemos evitar todas esas trampas, los devas, los paraísos y los poderes? Gracias al discernimiento que distingue el bien del mal. Por esta razón el samyama se obtiene gracias a aquello que refuerza la capacidad de discernimiento. Para ello, el samyama debe realizarse en una partícula de tiempo, en el tiempo que lo precede y el tiempo que le sigue.

f: ॥५४॥
54. Hasta aquellas cosas que no pueden distinguirse por su especie, signo o lugar, el samyama antes mencionado las diferenciará.

La miseria que sufrimos proviene de la ignorancia, de la falta de capacidad de discernimiento entre lo real y lo irreal. Confundimos el mal con el bien, las ilusiones con la realidad. El alma es la única realidad y esto lo hemos olvidado. El cuerpo es una ilusión irreal, pero pensamos que somos cuerpos. Esta ausencia de discernimiento es la causa de nuestro sufrimiento y el efecto de la ignorancia. El discernimiento nos fortalece, y solo así podremos desechar todas esas falsas ideas de cuerpos, paraísos y dioses. La ignorancia proviene de la diferenciación por especie, signo y lugar. Tomemos por ejemplo a una vaca. Esta vaca se diferencia de un perro por su especie; pero, ¿cómo podemos diferenciar una vaca de otra? A través de sus signos. Si dos objetos son perfectamente idénticos, pueden diferenciarse por el hecho de que cada uno se encuentra en dos lugares diferentes. Pero cuando los objetos son tan similares y fáciles de confundir, esta diferenciación no sirve de ayuda. Entonces interviene la capacidad de discernimiento que se obtiene a través de la práctica antes explicada, la cual nos brindará la capacidad de distinguirlos. La suprema filosofía del yogui se basa en el hecho de que el purusha es absoluto y perfecto, y que es el único «simple» que existe en el universo. El cuerpo y la mente son compuestos, y sin embargo, estamos siempre identificándonos con ellos. El mayor error es haber perdido esta diferenciación. Cuando se alcanza este poder de discernimiento, el hombre se da cuenta de que todo en este mundo, mental y físico, es un compuesto y, por lo tanto, no puede ser el purusha.

विकजं ज्ञानम् ॥५५॥

55. El conocimiento liberador es el conocimiento del discernimiento que abarca todos los objetos al mismo tiempo y en todas sus variaciones.

Es liberador, ya que este conocimiento conduce al yogui a través del océano del nacimiento y la muerte. Con este conocimiento, todo pakriti, en todos sus estados sutiles o densos, es accesible. En este conocimiento no hay una sucesión de las percepciones, pues todo lo percibe con una sola mirada.

ि ॥५६॥

56. La similitud de la pureza entre el sattúa y el purusha, conduce al kaivalya.

Cuando el alma reconoce que no depende de nada en el universo, ya sean dioses o el más ínfimo átomo, se alcanza entonces el kaivalya (el aislamiento) y la perfección. Este estado se obtiene cuando esa mezcla de pureza e impureza, llamada sattúa (intelecto), se ha vuelto tan pura como el propio purusha. Entonces el sattúa sólo refleja la genuina esencia de la pureza, es decir, el purusha.

Capítulo IV
La Independecia

दिधयः ॥१॥

1. Los siddhis (los poderes) se adquieren al nacer, gracias a procedimientos químicos, la fuerza de las palabras, la mortificación o la concentración.

A veces el hombre nace con los siddhis, fuerzas que, evidentemente, obtuvo durante su precedente encarnación. Entonces nace, por así decir, para disfrutar de sus ventajas. Dicen que Kapila, el gran fundador de la filosofía sankhya, es un siddha por nacimiento, es decir, un hombre que logró su éxito.

Los yoguis afirman que estos poderes pueden obtenerse gracias a procedimientos químicos. Todos sabemos que la química nació de la alquimia, en la época en que los hombres estaban en la búsqueda de la piedra filosofal, el elixir de la vida eterna, etcétera. En la India, existió una secta llamada los Rasayanas. Su filosofía se basaba en que todos—el ideal, la sabiduría, la espiritualidad y la religión—tenían razón, pero que el único instrumento para poder obtenerlos, es el cuerpo. Por lo tanto, si el cuerpo muere de vez en cuando, entonces se necesita mucho más tiempo para alcanzar el objetivo. Tomemos por ejemplo, a un individuo quiere practicar el yoga, o desea comprometerse en una vida espiritual. Justo antes de haber hecho suficientes progresos, éste muere. Luego renace en otro cuerpo, y comienza de nuevo; luego muere, y así sucesivamente. De esta forma, se pierde mucho tiempo con la muerte y el renacimiento. Si el cuerpo pudiera hacerse fuerte y perfecto, el hombre se libraría del nacimiento y la muerte, y tendríamos mucho más tiempo para transformarnos en seres espirituales. Por lo tanto, los rasayanas piensan que debemos procurar el fortalecimiento del cuerpo. Ellos afirman que el cuerpo puede llegar a ser inmortal. Su ideología es que, si es la mente que fabrica el cuerpo, y si es verdad que cada mente representa una puerta hacia la energía infinita, entonces su capacidad no debería estar limitada para obtener la energía que necesite. ¿Por qué ha de ser imposible conservar nuestro cuerpo eternamente? Porque debemos construir todos los cuerpos que poseemos. Apenas este cuerpo muera, fabricaremos otro. Si somos capaces de eso, entonces, ¿por qué no hemos de hacerlo aquí y ahora, sin necesidad de abandonar nuestro cuerpo actual? Esta teoría es perfectamente correcta. Si es posible vivir después de la muerte y fabricar otros cuerpos, ¿por qué resulta imposible fabricar nuestros cuerpos sin necesidad de desintegrarlos, con tan solo renovarlos continuamente? Los rasayanas también pensaron que los poderes más maravillosos, están disimulados en el mercurio y en el azufre, y que, gracias a ciertas preparaciones, el hombre podía conservar su cuerpo, tanto tiempo como desee. Otros creían que ciertas drogas podían darnos ciertas capacidades, como volar por los aires. Muchas de las maravillosas medicinas de hoy en día, se las debemos a los rasayanas, particularmente el uso de metales en la medicina. Algunas sectas de yoguis, afirman que muchos de sus principales maestros viven aún en sus antiguos cuerpos. Patanjali, gran eminencia del yoga, no niega esta posibilidad.

El poder de las palabras. Existen ciertas palabras sagradas llamadas mantras, las cuales tienen poderes. Cuando se repiten bajo condiciones particulares, confieren extraordinarios poderes. Diariamente, vivimos en medio de una cantidad de milagros, día y noche, sin que nos demos cuenta de ello. La fuerza del hombre, la fuerza de las palabras y la fuerza de la mente son ilimitadas.

La mortificación. Podemos constatar que cada religión ha practicado la mortificación y el ascetismo. En medio de esas concepciones religiosas, los hindúes siempre van a los extremos. Veremos a hombres que mantienen sus manos elevadas durante todas sus vidas, hasta que se debilitan y mueren. A veces, hombres que permanecen de pie, día y noche, hasta que sus pies se hinchan, y si sobreviven, sus piernas se ponen tan rígidas, que más nunca podrán doblarlas y deberán permanecer de pie todas sus vidas. En una ocasión, vi a un hombre que elevaba sus manos de esta manera y le pregunté cómo se había sentido al principio. El hombre me respondió que fue una tortura insoportable. Era tan doloroso, que debía sumergirse en un río para calmar el dolor por un instante. Pasado un mes, ya casi no sufría. Gracias a estas prácticas, se pueden obtener los poderes (siddhis).

La concentración. La concentración es el estado de samadhi, y es el yoga propiamente dicho. Se trata del tema principal de esta ciencia y el medio más elevado. Los medios precedentes son secundarios y, a través de ellos, no podemos llegar al estado superior. El samadhi es el medio de alcanzar absolutamente todo, ya sea de orden mental, moral o espiritual.

जाति: परकृत्यापूरात् ॥२॥

2. La transmutación en otra especie se efectúa por el cumplimiento de las leyes de la naturaleza.

CAPÍTULO IV : LA INDEPENDECIA

Patanjali nos ha dicho que los poderes se obtenían al nacimiento, a veces a través de procedimientos químicos, o por la mortificación. También admitió que el cuerpo presente, puede conservarse por un tiempo indeterminado. Ahora, nos habla de la razón de la transmutación del cuerpo en otra especie, y afirma que, esto se efectúa a través del cumplimiento de las leyes de la naturaleza, el cual explica en el aforismo siguiente.

किवत् ॥३॥

3. Las buenas y malas acciones no son las causas directas de las transformaciones de la naturaleza, pero actúan como eliminadores de los obstáculos de la evolución de la naturaleza; así como un agricultor elimina los obstáculos de una corriente de agua para que continúe a fluir por su propia naturaleza.

El agua que irriga los campos se encuentra en el canal, pero unas compuertas la bloquean. El agricultor las abre y el agua continúa a fluir por sí sola, según la ley de la gravedad. Asimismo, todos los progresos y poderes forman parte del hombre; la naturaleza del hombre es la perfección, pero está bloqueada y no puede seguir su propio curso. Si alguien logra abrir esas compuertas, la naturaleza se precipitaría. Solo entonces, el hombre obtendría las fuerzas que ya posee. Apenas las compuertas se abren y la naturaleza se libera, aquellos que considerábamos malvados, se vuelven santos. La naturaleza nos empuja a la perfección y, un día, nos llevará a todos. Las prácticas y esfuerzos por ser un religioso, son solo una obra negativa para abrir las compuertas a esa perfección, que es nuestro derecho por nacimiento, nuestra naturaleza.

Hoy en día, la teoría de la evolución de los antiguos yoguis se comprende mejor bajo la lupa de los estudios modernos. Aunque la teoría de los yoguis ofrece una explicación más satisfactoria. Las dos causas de la evolución que claman los filósofos modernos, es decir, la selección sexual y la supervivencia del más fuerte, son inadecuadas. Supongamos que el conocimiento humano haya avanzado tanto, que no existe más competición por encontrar el sustento físico y por encontrar un compañero. De acuerdo a los filósofos modernos, si esto sucede, el progreso de la humanidad se detendría y la raza humana moriría. El resultado de esta teoría, es aportar un argumento a cada opresor, para hacer callar los escrúpulos. ¡No faltan aquellos individuos que, llamados filósofos, desean eliminar a cada persona malvada o incompetente (porque son, claro está, los únicos jueces de cualidades), para así preservar la raza humana! No obstante, el gran antiguo evolucionista Patanjali afirma que, el verdadero secreto de la evolución, es la manifestación de la perfección que se encuentra en cada uno de nosotros; que esta perfección está obstruida y que, la ola infinita que se encuentra retenida, lucha por liberarse. Tales esfuerzos y luchas competitivas, son solo el resultado de nuestra ignorancia, porque ignoramos la forma de cómo abrir las compuertas y dejar que fluya el agua. Esta ola infinita debe expresarse; es la causa de toda manifestación. La competitividad por la vida o el sexo, aquellos placeres que solo son momentáneos, inútiles y superfluos, son el resultado de la ignorancia. Cuando esa competitividad haya terminado, esa naturaleza perfecta nos hará avanzar hasta que todos seamos perfectos. De este modo, no existe ninguna razón que nos lleve a pensar que la competición es necesaria para progresar. El animal reprimió al hombre en su interior, pero tan pronto se abran las compuertas, el hombre se liberará. Asimismo, en cada hombre existe un dios potencial que la ignorancia encerró a doble llave y, cuando el conocimiento rompe las barreras y empuja las puertas, ese dios se manifestará.

तिमात्रात् ॥४॥

4. Solo el egoísmo engendra las mentes creadas.

La teoría del karma consiste en que sufrimos por nuestras buenas y las malas acciones, y la finalidad de la filosofía consiste en alcanzar la gloria del hombre. Todas las escrituras, cantan la gloria del hombre, del alma y, en el mismo aliento, predican el karma. Una buena acción produce un resultado, y una mala acción produce otro, pero, si el alma se deja influenciar por una buena o mala acción, entonces el alma deja de tener sentido. Las malas acciones añaden una cerradura en la puerta de la manifestación de la naturaleza del purusha. En cambio, las buenas acciones las eliminan y la gloria del purusha se vuelve manifiesta. El purusha en sí, es inmutable. No importa lo que haga, el hombre jamás destruirá su propia gloria, su propia naturaleza, ya que el alma no puede influenciarse por nada, pues un ligero velo la envuelve y disimula su perfección.

Como el objetivo es agotar el karma lo más rápidamente posible, los yoguis crearon el kaya vyuha, o grupos de cuerpos. Para esos cuerpos, los yoguis crearon mentes a partir de sus egoísmos. Se llaman «las mentes creadas», para distinguirlas de las mentes originales.

तितमेकमनेकेषाम् ॥५॥

5. Aunque las actividades de las distintas mentes creadas sean variadas, todas están bajo el control de la mente original.

Esas mentes diferentes que actúan en esos cuerpos diferentes, se llaman mentes inventadas; y los cuerpos, cuerpos inventados, es decir, son mentes y cuerpos fabricados. La materia y la mente son como dos reservas inagotables. Cuando nos convertimos en yogui, aprendemos el secreto de su control; aunque ya lo poseíamos desde hace tiempo, pero lo habíamos olvidado. Y al convertirnos en yogui, lo recordaremos. Entonces, podremos hacer de todo con ellos, manipularlos a nuestro antojo. El material que se utilizó para crear una mente inventada, es el mismo material utilizado para el macrocosmos. La mente y la materia no son dos cosas distintas, pero son aspectos diferentes de una misma cosa. El asmita, o egoísmo, es el material, el estado sutil de la existencia a partir del cual, el yogui fabrica las mentes y los cuerpos inventados. Por lo tanto, cuando un yogui descubre el secreto de esas energías de la naturaleza, puede fabricar una cantidad infinita de cuerpos y mentes, a partir de la sustancia conocida bajo el nombre de egoísmo.

तत्र ध्यानजमनाश्रयम् ॥६॥

6. *Entre los diferentes chittas, aquel que se logra a través del samadhi, está libre de deseos.*

Entre las distintas mentes que vemos en hombres diferentes, solo la mente que ha logrado el samadhi o la concentración absoluta, es la más elevada. El hombre que ha alcanzado ciertos poderes por medio de medicamentos, palabras o mortificaciones, continúa a tener deseos. Pero el hombre que logró el samadhi por medio de la concentración, es el único que está libre de deseos.

तिरेषाम् ॥७॥

7. *Para los yoguis, las tareas no son ni blancas ni negras; para otros, son tricolores: blancas, negras y grises.*

Cuando el yogui alcanza la perfección, sus acciones y el karma producto de sus acciones, no lo coaccionan, ya que no las deseó. Simplemente continúa a perseverar, aspira a hacer el bien; y hace el bien, pero no se interesa en sus resultados, y jamás le pasaría esto por la mente. Pero, para el hombre común, aquellos que no han alcanzado el estado superior, las tareas son de tres tipos: negras (o malas acciones), blancas (o buenas acciones) y grises (o mixtas).

रिवासनानाम् ॥८॥

8. De esas tareas triples, en cada estado se manifiestan solo aquellos deseos que corresponden únicamente a ese estado. (Los otros se mantienen suspendidas en espera).

Supongamos que hemos realizado los tres tipos de karma (bueno, malo y mixto), y supongamos que, al morir nos convertimos en dioses en el paraíso. Los deseos del cuerpo de dios, no son los mismos que para el cuerpo de hombre; el cuerpo divino no bebe ni come. Entonces, ¿qué sucede con esos karmas pasados aún no cumplidos, que despertaban el deseo de comer y beber? ¿Qué sucede con esos karmas, si nos convertimos en dioses? La respuesta es que, los deseos solo pueden manifestarse en un ambiente propicio. Solo se manifestarán aquellos deseos adecuados al entorno; el resto, quedará en suspenso. En esta vida, tendremos bastantes deseos divinos, deseos humanos y deseos animales. Si tenemos un cuerpo divino, solo se manifestarán los deseos divinos, porque corresponden al ambiente que los rodea. Si poseemos un cuerpo animal, solo el deseo animal se manifestará, y los deseos divinos quedarán en suspenso. ¿Qué significa esto? Que gracias a los ambientes, podemos controlar nuestros deseos. Solo se manifestará el karma apropiado y adecuado al ambiente. Esto quiere decir que, el poder del ambiente es el mayor regulador para controlar el karma mismo.

सिंस्कारयोरेकरूपत्वात् ॥९॥

9. Aunque diferenciados según la especie, el espacio y el tiempo, los deseos son sucesivos, ya que hay una identificación de los recuerdos e impresiones.

Cuando las experiencias se vuelven sutiles, se transforman en impresiones; una vez que se hayan revivido las impresiones, se vuelven recuerdos. En este caso, la palabra recuerdo comprende la coordinación inconsciente de las experiencias pasadas, reducidas en impresiones, gracias a la actual acción consciente. En cada cuerpo, el grupo de impresiones adquiridas en un cuerpo similar, solo son la causa de acción en ese cuerpo. Las experiencias adquiridas en cuerpos diferentes permanecen en suspenso. Cada cuerpo actúa como si descendiese de una serie de cuerpos de su propia especie; de esta manera, la sucesión de deseos no puede fracturarse.

तियत्वात् ॥१०॥

10. Los deseos no tienen principio, ya que la búsqueda de la felicidad es eterna.

Cada experiencia se deriva del deseo de felicidad. Como cada nueva experiencia se construye en base a una tendencia generada de las experiencias pasadas, no existe ningún principio a la experiencia. De la misma manera, el deseo no tiene principio.

हेतुफलाश्रयालम्बनैः संगृहीतत्वादेषामभावे तदभावः ॥११॥

11. Mantenidos por la causa, el efecto, el soporte y el objeto, la ausencia de estos es su propia ausencia.

Los deseos se mantienen juntos por causa y efecto. Las causas son los «obstáculos portadores de sufrimiento» (capítulo 2, aforismo 3) y las acciones (4, 7); y los efectos son «la especie, la vida y la experiencia de los placeres y sufrimientos» (2, 13). Cuando surge un deseo, éste no desaparecerá sin producir su efecto. Como hemos dicho, la sustancia mental es una gran reserva, el soporte de todos los recuerdos pasados, reducidos en forma de samskaras; y éstos perduran hasta que no se hayan realizado. Además, a partir del momento en que los sentidos perciben los objetos externos, siempre surgirán nuevos deseos. Si fuese posible eliminar la causa, el efecto, el soporte y los objetos de deseo, solo entonces desaparecerían por completo.

अतीतानागतं स्वरूपतोऽस्त्यध्वभेदाद्धर्माणाम् ॥१२॥

12. El pasado y el futuro existen en su propia naturaleza, aunque sus cualidades son diferentes.

Esto quiere decir que, la existencia nunca proviene de la inexistencia. El pasado y el futuro, a pesar de que no existan en forma manifiesta, sí existen en forma sutil.

ते व्यक्त-सूक्ष्मा गुणात्मानः ॥१३॥

13. Al ser de naturaleza de las gunas, éstos son manifiestos o sutiles.

Las gunas reúnen las tres sustancias sattúa, rajas y tamas, cuyo estado denso es el universo sensible. El pasado y el futuro provienen de las distintas formas de manifestación de esas gunas.

परिणामैकत्वाद्वस्तुतत्त्वम् ॥१४॥

14. La unidad de las cosas, proviene de la unidad de los cambios.

A pesar de que existen tres sustancias, sus cambios están coordinados, por lo tanto, cada objeto tiene su propia unidad.

भिक्तः पन्थाः ॥१५॥

15. La percepción y el deseo varían en función de un mismo objeto, por lo tanto, la mente y el objeto son de naturaleza diferente.

Esto quiere decir que existe un mundo objetivo e independiente en nuestras mentes, y por lo tanto, contradice la filosofía budista. Puesto que distintas personas ven la misma cosa de forma diferente, no se considerarse como una simple imaginación de un individuo particular.

सियात् ॥

El objeto no puede considerarse dependiente de una mente única. A falta de pruebas de su existencia, será entonces inexistente.

Si la percepción de un objeto fuese el único criterio de su existencia, entonces, cuando la mente se absorba en algo o esté en samadhi, nadie podrá percibirlo y, por lo tanto, podría considerarse como inexistente. Esta sería una conclusión indeseada.

तितस्य वस्तु ज्ञाताज्ञातम् ॥१६॥

16. La mente conoce o desconoce los objetos, según la coloración de ellos en la mente.

तिवात् ॥१७॥

17. Siempre se conocen los estados de la mente, ya que el señor de la mente, el purusha, es inmutable.

Esta teoría clama que el universo es a la vez mental y material, los cuales presentan un estado de fluctuación constante. Por ejemplo, ¿qué es este libro? Se trata de una combinación de moléculas en constante cambio. Un grupo de estas moléculas se escapan, otras entran; como un torbellino. Pero, ¿de dónde viene su unidad? ¿Por qué se trata aún del mismo libro? Los cambios son rítmicos y envían impresiones a la mente en orden armonioso. Al reunir estas impresiones, crean una imagen continua, aunque ciertas partículas estén en cambio permanente. La misma mente, cambia continuamente. La mente y el cuerpo son como dos calcos de una misma sustancia, que se desplazan en velocidades diferentes. Uno, al ser más lento y el otro más rápido, podemos distinguir relativamente estos dos movimientos. Por ejemplo, un tren está en movimiento, y un automóvil rueda a su lado. De cierto modo, podemos observar el movimiento de estas dos máquinas. Pero necesitamos algo más. Solo podemos percibir el movimiento cuando otra cosa permanece inmóvil. Pero, cuando dos o tres cosas están relativamente en movimiento, primero podemos percibir el movimiento más rápido, luego los más lentos. ¿Cómo percibe la mente? La mente también está en fluctuación, por lo tanto, es indispensable algo más, algo que se mueva aún más lento, y otra cosa mucho más lenta, y así sucesiva e indefinidamente. Es por esta razón que la lógica nos obliga a detenernos en algún lado, y completar la serie con el conocimiento de algo que sea inmutable. Detrás de esta serie infinita de movimientos, se encuentra el purusha, el inmutable, el incoloro, el absoluto. Esas impresiones solo se van a reflejar en él, como una lámpara mágica que proyecta las imágenes en una pantalla, sin alterarla.

न तत् स्वाभासं दृश्यत्वात् ॥१८॥
18. La mente no tiene luz propia, porque es un objeto.

Una grandiosa fuerza se manifiesta por toda la naturaleza, pero no tiene ni luz, ni inteligencia propia. Solo el purusha tiene su luz propia y la proyecta en todas las cosas. El poder del purusha se infiltra a través de la materia y la fuerza.

एकसमये चोभयानवधारणम् ॥१९॥
19. Es incapaz de reconocerlos a ambos al mismo tiempo.

Si la mente tuviese luz propia, sería capaz de reconocerse, tanto a sí misma como a sus objetos, pero no lo puede. Cuando conoce un objeto, no puede reflejarse sobre sí misma. Por lo tanto, es el purusha que tiene su propia luz y no la mente.

सिङ्करश्च ॥२०॥
20. Si se considera otra mente en reconocimiento, las suposiciones serían infinitas, y resultaría en una confusión para la memoria.

Supongamos que existe otra mente que conoce a la mente ordinaria, entonces debería existir otra mente que la reconozca a ella también, y así sucesiva e ilimitadamente. Esto terminaría por confundir los recuerdos y no habría ningún almacén donde guardarlos.

्-संवेदनम् ॥२१॥
21. La esencia del conocimiento (el purusha) es inmutable, y se vuelve consciente cuando la mente toma su forma.

Patanjali menciona esto, para aclarar que el conocimiento no es una cualidad del purusha. Cuando la mente se acerca del purusha, recibe su reflejo y, en ese preciso momento, se vuelve omnisciente y pareciera haberse transmutado en el purusha mismo.

थम् ॥२२॥
22. Al recibir los colores del veedor y de lo percibido, la mente es capaz de comprenderlo todo.

Por un lado de la mente se refleja el mundo externo o lo percibido; por otro lado se refleja el veedor. Así, la mente recibe el poder del conocimiento sobre todo.

तिवात् ॥२३॥
23. Aunque la mente esté abigarrada de muchos deseos, actúa para otro (el purusha), ya que lo hace en combinación.

La mente es un conjunto de muchas cosas y, por lo tanto, no puede funcionar por sí sola. Todo aquello que sea combinación en este mundo, tiene alguna finalidad por esta combinación, y un tercer objeto por la cual existe esa combinación. Entonces esta combinación de la mente existe para el purusha.

ि ॥२४॥
24. El discernimiento hace desaparecer la percepción de que la mente es atman.

Por medio del discernimiento, el yogui reconoce que el purusha no es mente.

तितम् ॥२५॥
25. Doblegada por el discernimiento, la mente alcanza el estado anterior al kaivalya (el तितम् ॥२५॥*, cuyo significado sería: entonces la mente se profundiza en discernimiento y gravita hacia el kaivalya)*

La práctica del yoga conduce al poder del discernimiento, a la claridad de visión. El velo cae de los ojos y vemos las cosas tal como son. Descubrimos que la naturaleza es una combinación, y que muestra su panorama al purusha, el testigo. La naturaleza no es el Señor, ya que, el objetivo de todas las combinaciones de la naturaleza, es simplemente mostrar esos fenómenos al purusha, el entronizado rey interno. Cuando el discernimiento proviene de una constante práctica, desaparece el miedo y la mente alcanza el aislamiento.

संस्कारेभ्यः ॥२६॥

26. Los pensamientos que surgen como obstáculos, provienen de las impresiones.

Todos los distintos pensamientos que surgen y nos hacen creer que necesitamos algo externo para ser felices, son obstáculos para la perfección. El purusha es la felicidad y la bendición por naturaleza propia. Pero las impresiones pasadas ocultan esa verdad. Por lo tanto, debemos trabajar esas impresiones.

हानमेषां क्लेशवदुक्तम् ॥२७॥

27. Para eliminarlas, se procede de la misma forma que se eliminan la ignorancia, el egoísmo, etcétera; como se encuentra antes explicado (2, 10).

॥२८॥

28. Aquel que, al haber alcanzado el justo discernimiento del conocimiento de las esencias y, sin embargo, abandona sus frutos, como resultado de una dominación total, alcanza el estado del samadhi llamado la nube de virtud.

Cuando el yogui alcanza este tipo de discernimiento, todos los poderes mencionados en los capítulos precedentes, le pertenecen. No obstante, el verdadero yogui renuncia a ellos. Entonces alcanza un conocimiento peculiar, una luz particular llamada dharma medha, la nube de virtud. Todos los grandes profetas que registra la historia de este mundo, la poseen. Ellos encontraron la base de este conocimiento en sí mismos. La verdad se apareció ante ellos. Luego de haber renunciado las vanidades de aquellos poderes, entonces la paz, la serenidad y la pureza absoluta fueron parte de sus propias naturalezas.

॥२९॥

29. De allí surge la interrupción del sufrimiento y de la lucha.

Cuando se alcanza la nube de virtud, no existe más temor de caerse, nada más puede derrumbar al yogui. No habrá más sufrimientos, ni dolores.

तदा सर्वावरणमलापेतस्य ज्ञानस्यानन्त्याज्ज्ञेयमल्पम् ॥३०॥
30. El conocimiento, exento de su envoltorio e impurezas, se vuelve infinito y lo cognoscible disminuye.

El conocimiento en sí, está presente y su envoltorio desaparece. Una de las escrituras budistas define Buda (un estado) como conocimiento infinito, tan infinito como los cielos. Jesús alcanzó este estado y se convirtió en Cristo. Algún día, todos alcanzaremos este estado, entonces el conocimiento será infinito y lo cognoscible disminuirá. El universo entero, con todos sus objetos de conocimiento, es insignificante con respecto al purusha. El hombre común piensa que él mismo es insignificante, ya que lo cognoscible le parece infinito.

गुणानाम् ॥३१॥
31. Entonces, finalizan las transformaciones sucesivas, pues han alcanzado su objetivo.

Las distintas transformaciones de cualidades que cambian de acuerdo a la especie, cesan para siempre.

रिग्राह्यः करमः ॥३२॥
32. Los cambios existentes con relación a los momentos y que se perciben al otro término (el final de una serie), son una sucesión.

Patanjali define la palabra sucesión, los cambios relacionados a los momentos. Al mismo tiempo que pensamos, transcurren muchos instantes, y en cada instante surge un cambio de idea, pero solo percibimos esos cambios al final de una serie. Esto se llama sucesión. Pero, para la mente que ha alcanzado la omnipresencia, no existe ninguna sucesión. Todo está en el presente y solo existe el presente; pues el pasado y el futuro no existen. Una vez controlado el tiempo, todos los conocimientos se obtienen de forma instantánea, todo surge de repente como un rayo.

ि ॥३३॥
33. El kaivalya es la resolución inversa de las cualidades, sin motivo alguno para actuar por el purusha. O bien, es el establecimiento del poder de conocimiento en su propia naturaleza.

La tarea de la naturaleza ha terminado, esa obra desinteresada que nuestra propia nodriza (la naturaleza) se impuso a sí misma. Ella guio cuidadosamente el alma abandonada por sí misma, y le mostró todas las experiencias del universo, todas sus manifestaciones, elevándola así, cada vez más alto a través de distintos cuerpos, hasta que el alma pueda recobrar su gloria perdida y recordar su propia naturaleza. Entonces, la amable madre regresaría por el mismo camino por donde llegó, para guiar a otros que también han perdido su camino en el desierto sin huellas de la vida. Y así trabaja, sin comienzo ni fin. A través de los placeres, las penas, el bien, el mal, el río infinito de almas que fluye hacia el océano de la perfección, de realización personal.

¡Gloria a aquellos que descubrieron su propia naturaleza! ¡Que sus bendiciones recaigan sobre todos nosotros!

KARMA YOGA
LA VÍA DE LA ACCIÓN DESINTERESADA

Capítulo I
El Karma y Sus Efectos Sobre el Carácter

La palabra *karma* deriva de *kri*, « hacer ». Toda acción es *karma*. Técnicamente, esta palabra también se refiere a las consecuencias de nuestras acciones. En relación con la Metafísica, a veces hace alusión a las consecuencias cuyas causas son nuestras acciones pasadas. Pero en el karma yoga el término *karma* significa simplemente « trabajo ». El objetivo de la humanidad es el conocimiento: este es el único ideal que nos ha inculcado la filosofía de Oriente. El placer no es la meta del ser humano, sino el conocimiento. El placer y la felicidad siempre tienen un fin. Es un error creer que el placer es el objetivo. La causa de todo el sufrimiento que vemos en el mundo es que los seres humanos creen ingenuamente que el placer es el ideal por el que hay que luchar. Con el paso del tiempo, el ser humano se da cuenta de que el lugar hacia donde se dirige no es la felicidad, sino el conocimiento, se da cuenta de que tanto el placer como el dolor son grandes maestros y de que aprende tanto del bien como del mal. A medida que el placer y el dolor atraviesan el alma humana dejan en ella diferentes impresiones, cuya combinación es lo que se conoce como « carácter ». Si consideramos el carácter de cualquier persona, que no es sino un conglomerado de tendencias, la suma total de las inclinaciones de su mente, comprobaremos que la desgracia y la felicidad desempeñan el mismo papel en la determinación del carácter. El bien y el mal influyen por igual en la construcción del carácter y a veces la desgracia es mejor maestra que la felicidad. Al estudiar los grandes caracteres que el mundo ha producido, me atrevo a decir que, en la inmensa mayoría de los casos, la desgracia ha enseñado más que la felicidad, la pobreza, más que la riqueza, y que los golpes han extraído su fuego interno más que la alabanza.

El conocimiento es inherente al ser humano. Ningún conocimiento proviene del exterior, sino que está dentro de nosotros. En un lenguaje estrictamente psicológico, lo que alguien « sabe » se debería entender como aquello que descubre o revela, lo que alguien « aprende » es en realidad lo que descubre al liberar su alma de las cadenas, que es una fuente infinita de conocimiento. Decimos que Newton descubrió la gravedad, pero, ¿estaba esperándolo sentada en un lugar cualquiera? La gravedad se encontraba en su propia mente hasta que se dio cuenta de ello. Todo el conocimiento que el mundo ha recibido provino de la mente. La infinita biblioteca del universo se encuentra en nuestra propia mente. El mundo externo es simplemente una motivación, la ocasión para profundizar en el estudio de nuestra mente, pero el objeto de estudio es siempre esta última. La caída de una manzana fue una motivación para Newton. Así, estudió su propia mente, reestructuró las relaciones de pensamiento que se encontraban previamente en ella y descubrió una nueva relación: la ley de la gravedad. No fue ni la manzana ni el centro de la Tierra. De esta forma, cualquier conocimiento, secular o espiritual, se encuentra en la mente humana. En muchos casos no se descubre, sino que permanece oculto, y cuando poco a poco se desvela decimos que «estamos aprendiendo». El conocimiento progresa gracias a este proceso paulatino de revelación. La persona que permanece tapada por este velo es ignorante; la que lo levanta es más sabia, y la que se ha desprendido por completo de él es la omnisciente, la más sabia de todas ellas. Ha habido personas omniscientes, y creo que aún las hay y que habrá miríadas de ellas en los ciclos que todavía están por venir. Al igual que el fuego existe en un pedazo de pedernal, el conocimiento existe en la mente. La motivación es la fricción que lo extrae. Si estudiamos con calma nuestro interior, podremos ver que son demasiados los reveses que han extraído de nosotros mismos todos nuestros sentimientos y acciones: lágrimas, sonrisas, alegrías, penas, llantos, risas, maldiciones, bendiciones, alabanzas y condenas. El resultado es lo que somos. Todos esos reveses, esos golpes, tomados en conjunto, se llaman «*karma*», «trabajo», «acción». Entendiendo el término *karma* en un sentido amplio, es cada golpe mental o físico que el alma recibe y con el que, digámoslo así, se produce fuego, con el que el poder y el conocimiento de esta se desvelan. Así, todos hacemos *karma* constantemente: cuando yo le hablo a usted, cuando usted me escucha a mí, cuando respiramos, cuando caminamos... Todo lo que hacemos, física o mentalmente, es *karma*, y deja su huella en nosotros.

Existen ciertas palabras que son, por así decirlo, el conglomerado, la suma total de un amplio número de palabras más pequeñas. Si nos encontramos cerca de la costa y escuchamos las olas del mar romperse contra las rocas, pensamos que provocan mucho ruido, y sin embargo, sabemos que una ola se compone en realidad de millones y millones de olas diminutas. Cada una de estas provoca un ruido que no podemos percibir, tan solo podemos oír la suma de sus sonidos. De forma similar, cada pulsación del corazón es trabajo. Algunas clases de trabajo podemos sentirlas y se vuelven tangibles para nosotros. Estas son, al mismo tiempo, el conglomerado de un número concreto de pequeños trabajos. Si realmente quieren juzgar el carácter de una persona, no se fijen en sus mayores proezas.

CAPÍTULO I: EL KARMA Y SUS EFECTOS SOBRE EL CARÁCTER

Cualquier ingenuo puede convertirse en un héroe antes o después. Observe a esa persona en sus acciones cotidianas: estas son las que muestran claramente el verdadero carácter de una gran persona. Las ocasiones importantes otorgan cierta grandeza incluso al ser humano de mayor bajeza, pero él solo es una gran persona cuyo carácter también es grande, invariable esté donde esté.

Los efectos del *karma* sobre el carácter son el poder de mayor intensidad con el que el ser humano tiene que tratar. El ser humano es, por así decirlo, un punto central que atrae hacia sí todos los poderes del universo. En este punto central, los poderes se fusionan y se reenvían a un gran flujo. Este centro es el ser humano de verdad, el omnipotente, el omnisciente, el que atrae el universo al completo hacia él: el bien, el mal, la desgracia y la felicidad confluyen en él y se adhieren a su alrededor. Desde el exterior, él crea la enorme tendencia que circula, el carácter, y la envía hacia afuera. Al tener el poder de atraer todo, también tiene la capacidad para expulsarlo.

Todas las acciones que vemos en el mundo, todos los cambios en la sociedad humana y todos los trabajos que existen a nuestro alrededor son meramente una muestra del pensamiento, la manifestación de la voluntad del ser humano. Las máquinas, los aparatos, las ciudades, las naves o las fragatas de guerra son simples manifestaciones de la voluntad humana. Esta voluntad está determinada por el carácter y este, a su vez, por el *karma*. La manifestación de la voluntad también es *karma*. Los hombres de gran voluntad que el mundo ha creado han sido trabajadores mayúsculos, espíritus enormes con voluntades capaces, por poderosas, de dar la vuelta al mundo, voluntades que adquirieron gracias al trabajo constante durante años y años. Una voluntad tan gigantesca como la de Buda o Jesús no se puede alcanzar en una vida, pues sabemos quiénes fueron sus padres. No es sabido que sus padres no dijeron ni una palabra por el bien de la humanidad. Ha habido millones de carpinteros como José y millones de ellos aún viven. Ha habido millones de reyes insignificantes como el padre de Buda. Si se trató solo de un caso de transmisión hereditaria, ¿cómo se podría explicar que un príncipe tan insignificante, que quizás no fuese obedecido ni por sus propios sirvientes, haya engendrado a un hijo al que venera medio mundo?, ¿cómo explicamos el abismo entre el carpintero y su hijo, al que millones de seres humanos adoran como a Dios[1]? No se puede solucionar recurriendo a una teoría sobre la herencia. ¿De dónde provino la inmensa voluntad que Buda y Jesús propagaron por el mundo, de dónde provino esta acumulación de poder? Debió haber existido a través de las eras, haciéndose cada vez más grande hasta que, bajo la forma de un Buda o un Jesús, estalló en la sociedad, llegando incluso hasta nuestros días.

Todo esto está determinado por el *karma*, trabajo. Nadie puede conseguir algo si no se lo ha ganado. Esta es una ley eterna, y aunque a veces podamos no creer en ella, a la larga terminamos convencidos de su existencia. Una persona puede luchar toda su vida por la riqueza, puede engañar a miles de sus semejantes, pero al final descubre que no merece esa riqueza y su vida no se vuelve sino problemática y perjudicial. Podemos seguir acumulando cosas para nuestro disfrute físico, pero solo lo que ganamos es realmente nuestro. Un ingenuo puede comprar todos los libros del mundo y guardarlos en su biblioteca, pero solo podrá leer aquellos que se merece. Este derecho es producido por el *karma*. Nuestro *karma* determina lo que merecemos y lo que podemos asimilar. Somos responsables de lo que somos, y con independencia de lo que queramos ser, tenemos el poder de hacernos a nosotros mismos. Si lo que somos ahora es el resultado de nuestras acciones pasadas, se deduce indudablemente que lo que queramos ser en un futuro puede producirse mediante nuestras acciones presentes. Así, debemos saber cómo actuar. Dirán : « ¿Para qué sirve aprender a trabajar? En este mundo, cualquiera trabaja de una forma o de otra ». Pero algo así malgasta nuestras energías. Con respecto al karma yoga, el Gita dice que trabajando con sabiduría y como si se tratara de una ciencia — sabiendo cómo trabajar— uno puede obtener los mejores resultados. Deben recordar que todo trabajo es simplemente la extracción del poder que ya existe en la mente, el despertar del alma. El poder se encuentra dentro de cada persona, al igual que el conocimiento. Los diferentes trabajos son como los golpes que los liberan, los que despiertan a estos gigantes.

El ser humano trabaja por varios motivos : el trabajo sin motivo no existe. Algunos quieren conseguir la fama, de manera que trabajan por la fama. Otros quieren dinero, de manera que trabajan por el dinero. Otros quieren poder, de manera que trabajan por el poder. Otros quieren ir al paraíso, de manera que trabajan por lo mismo. Otros quieren que sus nombres se recuerden tras su muerte, como ocurre en China, donde ningún hombre consigue un título hasta que muere, y, en el fondo, es una costumbre mejor que la nuestra. Allí, cuando un hombre hace algo realmente bueno, se otorga un título nobiliario a su padre o a su abuelo, que ya han fallecido. Algunos trabajan por ello. Algunos seguidores de ciertas sectas musulmanas trabajan durante toda la vida para que se les construyan grandes tumbas cuando mueran. Conozco sectas en las que los recién nacidos ya tienen una tumba preparada para ellos. Para sus seguidores, este es el trabajo más importante que tiene que hacer un hombre, al que se considera mejor cuanto más refinada y mayor sea la tumba. Otros trabajan a modo de penitencia : realizan todo tipo de actos imperdonables, y luego construyen un templo o compran a los sacerdotes para obtener así el pasaporte al cielo. Piensan que este tipo de beneficencia los limpiará, que podrán partir impunes a pesar de sus pecados. Estos son algunos de los varios motivos por los que se trabaja.

Trabajen por la gracia del trabajo. En cada país existen personas que son realmente la sal de la tierra, personas que trabajan por la gracia del trabajo, a las que no les importan el nombre, la fama o incluso ir al cielo. Trabajan porque recibirán el bien a cambio. Existen otras que practican la caridad y ayudan a la humanidad por motivos aún más elevados, porque creen en la realización del bien y aman el bien. Trabajar por el nombre y la fama rara vez da resultados inmediatos: ambos vienen a nosotros cuando somos ancianos y ya hemos hecho casi todo en la vida. Si alguien trabaja sin un motivo egoísta, ¿acaso no gana nada? Sí, gana la mayor de las cosas. La dedicación desinteresada nos aporta mucho más, solo que las personas no tienen paciencia para ponerla en práctica. También es más beneficiosa desde el punto de vista de la salud. El amor, la verdad y el desinterés no son simples formas morales de hablar, sino que constituyen nuestro ideal más alto, ya que en ellos reside una manifestación de poder. En primer lugar, aquel que puede trabajar cinco días, o incluso cinco minutos, sin un motivo interesado, sin pensar en el futuro, en el cielo, en un castigo ni en nada por el estilo, tiene la capacidad de convertirse en un poderoso gigante de moral. Es difícil hacerlo, pero en lo más profundo de nuestro corazón conocemos el valor de esta forma de trabajar y el bien que emana de ella. Un control enorme es la mayor expresión de poder. El autocontrol es la manifestación de un poder mayor que cualquier acción que se proyecta hacia el exterior. Un carruaje de cuatro caballos puede bajar descontrolado una cuesta, o el cochero puede dominar los caballos. ¿Cuál es la mayor manifestación de poder, dominar los caballos o dejarlos hacer? Una bala de cañón vuela durante un periodo de tiempo hasta que cae.

Otra se detiene en seco al impactar contra un muro, generando así un calor intenso. La energía que se proyecta hacia el exterior persiguiendo un motivo egoísta se malgasta, ya que no hará que el poder vuelva a nosotros. En cambio, si esta energía se controla, nuestro poder incrementará. Este autocontrol tiende a producir una voluntad enorme, la personalidad de un Cristo o un Buda. Los ingenuos no conocen este secreto y, sin embargo, quieren controlar a la humanidad. Incluso un ingenuo podría controlar el mundo entero si trabaja y aguarda. Dejen que aguarde unos años, que controle esa insensata idea de gobernar, y cuando esta haya desaparecido por completo, entonces el poder se hará en él. La mayoría de nosotros no podemos ver más allá de algunos años, como los animales que no pueden ver más allá de algunas huellas. Nuestro mundo consiste en un círculo pequeño. No tenemos paciencia para mirar más allá, lo que hace que nos volvamos inmorales y crueles. Esta es nuestra debilidad, nuestra falta de poder.

Incluso las formas de trabajo de más bajeza no deben despreciarse. Dejen a aquel que solo sabe trabajar con fines egoístas, por el nombre y la fama, pero todos deberíamos intentar siempre perseguir motivos cada vez más elevados y comprenderlos. «Tenemos derecho al trabajo pero no a sus frutos». Dejemos a un lado los frutos. ¿Por qué preocuparse por los resultados? Si quieren ayudar a alguien, nunca piensen en lo que esa persona les dará a cambio de su ayuda. Si quieren hacer un buen o excelente trabajo, no se molesten en pensar en cuáles serán sus resultados.

Aquí surge una difícil pregunta con respecto al ideal del trabajo. La actividad intensa es necesaria: siempre tenemos que trabajar y no podemos vivir ni un solo minuto sin ello. ¿Qué ocurre entonces con el descanso? La lucha y el trabajo son una de las caras de la vida, en donde todo da rápidas vueltas a nuestro alrededor. La otra es la de la calma, del retiro y de la renuncia: a nuestro alrededor todo está tranquilo, solo existe un poco de ruido y espectáculo, que son los de la naturaleza, con sus animales, sus flores y sus montañas. Ninguno de ellos es adecuado. Si deja de estar en contacto con el frenético remolino que es el mundo, la persona acostumbrada a la soledad estallará en mil pedazos, como el pez que vive en las profundidades del mar estalla tan pronto emerge a la superficie, desprovisto del peso del agua que lo mantenía unido. ¿Puede alguien que ha estado acostumbrado al desorden y la prisa de la vida vivir sin problema en un lugar tranquilo? Sufrirá o quizás se vuelva loco. El ser humano ideal es aquel que en medio del mayor silencio y soledad encuentra la más intensa de las actividades, y en medio de la más intensa de las actividades encuentra el silencio y la soledad del desierto. Ha aprendido el secreto del control, ha aprendido a controlarse a sí mismo. Camina por las calles de una ciudad grande llena de tráfico y su mente permanece igual de tranquila que si estuviera en una cueva, donde ningún sonido puede perturbarlo, mientras trabaja intensamente todo el tiempo. Este es el ideal del karma yoga, y si lo han alcanzado, han aprendido el secreto del trabajo.

Pero debemos comenzar por el principio, aceptando los trabajos tal y como nos llegan y hacernos a nosotros mismos poco a poco, menos egoístas cada día. Debemos realizar el trabajo y descubrir el motivo que nos empuja a hacerlo. Casi sin excepción, en los primeros años comprobaremos que nuestros motivos son siempre egoístas, pero poco a poco la persistencia derretirá este egoísmo hasta que finalmente llegue el momento en que seremos capaces de llevar a cabo un trabajo desinteresado. Esperemos que antes o después, mientras nos abrimos camino a través de la vida, venga el día en que seamos completamente desinteresados y, al conseguirlo, todos nuestros poderes se concentren, haciendo que el conocimiento que nos es propio se desvele.

1. N.d.T. El lector debe tener en cuenta que el autor, cuando utiliza la palabra *Dios*, no se refiere al dios de ninguna religión en particular, sino a un ser supremo y universal que permite al ser humano alcanzar el máximo ideal, que es la realización personal.

Capítulo II
Cada Cual Posee Grandeza en Su Propio Lugar

Según la filosofía *samkhya*, la naturaleza se compone de tres fuerzas, que en sánscrito se llaman *sattva*, *rajas* y *tamas*. Su manifestación en el mundo físico es lo que podemos llamar *equilibrio, actividad* e *inactividad*. *Tamas* representa la oscuridad o la inactividad; *rajas*, la actividad, entendida como la atracción o la repulsión, y *sattva*, el equilibrio entre ellas dos. Estas tres fuerzas existen en todos los seres humanos. A veces, es *tamas* quien prevalece: nos volvemos perezosos, no podemos movernos, nos encontramos faltos de actividad y encadenados por ciertas ideas o por simple torpeza. Otras veces, la actividad prevalece —*rajas*—, e incluso en otras, esa tranquilidad que mantiene el equilibrio —*sattva*— entre ambas. Repetimos que una de estas fuerzas predomina en todos los seres humanos. En una persona, es la inactividad la que predomina, la torpeza, la pereza; en otra, la actividad, el poder, la manifestación de la energía, y en la última persona, la dulzura, la calma y la gentileza derivadas del equilibrio entre acción e inacción. En todas las creaciones —animales, plantas y seres humanos— encontramos más o menos las manifestaciones típicas de estas diferentes fuerzas. El karma yoga está relacionado principalmente con estos tres factores. El enseñar qué son y cómo utilizarlos nos ayuda a trabajar mejor.

La sociedad humana es una organización jerarquizada. Todos hemos oído hablar sobre la moral y sobre el deber, pero, al mismo tiempo, vemos que el significado de *moral* varía profundamente de un país a otro: lo que se considera moral en un país puede que en otro sea completamente inmoral. Por ejemplo, en un país, los primos pueden contraer matrimonio, mientras que en otro se considera inmoral; en un país, los hombres pueden contraer matrimonio con sus cuñadas, mientras que en otro es inmoral; en un país diferente, la gente puede casarse solo una vez, mientras que en otros pueden hacerlo muchas, y así sucesivamente. En todos los aspectos, encontramos que el concepto de *moral* varía profundamente, y sin embargo, tenemos la idea de que debe de existir un universal de moralidad.

Lo mismo ocurre con la idea del deber; varía mucho entre las diferentes naciones: en una, si un hombre no lleva a cabo ciertas cosas, los demás dirán que ha errado por completo en su comportamiento, mientras que en otra, si su comportamiento es similar, se dirá que podría haber actuado mejor. No obstante, sabemos que debe de existir un universal de la idea del deber. De la misma forma, un tipo de sociedad piensa que su deber incluye hacer ciertas cosas, mientras que otra piensa justo todo lo contrario, y sentiría horror si tuviera que llevar a cabo las mismas tareas. Ante nosotros se abren dos puertas : la del ignorante, que piensa que solo existe un camino hacia la verdad y que todos los demás son erróneos, y la del sabio, que acepta que, dependiendo de nuestra constitución mental o de los diferentes planos de la existencia en que nos encontremos, el deber y la moral pueden variar. Lo importante es saber que existen grados de deber y de moral, que el deber en una etapa de la vida, debido a sus circunstancias, ni es ni puede ser el mismo que en otra.

A modo de ejemplo : todos los grandes maestros han enseñado a « poner la otra mejilla », que la no resistencia es el ideal moral más elevado. Todos sabemos que, si algunos de nosotros pusiéramos enteramente en práctica esta máxima, todo el tejido social se desmoronaría, nuestras posesiones e incluso nuestras vidas pasarían a manos de los malvados, que podrían hacer con nosotros lo que quisieran. Si practicáramos esta forma de no resistencia un solo día, nos conduciría al desastre. No obstante, de manera instintiva, en lo más profundo de nuestros corazones sentimos la veracidad de la enseñanza del « poner la otra mejilla » ; para nosotros, parece ser el máximo ideal. Sin embargo, enseñar esta doctrina no sería sino igual que condenar a una gran parte de la humanidad ; y no solo eso, pues las personas pensarían que siempre han actuado erróneamente, sus conciencias sentirían escrúpulos en cada una de sus acciones. Los debilitaría, y esa permanente desaprobación personal generaría más vicio que cualquier otra debilidad. Aquel que ha comenzado a odiarse a sí mismo ha abierto la puerta a la degeneración, y lo mismo ocurre con las naciones.

Nuestra primera obligación es no odiarnos a nosotros mismos, pues para avanzar debemos tener fe, primeramente, en nosotros, y después, en Dios. El que no tiene fe en sí mismo nunca podrá tener fe en Dios. De esta forma, la única alternativa que nos queda es reconocer que el deber y la moral varían en función de las diferentes circunstancias, y no que la persona que pone la otra mejilla está haciendo lo que siempre es incorrecto de por sí, sino que, en función de las circunstancias, la no resistencia puede ser incluso un deber.

Si leyesen el Bhagavad-Gita, muchos de ustedes, de países Occidentales, podrían extrañarse al llegar al segundo capítulo, cuando Krishna llama hipócrita y cobarde a Arjuna porque este se niega a combatir o mostrar resistencia al considerar a sus adversarios como sus amigos y parientes, con el pretexto de que la no resistencia es el mayor ideal de amor. Esta es una importante lección que aprender: el extremo positivo y el extremo negativo siempre son similares; no podemos ver las ondas lumínicas cuando se desplazan lentamente, de la misma forma que no podemos verlas si se mueven a gran rapidez. Lo mismo ocurre con el sonido: si su volumen es muy bajo o muy alto, no podemos oírlo. De la misma naturaleza es la diferencia entre la resistencia y la no resistencia. Una persona no pone resistencia porque es débil, vaga, y no puede ponerla porque no lo hará. La otra persona sabe que podría darle el golpe de gracia si quisiera, y sin embargo, no solo no golpea, sino que hiere a sus enemigos. Aquel que por debilidad no resiste comete un pecado, y por ello no puede recibir ningún beneficio de la no resistencia, mientras que el otro comete un pecado al ofrecerla. Buda renunció al trono y a su posición —una verdadera renuncia—, pero no podemos hablar de renuncia en el caso de un mendigo que no tiene nada a lo que renunciar. Por ello, siempre se debe tener cuidado a la hora de explicar aquello a lo que nos referimos cuando hablamos del ideal del amor y la no resistencia. Ante todo, debemos esforzarnos por comprender si tenemos el poder de resistir o no. Si lo tenemos, renunciamos a él y no ponemos resistencia, estaremos llevando a cabo un gran acto de amor; pero si no podemos resistir y, sin embargo, intentamos engañarnos a nosotros mismos con la idea de que actuamos persiguiendo el amor más elevado, estaremos haciendo justo lo contrario. Arjuna actuó como un cobarde al ver el poderoso despliegue militar que tenía enfrente; su «amor» le hizo olvidar su deber para con su país y su rey. Esta es la razón por la que Krishna lo trata de hipócrita: «Hablas como un hombre sabio, pero tus acciones traicionan tu cobardía. ¡Levántate y lucha!».

Esta es la idea central del karma yoga. El *karma*-yogui es la persona que comprende que el mayor ideal es la no resistencia, que esta postura es la mayor manifestación de poder de la que se puede tener posesión; sabe que lo que se llama *resistencia al mal* no es sino un paso en el camino hacia la manifestación de ese supremo poder, a saber, la no resistencia. Antes de alcanzar este supremo ideal, el deber de una persona es resistir al mal. Que obre, que luche, que golpee sin ningún miramiento. Solo entonces, cuando haya obtenido el poder de resistir, la no resistencia será una virtud.

Un día, conocí en mi país a un hombre al que consideraba muy estúpido, una persona intranscendente, que ni sabía nada ni tenía el deseo de saber algo, y llevaba una vida de lo más salvaje. Me preguntó qué debía hacer para conocer a Dios, cómo conseguiría su libertad.

—¿Sabes mentir? —le pregunté.

—No —me respondió.

—Entonces debes aprender a hacerlo. Es mejor mentir que ser un salvaje o tener la cabeza hueca. Eres un holgazán. Es evidente que no has alcanzado la mayor posición, que se encuentra más allá de todas las acciones, calmada y serena. Eres aburrido incluso para hacer algo malvado. —Aquel fue un caso extremo, por supuesto, y estaba bromeando con él, pero a lo que me refería es que una persona debe activarse para luego alcanzar la calma perfecta. La inactividad se debería evitar. La actividad siempre supone resistencia. Resistan a cualquier mal, tanto mental como físico, y cuando lo hayan conseguido, entonces la calma llegará.

Es muy fácil decir «no odiéis a nadie; poned la otra mejilla», pero sabemos lo que ello supone en la práctica. Cuando los ojos de la sociedad están girados hacia nosotros quizás hagamos una demostración de no resistencia, pero en nuestros corazones es una úlcera permanente. Sentimos la absoluta necesidad de la calma que ofrece la no resistencia. Sentimos que para nosotros sería mejor resistir. Si desean riqueza sabiendo, al mismo tiempo, que el mundo entero considera a aquel que persigue la riqueza como un hombre malvado, quizás no se atrevan a entablar la lucha por la riqueza, pero no dejarán de pensar día y noche en el dinero. Esto es hipocresía y no persigue ningún propósito. Sumérjanse en el mundo, y tras algún tiempo, cuando hayan sufrido y disfrutado de todo lo que ofrece, la renuncia llegará, y luego, la calma. Satisfagan su deseo de poder, todos sus deseos, y después de que los hayan satisfecho, vendrá el día en que se darán cuenta de que estos son insignificantes; pero hasta que no cumplan estos deseos, hasta que no atraviesen esa actividad, les resultará imposible alcanzar el estado de calma, serenidad y entrega personal. Estas ideas de serenidad y renuncia se han predicado desde hace miles de años. Todo el mundo las ha oído desde su infancia, y sin embargo, vemos que son pocos los que han alcanzado realmente ese estado. Desconozco si en mi vida he visto a veinte personas que realmente se encuentren en calma y practiquen la no resistencia, y eso que he viajado por medio mundo.

Todos deberíamos adoptar nuestro propio ideal y esforzarnos por cumplirlo. Esta es una manera de avanzar más segura que la de adoptar los ideales de otra persona, que nunca podremos cumplir. Por ejemplo, cojamos a mil niños y digámosles que caminen veinte millas: todos morirán, salvo uno de esos mil, que gateará durante las veinte millas hasta llegar al final, exhausto y medio muerto. Esto es lo que generalmente intentamos hacer en el mundo. Todos los hombres y mujeres, en cualquier sociedad, no poseen la misma mentalidad, capacidad o poder para hacer cosas; cada uno posee diferentes ideales y no tenemos derecho a mofarnos de ninguno; debemos dejar que cada uno lo haga lo mejor que pueda para alcanzar su propio ideal. Yo no debería ser juzgado en función de sus normas, ni ustedes en función de las mías; el manzano no debería ser juzgado en función de las normas del roble, ni el roble en función de las normas del manzano. Para juzgar al manzano deberíamos tomar las normas del manzano, y para juzgar al roble, las del roble. La unidad en la variedad es el plan de la creación. Por mucho que los hombres y mujeres varíen considerados individualmente, existe unidad considerándolos en conjunto. Los diferentes caracteres y clases individuales de hombres y mujeres son variaciones naturales de la creación; por ello, no debemos juzgarlos tomando como referencia las mismas normas o el mismo ideal. Este proceder solo crea una lucha antinatural cuyo resultado es que la persona comience a odiarse a sí misma; le impide que se vuelva religiosa y buena. Nuestro deber es animar a cualquiera en su lucha por vivir conforme a su mayor ideal, al tiempo que nos esforzamos para hacer que ese ideal se acerque lo máximo posible a la verdad.

En el sistema de moral hindú encontramos que todo esto fue ya establecido en los tiempos antiguos. Sus escrituras y libros sobre ética recogen distintas reglas para las diferentes clases de hombres: el cabeza de familia, el *sannyasin*[1] y el estudiante. Según las escrituras hindúes, la vida de cada individuo consta de unos deberes específicos aparte de los que pertenecen al conjunto universal de la humanidad. El hindú comienza su vida como estudiante; luego, contrae matrimonio y pasa a ser cabeza de familia; a una edad avanzada, se retira, y, por último, renuncia al mundo y se convierte en *sannyasin*. A cada una de estas etapas de la vida corresponden ciertos deberes; ninguna de ellas es intrínsecamente superior a otra. La vida del hombre casado posee la misma grandeza que la del soltero que se dedica al trabajo religioso. El mendigo callejero tiene la misma grandeza y majestuosidad que el rey sobre su trono. Quítenle el trono, que haga lo que hace un mendigo y observen cómo se desenvuelve. Coloquen al mendigo en el trono y observen cómo reina. Es inútil decir que aquel que vive apartado del mundo es mejor que el que vive en él. Es mucho más difícil vivir en el mundo mientras se adora a Dios que renunciar a él y llevar una vida despreocupada y en libertad. Las cuatro etapas vitales en la India se han reducido a solo dos en los últimos tiempos: la del cabeza de familia y la del monje. El primero se casa y cumple con sus obligaciones como ciudadano, mientras que el deber del segundo es dedicar sus energías enteramente a la religión, a predicar y a adorar a Dios. Les leeré algunos pasajes del Mahanirvana Tantra que tratan sobre este aspecto; verán lo difícil que resulta para un hombre ser cabeza de familia y cumplir con su deber a la perfección:

> *El cabeza de familia debe dedicarse a Dios. El conocimiento de Dios debe ser su objetivo en la vida. Sin embargo, debe trabajar constantemente, cumplir con sus obligaciones. Debe renunciar a los frutos de sus acciones para con Dios.*

Esto es lo más difícil en este mundo: trabajar sin preocuparse por los resultados; ayudar a alguien sin pensar nunca en que debería darnos las gracias, y realizar un buen trabajo sin preocuparse por lo que ello pueda suponer para nuestro nombre o nuestra fama. Incluso el cobarde más descarriado se vuelve valiente cuando el mundo lo elogia. Un ingenuo puede llevar a cabo hazañas heroicas si cuenta con la aprobación de la sociedad, pero el mayor sacrificio que una persona puede realizar es practicar el bien de forma constante sin importarle la aprobación de sus compatriotas. El mayor deber del cabeza de familia es ganarse la vida, pero debe cuidarse de que no lo hace mintiendo, engañando o robando a los demás. Igualmente, no debe olvidar que su vida está al servicio de Dios y de los pobres.

> *Sabiendo que la madre y el padre son las imágenes visibles de Dios, el cabeza de familia siempre debe complacerlos por todos los medios. Si la madre y el padre son complacidos, este hombre complacerá a Dios. El niño más bueno es aquel que nunca insulta a sus padres.*
>
> *Delante de los padres no se deben hacer bromas; no se debe mostrar inquietud, ira o mal temperamento. Delante de su madre o su padre, el niño debe inclinarse lentamente, levantarse ante su presencia y no sentarse hasta que así se lo ordenen.*
>
> *Si el cabeza de familia posee comida, bebida y ropa sin haber comprobado primero que su madre, su padre, sus hijos, su mujer y los pobres también los tengan, está cometiendo un pecado. La madre y el padre son el origen de su cuerpo, así que un hombre debe enfrentarse a cualquier dificultad para contentarlos.*
>
> *El deber para con su esposa es el mismo. Ningún hombre debe reprender a su esposa, y siempre debe velar por ella como si fuera su propia madre. Aunque se encuentre con los mayores problemas y dificultades, no debe mostrar ira hacia ella.*
>
> *El hombre que piensa en una mujer que no sea su esposa, irá al oscuro infierno si la toca incluso en sus pensamientos.*
>
> *Ante las mujeres no debe pronunciar palabras impropias ni jactarse nunca de su poder; no debe decir «he hecho esto y he hecho lo otro».*
>
> *El cabeza de familia siempre debe complacer a su esposa con dinero, ropa,*

amor, fe y palabras dulces como el néctar, y nunca hará nada que pueda perjudicarla. El hombre que ha conseguido obtener el amor de una mujer casta tiene todas las virtudes y se realiza en su religión.

Las siguientes son obligaciones con respecto a los hijos:

Un hijo debe ser criado con cariño hasta su cuarto año, y recibir educación hasta que tenga dieciséis. Cuando alcance la edad de veinte años, deberá encontrar un trabajo, y su padre tendrá que tratarlo con afecto como su igual. La hija debe ser criada de la misma forma, y educada con el mayor de los cuidados. Cuando se case, su padre deberá darle joyas y riquezas.

Luego, el deber de un hombre es para con sus hermanos y hermanas y, si son pobres, los hijos de sus hermanos y hermanas, así como para con otros parientes, amigos y sirvientes. Más tarde, sus obligaciones son para con los habitantes de la misma ciudad, los pobres y cualquier persona que le pida ayuda. Si, teniendo los recursos suficientes, el cabeza de familia no se preocupa por ayudar a sus parientes y a los pobres, sepan que es un salvaje, que no es un ser humano.

El gusto excesivo por la comida y la ropa, los adornos en el cabello y las tentaciones de la carne se deben evitar. El cabeza de familia debe ser puro en su corazón y limpio en su cuerpo, siempre activo y dispuesto a trabajar.

Debe ser un héroe para sus enemigos; por ello, debe resistir. Este es un deber del cabeza de familia. No debe sentarse en un rincón y lloriquear, ni decir mentiras sobre la no resistencia. Si no muestra a sus enemigos que es un héroe, no habrá cumplido con su deber. Con sus amigos y parientes debe mostrar siempre la máxima cortesía y educación.

Es deber del cabeza de familia no mostrar respeto a los malvados, pues si trata con reverencia a las personas malvadas que hay en el mundo, representa la malevolencia. Igualmente, sería un gran error despreocuparse de los que son dignos de respeto, de las buenas personas. No debe elogiar excesivamente a sus amistades ni debe apartarse del camino correcto entablando amistad con todo el mundo. Debe observar el comportamiento de aquellos con los que quiere entablar amistad y sus relaciones con otras personas; debe razonar sobre ello, y luego, entablar amistad.

Debe cuidarse de no hablar en público sobre su fama ni alabar su propio nombre o su poder. Tampoco debe hablar sobre su riqueza o sobre cualquier cosa que le hayan confesado en privado.

Un hombre no debe decir que es pobre o que es rico. No debe jactarse de su ri-

queza. Que se guíe por su propio consejo: es su deber religioso. Esto no es una simple sabiduría mundana. Si un hombre no lo pone en práctica, será considerado inmoral.

El cabeza de familia es la base, el punto de apoyo de toda la sociedad; es su principal sustentador. Los pobres, los débiles, los niños y las mujeres, que no trabajan, viven gracias al cabeza de familia. Por tanto, este debe cumplir con una serie de deberes, que le hagan sentirse fuerte para esta tarea y no pensar que está actuando por debajo de su ideal. Así, si ha mostrado debilidad o ha cometido un error, no debe reconocerlo en público, y si se embarca en una empresa y está seguro de que fracasará, no debe hablar sobre ello. Esta exposición voluntaria no solo es inadecuada, sino que también provoca tensión en el hombre y le inhabilita para el cumplimiento de sus legítimos deberes en la vida. Al mismo tiempo, debe luchar sin descanso para conseguir, primeramente, el conocimiento, y luego, la riqueza. Este es su deber, y si no lo hace, no es nadie. El cabeza de familia que no lucha por conseguir riqueza es inmoral. Si es perezoso y se contenta con llevar una vida de holgazanería, es inmoral, ya que de él dependen cientos de personas. Si consigue riquezas, deberá mantener con ellas a estas personas. Si no hubiera habido en esta ciudad cientos de hombres que se han esforzado por ser ricos, y que lo han conseguido, ¿dónde se encontrarían esta civilización, estos hospicios y estos magníficos edificios? Ir tras la riqueza, en este caso, no es reprochable, porque la riqueza será distribuida. El cabeza de familia es el centro de la vida y la sociedad. Es loable el que adquiera y utilice su riqueza de manera noble, pues el cabeza de familia que lucha por ser rico, honradamente y con buenos propósitos, está haciendo lo mismo por lograr su salvación que el anacoreta cuando reza en su celda. En ellos se observan diferentes aspectos de la misma virtud de entrega personal y autosacrificio, empujada por el sentimiento de devoción hacia Dios y hacia todo lo que deriva de Él.

Debe conseguir por todos los medios un renombre. No debe arriesgar. No debe buscar la compañía de los malvados. No debe decir mentiras. No debe ser una fuente de problemas para los demás.

Con frecuencia, las personas emprenden proyectos que no pueden llevar a cabo por falta de recursos, de manera que engañan a los otros para poder llegar hasta el final. Siempre debe tomarse en cuenta el factor del tiempo: lo que en un momento podría suponer un fracaso, quizás en otro momento pueda ser un gran éxito.

El cabeza de familia debe decir la verdad y hablar educadamente, empleando palabras que gusten a la gente, palabras que les hagan bien; pero no debería hablar sobre asuntos de otros hombres.

Plantando árboles al borde de las carreteras ; cavando pozos ; creando refugios para las personas y los animales, y construyendo puentes y carreteras, el cabeza de familia se dirige hacia la misma meta que el más grande de los yoguis.

Esta es una parte de la doctrina del karma yoga : la actividad, el deber del cabeza de familia. Existe un pasaje posterior, donde se dice que « si el cabeza de familia muere en combate, luchando por su país o su religión, alcanza el mismo objetivo que alcanza el yogui mediante la meditación » ; de esta forma, se nos enseña que lo que es un deber para uno no lo es para el otro. Al mismo tiempo, no se dice que un deber sea menos glorioso que otro : cada uno ocupa su propio lugar y, en función de las circunstancias en que nos encontremos, debemos cumplir con nuestra obligación.

De todo esto se extrae una idea, que es la condenación de los débiles. Esta es una idea particular en todas nuestras enseñanzas —filosofía, religión o trabajo— que personalmente me gusta. Si leen los Vedas, encontrarán siempre repetida la palabra *valentía*, entendida como la ausencia de temor. El miedo es un signo de debilidad. Un hombre debe llevar a cabo sus obligaciones sin importarle que el mundo lo trate con desdén o lo ridiculice.

Si un hombre se retira del mundo para adorar a Dios, no debe pensar que aquellos que viven en el mundo y trabajan por su bien no Lo adoran ; de la misma forma, los que viven en el mundo, como las esposas y los hijos, no deben pensar que aquellos que renuncian a él son vagabundos despreciables. Cada cual posee grandeza en su propio lugar. Les ilustraré esta idea mediante una historia.

> *Cierto rey solía preguntar a todos los* sannyasins *que llegaban al país que quién era el hombre de mayor grandeza, si el que renunciaba al mundo y se convertía en* sannyasin *o el que vivía en él y cumplía con sus obligaciones de cabeza de familia. Fueron muchos los sabios que debían resolver la cuestión. Algunos afirmaron que el* sannyasin *poseía mayor grandeza, así que el rey les pidió que lo demostraran. Como no pudieron hacerlo, les ordenó que se casaran y se convirtieran en cabezas de familia. Entonces, llegaron otros y dijeron que el cabeza de familia que cumplía con sus obligaciones era el hombre de mayor grandeza. A ellos, también, el rey les exigió la prueba. Como no pudieron aportarla, les hizo igualmente pasar a ser cabezas de familia. Finalmente, llegó un joven* sannyasin, *al que el rey le hizo la misma pregunta.*
>
> *—Majestad —respondió el* sannyasin—, *cada cual posee la misma grandeza en su lugar.*

CAPÍTULO II : CADA CUAL POSEE GRANDEZA EN SU PROPIO LUGAR

— Demuéstramelo — dijo el rey.

— Lo haré, pero primero debéis venir conmigo y vivir como yo lo hago durante algunos días; así podré demostraros lo que afirmo.

El rey consintió y siguió al sannyasin *más allá de su propio territorio; atravesaron muchos otros países, hasta que llegaron a un magnífico reino. En la capital de este reino se estaba celebrando una gran ceremonia. El rey y el* sannyasin *escuchaban un ruido de tambores y música, así como los gritos de los pregoneros. El pueblo se había reunido en la calle, vistiendo sus mejores galas, y se estaba realizando una gran proclama. El rey y el* sannyasin *permanecieron en pie para ver qué estaba ocurriendo; el pregonero estaba anunciando en voz alta que la princesa, hija del rey de aquel país, elegiría un marido entre los hombres que se encontraban ante su presencia.*

En la India, era una antigua costumbre el que las princesas eligieran marido de esa forma. Cada princesa tenía una idea del tipo de marido que buscaba : algunas querían al hombre más bello ; otras se quedarían con el más erudito ; otras, con el más rico, y así sucesivamente. Todos los príncipes de los alrededores del reino se ponían sus atavíos más refinados y se presentaban ante la princesa. A veces, cada príncipe también seguía sus propios criterios a la hora de enumerar sus ventajas y las razones por las que la princesa debería escogerlo a él. La princesa era transportada sobre un trono, en la formación más perfecta, para mirar y escuchar a los pretendientes. Si no le complacía lo que veía u oía, los sirvientes que la portaban la llevaban ante otro candidato, y ya no prestaba atención al pretendiente que había rechazado. Si, llegado el momento, a la princesa le satisfacía alguno de ellos, le lanzaba una guirnalda de flores y el agraciado se convertiría en su marido.

La princesa del país al que habían viajado nuestro rey y el sannyasin *estaba celebrando una de las tradicionales ceremonias para escoger marido. Ella era la princesa más hermosa del mundo, y su marido gobernaría el reino tras la muerte de su padre. La idea de la princesa era casarse con el hombre más bello, pero no podía encontrar al candidato que la satisficiera. Esta ceremonia había tenido lugar varias veces, y la princesa seguía sin encontrar marido. Pero esta ceremonia era la más espléndida de todas; a ella había asistido más gente que nunca. La princesa se encontraba sobre su trono, mientras los sirvientes la llevaban de un lugar a otro. Parecía no mostrar interés por ninguno de los pretendientes, así que todo el mundo se decepcionó al ver que aquella ceremonia sería un nuevo fracaso.*

Justo entonces, apareció un joven, un sannyasin, *hermoso y resplandeciente como si el sol hubiese bajado hasta la tierra. Se encontraba de pie entre la multitud, en una esquina, observando lo que ocurría. El trono de la princesa se aproximó a él, y tan pronto como esta contempló la belleza del* sannyasin, *le lanzó la guirnalda. El joven* sannyasin *la recogió y la arrojó al suelo.*

—*¿Qué significa esto? Soy un* sannyasin. *¿Qué sentido tiene el matrimonio para mí? —exclamó. El rey del país pensó que, quizás, aquel hombre era pobre y, por tanto, no se atrevía a casarse con la princesa.*

—*Mi hija —comenzó el rey— posee ahora la mitad de mi reino y, tras mi muerte, lo heredará al completo. —Y volvió a entregarle la guirnalda. El joven la arrojó de nuevo al suelo.*

—*Eso son estupideces —dijo este—; no quiero casarme. —Y se alejó rápidamente de la multitud.*

—*Debo casarme con ese hombre o moriré —dijo la princesa, que se había enamorado locamente de aquel joven; entonces, fue en su busca para traerlo de vuelta.*

En ese momento, nuestro sannyasin, *el que había traído al rey hasta aquel país, le dijo a este:*

—*Sigámoslos, Majestad.*

Así, siguieron los pasos de la princesa, aunque alejados a una distancia considerable. El joven sannyasin *que había rechazado casarse con la princesa recorrió varias millas. Cuando alcanzó un bosque y penetró en él, la princesa lo siguió, y lo mismo hicieron aquellos dos. El joven* sannyasin *estaba familiarizado con aquel bosque y conocía todos sus intrincados caminos; se aventuró en uno de ellos y desapareció, y la princesa no pudo seguirlo. Tras haber intentado encontrarlo durante largo tiempo, se sentó al pie de un árbol y comenzó a llorar, pues no conocía el camino de vuelta. Entonces, nuestro rey y el otro* sannyasin *aparecieron y le dijeron:*

—*No lloréis, princesa. Nosotros os indicaremos el camino para salir de este bosque, solo que ahora está demasiado oscuro para poder dar con él. Descansemos bajo este gran árbol y os mostraremos cómo salir de aquí con los primeros rayos de sol.*

En un nido sobre aquel árbol, vivía un pajarito con su esposa y sus tres pequeños. El pajarito miró hacia abajo, vio a las tres personas y dijo a su esposa:

—*Querida, ¿qué deberíamos hacer? Han llegado invitados a casa; es invierno y no tenemos un fuego para que se calienten. —Así que salió volando para encontrar un poco de leña; la llevó en su pico y la colocó ante los invitados, que le* añadieron combustible e hicieron con ella una brillante candela. Pero el pajarito no se sintió satisfecho—. Querida, ¿qué deberíamos hacer? No tenemos comida que ofrecer a esta gente, y están hambrientos. Somos los anfitriones; nuestro deber es alimentar a todo aquel que viene a nuestra casa. Tengo que hacer lo que esté en mi mano. Les daré mi cuerpo. —Así que se lanzó a las llamas.

Los invitados lo habían visto descender e intentaron salvarlo, pero él era demasiado rápido para ellos. Allí, en medio del fuego, pereció. La esposa del pajarito vio lo que su marido había hecho y dijo:

—Hay tres personas y solo tienen un pajarito para comer. No es suficiente. Es mi deber como esposa no dejar que mi esposo se esfuerce en vano. Yo también les ofrezco mi cuerpo. —Entonces, se dejó caer en el fuego y murió abrasada.

Los tres bebes de los pajaritos, cuando contemplaron la escena y vieron que todavía no había comida suficiente para los tres invitados, dijeron:

—Nuestros padres han hecho lo que podían y sigue sin ser suficiente. Es nuestro deber seguir los pasos de nuestros padres. Ofrezcámosles nuestros cuerpos también. —Y se precipitaron hacia el fuego.

Sorprendidos por lo que vieron, los tres inquilinos no pudieron, por supuesto, comer aquellos pájaros. Pasaron la noche sin comida, y cuando se hizo de día, el rey y el sannyasin mostraron el camino a la princesa, que volvió junto a su padre.

—Majestad —dijo el sannyasin en aquel momento—, habéis visto que cada cual posee grandeza en su propio lugar. Si queréis vivir en el mundo, hacedlo como esos pájaros, dispuestos a sacrificarse en cualquier momento por los demás; si queréis renunciar al mundo, sed como aquel joven para quien la mujer más bella y un reino no significaban nada; si queréis ser cabeza de familia, sacrificaos por el bienestar de los demás, y si elegís la renuncia como forma de vida, ni se os ocurra pensar en la belleza, el dinero o el poder. Cada cual posee grandeza en su propio lugar, pero el deber de uno no es el deber de otro.

1 N.d.T. En la tradición hindú, es aquella persona que ha renunciado al mundo y dedica su vida a los dioses.

Capítulo III
El Secreto del Trabajo

Ayudar a los demás físicamente —satisfaciendo sus necesidades físicas— es algo grandioso; pero la ayuda debe ser mayor en función de una necesidad más grande y en función de la repercusión que queramos que la ayuda tenga. Si las necesidades de una persona se satisfacen durante una hora, estaremos ayudándola; si las necesidades se satisfacen durante un año, estaremos ayudándola aún más; pero si las necesidades se satisfacen para siempre, esta es, sin duda, la mayor ayuda que podemos darle. El conocimiento espiritual es lo único que puede acabar para siempre con nuestras desgracias. Cualquier otro tipo de conocimiento solo satisface nuestras necesidades durante un tiempo. La necesidad se erradica para siempre únicamente mediante el conocimiento espiritual; ayudar al ser humano espiritualmente es la mayor ayuda que se le puede dar. Aquel que otorga al ser humano el conocimiento espiritual es el mayor benefactor de la humanidad, y, en efecto, vemos que los hombres más poderosos han sido siempre los que han ayudado al ser humano a satisfacer sus necesidades espirituales. La espiritualidad es la verdadera base de todas nuestras actividades vitales. Una persona espiritualmente fuerte y sana lo será en cualquier otro aspecto, si así lo desea; pero hasta que no tenga fuerza espiritual, incluso las necesidades físicas no se pueden satisfacer como es debido. Tras la espiritual, se encuentra la ayuda intelectual. Regalar conocimiento es, con diferencia, un presente mejor que la comida o la ropa; es incluso mejor que dar la vida a una persona, pues la vida de verdad consiste en el conocimiento: la ignorancia es la muerte; el conocimiento es la vida. La vida es de escaso valor si es una vida en la oscuridad, palpando a tientas en medio de la ignorancia y la desgracia. Tras la ayuda intelectual, se encuentra, por supuesto, el ayudar a una persona físicamente. Al considerar la cuestión de ayudar a los demás, debemos siempre esforzarnos por no cometer el error de pensar que la ayuda física es la única que podemos dar; esta ayuda no es solo la última, sino también la más pequeña, pues no conduce a una satisfacción permanente. La desgracia que sentimos cuando estamos hambrientos se satisface comiendo, pero el hambre vuelve. Nuestra miseria solo cesa cuando nos encontramos satisfechos más allá de toda necesidad. En ese momento, el hambre no nos hará desgraciados ; ninguna congoja, ninguna pena podrá perturbarnos. De esta forma, la ayuda que persigue fortalecernos espiritualmente es la más importante ; después, viene la ayuda intelectual, y luego, la ayuda física.

Las desgracias de la vida no se pueden curar solo con ayuda física. Hasta que la naturaleza humana cambie, las necesidades físicas no dejarán de manifestarse, las desgracias nunca desaparecerán, y ninguna ayuda física, por mucha que sea, podrá curarlas por completo. La única solución a este problema es purificar a la humanidad. La ignorancia es la madre de toda la maldad y toda la miseria que vemos. Que las personas se iluminen, que sean puros, fuertes y educados espiritualmente ; solo entonces, la miseria desaparecerá de este mundo, no antes. Podemos convertir cada edificio en un hospicio caritativo y cubrir la tierra de hospitales ; pero hasta que el carácter humano no cambie, la miseria en el mundo seguirá existiendo.

En el Bhagavad-Gita leemos una y otra vez que debemos trabajar constantemente. Cualquier trabajo tiene, por naturaleza, un componente de bondad y otro de maldad : no se puede llevar a cabo un trabajo sin que este beneficie o perjudique a alguien. Todo trabajo consiste en una mezcla insalvable de bondad y de maldad ; sin embargo, se nos ordena trabajar constantemente. El bien y el mal producen sus resultados, producen su *karma* correspondiente. Las buenas acciones traerán consigo un efecto positivo ; las malas acciones, uno negativo. Pero tanto el bien como el mal son una cárcel para el alma. La solución que el Gita presenta con respecto al cautiverio natural del trabajo es que si no nos atamos al trabajo que estamos realizando, este no podrá esclavizar nuestra alma. Intentaremos explicar lo que significa « no atarse » al trabajo.

Esta es una idea central del Gita : el trabajo constante, pero sin atarnos a él. Se podría traducir perfectamente *samskara* por « tendencia inherente ». Utilizando el símil del lago en la mente, cada onda, cada ola que se eleva en ella, aunque ya haya disminuido no desaparece por completo, sino que deja una huella y la posibilidad de que esa ola se vuelva a levantar en un futuro. Esta huella, con la posibilidad de que la ola vuelva a aparecer, es lo que se llama samskara. Cada trabajo que hacemos, cada movimiento del cuerpo, cada pensamiento que nos invade, deja esta impresión en la mente, e incluso cuando esta impresión no se puede notar desde la superficie, tiene fuerza suficiente para trabajar bajo ella, en el subconsciente. Lo que somos en cada momento está determinado por la suma total de las impresiones que se encuentran en nuestra mente. Lo que yo soy justo ahora es el efecto de la suma total de todas las impresiones de mi vida pasada. El *carácter* se refiere realmente a esto ; el carácter de cada persona está determinado por la suma total de sus impresiones. Si las buenas impresiones prevalecen, el carácter se vuelve bueno; si prevalecen las malas impresiones, se vuelve malo. Si una persona no deja de oír malas palabras, tiene malos pensamientos y lleva a cabo malas acciones, su mente estará llena de malas impresiones, que influirán en su pensamiento y su trabajo sin que sea consciente de ello. De hecho, estas malas impresiones siempre están trabajando, cuyo resultado es el mal. Esa persona será alguien malvado, no podrá evitarlo; la suma total de esas impresiones le proporcionará una poderosa fuerza motriz para llevar a cabo malas acciones, será como una máquina en manos de sus impresiones, que le obligarán a hacer el mal. De forma similar, si una persona tiene buenos pensamientos y lleva a cabo buenos trabajos, la suma total de esas impresiones será positiva y, por tanto, le obligarán a hacer el bien, aunque no quisiese. Si una persona ha llevado a cabo un trabajo tan bueno y ha tenido unos pensamientos tan positivos que existe en ella una tendencia inevitable a hacer el bien, a pesar de que desee hacer el mal su mente, como la suma total de sus inclinaciones, no le permitirá hacerlo; la tendencia se volverá en su contra: se encuentra bajo la influencia de las buenas acciones. Si tal es el caso, se dice que el carácter bueno de una persona se ha establecido.

La tortuga esconde las patas y la cabeza dentro de su caparazón, y aunque la matemos y rompamos el caparazón, la tortuga no saldrá; igual ocurre con el carácter irreversiblemente establecido de una persona que tiene control sobre sus acciones y su cuerpo: es dueña de su fuerza interior, y nada puede extraer esta fuerza contra su voluntad. Mediante este continuo reflejo de buenos pensamientos, de buenas impresiones que alcanzan la superficie de la mente, la tendencia a hacer el bien se fortalece; como resultado, nos sentimos capaces de controlar los *indriyas* (los órganos de los sentidos, los centros nerviosos). Solo entonces se establecerá el carácter; solo entonces una persona alcanzará la verdad. Esta persona se encuentra a salvo para siempre; no puede hacer ningún mal e, independientemente de la compañía en que se encuentre, no existirá el peligro para ella. Existe un estado aún mayor que poseer la tendencia al bien: el deseo de liberación. Debemos recordar que la libertad del alma es la meta de todos los yogas; cada uno de ellos nos lleva por igual hacia el mismo objetivo. Simplemente trabajando, el ser humano puede alcanzar lo que consiguieron Buda, mediante la meditación, y Cristo, mediante la oración. Buda era un trabajador *jnani*, Cristo, un *bhakta*, pero ambos alcanzaron la misma meta. No obstante, existe una dificultad. La *liberación* significa la «libertad absoluta», es decir, liberarnos tanto de la esclavitud de la bondad como de la de la maldad. Una cadena de oro lo es tanto como una cadena de hierro. Si tengo una astilla en el dedo, utilizo otra para extraer la primera y, cuando lo he hecho, tiro ambas; no necesito conservar la segunda, pues, a fin de cuentas, es otra astilla. Así, las malas inclinaciones se contrarrestarán con las buenas, y las malas impresiones de la mente serán barridas por las frescas olas de las buenas impresiones, hasta que toda la maldad casi desaparezca o se encuentre sometida y controlada en un rincón de la mente; pero, después de todo, las buenas tendencias también tienen que conseguirse. De esta forma, el «atado» se convierte en «desatado». Es necesario trabajar, pero que la acción o el pensamiento no produzcan una impresión profunda en la mente; que las ondas fluyan, que las grandes acciones procedan de los músculos y del cerebro, pero que no dejen una huella profunda en el alma.

¿Cómo se puede conseguir esto? Vemos que la impresión de cualquier acción a la que nos atamos permanece. Puedo conocer a cientos de personas durante el día; entre ellas, puedo conocer también a una de la que me enamoro. Cuando me retire a descansar por la noche, podré intentar recordar todos los rostros que he visto, pero en mi mente solo aparecerá uno: el rostro que he conocido durante un minuto y del que me he enamorado; todos los demás desaparecerán. Mi atadura a esa persona en particular causa en mi mente una impresión más profunda que todos los demás rostros. Psicológicamente, todas las impresiones han sido iguales; cada uno de los rostros que vi se grabó en mi retina y mi cerebro guardó las imágenes; sin embargo, los efectos en mi mente no son similares. La mayoría de los rostros quizás fuesen caras completamente nuevas en las que nunca antes había pensado, pero solo ese rostro que conseguí vislumbrar desencadenó una reacción interior. Quizás lo hubiese imaginado en mi mente durante años, quizás supiese cientos de cosas sobre él, y al contemplarlo nuevamente, cientos de recuerdos dormidos se despertaron en mi mente. Esta única impresión, repetida cientos de veces más que las de los diferentes rostros en conjunto, producirá un enorme efecto en mi mente.

Por tanto, no se dejen «atar», que todo fluya, que los centros cerebrales trabajen, trabajen constantemente, pero no dejen que una pequeña ola conquiste sus mentes. Trabajen en esta tierra como si fueran extranjeros, temporeros; trabajen sin descanso, pero no se aten; la esclavitud es terrible. Este mundo no es nuestro hogar: solo es una de las muchas esferas que estamos atravesando. Como nos dice la filosofía *sankhya*, «toda la naturaleza es para el alma, no el alma para la naturaleza». La razón de la existencia de la naturaleza es la educación del alma; no tiene otra función. Está aquí porque el alma debe poseer el conocimiento y, a través de él, liberarse. Si no olvidamos esto, nunca nos ataremos a la naturaleza: sabremos que la naturaleza es un libro que debemos leer y que dejará de sernos útil una vez que hayamos alcanzado el conocimiento. Pero, en su lugar, nos identificamos con ella, pensamos que el alma es para la naturaleza, que el espíritu es para la carne; como se dice comúnmente, pensamos que el ser humano «vive para comer», no que «come para vivir». No dejamos de cometer este error: consideramos la naturaleza como parte integrante de nosotros y nos atamos a ella. Tan pronto como esta atadura se manifiesta, deja una profunda impresión en el alma que nos encadena y nos hace trabajar no para liberarnos, sino como esclavos.

Lo esencial de esta enseñanza es que deberíamos trabajar como amos, no como esclavos, que trabajemos constantemente pero sin llevar a cabo el trabajo de un esclavo. ¿Observan cómo trabaja todo el mundo? Nadie puede descansar por completo; el noventa por ciento de la humanidad trabaja como esclavos —un trabajo egoísta—, y su resultado es la miseria. ¡Trabajemos por la libertad, trabajemos por el amor! La palabra *amor* es muy difícil de comprender. El amor solo llega cuando hay libertad; no puede existir verdadero amor en la esclavitud. Si compran a una persona, la encadenan y la hacen trabajar para ustedes, trabajará como un esclavo, pero desconocerá el amor. De esta forma, cuando nosotros mismos llevamos a cabo trabajos propios de esclavos, no puede haber amor en nosotros, y nuestro trabajo no es trabajo de verdad. Esto se aplica tanto al trabajo hecho para familiares y amigos como al trabajo llevado a cabo para nosotros mismos. El trabajo egoísta es un trabajo de esclavo. Cada acto de amor trae consigo la felicidad, la paz y bienaventuranza. La existencia real, el conocimiento real y el amor real están conectados entre sí en la eternidad, los tres en uno solo: si se encuentra uno de ellos, los otros también deben encontrarse. Son cada uno de los elementos del Uno, y no existe un «Segundo»: Existencia-Conocimiento-Dicha. Cuando la existencia se vuelve relativa, la vemos como el mundo; el conocimiento se transforma, por su parte, en el conocimiento de las cosas del mundo, y la dicha constituye los cimientos del amor verdadero que el corazón del ser humano conoce. Así, el verdadero amor nunca puede causar dolor al que ama o al amado. Supongan que un hombre ama a una mujer; desea que esta sea solo para él y siente fuertes celos constantemente; quiere que se siente a su lado, que esté junto a él, que coma y se mueva cuando él lo ordene. Este hombre se encuentra esclavo de la mujer y desea que ella se convierta, a su vez, en su esclava. Eso no es amor, es, dentro de la esclavitud, una especie de afecto malsano que se considera como amor. Y no puede ser amor porque es perjudicial: si la mujer no hace lo que el hombre quiere, él sufrirá por ello. En el amor no existe la reacción dolorosa; el amor solo produce dicha, y si no es así, es que no es amor, sino algo confuso que se considera como tal. Cuando hayan conseguido amar a sus maridos, a sus esposas, a sus hijos, el mundo entero, el universo, de una forma que no tenga como consecuencia ni el dolor, ni los celos ni ningún sentimiento egoísta, entonces tendrán la fuerza para desatarse.

Krishna dice : « ¡Mírame, Arjuna! Si dejo de trabajar un solo momento, el mundo entero sucumbirá. No tengo nada que ganar del trabajo ; soy el único Señor pero, ¿por qué trabajo? Porque amo el mundo ». Dios es libre porque ama, y es ese amor verdadero el que nos desata. Deben saber que se encuentran atados a las cosas mundanas por una cuestión de pura física : la atracción entre las partículas que forman la materia, algo que constantemente atrae dos cuerpos más y más entre sí ; si estos no pueden aproximarse lo suficiente, se genera el sufrimiento. Pero el verdadero amor no se basa en ninguna atadura física. Esos amantes pueden encontrarse a miles de kilómetros el uno del otro, pero su amor siempre será el mismo ; no muere, ni jamás tendrá como consecuencia una reacción dolorosa.

Romper esta atadura es el trabajo de casi toda una vida, pero tan pronto como llegamos a ese estado, alcanzamos la meta del amor verdadero y abrazamos la libertad. La esclavitud a la que nos somete la naturaleza llega a su fin, sus cadenas ya no pueden aprisionarnos, y contemplamos la naturaleza tal y como es ; somos completamente libres y dejamos de tener en cuenta los frutos de nuestro trabajo. ¿Quién se preocupa entonces por los resultados? ¿Piden a sus hijos algo a cambio de lo que ustedes les han dado? Su deber es trabajar para ellos, y no hay más que decir. Hagan lo que hagan por una persona en particular, una ciudad o una nación, tomen la misma actitud que tomarían al trabajar para sus hijos : no esperar nada a cambio. Si adoptan para siempre la postura de aquel que da algo a modo de ofrenda gratuita al mundo —sin esperar nada a cambio—, entonces su trabajo no supondrá una atadura para ustedes. La atadura solo se produce cuando esperamos algo a cambio de lo que damos.

Si trabajar como esclavos desemboca en egoísmo y atadura, trabajar como dueños de nuestra propia mente trae consigo la dicha de la no atadura. Con frecuencia, hablamos de derecho y justicia, pero esas palabras se las lleva el viento. Existen dos cosas que guían el comportamiento del ser humano : el poder y la compasión. El ejercicio del poder siempre consiste en el ejercicio del egoísmo ; todos los hombres y mujeres intentan ejercer su poder al máximo o aprovecharse de la situación. La compasión es el mismísimo paraíso ; para ser buenos tenemos que ser compasivos. Incluso la justicia y el derecho deberían basarse en la compasión. El pensar en obtener algo a cambio del trabajo supone una traba para nuestro crecimiento espiritual, mejor dicho, al final, nos hace desgraciados. Existe otra manera de poner en práctica esta idea de compasión y caridad desinteresada: considerando nuestras obras como una «adoración», en caso de que creamos en un Dios personal. Así, Le entregaríamos los frutos de nuestro trabajo. Adorando a Dios de esta forma, no tenemos derecho a esperar que la humanidad nos recompense por el trabajo que hacemos. El Señor trabaja sin descanso, y siempre lo hace sin atarse. Igual que el agua no puede mojar la hoja de loto, el trabajo no puede encadenar a la persona desinteresada por mucho que la incite a atarse a los resultados. El desinteresado y desatado puede vivir en el corazón de una ciudad atestada y pecaminosa, negándose siempre a dejarse contaminar por el pecado. Esta idea del completo autosacrificio se ilustra con la siguiente historia:

Tras la batalla de Kurukshetra, los cinco hermanos Pandava llevaron a cabo un gran sacrificio e hicieron importantes regalos a los pobres. La gente se asombró ante la grandeza y la riqueza del sacrificio, y dijo que el mundo nunca antes había visto uno como aquel. Pero, tras la ceremonia, apareció una pequeña mangosta. La mitad de su cuerpo era de oro, la otra, color marrón; comenzó a revolverse en el suelo de la sala donde se había celebrado el sacrificio.

—Todos estáis mintiendo; esto no es ningún sacrificio —dijo la mangosta.

—¡Cómo que esto no es un sacrificio! —exclamaron los presentes— ¿Es que no sabes cuánto dinero y joyas se han repartido entre los pobres y lo ricos y felices que son ahora? Este ha sido el sacrificio más hermoso que el hombre jamás haya llevado a cabo. —Pero la mangosta respondió:

—Había una vez un pequeño pueblo en el que vivía un pobre brahmán con su mujer, su hijo y la esposa de su hijo. Eran muy pobres y vivían gracias a las pequeñas ofrendas que recibían por predicar y enseñar. Hubo tres años de hambruna que asolaron aquella tierra, y el pobre brahmán sufrió más que nunca. Al final, cuando la familia había pasado un hambre terrible durante días, el padre llevó a casa un poco de harina de cebada —que había tenido la suerte de conseguir— y la dividió en cuatro partes, una para cada miembro de la familia. La prepararon para comer y, justo cuando se disponían a ello, llamaron a la puerta. El padre la abrió y se encontró con un invitado. En la India, un invitado es una persona sagrada; se lo considera como un dios durante el tiempo de su visita y debe ser tratado en consecuencia. Así que el pobre brahmán dijo: «Entre, señor; sea usted bienvenido». Colocó ante el invitado su propia porción de comida, que el invitado comió rápidamente, y este último dijo: «Señor, ha acabado conmigo. He pasado hambre durante tres días y este poco de harina no ha hecho sino incrementarla». Entonces, la mujer dijo a su marido que ofreciera al invitado

su propia parte, pero el marido se negó. La esposa insistió : « Es un hombre pobre y nuestro deber como anfitriones es verlo satisfecho ; es mi deber como esposa darle mi porción, viendo que tú no tienes más para ofrecerle ». Así que dio su parte al invitado, que la comió, pero aún seguía retorciéndose de hambre. Entonces, el hijo dijo : « Tome también mi parte ; el deber de un hijo es ayudar a su padre a cumplir con sus obligaciones ». El invitado la comió, también, pero aún no se sentía satisfecho, así que la esposa del hijo le dio su parte igualmente. Con la última porción fue suficiente, y el invitado partió, bendiciéndolos. Aquella noche, los cuatro murieron de hambre. Unos pocos granos de harina se habían caído al suelo, y cuando me tumbé sobre ellos, la mitad de mi cuerpo se volvió de oro, como pueden ver. Desde entonces, he viajado por todo el mundo con la esperanza de presenciar un sacrificio como aquel, pero no he podido encontrarlo ; la otra mitad de mi cuerpo no se ha vuelto de oro en ningún otro lugar que haya visitado. Pero eso he dicho que aquí no se ha llevado a cabo ningún sacrificio.

Esta idea de caridad está desapareciendo de la India ; los hombres de bien son cada vez menos. Cuando estaba estudiando idiomas, leí un libro de historias inglesas en el que había una sobre un chico obediente que trabajaba y daba algo de dinero a su vieja madre, y esto se elogiaba durante tres o cuatro páginas. ¿Qué significaba aquello? Ningún niño hindú puede comprender la moraleja de esa historia. Ahora que conozco la mentalidad Occidental — acumular riqueza— la comprendo. Algunos hombres quieren todo para ellos, mientras hay padres, madres, esposas e hijos entre la espada y la pared. Ese no debería nunca y en ningún sitio ser el ideal del cabeza de familia.

Ahora ven lo que significa el karma yoga : ayudar al prójimo hasta la propia muerte sin hacer preguntas, ser engañado millones de veces y nunca preguntar, no pensar jamás en lo que se está haciendo y nunca jactarse de lo que se ofrece a los pobres ni esperar su gratitud a cambio, sino más bien agradecerles el que nos den la oportunidad de practicar la caridad con ellos. Es evidente que ser un cabeza de familia ideal es una tarea mucho más difícil que ser un perfecto *sannyasin*. La verdadera vida de trabajo es tan difícil — si no más— como la verdadera vida de renuncia.

Capítulo IV
¿Qué Es El Deber?

En el estudio del karma yoga es necesario saber a qué nos referimos con *deber*. Si tengo que hacer algo, primero debo saber que ese es mi deber, y entonces, podré hacerlo. Recordemos que la idea del deber es diferente en los diferentes países: los musulmanes dicen que su deber es lo que está escrito en su libro, el Corán; para los hindúes, es deber lo que está escrito en los Vedas; y los cristianos dicen que su deber es lo que está escrito en la Biblia. Vemos que existen distintas concepciones del deber, que varían en función de cada etapa de la vida, de cada periodo histórico y de cada país. El término *deber*, al igual que todos los términos abstractos, no se puede definir con precisión; solo podemos tener una pequeña idea de él a partir de sus aplicaciones prácticas y de sus resultados. Cuando ante nosotros ocurren ciertas cosas, todos tenemos un impulso natural o artificial de responder de una forma concreta ante ellas. Cuando este impulso se manifiesta, la mente comienza a pensar en la situación; a veces, cree que es conveniente actuar de una manera particular en unas circunstancias determinadas; otras, cree que no es adecuado actuar de la misma forma incluso en las mismas circunstancias. En cualquier parte existe una idea común del deber: el ser humano bueno es el que sigue los dictados de su conciencia. ¿Pero qué es lo que hace que un comportamiento sea un deber? Si un cristiano encuentra un pedazo de ternera y no lo come para salvar su vida, o no lo entrega a otra persona para que esta salve la suya, sentirá, sin duda, que no ha cumplido con su deber; pero si un hindú se atreve a comer ese pedazo de ternera, o se lo entrega a otro hindú, también sentirá que no ha cumplido con su deber; su educación le hará sentirse así. En el último siglo, han existido numerosas bandas de ladrones en la India, llamadas *thugs*, que pensaban que su deber consistía en asesinar a todos los hombres que pudieran y robarles su dinero; cuantos más hombres asesinasen, mejor se veían a sí mismos. Normalmente, si una persona camina por la calle y dispara a otra, lo lamentará, pensando que no ha actuado correctamente. Ahora bien, si esa misma persona, como soldado de un regimiento, asesina, no solo a una, sino a veinte personas, seguramente se sentirá orgullosa, pensando que ha cumplido con su deber a la perfección. Por tanto, vemos que no es aquello que se lleva a cabo lo que determina el deber; definirlo objetivamente es, como vemos, completamente imposible. No obstante, existe un deber desde el punto de vista subjetivo: cualquier acción que nos eleva hacia Dios es una buena acción, y es nuestro deber; cualquier acción que nos degrada es malvada, y no es nuestro deber. Desde este punto de vista subjetivo, podemos ver que ciertos comportamientos tienden a exaltarnos y ennoblecernos, mientras que otros tienden a degradarnos y hacernos salvajes. Pero resulta imposible distinguir con certeza qué comportamientos poseen una tendencia u otra con respecto a las personas de toda clase y condición. Existe, no obstante, una única idea del deber que ha sido universalmente aceptada por toda la humanidad, independientemente de la edad, la religión o la nación, y que se encuentra resumida en este aforismo sánscrito: «No hagas mal a ningún ser; no hacer mal a ningún ser es una virtud; perjudicarlo, es un pecado».

El Bhagavad-Gita alude con frecuencia a las obligaciones existentes en función del nacimiento y la posición ocupada en la vida. El nacimiento y la posición en la vida y en la sociedad determinan profundamente la actitud mental y moral de los individuos ante las diversas actividades vitales. Nuestro deber consiste en llevar a cabo aquellos trabajos que nos exalten y nos ennoblezcan, en función de los ideales y el comportamiento de la sociedad en la que hemos nacido. Ahora bien, debemos recordar que en cada sociedad y en cada país prevalecen ideales y comportamientos diferentes; el desconocimiento de esta situación es el responsable de gran parte del odio que las naciones se tienen entre ellas. Un norteamericano cree que lo mejor que puede hacer es aquello que corresponde a las costumbres de su país, y si alguien no sigue esas directrices, se lo considerará como una persona malvada. Un hindú cree que sus costumbres son las únicas que se deben seguir, que son las mejores en el mundo, y aquel que no las obedezca es el hombre más malvado que existe. Este es un error natural que todos tendemos a cometer. Pero es muy perjudicial; es el responsable de la mitad de la ausencia de caridad que vemos en el mundo.

Cuando llegué a Estados Unidos y paseaba por la Exposición Universal de Chicago, un hombre tiró de mi turbante, desde atrás. Me giré y vi que era un hombre con aspecto de *gentleman*, vestido de forma impecable. Hablé con él y, cuando descubrió que hablaba inglés, se avergonzó muchísimo. También allí, en la Exposición, otro hombre me empujó. Cuando quise conocer la razón, este se avergonzó, igualmente, y tartamudeó a modo de respuesta: «¿Por qué viste así?». La simpatía de aquellos dos hombres estaba limitada por su propio lenguaje y su forma de vestir. Gran parte de la opresión que ejercen las naciones poderosas sobre las más débiles está provocada por este prejuicio; les hace no tener consideración por sus semejantes. El mismo hombre que me preguntó por qué no vestía como él y que quiso tratarme mal debido a mi vestimenta quizás fuese un buen hombre, un buen padre de familia y un buen ciudadano; pero su amabilidad desapareció en cuanto vio a un hombre que vestía de forma diferente. Los extranjeros son explotados en todos los países porque no saben cómo defenderse; así, vuelven a casa con falsas impresiones sobre las personas que han visto. Los marineros, los soldados y los comerciantes se comportan de manera extraña en los países extranjeros, aunque ni se les pasa por la cabeza comportarse igual en su propio país; quizás por esto los chinos llamen a los europeos y americanos «los demonios extranjeros», pero no pensarían igual si conocieran la parte positiva y amable de la vida Occidental.

De esta forma, es importante que hagamos el esfuerzo de intentar ver el deber de los demás desde su propio punto de vista y nunca juzgar las costumbres de los demás en función de nuestras propias concepciones. Yo no soy el ideal universal; tengo que acomodarme al mundo, no hacer que el mundo se acomode a mí. Vemos que el entorno moldea la naturaleza del deber, y que cumplir con el que nos corresponde en un momento concreto es lo mejor que podemos hacer en este mundo. Cumplamos con el deber que tenemos desde la cuna, y cuando lo hayamos hecho, hagamos aquello que nos corresponde en función de nuestro lugar en la sociedad y en la vida. Existe, sin embargo, un peligro mayor para la humanidad: el ser humano nunca se examina a sí mismo, piensa que es tan capaz de gobernar como lo haría un rey sobre su trono. Aunque lo sea, primero debe demostrar que ha cumplido con el deber que le impone su posición, y luego, podrá llevar a cabo tareas más elevadas. Cuando, en el mundo, trabajamos de corazón, la naturaleza se encarga de golpearnos y nos devuelve rápidamente a nuestro lugar. Nadie puede ocupar satisfactoriamente una posición para la que no está predestinado. No tiene ningún sentido llevar la contraria a la naturaleza. El que lleva a cabo el trabajo más bajo no es, por ello, el ser humano más bajo. No se puede juzgar a una persona por la mera naturaleza de su deber, pero todos deberíamos ser juzgados en función de la manera y de la mentalidad con la que cumplimos con él.

Veremos que incluso esta idea del deber está sujeta a cambios, y que el mayor trabajo se realiza únicamente cuando no existe un motivo egoísta que lo empuje. Ahora bien, es el trabajo en el sentido de «deber» el que nos hace trabajar sin que tengamos idea alguna de cuál es el deber que nos corresponde; cuando el trabajo se vuelve un acto de fe, esto es, algo elevado, entonces se trabajará por el propio trabajo. Vemos que la filosofía del deber, sea en forma de ética o de amor, es la misma en todos los demás yogas; su objetivo es tanto la atenuación del «yo» inferior, para que el verdadero «yo» superior pueda brillar, como un menor desperdicio de nuestra energía en la esfera más baja de la existencia, para que el alma pueda manifestarse en su estado más elevado. Esto se consigue mediante el continuo rechazo de los deseos más bajos, algo requerido con fuerza por el deber. Toda la organización de la sociedad ha sido desarrollada consciente o inconscientemente en los reinos de la acción y de la experiencia, donde, mediante la reducción del egoísmo, abrimos el camino hacia una expansión sin límites de la verdadera naturaleza del ser humano.

El deber es, en general, amargo; solo cuando el amor engrasa sus ruedas, el deber gira suavemente; de lo contrario, supone una fricción constante. ¿Cómo si no podrían los padres cumplir con su deber para con sus hijos, los maridos para con sus mujeres y viceversa? ¿No encontramos casos de fricción cada día de nuestra vida? El deber es algo dulce únicamente a través del amor, y el amor resplandece en la libertad. Pero, ¿libertad es ser esclavo de los sentidos, de la ira, de los celos y de muchas más cosas despreciables que están presentes en la vida diaria del ser humano? Ante todas estas asperezas con las que topamos en la vida, la máxima expresión de libertad es la contención. Una esposa, esclava de su propio mal genio, culpa a su marido e impone su propia «libertad», como ella misma cree, sin saber que, de esa forma, lo único que demuestra es que es una esclava. Lo mismo ocurre con el marido que critica constantemente a su esposa.

La castidad es la primera virtud en un hombre o una mujer; muy pocos serán los hombres que, tras haberse apartado del camino adecuado, no puedan ser devueltos a él gracias a la dulzura y al amor de una mujer casta. El mundo aún no ha llegado a ese punto de maldad. Solemos oír cosas sobre maridos agresivos en todo el mundo y sobre la impureza de los hombres, pero, ¿acaso no existen tantas mujeres agresivas e impuras como hombres así? Si todas las mujeres fuesen tan buenas y puras como sus constantes afirmaciones nos llevarían a pensar, yo estoy plenamente satisfecho de que no haya un hombre impuro en el mundo. ¿Qué agresividad es aquella que la pureza y la castidad no pueden curar? Una esposa buena y casta que considere a todos los demás hombres, excepto a su marido, como si fuesen sus hijos y se comporte como una madre para ellos crecerá tantísimo gracias al poder que le otorga su pureza que no habrá hombre, por muy agresivo que sea, que no respire una atmósfera sagrada en su presencia. Igualmente, todo marido debe velar por todas las mujeres, excepto por la suya propia, como si estas fuesen su propia madre, su hija o su hermana. Repetimos:

el hombre que quiere profesar una religión debe cuidar de todas las mujeres como cuidaría a su madre, y siempre comportarse con ellas como si fueran tal.

La posición de una madre es la más elevada que existe en el mundo; es la única posición en la que se puede aprender y ejercer la dedicación más desinteresada. El amor de Dios es el único amor mayor que el de una madre; todos los demás son inferiores. Es deber de una madre pensar, primero, en sus hijos, y luego, en ella; pero si, en su lugar, los padres siempre piensan primero en ellos mismos, la relación con sus hijos se convertirá en la misma existente entre los pájaros y sus polluelos, en la que estos últimos no son capaces de reconocer a sus padres una vez que han abandonado el nido. Bendito sea el hombre capaz de ver a una mujer como la representante materna de Dios; bendita sea la mujer para la que el hombre es el representante paterno de Él; y benditos sean los hijos que consideran a sus padres como la divinidad manifestada en la tierra. La única forma de crecer es cumpliendo con el deber que nos corresponde; así, la fuerza acumulada nos impulsará hasta que alcancemos el nivel más elevado.

Un joven sannyasin *iba a un bosque donde meditaba, alababa a Dios y practicaba yoga durante largo rato. Tras años de duro trabajo y práctica, un día se encontraba sentado bajo un árbol cuando algunas hojas secas le cayeron sobre el rostro. Miró hacia arriba y vio que un cuervo y una grulla estaban peleándose en la copa del árbol, algo que le hizo enfurecer.*

—¿Cómo os atrevéis a lanzarme hojas secas a la cabeza? —dijo el sannyasin.

Con estas palabras, arrojó con furia una llamarada proveniente de su cabeza —tal era el poder de aquel yogui— que redujo las dos aves a cenizas. Estaba satisfecho, contentísimo del poder que había desarrollado, pues había podido quemar el cuervo y la grulla con una simple mirada.

Tras algún tiempo, tuvo que ir a la ciudad a pedir pan. Llegó y llamó a una puerta.

—Madre, déme comida.

Una voz provino del interior de la casa.

—Espera un segundo, hijo.

«¡Miserable mujer, cómo te atreves a hacerme esperar! Aún no conoces mi poder» —pensó el sannyasin.

Mientras tanto, la voz del interior dijo:

—Muchacho, no pienses tanto en ti mismo. Ahora no le estás hablando ni a un cuervo ni a una grulla.

El joven quedó perplejo. Siguió esperando hasta que, al final, la mujer abrió la

puerta. *El* sannyasin *cayó a sus pies y dijo:*
— *Madre, ¿acaso me observaba usted?*
— *No sé nada sobre tu yoga o tus ejercicios, hijo. Soy una mujer como otra cualquiera. Te he hecho esperar porque mi marido está enfermo y estaba cuidándolo. Toda mi vida he luchado por cumplir con mi deber. Cuando era soltera, hice el que me correspondía para con mis padres; ahora que estoy casada, cumplo con mi deber para con mi marido; ese es todo el yoga que practico. Pero, cumpliendo con él, he alcanzado la iluminación; por eso he podido leer tus pensamientos y he sabido lo que hiciste en el bosque. Si quieres un conocimiento más elevado que este, ve al mercado de la ciudad, donde encontrarás a un vyadhaí que te contará algo que estarás encantado de aprender.*

«*¿Por qué debería ir al mercado de la ciudad para hablar con un vyadha?*»
— *pensó el joven* sannyasin, *pero, después de lo que había visto, su mente se encontraba algo más abierta y decidió ir.*

Cuando encontró el mercado, allí vio, desde la distancia, a un vyadha corpulento cortando carne con unos grandes cuchillos, hablando y negociando con diferentes personas. El joven dijo:
— *Señor... ¿este es el hombre del que se supone que voy a aprender? Es la encarnación del demonio, si es que es algo.* — *Entretanto, el hombre alzó la vista.*
— *Oh, ¿te ha enviado esa mujer,* swamin[2]*? Toma asiento hasta que termine mi trabajo.*

«*¿Qué es lo que me espera aquí?*» — *pensó el joven. Se sentó y el hombre continuó su labor. Tras haber terminado, cogió el dinero y dijo al* sannyasin:
— *Acompáñame a mi casa.* — *Al llegar, el vyadha le ofreció nuevamente un asiento y le dijo que esperase. Entró en casa para lavar a sus ancianos padres, les dio de comer e hizo todo lo posible para contentarlos, tras lo cual, volvió a reunirse con el* sannyasin—. *Bueno, has venido a verme, hijo; ¿qué puedo hacer por ti?*

El sannyasin *le preguntó sobre el alma y sobre Dios, y el vyadha le leyó una parte del Mahabharata, llamada Vyadha-Gita, una de las partes más grandiosas del Vedanta. Cuando el vyadha terminó la lectura, el* sannyasin *quedó perplejo.*
— *¿Cómo es que te encuentras en este cuerpo?* — *preguntó este último*—. *Con un conocimiento como este, ¿por qué estás en el cuerpo de un vyadha y haciendo ese inmundo trabajo?*
— *Hijo* — *comenzó el vyadha*—, *ningún deber es inmundo ni impuro. Nací en medio de estas circunstancias y este entorno. En mi juventud aprendía nego-*

ciar; no soy esclavo de mi trabajo y cumplo con mi deber: intento hacerlo bien como cabeza de familia e intento hacer todo lo posible para que mis padres sean felices. Ni conozco tu yoga, ni soy un sannyasin *ni penetré en un bosque para apartarme del mundo; no obstante, todo lo que has oído y visto proviene del libre cumplimiento del deber que corresponde a mi posición.*

Hay un sabio en la India, un gran yogui, uno de los hombres más fantásticos que haya visto en mi vida. Es un hombre particular; no enseñará a nadie, y si se le hace una pregunta, no contestará. La posición de profesor es demasiado para él, así que nunca ejercerá como tal. Si se le cuestiona y se espera durante algunos días, en el transcurso de la conversación sacará el tema, y arrojará sobre él una luz maravillosa. Una vez me contó el secreto del trabajo: «Deja que el fin y los medios sean uno solo». Cuando trabajemos, no pensemos en algo posterior. Hagámoslo como una adoración, como la mayor que exista, y dediquemosle, de momento, toda nuestra vida. Así, en la historia, el *vyadha* y la mujer cumplieron con sus deberes con jovialidad y dedicación de corazón; el resultado fue la iluminación para ambos. Se muestra claramente, de esta forma, que el debido cumplimiento del deber en cualquier etapa de la vida, sin atarse a los resultados, nos guía hacia la mayor perfección del alma.

El trabajador que se ata a los resultados se queja de la naturaleza del deber que le ha tocado. Para el trabajador que no se ata, todos los deberes son igualmente buenos, y forman medios eficientes con los que desprenderse del egoísmo y de la sensualidad y asegurar la libertad del alma. Solemos considerarnos mejores de lo que somos en realidad. Nuestro deber comprende desde un desierto hasta límites más amplios de lo que estamos dispuestos a aceptar. La competición produce envidia, y esta termina con la amabilidad que existe en el corazón. Para el que protesta, todos los deberes son una carga; nada podrá satisfacerlo, y estará condenado de por vida a fracasar. Cumplamos con el deber que nos ha tocado; estemos siempre dispuestos a tirar del carro. Seguro que así podremos ver la luz.

1. N.d.T. Es la clase social más baja de la India; suelen ser cazadores o carniceros.
2. N.d.T. Título que se utiliza para designar a aquellos que viven al margen del mundo, dedicados a adorar a los dioses.

Capítulo V
Nos Ayudamos a Nosotros Mismos, no al Mundo

Antes de seguir explicando cómo la devoción por el deber nos ayuda en nuestro desarrollo espiritual, haré un paréntesis para hablarles sobre lo que consideramos *karma* en la India. En cualquier religión hay tres partes : filosofía, mitología y ritual. La filosofía es, por supuesto, la esencia de toda religión ; la mitología toma las vidas más o menos legendarias de grandes hombres, las magníficas historias y los cuentos para explicar e ilustrar ; y los rituales se encargan de dar a esa filosofía una manifestación más concreta para que todos puedan asimilarla mejor — el ritual es, de hecho, la concreción de la filosofía—. El ritual es *karma*, y es necesario en cualquier religión, pues la mayoría de nosotros no puede comprender las cuestiones espirituales abstractas hasta que crecemos espiritualmente. Los seres humanos piensan fácilmente que pueden entenderlo todo, pero, cuando se trata de una experiencia práctica, ven que las ideas abstractas son, frecuentemente, muy difíciles de comprender. Así, los símbolos son de gran ayuda, y no podemos prescindir del procedimiento de colocar, simbólicamente, ciertas cosas ante nosotros.

Desde tiempos inmemoriales, los símbolos han sido utilizados por todas las religiones. Por un lado, solo pensamos mediante símbolos ; las propias palabras no son sino símbolos del pensamiento ; por otro lado, todo el universo debe considerarse como un símbolo, un símbolo cuya esencia es Dios. Las diferentes simbologías no son una mera creación humana ; no consisten en que un grupo de personas que pertenecen a la misma religión se sienten juntas, piensen en ciertos símbolos y los extraigan de su mente. Los símbolos religiosos poseen un desarrollo natural. ¿Cómo si no explicamos que ciertos símbolos sean asociados con ideas concretas en la mente de casi toda la humanidad?

Algunos símbolos son universalmente conocidos. Muchos de ustedes pensarán que la cruz surgió primeramente como símbolo en el cristianismo, pero es un hecho que existía antes de él, antes de que Moisés naciera, antes de que los Vedas fuesen revelados, antes de que existiese un registro humano sobre aquello que nos es propio. La cruz puede ser encontrada en las culturas azteca y fenicia. Parece ser que cada una de las culturas ha utilizado la cruz como símbolo ; e incluso la imagen de un Salvador crucificado ha sido conocida por casi todas las naciones. El círculo también ha sido un símbolo importantísimo en todo el mundo. Más tarde, encontramos el símbolo más universal de todos : la esvástica. Hubo un tiempo en el que se pensaba que fueron los budistas quienes la tomaron y difundieron por el mundo, pero se ha descubierto que la esvástica ya era utilizada por las culturas en épocas anteriores al budismo ; podemos encontrarla en Babilonia y en el Antiguo Egipto. ¿Qué se deduce de ello? Que estos símbolos no podían tratarse de algo puramente convencional, que deben de tener una razón, que debe de existir alguna asociación natural entre ellos y la mente humana. El lenguaje no es fruto de un acuerdo ; no consiste en que las personas conviniesen en representar ciertas ideas mediante ciertas palabras ; no podía existir una idea sin su palabra correspondiente, de la misma forma que no podía existir una palabra sin su correspondiente idea. Las ideas y las palabras son inseparables por naturaleza. Los símbolos utilizados para representar ideas pueden ser símbolos sonoros, o se puede utilizar un color a modo de símbolo. Los sordomudos tienen que pensar sin recurrir a los símbolos auditivos. Cada pensamiento tiene una forma y su complementario ; esto, en la filosofía sánscrita, se llama *nama-rupa*, que significa « nombre y forma ». Es tan imposible crear mediante convención un perfección sistema de símbolos como lo es crear un lenguaje. En los símbolos rituales encontramos la expresión del pensamiento religioso de la humanidad. Es fácil decir que los rituales, los templos y toda su parafernalia no tienen ningún sentido ; todos los niños pequeños piensan de esa forma en los tiempos actuales. Pero tiene que ser fácil para todo el mundo ver que los que adoran a Dios dentro de un tempo son, en muchos aspectos, diferentes de los que no Lo adoran en tal lugar. Los seguidores de una religión tienen la idea de que ciertos elementos constituyen símbolos debido a la asociación de los lugares de culto, de los rituales y de otras formas concretas con esa religión en particular ; además, no sería acertado ignorar por completo sus rituales y su simbología. La práctica y el estudio de estos elementos constituyen, naturalmente, una parte del karma yoga.

Existen muchos otros aspectos en esta « ciencia del trabajo ». Uno de ellos es conocer la relación existente entre el pensamiento y la palabra, así como aquello que se puede conseguir mediante el poder de esta última. En todas las religiones se reconoce el poder de la palabra, tanto es así que, en algunas de ellas, se dice que la propia creación provino de ella. El aspecto externo del pensamiento de Dios es la Palabra, y, como Dios pensaba y tenía voluntad antes de crear, la creación provino de la Palabra. En medio del estrés y las prisas de nuestras vidas materialistas, nuestros nervios pierden sensibilidad y se endurecen. Cuanto más crecemos, con menos destino vagamos por el mundo y más insensibles nos volvemos, y solemos no prestar atención a ciertas cosas que ocurren a nuestro alrededor de manera persistente y destacable. A veces, la naturaleza humana se impone y nos conduce a investigar y preguntarnos por algunos de estos fenómenos comunes ; cuestionarse sobre ello es el primer paso hacia la conquista de la luz. Además del valor filosófico y religioso más importante de la palabra, podemos ver que los símbolos sonoros juegan un papel destacable en el drama de la vida humana. Yo le estoy hablando a usted ; no lo estoy tocando, pero las vibraciones del aire producidas por mi discurso penetran en su oído, tocan sus nervios y producen un efecto determinado en su mente ; es imposible resistirse a ello. ¿Puede existir algo más poderoso? Un hombre trata a otro de estúpido ; este último se levanta apretando los puños y lanza un puñetazo contra la nariz del primero. Observen el poder de la palabra. Una mujer está llorando y se siente miserable ; otra mujer llega y le dice algunas palabras amables ; el estado de ánimo de la mujer que llora mejora, su congoja desaparece y ya comienza a sonreír. Observen el poder de las palabras. Existen poderosas fuerzas tanto en la vida real como en la filosofía elevada. Día y noche manipulamos estas fuerzas sin que seamos conscientes ni nos preguntemos por ello. Conocer la naturaleza de estas fuerzas y saber cómo utilizarlas correctamente también forma parte del karma yoga.

Nuestro deber para con los demás significa ayudarlos, hacer el bien en el mundo. ¿Por qué deberíamos hacer el bien en el mundo? Aparentemente, para ayudar al mundo, pero, en realidad, para ayudarnos a nosotros mismos. Siempre deberíamos intentar ayudar al mundo ; este debería ser nuestro principal motivo ; pero, si lo pensamos dos veces, veremos que el mundo no requiere nuestra ayuda. Este mundo no fue hecho para que usted o yo vengamos en su auxilio. Una vez, leí un sermón que decía : « Este hermoso mundo es muy bueno, pues nos da el tiempo y la oportunidad para ayudar a los demás ». En principio, este es un bello sentimiento, pero, ¿no es una blasfemia decir que este mundo necesita nuestra ayuda? No podemos negar que en él exista mucha miseria ; ayudar a los demás es, por ello, lo mejor que podemos hacer, aunque, a largo plazo, veremos que ayudar a los demás no es sino ayudarnos a nosotros mismos. De niño, tenía unos ratones blancos ; los guardaba en una cajita en la que había construido unas pequeñas ruedas para ellos. Cuando los ratones se colocaban en ellas, las ruedas giraban y giraban, y los ratones nunca iban a ningún lado. Lo mismo ocurre con el mundo y la ayuda que le ofrecemos : la única ayuda consiste en que practicamos ejercicio moral. Este mundo no es ni bueno ni malvado ; cada persona se construye su propio mundo. Si un ciego piensa en el mundo, este podrá ser tierno o duro, frío o caliente. Somos un conjunto de felicidad o de miseria ; lo hemos comprobado cientos de veces en nuestra vida. Como regla, los jóvenes son optimistas ; los mayores, pesimistas. Los jóvenes tienen toda la vida por delante ; los mayores, por su parte, se quejan de que sus días ya han pasado, de esos cientos de deseos que no han podido cumplir y que quedan como una espina en sus corazones. Tanto unos como otros son insensatos. La vida es buena o mala en función del estado mental con el que la consideremos ; de por sí, no

es ni lo uno ni lo otro. El fuego, de por sí, no es ni bueno ni malo. Cuando nos calienta, decimos : « ¡Qué hermoso es el fuego! » ; pero cuando quema nuestros dedos, lo culpamos. En función de cómo lo usemos, producirá en nosotros el sentimiento de « bueno » o de « malo ». Lo mismo ocurre con el mundo ; es perfecto, y su *perfección* significa que está perfectamente diseñado para alcanzar su propio final. Todos podemos estar completamente seguros de que el mundo seguirá igual de hermoso sin nosotros, así que no es necesario molestarse en ayudarlo.

Sin embargo, debemos hacer el bien ; el deseo de hacer el bien es nuestra principal fuerza motriz si somos conscientes de que ayudar a los demás es un privilegio. Pero no consiste en sentarse en un alto pedestal a esperar a que los pobres se nos acerquen para pedirnos limosna, sino en agradecer que los pobres estén ahí, para poder, dándosela, ayudarnos a nosotros mismos. Bendito no es el que recibe, sino el que da. Den las gracias por poder ejercer su poder de benevolencia y compasión en el mundo ; de esta forma, se volverán puros y alcanzarán la perfección. Todos los buenos actos tienden a hacernos puros y perfectos. ¿Qué es lo mejor que podemos hacer? Levantar un hospital, construir carreteras o erigir hospicios caritativos. Podemos organizar una colecta y obtener dos o tres millones de dólares ; con uno, podemos construir un hospital ; con el segundo, podemos organizar una velada de etiqueta y beber champán ; con respecto al tercero, podemos dejar que el gobierno robe la mitad y hacer que el resto llegue a los pobres ; pero, ¿de qué sirve todo esto? Una erupción volcánica puede acabar con todos nuestros edificios, hospitales, ciudades y carreteras ; un fuerte viento puede derrumbar los edificios que hemos construido en cinco minutos. Entonces, ¿qué deberíamos hacer? Dejemos a un lado esta ingenua forma de hacer el bien en el mundo, pues no está esperando nuestra ayuda ; no obstante, debemos trabajar y hacer el bien constantemente, ya que, de esta forma, nos purificamos ; esta es la única manera de alcanzar la perfección. Ningún mendigo al que hayamos ayudado nos debe un simple céntimo ; más bien somos nosotros quienes le debemos todo, pues nos ha permitido ejercer la caridad con él. Es un completo error pensar que hemos hecho o que podemos hacer el bien en el mundo, o pensar que hemos ayudado a una u otra persona ; este es un pensamiento ingenuo, y cualquier pensamiento ingenuo nos trae la desgracia: pensamos que hemos ayudado a una persona y esperamos que nos lo agradezca, pero, como no lo hace, la tristeza nos invade. ¿Por qué deberíamos esperar algo a cambio de lo que hacemos? Den las gracias al hombre al que ayudan, piensen que se trata de Dios. ¿Acaso no es un enorme privilegio poder alabar a Dios ayudando a nuestros semejantes? Si estuviéramos realmente desatados, podríamos evadirnos del dolor que provoca una espera sin límites y dedicarnos de corazón a hacer un buen trabajo en este mundo. La tristeza o la miseria nunca procederán del trabajo realizado sin ataduras. En el mundo seguirá existiendo felicidad y miseria durante toda la eternidad.

Había un hombre pobre que quería dinero. Había oído que si podía hacerse con un fantasma, podría ordenarle que le consiguiese dinero y todo lo que desease; así que el hombre estaba muy ansioso por hacerse con uno. Emprendió la búsqueda de alguien que pudiera darle un fantasma y, al final, encontró a un sabio con grandes poderes, al que le suplicó ayuda. El sabio le preguntó qué haría con semejante criatura.

—Quiero un fantasma que trabaje para mí. Enséñeme cómo puedo conseguir uno; lo necesito de verdad —explicó el hombre. Pero el sabio dijo:

—No te molestes; vete a casa.

Al día siguiente, el hombre volvió a ver al sabio y comenzó a suplicarle llorando:

—Déme un fantasma. Necesito uno. Señor, ¡ayúdeme!

Al final, el sabio sintió repugnancia y dijo:

—Memoriza este encanto; repite las palabras mágicas y aparecerá un fantasma. Podrás ordenarle que haga lo que desees, pero ten cuidado: son seres terribles, y se les debe tener constantemente ocupados. Si no encuentras trabajo que darle, terminará contigo.

El hombre respondió:

—Es fácil. Puedo darle trabajo durante toda la vida.

Acto seguido, fue a un bosque y, tras haber repetido las palabras mágicas, apareció ante él un fantasma enorme, que dijo:

—Soy un fantasma y he sido convocado por tu magia. Debes mantenerme ocupado constantemente: te quitaré la vida en cuanto no tengas trabajo que darme.

—Construyeme un palacio —le pidió el hombre.

—Tu palacio está construido.

—Hazme rico.

—Rico eres.

—*Tala este bosque y construye una ciudad en su lugar.*

—*Hecho está* —dijo el fantasma—. *¿Algo más?*

En aquel momento, el hombre comenzó a asustarse al pensar que no tenía nada más que pedirle: el fantasma había hecho todo en un santiamén. Este último dijo:

—*Dame algo que hacer o te comeré.*

El pobre hombre no pudo encontrarle otra ocupación y se asustó. Así que corrió y corrió hasta que encontró al sabio, al que le pidió:

—*¡Protéjame, señor!* —*El sabio le preguntó qué ocurría*—. *No tengo más cosas que pedir al fantasma. Todo lo que le ordené lo hizo en un instante y ahora amenaza con comerme si no le doy trabajo.*

Entonces, el fantasma llegó amenazando con comerse al hombre. Este comenzó a temblar y suplicó que le salvaran la vida. El sabio dijo:

—*Te encontraré una solución. Mira ese perro con el rabo rizado. ¡Rápido! Desenfunda tu espada, córtale el rabo y dáselo al fantasma para que lo alise.*

El hombre le cortó el rabo al perro y se lo dio al fantasma.

—*Alisa esto para mí*— *le pidió.*

El fantasma lo cogió y, lentamente y con mucho cuidado, alisó el rabo, pero tan pronto como lo soltaba, volvía a rizarse. Una vez más, lo alisó laboriosamente, pero obtuvo el mismo resultado: el rabo se rizaba en cuanto lo soltaba. Lo intentó una y otra vez, siempre con el mismo resultado.

Durante días, intentó cumplir con el trabajo que le habían encargado, hasta que al final, agotado, dijo:

—*Nunca antes me había topado con un problema así. Soy ya un fantasma veterano, pero nunca he tenido un problema como este. Te propongo algo* —*dijo al hombre*—: *deja que me marche y quédate con todo lo que te he dado; prometo no hacerte daño.*

El hombre estuvo muy satisfecho y aceptó la oferta encantado.

Este mundo es como el rabo rizado de un perro: durante años, las personas se esfuerzan por alisarlo, pero, cuando lo dejan estar, se vuelve a rizar. ¿Podría ser de otra forma? Primero debemos saber cómo trabajar sin atarnos; entonces, no seremos unos fanáticos. Si sabemos que este mundo es como el rabo rizado de un perro, que nunca podremos alisar, no nos convertiremos en fanáticos. Si no existiesen los fanatismos, el mundo avanzaría mucho más de lo que lo hace; es un error pensar que el fanatismo puede hacer progresar a la humanidad, al contrario: es un elemento retardante que produce ira y odio, provoca que los seres humanos se peleen entre sí y nos vuelve desagradables. Pensamos que aquello que hacemos o aquello que poseemos es lo mejor en el mundo, y que lo que no hacemos o no poseemos no tiene ningún valor. Recuerden siempre el ejemplo del rabo rizado del perro cuando sientan que se están convirtiendo en fanáticos. Que la situación en la que se encuentra el mundo no les quite el sueño: él continuará su camino sin ustedes. Solo cuando hayan evitado el fanatismo podrán trabajar correctamente. Quien así lo hace es la persona sensata, calmada, de buen juicio y nervios de acero, de enorme simpatía y amor, la persona que lleva a cabo un buen trabajo y se beneficia de él. El fanático es un ingenuo y no conoce la simpatía; nunca podrá enderezar el mundo ni podrá volverse puro y perfecto.

Resumamos las principales ideas de la historia de hoy:

En primer lugar, tenemos que vivir con el hecho de que somos deudores para con el mundo, pero que el mundo no nos debe nada a nosotros. Para nosotros debe ser un gran privilegio poder hacer algo por él; al ayudarlo, en realidad estamos ayudándonos a nosotros mismos.

En segundo lugar, existe un dios en este universo. No es verdad que este mundo esté a la deriva y espere nuestra ayuda. Dios está siempre presente en el mundo; Él es un dios inmortal, eternamente activo e infinitamente vigilante. Cuando el universo entero duerme, Él está trabajando sin descanso; es el responsable de todos los cambios y manifestaciones que el mundo conoce.

En tercer lugar, no debemos odiar a nadie. Este mundo seguirá siendo una mezcla de bondad y maldad. Nuestro deber consiste en simpatizar con los débiles y amar incluso a los malhechores. Este mundo es un gran gimnasio moral en el que tenemos que practicar ejercicio para hacernos cada vez más fuertes espiritualmente.

En cuarto lugar, no debemos abrazar ningún tipo de fanatismo, pues el fanatismo es opuesto al amor. Escucharán a los fanáticos decir con gran elocuencia: «Yo no odio al pecador, sino al pecado»; ahora bien, yo estoy dispuesto a recorrer la distancia que haga falta para contemplar el rostro de aquel que realmente sepa hacer la distinción entre el pecado y el pecador. Es muy fácil decir eso, pero si podemos distinguir con claridad entre la cualidad y la sustancia, podremos convertirnos en seres humanos perfectos. Esto último no es fácil de hacer.

Por último, cuanto más calmados estemos y más de acero sean nuestros nervios, más amor daremos y mejor será nuestro trabajo.

1. N.d.T. Literalmente, «conocimiento» en sánscrito.
2. N.d.T. Literalmente, «devoción» en sánscrito.

Capítulo VI
El Trabajo Sin Atadura Es la Abnegación Personal

Al igual que recibimos bajo forma de reacción cada acción que emana de nosotros, los demás se ven afectados por nuestras acciones, y nosotros, por las acciones de los demás. Quizás todos ustedes hayan comprobado que cuando las personas llevan a cabo malas acciones se hacen cada vez más malvadas, y que cuando comienzan a hacer el bien se vuelven cada vez más fuertes y aprenden a hacerlo siempre. Este aumento de la influencia de una acción solo se puede explicar en el ámbito de las acciones y reacciones que podemos desencadenar los unos en los otros. Tomando a modo de ejemplo la física, cuando llevo a cabo una acción concreta se dice que mi mente se encuentra en un estado de vibración ; así, mi mente tendrá tendencia a afectar a todas las mentes que se encuentren en circunstancias similares. Cuando en una habitación hay diferentes instrumentos de música afinados de manera idéntica, se habrán dado cuenta de que cuando uno de ellos suena los demás tienden a vibrar para producir la misma nota. Así, todas las mentes que poseen la misma tensión serán, por así decirlo, afectadas igualmente por el mismo pensamiento. Por supuesto, la influencia del pensamiento variará en función de la distancia y de otros factores ; pero la mente siempre se encuentra abierta a dicha influencia. Supongan que estoy llevando a cabo un acto malvado : mi mente se encuentra en un estado de vibración concreto, y todas las mentes del universo, que se hallan en un estado similar, pueden ser afectadas por la vibración de la mía. Por ello, cuando estoy llevando a cabo una buena acción, mi mente se encuentra en un estado de vibración diferente, que puede afectar a todas las mentes que se hallan afinadas a la misma frecuencia ; cuanto mayor sea la tensión, mayor será el poder de una mente sobre otra.

Continuando con el símil, es posible que, de la misma forma que las ondas de luz viajan millones de años antes de alcanzar cualquier objeto, las ondas del pensamiento viajen cientos de años antes de encontrar un objeto con el que puedan vibrar al mismo ritmo ; es posible, por tanto, que el entorno en el que vivimos esté lleno de ondas de este tipo, tanto buenas como malas. Cada pensamiento que el cerebro proyecta viaja, por así decirlo, hasta que encuentra el objeto adecuado que lo reciba ; cualquier mente que se encuentre dispuesta a recibir algunos de estos impulsos los acogerá inmediatamente. De esta forma, la persona que lleva a cabo malas acciones hace que su mente entre en un estado de tensión concreto, y todas las ondas correspondientes a dicho estado —podríamos decir que se hallan en el entorno— lucharán por penetrar en su mente. Esta es la razón por la que un malhechor continúa haciendo el mal; sus acciones se ven intensificadas. Este también es el caso del benefactor: acogerá las vibraciones buenas que se encuentran en el entorno y sus buenas acciones también se verán amplificadas. Al llevar a cabo malas acciones corremos un peligro doble: primero, nos abrimos a la influencia del mal que nos rodea; y segundo, creamos un mal que afectará a los demás, quizás, durante cientos de años. Con este tipo de acciones nos perjudicamos a nosotros mismos y a los demás, pero haciendo el bien nos beneficiamos tanto a nosotros como al resto. Como ocurre con las demás fuerzas del ser humano, la fuerza del bien y del mal proviene del exterior.

Según el karma yoga, la acción que se realiza no se puede destruir hasta que dé sus frutos; ningún poder natural puede impedir las consecuencias que se derivan de ella. Si hago una mala acción, sufriré por ello, y no habrá poder en este universo que pueda impedir ese sufrimiento. Lo mismo ocurre si hago una buena acción: ningún poder podrá impedir que coseche los buenos resultados. Toda causa tiene que tener su efecto, y nada puede impedirlo o restringirlo. En este punto, nos topamos con una cuestión muy seria y delicada del karma yoga, a saber, que nuestras acciones, tanto las buenas como las malas, están íntimamente relacionadas entre sí. Es imposible establecer una línea y decir qué acciones son completamente buenas o completamente malas. No existe acción por la que no cosechemos buenos y malos resultados al mismo tiempo. Por poner un ejemplo claro: yo estoy hablando y algunos de ustedes pensarán, quizás, que estoy haciendo el bien; pero, al mismo tiempo, puedo estar matando miles de microbios que existen en el ambiente, de manera que también estaría haciendo el mal. Cuando ocurre cerca de nosotros y afecta a aquellos que conocemos decimos que se trata de una muy buena acción, en caso de que les afecte positivamente. Por ejemplo, pueden decir que mi discurso es muy bueno para ustedes, pero es perjudicial para los microbios; pueden verse a ustedes mismos, pero no pueden ver los microbios; para ustedes es obvio cómo les afecta mi discurso, pero no es tan obvio cómo este afecta a los microbios. Así, si analizamos nuestras malas acciones, podremos ver que, de una forma u otra, algo bueno derivará de ellas. El secreto del trabajo se revela a aquel que sabe que en las buenas acciones existe algo malo y que, sea como sea, en las malas acciones existe algo bueno.

Pero, ¿qué se deduce de esto? Que, comoquiera que lo intentemos, no puede existir una acción que sea perfectamente pura o perfectamente impura, considerando *pureza* e *impureza* en el sentido de «no perjuicio» y «perjuicio», respectivamente. No podemos respirar o vivir sin perjudicar a los demás ; cada pedacito de carne que comemos se ha tomado de la boca de otra persona ; nuestras propias vidas desplazan las vidas de los otros. Pueden ser seres humanos, animales o pequeños microbios, pero unos u otros se verán relegados. Siendo este el caso, se deduce de forma natural que la perfección nunca se podrá lograr mediante el trabajo. Podemos trabajar durante toda la eternidad, pero no habrá forma alguna de escapar de este intrincado laberinto ; podemos seguir y seguir trabajando, pero esta inevitable asociación del bien y del mal en los frutos de nuestro trabajo jamás tendrá un final.

El segundo punto que se debe considerar es en qué consiste el final de un trabajo. En cada país, vemos que la inmensa mayoría de la gente piensa que llegará un momento en el que el mundo sea perfecto, un momento en el que no existirán las enfermedades, la muerte, la tristeza ni la maldad. Esta es una muy buena idea, una muy buena fuerza motriz que inspira y eleva al ingenuo ; pero si pensamos durante un momento, nos daremos cuenta de que eso, en su misma esencia, es imposible. ¿Cómo no podría serlo si vemos que el bien y el mal son las dos caras de la misma moneda? ¿Cómo se podría obtener, al mismo tiempo, el bien sin el mal? ¿Qué significa *perfección*? La idea de una vida perfecta es una contradicción en sí. La propia vida es un estado de continua lucha entre nosotros mismos y nuestro entorno ; siempre estamos luchando con la naturaleza exterior, y si somos derrotados, nuestra vida se nos escapará. Es, por ejemplo, una lucha constante por la comida y el aire ; si una u otro nos faltase, moriríamos. La vida no es una transición cómoda y agradable, sino un efecto combinado. Esta lucha compleja entre nuestro interior y el mundo exterior es lo que llamamos *vida*. Así, es lógico que cuando la lucha cesa la vida llega a su fin.

Con «felicidad ideal» nos referimos a esta idea, es decir, al final de esa lucha. La vida llegará a su fin, pues la lucha solo puede terminar cuando la propia vida haya finalizado. Ya hemos visto esto en el capítulo anterior, cuando decíamos que ayudar al mundo es ayudarnos a nosotros mismos. El efecto principal del trabajo realizado para los demás es nuestra purificación. Intentamos olvidarnos de nosotros mediante los constantes esfuerzos por hacer el bien ; esta abnegación personal es la lección más importante que debemos aprender en la vida. El ser humano piensa ingenuamente que puede ser feliz, pero, tras años de lucha, al final descubre que la verdadera felicidad consiste en acabar con el egoísmo y que nadie, salvo él mismo, podrá hacerle feliz. Cada acto caritativo, cada pensamiento de simpatía, cada ayuda, cada buena acción, se lleva buena parte de nuestra presuntuosidad y nos hace pensar en nosotros mismos como los últimos y los menos importantes. Vemos que *jnana*[1], *bhakti*[2] y *karma* desembocan en el mismo punto. El ideal más elevado es la eterna y entera abnegación personal, donde no existe un « yo », sino que todo es un « tú » ; el karma yoga guía a la persona hacia este fin, ya sea esta consciente de ello o no. Un predicador puede horrorizarse ante la idea de un Dios impersonal ; puede insistir en un Dios personal y querer mantener su propia identidad e individualidad — a lo que él se refiera con esos conceptos—. Pero su idea de la ética — si es realmente buena— no puede sino basarse en la mayor abnegación personal. Esta es la base de toda la moralidad, que se podría aplicar al ser humano, a los animales o a los ángeles ; es la única idea básica, el único principio fundamental alrededor del que debería girar cualquier sistema ético.

Encontramos muchas clases de personas en este mundo. En primer lugar, están los « semidioses », cuya abnegación personal es absoluta, quienes solo hacen el bien para con los demás incluso si ello significa entregar sus propias vidas. Estas son las personas más espirituales. Si hubiese cientos de ellas en un país, este nunca perdería la esperanza, pero, desgraciadamente, son muy pocas. Posteriormente, encontramos las personas buenas que hacen el bien siempre y cuando ellas no resulten perjudicadas. En tercer lugar, se encuentran las personas que perjudican a las demás para beneficiarse a sí mismas. Un poeta sánscrito afirma que existe una cuarta categoría imposible de nombrar que perjudica a los demás por la propia gracia de hacer el mal. Al igual que en un polo de la existencia existen las personas más espirituales, que hacen el bien por la propia gracia del bien, en el polo opuesto están aquellos que perjudican a los demás por el mero placer de hacer daño ; no ganan nada practicando el mal, pero su naturaleza les empuja a ello.

Estas son dos palabras sánscritas : una es *pravritti*, que significa « atraer hacia sí » ; la otra es *nivritti*, que significa « dar de sí ». La primera es lo que llamamos *mundo*, es el « yo », « lo mío » ; incluye todo aquello que incrementa ese « yo » a base de riqueza, dinero, poder, nombre y fama, aquello de naturaleza codiciosa que tiende a acumular todo en un solo centro, que es el « yo mismo ». Esto es *pravritti*, la tendencia natural de todo ser humano : tomar todo lo posible y amontonarlo en un centro, siendo ese centro el propio ser humano. Cuando esa tendencia comienza a romperse, cuando se convierte en *nivritti* o « dar de sí », entonces comienzan la moralidad y la religión. Tanto *pravritti* como *nivritti* forman parte de la naturaleza del trabajo : el primero es el trabajo malvado, y el segundo, el trabajo bueno. Nivritti es la base fundamental de toda la moralidad y toda la religión, y su perfección es la completa abnegación personal, la disposición a sacrificar la mente, el cuerpo y lo necesario por el bien de otro ser humano. Aquel que alcanza ese estado ha conseguido la perfección del karma yoga; este es el resultado más espiritual del buen trabajo. Aunque una persona no haya estudiado ningún sistema filosófico, aunque no crea —y nunca haya creído— en un dios, aunque no haya rezado una sola vez en toda su vida, si el mero poder de las buenas acciones ha hecho que se encuentre dispuesta a renunciar a su vida y a todo lo demás por los otros, alcanza, de esta forma, la misma meta a la que llegan el religioso mediante sus plegarias y el filósofo mediante su conocimiento; vemos así que el trabajador, el devoto y el filósofo coinciden en un punto: la abnegación personal. Por mucho que sus sistemas filosóficos y sus religiones difieran, toda la humanidad reverencia y siente respeto por aquel que está dispuesto a sacrificarse por los demás. En este caso, no se trata en absoluto de una cuestión de credo o doctrina; incluso aquellos que constan de ideas religiosas completamente opuestas sienten que deben venerar una muestra de completo autosacrificio. ¿No han observado cómo incluso el cristiano más radical siente respeto por Buda —que no predicó sino el autosacrificio— cuando lee *Light of Asia*, de Edwin Arnold? Solo que el cristiano radical desconoce que su propio objetivo en la vida son los mismos que los de aquellas personas de las que se diferencia. El devoto, al mantener constantemente ante él la idea de Dios y un entorno de bondad, llega, finalmente, al mismo punto y dice: «Hágase Tu voluntad», y no guarda nada para sí mismo; eso es abnegación personal.

El filósofo, gracias a su conocimiento, ve que la apariencia personal es un espejismo y renuncia a ella con facilidad; eso también es abnegación personal. De esta forma, *karma*, *bhakti* y *jnana* se encuentran aquí; a esto se referían todos los grandes predicadores de los tiempos antiguos cuando enseñaban que Dios no es el mundo: existe *algo* que es el mundo y *otra cosa* que es Dios. Esta distinción es muy certera; a lo que se referían con *mundo* es al egoísmo, y la ausencia de este último es Dios. Una persona puede vivir sobre un trono en un palacio dorado y ser perfectamente desinteresada; esa persona *está* en Dios. Otra persona puede vivir en una cabaña, vestir harapos y no tener ninguna posesión; no obstante, si es egoísta, se encuentra profundamente anclada al mundo.

Volviendo a uno de nuestros principales puntos, decimos que no podemos hacer el bien sin hacer, al mismo tiempo, el mal, o que no podemos hacer el mal sin hacer —en cierta medida— el bien. Sabiendo esto, ¿cómo podemos trabajar? Ha habido sectas que han predicado de una manera pasmosa el suicidio lento como el único medio de escapar de este mundo, pues si una persona vive, debe asesinar pobres animales y plantas o hacer daño a algo o a alguien. De esta forma, para ellos, la única forma de escapar del mundo es la muerte. Los jainistas han predicado esta doctrina como su ideal más elevado. Esta enseñanza puede parecer muy lógica, pero la verdadera solución se encuentra en el Gita: la teoría de la no atadura mientras realizamos nuestro trabajo en la vida. Sepan que están separados por completo del mundo, que se encuentran en él y que, hagan lo que hagan, no llevan a cabo sus acciones por su beneficio personal. Cualquier acción que hagan desencadenará consecuencias que tendrán que soportar. Si se trata de una buena acción, tendrán que cosechar sus efectos positivos; si es una mala acción, cosecharán los negativos. Ahora bien, los efectos de una acción que no se haya realizado pensando en nosotros mismos no podrán afectarnos, sea cual sea esta acción. En nuestras Escrituras, se puede encontrar un verso muy expresivo que encarna esta idea: « Aunque termine con el universo entero o acabe consigo mismo, ese hombre no será ni el verdugo ni la víctima si es consciente de que no está actuando en su propio beneficio ». Así, el karma yoga nos enseña: « No renunciéis al mundo. Vivid en él y sumergios en su influencia tanto como podáis; pero si es por vuestro propio placer, no os molestéis en trabajar ». El placer no debería ser el objetivo. Primeramente, se debe acabar con el egoísmo, y después, considerar que el « yo » es el mundo. Tal y como los antiguos cristianos decían, « el anciano debe morir ». Este « anciano » es la idea egoísta de que el mundo entero está concebido para que obtengamos placer de él. Hay padres ingenuos que enseñan a sus hijos a rezar: « ¡Oh, Señor! Has creado este sol y esta luna para mí », como si el Señor no tuviera más que hacer que crear algo para esos niños. No enseñen a sus hijos tal estupidez. Incluso hay quienes son ingenuos de otra forma: aquellos que nos enseñan que todos los animales fueron creados para que los asesinemos y los comamos, que este universo se encuentra aquí para el placer de los seres humanos. Esta idea es de las más ingenuas. Un tigre podría decir: « El hombre fue creado para mí. ¡Oh, Señor! Qué crueles son los hombres, que no se manifiestan ante mí para que los coma; están quebrantando Tu ley ». Si el mundo está creado para nosotros, entonces nosotros estamos creados para el mundo. La idea más perversa que nos oprime es que este mundo esté creado para nuestro disfrute. Este mundo no se encuentra aquí para nosotros. Son millones de seres humanos los que lo abandonan cada año, y él no se da ni cuenta: millones de seres humanos más vienen a completar el hueco dejado por los primeros. Nosotros somos para el mundo tanto como él es para nosotros.

Para trabajar adecuadamente, primero debemos renunciar a la atadura derivada del trabajo; en segundo lugar, no debemos confundirnos en el combate, sino mantener la condición de testigos y continuar trabajando. Mi maestro solía decir: «Cuida de tu hijo como lo haría una niñera». La niñera tomará al niño en brazos, lo mimará, jugará con él y lo tratará como si fuera su propio hijo; pero en cuanto se le notifique que su trabajo terminará en un futuro próximo, no perderá ningún tiempo en preparar su equipaje, lista para abandonar el domicilio. La niñera olvidará todo lo que para ella suponía una atadura: no le dolerá lo más mínimo abandonar a ese niño para ocuparse de otros. La misma actitud deberíamos tener con respecto a lo que consideramos propio: somos una niñera, y si creemos en Dios, pensemos que todo lo que consideramos nuestro es, en realidad, de Él. Con frecuencia, la mayor debilidad se esconde tras la fuerza y la bondad más poderosas, pues es una debilidad pensar que alguien depende de mí, que puedo beneficiar a una persona. Esta creencia es la madre de todas nuestras ataduras, y de ellas deriva todo nuestro sufrimiento. Debemos tener presente que en este universo nada ni nadie depende de nosotros; ningún mendigo depende de nuestra caridad; ningún alma depende de nuestra amabilidad; ningún ser vivo depende de nuestra ayuda. La naturaleza se encarga de ayudarlos, y seguirá haciéndolo cuando muchos de nosotros ya no estemos aquí; el curso natural no se detendrá por ustedes ni por mí. Como ya hemos indicado, es un magnífico privilegio para todos el que podamos educarnos a nosotros mismos ayudando a los demás. Es muy importante aprender esta lección en la vida, y cuando la hayamos aprendido por completo, nunca seremos infelices; podremos sumergirnos en la sociedad sin correr ningún peligro, donde y cuando sea; podrán tener mujeres y maridos, un ejército de sirvientes y reinos que gobernar, pero, solo si actúan basándose en el principio de que este mundo no es para nosotros y que él no nos necesita, estos no podrán hacerles ningún daño. Quizás este año haya fallecido algún amigo suyo. ¿El mundo deja de girar para esperar a que los fallecidos regresen?, ¿se detiene su curso? La respuesta es no. Por tanto, olvidemos la idea de que tenemos que hacer algo por el mundo, porque no necesita nuestra ayuda para nada. Es de una completa ignorancia por parte del ser humano pensar que ha nacido para ayudar al mundo; esto es simplemente orgullo, un egoísmo que se disfraza de virtud. Cuando hayan hecho que sus centros nerviosos se den cuenta de la independencia del mundo con respecto al ser humano, entonces no experimentarán una reacción dolorosa procedente del trabajo. Cuando dan algo a una persona sin esperar nada a cambio —ni siquiera que esa persona se lo agradezca—, su ingratitud no les afectará, pues nunca esperaban nada, nunca pensaron que tendrían derecho a recibir algo a cambio; el *karma* de esa persona determinaba lo que merecía y ustedes se lo dieron determinados por su propio *karma*. ¿Por qué deberían estar orgullosos de haber dado algo? Ustedes son los «repartidores» que llevaron el dinero u otro tipo de obsequio, y el *karma* del mundo determina si este merece ese dinero o ese obsequio. ¿Dónde está el motivo para sentirse orgulloso? No hay nada grandioso en el acto de entregar algo al mundo. Ni el bien ni el mal podrán afectarles una vez que hayan adquirido el sentimiento de no atadura. Lo que provoca la diferencia entre la bondad y la maldad es únicamente el egoísmo. Es algo muy difícil de comprender, pero con el tiempo terminarán por aprender que no existe nada en el universo que tenga poder sobre ustedes, siempre y cuando no permitan a ese *algo* ejercer dicho poder. Nada tiene poder sobre el «yo» del ser humano mientras que el «yo» no se vuelva ignorante y pierda su independencia. De esta forma, mediante la no atadura, se impondrán y rechazarán la idea de que algo tenga poder para actuar sobre ustedes. Es muy fácil decir que nada tiene derecho a actuar sobre nosotros siempre y cuando no se lo permitamos; pero, ¿cuál es la prueba de que una persona realmente no permite que ningún poder le influya, la prueba de que no es ni feliz ni infeliz cuando el mundo exterior actúa sobre ella? La prueba es que la buena o la mala fortuna no provoca ningún cambio en su mente; esa persona sigue siendo la misma independientemente de las circunstancias.

En la India, había un gran sabio llamado Vyasa. Se le conoce por ser el autor de los aforismos del Vedanta, y era un hombre santo. Su padre había intentado ser un hombre perfecto, pero había fracasado; su abuelo y su bisabuelo también lo habían intentado, y habían fracasado igualmente. Él mismo no lo consiguió del todo, pero su hijo, Shuka, nació siendo perfecto.

Vyasa transmitió su conocimiento a su hijo y, tras haberle enseñado a confiar en sí mismo, lo envió a la corte del rey Janaka. Este era un gran rey y se le conocía como Janaka Videha. Videha significa «sin cuerpo». Aunque fuese rey, había olvidado completamente su cuerpo; sentía que estaba constituido solamente por un espíritu. El chico, Shuka, fue enviado para que el rey le enseñara. Este último sabía que el hijo de Vyasa llegaría en busca de conocimiento; así, llevó a cabo algunos preparativos con antelación.

Cuando el muchacho se presentó ante las puertas de palacio, los guardias no le prestaron especial atención. Tan solo le ofrecieron un asiento, así que el chico se sentó allí durante tres días y tres noches, sin que nadie le hablara ni le preguntase quién era o de dónde venía. Era el hijo de un gran sabio, su padre era venerado en todo el país y él mismo era una persona más que respetable; no obstante, los vulgares guardias de palacio no le prestarían atención.

Al término de los tres días, los ministros del rey y todos los altos funcionarios llegaron de repente y recibieron al muchacho con los mayores honores. Lo condujeron al interior, le mostraron las espléndidas habitaciones y le dieron el más aromático de los baños y las ropas más bellas. Durante ocho días lo mantuvieron rodeado de todo tipo de lujos. El nuevo tratamiento que estaba recibiendo no hizo que el solemne y sereno rostro de Shuka cambiara lo más mínimo: era el mismo tanto en medio de aquel lujo como cuando se encontraba esperando ante la puerta.

Finalmente, fue llevado en presencia del rey. Este se encontraba sobre su trono. La gente estaba bailando al ritmo de la música, aunque había muchas más cosas para divertirse. Entonces, el rey le dio una taza de leche llena hasta el borde y le pidió que diese siete vueltas a la estancia sin derramar ni una sola gota. El muchacho tomó la taza y se abrió camino en medio de la música y la belleza de los rostros que allí se encontraban. Tal y como el rey le ordenó, recorrió la estancia siete veces sin derramar ni una gota de leche. Nada en el mundo podía distraer la mente del muchacho si él no lo permitía. Cuando le devolvió la taza al rey, este le dijo: «Lo que tu padre te ha enseñado y lo que has aprendido por ti mismo solo puedo reiterar. Has aprendido la verdad. Vete a casa».

La persona que practica el control sobre sí misma no puede ser influenciada por ningún elemento exterior; la esclavitud cesa para ella; su mente es libre. Esa persona está en condiciones de vivir en el mundo adecuadamente. En general, las personas tienen dos opiniones con respecto al mundo. Algunas son pesimistas y dicen: «¡Qué horrible es el mundo, qué cruel!»; otras son optimistas y dicen: «¡Qué maravilloso es este mundo, qué hermoso!». Para aquellos que no controlan su propia mente, el mundo se encuentra o lleno de maldad, o es, en el mejor de los casos, una mezcla de bondad y maldad. Este mismo mundo será un lugar de optimismo para nosotros cuando nos hayamos convertido en dueños de nuestra mente. Entonces, nada nos convencerá de que algo es bueno o malo, veremos que todo se halla en el lugar que le corresponde, que todo reviste armonía. Algunas personas que comienzan diciendo que el mundo es un infierno con frecuencia terminan afirmando, cuando consiguen practicar el autocontrol, que es un paraíso. Si somos *karma*-yoguis genuinos y deseamos entrenarnos con vistas a alcanzar ese estado, estamos seguros de que, independientemente de nuestro punto de partida, la meta será la abnegación personal; tan pronto como las apariencias dejan de existir, el mundo en su totalidad, que al principio se nos presenta lleno de maldad, aparecerá como un paraíso en sí, repleto de bienaventuranza. El rostro de cada ser humano reflejará la bondad, y respirará la atmósfera bendita del mundo convertido en paraíso. Tal es el objetivo y el fin del karma yoga ; tal es su perfección en la vida práctica.

Los diferentes yogas no entran en conflicto entre ellos ; cada uno nos conduce hacia el mismo fin y nos perfecciona, solo que debe practicarse con intensidad. Todo el secreto consiste en la práctica. Primero, debemos escuchar ; luego, pensar ; y por último, practicar. Esto es aplicable a todos los yogas. Es necesario escuchar para comprender en qué consisten ; así, mediante la constante escucha y reflexión, se conseguirán aclarar los conceptos que resultan incomprensibles en un principio. Es difícil entender todo inmediatamente. La explicación de todas las cosas se encuentra, en el fondo, en uno mismo. Realmente, nadie puede enseñar a otra persona, sino que cada uno debe enseñarse a sí mismo. Un maestro *exterior* solo brinda la motivación que hace que el maestro *interior* trabaje con el fin de comprender. Entonces, las cosas se volverán más claras para nosotros gracias a nuestro poder de percepción y a nuestro pensamiento, las cuales realizaremos en nuestra alma ; esa realización se convertirá en una poderosa fuerza de voluntad. Primeramente, es un sentimiento, y luego, se convierte en una predisposición que motiva la llegada de una enorme fuerza para trabajar que penetra en cada arteria, nervio y músculo ; al final, toda la masa de nuestro cuerpo se transforma en un instrumento del abnegado yoga del trabajo y el deseado resultado de la perfecta abnegación personal y del desinterés puro se alcanzan como es debido. Esta meta no depende de ningún dogma, doctrina o creencia. No importa que seamos cristianos, judíos o paganos. ¿Son ustedes desinteresados, altruistas? Esa es la cuestión. Si lo son, serán perfectos aunque no hayan leído un simple libro religioso o no hayan entrado en una iglesia o en un templo cualquiera. Cada uno de nuestros yogas está concebido para hacer que el ser humano alcance la perfección sin la ayuda de los demás, pues todos tienen presente el mismo objetivo. Los yogas del trabajo, del conocimiento y de la devoción sirven como medios directos e independientes para alcanzar el *moksha*³. « Solo los ignorantes dicen que el trabajo y la filosofía son diferentes ; los instruidos, no ». Los instruidos saben que, a pesar de la aparente diferencia entre ellos, ambos nos guían hacia el mismo objetivo : la perfección humana.

1. N.d.T. Literalmente, « conocimiento » en sánscrito.
2. N.d.T. Literalmente, « devoción » en sánscrito.
3. N.d.T. Este término se refiere a la liberación espiritual, es decir, hacer que el alma se libere del cuerpo material.

Capítulo VII
Libertad

Además del significado de «trabajo», hemos afirmado que, psicológicamente, la palabra *karma* implica «causalidad». Cualquier trabajo, cualquier acción, cualquier pensamiento que produce un efecto se llama *karma*. Así, la ley del *karma* significa la ley de la causalidad, de la inevitable causa y secuencia. Dondequiera que haya una causa debe producirse un efecto; esta obligación es insalvable, y esta ley del *karma*, según nuestra filosofía, es verídica en cualquier parte del universo. Veamos lo que veamos, sintamos lo que sintamos, hagamos lo que hagamos, cualquier acción que se produce en el universo, que es el efecto de un trabajo anterior, se convierte, a su vez, en una causa que producirá su propio efecto. Es necesario, junto a ello, considerar a qué nos referimos con la palabra *ley*. Con este vocablo hacemos referencia a la tendencia que tiene una serie —con el significado de «sucesión»— a repetirse. Cuando observamos que un hecho va seguido por otro —a veces, pueden ocurrir simultáneamente— esperamos que esa secuencia o coexistencia se repita. Nuestros antiguos lógicos y filósofos de la escuela nyaya[1] llaman a esta ley *vyapti*. Según ellos, todas nuestras ideas sobre la ley se deben a esta asociación. Una serie de fenómenos se asocia en nuestra mente con ciertos elementos siguiendo una especie de orden invariable; de esta forma, todo lo que percibimos en un momento cualquiera se relaciona en la mente con otros hechos. Según nuestra filosofía, toda idea, toda ola que se produce en la mente —chitta— siempre debe desencadenar varias olas similares. Esta es la idea psicológica de la asociación, y la causalidad solo es un aspecto de este gran y extendido principio de asociación. La omnipresencia de la asociación es lo que se llama en sánscrito *vyapti*. La idea de ley es la misma tanto en el mundo exterior como en el interior: la esperanza de que un fenómeno concreto sea seguido por otro y que la serie se repita. En realidad, la ley no existe en la naturaleza. Prácticamente, es un error decir que la gravedad existe en el planeta, o que hay una ley que existe objetivamente en la naturaleza. La ley es un método, la manera en la que nuestra mente comprende una serie de fenómenos. Todo se encuentra en la mente. Algunos fenómenos que ocurren simultáneamente o uno detrás de otro, seguidos por la convicción de la regularidad en cuanto a su repetición y, por tanto, que permiten a la mente comprender el método de la serie completa, constituyen lo que llamamos *ley*.

La siguiente cuestión que se debe considerar es a qué nos referimos con «ley universal». Nuestro universo es la porción de existencia caracterizada por lo que los psicólogos sánscritos llaman *desa-kala-nimitta*, lo que se conoce en la psicología europea, respectivamente, como «espacio», «tiempo» y «causalidad». Este universo es solo parte de una existencia infinita, moldeado de una forma particular y compuesto por espacio, tiempo y causalidad. De ello se deduce necesariamente que la ley solo es posible dentro de este universo condicionado; más allá de él no puede existir ley alguna. Cuando hablamos del universo nos referimos únicamente a esa porción de la existencia que se encuentra limitada por nuestra propia mente. El universo sensible, que podemos ver, sentir, tocar, oír e imaginar, está sometido a la ley; pero más allá de él la existencia no está sujeta a ella, pues la causalidad no se extiende más allá del mundo de la mente. Aquello que escapa al control de la mente y de los sentidos no está regulado por la ley de la causalidad, ya que no existe asociación mental en esta región ni existe causalidad sin asociación de ideas. Todo aquello que escapa a este control obedece a la ley de la causalidad —y se dice que está sometido a la ley— cuando es (existe) o cuando la existencia se moldea de una forma concreta y se le atribuye un nombre, pues toda ley tiene su esencia en la causalidad. De esta forma, vemos inmediatamente que no puede existir el libre albedrío. Las propias palabras son una contradicción porque la voluntad es lo que conocemos. Todo lo que conocemos se encuentra en nuestro universo, y todo lo que se encuentra en nuestro universo está moldeado por las condiciones de espacio, tiempo y causalidad. Todo lo que conocemos o podemos llegar a conocer debe estar sujeto a la causalidad, y lo que obedece a la ley de la causalidad no puede ser libre. Se encuentra bajo la influencia de otros agentes y se convierte, a su vez, en causa. Pero es libre lo que se convirtió en voluntad humana —antes no formaba parte de la voluntad— cuando cayó en el molde del espacio, tiempo y causalidad. Cuando esa voluntad escape de ese molde será libre de nuevo; proviene de la libertad, es moldeada en la esclavitud y, al escapar de esta última, vuelve nuevamente a la libertad.

La pregunta que se plantea es de dónde procede este universo, dónde se establece y hacia dónde se dirige. A modo de respuesta, se dice que procede de la libertad, se establece en la esclavitud y vuelve a la libertad. Así, cuando decimos que el ser humano no es sino ese ser infinito que se manifiesta nos referimos a que el ser humano es solo una pequeñísima parte de aquel: la mente y el cuerpo que podemos ver son solo una parte del todo, un granito del ser infinito. El universo entero también es una pequeña porción del ser infinito. Nuestras leyes, nuestras servidumbres, nuestras alegrías, nuestros pesares, nuestra felicidad y nuestras esperas se encuentran únicamente dentro de este pequeño universo; todas nuestras progresiones y digresiones están encerradas dentro de sus límites. Ven lo pueril que es esperar una continuación de este universo —una creación de nuestra mente— e ir al cielo, lo que, después de todo, significa solo una repetición del mundo que conocemos. En seguida comprobamos que es imposible y pueril el deseo de hacer que la existencia infinita al completo se adapte a la existencia limitada y condicionada que conocemos. Cuando una persona dice que nunca dejará de tener lo mismo que tiene en ese momento, o cuando, como a veces he mencionado, busca una religión cómoda, sepan que ha alcanzado tal nivel de bajeza que no puede pensar en nada más elevado que lo que esa persona es ahora: su pequeño entorno actual y nada más. Ha olvidado su naturaleza infinita, y todas sus ideas se encuentran reducidas a los pequeños celos, pesares y alegrías del momento. Piensa que el entorno finito es el infinito, y no solo eso, sino que no se desprenderá de su ingenuidad. Se agarrará desesperadamente a *trishna*, la sed de vida, lo que los budistas llaman *tanha y trissa*. Puede haber millones de tipos de felicidad, de seres, de leyes, de procesos y de causalidad, que actúan más allá de este pequeño universo que conocemos y que, después de todo, comprenden tan solo una pequeña porción de nuestra naturaleza infinita.

Para conseguir la libertad debemos ir más allá de las limitaciones de este universo, pues en él no podremos encontrarla. El equilibrio perfecto, o lo que los cristianos llaman «la paz que sobrepasa todo entendimiento», no se puede obtener en este universo, ni en el cielo ni en ningún lugar al que puedan llegar nuestra mente y nuestros pensamientos, un lugar donde los sentidos puedan sentir y la imaginación pueda imaginar. Un lugar así no puede darnos la libertad porque se encuentra dentro de nuestro universo; por tanto, está limitado por el espacio, tiempo y causalidad. Debe de haber lugares más etéreos que nuestro planeta, donde los placeres sean más intensos; pero incluso esos lugares se encontrarían en el universo y, por tanto, sometidos a la esclavitud de la ley; por esta razón, tenemos que ir más allá, hasta el lugar en el que la verdadera religión comienza: el fin del universo. Los pequeños pesares y alegrías y el conocimiento de las cosas terminan en ese punto, y la realidad comienza a partir de él. Hasta que no renunciemos a la sed de vida —la fuerte atadura a nuestra existencia condicionada y pasajera— no tendremos la esperanza de vislumbrar siquiera mínimamente la infinita libertad del más allá. Entonces, parece lógico que solo haya una forma de lograr esa libertad que es la meta de todas las aspiraciones nobles de la humanidad : renunciar a esta pequeña vida, a este pequeño universo, a esta tierra, al cielo, al cuerpo, a la mente, a todo lo que esté limitado y condicionado. Si renunciamos a nuestra atadura al pequeño universo de los sentidos y de la mente, seremos libres en seguida. La única forma de escapar de la esclavitud es ir más allá de las limitaciones de la ley, más allá de la causalidad.

Ahora bien, es más que difícil renunciar a la adhesión a este universo ; tan solo algunos lo consiguen. Nuestras Escrituras hablan de dos maneras : la primera se llama *neti, neti* (« esto no, esto no »), que es la manera negativa ; la segunda, *iti* (« esto »), que es la manera positiva. La manera negativa es la más difícil ; solo está al alcance del ser humano más espiritual, cuya mente excepcional y su enorme voluntad hacen que se ponga en pie y diga : « No, no quiero esto », y su cuerpo y mente obedecen a esa voluntad, haciendo que lo consiga. No obstante, las personas así son escasas. La inmensa mayoría de la humanidad escoge la manera positiva, la manera *mediante* el mundo, que es aprovechar todas las servidumbres para, justamente, terminar con ellas. Esto también es un tipo de renuncia, solo que se lleva a cabo de forma gradual y despacio, aprendiendo, disfrutando de las cosas, obteniendo experiencia de ello, conociendo la naturaleza de las cosas hasta que la mente las deja partir y se desata. La primera forma de desprenderse de la atadura consiste en el razonamiento, es el camino del *jnana yoga*, caracterizado por la renuncia absoluta a trabajar ; la segunda es a través del trabajo y la experiencia, es el camino del karma yoga, en donde nunca se deja de trabajar. En este universo todos debemos trabajar. Los únicos que no trabajan son aquellos que están perfectamente satisfechos con el « yo », cuyos deseos no van más allá del « yo », cuyas mentes nunca se alejan del « yo », aquellos para los que el « yo » se encuentra por doquier. El resto debe trabajar. Una corriente de agua baja con fuerza, cae por una apertura en la tierra y provoca un remolino ; tras haber girado en el remolino emerge de nuevo, libre para continuar su camino como si nada. La vida humana es como esa corriente : penetra en el remolino, se sumerge en este mundo de espacio, tiempo y causalidad, da algunas vueltas gritando « mi padre, mi hermano, mi nombre, mi fama… », hasta que al final emerge y recupera su libertad original. El universo al completo hace eso. Lo sepamos o no, seamos conscientes de ello o no, todos trabajamos para escapar de la fantasía del mundo. La experiencia que el ser humano adquiere tiene por objetivo capacitarlo para que pueda escapar del remolino que es el mundo.

¿Qué es el karma yoga? El conocimiento del secreto del trabajo. Podemos ver que todo el universo está trabajando. ¿*Por* qué? Por la salvación, por la libertad ; desde el átomo hasta el ser más grande, todo trabaja con un único fin : la libertad de la mente, del cuerpo y del espíritu. Todo está intentando ser libre, escapar de la esclavitud. El sol, la luna, la tierra, los planetas, todo intenta escapar de la esclavitud. Las fuerzas centrífugas y centrípetas de la naturaleza son típicas de nuestro universo. En lugar de vagar por él, y tras una larga demora durante la que sufrimos reveses al conocer las cosas tal y como son, aprendemos del karma yoga el secreto, el método y el poder de organización del trabajo. Puede que gastemos en vano gran parte de nuestra energía si no sabemos cómo utilizarla. El karma yoga hace del trabajo una ciencia, y nos enseña la mejor manera de utilizar los mecanismos de que dispone este mundo. El trabajo es inevitable y así debe ser, pero deberíamos trabajar por el fin más elevado. El karma yoga nos hace reconocer que este mundo es un mundo que dura cinco minutos, que es algo que debemos atravesar, que la libertad solo se puede encontrar más allá. Para encontrar la escapatoria a la esclavitud del mundo debemos atravesarlo despacio y con cautela. Puede que existan las personas excepcionales de las que acabo de hablar, las que pueden renunciar y mantenerse al margen del mundo al igual que una serpiente muda su piel y se aparta para observarla. No cabe duda del carácter excepcional de estos seres; pero el resto de la humanidad tiene que atravesar despacio el mundo del trabajo. El karma yoga muestra este proceso así como el secreto y el método para sacarle el máximo partido.

¿Qué es lo que enseña? «Trabaja sin descanso, pero renuncia a todas las ataduras al trabajo». No se identifiquen con nada; mantengan libre su mente. Con todo, el dolor y la miseria no son sino las condiciones necesarias de este mundo; la pobreza, la riqueza y la felicidad son solo pasajeras, pues no pertenecen en absoluto a nuestra verdadera naturaleza. Nuestra naturaleza se encuentra mucho más allá de la miseria y la felicidad, más allá de todo objeto sensible, de la imaginación; no obstante, nunca podemos dejar de trabajar. «La miseria procede de la atadura, no del trabajo». Tan pronto como nos identificamos con el trabajo que llevamos a cabo nos sentimos miserables; pero si no nos identificamos con él, no sentiremos esa miseria. En general, una persona no se siente miserable si un hermoso cuadro que pertenece a otra se quema; pero, ¿por qué sí se siente así cuando es su propio cuadro el que se quema? Ambos eran cuadros preciosos, quizás copias del mismo original, pero en un caso la persona siente mucha más miseria que en el otro. La razón es que en un caso se identifica con el cuadro, algo que no ocurre en el segundo caso. El «yo y lo mío» provoca toda la miseria. Del sentimiento de posesión procede el egoísmo, y el egoísmo trae consigo la miseria. Cualquier acto o pensamiento egoísta nos ata a algo, e inmediatamente nos convertimos en esclavos. Cada ola en *chitta* que dice «yo y lo mío» nos coloca en seguida una cadena y nos hace esclavos, y cuanto más digamos «yo y lo mío», más crecerán la esclavitud y la miseria. Así, el karma yoga nos enseña a disfrutar de la belleza de todos los cuadros que hay en el mundo, pero sin identificarnos con ninguno. Nunca digan «mío»; la miseria aparecerá en cuanto digamos que algo es nuestro. Ni siquiera piensen en «mi hijo»; posean al hijo, pero no digan «mi hijo». Si lo hacen, la miseria vendrá a ustedes. No digan «mi casa», no digan «mi cuerpo». Esa es toda la dificultad. El cuerpo no es suyo, ni mío ni de nadie, viene y va en función de las leyes de la naturaleza. Somos libres si nos comportamos como testigos. Este cuerpo no es más libre que un cuadro o una pared. ¿Por qué deberíamos estar tan atados a él? Si alguien dibuja un cuadro, lo hace y pasa a otra cosa. No piensen en el tentáculo egoísta «debo poseerlo»: la miseria comenzará tan pronto como lo hagan.

El karma yoga afirma que primero se debe acabar con la tendencia a pensar en ese tentáculo egoísta para, cuando se tenga el poder de controlarlo, aislarlo y no permitir que la mente sea bañada por la ola del egoísmo. Hecho esto, podremos salir al mundo y trabajar tanto como podamos. Vayamos donde vayamos nunca nos veremos contaminados por la maldad. La flor de loto en un estanque no puede ser alcanzada por el agua, el agua no puede adherirse a ella; así seremos nosotros con respecto a la maldad. Esto recibe el nombre de *vairagya*, que significa «no atadura», «ausencia de pasión». Creo haberles dicho ya que sin la no atadura no puede haber ningún tipo de yoga. La no atadura es la base de todos los yogas. Aquel que renuncia a vivir en una casa, a vestir ropas elegantes y a disfrutar de la buena comida puede vivir en un desierto y ser, no obstante, una persona más que atada. Su propio cuerpo —su única posesión— puede convertirse en todo para él; de la forma en la que vive, se encontrará en una lucha constante por su cuerpo. La no atadura no significa que tengamos que hacer algo con respecto a nuestro cuerpo exterior: todo se encuentra en la mente. El «yo y lo mío», la relación que provoca la atadura, se encuentra en la mente. Si no nos relacionamos de esta forma con nuestro cuerpo ni con las cosas sensibles, estamos no atados, independientemente de donde estemos y seamos lo que seamos. Una persona puede encontrarse sentada sobre un trono y estar perfectamente desatada; otra puede vestir harapos y, no obstante, estar mucho más atada que la anterior. Ante todo, debemos alcanzar el estado de no atadura, y después, trabajar sin descanso. El karma yoga nos ofrece el método con el que podremos renunciar a toda atadura, aunque lograrlo es muy difícil.

Esas son las dos maneras de renunciar a toda atadura. La primera es para aquellos que no creen en Dios o en otra ayuda del exterior. Se encuentran abandonados a sus propios mecanismos. Simplemente, deben trabajar con su propia voluntad y con los poderes de su mente y discriminación, diciendo: «No debo atarme». Para aquellos que creen en Dios hay otro camino mucho menos difícil. Entregan los frutos de su trabajo al Señor; trabajan y nunca se atan a los resultados. Todo lo que ven, sienten, oyen o hacen es para Él. No valoremos ningún beneficio o elogio que obtengamos de un buen trabajo que llevemos a cabo. Son del Señor, entreguemos los frutos a Él. Mantengámonos al margen pensando que solo somos sirvientes de Dios, nuestro Amo, y que cualquier impulso que nos hace actuar proviene de Él en cada momento. Independientemente de lo que veneremos, lo que percibamos y lo que hagamos, entreguemos todo al Señor y descansemos. Estemos en paz con nosotros mismos, en una paz perfecta, y renunciemos a todo —nuestro cuerpo y nuestra mente incluidos— a modo de eterno sacrificio en honor a Dios. En lugar del sacrificio de lanzar oblaciones al fuego, llevemos a cabo este único gran sacrificio día y noche: el sacrificio de nuestro «yo». «Al buscar la riqueza en este mundo descubrí que Tú eres la única riqueza, y por Ti me sacrifico. Al buscar a alguien a quien amar descubrí que Tú eres el único amado, y por Ti me sacrifico». Repitamos esto día y noche y digamos: «Nada es para mí; poco me importa si es bueno, malo o indiferente; por Ti me sacrifico». Renunciemos día y noche a nuestra apariencia personal hasta que adquiramos ese hábito, hasta que la renuncia invada la sangre, los nervios y el cerebro, hasta que nuestro cuerpo al completo obedezca en todo momento a esta idea de autorrenuncia. Entonces, coloquémonos en medio del campo de batalla, con el rugir de los cañones y el estrépito de la guerra, y veremos que somos libres y estamos en paz.

El karma yoga nos enseña que la idea común del deber se encuentra en la esfera más baja; pero todos tenemos que cumplir con nuestro *deber*. Ahora bien, todos somos capaces de ver que este peculiar sentido del deber es con frecuencia una importante fuente de miseria. El deber se convierte para nosotros en una enfermedad, nos aprisiona, nos arrastra, convierte nuestras vidas en miserables. Es el lastre de la vida humana. Esta idea del deber es el sol estival de mediodía que abrasa lo más profundo del alma de la humanidad. Observen a los pobres esclavos en sus labores. El deber no les deja tiempo para rezar ni para asearse, siempre está encima de ellos; salen, trabajan y vuelven a casa pensando en el trabajo que les espera el día después. El deber está encima de ellos. Esa es la vida del esclavo, quien al final se derrumba en plena calle y muere con las riendas puestas, como un caballo. Este es el concepto que se tiene del deber. Ahora bien, el único deber verdadero es no atarnos y trabajar como seres libres, entregar nuestro trabajo a Dios. Nuestro deber al completo es Suyo. Benditos seamos nosotros, que somos solicitados en este mundo. Servimos nuestro tiempo, y quién sabe si lo hacemos bien o mal. Si lo hacemos bien, no recogemos los frutos ; si lo hacemos mal, tampoco tenemos que preocuparnos por ello. Descansemos, seamos libres y trabajemos. Este tipo de libertad es algo muy difícil de lograr. Cuan sencillo es considerar la esclavitud como un deber, la malsana atadura de la carne por la carne. Los seres humanos salen al mundo y luchan por el dinero o por cualquier otra cosa a la que se encuentran atados. Pregúntenles por qué lo hacen. Su respuesta es que es un deber, el absurdo codiciar dinero y beneficios que tratan de adornar con algunas flores.

¿Qué es el deber después de todo? Es en realidad el impulso de la carne, de nuestra atadura, y cuando una atadura se ha establecido la llamamos deber. Por ejemplo, en un país podía no existir el matrimonio, de manera que tampoco existía el deber entre marido y esposa ; cuando el matrimonio aparece marido y esposa viven juntos *por* la atadura, y este tipo de convivencia se establece tras generaciones ; cuando pasa a estar establecida de esa forma se convierte en un deber. Es, por así decirlo, una especie de *enfermedad* crónica. Cuando es agudo lo llamamos enfermedad ; cuando es crónico, *naturaleza*. Es una enfermedad. Cuando la atadura se vuelve crónica la bautizamos con el pretencioso nombre de *deber :* esparcimos flores sobre él, lo envolvemos con sonido de trompetas, le atribuimos una serie de palabras santas, y el mundo entero combate, los seres humanos se roban entre ellos con fervor. El nivel de salvajismo se comprueba en función del carácter « bueno » del deber : para las personas de mayor bajeza, que no pueden tener otro ideal, el deber es, sea como sea, bueno ; pero aquellos que quieren ser karma yoguis deben arrojar por la borda esa idea del deber. No existe deber alguno para ustedes ni para mí. Lo que tengan que entregar al mundo entréguenlo, pero nunca lo consideren como un deber, no piensen en ello como un deber ni se sientan obligados. ¿Por qué deberían sentirse así? Todo lo que llevan a cabo bajo obligación construye la atadura. ¿Por qué deberían tener un deber? Renuncien a todo en beneficio de Dios. Beban de esa copa de néctar y sean felices en medio de este abrasador horno donde el fuego del deber quema a todo el mundo. Simplemente, todos trabajamos siguiendo Su voluntad, y no deben preocuparnos ni las recompensas ni los castigos. Si desean la recompensa también obtendrán el castigo ; la única forma de escapar del castigo es renunciar a la recompensa. La única forma de escapar de la miseria es renunciando a la idea de felicidad, ya que ambas se encuentran relacionadas entre sí. En un lado se encuentra la felicidad, en el otro, la miseria. En un lado se encuentra la vida, en el otro, la muerte. La única forma de ir más allá de la muerte es renunciar al amor por la vida. La vida y la muerte son lo mismo, vistas desde diferentes perspectivas. De esta forma, la idea de la felicidad sin miseria o de la vida sin muerte es adecuada para escolares y adolescentes; pero aquel que piensa ve que todo supone una contradicción en sí misma y renuncia a ambas ideas. No busquen reconocimiento ni recompensa por aquello que hagan. Comenzamos a desear que se nos reconozca incluso antes de llevar a cabo una buena acción. Queremos ver nuestros nombres alabados sobre papel incluso antes de practicar la caridad. La miseria se manifestará como el resultado de tales deseos. Los hombres más importantes de este mundo fallecieron en el anonimato. Los «Budas» y los «Cristos» que conocemos son héroes de segundo orden en comparación con hombres grandiosos de los que el mundo no sabe nada. Cientos de estos héroes desconocidos han vivido en cada país, trabajando en silencio. En silencio vivían y en silencio murieron, y sus ideas fueron retomadas con el tiempo por los «Budas» y los «Cristos», y son estos últimos los que el mundo conoce. Los grandes hombres no persiguen que su nombre o su fama sean reconocidos; regalan sus ideas al mundo, no propagan ninguna reivindicación egoísta ni establecen escuelas o sistemas en su nombre: su naturaleza entera tiembla ante tales cosas. Ellos son los verdaderos sattvikas[2], que nunca pueden causar conmoción, sino únicamente fundirse en el amor. Tan solo he visto a un yogui así, que vive en una cueva, en la India. Es uno de los hombres más extraordinarios que jamás haya conocido. Perdió el sentido de su propia individualidad hasta tal punto que podríamos decir que el hombre de su interior ha desaparecido por completo, dejando tras de sí solo el omnisciente sentido de lo divino. Si un animal muerde uno de sus brazos, él está dispuesto a ofrecerle también el otro, afirmando que se trata de la voluntad del Señor. Todo lo que recibe procede de Él. No se muestra ante los hombres; sin embargo, es una montaña de amor, de verdad y de ideas agradables.

Después de los *sattvikas* se encuentran los seres humanos con más *rajas* —o «actividad»—, combatientes por naturaleza, que adoptan las ideas de los seres perfectos y las predican por el mundo. Los hombres más elevados colectan en silencio las ideas verdaderas y nobles, y son otros —los «Budas» y los «Cristos»— los que van de un lugar a otro predicándolas y trabajando por ellas. En la vida de Buda Gautama podemos ver que repite constantemente que él es el vigesimoquinto Buda. El vigesimocuarto no es conocido por la Historia, aunque el Buda que sí lo es debió de alzarse a partir de los cimientos dejados por sus predecesores. Los seres humanos más elevados son tranquilos, silenciosos… y desconocidos. Ellos son los que realmente conocen el secreto de las ideas; están seguros de que si, antes de morir, se encierran en una cueva y piensan en cinco ideas verdaderas, esas cinco ideas procedentes de su voluntad vivirán durante toda la eternidad. En efecto, tales ideas perforarán las montañas, cruzarán los océanos, viajarán por todo el mundo; calarán hondo en los corazones y cerebros humanos y harán que hombres y mujeres se levanten para dar una aplicación práctica a esas ideas en los trabajos de la vida humana. Estos *sattvikas* se encuentran demasiado próximos a Dios como para ser activos, luchar, trabajar, predicar y hacer el bien para con la humanidad — como ellos dicen— aquí en la tierra. Los trabajadores activos, incluso los buenos, aún constan de un pequeño resto de ignorancia en ellos. Cuando nuestra naturaleza todavía tiene impurezas debemos seguir trabajando. Es parte de la naturaleza del trabajo el estar obligado por el motivo o la atadura. En presencia de una Providencia siempre activa que nota incluso la caída de un gorrión, ¿cómo puede el ser humano otorgar una importancia cualquiera a su propio trabajo? ¿No es una blasfemia hacerlo cuando sabemos que Él cuida incluso de lo más menudo del mundo? Tan solo hemos de alabar Su presencia y asombrarnos ante Su poder diciendo: «Hágase Tu voluntad». Los seres humanos más espirituales no pueden trabajar porque en ellos no existe la atadura. El trabajo no existe para aquellos cuya alma entera ha penetrado en el «yo», aquellos cuyos deseos están confinados en el «yo», aquellos que se han asociado para siempre con el «yo». Esos seres humanos son, en efecto, la cima de la humanidad, pero todos los demás deben trabajar. Trabajando nunca deberíamos pensar que podemos ayudar siquiera a la cosa más nimia de este universo, pues eso es falso: tan solo nos ayudamos a nosotros mismos en esta sala de ejercicio que es el mundo. Esa es la actitud correcta para trabajar. Si trabajamos de esa forma, si siempre recordamos que las oportunidades presentes que tenemos de trabajar así son un privilegio que se nos ha dado, nunca estaremos atados a nada.

Millones de individuos como ustedes y como yo piensan que somos personas importantes en este mundo; pero todos moriremos, y cinco minutos después el mundo ya nos habrá olvidado. Solo la vida de Dios es infinita. «¿Quién podría vivir un momento, respirar un momento, si no fuera esa la voluntad del Omnipotente?». Él es la eterna Providencia activa. Todo poder se encuentra en Él y bajo Su mando. Bajo Su mando sopla el viento, brilla el sol y vive la tierra, acechada por la muerte. Él es el todo en todo; Él es todo y está en todo. No podemos sino venerarlo. Renuncien a los frutos del trabajo, hagan el bien mediante el trabajo; solo entonces llegará la perfecta no atadura. Las cadenas que aprisionan el corazón se quebrarán, y cosecharemos la perfecta libertad. Esta libertad es el objetivo del karma yoga.

1. N.d.T. Los seres humanos más « puros », los que están en contacto permanente con Dios.
2 N.d.T. *Nyaya* es una de las seis doctrinas ortodoxas hinduistas. La escuela nyaya es una escuela de especulación filosófica que, más tarde, también se dedicó al campo de la Metafísica.

Capítulo VIII
El Ideal del Karma Yoga

La idea más importante en la religión del Vedanta es esta : podemos alcanzar el mismo objetivo mediante diferentes caminos. Estos caminos, que ya he resumido, son generalmente cuatro : trabajo, amor, psicología y conocimiento. Pero al mismo tiempo deben recordar que la división entre ellos es difusa, que todos se encuentran relacionados entre sí. Distinguimos uno de otro en función del tipo que prevalece. No significa que no podamos encontrar a una persona que solo posea la facultad de trabajar, que no podamos encontrar a personas que únicamente sean más que devotas o que no haya personas que posean algo más que un simple conocimiento. La división entre estos caminos se lleva a cabo en función del tipo o de la tendencia que prevalece en una persona. Hemos visto que, al final, estos cuatro caminos convergen y pasan a ser uno solo. Todas las religiones y métodos de trabajo y adoración nos guían hacia un único y mismo objetivo.

Ya he intentado explicar ese objetivo. Es mi concepto de libertad. Todo lo que percibimos a nuestro alrededor se encuentra en una lucha por la libertad, desde el átomo hasta el ser humano, desde la insensible e inerte partícula de materia hasta la mayor existencia en el planeta : el alma humana. El universo al completo es, de hecho, el resultado de esta lucha por la libertad. En todas sus combinaciones, cada partícula intenta recorrer su propio camino, escapar de las otras partículas que la aprisionan y la mantienen bajo control. La tierra intenta escapar del sol, la luna intenta escapar de la tierra. Todo posee una tendencia a dispersarse infinitamente. La base de todo lo que vemos en el universo es esa lucha por la libertad. La fuerza de esta tendencia es la razón por la que el santo reza y el ladrón roba. Cuando la línea de acción es inadecuada la llamamos malvada ; cuando su manifestación es adecuada y elevada la llamamos buena. Pero la fuerza, el impulso, es la misma : la lucha por la libertad. El santo se encuentra oprimido por el conocimiento de su condición de esclavo y, como desea deshacerse de esa condición, venera a Dios. El ladrón se encuentra oprimido por la idea de que no posee ciertas cosas e intenta deshacerse de esa necesidad, escapar a esa situación, esto es, robar. La libertad es la única meta de toda la naturaleza, tanto sensible como insensible ; inconsciente o conscientemente, todo lucha por alcanzar ese objetivo. La libertad perseguida por el santo es muy diferente de la que busca el ladrón: la libertad que el santo ama lo guía hacia el disfrute del infinito, la dicha inefable, mientras que la libertad que mora en el corazón del ladrón no hace sino forjar más cadenas para su alma.

La manifestación de esta lucha por la libertad se puede encontrar en cada religión. Es la tierra de cultivo de toda la moral, de la falta de egoísmo, que significa desprenderse de la idea de que el ser humano es lo mismo que su pequeño cuerpo. Cuando vemos a una persona llevando a cabo un trabajo bueno, ayudando a los demás, significa que no puede ser confinada dentro del limitado círculo del «yo y lo mío». No existe límite alguno a la hora de deshacerse del egoísmo. Todos los grandes sistemas éticos predican la absoluta dedicación altruista como el objetivo que se debe alcanzar. Suponiendo que una persona pueda lograrlo, ¿qué ocurre con ella? Que ya no será el pequeño Don..., sino que habrá alcanzado la expansión infinita. La pequeña personalidad que poseía antes desaparece para siempre, la persona se vuelve infinita. Alcanzar la expansión infinita es la meta de todas las religiones y todas las doctrinas morales y filosóficas. Los personalistas se asustan cuando escuchan esta idea planteada desde un punto de vista filosófico; pero predicando la moralidad están enseñando, en el fondo, la misma idea. No ponen límites a la dedicación altruista del ser humano. Supongan que una persona se vuelve perfectamente altruista bajo un sistema personalista: ¿cómo podríamos distinguirla de la persona perfecta bajo otros sistemas? Se ha fundido en el universo, y ese es el objetivo común; simplemente, los pobres personalistas no se atreven a proseguir sus razonamientos hasta la conclusión adecuada. El camino del karma yoga es el trabajo altruista, al final del cual se encuentra la libertad, el objetivo de la naturaleza humana. Toda acción egoísta, por tanto, hace que perdamos el tiempo; toda acción altruista nos lleva hacia esa meta. Así, la única definición que podemos dar de moral es esta: aquello que es egoísta es inmoral, y lo que es altruista, moral.

Ahora bien, examinándolo al detalle la cuestión no puede verse como algo tan sencillo. El entorno hace que con frecuencia la misma acción sea egoísta o altruista, es decir, en función de una serie de circunstancias; por tanto, solo podemos dar una definición general y dejar que los detalles se resuelvan tomando en consideración las diferencias de tiempo, lugar y circunstancias. Un tipo de comportamiento se considera moral en un país, mientras que en otro ese mismo comportamiento es inmoral: la razón es que las circunstancias difieren. El objetivo de la naturaleza es la libertad, que solo se consigue mediante el perfecto altruismo; cada pensamiento, palabra y acto que es altruista nos lleva hacia ese fin y, como tal, se llama moral. Esta definición, como se ve, implica el bien en todas las religiones y sistemas éticos. En algunos sistemas de pensamiento la moral procede de un ser superior, que es Dios. Si preguntan a una persona por qué debe hacer una cosa y no otra, su respuesta es : « Porque es la voluntad de Dios ». Pero sea cual sea el origen del que emanan, el código ético de todos los sistemas posee la misma idea central : no pensar en uno mismo, sino renunciar a hacerlo. Sin embargo, algunas personas, a pesar de esta idea ética elevada, sienten miedo ante el pensamiento de tener que renunciar a sus pequeñas personalidades. Podemos preguntar a la persona que se adhiere a la idea de las pequeñas personalidades para considerar el caso de aquella que se ha vuelto perfectamente altruista, que no piensa en sí misma, que no actúa para sí misma, que no habla sobre sí misma ; luego, podremos decir dónde se encuentra su « yo mismo ». Se tiene constancia del « yo mismo » siempre y cuando se piense, hable o actúe para este. Si se tiene constancia de los demás, del universo, de todo, ¿dónde se encuentra el « yo mismo »? Desaparecido para siempre.

El karma yoga es, de esta forma, un sistema ético y religioso con el que alcanzar la libertad a través del altruismo y los trabajos adecuados. El *karma*-yogui no necesita en absoluto creer en cualquier doctrina. Puede que no crea ni siquiera en Dios, que no se pregunte qué es su alma o que no piense en una especulación metafísica cualquiera ; consta de su propio objetivo cuando practica la dedicación desinteresada y debe arreglárselas por sí mismo ; cada momento de su vida debe ser una realización porque tiene que resolver mediante el mero trabajo — sin ayuda de una doctrina o teoría— los mismos problemas para los que el jnani[1] aplica su razón e inspiración y el bhakta[2] aplica su amor.

Ahora se imponen las siguientes cuestiones : ¿en qué consiste este trabajo? ; ¿en qué consiste hacer el bien en el mundo? ; ¿podemos hacer esto último? En un sentido absoluto la respuesta es no ; en un sentido relativo, sí. No se puede hacer el bien en el mundo de forma permanente e imperecedera ; si se pudiera, el mundo no sería el que conocemos. Podemos satisfacer el hambre de una persona durante cinco minutos ; pero volverá a tener hambre. Cada placer con el que cubrimos la necesidad de alguien puede ser considerado momentáneo. Nadie puede curar de forma permanente esta fiebre constante de placer y dolor. ¿Se puede hacer que el mundo sea feliz de forma permanente? Cuando una ola se levanta en el océano el agua deja un hueco al desplazarse. La suma total de las cosas buenas en el mundo ha sido la misma en lo que respecta a la codicia y la necesidad del ser humano ; ni puede aumentar ni disminuir. Tomemos la historia de la raza humana tal y como la conocemos hoy día. ¿No encontramos la misma desgracia y la misma felicidad, los mismos placeres y dolores, las mismas diferencias establecidas? ¿No son algunos ricos y otros pobres, algunos espirituales y otros mundanos, algunos sanos y otros enfermos? Esta misma situación se repetía con los egipcios, los griegos y los romanos de los tiempos antiguos, y lo mismo ocurre con los norteamericanos actuales. La Historia es la prueba de que siempre ha ocurrido lo mismo en lo que respecta al placer y al dolor; no obstante, al mismo tiempo encontramos que de la mano de estas diferencias incurables siempre ha existido la lucha por aliviarlas. Cada periodo de la Historia ha visto nacer a miles de hombres y mujeres que han trabajado duro para hacer que la vida de los demás sea más cómoda. ¿Y cómo medimos su éxito? El viento vuelve a llenar de arena el hueco que hemos dejado en el suelo al desplazar esta de un lugar a otro. Eliminamos el dolor en el plano físico, pero se desplaza al plano mental. Es como la ilustración del infierno de Dante, en donde se da a los avaros una gran cantidad de oro para que la empujen cuesta arriba. Cada vez que empujan un poco el oro cuesta arriba, en seguida retrocede cuesta abajo. Todas nuestras conversaciones sobre el milenio[3] están muy bien como historias para niños; pero se quedan ahí. Todas las naciones que sueñan con el milenio también piensan que, de entre todas las personas del mundo, ellas tendrán para sí lo mejor de este último. Esta es la maravillosa idea del milenio.

   No podemos añadir felicidad a este mundo, como tampoco podemos añadirle dolor. La suma total de las energías del placer y del dolor existentes en la tierra será siempre la misma. Tan solo empujamos estas energías de un lugar a otro, pero seguirán siendo iguales porque permanecer así forma parte de su propia naturaleza. Este fluir y refluir, este crecer y menguar, forma parte de la naturaleza del mundo; sostener lo contrario sería tan lógico como decir que puede haber vida sin muerte. Sería una completa absurdez, pues la propia idea de vida implica la muerte, y la propia idea de placer implica dolor. La lámpara siempre se encuentra encendida, y en eso consiste su existencia. Si quieren tener una vida, tienen que morir en cada instante por ella. La vida y la muerte son solo diferentes expresiones de lo mismo, consideradas desde diferentes puntos de vista; son la caída y la ascensión de la misma ola, las dos constituyen un solo conjunto. Uno observa el lado «caída» y se vuelve pesimista; otro mira el lado «ascensión» y se vuelve optimista. Cuando un chico va a la escuela y sus padres se preocupan por él todo le parece maravilloso; sus necesidades son simples, es un gran optimista. Pero el anciano, con su amplia experiencia, es más tranquilo y está seguro de poder enfriar considerablemente su fogosidad. De la misma forma, las antiguas naciones, con los signos de decadencia que las rodean, tienden a tener menos esperanza que las nuevas. Existe un proverbio en la India : « Ciudad durante mil años, bosque durante mil años ». Este cambio de ciudad a bosque y viceversa ocurre en cualquier parte, y hace que la gente sea optimista o pesimista en función de su punto de vista.

La siguiente idea es la de igualdad. Las ideas del milenio han sido una gran fuerza motriz para trabajar. El fundamento predicado por muchas religiones es que Dios llegará para dominar el universo, y que después no habrá diferencia en cuanto a la condición humana. Los que predican esta doctrina son simples fanáticos, y los fanáticos son, de hecho, los seres humanos más sinceros. El cristianismo fue predicado basándose en la fascinación por este fanatismo, y esto es lo que lo hizo tan atractivo para los esclavos griegos y romanos : creían que bajo la religión milenaria no habría más esclavitud, que habría comida y bebida para todos ; por tanto, se apiñaron en torno al estandarte del cristianismo. Los que predicaban esta idea primeramente eran, por supuesto, fanáticos ignorantes, aunque muy sinceros. En los tiempos modernos esta aspiración milenaria toma la forma de la igualdad —libertad, igualdad y fraternidad—. Eso también es fanatismo. La verdadera igualdad nunca ha existido ni podrá existir en la tierra. ¿Cómo podríamos ser iguales? Ese tipo imposible de igualdad implica la muerte total. ¿Qué es lo que hace que el mundo sea como es? La pérdida del equilibrio. En el estado primario, conocido como caos, existía un equilibrio perfecto. ¿De dónde proceden todas las fuerzas constructoras del universo? De la lucha, la competición, el conflicto. Supongamos que todas las partículas de materia se encontraban en equilibrio, ¿habría existido entonces el proceso de creación? Gracias a la ciencia sabemos que es imposible. Si perturbamos una capa de agua, veremos que cada partícula de agua intenta encontrar nuevamente la calma, empujándose unas a otras. Todos los fenómenos que conocemos como universo — todo lo que lo compone— luchan por volver a su estado de calma perfecta de la misma forma. Cuando se produce una perturbación se produce combinación y creación. La desigualdad es la propia base de la creación. Las fuerzas que luchan por crear la igualdad son tan necesarias para la creación como las fuerzas que la destruyen.

La igualdad absoluta, que significa que todas las fuerzas que luchan se encuentren en perfecto equilibrio en todos los planos, nunca podrá existir en este mundo. Antes de alcanzar ese estado, el mundo se habrá vuelto perjudicial para todo tipo de vida, y nada ni nadie vivirá en él. Vemos, de esta forma, que todas esas ideas sobre el milenio y sobre la igualdad absoluta no son solo imposibles, sino que también, si intentáramos ponerlas en práctica, nos conducirían con toda seguridad a la destrucción total. ¿Qué es lo que distingue a un ser humano de otro? Es en gran medida una diferencia a nivel cerebral. Hoy día nadie salvo un lunático dirá que todos nacimos con la misma capacidad cerebral. Llegamos al mundo dotados de forma diferente, como personas grandiosas o de mayor bajeza, y no existe escapatoria alguna a nuestra condición predeterminada. Los indios de América vivieron en dicho continente durante miles de años, y muchos ancestros de los norteamericanos actuales llegaron a sus tierras. Vaya cambio que experimentó el país con su llegada. ¿Por qué los indios no llevaron a cabo mejoras y construyeron ciudades si todos eran iguales? Con los ancestros ingleses llegó a aquella tierra un poder cerebral diferente, llegaron diferentes masas de impresiones pasadas que se ejercitaron para manifestarse. La no diferencia absoluta es la muerte. Mientras el mundo dure, la diferenciación existirá y deberá existir; el milenio de la igualdad perfecta tendrá lugar únicamente cuando un ciclo de creación haya llegado a su fin. No obstante, esta idea de realizar el milenio es una gran fuerza motriz. Al igual que la desigualdad es necesaria para la propia creación, la lucha es necesaria para limitarla. La libertad y el regreso a Dios se consiguen mediante la lucha, sin la cual tampoco existiría la creación. La diferencia entre estas dos fuerzas determina la naturaleza de las motivaciones del ser humano. Siempre existirán estas motivaciones para trabajar; algunas tenderán a la esclavitud, y otras, a la libertad.

El mundo posee el terrible mecanismo de una rueda que gira dentro de otra; si lo tocamos, tan pronto como nos atrape estaremos perdidos. Todos pensamos que podremos descansar cuando hayamos cumplido con un deber concreto; pero antes de que cumplamos con una parte de él otro deber estará esperándonos. Todos somos arrastrados por la poderosa y compleja maquinaria del mundo. Tan solo existen dos escapatorias. La primera es desprenderse de toda preocupación que la maquinaria puede crearnos, dejar que siga su curso y apartarnos de ella, renunciar a nuestros deseos. Esto es muy fácil de decir, pero prácticamente imposible de hacer. Desconozco si entre veinte millones de personas existe una que sea capaz de ello. La otra consiste en sumergirse en el mundo y aprender el secreto del trabajo, el camino del karma yoga: no huyamos de los engranajes del mundo, dejemos que nos lleven y aprendamos el secreto del trabajo. Mediante el trabajo correcto realizado en el interior del mecanismo también es posible escapar de él.

Ya hemos visto qué es el trabajo. Forma parte de la base de la naturaleza, y siempre estará presente. Aquellos que creen en Dios comprenden esto mejor porque saben que Dios no es un ser tan incapaz que necesite nuestra ayuda. Aunque este universo seguirá su curso eternamente, nuestra meta es la libertad, la dedicación desinteresada, y, según el karma yoga, esa meta se alcanzará mediante el trabajo. Todas las ideas de hacer que el mundo sea perfectamente feliz pueden ser buenas como fuerzas motrices para los fanáticos ; pero debemos saber que el fanatismo produce tanta maldad como bondad. El *karma*-yogui se pregunta por qué se necesitaría para trabajar otro motivo que no fuera el innato amor por la libertad. Hay que ir más allá de los motivos comunes y encomiables : « Tenemos derecho al trabajo pero no a sus frutos ». El *karma*-yogui dice que el ser humano puede entrenar para conocer y poner en práctica este principio. Cuando la idea de hacer el bien se convierte en parte de una persona, esta no buscará ningún otro motivo para trabajar. Hagamos el bien porque es bueno hacer el bien. El *karma*-yogui dice que aquel que lleva a cabo un buen trabajo incluso para subir al cielo termina atándose. Cualquier trabajo realizado con el más mínimo motivo egoísta, en lugar de liberarnos, forja una nueva cadena para nuestros pies.

Así, la única forma es renunciar a todos los frutos del trabajo, no atarnos a ellos. Sepan que nosotros no somos este mundo y que este mundo no es nosotros ; que en realidad no somos un cuerpo ; que en realidad no trabajamos. Somos el « yo », tranquilo y en paz por la eternidad. ¿Por qué deberíamos estar atados a algo? Es bueno decir que deberíamos encontrarnos perfectamente desatados, pero, ¿cuál es el camino para hacerlo? El buen trabajo que llevamos a cabo sin una segunda intención, en lugar de forjar una nueva cadena, rompe uno de los eslabones de las cadenas que ya tenemos. La buena idea que entregamos al mundo sin pensar en obtener algo a cambio será almacenada en él y romperá un eslabón de la cadena, y nos hará cada vez más puros, hasta que nos convirtamos en los más puros de los mortales. Ahora bien, se podría ver todo esto más bien como algo quijotesco y demasiado filosófico, más teórico que práctico. He leído muchos argumentos contra el Bhagavad-Gita, y muchos individuos han dicho que no se puede trabajar sin un motivo. Nunca han llegado a considerar el trabajo desinteresado fuera de la esfera del fanatismo y, por tanto, hablan de esa manera.

Dejen que les diga a modo de conclusión algunas palabras sobre un hombre que puso en práctica estas enseñanzas del karma yoga. Ese hombre es Buda, el único hombre que lo haya conseguido a la perfección. Todos los profetas del mundo, salvo Buda, tenían motivos externos para dedicarse a la acción desinteresada. Los profetas del mundo, con esta única excepción, pueden dividirse en dos tipos : por un lado, los que mantienen que ellos son la encarnación de Dios en la tierra ; por otro lado, los que mantienen que ellos son solo Sus mensajeros. Tanto unos como otros sacan el ímpetu para trabajar del exterior, esperan una recompensa del exterior, por muy elevado y espiritual que sea el lenguaje que utilizan. Buda es el único profeta que dijo : « No me interesa conocer vuestras variadas teorías sobre Dios. ¿Qué sentido tiene discutir sobre todas las sutiles doctrinas sobre el alma? Hagan el bien y sean buenos. Ello los liberará y conducirá hacia el lugar en el que se encuentre la verdad». A lo largo de su vida, Buda no tuvo absolutamente ningún motivo personal. ¿Qué hombre trabajó más que él? Díganme algún personaje histórico que se haya elevado tanto sobre todo lo demás. La raza humana solo ha producido un único personaje así, una filosofía tan elevada y una simpatía tan grande. Este gran filósofo, que predicaba la filosofía más elevada, sentía la más profunda de las simpatías por los animales más inferiores, y jamás exigió nada para él mismo. Él es el ideal de *karma*-yogui, actuando enteramente sin un motivo, y la Historia de la humanidad lo conoce por haber sido el hombre más grandioso que jamás haya nacido; además, comparen la enorme combinación de corazón y mente que ha existido, el enorme poder espiritual que se ha manifestado. Él es el primer gran reformador en el mundo, el primero que se atrevió a decir: «No crean porque han aparecido algunos antiguos manuscritos, no crean porque es la ideología de su país, porque fueron creados para creer desde su infancia; en su lugar, razonen y, después de su análisis, si consideran que pueden ayudar a una persona y todo el mundo así lo cree, vivan con ese ideal y ayuden a los demás a vivir con ese ideal». Aquel que trabaja sin un motivo es quien mejor trabaja, aquel que no lo hace por dinero, fama o cualquier otra cosa. Cuando una persona haga esto, se convertirá en un «Buda», y del exterior recibirá el poder de trabajar de tal forma que pueda cambiar el mundo. Esa persona representa el ideal más elevado del karma yoga.

1. N.d.T. Es aquel que se conoce a sí mismo y, por tanto, lo conoce todo.
2. N.d.T. Es aquel que practica el bhakti, es decir, la devoción desinteresada como medio para alcanzar el ser supremo
impersonal, fuente y destino de todos los seres.
3. N.d.T. Debe comprenderse como un «periodo de felicidad y abundancia».

BHAKTI YOGA
EL CAMINO DE LA DEVOCIÓN

Capítulo I
Oración

स तन्मयो ह्यमृत ईशसंस्थो ज्ञः सर्वगो भुवनस्यास्य गोप्ता।
य ईशेऽस्य जगतो नित्यमेव नान्यो हेतुर्वदियत ईशनाय॥
यो ब्रह्माणं विदधाति पूर्व यो वै वेदांश्च प्रहिणोति तस्मै।
तं ह देवं आत्मबुध्दप्रिकाशं मुमुक्षुर्वे शरणामहं प्रपद्ये॥

Él es el alma del universo; Él es inmortal; Él es el Omnisciente, el que está en todo, el protector del universo, el gobernante eterno. Nadie más puede gobernar el mundo eternamente. Él que en los inicios de la creación creó a Brahmâ, es decir, la consciencia universal, y que le entregó los Vedas. Buscando la liberación, busco refugio en aquel que resplandece, cuya luz convierte en entendimiento en el âtman.

— *Shvetâshvatara-Upanishad, VI. 17-18.*

Definición de bhakti

El bhakti yoga es una búsqueda verdadera y sincera del Señor, una búsqueda que comienza, continúa y termina en el amor. Un único momento de ese amor extremo por Dios nos lleva a la libertad eterna. En su explicación de los aforismos del bhakti, Nârada dice : « El bhakti es el amor intenso a Dios […]. Cuando un hombre lo alcanza, ama a todos los seres y no odia a ninguno ; está satisfecho para siempre […]. Este amor no puede reducirse a un beneficio terrenal », pues mientras perduran los deseos terrenales, esta clase de amor no puede llegar. « El bhakti es más grande que el karma y más grade que el yoga, porque, mientras que estos se enfocan hacia un objeto visible, el bhakti es en sí mismo su propia fruición, sus propios medios y su propio fin ».

El bhakti ha sido el tema constante entre nuestros sabios. Además de los escritores especializados en el bhakti, como Shândilya o Nârada, los grandes comentadores de los *Vyâsa-Sutras*, defensores del conocimiento (jnâna), también tienen algo muy sugestivo que decir sobre el amor. Incluso cuando el comentador está ansioso por explicar, si no todos, muchos de los textos para hacer que transmitan una especie de conocimiento seco, los *sutras*, sobre todo en el capítulo de la adoración, no se dejan manipular fácilmente por esa moda.

Realmente, no existe tanta diferencia entre el conocimiento (jnana) y el amor (bhakti) como la gente suele creer. A lo largo de este texto, veremos que, al final, ambos convergen y se encuentran en el mismo punto. Lo mismo sucede con el *râja-yoga*, que, cuando se busca como forma de alcanzar la liberación y no (como por desgracia sucede con frecuencia cuando está en manos de charlatanes y milagreros) como instrumento para embaucar a las personas confiadas, nos permite llegar a la misma meta.

La gran ventaja del bhakti es que constituye el camino más fácil y natural para alcanzar el gran fin divino ; su gran desventaja es que, en sus formas inferiores, suele degenerar en el horrible fanatismo. Los grupos de fanáticos del hinduismo, o del islamismo, o del cristianismo siempre han sido reclutados casi exclusivamente por estos devotos de los planos inferiores del bhakti. Esta exclusividad de adhesión (*nishtha*) a un objeto amado, sin la cual ningún amor verdadero puede desarrollarse, es también muy a menudo la causa de rechazar todo lo demás. Las mentes débiles y poco desarrolladas de todos los países y religiones solo tienen una forma de amar su propio ideal, es decir, odiar los otros ideales. Esto explica que un hombre tan amantemente adherido a su ideal de Dios y tan devoto a su ideal de religión se vuelva un fanático cuando ve u oye algo relacionado con otro ideal. Este tipo de amor a veces se parece al instinto canino de proteger la propiedad del amo de toda intrusión, con la diferencia de que el instinto del perro es mejor que la razón del hombre, pues el perro nunca confunde a su amo con un enemigo sin que importe cómo se vista el amo. El fanático pierde el poder de razonar. En este caso, las consideraciones personales tienen un interés tan absorbente que le da igual lo que un hombre diga, ya sea correcto o no, y lo que quiere saber es quién lo ha dicho. El mismo hombre que es amable, bueno, honesto y afectuoso con los que comparten su opinión, no vacilará en cometer los actos más viles contra otras personas ajenas al grupo de su hermandad religiosa.

Pero este peligro solo existe en la etapa del bhakti llamada el preparatorio (*gauni*). Cuando el bhakti ha madurado y ha pasado a esa forma en la que se lo llama supremo (*parâ*), no hay nada que temer de esas manifestaciones de fanatismo; el alma que posee el poder de la forma superior del bhakti está demasiado cerca del Dios del amor para convertirse en un instrumento de difusión del odio.

No nos es dada a todos, en esta vida, la capacidad de construirnos un carácter armonioso y sin embargo todos sabemos que el carácter de tipo más noble es aquel en el cual los tres elementos (conocimiento, amor y yoga) están armoniosamente fundidos. Un pájaro necesita tres cosas para volar: dos alas y la cola como timón para dirigir. El jnana (conocimiento) es un ala, el bhakti (amor) es la otra y el yoga es la cola que mantiene el equilibrio. Para aquellos que no pueden dedicarse a estas tres formas de adoración juntas y en armonía y así emprender el camino hacia el bhakti, es necesario recordar siempre que las formas y las ceremonias, aunque imprescindibles para que el alma progrese, no tienen más valor que el que les confiere el conducirnos al estado en el que sentimos el más intenso amor por Dios.

Existe una pequeña diferencia de opinión entre los maestros del conocimiento y los del amor, aunque ambos reconozcan el poder del bhakti. Los *jnanis* defienden que el bhakti es un instrumento de liberación, mientras que los *bhaktas* consideran que es tanto el instrumento como el fin que hay que alcanzar. En mi opinión, esta es una distinción en la que no existe mucha diferencia. De hecho, el bhakti, cuando se utiliza como instrumento, es una forma inferior de adoración y su forma superior se vuelve inseparable de la inferior de realización en una etapa posterior. Parece que cada uno da gran énfasis a su método de adoración particular, olvidando que con el amor perfecto llega el verdadero conocimiento aunque no se lo busque y que el conocimiento perfecto es inseparable del verdadero amor.

Con esto en mente, intentemos comprender lo que los grandes comentadores de los Vedas tienen que decir sobre el tema. Al explicar el *Sutra Âvrittirasakridupadeshât*[1],

Bhagavân Shánkara dice lo siguiente: «La gente dice: "él es fiel al rey, es leal al gurú" se dice del que sigue al gurú y lo hace considerando que su obediencia es su único fin. Del mismo modo, se dice: "la amante esposa medita sobre el amante esposo"; en este caso, también se habla de un tipo de recuerdo entusiasta y continuo». Según Shánkara, eso es devoción.

«La meditación es un recuerdo constante (del objeto sobre el que se medita) que fluye como un arroyo de aceite que cae de un recipiente a otro. Cuando por fin se consigue esta forma de recuerdo (de Dios), todas las ligaduras se rompen. Así dicen las escrituras en las que se considera el recuerdo constante un medio de liberación. Este recuerdo, además, tiene la misma forma que la visión, pues tiene el mismo significado que el pasaje: "Cuando se ve a aquel que está lejos y cerca, los lazos del corazón se rompen, las dudas se desvanecen y todos los efectos del trabajo desaparecen". Puede verse al que está cerca, pero al que está lejos solo se lo puede recordar. No obstante, las escrituras dicen que debe verse tanto a Aquel que está cerca como a Aquel que está lejos, lo que nos indica que la forma de recuerdo de la que hemos hablado es tan buena como la visión. Este recuerdo, una vez exaltado, adquiere la misma forma que la visión. La oración es un recuerdo constante, tal y como se puede ver en los textos principales de las escrituras. El saber, que es lo mismo que la oración repetida, ha sido descrito como un recuerdo constante. Así, la memoria que es elevada a una altura equivalente a la percepción directa es mencionada en el shruti como un medio de liberación. "Este atman no puede ser alcanzado por las diversas ciencias, ni por el intelecto, ni por el estudio de los vedas. Quienquiera que sea elegido por el atman, por él este atman es alcanzado y a él este atman se revela". Aquí, después de decir que el mero hecho de oír, pensar y meditar no es el medio para alcanzar este atman, el texto agrega: "Aquel que es elegido por el atman, es quien este atman alcanza". Lo que se ama intensamente se desea; quienquiera que ame intensamente al atman, se convierte en lo más amado del atman. Así es que, para que el amado pueda alcanzar al atman, el Señor ayuda. Porque el Señor ha dicho: "A aquellos que están constantemente dedicados a mí y que me adoran con amor, yo doy a su voluntad la dirección por la cual ellos vienen a mí". Por eso, se dice que aquel para quien este recuerdo, que tiene la misma forma de la percepción directa, es muy querido, como le es querido el Objeto de esa percepción memorizada, es amado por el atman supremo; por él, es alcanzado el atnam supremo. Este recuerdo constante se designa con la palabra bhakti». Así dice Bhagavân Râmânuja en su cometario del *Sutra Athâto Brahma-jijnâsâ*[2].

En su comentario sobre el Sutra de Patányali, *Ishavara pranidhânâdvâ*, es decir

CAPÍTULO I : ORACIÓN

« O por la adoración del Señor supremo », Bhoya dice : « *Pranidhâna* es esa clase de bhakti en la cual, sin buscar resultados tales como el de los placeres sensoriales, etc., todos los actos son dedicados a este Maestro de maestros ». Bhagavan Vyasa, comentando el mismo sutra, define también el *pranidhana* como « la forma de bhakti por la cual la gracia del Señor supremo toca el yogi y lo bendice, otorgándole la realización de sus deseos ». Según Shândilya : « el bhakti es intenso amor por Dios ». Sin embargo, la mejor definición es la que ha dado el rey de los *bhaktas*, Prahlâda :

या प्रीतिरविवेकानां विषयेष्वनपायिनी।त्वामनुस्मरतः सा मे हृदयान्मापसर्पतु॥

« *Como aquel amor imperecedero que el ignorante tiene por los fugaces objetos de los sentidos — mientras yo medito sobre ti — haz que ese tipo de intenso amor no desaparezca de mi corazón* »

¡ Amor ! ¿Por quién? Por el Señor supremo Ishvara. El amor por cualquier otro ser, por grande que sea, no puede ser bhakti ; pues, como Ramanuya dijo en su Sri Bhashya, citando a un antiguo âchârya, es decir, a un gran maestro :

आब्रह्मस्तम्बपर्यन्ताः जगदन्तर्व्यवस्थिताः। पुराणानिः
कर्मजनितिसंसारवश्ववर्तनिः॥यतस्ततो न ते ध्याने ध्याननिमुपकारकाः।
अविद्यान्तर्गतास्सर्वे ते हि संसारगोचराः॥

« *Desde Brahma hasta un puñado de hierba, todas las cosas que viven en el mundo son esclavas del nacimiento y de la muerte causados por el karma ; por lo tanto, ellas no pueden ser utilizadas como objetos de meditación, pues están todas en la ignorancia y sujetas a cambios* »

En su comentario sobre la palabra *anurakti* empleada por Shandilya, el comentador Svapneshvara dice que significa *anu* (después) y *rakti* (apego), es decir, el apego que viene después del conocimiento de la naturaleza y gloria de Dios ; de otro modo, cualquier otro apego ciego por alguien, por ejemplo el que se tiene por la esposa, o por los hijos, sería bhakti. Así, vemos claramente, que el bhakti es una sucesión de esfuerzos mentales por alcanzar la realización religiosa que comienza por la adoración común y termina en un intenso y supremo amor por Ishvara.

1- N.d.T. : La meditación es necesaria, habiéndose disfrutado a menudo.
2- Aquí sigue una disertación sobre Brahman.

Capítulo II
La Filosofía de Ishvara

¿Quién es Ishvara? Es Janmâdyasya yatah. «De quien provienen el nacimiento, la permanencia y la disolución del universo, Él es Ishvara, el Eterno, el Puro, el Siempre libre, el Todopoderoso, el Omnisciente, el Todo misericordia, el Maestro de todos los maestros»; y, sobre todo, «Él, el Señor, por su propia naturaleza, es inexpresable Amor».

Ciertamente, estas son definiciones de un Dios personal. Entonces, ¿hay dos Dioses? ¿El «ni esto, ni aquello», el sat-chit-ânanda (existencia-conciencia-dicha) del filósofo, y el Dios de Amor del bhakta? No, es el mismo sat-chit-ânanda que es también el Dios de amor, es lo impersonal y lo personal en uno solo. Siempre debe entenderse que el Dios personal, adorado por el bhakta, no está separado ni es diferente del brahman. Todo es brahman, el Uno sin segundo; solo que el brahman, como unidad o absoluto, es demasiada abstracción para poder ser amada y adorada; por eso, el bhakta elige el aspecto relativo de brahman que es Ishvara, el gobernador supremo. Para utilizar un símil, diremos que el brahman es como la arcilla o la sustancia con la cual están hechos una infinita variedad de objetos. En tanto que arcilla, todos son uno, pero la forma o la manifestación los diferencia entre sí. Antes de que cada uno de ellos fuera hecho, existían potencialmente en la arcilla y, naturalmente, eran idénticos en sustancia, pero, una vez formados, y mientras duran las formas, están separados y son diferentes. El ratón de arcilla no puede jamás volverse el elefante de arcilla, pues, como manifestaciones, tan solo la forma hace que sean lo que son, aunque, en tanto que arcilla no modelada, son una misma cosa. Ishvara es la más alta manifestación de la Realidad absoluta, o en otros términos, la más elevada interpretación que la mente humana puede dar de lo Absoluto. La creación es eterna y también lo es Ishvara.

En el cuarto pada del cuarto capítulo de sus sutras, después de haber declarado el poder y el conocimiento casi infinitos que tendrá el alma liberada cuando haya alcanzado el moksha, Vyâsa destaca en un aforismo, que, a pesar de todo, nadie adquirirá el poder de crear, de gobernar y de disolver el universo, porque tales poderes solo pertenecen a Dios. Al explicar el Sutra, es fácil para los comentadores dualistas demostrar que siempre resulta imposible para un alma subordinada, o jiva, tener el poder infinito y la independencia total de Dios. El meticuloso comentador dualista Madhvâchârya trata este pasaje con su habitual método sumario, citando un versículo del Varâha-Purana.

Cuando explica este aforismo, el comentador Râmânuya dice : « Al surgir la duda de si entre los poderes de las almas liberadas se incluye ese poder único del Ser supremo, es decir, el de la creación, etc., e incluso el de gobernar todo, o si, sin estos poderes, la gloria de los liberados consiste solamente en la percepción directa del Ser supremo, encontramos como argumento lo siguiente : es razonable que los liberados obtengan el gobierno del universo porque las escrituras dicen que "él alcanza la máxima semejanza con el Ser supremo y todos sus deseos se cumplen". Ahora bien, esa máxima semejanza y la satisfacción de todos los deseos no pueden ser alcanzados sin ese poder único del Señor supremo, es decir, el poder de gobernar el universo. Por lo tanto, para alcanzar la realización de todo deseo y la identificación total con lo Supremo, debemos admitir que los liberados adquieren el poder de gobernar el universo. A esto, nosotros respondemos que los liberados obtienen todos los poderes, salvo el de gobernar el universo. Gobernar el universo es regir la forma, la vida y los deseos de todos los seres sensibles o insensibles. Los liberados, para quienes todos los velos que ocultan Su verdadera naturaleza han desaparecido, solo gozan de la libre percepción del brahman, pero no poseen el poder de gobernar el universo. Esto lo demuestra el siguiente texto de las escrituras : "aquel de quien todas las cosas nacen, por quien todo lo que ha nacido vive y a quien vuelven al desaparecer inquiere sobre Él. Eso es brahman". Si esta cualidad de gobernar al universo fuera también común a los liberados, este texto no sería una definición adecuada de brahman, pues en él se Lo define por el hecho de gobernar el universo. Solo los atributos individuales definen una cosa ; por ello, en textos como : "Mi amado hijo, al principio tan solo existía lo Uno sin segundo. Reflexionó y pensó 'Daré nacimiento a la multiplicidad', y proyectó el calor […]. Al principio solo existía el brahman. Este Uno evolucionó, lo que proyectó una forma bendita : el kshatra. Todos estos dioses son kshatras : Varuna, Soma, Rudra, Parjanya, Yama, Mrityu, Ishâna […]. Al principio solo existía el atman, nada más vibraba. Él pensó en proyectar el mundo ; Él proyectó el mundo después […]. Sólo existía Nârayana ; ni Brahma, ni Ishana, ni el Dyâvâ-Prithivi, ni las estrellas, ni el agua, ni el fuego, ni Soma, ni el Sol. Él no sentía placer estando solo y después de su meditación tuvo una hija, los diez órganos, etc." Y en otros textos como : "Aquel que, viviendo en la tierra, está separado de la tierra ; que viviendo en el atman, etc." Los shrutis hablan del Ser supremo como el que gobierna el universo. En ninguna de estas descripciones del gobierno del universo se incluye para el alma liberada función alguna por la que se le pueda atribuir el gobierno del universo».

Explicando el siguiente Sutra, Râmânuja dice: «Si ustedes dicen que esto no es así, porque existen textos extraídos directamente de los Vedas que prueban lo contrario, diré que estos textos se refieren a la gloria de los liberados en las esferas de las divinidades inferiores». Es esta una solución fácil de la dificultad. Aunque el sistema de Râmânuja admite la unidad del todo, dentro de esta totalidad de la existencia, hay, según él, diferencias eternas. Por lo tanto, a todo fin práctico, aun siendo este sistema igualmente dualista, ha sido fácil para Râmânuja mantener muy clara la distinción entre el alma individual y el Dios personal.

Ahora vamos a tratar de comprender lo que el gran representante de la escuela advaita nos dice al respecto. Veremos cómo el sistema advaita mantiene intactas todas las esperanzas y aspiraciones de los dualistas y al mismo tiempo propone su propia solución del problema, en consonancia con el elevado destino de la divina humanidad. Aquellos que aspiran a conservar su mente individual aun después de la liberación y a seguir siendo distintos tendrán sobradas oportunidades de realizar sus aspiraciones y disfrutar de las bendiciones de Brahman con atributos. De ellos se dice en el Bhagavata Purana: «¡Oh rey! Tan grandes son las gloriosas cualidades del Señor, que los sabios cuya sola dicha está en el Ser y cuyas ligaduras han caído, aman aún al Omnipresente, con ese amor que sólo busca satisfacción en el amor mismo». De ellos dicen los sânkhyas que en este ciclo se fundirán en la naturaleza, de manera que, después de haber alcanzado la perfección, retornarán en el ciclo siguiente como señores de los sistemas del mundo. Pero ninguno de ellos jamás será igual a Dios (Ishvara). Aquellos que alcanzan ese estado en el que no hay ni creación, ni creado, ni creador; donde no existe ni conocedor, ni lo conocible, ni el conocimiento; donde no hay ni yo, ni tú, ni él; donde no hay ni sujeto, ni objeto, ni relación entre ambos, «allí, ¿quién es visto por quién?»; tales personas han ido más allá de todas las cosas «donde ni la palabra ni la mente pueden llegar»; han ido a lo que los shrutis declaran como «ni esto, ni aquello»; pero para aquellos que no pueden o no quieren alcanzar ese estado, perdurará inevitablemente la triple visión de brahman no-diferenciado como naturaleza, alma y sostenedor de ambas que entra en ellas: Ishvara. Así, cuando Prahlâda se olvidó a sí mismo, no encontró ni el universo, ni su causa; para él todo era el Infinito, sin diferenciación de nombre y forma; pero en cuanto recordó que él era Prahlâda, el universo estuvo de nuevo ante él y con él el Señor del universo, el «receptáculo de un número infinito de cualidades benditas ». Lo mismo ocurrió a las gopis benditas. Durante el tiempo en el que perdieron el sentido de su propia identidad personal e individualidad, eran todas Krishnas; pero, cuando pensaron en Él como el Uno que debe ser adorado, se sintieron nuevamente gopis e inmediatamente :

तासामाविरिभूच्छौरिः स्मयमानमुखाम्बुजः।पीताम्बरधरः स्त्रग्वी साखान्मन्मथमन्मथः॥

« *Krishna se les apareció con una sonrisa en su rostro de loto, vestido de ocre, con guirnaldas de flores, la encarnación del vencedor (en belleza), del dios amor* » — Bhagavata

Volvamos ahora a Acharya Shánkara, según quien : « Aquellos que adorando a Brahman con atributos logran la conjunción con el Señor supremo, preservando su propia mente, ¿disfrutan de una gloria limitada o ilimitada. Al surgir esta duda, tenemos como argumento que su gloria debe ser sin límites, porque los textos de las escrituras dicen : " ellos alcanzarán su propio reino [...]. Todos los dioses le rendirán culto [...]. Sus deseos se cumplen en todos los mundos". En respuesta a esto, Vyasa escribe " sin el poder de gobernar el universo". Salvo el poder de la creación del universo, etc. Todos los demás poderes tales como animâ, etc., son alcanzados por los liberados. En cuanto al gobierno del universo, eso pertenece al eternamente perfecto Ishvara. ¿Por qué? Porque Él es el sujeto de todos los textos de las escrituras que hablan de la creación y en ellos no se menciona en forma alguna a las almas liberadas. El Señor supremo es el único que gobierna el universo. Los textos que hablan de la creación, etc., lo señalan a Él. Además, se Le da el apelativo de " siempre-perfecto". También dicen las escrituras que los poderes animâ, etc., de las almas liberadas provienen de la búsqueda y de la adoración de Dios. Por lo tanto, estas almas no tienen lugar en el gobierno del universo. Además, por el hecho de seguir manteniendo sus propias mentes, es posible que sus voluntades puedan diferir y que, mientras una desee la creación, otra prefiera la destrucción. El único modo de evitar este conflicto es subordinar todas las voluntades a una sola voluntad. Así, la conclusión es que todas las voluntades de los liberados dependen de la voluntad del Señor supremo ».

Entonces, el bhakti solo puede dirigirse hacia Brahman en Su aspecto personal.

क्लेश्योऽधिकितरस्तेषामव्यक्तासक्तचेतसाम्
«¡ El camino es más difícil para aquellos cuya mente está adherida a lo absoluto !»

El bhakti debe flotar suavemente por la corriente de nuestra naturaleza. Cierto es que no podemos formarnos una imagen de Brahman que no sea antropomórfica, pero, ¿no es esto igualmente cierto de todo lo que conocemos? El más grande psicólogo que el mundo jamás haya conocido, Bhagavan Kapila, demostró hace siglos que la conciencia humana es uno de los elementos de la formación de todos los objetos de nuestra percepción y concepción, tanto interna como externa. Comenzando por nuestro propio cuerpo y llegando hasta Ishvara, podemos ver que cada objeto de nuestra percepción es esta conciencia y algo más, sea lo que sea este algo. Es esta mezcla inevitable lo que nosotros normalmente creemos que es la realidad. Ciertamente, tiene y tendrá siempre, todo lo que le será posible a la mente humana conocer de la realidad. Por ello, declarar que Ishvara no es real porque tiene forma humana, es un puro sinsentido. Esto se asemeja mucho a la disputa occidental sobre el idealismo y el realismo, tremenda disputa en apariencia, que se basa en un mero juego de la palabra «real». La idea de Ishvara cubre todo lo que siempre ha designado directa o indirectamente la palabra «real» e Ishvara es tan real como cualquier cosa en el universo. Después de todo, la palabra real no significa nada más que lo que acabamos de indicar. Tal es nuestra concepción filosófica de Ishvara.

Capítulo III
La Realización Espiritual, la Meta del Bhakti Yoga

Para el bhakta, todos estos detalles áridos son solo necesarios para reforzar su voluntad y, aparte de esto, no tienen para él ninguna utilidad, pues él está hollando un camino capaz de conducirlo más allá de las regiones brumosas y agitadas de la razón, de llevarlo al reino de la realización. Pronto, por la gracia del Señor, el bhakta llega a un plano donde la razón, pedante e impotente, queda muy atrás y el mero tanteo intelectual en la oscuridad deja sitio a la luz de la percepción directa. Deja de razonar y creer, casi percibe. Ya no discute, siente. ¿No es esta visión de Dios, este sentir de Dios, este goce de Dios más grande que todo lo demás? Es más, no han faltado bhaktas que sostuvieran que es superior al mismo moksha, es decir, a la liberación. ¿Y no es esta, también, de la más grande utilidad? Existe gente en el mundo, y mucha, que está convencida de que solo es útil y provechoso lo que proporciona comodidad física al ser humano. La religión, Dios, la eternidad, el alma, nada de esto les es útil, pues no les reporta dinero ni comodidad física. Para ellos, todo lo que no gratifica los sentidos y aplaca los apetitos no tiene utilidad alguna. Sin embargo, en cada mente, la utilidad está condicionada a las necesidades particulares del individuo. Por lo tanto, los hombres que nunca se elevan por encima del comer, el beber, el procrear y el morir lo único que valoran es el goce de los sentidos y, de este modo, deben esperar y pasar por muchos nacimientos y reencarnaciones antes de aprender a sentir incluso la más ligera necesidad por algo más elevado. Pero aquellos para quienes los intereses eternos del alma tienen un valor mucho mayor que los intereses fugaces de esta vida mundana, para quienes la gratificación de los sentidos no es sino como los irreflexivos juegos de un bebé, para ellos, Dios y el amor a Dios forman la única y más elevada utilidad de la existencia humana. Gracias a Dios, todavía quedan tales hombres en este mundo donde hay tanto apego por lo mundano.

Como hemos visto, el bhakti yoga se divide en gauni, o etapa preparatoria, y parâ, o etapa suprema. Veremos, a medida que avancemos, cómo en la etapa preparatoria necesitamos inevitablemente varias ayudas concretas para progresar. Ciertamente, las partes mitológicas y simbólicas de todas las religiones son elementos naturales que pronto rodean al alma aspirante y la ayudan a llegar a

Dios. Es también significativo el hecho de que los gigantes espirituales hayan sido producidos solo por los sistemas de religión en los cuales existe un aumento exuberante de mitología y ritualismo. Las secas formas de religión fanática que intentan erradicar todo lo que es poético, todo lo que es hermoso y sublime, todo lo que pueda ser un punto de apoyo firme para la mente infantil que marcha tambaleante hacia Dios; las formas que intentan romper las parhileras de nuestro refugio espiritual y que en sus concepciones ignorantes y supersticiosas de la verdad intentan alejar todo lo que es dador de vida, todo lo que suministra elementos nutritivos a la planta espiritual que crece en el alma humana; todas estas formas de religión pronto descubren que no les queda más que una cáscara vacía, un montón de sofismas y palabras sin contenido, tal vez con un ligero sabor a esa clase de carroñero social llamado espíritu de reforma.

Los pertenecientes a la gran mayoría, cuyas religiones son así, consciente o inconscientemente, son materialistas, pues la finalidad y la meta de sus vidas, aquí y en el más allá, es el placer. Ciertamente, este es para ellos el alfa y omega de la vida humana y su ishtâpurta. Los trabajos como los de barrendero y basurero, hechos para el confort material del hombre, son, según ellos, el todo y fin de todo de la existencia humana. Y cuanto antes se muestren como son en realidad los seguidores de esta curiosa mezcla de ignorancia y fanatismo y se unan, como merecen hacer, a las filas de ateos y materialistas, mejor será para el mundo. Una onza de práctica de rectitud y de propia realización espiritual vale más que toneladas de charla frívola y sentimientos absurdos. Mostradnos tan solo un genio espiritual gigantesco que haya salido de todo este seco polvo de ignorancia y fanatismo y, si no podéis, cerrad vuestras bocas, abrid las ventanas de vuestro corazón a la clara luz de la verdad y sentaos como niños a los pies de aquellos que saben de lo que hablan: los sabios de la India. Escuchemos con atención lo que dicen.

Capítulo IV
La Necesidad de un Gurú

Toda alma está destinada a volverse perfecta y todo ser alcanzará finalmente el estado de perfección. Todo lo que somos ahora es el resultado de nuestras acciones y pensamientos del pasado y todo lo que seremos en el futuro será el resultado de lo que pensamos y hacemos ahora. Pero el crear nosotros nuestro propio destino no excluye el que podamos recibir ayuda exterior, más aun, en la gran mayoría de los casos, dicha ayuda es absolutamente necesaria. Cuando ella viene, las posibilidades y los poderes superiores del alma son estimulados, la vida espiritual despierta, se activa el crecimiento y el hombre termina siendo santo y perfecto.

Este impulso acelerador no puede extraerse de los libros. El alma solo puede recibir impulso de otra alma y de nada más. Podemos estudiar libros durante toda nuestra vida, podemos volvernos muy eruditos, pero al final descubriremos que no nos hemos desarrollado espiritualmente. No es cierto que el desarrollo intelectual de un orden superior vaya a la par con un desarrollo en la misma proporción del lado espiritual del hombre. Al estudiar los libros, a veces nos engañamos y creemos que, mediante el estudio, obtenemos ayuda espiritual, pero, si analizamos los resultados en nosotros mismos, veremos que, como mucho, es nuestro intelecto el que ha sacado provecho del estudio y no nuestro espíritu. El hecho de que los libros no sean adecuados para avivar el crecimiento espiritual es la razón por la cual, aunque seamos capaces de hablar maravillosamente sobre temas espirituales, nos encontramos con tan tremendas deficiencias cuando se trata de actuar y de vivir una verdadera vida espiritual, Para poder avivar el espíritu, el impulso debe venir de otra alma.

A la persona de cuya alma viene dicho impulso se a llama gurú, es decir, maestro, y a la persona hacia cuya alma se dirige el impulso se la llama shishya, que significa discípulo. Para que se transmita tal impulso a un alma, en primer lugar, el alma de la que procede debe tener el poder de transmitirlo a otras. En segundo lugar, el alma a la cual se transmite debe estar preparada para recibirla. La semilla debe estar viva y el suelo debe estar ya labrado. Cuando estas dos condiciones se cumplen, se produce un maravilloso desarrollo de genuina religión. « El verdadero predicador religioso debe estar maravillosamente capacitado y el que le escucha debe ser listo » आश्चर्यो वक्ता कुशलोऽस्य लब्धा ; y, cuando ambos son verdaderamente maravillosos y extraordinarios, resulta un espléndido despertar espiritual y no en otro modo. Solo estos son los verdaderos maestros y solo estos son los verdaderos discípulos, los verdaderos aspirantes. Los demás tan solo juegan con la espiritualidad. Se despierta en ellos un poco de curiosidad, un poco de aspiración intelectual, pero están meramente situados fuera del horizontes religioso. Sin duda, esto tiene cierto valor, ya que, con el tiempo, puede resultar en el despertar de una verdadera sed de religión ; y es una misteriosa ley de la naturaleza, que, tan pronto como el terreno es propicio, la semilla debe venir y viene. En cuanto un alma tiene ardientes anhelos de religión, aquel que transmite la fuerza religiosa debe aparecer y aparece, para ayudar a dicha alma. Cuando el poder que atrae la luz de la religión es abundante y fuerte en el alma receptora, el poder que responde a esta atracción y envía la luz llega como algo natural.

Sin embargo, hay en el camino ciertos grandes peligros. Existe, por ejemplo, el peligro de que el alma receptora confunda las emociones momentáneas con una verdadera aspiración religiosa. Podemos estudiar esto en nosotros mismos : más de una vez en el curso de nuestra vida hemos asistido a la muerte de alguien a quien queremos ; recibimos un golpe, sentimos que el mundo se desliza entre nuestros dedos, que necesitamos algo más seguro y superior y que debemos hacernos religiosos. A los pocos días, cesa esta ola de sentimientos y nos encontramos encallados en el mismo lugar donde estábamos antes. Todos cometemos el error de tomar estos impulsos por una sed religiosa real. Sin embargo, mientras confundamos así estas emociones momentáneas, el ansia continua y real del alma por la religión no vendrá y no encontraremos el verdadero trasmisor de la espiritualidad en nuestra naturaleza. De este modo, cuando nos sintamos tentados de quejarnos porque nuestra búsqueda de la verdad, que tanto deseamos, nos resulta vana, en lugar de lamentarnos así, nuestro primer deber es bucear en nuestra alma y ver si el ansia del corazón es real. Entonces veremos que, en la gran mayoría de los casos, no estábamos preparados para recibir la verdad, que no teníamos una verdadera sed de espiritualidad.

En cuanto al que trasmite, el gurú, hay peligros más grandes todavía. Hay muchos que, aunque sumergidos en la ignorancia, tienen tal orgullo en sus corazones que imaginan saberlo todo, y no se detienen ahí, sino que se ofrecen para llevar a otros sobre sus hombros. Así, el ciego guía al ciego y ambos caen a la zanja.

अविद्यायामन्तरे वर्तमानाः स्वयं धीराः पण्डितिम्मन्यमानाः । दन्द्रम्यमाणाः
परियन्ति मूढा अन्धेनैव नीयमाना यथान्धाः ॥

« Necios que moran en la oscuridad, sabios en su propia arrogancia e hinchados de vano conocimiento, dan vueltas y vueltas, tropezando aquí y allí, como ciegos conducidos por ciegos »
—*Katha-upanishad I.ii.5*

El mundo está lleno de ellos. ¡Cada uno quiere ser maestro; cada mendigo quiere donar un millón de dólares! Así como son de ridículos estos mendigos, lo son también tales maestros.

Capítulo V
Cualidades del Aspirante y del Maestro

Entonces, ¿cómo reconocemos al maestro? El sol no necesita antorcha alguna para hacerse visible y nosotros no necesitamos encender una vela para verlo. Cuando el sol se alza, lo sabemos de forma instintiva y, así, cuando un instructor de hombres venga a ayudarnos, el alma reconocerá instintivamente que la verdad ya ha comenzado a brillar sobre ella. La verdad se sustenta en su propia evidencia, no necesita ningún otro testimonio para demostrar que es cierta, ya que es refulgente. Penetra en los más íntimos rincones de nuestra naturaleza y, en su presencia, todo el universo se pone en pie y dice: «Esto es la verdad». Los maestros cuya sabiduría y veracidad brillan como la luz del sol son los más grandes que el mundo ha conocido y la mayor parte de la humanidad los adora como a Dios. Aunque también pueden ayudarnos otros comparativamente menos grandes, solo que no tenemos suficiente intuición para reconocer al hombre que nos instruye y dirige. Por ello, igual que existen para el discípulo, deben existir ciertas pruebas, ciertas condiciones que el maestro deberá cumplir.

Las condiciones necesarias para el discípulo son pureza, verdadera sed de conocimiento y perseverancia. Ningún alma impura puede ser realmente religiosa, pues la pureza de pensamiento, palabra y acción es absolutamente necesaria para ser religioso. En cuanto a la sed de conocimiento, una antigua ley dice que todos nosotros logramos lo que queremos alcanzar. Ninguno puede conseguir cosa alguna que no haya puesto en su corazón. Tener ansias de religión no es para nada tan fácil como habitualmente nos imaginamos, sino que es, ciertamente, algo muy difícil de lograr. Escuchar charlas religiosas, o leer libros religiosos no constituye una prueba de que en el corazón se albergue un verdadero deseo; debe haber una lucha continua, una batalla constante, un forcejeo infatigable con nuestra naturaleza inferior, hasta que se sienta ese deseo elevado y se logre la victoria. No es cuestión de uno o dos días, de años o de vidas; puede ser que la lucha deba durar cientos de vidas. Algunas veces, el éxito puede llegar inmediatamente, pero debemos estar preparados para esperar con paciencia, incluso durante un tiempo que pueda parecernos infinito. El discípulo que se dedica con este espíritu de perseverancia terminará por alcanzar el éxito y la realización.

CAPÍTULO V: CUALIDADES DEL ASPIRANTE Y DEL MAESTRO

Respecto al maestro, debemos estar seguros de que conoce el espíritu de las escrituras. El mundo entero lee Biblias, Vedas y Coranes, pero estos no son más que palabras, sintaxis, etimología, filología, huesos secos de la religión. El maestro que se ocupa en exceso de las palabras y permite que su mente sea arrastrada por la fuerza de las mismas pierde el espíritu. Tan solo el conocimiento del espíritu de las escrituras hace al verdadero maestro religioso. La red de palabras de las escrituras es como un bosque inmenso en el que, a menudo, se pierde la mente humana sin poder encontrar la salida.

शब्दजालं महारण्यं चित्तभ्रमणकारणम्।

«*La red de palabras es como un bosque inmenso; es la causa de ese curioso vagabundeo de la mente [...]. Los diferentes métodos de unir palabras, los diferentes métodos de hablar en un leguaje hermoso y los diferentes métodos de explicar la dicción de las escrituras no existen más que para las disputas y el disfrute de los eruditos; no conducen al desarrollo de la percepción espiritual*»

वाग्वैखरी शब्दभरी शास्त्रव्याख्यानकौशलम्। वैदुष्यं विदुषां तद्वद् भुक्तये न तु मुक्तये॥

«*Aquellos que emplean tales métodos para impartir religión a otros, tan solo están deseosos de ostentar su instrucción para que el mundo los alabe como grandes eruditos*»

Veréis que ninguno de los grandes maestros del mundo se ha ocupado jamás de dar diferentes explicaciones de los textos; ellos no han intentado «torturar a los textos», no se han dedicado a esos juegos interminables sobre el significado de las palabras y sus orígenes. Sin embargo, han enseñado noblemente, mientras que otros que nada tienen que enseñar han tomado algunas veces una palabra y han escrito tres volúmenes sobre su origen, el hombre que la utilizó por primera vez, lo que comía este hombre, cuánto dormía, etc.

Bhavagân Ramakrishna solía contar la historia de unos hombres que, habiendo entrado en un huerto de mangos, se dedicaron a contar las hojas, los brotes y las ramas, a examinar el color, a comparar el tamaño y a anotar cada característica con el mayor cuidado. A continuación, tuvieron una erudita discusión sobre cada una de estas características que, sin duda, eran muy interesantes para ellos. Pero uno de ellos, más sensato que sus compañeros, no se preocupó de todas esas cosas y comenzó a comer mangos. ¿Y él no era sabio? Así pues, dejad para otros el contar las hojas y las ramas y las tomas de notas. Ese tipo de trabajo tiene su propio lugar, pero no en el dominio espiritual. Nunca veréis a un gran hombre espiritual entre esos «contadores de hojas». La religión, la más elevada meta, la mayor gloria del hombre, no requiere tanto trabajo. Si deseáis ser un bhakta, no tenéis ninguna necesidad de saber si Krishna nació en Mathurâ o en Vraja, lo que estaba haciendo, ni la fecha exacta en la cual pronunció las enseñanzas del Gitâ. Tan solo necesitáis sentir el anhelo por las hermosas lecciones del Gitâ sobre el deber y el amor. Todos los otros detalles sobre el texto y sobre su autor sirven solo para el disfrute de los eruditos. Dejemos que ellos tengan lo que desean. Decid «shântih, shântih»[1] a sus eruditas controversias y «comed los mangos».

La segunda condición necesaria en el maestro es el no tener pecado. La cuestión se plantea a menudo: «¿Por qué deberíamos preocuparnos por el carácter y de la personalidad del maestro? Debemos juzgar solo lo que dice e interiorizarlo». Esto no es correcto. Si un hombre quiere enseñarme dinámica, química o cualquier otra ciencia física, podrá ser lo que quiera porque las ciencias físicas requieren una mera preparación intelectual, pero, desde el comienzo al fin, en las ciencias espirituales, es imposible que haya alguna luz espiritual en el alma que es impura. ¿Qué religión puede enseñar un hombre impuro? La condición sine qua non para adquirir la verdad espiritual para sí mismo, o para impartirla a los demás es la pureza de corazón y de alma. Una visión de Dios, o una vislumbre del más allá, nunca llegan antes de que el alma sea pura. Por consiguiente, en el maestro religioso, debemos ver primero lo que él es y, después, lo que dice. Debe ser absolutamente puro y solo entonces viene el valor de sus palabras, porque solo entonces es el verdadero «transmisor». ¿Qué podría transmitir si no tuviera poder espiritual él mismo? Debe haber una cierta vibración espiritual en la mente del maestro para que pueda ser misericordiosamente trasmitida a la mente del discípulo. La función del maestro es, ciertamente, una cuestión de transferencia de algo y no una mera estimulación de las facultades intelectuales o de otro tipo del discípulo. Algo real y ponderable como influencia pasa del maestro al discípulo. Por eso, el maestro debe ser puro.

La tercera condición es relativa al motivo. El maestro debe enseñar sin ningún objetivo egoísta: ni por dinero, ni por renombre, ni por fama. Su obra debe venir del amor, del más puro amor por toda la humanidad, pues el único medio por el que la fuerza espiritual puede ser transmitida es el amor. Todo motivo egoísta, como el deseo de ganancias o renombre, destruirá inmediatamente el medio de transmisión. Dios es amor y solo aquel que ha conocido a Dios como amor puede enseñar a los hombres la santidad y conducirlo a la realización de Dios.

Cuando veáis todas estas condiciones reunidas en vuestro maestro, estaréis se-

CAPÍTULO V : CUALIDADES DEL ASPIRANTE Y DEL MAESTRO

guros. Si no las posee, es arriesgado que permitáis que os enseñe, pues, si él no puede transmitir bondad a vuestro corazón, corréis el gran peligro de que le transmita maldad. Es necesario protegerse contra este peligro por todos los medios.

श्रोत्रियोऽवृजिनोऽकामहतो यो ब्रह्मवित्तमः

«*Aquel que conoce las escrituras, que no tiene pecado ni mancha de lujuria y es el más grande conocedor de Brahman*» *es el verdadero maestro.*

De todo lo dicho, naturalmente, se desprende que no podemos aprender a amar, apreciar y asimilar la religión en cualquier parte y de cualquiera. Las imágenes de «los libros en el curso de los arroyuelos, los sermones en las piedras y el bien en todas las cosas», son muy ciertas como figura poética, pero nada puede dar una sola pizca de verdad al hombre si este no tiene en sí el germen sin desarrollar. ¿A quién ofrecen sus sermones las piedras y los arroyuelos? Al alma humana, al loto cuyo santuario íntimo está ya palpitante de vida. Y la luz que produce la bella floración de este loto proviene siempre del maestro sabio y bueno. Cuando el corazón se ha abierto así, está preparado para recibir las lecciones de las piedras, de los arroyuelos, de las estrellas, del sol, de la luna, o de cualquier otra cosa que tenga su existencia en nuestro divino universo. Pero el corazón que todavía no se ha abierto, no verá en ellos más que simples piedras o simples arroyos. Un ciego puede visitar un museo, pero no sacará de ello ningún provecho, pues primero es necesario devolverle la vista ; solo así podrá aprender lo que las cosas del museo pueden enseñarle.

Aquel que abre los ojos del aspirante religioso es el maestro. En consecuencia, tenemos con el maestro la misma relación que existe entre el ancestro y su descendiente. Sin fe, humildad, sumisión y veneración en nuestro corazón para con nuestro maestro religioso, no puede haber en nosotros ningún crecimiento religioso. Resulta significativo el hecho de que solo de ahí donde prevalece esta clase de relación entre maestro y discípulo están surgiendo gigantes espirituales ; mientras que en los países que han descuidado mantener esta clase de relación, el maestro religioso ha devenido un mero enseñante, al esperar él el pago por su trabajo, esperar la persona a la que enseña que su cerebro se llene de las palabras del enseñante y a continuación irse cada uno por su camino una vez terminado el intercambio. En tales circunstancias, la espiritualidad es casi inexistente. No hay nadie para transmitirla ni nadie para recibirla. Con tales personas, la religión se convierte en un negocio, pues piensan que pueden obtenerla con dinero. ¡ Ojalá Dios quisiera que la religión pudiera obtenerse tan fácilmente ! Pero, por desgracia, no se puede.

La religión, que es el conocimiento más elevado y la sabiduría más elevada, no puede comprarse ni puede adquirirse de los libros. Podréis registrar todos los rincones del mundo, podréis explorar el Himalaya, los Alpes y el Cáucaso, podréis sondear las profundidades del mar y husmear cada recoveco del Tíbet o del desierto de Gobi, pero no encontraréis la religión en ninguna parte hasta que vuestro corazón esté preparado para recibirla y vuestro maestro haya llegado. Y cuando llegue ese maestro señalado por Dios, servidle con la confianza y la sencillez de un niño, abrid vuestro corazón sin reservas a su influencia y ved en él a Dios manifestado. A aquellos que van en busca de la verdad con tal espíritu de amor y veneración, a ellos el Señor de la verdad les revela las cosas más maravillosas sobre la verdad, la bondad y la belleza.

Notes :

1. N.d.T. : « Paz, paz ».

Capítulo VI
Los Maestros Encarnados y la Encarnación

Cualquiera que sea el lugar en que se pronuncie Su nombre, ese lugar es santo. ¡Cuánto más santo es el hombre que pronuncia Su nombre y con qué veneración deberíamos acercarnos a ese hombre de quien nos llega la verdad espiritual! Estos grandes maestros de la verdad espiritual son, en verdad, muy pocos en número en este mundo, pero el mundo jamás queda falto de ellos. Ellos son siempre las flores más hermosas de la vida humana अहेतुकदयासिन्धुः «son el océano de la misericordia sin motivo».

आचार्यं मां विजानीयात्
Sri Krishna dice en el Bhagavata: «Sabe el gurú ser Yo»

en el momento en que el mundo estuviera despojado por completo de ellos, se convertiría en un infierno espantoso y se precipitaría hacia la destrucción.

Por encima de todos los otros maestros corrientes y más nobles que ellos, está en el mundo otro grupo de maestros: los avatares de Ishvara. Ellos pueden transmitir la espiritualidad mediante un toque, o incluso con un mero deseo. A su mandato, el más bajo y más degradado de los caracteres se convierte, en un segundo, en santo. Ellos son los Maestros de todos los maestros, las más altas manifestaciones de Dios a través de la forma humana. Nosotros no podemos ver a Dios más que a través de ellos, no podemos evitar adorarlos y ellos son los únicos a los que se debe adorar.

Ningún hombre puede realmente ver a Dios salvo a través de estas manifestaciones humanas. Si tratamos de ver a Dios de otro modo, nos haremos una horrible caricatura de Él y creemos que esta no es inferior al original. Se dice que un hombre ignorante al que se le había pedido que hiciera una estatua del dios Shiva, después de días de duro trabajo, solo consiguió hacer la estatua de un mono. Así, todas las veces que tratemos de pensar en Dios tal como Él es en Su absoluta perfección, invariablemente nos encontraremos con el más absoluto fracaso, pues, mientras seamos hombres, no podremos concebirlo como nada más elevado que el hombre. Llegará el día en que sobrepasaremos nuestra naturaleza humana y Lo veremos tal como es, pero, mientras sigamos siendo hombres, deberemos adorarlo en el hombre y como hombre. Podréis hablar y podréis intentarlo, pero no podréis pensar en Dios salvo con forma humana. Podréis pronuncias grandes discursos intelectuales sobre Dios y sobre todo lo que alumbra el sol y podréis convertiros en grandes racionalistas y demostrar, para satisfacción vuestra, que todos estos relatos sobre los avatares de Dios como hombre son insensateces. Pero apelemos por un momento al práctico sentido común. ¿Qué hay detrás de toda esta notable intelectualidad? Cero, nada, tan solo mucha frivolidad. La próxima vez que escuchéis a un hombre pronunciar una gran conferencia intelectual contra la adoración de los avatares de Dios, acercaos a él y preguntadle cuál es su idea de Dios, qué entiende él por «omnipotencia», «omnipresencia» y otros términos similares más allá de cómo se escriben. Para él, estas palabras realmente no significan nada, no puede darles un sentido en el que no haya ninguna idea afectada por su naturaleza humana. A este respecto, no se ve más favorecido que el hombre de la calle que no ha leído un solo libro. Sin embargo, el hombre de la calle permanece en silencio y no perturba la paz del mundo, mientras que este gran charlatán crea desorden y sufrimiento entre los hombres. Después de todo, la religión es realización y nosotros debemos hacer la distinción más rigurosa entre el mero hablar y la experiencia intuitiva. Lo que experimentamos en el fondo de nuestra alma es realización. Nada es tan poco común como el sentido común a este respecto.

Pero nuestra constitución actual nos limita y obliga a ver a Dios como hombre. Si, por ejemplo, los búfalos desearan adorar a Dios, de conformidad con su propia naturaleza, lo verían como un gran búfalo; si los peces desearan adorar a Dios, se formarían una idea de Él como un gran pez; y, así, un hombre tiene que pensar en Él como hombre. Y estas variadas concepciones no se deben a una enfermiza actividad de la imaginación. El hombre, el búfalo y el pez pueden considerarse, por así decirlo, recipientes que van al mar de Dios para llenarse allí de agua, cada uno según su forma y su capacidad. En el hombre, el agua adopta la forma de un hombre, en el búfalo, la forma de un búfalo y en el pez, la de un pez. En cada uno de estos recipientes hay la misma agua del mar de Dios. Cuando los hombres Lo ven, Lo ven como hombre y los animales, si es que tienen una concepción de Dios, deben verlo como animal, cada uno según su propio ideal. Así, no podemos evitar ver a Dios como hombre y, por consiguiente, nos vemos obligados a adorarlo como hombre.

Dos clases de hombres no adoran a Dios como hombre: el humano bruto que no tiene religión y el paramahamsa que se ha elevado por encima de todas las debilidades de la humanidad y que ha superado los límites de su propia naturaleza humana. Para él, toda la naturaleza se ha vuelto su propio Ser. Solo él puede adorar a Dios tal como Él es. Aquí, como en todos los casos, los extremos se tocan: ni en la extrema ignorancia ni en el extremo conocimiento hay actos de adoración. El humano bruto no adora porque es ignorante y los jivanmuktas (almas libres) no adoran porque han visto a Dios en sí mismos. Al estar entre estos dos polos de la existencia, si alguien os dice que él no adorará a Dios como hombre, cuidadlo porque es, para no emplear un término demasiado duro, un irresponsable charlatán cuya religión es para cerebros vacíos y enfermizos.

Dios comprende los errores humanos y viene como hombre para hacer bien a la humanidad:

यदा यदा हि धर्मस्य ग्लानिर्भवति भारत। अभ्युत्थानमधर्मस्य तदात्मानं सृजाम्यहम्॥ परित्राणाय साधूनां विनाशाय च दुष्कृताम्। धर्मसंस्थापनार्थाय सम्भवामि युगे युगे॥

« Siempre que la virtud decae y que la maldad prevalece, Yo me manifiesto. Para establecer la virtud, para destruir el mal, para salvar el bien. Yo vengo de yuga en yuga (de era en era) »

अवजानन्ति मां मूढा मानुषीं तनुमाश्रितम्।परं भावमजानन्तो मम भूतमहेश्वरम्॥
« Los necios se burlan de Mí que he tomado la forma humana, sin conocer Mi verdadera naturaleza de Señor del universo »

Tal es declaración de Sri Krishna en el Gitâ sobre la Encarnación. Bhagavan Shri Ramakrishna dice: « Cuando llega una gran oleada, todos los pequeños arroyos y todas las acequias se llenan hasta los bordes sin ningún esfuerzo o conciencia por su parte. Del mismo modo, cuando aparece una Encarnación, una oleada de espiritualidad se extiende por el mundo y la gente siente que la espiritualidad casi llena el aire ».

Capítulo VII
El Mantra Om, Palabra y Sabiduría

Pero ahora no estamos considerando estos mahâ-purushas, las grandes Encarnaciones, sino solamente los siddha-gurús (los maestros que han alcanzado la meta), Ellos, por lo general, deben transmitir al discípulo las gemas de la sabiduría espiritual por medio de palabras (mantras) sobre las que debe meditar. Ahora bien, ¿qué son estos mantras? Según la filosofía de la India, todo el universo tiene nombre y forma (nâma-rupa) como condición para manifestarse. En el microcosmos humano, no puede haber una sola ola en la sustancia mental (chittavritti) que no esté condicionada por el nombre y la forma. Si es verdad que la naturaleza se construye eternamente con un mismo plan, esta clase de condicionamiento por el nombre y la forma debe ser, también, el plan de construcción de todo el cosmos.

यथा एकेन मृत्पिण्डेन सर्वं मृन्मयं विज्ञातं स्यात्
« Cuando un trozo de arcilla es conocido, todas las cosas hechas de arcilla son conocidas »

Del mismo modo, el conocimiento del microcosmos nos debe conducir al conocimiento del macrocosmos. La forma es la cáscara exterior, cuyo nombre o idea es la esencia interior o nuez. El cuerpo es la forma, y la mente o antahkarana es el nombre y los símbolos sonoros están universalmente asociados con el nâma (nombre) en todos los seres que tienen la capacidad de hablar. En el hombre individual, las olas de pensamientos que se elevan en el limitado mahat o chitta (sustancia mental) deben manifestarse primero como palabras y, luego, como formas más concretas.

En el universo, primero, Brahmâ o Hiranyagarbha o el Mahat cósmico se manifestó a sí mismo como nombre y, luego, como forma, es decir, como este universo. Todo este universo sensible manifestado es la forma tras la cual está el eterno inexpresable sphota, el manifestador como Logos o Verbo. Este eterno sphota, la materia eterna esencial de todas las ideas o nombres, es el poder a través del cual el Señor crea el universo, o más bien, primero el Señor queda condicionado como sphota y, luego, evoluciona en un universo sensible aún más concreto.

Este sphota tiene por único símbolo posible una palabra y esta es ॐ, es decir, Om y, como no podemos separar la palabra de la idea por ningún medio posible de análisis, este Om y el eterno sphota son inseparables y por ello se supone que, a partir de esta la más santa de todas las palabras sagradas, madre de todos los nombres y formas, el eterno Om, se creó el universo. Sin embargo, puede decirse que, aunque el pensamiento y la palabra son inseparables, como puede haber diferentes palabras-símbolos para un mismo pensamiento, no es necesario que la palabra concreta Om sea la única que represente el pensamiento a partir del cual se creó el universo. A esta objeción responderemos que Om es el único símbolo posible que cubre todo el terreno y que no hay ninguno semejante. El sphota es el material que compone todas las palabras y, sin embargo, no es una palabra definida en su estado completamente formado. Es decir, que, si fueran eliminadas todas las particularidades que distinguen a las palabras unas de otras, lo que quedaría sería el sphota ; por ello, al sphota se lo llama Nâda-Brahma, el Brahman como sonido.

Ahora bien, puesto que cada palabra-símbolo dirigida a expresar el inexpresable sphota lo particulariza de tal manera que ya no es el sphota, el símbolo que lo particularice menos y que al mismo tiempo exprese su naturaleza de forma más aproximada será su verdadero símbolo. Este símbolo es el Om y solo en Om, porque estas tres letras अ उ म (A U M) pronunciadas en combinación como Om pueden muy bien ser el símbolo generalizado de todos los sonidos posibles. La letra A es el sonido menos diferenciado de todos ; por ello ue Sri Krishna dice en el Gita :

अक्षराणां अकारोऽस्मि
« Soy la A entre las letras »

Además, todos los sonidos articulados se producen en la cavidad bucal entre la base de la lengua y el final de los labios. El sonido gutural es A y M es el último sonido labial. El sonido U representa exactamente el rodar del impulso que comienza en la base de la lengua y termina en los labios. Cuando se pronuncia correctamente, este Om representa todo el fenómeno de la producción del sonido y no hay ninguna otra palabra que pueda hacerlo. Por ello, este Om es el símbolo más adecuado del sphota, que es el verdadero significado del Om. Y, como un símbolo no puede jamás ser separado de la cosa que representa, el Om y el sphota son uno y, como el sphota es el aspecto más fino del universo manifestado, está más cercano a Dios y es la primera manifestación de la sabiduría divina y el Om es el verdadero símbolo de Dios. Además, al igual que el Brahman «solo y único», el Akhanda-Sachchidânanda, la indivisa Existencia-conciencia-dicha, solo puede ser concebido por las almas humanas imperfectas desde sus puntos de vista individuales y asociados a cualidades individuales, así este universo, Su cuerpo, debe también ser pensado en la línea de pensamiento del pensador.

Esta dirección de la mente del adorador es guiada por sus elementos predominantes o tattvas y el resultado es que el mismo Dios será visto en manifestaciones diversas como poseedor de diversas cualidades predominantes y el mismo universo aparecerá como lleno de múltiples formas. Incluso en el caso del menos diferenciado y más universal de los símbolos, Om, se ve que el pensamiento y el símbolo sonoro están inseparablemente asociados entre sí. Esta misma ley de asociación inseparable se aplica también a las diversas visiones de Dios y del universo. Por lo tanto, cada uno debe tener una palabra-símbolo particular que lo exprese. Estas palabras-símbolo, surgidas de lo más profundo de las percepciones espirituales de los sabios, simbolizan y expresan lo más fielmente posible la visión particular de Dios y del universo que representan. Y, como OM representa akhanda, a Brahman no diferenciado, los otros representan el khanda, o aspectos diferentes del mismo Ser, y todos ellos suponen una ayuda para la divina meditación y la adquisición del conocimiento verdadero.

Capítulo VIII
La Adoración de Imágenes y Sustitutos

Los siguientes puntos que debemos considerar son la adoración de pratikas, o de cosas más o menos satisfactorias como sustitutos de Dios, y la adoración de pratimas o imágenes. ¿Qué es la adoración de Dios a través de un pratika? Bhagavân Râmânuya dice que es: अब्रह्मणि ब्रह्मदृष्ट्यऽनुसन्धानम् « unir la mente con devoción a algo que no es Brahman, considerándolo como Brahman ». Dice Shánkara : « Adorar la mente como Brahman, esto es interno ; y, al âkâsha como Brahman, esto es respecto de los devas ». La mente es un pratika interno, el akasha es uno externo y ambos deben ser adorados como sustitutos de Dios. Prosigue Shánkara : « Igualmente, " el sol es Brahman, tal es el mandamiento [...]. Aquel que adora el Verbo como Brahman..." en todos estos pasajes la duda surge al respecto de la adoración de pratikas ». La palabra pratika significa « yendo hacia ». Adorar un pratika es adorar una cosa como sustituto que, en uno o muchos aspectos, se asemeja cada vez más a Brahman, pero que no es Brahman. Además de los pratikas mencionados en los shrutis, hay varios otros que se encuentran en los puranas y en los tantras. En esta clase de adoración de pratikas, se puede situar también todas las formas de adoración de pitris y de devas.

Ahora bien, adorar a Ishvara y solo a Él es bhakti. La adoración de toda otra cosa, deva, pitri, o cualquier otro ser, no puede ser bhakti. Las diversas formas de adoración de los diferentes devas deben considerarse ritos, que únicamente procurarán al adorador un resultado concreto en forma de algún goce celestial, pero que jamás pueden elevar al bhakti ni conducir al mukti. Por lo tanto, hay que tener en mente una cosa : si, como puede suceder en algunos casos, el ideal altamente filosófico, el supremo Brahman, es reducido por la adoración a los pratikas al nivel de los pratikas y el pratika mismo es considerado el atman del adorador, o su antaryâmin (conocedor interno), el adorador se engaña, pues ningún pratika puede, en realidad, ser el atman del adorador.

Pero donde Brahman mismo es el objeto de adoración y el pratika solo queda como un sustituto o una sugestión de Brahman, es decir, donde a través del pratika se adora al omnipresente Brahman, el pratika mismo es idealizado como la causa de todo, es decir, Brahman. La adoración es extremadamente beneficiosa, es más, es absolutamente necesaria para todos los hombres hasta que superan el estado primario o preparatorio de la mente acerca de la adoración. De este modo, cuando se adoran a dioses u otros seres por sí mismos, esta adoración solo es un karma ceremonial y, como vidyâ (ciencia), solo nos da los frutos que corresponden a esa vidyâ en concreto. Pero, cuando se considera a los devas u otros seres como Brahman y se los adora como tal, el resultado obtenido es el mismo que con la adoración de Ishvara. Esto explica cómo, en muchos casos, tanto en los shrutis como en los smritis, un dios, un sabio, o algún otro ser extraordinario es tomado y elevado por encima de su propia naturaleza, idealizado como Brahman y después adorado. Dice el advaita : «¿Acaso no es todo Brahman cuando el nombre y la forma le han sido quitados?». El visista dice : «¿No es Él, el Señor, el ser más recóndito de todos?».

फलम् आदित्याद्युपासनेषु ब्रह्मैव दास्यति सर्वाध्यक्षत्वात्

«*Es Brahman mismo quien otorga fruición de incluso la adoración de los adityas etc., puesto que Él es el amo de todo*» dice Shánkara en el Brahma-Sutra-Bhâsya.

ईदृशं चात्र ब्रह्मणा उपास्यत्वं यतः
प्रतीकेषु तद्दृष्ट्याध्यारोपणं प्रतिमादिषु इव विष्णवादीनाम्।

«*Aquí, de este modo, Brahman se convierte en el objeto de adoración, porque Él, como Brahman, se superpone a los pratikas, al igual que Visnú, etc. se superponen a las imágenes, etc.*»

Las mismas ideas se aplican a la adoración de las pratimas, es decir, que, si la imagen representa un dios o un santo, la adoración no es el resultado de bhakti y no conduce la liberación ; pero, si ella representa al Dios único, la adoración traerá bhakti y mukti. De las principales religiones del mundo, vemos que el vedantismo, el budismo y algunas formas del cristianismo emplean imágenes con libertad. Solo dos religiones, el islamismo y el protestantismo, rechazan tal ayuda. Sin embargo, los islamistas utilizan sepulcros de sus santos y de sus mártires casi como imágenes y los protestantes, al rechazar toda ayuda concreta a la religión, se han ido alejando cada vez más de la espiritualidad, hasta el punto de que hoy en día no hay casi ninguna diferencia entre los protestantes más avanzados y los discípulos de Augusto Comte, o los agnósticos que solo predican ética. Por otra parte, en el cristianismo y el islamismo, toda la adoración existente de imágenes entra en la categoría en la cual el pratika o el pratima es adorado en sí mismo y no como un « medio para tener la visión » (drishtisaukaryam) de Dios, por lo que, a lo sumo, es una clase de karma ceremonial y no puede producir ni bhakti ni mukti. En esta forma de adoración de imágenes, la lealtad del alma no se consagra a Ishvara, sino a otras cosas y, por ello, este uso de imágenes, tumbas, templos y sepulcros es una verdadera idolatría. En sí ni es pecaminoso ni está mal, es un rito, un karma y los adoradores deben tener y tendrán los frutos de este culto.

Capítulo IX
El Ideal Elegido

Lo siguiente que debe considerarse es lo que conocemos como ishta-nishthâ. Aquel que aspira a ser bhakta debe saber que «cada opinión es un camino diferente»; debe saber que todas las sectas de las diversas religiones son manifestaciones diferentes de la gloria del mismo Señor. «Ellos Te llaman por tantos nombres; Te dividen, por así decirlo, en nombres diferentes y, sin embargo, en cada uno de ellos se puede encontrar Tu omnipotencia [...]. Tú llegas al devoto a través de todos esos nombres y no hay ningún momento especial hasta que el alma siente un intenso amor por Ti. Tú eres tan fácil de alcanzar. Mi desgracia es no poder amarte». Además, el bhakta debe cuidarse de no odiar, ni siquiera criticar a los radiantes hijos de la luz que son los fundadores de las diversas sectas y tampoco debe oír hablar mal de ellos. Ciertamente, son muy pocos los que poseen a la vez una compasión amplia y una capacidad de aprecio, unidas a un amor intenso. Por regla general, vemos que las sectas liberales y compasivas pierden la intensidad de su sentimiento religioso y que en sus manos la religión es propensa a degenerar en un tipo de vida de club político-social. Por otro lado, los sectarios sumamente estrechos de miras, mientras manifiestan un amor admirable por sus propios ideales, demuestran haber adquirido cada partícula de este amor del odio a todos los que no tienen exactamente la misma opinión que ellos. ¡Quisiera Dios que este mundo estuviera lleno de hombres, cuya simpatía por el mundo entero fuera tan intensa como su amor! Pero hay muy pocos hombres así y además se encuentran alejados entre sí. Sin embargo, sabemos que es factible educar grandes grupos de seres humanos en un ideal que combine maravillosamente la amplitud y la intensidad del amor; y la manera de hacer esto es mediante la senda del ishta-nishta, o de la «firme devoción al ideal elegido». Todas las sectas de todas las religiones presentan un único ideal propio de la humanidad, pero la eterna religión vedanta abre a la humanidad un sinfín de puertas para entrar en el templo íntimo de la divinidad y ofrece al hombre un despliegue casi inagotable de ideales, en cada uno de los cuales existe una manifestación del Eterno Uno. Con el más cariñoso afán, la vedanta indica a los hombres y mujeres aspirantes los diferentes caminos que han tallado en la sólida roca de las realidades de la vida humana los hijos gloriosos o las manifestaciones humanas de Dios en el pasado y en el presente y permanece con brazos abiertos para dar la bienvenida a todos, incluso a los que todavía no han nacido, a esa casa de la verdad y ese océano de dicha en los que el alma humana, liberada de la red de la mâyâ, puede transportarse con total libertad y alegría eterna.

El bhakti yoga, por lo tanto, nos da la orden imperativa de no odiar ni negar la existencia de ninguno de los diferentes senderos que conducen a la salvación. No obstante, la planta que crece debe ser rodeada con un seto para protegerla hasta que se haya convertido en árbol. La tierna planta de la espiritualidad morirá si se la expone demasiado pronto a la acción de un cambio constante de ideas y de ideales. Se ve mucha gente que, en nombre de aquello que puede llamarse liberalismo religioso, alimenta su ociosa curiosidad con una sucesión continua de ideales diferentes. Para ellos, el oír nuevas cosas se convierte en una especie de enfermedad, una clase de obsesión religiosa equiparable a la del borracho con el alcohol. Desean oír cosas nuevas para sentir una excitación nerviosa pasajera y, cuando una de estas influencias excitantes ha producido en ellos su efecto, están preparados para buscar otra. La religión es, para estas personas, una especie de opio intelectual y ahí termina todo. Bhagaván Ramakrishna dice: «Hay otra clase de hombre que es como la ostra de la leyenda. La ostra deja su lecho en el fondo del mar y sube a la superficie para atrapar una gota de agua de lluvia cuando la estrella Svâti está en el ascendente. Se deja flotar en la superficie del mar con sus conchas bien abiertas hasta que logra atrapar una gota de agua de lluvia y entonces se sumerge y desciende hasta el fondo, donde se queda hasta conseguir transformar la gota de agua una maravillosa perla».

Esta es en verdad la manera más poética y contundente con que jamás haya sido presentada la teoría de ishta-nishta. La eka-nishta, o devoción a un solo ideal, es absolutamente necesaria para el principiante en la práctica de la devoción religiosa. Él debe decir como Hánuman en el Râmâyana: «Aunque sé que el Señor de Shri y el Señor de Jânaki son dos manifestaciones del mismo Ser Supremo, mi todo es Rama, el de los ojos de loto». O, como decía el sabio Tulsidas, debe decir: «Acepta la bondad de todos, siéntate con todos, toma el nombre de todos y di que sí, pero mantente firme en tu sitio». Entonces, si el aspirante a la devoción es sincero, de esa pequeña semilla crecerá un gigantesco árbol como un baniano de la India del que saldrán ramas y raíces en todas direcciones, hasta cubrir totalmente el campo entero de la religión. De este modo, el verdadero devoto se dará cuenta de que Aquel que era el ideal exclusivo de su vida es adorado en todos los ideales por todas las sectas, bajo todos los nombres y a través de todas las formas.

Capítulo X
El Método y los Medios

Respecto del método y los medios del bhakti yoga, leemos en el comentario de Bhagaván Ramanuja sobre los Vedanta-Sutras: «La realización de Aquello viene por medio del discernimiento, el control de las pasiones, la práctica, los sacrificios, la pureza, la fortaleza y la supresión de la alegría excesiva». El discernimiento o viveka es, según Ramanuja, diferenciar el alimento puro del impuro[1]. Según él, el alimento se vuelve impuro debido a tres causas: 1) por la naturaleza misma del alimento, como en el caso del ajo, etc.; 2) por provenir de personas malas y malditas; 3) por las impurezas físicas, tales como la presencia de suciedad, cabellos, etc. Los shrutis dicen que «cuando el alimento es puro, el elemento sattva se purifica y la memoria no vacila más» y Ramanuja cita esto del Chhândongya Upanishad.

La cuestión del alimento ha sido siempre una de las más vitales para los bhaktas. Aparte de las extravagancias a las cuales han llegado algunas sectas del bhakti, hay una gran verdad subyacente en esta cuestión del alimento. Debemos recordar que, según la filosofía sankhya, el sattva, el rayas y el tamas, que en el estado de equilibrio homogéneo forman la prakriti y en el estado de desorden heterogéneo forman el universo, son a la vez la sustancia y la cualidad de la prakriti. Como tales, son el material del cual se ha constituido toda forma humana y el predominio del sattva es absolutamente necesario para el desarrollo espiritual. Los materiales que recibimos en nuestro cuerpo mediante los alimentos contribuyen en gran medida a determinar nuestra constitución mental; por lo tanto, debemos seleccionar cuidadosamente el alimento que ingerimos. Sin embargo, en este asunto, como en otros, no se debe responsabilizar a los maestros del fanatismo en el cual invariablemente caen los discípulos.

Este discernimiento acerca del alimento es, después de todo, de importancia secundaria. En su Bhâshya[2] sobre los Upanishads, Shánkara explica de forma diferente el mismo pasaje citado anteriormente, dándole un significado completamente diferente al término âhâra, el cual suele traducirse como alimento. Según él: «Lo que se recoge en la cosecha es âhâra. El conocimiento de las sensaciones, tales como el sonido, etc., es recogido para el disfrute de quien goza (el yo); la purificación del conocimiento que se acumula en la percepción de los sentidos es la purificación del alimento (âhâra). La expresión "purificación del alimento" significa la adquisición del conocimiento de las sensaciones no tocadas por los defectos del apego, la aversión y el delirio. Este es su significado. Por lo tanto, si tal conocimiento o âhâra es purificado, el sattva de su poseedor, el órgano interno, también será purificado y, al purificarse el sattva, se obtendrá como resultado un recuerdo continuo del Infinito Uno que ha sido conocido en Su naturaleza real gracias a las escrituras».

Estas dos explicaciones son aparentemente contradictorias, pero ambas son verdaderas y necesarias. El manejo y el control de lo que llamamos cuerpo sutil, es decir la mente, son sin duda alguna, funciones superiores al dominio del cuerpo físico o carne. Sin embargo, el control de este último es absolutamente necesario para permitir llegar al control del cuerpo sutil, por lo que el principiante deberá prestar especial atención a todas las reglas dietéticas que le han transmitido los maestros capacitados; pero el fanatismo extravagante y sin sentido que ha relegado por completo la religión a la cocina como puede observarse en muchas de nuestras sectas, sin esperanza alguna de que la noble verdad de la religión salga jamás a la luz del sol de la espiritualidad, es una extraña especie de puro y simple materialismo. No es ni jnâna, ni bhakti, ni karma; es una clase especial de demencia y los que a ello entregan su alma, tienen más probabilidades de entrar en un manicomio que al Brahmaloka. Así, parece lógico que el discernimiento del alimento sea necesario para alcanzar ese estado superior de composición mental que de otro modo no puede lograrse fácilmente.

La siguiente cuestión que debe atenderse es el control de las pasiones. Impedir que los indriyas (órganos) vayan en busca de los objetos de los sentidos, controlarlos y ponerlos bajo la guía de la voluntad es la virtud principal de la cultura religiosa. Después viene la práctica del control del yo y de la negación del yo. Todas las inmensas posibilidades de realización divina del alma no pueden ser actualizadas sin lucha y sin tales prácticas por parte del aspirante devoto. « La mente debe pensar siempre en el Señor ». Al principio, es muy difícil obligar a la mente a pensar siempre en el Señor, pero, con cada nuevo esfuerzo, la capacidad de lograrlo se hace más fuerte en nosotros. Shri Krishna dice en el Gita: « Es por la práctica, ¡oh, hijo de Kunti!, y por el desapego que eso viene ». Y luego, en cuanto a los sacrificios, se entiende que los cinco grandes sacrificios (Panchamahâyajna) deben cumplirse como de costumbre.

La pureza es sin duda alguna la base, la piedra angular sobre la cual se apoya todo el edificio del bhakti. Limpiar el cuerpo externo y discernir los alimentos es fácil, pero, sin la limpieza interior y la pureza, esa observancia de lo externo no tiene ningún valor en absoluto. En la lista de las cualidades que conducen a la pureza, dadas por Bhagavân Ramanuja, se enumeran las siguientes: satya, veracidad; ârjava, sinceridad; dayâ, hacer el bien al prójimo sin esperar ningún beneficio para sí mismo; ahimsâ, no dañar a otros ni en pensamiento, ni en palabra, ni en acción; anabhidhyâ, no codiciar los bienes de otros, ni tener pensamientos fútiles, ni guardar rencor por las injurias recibidas. En este lista, la idea que merece una atención especial es la de ahimsâ, el no dañar a otros. Este deber de no dañar nos es, por así decirlo, obligatoria respecto de todos los seres. Esto no significa simplemente, como algunos piensan, no dañar a los seres humanos y ser despiadados con los animales inferiores. Tampoco significa, como creen otros, proteger a perros y gatos y alimentar hormigas con azúcar, pero tomarse la libertad de herir a otro humano de todas las formas posibles. Es llamativo el que casi todas las buenas ideas de este mundo puedan llevarse a extremos realmente horribles. Una buena práctica, si se la lleva al extremo y se aplica al pie de la letra, se convierte en un mal seguro. Los monjes malolientes de ciertas sectas religiosas, que no se bañan jamás para no matar las alimañas de sus cuerpos, no piensan en el malestar y en las enfermedades que llevan a sus semejantes. ¡Pero ellos no pertenecen a la religión de los Vedas!

La prueba del ahimsâ es la ausencia de celos[3]. Cualquier hombre puede realizar una buena acción o dar una dádiva bajo el impulso de un momento, o bajo la presión de una superstición o de un sacerdote, pero quien ama verdaderamente a la humanidad es aquel que no siente celos de nadie. Podemos ver a los llamados grandes hombres del mundo tener celos de los otros por un poco de renombre, por un poco de fama, o por algunas piezas de oro. Mientras estos celos permanecen en el corazón, se está muy lejos de la perfección del ahimsâ. La vaca no come carne y la oveja tampoco. ¿Acaso son ellos grandes yogis, grandes ahimsakas (personas que no dañan a nadie)? Cualquier tonto puede abstenerse de comer esto o aquello, pero, seguramente, no tendrá por ello mayor distinción que la de un animal herbívoro. El hombre que engaña sin piedad a la viuda y al huérfano y que realiza los actos más viles por dinero es peor que un bruto, aunque solo viva de hierba. El hombre por cuyo corazón ni siquiera pasa la idea de dañar a alguien y que se regocija de la prosperidad de incluso su mayor enemigo, ese hombre es el bhakta, es el yogi, es el gurú de todos, aunque se alimente de carne de cerdo todos los días de su vida. Debemos entonces recordar siempre que las prácticas externas solo tienen valor como ayuda al desarrollo de la pureza interior. Es preferible tener pureza interior solamente, cuando no es practicable una minuciosa atención a las prácticas externas. Pero, ¡ay del hombre y ay de la nación !, que olvide la esencia real, interna y espiritual de la religión y que se aferre mecánicamente como en mortal abrazo a todas las formas exteriores y no las abandone nunca. Las formas solo tienen valor en cuanto sean las expresiones de la vida interior. Si ellas han dejado de expresar la vida, destruidlas sin compasión.

El siguiente medio para alcanzar el bhakti yoga es la fuerza (anavasâda). « El débil no puede alcanzar este atman », dice el shruti. Aquí se refiere tanto a la debilidad física como a la debilidad mental. « Los fuertes y resistentes » son los únicos aspirantes aptos. ¿Qué pueden hacer los débiles, pequeños y decrépitos? Cuando, por la práctica de cualquiera de los yogas, las fuerzas misteriosas del cuerpo y de la mente despierten, aunque sea ligeramente, se romperán en pedazos. Son « los jóvenes, los sanos, los fuertes » los que pueden tener éxito. La fuerza física es, por lo tanto, absolutamente necesaria. Solo los cuerpos fuertes pueden soportar el choque de la reacción que provoca el intento de controlar los órganos. Aquel que aspira a convertirse en bhakta debe ser fuerte y tener buena salud. Cuando un hombre miserablemente débil intenta seguir cualquiera de los yogas, corre el riesgo de contraer una enfermedad incurable, o debilitar su mente. Debilitar el cuerpo de forma voluntaria no es la mejor receta para la iluminación espiritual.

Aquel que posee debilidad mental tampoco puede alcanzar el atman. La persona que aspira a convertirse en bhakta debe ser alegre. En el mundo occidental, el concepto de hombre religioso es el de un hombre que jamás sonríe y sobre cuyo rostro siempre se cierne una nube de oscuridad, rostro que por lo demás es alargado y muestre huecos debidos a la delgadez. Las personas de cuerpos demacrados y rostros alargados son aptas para que los vean los médicos, no son yogis. Es la mente alegre la que persevera. Es la mente fuerte la que se abre camino a través de mil dificultades. Así es que esta, la tarea más ardua de todas, el abrirse camino y liberarse de la red de la mâyâ, está reservada solo a las voluntades de gigante.

No obstante, también debe evitarse el júbilo excesivo (anuddharsha). El júbilo excesivo hace que no seamos aptos para el pensamiento serio. Igualmente, desperdicia la energía de la mente en vano. Cuanto más fuerte es la voluntad, menos proclive se es a caer en la influencia de las emociones. Una hilaridad excesiva es tan inaceptable como la seriedad triste y la comprensión de todas las religiones es posible solo cuando la mente se encuentra en un estado tranquilo y firme de harmonioso equilibrio.

Es por ello que se debe comenzar a aprender cómo amar al Señor.

1. N.d.T. : Materia básica que compone el universo.
2. N.d.T. : Comentario.
3. N.d.T. : A los dioses, los eruditos, los manes, los invitados y a todas las criaturas.

PARA-BHAKTI O DEVOCIÓN SUPREMA

Capítulo I
La Renuncia Preparatoria

Ahora hemos terminado las consideraciones sobre lo que debe llamarse bhakti preparatorio y nos adentramos en el estudio del parâ-bhakti o devoción suprema y tenemos que hablar de una preparación para la práctica de este para-bhakti. Todas estas preparaciones tienen como único fin la purificación del alma. La repetición de nombres, los rituales, las formas y los símbolos, todo esto es para conseguir la purificación del alma. El mayor purificador de todos, aquel sin el cual nadie puede entrar en las regiones de esta devoción superior (para-bhakti), es la renuncia. Esto asusta a muchos y, sin embargo, sin ella no puede haber ningún tipo de crecimiento espiritual. Esta renuncia es necesaria en todos nuestros yogas. Es el trampolín y el verdadero centro y corazón de toda la cultura espiritual. La renuncia es religión.

Cuando el alma humana se aparta de lo terrenal y trata de adentrarse en cosas más profundas; cuando el hombre, el espíritu que, de algún modo, se ha concretado y materializado, comprende que será destruido y reducido a casi mera materia y da la espalda a la materia, entonces comienzan la verdadera renuncia y el verdadero crecimiento espiritual. Para el karma-yogi, la renuncia tiene la forma del abandono de todos los frutos de su trabajo; no siente ningún apego por los resultados de su labor; no busca ninguna recompensa ni aquí ni en el más allá. El râja-yogi sabe que el objetivo de toda la naturaleza es que el alma adquiera experiencia y que el resultado de todas las experiencias del alma es que esta toma consciencia de su eterna separación de la naturaleza. El alma humana debe comprender y darse cuenta de que, durante toda la eternidad, ella ha sido espíritu y no materia y que su unión con la materia es y solo puede ser temporal. El râja-yogi aprende la lección de la renuncia a partir de su propia experiencia de la naturaleza. El jnâna-yogi pasa por la renuncia más ardua de todas, pues debe darse cuenta desde un principio de que toda esta naturaleza, de aspecto tan sólido, no es más que una ilusión. Debe comprender que todo lo que supone en la naturaleza algún tipo de manifestación de poder pertenece al alma y no a la naturaleza. Debe saber desde un principio que todo conocimiento y toda experiencia se encuentra en el alma y no en la naturaleza; así que, mediante la auténtica fuerza de la convicción racional, debe arrancarse cualquier unión a la naturaleza. ¡Él permite que la naturaleza y todo lo que le pertenece se marche; deja desvanecer todo y trata de quedar solo!

De todas las renuncias, podría decirse que la más natural es la del bhakti-yogi. Aquí no hay ninguna violencia, nada que abandonar, nada que arrancar de nosotros mismos, nada de lo que debamos separarnos a la fuerza. La renuncia del bhakta es fácil, suave, fluida y tan natural como todo lo que nos rodea. A diario vemos a nuestro alrededor cómo se manifiesta, aunque más o menos de forma caricaturesca, esta clase de renuncia. Un hombre comienza a amar a una mujer; después de un tiempo, se enamora de otra y abandona a la primera. Esta abandona su mente poco a poco, suavemente, sin que él sienta en absoluto su ausencia. Una mujer ama a un hombre; más tarde comienza a amar a otro y el primero sale de su mente con total naturalidad. Un hombre ama su ciudad; luego aprende a querer a su patria y el intenso cariño que sentía por su pequeña ciudad desaparece gradual y naturalmente. Así, otro hombre aprende a amar al mundo entero y el amor por su patria, su patriotismo intenso y fanático se va sin hacerle daño y sin ninguna manifestación de violencia. El hombre sin cultura ama intensamente los placeres de los sentidos; pero, al adquirir cultura, comienza a apreciar los placeres intelectuales y los placeres de los sentidos disminuyen poco a poco. Ningún hombre puede saborear una comida con el mismo gusto o placer que un perro o un lobo, pero el perro nunca podrá disfrutar los placeres que un hombre obtiene de sus experiencias y éxitos intelectuales. Al principio, el placer está asociado a los sentidos más bajos, pero, tan pronto como el animal alcanza un plano de existencia más elevado, disminuye la intensidad de los placeres inferiores. En la sociedad humana, cuanto más cerca está el hombre del animal, más fuertes son sus placeres de los sentidos y, cuanto más elevado y culto es el hombre, mayor placer encuentra en la búsqueda intelectual y de otras cosas sutiles. De este modo, cuando el hombre se eleva por encima incluso del plano intelectual, por encima del mero pensamiento, cuando alcanza el plano de la espiritualidad y de la inspiración divina, encuentra allí un estado de dicha, comparado con el cual todos los placeres de los sentidos, o incluso del intelecto, no son nada. Cuando la luna brilla con fuerza, todas las estrellas palidecen y, cuando sale el sol, hasta la luna palidece. La renuncia necesaria para alcanzar el bhakti no se obtiene matando cosa alguna, sino que llega de forma natural, de la misma forma que, en presencia de una luz cada vez más fuerte, las luces menos intensas van palideciendo hasta desaparecer por completo. Así, el amor a Dios hace palidecer, aparta y relega a la sombra a los placeres de los sentidos y del intelecto.

Este amor crece y toma una forma llamada para-bhakti o devoción suprema. Entonces las formas se desvanecen, los ritos emprenden el vuelo, las escrituras son sustituidas ; las imágenes, los templos, las iglesias, las religiones y las sectas, los países y las nacionalidades, todas estas pequeñas limitaciones y ligaduras caen por su propia naturaleza para aquel que conoce este amor de Dios. No queda nada que lo ate o trabe su libertad. Cuando, de repente, un barco se encuentra cerca de una roca magnética, todos los tornillos y las barras de hierro son atraídos y arrancados ; entonces, los tablones quedan sueltos y flotan libremente en el agua. De este modo, la gracia divina afloja los tornillos y las barras del alma y esta se libera. Así en esta renuncia auxiliar de la devoción, no hay ninguna dureza, ni sequedad, ni lucha, ni represión, ni supresión. El bhakta no debe suprimir ninguna de sus emociones y solo debe esforzarse por intensificarlas y dirigirlas hacia Dios.

Capítulo II
La Renuncia del Bhakta Viene del Amor

Vemos el amor por todas partes en la naturaleza. Todo lo que en la sociedad es bueno, grande, y sublime es el resultado del amor; todo lo que en la sociedad es muy malo, o incluso diabólico, es el resultado de esta misma emoción del amor mal dirigida. Es la misma emoción que nos brinda el puro y santo amor conyugal entre marido y mujer, así como también lo que da esa clase de amor cuya finalidad es satisfacer las formas más bajas de la pasión animal. La emoción es la misma, pero su manifestación es diferente en los distintos casos. Es el mismo sentimiento de amor, bien o mal dirigido, quien impulsa a un hombre a hacer el bien y dar todo lo que posee a los pobres, mientras que a otro le hace cortar el cuello a sus hermanos y apoderarse de sus bienes. El primero ama al prójimo tanto como el segundo se ama a sí mismo. Mientras que en el primer caso la dirección del amor es recta y adecuada, en el último es mala. El mismo fuego que cuece nuestra comida, puede también quemar a un niño y, si eso sucede, no es por culpa del fuego; la diferencia está en el modo en que se emplea. Así, el amor, ese intenso anhelo de unión, ese poderoso deseo de dos seres de ser solo uno y que puede ser, después de todo, el deseo de todos los seres de volverse uno, se manifiesta por todas partes, bajo formas más o menos elevadas según los casos.

El bhakti yoga es la ciencia del amor superior, nos muestra cómo dirigirlo, cómo controlarlo, cómo manejarlo, cómo usarlo, cómo darle una nueva meta, por así decirlo, y, de este modo, lograr los más altos y gloriosos resultados, es decir, nos muestra cómo hacer para que nos conduzca a la dicha espiritual. El bhakti yoga no dice «abandona»; solo dice «ama, ama lo Supremo». Todo lo inferior se aleja de forma natural de aquel cuyo objeto de amor es lo Supremo.

«Yo no puedo decir nada de Ti, salvo que Tú eres mi amor. ¡Tú eres hermoso, oh, Tú eres hermoso! Tú eres la belleza misma». Después de todo, lo que se nos requiere en este yoga en realidad es que dirijamos nuestra sed de belleza hacia Dios. ¿Qué es la belleza en un rostro humano, en el cielo, en las estrellas y en la luna? Solo es una aprehensión parcial de la Belleza Divina real que todo penetra. «Si Él brilla, todo brilla. Es por medio de Su luz que todas las cosas brillan». Adoptad este elevado punto de vista del bhakti que os hará olvidar enseguida vuestras pequeñas personalidades. Alejaos de todos los pequeños apegos egoístas del mundo. No consideréis a la humanidad el centro de todos vuestros intereses humanos y superiores. Sed testigos, como un estudiante, y observad los fenómenos de la naturaleza. Tened para con el hombre el sentimiento de no apego y ved cómo el poderoso sentimiento de amor se abre camino en el mundo. A veces, se produce un ligero roce, pero esto solo ocurre durante la lucha por alcanzar el verdadero amor supremo. A veces hay pequeñas luchas, o caídas, pero esto es algo propio de recorrer el camino. Manteneos a un lado y dejad sin reservas que esos roces se produzcan. Solo los sentiréis cuando os encontréis en la corriente del mundo; pero si estáis apartados, como simples testigos y estudiantes, seréis capaces de ver que hay millones y millones de canales en los cuales Dios se está manifestando como Amor.

« Donde quiera que haya dicha, aun en la más sensual de las cosas, hay una chispa de esa Eterna Dicha que es el Señor mismo ». Incluso en las formas más bajas de atracción está el germen del amor divino. Uno de los nombres del Señor en sánscrito es Hari y eso significa que Él atrae todas las cosas hacia sí mismo. En verdad, la Suya es la única atracción digna del corazón humano. ¿Quién puede atraer verdaderamente un alma? ¡Tan solo Él! ¿Creéis acaso que la materia inerte puede atraer el alma? No ha sucedido, ni sucederá jamás. Cuando veis a un hombre siguiendo un rostro hermoso, ¿pensáis que es el puñado de moléculas materiales organizadas lo que realmente atrae a ese hombre? En absoluto. Detrás de esas partículas materiales debe estar y está la mano de la divina influencia y del divino amor. El hombre ignorante no lo sabe, pero, no obstante, consciente o inconscientemente, es atraído por eso y nada más que por eso. Así, incluso la forma más baja de atracción deriva su poder de Dios mismo. « Nadie, ¡oh querida!, amó jamás al marido por el marido mismo; es por el Âtman, por el Señor que está dentro que el marido es amado ». Las amantes esposas pueden saberlo o no, pero esa es la verdad. « Nadie, ¡oh querida!, amó jamás a la esposa por la esposa misma; es el Ser en la esposa lo que es amado ». Del mismo modo, nadie ama a un niño o cualquier otra cosa en el mundo, sino que solo se ama a Él, que está dentro. El Señor es el gran imán y todos nosotros somos como limaduras de hierro. Así, Él nos atrae constantemente y todos luchamos por alcanzarle. Toda esta lucha que libramos en este mundo no existe para satisfacer fines egoístas. Los cortos de entendederas no saben lo que hacen y, sin embargo, el trabajo de toda su vida es acercarse al gran imán. El objetivo de toda esta tremenda lucha y este batallar de la vida es llevarnos finalmente hasta Él y hacer que seamos uno con Él.

Sin embargo, el bhakti-yogi conoce el significado de las luchas de la vida y las comprende. Él ha pasado por una larga serie de estas luchas, por lo que sabe lo que significan y desea fervientemente ser libre de los conflictos que de ellas resultan; trata de evitar los choques y se dirige hacia el centro de toda atracción, hacia el gran Hari. Esta es la renuncia del bhakta. Esta poderosa atracción hacia Dios hace que todas las otras atracciones se desvanezcan para él. Este poderoso amor infinito hacia Dios que entra en su corazón no deja ningún lugar para otro amor. ¿Cómo podría ser de otro modo? El bhakti llena su corazón con las divinas aguas del océano de amor, el cual es Dios mismo; allí no hay sitio para pequeños amores. Es decir, que la renuncia del bhakta es vairâgya, o no apego por cosa alguna que no sea Dios, lo cual resulta de anurâga, o gran devoción por Dios.

Esta es la preparación ideal para alcanzar el bhakti supremo. Cuando esta renuncia viene, se abren las puertas para el alma para pasar y alcanzar las elevadas regiones de la devoción suprema, o para-bhakti. En ese momento, comenzamos a comprender lo que es el para-bhakti y el hombre que ha entrado solo en santuario íntimo del para-bhakti tiene derecho a decir que todas las formas y símbolos le son inútiles como ayuda para alcanzar la realización religiosa. Solo él ha alcanzado ese estado supremo de amor comúnmente llamado fraternidad humana, los otros solo pueden parlotear sobre ella. Él no ve distinciones; el poderoso océano del amor ha entrado en él y no ve al hombre en el hombre, sino que ve a su Amado en todas partes. Para él, Hari brilla a través de todos los rostros. La luz del sol o de la luna son manifestaciones Suyas. Donde quiera que haya belleza o sublimidad, para él es todo Él. Tales bhaktas viven todavía entre nosotros, el mundo nunca está desprovisto de ellos. Ellos, aunque mordidos por una sierpe, solo dicen que llegó a ellos un mensajero de su Amado. Solo dichos hombres tienen derecho a hablar de fraternidad universal. No tienen resentimientos, sus mentes nunca reaccionan con odio o celos. Lo externo, lo sensual, se ha desvanecido de ellos para siempre. ¿Cómo podrían enfadarse cuando, mediante su amor, siempre pueden ver la Realidad tras las escenas?

Capítulo III
La Naturalidad del Bhakti Yoga y su Principal Secreto

Aryuna preguntó a Shri Krishna: «¿Son los más grandes yogis aquellos que siempre te adoran con una atención constante y aquellos otros que adoran lo No diferenciado, lo Absoluto?». Y la respuesta fue: «Aquellos que concentran su mente en Mí, que Me adoran con constancia eterna y que están dotados de la fe más elevada son Mis mejores devotos y los más grandes yogis. Aquellos que adoran lo Absoluto, lo Indescriptible, lo No diferenciado, lo Omnipresente, lo Inimaginable, lo Inamovible, lo Universal y lo Eterno, dominando la actividad de sus órganos y teniendo la convicción de su ecuanimidad para con todas las cosas, consagrados a hacer el bien a todos los seres vienen a Mí solos. Pero para aquellos cuyas mentes adoran al Absoluto no manifestado, la dificultad de la lucha a lo largo del camino es mucho mayor, pues, en verdad, es solo con grandes dificultades que el sendero de lo Absoluto no manifestado puede ser recorrido por cualquier encarnado. Aquellos que, habiéndome ofrecido todas sus obras, con absoluta confianza en Mí, meditan sobre Mí y Me adoran sin apego alguno hacia ninguna otra cosa, a ellos Yo pronto los rescato del océano de los repetidos nacimientos y muertes, porque sus mentes están exclusivamente ligadas a Mí» —Gita XII.

Aquí se hace alusión al jnana-yoga y al bhakti yoga. Puede decirse que el pasaje antes citado los define a ambos. El jnana-yoga es admirable, es alta filosofía y es bastante curioso ver que cada ser humano piensa que puede hacer fácilmente todo lo que exige la filosofía; pero es extremadamente difícil seguir de verdad una vida conforme a la filosofía. A menudo, somos propensos a correr grandes peligros al tratar de dirigir nuestra vida por el camino de la filosofía. Puede decirse que este mundo se divide en dos grupos de personas: las de naturaleza demoniaca, que creen que el cuidado del cuerpo es el súmmum de la existencia, y las de naturaleza divina, que se percatan de que el cuerpo es simplemente un medio para alcanzar un fin, un instrumento destinado a la cultura del alma. Ciertamente, el demonio puede citar y cita las escrituras a favor de sus propósitos y es por ello que el sendero del conocimiento parece ofrecer un justificativo para lo que hace el malo, del mismo modo que ofrece incentivos para lo que hace el bueno. Ese es el gran peligro del jnana-yoga. Sin embargo, el bhakti yoga es natural, dulce y moderado; el bhakta no pretende vuelos tan altos como el jnana-yoga y, por lo tanto, no es propenso a sufrir tan grandes caídas. Por supuesto, hasta que no desaparecen las ligaduras del alma, esta no puede ser libre, cualquiera que sea la naturaleza del sendero que siga el hombre religioso.

He aquí un pasaje que muestra cómo, en el caso de una de las benditas gopis, se rompen las dos cadenas que atan el alma: la del mérito y la del demérito. « El intenso placer de meditar sobre Dios se llevó los efectos de unión de sus actos buenos. Entonces, la intensa tristeza del alma por no poder alcanzarlo limpió de ella toda inclinación pecaminosa y así se liberó ».

तच्चिन्तावपुलाह्लादक्षीणपुण्यचया तथा। तदप्राप्ति महद्दुःखविलीनाशेषपातका॥
नरुच्छासतया मुक्तिं गतान्या गोपकन्यका॥ (Vishnu-Purâna)

En el bhakti yoga, el principal secreto es, por lo tanto, saber que los diversos sentimientos, pasiones y emociones en el corazón humano no son malos en sí mismos, pero que deben ser cuidadosamente controlados y dirigidos hacia una meta cada vez más elevada hasta que alcancen la condición de más alta excelencia. La meta más elevada es la que nos lleva a Dios y cualquier otra meta es inferior. Descubrimos que el placer y el dolor son sentimientos comunes y recurrentes en nuestras vidas. Cuando un hombre siente dolor por no tener riqueza o cualquier otra cosa terrenal, está dando una meta equivocada al sentimiento. No obstante, el dolor tiene su utilidad. Deja que un hombre sienta dolor por no haber alcanzado lo Supremo, por no haber alcanzado a Dios, y ese dolor será su salvación. Cuando te alegras por tener un puñado de monedas, la capacidad de alegrarte te dirige hacia una meta equivocada; se le debería dar una meta más elevada, pues debe existir para servir al Ideal Supremo. El placer en este ideal debe ser nuestra mayor alegría. Esto mismo también es cierto para con los otros sentimientos. El bhakta dice que ninguno de ellos es mal, los acepta todos y los dirige constantemente hacia Dios.

Capítulo IV
Las Formas de Amor : Manifestación

He aquí algunas de las formas en las que se manifiesta el amor. La primera es la reverencia. ¿Por qué la gente muestra reverencia por los templos y lugares sagrados? Porque a Él se lo adora allí y, así, Su presencia se asocia con todos estos lugares. ¿Por qué, en todos los países, la gente reverencia a los maestros religiosos? Porque para el corazón humano es natural hacerlo, ya que todos esos maestros predican sobre el Señor. La reverencia, en el fondo, viene del amor, pues ninguno de nosotros puede reverenciar a quien no ama. Entonces viene priti, el placer en Dios. ¡Qué inmenso placer encuentra el hombre en los objetos de los sentidos! El hombre va a cualquier parte y corre cualquier peligro para conseguir la cosa que ama, las cosas que desean sus sentidos. Lo que se requiere del bhakta es este tipo de intenso amor que, no obstante, debe ser dirigido a Dios. A continuación, viene el más dulce de los sufrimientos : viraha, el dolor intenso debido a la ausencia del Amado. Cuando el hombre siente ese dolor intenso por no haber alcanzado a Dios, no ha conocido la única cosa digna de ser conocida y, en consecuencia, se encuentra angustiado y casi enloquecido. Eso es viraha. Este estado de la mente lo hace sentirse intranquilo en presencia de cualquier otra cosa que no sea su Amado. En el amor terrenal, vemos cuán frecuente es este viraha. Así, cuando un hombre está real e intensamente enamorado de una mujer, o una mujer de un hombre, sienten una especie de fastidio natural en presencia de todos aquellos a quienes no aman. La mente es presa de exactamente ese mismo estado de impaciencia respecto de todo lo que no se ama cuando el para-bhakti la domina ; incluso le resulta desagradable cualquier conversación que no sea acerca de Dios. « Piensa en Él, piensa solo en Él y renuncia a todas las otras palabras vanas ». (तदर्थप्राणसंस्थानं). El bhakta establece amistad con aquellos que solo hablan de Él, mientras que aquellos que hablan de cualquier otra cosa se le antojan antipáticos. Se llega a un estado de amor aún más elevado, cuando se sigue viviendo por amor a ese único Ideal de Amor, cuando la vida en sí es considerada hermosa y digna de ser vivida solo por ese Amor (तदर्थप्राणसंस्थानं). Sin este Amor, una vida así no duraría un instante. La vida es dulce porque se piensa en el Amado. Tadiyatâ (« ser Suyo ») es un estado al que se llega cuando un hombre se vuelve perfecto según el bhakti, cuando ha logrado la bienaventuranza, cuando ha alcanzado a Dios, cuando, por así decir, ha tocado los pies de Dios. Entonces toda su naturaleza es purificada y completamente transformada. El propósito de su vida ha sido logrado. Sin embargo, muchos de estos bhaktas no viven más que para adorarlo. Es la felicidad, el único placer de la vida al cual no renuncian. «¡Oh rey!, tal es la bienaventurada cualidad de Hari que incluso aquellos que han quedado satisfechos de todas las cosas, que han cortado los lazos de su corazón, adoran al Señor por amor al amor». El Señor «al que adoran todos los seres celestiales, todos los amantes de la liberación y todos los conocedores del brahman». यं सर्वे देवा नमन्ति मुमुक्षवो ब्रह्मवादनिश्चेति. Tal es el poder del amor. Cuando un hombre se ha olvidado completamente de sí mismo y no tiene ningún sentimiento de posesión, alcanza el estado de tadiyata y todo es sagrado para él, pues todo pertenece a su Amado. Incluso en el caso del amor terrenal, el que ama piensa que todo lo que pertenece a su amado es sagrado y, por ende, querido para él. Llega a amar hasta un trozo de tela perteneciente al predilecto de su corazón. Del mismo modo, cuando un hombre ama al Señor, llega a amar a universo todo, pues todo es Suyo.

# Capítulo V
El Amor Universal y Cómo Conduce a la Propia Entrega

¿Cómo podemos amar el vyashti, lo particular, sin amar primero el samashti, lo universal? Dios es el samashti, el generalizado y abstracto todo universal; y el universo que nosotros vemos es el vyashti, la cosa particularizada. Solo es posible amar a todo el universo si se ama al samashti, lo universal, que es, en cierto modo, la unidad en la cual se pueden encontrar millones y millones de unidades más pequeñas. Los filósofos de la India no se detienen en los detalles, sino que echan una ojeada rápida e inmediatamente inician la búsqueda de las formas generalizadas que incluirán todos los detalles. La búsqueda del universal es la búsqueda a la que se entregan la religión y la filosofía de la India. El jnâni tiene como objetivo la totalidad de las cosas, el Ser único, absoluto y generalizado, al cual una vez se lo conoce, se conoce todo. El bhakta desea conocer esta generalizada persona abstracta, amando a quien Él ama: todo el universo. El yogi desea poseer esa forma generalizada de poder, controlando lo que Él controla: todo el universo. A lo largo de toda su historia, la mente india ha sido dirigida hacia este singular tipo de búsqueda de lo universal en todas las cosas, ya sea en la ciencia, en la psicología, en el amor, o en la filosofía. Así, el bhakta llega a la conclusión de que, si simplemente amamos una persona después de otra, podemos continuar amándolas durante un periodo infinito sin llegar en lo más mínimo a amar al mundo como un todo. No obstante, cuando finalmente se llega a la conclusión de que la suma total de todo amor es Dios, de que la suma total de las aspiraciones de todas las almas del universo, ya sean libres o no, o estén luchando por liberarse, es Dios, solo entonces puede aparecer el amor universal. Dios es el samashti y este universo visible es Dios diferenciado y hecho manifiesto. Si amamos esta suma total, lo amamos todo. Amar y hacer bien al mundo nos será fácil entonces. Debemos obtener este poder amando a Dios ante todo, de otro modo, no es ninguna broma hacer bien al mundo. El bhakta dice: «Todo es Suyo y Él es mi Amado; yo Lo amo». De este modo, todo deviene sagrado para el bhakta, pues todas las cosas son Suyas. Todo es Su cuerpo, Sus hijos, Su manifestación. ¿Cómo podríamos entonces herir a alguien? ¿Cómo podríamos entonces amar a alguien? Como efecto del amor a Dios, se desarrollará el amor a todo en el universo. A medida que nos acercamos a Dios, vamos viendo cada vez mejor que todas las cosas están en Él. Cuando el alma logra alcanzar la bendición de este amor supremo, comienza a verlo a Él en todas las cosas. Entonces, nuestro corazón se convierte en una eterna fuente de amor. Cuando alcanzamos los estados todavía más elevados de este amor, totas las pequeñas diferencias entre las cosas del mundo desaparecen por completo: ya no vemos al hombre como hombre, sino como Dios; ya no vemos al animal como animal, sino como Dios; incluso el tigre ya no es un tigre, sino una manifestación de Dios. Así, en este intenso estado del bhakti, se adora a todas las cosas, a toda vida, a todos los seres.

एवं सर्वेषु भूतेषु भक्तिरव्यभिचारिणी। कर्तव्या पण्डितिर्ज्ञात्वा सर्वभूतमयं हरिम्॥

« Al saber que Hari, el Señor, está en todas las cosas, el sabio debe manifestar un amor inquebrantable hacia todos los seres »

Como resultado de este tipo de amor intenso que todo lo absorbe, llega el sentimiento de perfecta entrega de uno mismo, la convicción de que ninguna de las cosas que suceden es contra nosotros, aprâtikulya. Entonces, si viene el dolor, la amante alma puede decir: «Bienvenido, dolor»; si viene el sufrimiento, dirá: «Bienvenido, sufrimiento»; si viene una serpiente, dirá: «Bienvenida, serpiente»; y, si viene la muerte, tal bhakta la recibirá con una sonrisa. «Soy afortunado de que todos ellos vengan a mí; todos son bienvenidos». En este estado de perfecta resignación que proviene del intenso amor a Dios y a todo lo que es Suyo, el bhakta deja de distinguir entre placer y dolor cuando le afectan. No sabe lo que es quejarse por dolor o sufrimiento. Este tipo de sumisa resignación ante los deseos de Dios, que es todo amor, es, ciertamente, una adquisición más digna que toda la gloria de los actos más grandiosos y heroicos.

Para la gran mayoría de los hombres, el cuerpo lo es todo; para ellos, el cuerpo es todo el universo y los placeres del cuerpo son su todo. Este demonio de la adoración al cuerpo y a las cosas del cuerpo ha penetrado en todos nosotros. Podemos consentir en mantener una conversación elevada y volar alto, seguiremos siendo como buitres, pues nuestra mente estará dirigida a la carroña del suelo. ¿Por qué debería salvarse nuestro cuerpo de, por ejemplo, un tigre? ¿Por qué no deberíamos entregárselo al tigre? El tigre se complacería de ello y este acto no sería tan diferente del sacrificio de uno mismo y la adoración. ¿Podemos alcanzar a imaginar una idea semejante, en la que se pierde por completo el sentido de uno mismo? Es una altura vertiginosa de la cumbre de la religión del amor y pocos en este mundo han llegado a escalarla; pero, hasta que un hombre no llega al punto más elevado de este auto sacrificio siempre dispuesto, no puede convertirse en un bhakta perfecto. Todos conseguimos salvaguardar nuestro cuerpo con mayor o menor éxito y por intervalos de tiempo más o menos largos. No obstante, nuestro cuerpo debe desaparecer, no son permanentes. Benditos aquellos cuyos cuerpos son destruidos al servicio de otros. « El sabio siempre pone al servicio de los demás la riqueza y aun la propia vida. En este mundo, hay una cosa cierta y esa es la muerte; es mucho mejor que este cuerpo muera por una buena causa que por una mala ». Podemos vivir cincuenta años o cien, pero, después de eso, ¿qué sucede? Todo lo que resulta de una combinación se disuelve y muere. Debe llegar y llegará el momento en que el cuerpo se descomponga. Jesús, Buda y Mahoma, todos ellos han muerto; todos los grandes profetas y maestros del mundo han muerto.

« En este mundo evanescente donde todas las cosas caen hechas pedazos, debemos dar el uso más elevado al tiempo que tenemos », dice el bhakta; y, realmente, el uso más elevado que podemos dar a la vida es ponerla al servicio de todos los seres. Lo que fomenta todo el egoísmo del mundo es esa horrible idea del cuerpo, esa idea equivocada de que somos solamente el cuerpo que poseemos y que debemos por todos los medios posibles hacer todo lo que podamos por preservarlo y darle placer. Si sabes que eres otra cosa aparte de tu cuerpo, no tienes uno con el que luchar o del que defenderte y estás muerto para todas las ideas egoístas. Así el bhakta declara que debemos considerarnos muertos para todas las cosas del mundo y esto es la verdadera entrega de sí mismo. Dejad que las cosas ocurran. Este es el significado de «¡ Que se cumpla Tu voluntad!» y no ir por el mundo luchando, peleando y pensando en el camino que Dios desea todas nuestras debilidades y ambiciones terrenales. No obstante, puede ser que, incluso de entre todas nuestras luchas egoístas, venga el bien; esto es posible solo por la voluntad de Dios. La idea del bhakta perfecto debe ser la de que él no actúa, ni ejercita su voluntad para sí mismo. « Señor, ellos construyen grandes templos en Tu nombre y hacen grandes ofrendas en Tu nombre. Yo soy pobre, no tengo nada, por eso, yo tomo este cuerpo mío y lo deposito a Tus pies. ¡ No me abandones, oh Señor! ». Tal es la plegaria que sale de lo más profundo del corazón del bhakta. Para aquel que lo ha experimentado, este eterno sacrificio de uno mismo ante el Amado Señor es muy superior a la riqueza y el poder e incluso a todos los desorbitados pensamientos de renombre y gozo. La paz de la resignación tranquila del bhakta es una paz que sobrevive a todo entendimiento y tiene un valor comparable. Su apratikulya es un estado de la mente en el que no tiene interés por cosa alguna y no conoce nada que sea opuesto a él. En este estado de sublime resignación, todo apego desaparece por completo, excepto el amor que todo lo absorbe por Aquel en el que todas las cosas viven, se mueven y tienen su ser. Este amor a Dios es, ciertamente, un sentimiento que no ata el alma, sino que rompe todas las ligaduras.

Capítulo VI
El Conocimiento Superior y el Amor Superior Son Uno Para el Verdadero Amante

Los Upanishads distinguen entre el conocimiento superior y el conocimiento inferior y para el bhakta no existe ninguna diferencia entre este conocimiento superior y su amor superior (parâ-bhakti). El Mundaka Upanishad dice:

वदे विद्ये वेदितव्ये इति ह स्म यद्ब्रह्मविदो वदन्ति परा चैवापरा च॥ तत्रापरा ऋग्वेदो यजुर्वदः सामवेदोऽथर्ववेदः शिक्षा कल्पो व्याकरणं निरुक्तं छन्दो ज्योतिषमिति अथ परा यया तदक्षरमधिगम्यते॥

« *Los conocedores del brahmán declaran que hay dos clases de conocimiento dignas de ser conocidas, a saber: el superior (parâ) y el inferior (aparâ). El conocimiento inferior está formado por el Rig-Veda, el Yajur-Veda, el Sâma-Veda, el Atharva-Veda, el shikshâ (o la ciencia que se encarga de la pronunciación y el acento), el kalpa (o la liturgia del sacrificio), la gramática, el nirukta (o la ciencia que se encarga de la etimología y del significado de las palabras), la prosodia y la astronomía; y el conocimiento superior es aquel mediante el cual se conoce al Inmutable* »

Así, se muestra con claridad que el conocimiento superior es el conocimiento del brahman. El Devi-Bhâgavata nos da la siguiente definición del amor superior (para-bhakti): « Como el aceite vertido de un recipiente a otro forma un chorro ininterrumpido, del mismo modo, cuando la mente piensa en el Señor en la forma de una corriente continua, tenemos lo que se llama el para-bhakti o amor supremo ». Esta clase de dirección inalterable y siempre firme de la mente y del corazón hacia el Señor con una inseparable adhesión es la manifestación más elevada del amor del hombre por Dios. Todas las otras formas de bhakti no son más que el estado preparatorio para alcanzar esta forma superior, es decir el para-bhakti, al cual también se conoce como el amor al cual se llega después del apego (râgânugâ). Una vez que este amor supremo entre en el corazón del hombre, su mente pensará continuamente en Dios y no recordará ninguna otra cosa. No querrá dar en sí mismo sitio a otros pensamientos que no sean los de

Dios y su alma será invenciblemente pura y romperá por sí misma, todas las ligaduras de la mente y de la materia y se volverá serenamente libre. Solo este hombre puede adorar al Señor en su propio corazón; para él todos los símbolos, formas, escrituras y doctrinas son innecesarios e incapaces de prestarle servicio alguno. No es fácil amar al Señor así. Generalmente, solo se ve florecer el amor humano donde este va en ambas direcciones y, donde el amor solo se ofrece y no se devuelve, el resultado natural es una fría indiferencia. Sin embargo, hay algunos escasos ejemplos en los cuales podemos ver manifestarse el amor incluso allí donde no es recíproco. Como ilustración, podemos comparar este amor con el de la polilla por el fuego. El insecto adora el fuego, cae en él y muere. Amar así está, ciertamente, en la naturaleza de este insecto. Amar porque es la naturaleza del amor es innegablemente la manifestación más elevada y desinteresada de amor que puede verse en el mundo. Un amor así, que se desarrolla en el plano de la espiritualidad, conduce necesariamente a la realización del para-bhakti.

Capitulo VII
El Triángulo del Amor

Podemos representar el amor como un triángulo, cada uno los triángulos corresponden a una de sus características inseparables. No puede haber triángulo sin sus tres ángulos, y no puede haber amor verdadero sin las siguientes características. El primer ángulo de nuestro triángulo del amor, es que el amor no conoce la negociación. Dondequiera que estés buscando algo a cambio, no puede haber amor verdadero, esto se vuelve un simple comercio / se volvería un simple comercio. Por tanto, siempre que haya la idea de obtener algo / un favor de Dios a cambio de nuestro respeto y lealtad hacia él, no puede haber amor verdadero creciendo en nuestros corazones. Aquellos quienes adoran a Dios porque él les concede favores seguro no lo adoraran si esos favores no son venideros. El Bhakta ama al señor porque él es adorable, no hay otro motivo que origine o dirija esta emoción divina del verdadero devoto.

Hemos oído decir que una vez un gran rey fue a un bosque y conoció a un sabio. Habló con el sabio un poco y estaba muy contento con su pureza y sabiduría. Luego, el rey quería obligar al sabio a recibir un presente de su parte. El sabio rechazó hacer esto, diciendo, « Las frutas del bosque son suficiente alimento para mi ; los arroyos (puros) del agua que fluyen de las montañas me dan suficiente bebida ; Las cortezas de los árboles me abastecen con suficiente capa / me cubren lo suficiente ; y las cuevas de las montañas forman mi casa. ¿Por qué debo tomar / aceptar algún presente de usted o de alguien mas? » El rey dijo, « Solo para beneficiarme, señor, por favor toma algo de mis manos y ven conmigo a la ciudad y a mi palacio. » Después de mucha persuasión, el sabio finalmente consintió hacer como el rey deseaba y fue con él a su palacio. Antes de ofrecerle al sabio el presente, el rey repitió sus oraciones, diciendo, « Señor, dame más hijos ; Señor, dame más riquezas ; Señor dame más tierras ; Señor, mantén mi cuerpo en buena salud », etcétera. Antes que el rey terminara de decir sus oraciones, el sabio se levantó y se alejó silenciosamente de la habitación. En eso, el rey se quedó perplejo y comenzó a seguirlo, gritando fuerte, « Señor te vas, no has recibido mis regalos. » El sabio se volteo y dijo, « No ruego a mendigos. No eres más que un mendigo, y ¿cómo puede usted darme algo? No soy un tonto para pensar en quitarle algo a un mendigo como usted. Apártese, y no me siga ».

Hay que resaltar con claridad la diferencia entre simples mendigos y los que en verdad aman a Dios. Mendigar no es el lenguaje del amor. Adorar a Dios aunque sea para lograr la salvación o alguna otra recompensa es una degeneración del amor. El amor no sabe de recompensa. El amor es siempre salvado por el amor. El Bhakta ama porque no puede ayudar a amar. Cuando ves un hermoso paisaje y te enamoras de él, tú no pides un favor al paisaje, tampoco el paisaje te pide algo. Sin embargo, la vista lleva a tu mente a un estado de felicidad. Esto suaviza todos las fricciones de tu alma, te hace tranquilo, casi te levanta, de momento, más allá de tu naturaleza mortal y te coloca en una condición de éxtasis divino. Esta naturaleza de amor verdadero es el primer ángulo de nuestro triángulo. No pidas nada a cambio de tu amor. Deja que tu posición sea siempre igual al que está dando / al del donador ; da tu amor a Dios, pero no pidas nada a cambio incluso a él.

El segundo ángulo del triángulo del amor, es que el amor no conoce miedos. Aquellos que aman a Dios a través del miedo son los seres humanos más bajos, bastante subdesarrollados como hombres. Adoran a Dios por miedo al castigo. El es un gran ser para ellos, con un látigo en una mano y en la otra un cetro ; si ellos no le obedecen temerán ser azotados. Esto es una verguenza adorar a Dios por miedo a ser castigados. Esta alabanza es en absoluto, la forma más primitiva de adorar el amor. Mientras haya miedo en el corazón, ¿Cómo puede haber amor también? El amor conquista naturalmente todos los miedos. Piensa en una joven madre en la calle y un perro le ladra, ella está aterrada y corre a la casa más cercana. pero suponte que al dia siguiente ella está en la calle con su hijo, y un león salta sobre su hijo. ¿Donde estaría su posición ahora? por supuesto, en la boca del león, protegiendo a su hijo. El amor conquista el miedo. El miedo viene de la idea egoísta de sentirse fuera del universo. Mientras más egoísta me vuelvo mas es mi miedo. Si un hombre piensa que él no es nada, el miedo seguramente vendrá hasta el. Y cuanto menos pienses que eres una persona insignificante, menos miedo habrá para ti / tendras. Siempre que haya al menos una chispa de miedo dentro de ti no podrá haber amor ahí . Amor y miedo son incompatibles ; Dios nunca deber ser temido por quienes lo aman. El mandamiento, « No tomarás el nombre de Jehová tu Dios en vano », El verdadero amor de Dios ríe / goza. ¿Como puede haber alguna blasfemia en la religión del amor? Cuanto más tomes el nombre de Dios, lo mejor es para ti, en la forma que puedas hacerlo. Solo tienes que repetir su nombre porque lo amas.

El tercer triángulo del amor, es que el amor no conoce rival, ya que en ello siempre está encarnado el ideal más elevado del amante. El amor verdadero nunca viene hasta que el objeto de nuestro amor nos haga nuestro supremo ideal. Puede ser que el amor humano en muchos casos se desvió o esté fuera de lugar, pero la persona a quien amas, la criatura que él ama es su propio supremo ideal. Uno puede ver su ideal en el vilest de los seres y otro en lo supremo de los seres ; sin embargo, en cada caso este es el ideal que solamente puede ser verdadero e intensamente amado. El supremo ideal de cada hombre es llamado Dios. Ignorante o sabio, santo o pecador, hombre o mujer, educado o sin educación, culto o inculto, para cada ser humano el supremo ideal es Dios. La síntesis de todos los ideales superiores de la belleza, de la sublimidad, y poder nos da la más completa concepción del amante y adorable Dios.

Estos ideales existen de alguna forma u otra en cada mente natural ; ellos forman una parte y dividen todas nuestra mentes. Todas las manifestaciones activas de naturaleza humana son luchas de estos ideales para que lleguen a ser realizadas en la vida práctica. Todos los movimientos que vemos alrededor de nuestra sociedad son causados por los distintos ideales en distintas almas que intentan salir y llegar a ser concretadas ; lo que está adentro presiona para salir. Esta constante influencia del ideal es una fuerza, un motivo de poder, que puede ser visto para ser un trabajo constante entre la humanidad. Puede que después de unos cientos de nacimientos, después de luchas durante miles de años, el hombre encuentre lo que es en vano para intentar hacer el interior ideal moldeando completamente las condiciones externas y armonizandolas bien. Antes de darse cuenta de esto, él no intenta proyectar su propio ideal en el resto del mundo, pero adora este mismo ideal desde el punto de vista más alto del amor. Este ideal perfecto adopta a todos los ideales inferiores. Cada uno admite la verdad del refrán que un amante ve la belleza de helena sobre la frente de Ethiop. El hombre quien está de pie a un lado como espectador ve que el amor está fuera de lugar, pero el enamorado de todos modos solo ve a helena y no ve al Ethiop en lo absoluto. Helena o el Etiope, los objetos de nuestro amor ¿Son en verdad los centros alrededor de los cuales nuestros ideales se vuelven cristalizados? ¿Qué es lo que el mundo comúnmente adora? Es sin duda el concepto global, la idea perfecta de lo devoto y el amante. Ese ideal de amor supremo que los hombres y mujeres normalmente adoran es lo que está en ellos mismos ; cada persona proyecta su propio ideal para el resto del mundo y se inclina ante esto. Es por eso por lo que encontramos hombres que son crueles y sanguinarios conciben a un Dios sediento de sangre, porque solo pueden amar su ideal supremo. Es por ello que los hombres buenos tienen un ideal supremo de Dios y su ideal es de hecho muy diferente al de los demás.

Capitulo VIII
Dios de Amor Es Su Propia Prueba

¿Cual es el ideal del amante que ha sobrepasado más allá la idea del egoísmo, el intercambio y la negociación y que no conoce el miedo? Hasta el gran Dios le dirá a ese hombre, «Te daré mi todo, y no quiero nada de ti; de hecho no hay nada que pueda llamar mío.» Cuando un hombre ha adquirido esta convicción, su ideal se convierte en un amor perfecto, sin miedo. El ideal supremo de esa persona no tiene ni la más estrecha particularidad, es amor universal, amor sin límites y vínculos, amor mismo, amor absoluto. Este gran ideal de la religión del amor es adorado y amado absolutamente como tal sin la ayuda de ningún símbolo o sugerencias. Esta es la forma más elevada de Para Bhakti la adoración de este es comprender lo ideal como lo ideal; todo las otras formas de Bhakti son solo etapas en el camino para llegar a ellas / que debemos alcanzar.

Todos nuestros fracasos y nuestros éxitos que se siguen en la religión del amor están en el camino hacia la realización de ese ideal. Objeto tras objeto es aceptado y el ideal interior se proyecta sucesivamente en todos; y todos esos objetos externos se encuentran insuficientes como exponentes del ideal interior siempre en expansión y naturalmente rechazados uno tras otro. Por último el aspirante comienza a pensar que es inútil / superficial intentar realizar el ideal en objetos externos, que todos esos objetos no son nada en comparación con el ideal de sí mismo. Y con el tiempo, adquiere el poder de llevar a cabo el mayor y generalizado abstracto ideal como una abstracción que es para él muy viva y muy real. Cuando el devoto haya alcanzado este punto ya no requerirá preguntar si Dios existe o no, si es omnisciente y omnipotente o no. Para el devoto, Él es solo el Dios del amor. Él es el supremo ideal del amor, y eso es suficiente para sus propósitos. Él como amor es evidente. No se requiere prueba para demostrar la existencia del amado al amante. Los magistrados dioses en otras religiones puede que requieran un buen ideal para probar la existencia de Dios, pero el bhakta no lo hace y no puede pensar en lo absoluto en estos dioses. Para el, Dios existe únicamente como amor. «Ninguna amada, ama al marido por ser su marido, pero es a través de Mi que el marido es amado». «Ningún amado, ama a la esposa por ser su esposa, pero es a través de Mi que la esposa es amada.»

CAPITULO VIII : DIOS DE AMOR ES SU PROPIA PRUEBA

Dicen algunos que el egoísmo es el único motivo con respecto a todas las actividades del humano. Y que el amor también es inferior al especificarse / al hacerse partículas. Cuando pienso en mi mismo mientras comprendo el universo, seguramente no hay egoísmo en mi / es seguro que no puede haber egoísmo en mi, pero cuando por error pienso que soy insignificante / poca cosa mi amor se convierte en partículas y se reduce. El error consiste en hacer la esfera del amor estrecha y contractada. Todas las cosas en el universo son de origen divino y merecen ser amadas; sin embargo esto tiene que transmitirse en la mente, que el amor es completo y que incluye el amor de las partes. Este todo es el Dios de los Bhaktas y de otros dioses, padres en el cielo o gobernantes o creadores, y todas las teorías y doctrinas de los libros que no tienen un propósito / que no tienen sentido y que no significa nada para ellos, viendo que tienen a través de su amor supremo y devoción alcanzan por encima de todo las cosas juntos. Cuando el corazón se purifica, se limpia y se llena hasta el borde con el néctar del amor, todas las demás ideas se vuelven simplemente pueriles y son rechazadas por ser inadecuadas o indignas. Este es el Para-Bhakti o amor supremo; y el Bhakta perfecto no va a ver mas a Dios en los templos o iglesias; el no conoce lugar donde lo pueda encontrar. El lo encuentra en el templo, así como también fuera de él, él lo encuentra en la santidad del santo, asi como tambien en los impios, la malicia de los hombres, porque él lo tiene a él sentado en la gloria de su propio corazón como el todopoderoso inextinguible, luz de amor que siempre está brillando y está eternamente presente.

Capitulo IX
Representaciones Humanas del Divino Ideal de Amor

Es imposible expresar este ideal supremo de amor en un lenguaje humano. Incluso la imaginación más fuerte del humano es incapaz de comprender esta perfección de belleza infinita. Sin embargo, los seguidores de la religión del amor tanto en su forma superior como inferior han tenido que utilizar un lenguaje humano inadecuado para comprender y definir su propio ideal del amor. Es más, el amor humano en sí, en todas sus formas se ha hecho para comprender y definir su propio ideal de amor divino. El hombre puede pensar en las cosas divinas solo en su forma humana, para nosotros el absoluto solo puede ser expresado en nuestro lenguaje relativo. Todo el universo es para nosotros una escritura de lo infinito en el lenguaje limitado. Por lo tanto, los Bhaktas usan todos los términos comunes asociados con el amor común de la humanidad en relación con Dios y su devoción a través del amor.

Algunos de los grandes escritores en Para-Bhakti han intentado comprender y experimentar este amor divino en diferentes formas. La forma más baja la cual este amor es aprehendido es lo que llaman pacífico—El Shanta. Cuando un hombre adora a Dios sin el fuego del amor en él, sin su locura en su cerebro, cuando su amor es solo el lugar tranquilo del amor, cuando ese amor es mucho más que simples formas, ceremonias y símbolos, pero que no se caracteriza por la locura del amor intensamente activo, se suele decir Shanta. Vemos algunas personas en el mundo que les gusta andar despacio y otros que van y vienen como torbellinos. El Shanta-Bhakta es tranquilo, pacífico, amable.

El siguiente tipo más alto es Dasya, es decir, sirviente, es cuando un hombre piensa que él es el sirviente de Dios. La relación del siervo fiel, hacia el maestro que es su ideal.

El siguiente tipo de amor es Sakhya, amistad—«Tu eres nuestro amigo amado.» Así como un hombre abre su corazón a su amigo y sabe que su amigo nunca lo regañara por sus defectos sino que siempre intentará ayudarlo, porque existe la idea de igualdad entre el y su amigo, de igual forma el amor fluye adentro y hacia afuera entre el creyente y su Dios amigo. Así Dios se convierte en nuestro amigo, el amigo que está cerca, el amigo a quien libremente podemos contarle nuestra(s) vida(s). Los secretos más íntimos de nuestros corazones podemos ponerlos ante Él con la confianza de que nos dará seguridad y apoyo. El es un amigo que el devoto acepta como igual. Dios es considerado como compañero de nuestros juegos. Bien podemos decir con claridad que estamos jugando en este universo. Así como los niños juegan sus juegos, así como la mayoría de los reyes y emperadores juegan sus propios juegos, así está el amado Señor jugando en este universo. El es perfecto ; No necesita nada. ¿Por que crearía El? La actividad está siempre con nosotros para cumplir algun deseo, y el deseo siempre presupone imperfección. Dios es perfecto ; no ha necesitado nada. ¿Por que El deberia seguir con este trabajo de la activa creación? ¿Cual el propósito El tiene en vista? Las historias acerca de Dios creando este mundo de un extremo u otro son buenos como cuentos, pero nada más. Esto es realmente un juego ; el universo es su juego. Todo el universo después de todo debe ser para Él una gran pieza de placentero entretenimiento. Si eres pobre, disfruta como diversión ; si eres rico disfruta lo que es ser rico ; si el peligro acecha, esto también es divertido ; si la felicidad llega esto es aún mucho más divertido. El mundo es solo un parque de juegos y aqui estamos teniendo buena diversión, teniendo un juego. Y Dios está con nosotros todo el tiempo jugando y nosotros estamos con Él jugando. Dios es nuestro compañero eterno. Cuan hermoso está jugando ! El juego se termina cuando el ciclo : llega a su fin. Hay un descanso por un tiempo más o menos largo ; y de nuevo todos salimos a jugar. Cuando solo olvidas que todo es un juego y que tu estas tambien ayudando en el, sólo entonces cuando la miseria y la tristeza llegan. Luego, el corazón se vuelve pesado, entonces el mundo pesa sobre ustedes con un poder impresionante. Pero tan pronto abandones la idea de una seria realidad como característica de los cambiantes incidentes de los tres minutos de vida y sepas que esto es solo una etapa en el que estamos jugando y ayudando a Dios a jugar, la miseria cesará para ti. El juega en cada átomo ; El esta jugando cuando el fortalece tierras, soles y lunas ; El esta jugando con el corazón humano, con animales, con plantas. Somos sus piezas de ajedrez, El pone las piezas de ajedrez en el tablero y las mueve. El nos coloca primero de una forma y luego de otra, y nosotros estamos consciente o inconscientemente ayudándolo en su juego? Y, oh, dicha ! Somos sus compañeros de juego !

El siguiente tipo es conocido como Vatsalya, Amar a Dios no como nuestro padre sino como nuestro hijo. Esto puede parecer peculiar, pero es una disciplina que nos permite disvincularnos de todas las ideas de poder del concepto de Dios. La idea de poder traer consigo temor reverencial. No debería haber temor en el amor. Las ideas de reverencia y obediencia son necesarias para la formación del carácter; pero cuando ese carácter está formado, cuando el amante ha probado la tranquilidad, el amor pacifico y prueba tambien un poco de su locura intensa, entonces no necesita hablar de éticas y disciplina. El amante dice que no le interesa concebir a Dios como poderoso, majestuoso y glorioso, como el Señor del universo, o como el Dios de los dioses. Esto es para evitar asociar con Dios este sentimiento de temor por su poder creador que él adora a Dios como su propio hijo. La madre y el padre no sienten temor reverencial con respecto a su hijo; No pueden tener ninguna reverencia por el niño. No pueden pensar en pedir favor alguno por el niño. El niño siempre está en situación de recibir, por amor al niño los padres abandonaran sus cuerpos cien veces. Miles de vidas sacrificaran por un nino de ellos, y por lo tanto Dios será amado como un nino / Dios es amado como un niño. Esta idea de amar a Dios como un niño nace y crece de manera natural entre esas religiones, sectas las cuales creen en la encarnación de Dios. Para los musulmanes esto es imposible tener esta idea de Dios como un niño; renunciaran a esto como un tipo de horror. Pero el cristiano y el hindú pueden darse cuenta de esto fácilmente, porque tienen al niño Jesús y al bebé Krishna. A menudo las mujeres en India se ven como las madres de Krishna's; también las madres cristianas tienen la idea de que son las madres de Cristo, y que traerá a Occidente el conocimiento de la maternidad divina que tanto necesitan. Las supersticiones de admiración y reverencia en relación con Dios están profundamente en la raíz de nuestros corazones, y tarda años para hundir completamente en amor nuestras ideas de reverencia y veneración, de temor reverencial, majestad y gloria con respecto a Dios.

Hay más de una representación humana del ideal divino de amor. Esto es conocido como Madhura, dulce, y es la mayor de tales representaciones. En realidad está basada en la representación más elevada de amor en este mundo, y este amor es también el más fuerte conocido por el hombre. Es el amor que sacude toda naturaleza del hombre, el amor que recorre cada átomo de su ser lo vuelve loco, le hace olvidar su propia naturaleza, lo transforma, lo hace un Dios o un demonio como el amor entre el hombre y la mujer. En esta dulce representación de divino amor Dios es nuestro esposo. Todos somos mujeres; no hay hombres en este mundo; No hay sino un hombre, y este es El, nuestro Amado. Todo ese amor que el hombre da a la mujer, o la mujer da al hombre tiene que ser entregado a El Señor.

Los diferentes tipos de amor que vemos en el mundo, y con los que simplemente estamos más o menos jugando, solo tienen a Dios como meta; pero desafortunadamente, el hombre no conoce el océano infinito en el cual este caudaloso río de amor fluye constantemente, y tontamente, a veces intenta dirigir a los seres humanos como muñequitos. El gran amor del niño que está en la naturaleza humana no es para la pequeña muñeca de un niño ; si se confiere ciegamente todo al niño, usted sufrirá las consecuencias. Pero a través de tal sufrimiento vendrá el despertar porque estarás seguro de descubrir que el amor está en ti, si esto se da a cualquier ser humano, tarde o temprano traerá como resultado dolor y sufrimiento. Por lo tanto,, nuestro amor debe ser entregado al supremo quien nunca muere y nunca cambia, a Él en el océano de cuyo amor no es flujo ni reflujo. El amor debe llegar a su destino, debe ir hasta El, quién es realmente el océano infinito del amor. Todos los ríos fluyen hacia el océano. Incluso la gota de agua que baja de la montaña de al lado no puede detener su curso después de llegar a un arroyo o a un río, por muy grande que sea ; finalmente hasta la gota de cualquier manera encuentra su camino al océano. Dios es el único objetivo de toda nuestras pasiones y emociones. Si quieres enojarte, y enojarte con Él. Regañar a la persona que amas, regañar a tu amigo. ¿Quien más puede reprenderte sin problemas? El hombre mortal no tolerará su rabia pacientemente ; habrá una reacción. Si estas enojado conmigo, es seguro que reaccionare rapido, porque no puedo tolerar pacientemente tu enojo. Dice hacia el Amado, « ¿Por que no vienes hasta mí ; Por que me dejas asi solo? » ¿Donde encontrar el gozo sino en El? ¿Se puede encontrar el gozo en un terrón de tierra? Es la esencia cristalizada del gozo infinito que debemos buscar, y que está en Dios. Deja que todas nuestras pasiones y emociones vayan hasta El ellas están destinadas para El, ya que si pierden su marca y van más abajo, se vuelven infames. Y cuando vamos directo a la marca, hacia El Señor, incluso la más baja de ellas se transfigura. Todas las energías del cuerpo y la mente humana, de cualquier forma en que ellas se manifiesten tienen a El Señor como su meta, como su Ekayana. Todos los amores y todas las pasiones de los corazones humanos deben ir hasta Dios. El es el Amado. ¿A Quien mas puede amar este corazón? El es lo mas hermoso, lo más sublime, es belleza en sí misma, de lo sublime. ¿Quien en este universo es más hermoso que El? ¿Quien en este universo está mejor calificado que Él para ser el esposo? ¿Quien en este universo es más digno que Él para ser amado? Asi que dejalo a El ser el esposo, dejalo a El ser el Amado.

A veces sucede que los amantes divinos quienes cantan este divino amor aceptan el lenguaje del amor humano como adecuado para describirlo. Los necios no entienden esto ; y nunca lo entenderan. ellos solo miran con el ojo físico. Ellos no entienden la loca agonía de este amor espiritual. ¿Como pueden hacer esto? « Por un beso de tus labios, Oh Amado ! Quien ha sido besado por ti tiene su sed de ti aumentando para siempre, se desvanecen todas sus penas, y olvida todas las cosas excepto a Ti.» Aspira a este beso del Amado; a este toque de sus labios que vuelve loco al Bhakta, que hace a Dios un hombre. Para aquellos, quienes han sido bendecido con tal beso, toda la naturaleza cambia, mundos desaparecen, soles y lunas mueren, y el universo en sí mismo se funde en el océano infinito del amor. Esto es la perfección de la locura del amor.

Pero, el verdadero amante espiritual no se detiene ahí; incluso el amor de marido y mujer no es suficiente locura para el. Los Bhaktas toman la idea del amor ilegítimo, por ser tan fuerte; la impropiedad no es lo que tienen en mente. La naturaleza de este amor es tal que cuanto más obstáculos hay para su libre curso, más apasionado se vuelve. El amor entre el marido y la mujer es suave, ahí no hay obstrucciones; Así que el Bhakta toma la idea de ser una chica que está enamorada de su Amado, y que a ello se oponen su madre, padre o marido; Y nadie obstruye el curso de su amor, y tanto es su amor que tiende a crecer con fuerza. El lenguaje humano no puede describir como en el bosque de Vrinda Krishna fue locamente amada, como el sonido de su voz, el bendito Gopis salió volando a reunirse con él, olvidando todo, olvidando este mundo y sus ataduras, sus obligaciones, sus alegrías y sus tristezas. Hombre, oh Hombre, hablas de amor divino y al mismo tiempo eres capaz de participar en todas las vanidades de este mundo — ¿Eres sincero? «Cuando Rama es, no hay espacio para algún deseo — cuando el deseo está, no hay espacio para Rama; estos nunca coexistiran — como la luz y la oscuridad, nunca estarán juntos».

Capitulo X
Conclusión

Cuando se alcanza el ideal más alto del amor, se descarta la filosofía ; Entonces, Quien cuidara de esto? Libertad, Salvación, Nirvana — todo se descarta ; A quien le importa ser libre mientras se disfruta del divino amor? « Señor, no quiero riquezas, ni amigos, ni belleza, ni aprendizaje, no quiero incluso libertad ; solo quiero que me dejes nacer una y otra vez, y tu serás siempre mi amor, tu seras siempre y para siempre mi amor ». « A quién le importa volverse azúcar? » Dice el Bhakta, « Yo quiero probar el azúcar. » Quien desea entonces ser libre y unirse a Dios? « Yo se que yo soy el ; sin embargo me alejare de Él y seré diferente, para que pueda disfrutar de el Amado. » Esto es lo que el Bhakta dice. El amor por amor es su mayor gozo. Quien no se ataría mil veces de pies y manos para disfrutar del Amado? El Bhakta no se preocupa de nada sino del amor, se preocupa para amar y ser amado. Su ingenuo amor es como la marea corriendo hacia el río ; El amor del Bhakta va hacia río contra la corriente. El mundo lo llama loco yo se de aquellos que suelen llamarlo loco, y esta fue su respuesta : « Amigos, el mundo entero es un asilo lunático, algunos están locos por el amor mundano, algunos por el nombre, la fama, el dinero, algunos por la salvación y su ida al cielo. En este gran asilo lunático yo tambien estoy loco, yo estoy loco por Dios. Si tu estas loco por el dinero, yo estoy loco por Dios. Tu estas loco ; entonces también yo lo estoy. Creo que mi locura es después de todo la mejor. » El verdadero amor del Bhakta es una ardiente locura ante la cual todo desaparece para Él. Todo el universo está de lleno de amor y de un solo amor ; es asi como aparece a El amante. Entonces, cuando un hombre tiene su amor puesto en Él, se hace eternamente bendito, eternamente feliz. Esta locura bendita del divino amor sólo puede curar para siempre la enfermedad del mundo que está en nosotros. Con el deseo, el egoísmo ha desaparecido. Se ha acercado a Dios, y ha dejado a un lado todos los deseos superficiales de los cuales estaba lleno antes.

Tenemos que comenzar como dualistas de la religión del amor. Dios es para nosotros un ser separado, y sentimos que también estamos separados. El amor entonces se centra, y el hombre comienza a acercarse a Dios, y Dios también se acerca mas y mas al hombre. El hombre recoge las múltiples relaciones de vida, como la del padre, madre, hijo, amigo, maestro, amante, y las proyecta en su ideal del amor, en su Dios. Para el Dios existe como todas estas cosas, y su progreso alcanza su punto final cuando él siente que se fusionó absolutamente en el objeto de su adoración. Comenzamos con el amor propio, pero las injustas quejas de los pocos/pequeños egoístas hacen incluso el amor egoísta. Sin embargo, al final viene la resplandeciente luz, en la que este pequeño egoísta parece haberse convertido en uno solo con el infinito. El propio hombre se transformó en el presente de esta luz de amor, y por último se da cuenta de la verdad hermosa e inspiradora que El amor, El amante y El amado son Uno.

Discovery Publisher is a multimedia publisher whose mission is to inspire and support personal transformation, spiritual growth and awakening. We strive with every title to preserve the essential wisdom of the author, spiritual teacher, thinker, healer, and visionary artist.

www.ingramcontent.com/pod-product-compliance
Lightning Source LLC
Chambersburg PA
CBHW030237170426
43202CB00007B/32